DER IKONOKLASMUS
DES WESTENS

STUDIES IN THE HISTORY
OF
CHRISTIAN THOUGHT

EDITED BY

HEIKO A. OBERMAN, Tucson, Arizona

IN COOPERATION WITH

HENRY CHADWICK, Cambridge
JAROSLAV PELIKAN, New Haven, Conn.
BRIAN TIERNEY, Ithaca, N.Y.
E. DAVID WILLIS, Princeton, N.J.
A.J. VANDERJAGT, Groningen

VOLUME XLI

HELMUT FELD

DER IKONOKLASMUS
DES WESTENS

DER IKONOKLASMUS DES WESTENS

VON

HELMUT FELD

E. J. BRILL
LEIDEN · NEW YORK · KØBENHAVN · KÖLN
1990

Library of Congress Cataloging-in-Publication Data

Feld, Helmut.
    Der Ikonoklasmus des Westens / von Helmut Feld.
      p.   cm.—(Studies in the history of Christian thought, ISSN
0081-8807; v. 41)
    Includes bibliographical references and indexes.
    ISBN 90-04-08248-9
    1. Christianity and the arts—Europe—History of doctrines.
2. Iconoclass. 3. Christian art and symbolism—Mutilation,
defacement, etc.—Europe. 4. Europe-Church history—Middle Ages,
800-1800. 5. Europe—Church history—Modern period, 1500-
I. Title. II. Series.
BR115.A8F44   1990
246'.084—dc20   80-37850
                                                     CIP

Satz: pagina Tübingen

ISSN   0081-8607
ISBN   90 04 09243 9

PRINTED IN THE NETHERLANDS

INHALT

VORWORT

Die erste Anregung, mich mit dem Fragenkomplex »Theologie und Bild«
auseinanderzusetzen, erwuchs aus der Beschäftigung mit dem Einfluß
des franziskanisch geprägten Christentums auf die Entwicklung der
abendländischen religiösen Kunst. Hinzu kam später die intensive Be-
fassung mit der gemalten Theologie Tintorettos, wie sie sich vor allem in
den großen Zyklen der Scuola di San Rocco zu Venedig, aber auch in
seinen zahlreichen Bildern des Abendmahls Christi darstellt. Im September 1986 hatte ich in Lausanne im Rahmen eines Internationalen
Colloquiums zur Feier der 450jährigen Wiederkehr der Disputation von
Lausanne ein Referat über die 7. These dieser Disputation (Rein geistiger Kultus und Bilderverbot) auf ihrem religions- und kulturgeschichtlichen Hintergrund zu halten. Die umfangreichen Vorarbeiten führten
zu dem Entschluß, eine geschichtliche Gesamtdarstellung der westlichen
ikonoklastischen Strömungen und der ihnen zugrunde liegenden Ursachen, Motive und Ideologien zu versuchen.

Wertvolle Anregungen verdanke ich Gesprächen mit Professor Dr.
Gottfried W. LOCHER (Bern) 1982 in Genf und 1986 in Lausanne. Dem
überragenden Gelehrten und profunden Kenner der Zwinglischen und
Calvinischen Reformation möchte ich dafür an dieser Stelle herzlich
danken. Für wichtige Hinweise und Informationen danke ich weiterhin
Frau Professor Dr. Dr. Maria Lodovica ARDUINI (Milano und Tübingen), Frau Dipl.-Psych. Evita H. KOPTSCHALITSCH (Tübingen), P. Gerhard RUF (Sacro Convento, Assisi), Dr. Bernd H. STAPPERT (Stuttgart),
Professor Dr. Josef NOLTE (Hildesheim), Professor Dr. Heinrich THEIS-
SING (Düsseldorf), Professor Dr. Cornelis AUGUSTIJN (Amsterdam), Dr.
Peter JEZLER (Zürich), Professor Dr. Wolfgang SPEYER (Salzburg), Professor Dr. Peter DINZELBACHER (Stuttgart), Professor Dr. Ernst Christoph SUTTNER (Wien), Oberbibliotheksrat Dr. Christoph BURGER, Professor Dr. Ulrich KÖPF und Professor Dr. Hermann Josef VOGT (Tübingen).

Für Hilfsbereitschaft und Entgegenkommen habe ich Leitung und
Mitarbeitern der Bibliotheken und Archive, in denen ich arbeiten konnte, zu danken: Universitätsbibliothek Tübingen, Bibliotheken des Evangelischen Stifts und des Wilhelmstifts in Tübingen, Württembergische
Landesbibliothek Stuttgart, Zentralbibliothek Zürich, Staatsarchiv Luzern, Bibliothèque publique et universitaire und insbesondere deren
Handschriftenabteilung in Genf, Bayerische Staatsbibliothek München.

Professor Dr. Hans KÜNG, D. D. hat in den vergangenen zwei Jahren meine Arbeit in vielfacher Hinsicht wesentlich gefördert. Auch dieses Buch hätte ohne seine Hilfe nicht so bald erscheinen können.

Professor Dr. Heiko A. OBERMAN danke ich für die Aufnahme des Werkes in die von ihm herausgegebene Reihe, Leitung und Mitarbeitern des Verlagshauses E. J. BRILL für Entgegenkommen und vertrauensvolle Zusammenarbeit.

Der fertige Satz des Buches wurde im Zentrum für Datenverarbeitung der Universität Tübingen in Zusammenarbeit mit der Firma pagina erstellt. Für hervorragende sachkundige Beratung habe ich Professor Dr. Wilhelm OTT, für die sorgfältige Betreuung des Manuskripts Frau Hannelore OTT, Holger AUGUSTIN sowie allen anderen Mitarbeitern zu danken.

Das Bischöfliche Ordinariat der Diözese Rottenburg-Stuttgart stellte für die Drucklegung einen ansehnlichen Zuschuß bereit, für dessen Bewilligung ich Herrn Generalvikar Prälat Eberhard MÜHLBACHER herzlich danke.

Tübingen, 29. September 1989   HELMUT FELD

EINLEITUNG

Zu Beginn seiner Geschichte der Päpste der Renaissance schreibt Fred BÉRENCE den bemerkenswerten Satz: »Les hommes naissent iconoclastes ou iconodules.«[1] Er will damit sagen, daß Bilderfeindschaft und Bilderfreundschaft zu den rätselhaften, rational nicht völlig erklärbaren archaischen Grundbestimmungen der menschlichen Seele gehören. Beide können zu Massenbewegungen anwachsen, wie die Verehrung des Vesperbildes im Spätmittelalter und der Bildersturm im Gefolge der Zwinglischen und Calvinischen Reformation. Beide können zu kultischen und dogmatischen Bestandteilen einer Religion oder eines Bekenntnisses gerinnen, die dann mit Gründen aus den heiligen Schriften, der Tradition und der Vernunft gerechtfertigt werden. Die reflektierten und intellektuellen Rechtfertigungen und Begründungen für oder gegen das Bild sind allerdings nicht selten sekundär und im nachhinein beigebracht.

Religionen und Bewegungen innerhalb von Religionen mit bilderfeindlichem Charakter, wie das Judentum, der Islam oder die Cistercienser, bemühen sich, das trotz offizieller Verbote gelegentlich in ihrer Mitte aufbrechende Bilderwesen zu unterdrücken. Andererseits fegt über mit Bildern gesättigte und übersättigte Kulturen, wie die des Spätmittelalters und die des Barock, zu Zeiten der Bildersturm hinweg.

Das Judentum mit seinem radikalen Bilderverbot (»Du sollst dir kein Gottesbild anfertigen, noch irgend ein Abbild weder von dem, was oben im Himmel, noch von dem, was unten auf der Erde, noch von dem, was im Wasser unterhalb der Erde ist«: Ex 20,4; vgl. Deut 4,15–18; 27,15)[2] kannte schon in seinen heiligen Schriften Ausnahmen, wie die Cherube auf der Deckplatte der Bundeslade (Ex 25,18–20; 37,7–9) und die eherne Schlange (Num 21,8 f.). In hellenistischer und römischer Zeit scheint das Bilderverbot dann recht weitherzig interpretiert worden zu sein, wie die Fresken der Synagoge von Dura Europos aus der Mitte des 3. Jahrhunderts n. Chr. beweisen.[3]

---

[1] F. BÉRENCE, Les Papes de la Renaissance. Du Concile de Constance au Concile de Trente, Paris 1966, 15.

[2] Hierzu zuletzt: Christoph DOHMEN, Das Bilderverbot. Seine Entstehung und Entwicklung im Alten Testament (Bonner Bibl. Beitr. 62), Königstein-Bonn 1985; s. ferner: Walther ZIMMERLI, Das zweite Gebot, in: DERS., Gottes Offenbarung. Gesammelte Aufsätze zum Alten Testament (Theol. Bücherei Bd. 19), München 1969, 234–248; DERS., Das Bilderverbot in der Geschichte des alten Israel, in: DERS., Studien zur alttestamentlichen Theologie und Prophetie. Ges. Aufs. Bd. II (Theol. Bücherei Bd. 51), München 1974, 247–260; Peter WELTEN, Art. Bilder II. Altes Testament, in: TRE 6 (1980), 517–521; Johann MAIER, Art. Bilder III. Judentum, ebd. 521–525.

[3] Joseph GUTMANN (Hrsg.), The Dura-Europos Synagogue: A Re-Evaluation

Das älteste Christentum folgte zunächst der jüdischen Mutterreligion in der Ablehnung der Bilder.[4] Doch scheint unter dem Eindruck der römisch-hellenistischen Umwelt das Bild relativ früh in den christlichen kultischen Bereich Eingang gefunden zu haben. Ob dies schon im 2. Jahrhundert geschehen ist, oder in der ersten Hälfte des 3. oder erst um die Wende des 3. zum 4. Jahrhundert, ist in der Forschung bis heute umstritten und hängt wesentlich von der Datierung der ältesten Fresken in den römischen Katakomben (Callixtus, Domitilla, Priscilla, Via Latina, SS. Marcellino e Pietro) ab. Während z. B. Luciano DE BRUYNE die Wandbilder der Cappella Greca der Priscilla-Katakombe auf die Jahre 170–180 datiert,[5] schlägt F. TOLOTTI in seiner gleichzeitig erschienenen Untersuchung eine Datierung auf die ersten Jahrzehnte des 4. Jahrhunderts vor.[6] Wie immer diese Frage entschieden wird,[7] mit Sicherheit

---

(1932–1972), Missoula, Montana 1973; Ann PERKINS, The Art of Dura-Europos, Oxford 1973, 55–65; Ursula SCHUBERT, Spätantikes Judentum und frühchristliche Kunst (Studia Judaica Austriaca, Bd. II), Wien-München 1974, 35–64; Clark HOPKINS, The Discovery of Dura-Europos, New Haven and London 1979, 140–177.

[4] Hugo KOCH, Die altchristliche Bilderfrage nach den literarischen Quellen (FRLANT NF 10) Göttingen 1917, 86; Walter ELLIGER, Die Stellung der Alten Christen zu den Bildern in den ersten vier Jahrhunderten, 2 Bde., Leipzig 1930/1934; Bernhard KÖTTING, Von der Bildlosigkeit zum Kultbild, in: W. HEINEN (Hrsg.), Bild-Wort-Symbol in der Theologie, Würzburg 1969, 103–118; Theodor KLAUSER, Die Äußerungen der Alten Kirche zur Kunst, in: DERS., Gesammelte Arbeiten zur Literaturgeschichte, Kirchengeschichte und christlichen Archäologie (Jahrb. für Antike und Christent., Ergänzungsbd. 3), Münster 1974, 328–337; DERS., Erwägungen zur Entstehung der altchristlichen Kunst, ebd. 338–346; DERS., Der Beitrag der orientalischen Religionen, insbesondere des Christentums, zur spätantiken und frühmittelalterlichen Kunst, ebd. 347–392. Die Existenz einer Bilderfeindlichkeit überhaupt im antiken Christentum wurde besonders von katholischen Autoren immer wieder bestritten, so noch von Sister Charles MURRAY, Art and the Early Church. Journ. of Theol. Studies N. S. 28 (1977), 303–345; vgl. dazu die kritische Bemerkung von Hans-Dietrich ALTENDORF, Zwinglis Stellung zum Bild und die Tradition christlicher Bildfeindschaft, in: H.-D. ALTENDORF, P. JEZLER (Hrsg.), Bilderstreit. Kulturwandel in Zwinglis Reformation, Zürich 1984, 11–18; ebd. 18, Anm. 30.

[5] L. DE BRUYNE, La »Cappella greca« di Priscilla. RivAC 46 (1970), 291–330; vgl. auch: DERS., L'importanza degli scavi Lateranensi per la cronologia delle prime pitture catacombali. RivAC 44 (1968), 81–113; DERS., La peinture cémétériale Constantienne, in: Akten des VII. Internationalen Kongresses für christliche Archäologie, Trier 5.–11. Sept. 1965, Città del Vaticano-Berlin 1969, I,159–214.

[6] F. TOLOTTI, Il cimitero di Priscilla. Studio di topografia e architettura (Collezione »Amici delle catacombe«, 26), Città del Vaticano 1970, 258–275; für die Spätdatierung der ältesten Katakombenfresken treten ferner ein: J. KOLLWITZ, Die Malerei der Konstantinischen Zeit, in: Akten des VII. Intern. Kongr. (o. Anm. 5), I,29–158; Hans Georg THÜMMEL, Die Anfänge der Katakombenmalerei, ebd. 745–752; DERS., Art. Bilder IV. Alte Kirche, in: TRE 6 (1980), 525–531.

[7] S. die Übersicht über den Stand der Forschung mit zahlreichen Literaturangaben von Louis REEKMANS, La chronologie de la peinture paléochrétienne. Notes et réflexions. Riv AC 49 (1973), 271–291; s. ferner: Ekkart SAUSER, Frühchristliche Kunst. Sinnbild und Glaubensaussage, Innsbruck 1966, 34–54, mit Angaben zur älteren Literatur; Josef FINK, Bildfrömmigkeit und Bekenntnis. Das Alte Testament, Herakles und die Herrlichkeit Christi an der Via Latina in Rom (Beihefte zum Archiv für Kulturgeschichte, 12), Köln-Wien 1978.

stammen die ersten christlichen Sarkophage mit biblischen Motiven noch aus vorkonstantinischer Zeit (also aus dem 3. Jahrhundert).[8] Auch das christliche Baptisterium von Dura Europos wurde vor der Eroberung der Stadt durch die Parther (wahrscheinlich 256) ausgemalt.[9] In den Kirchen der Stadt Rom hat sich das Bild spätestens in der ersten Hälfte des 5. Jahrhunderts voll durchgesetzt, wie es das Apsismosaik von S. Pudenziana (ca. 401–417) und die beiden in der Regierungszeit des Papstes Sixtus III. (432–440) entstandenen Mosaikenzyklen des Langhauses und des Triumphbogens von S. Maria Maggiore bezeugen.[10]

Die Kirchenväter erheben gelegentlich heftigen Protest sowohl gegen die Herstellung von Bildern im allgemeinen wie erst recht gegen das Bild an heiliger Stätte. Unter Berufung auf das alttestamentliche Bilderverbot lehnt Tertullian um das Jahr 200 nicht nur die Anfertigung und Verehrung von Götzenbildern, sondern jegliche Ausübung einer künstlerischen Tätigkeit ab.[11] Nach seiner Auffassung ist es der Teufel selbst gewesen, der die Bildhauer und Maler in die Welt gebracht hat.[12] Eine etwas aufgeschlossenere, im ganzen aber doch reservierte Haltung zur Kunst nimmt um die gleiche Zeit Clemens Alexandrinus ein: Gegen die Kunst sei an sich nichts einzuwenden, doch müsse man sich vor Täuschung und Verführung durch sie hüten, wenn sie an die Stelle der Wahrheit tritt.[13] Sie vermag dann den Menschen in sexuelle und idololatrische Verirrungen zu stürzen.[14] Außerdem hat es die künstlerische

---

[8] KLAUSER, Beitrag (o. Anm. 4), 373.

[9] PERKINS, Art (o. Anm. 3), 52–55; HOPKINS, Discovery, 106–117.

[10] Joseph WILPERT, Die römischen Mosaiken und Malereien der kirchlichen Bauten vom IV. bis XIII. Jahrhundert, I, Freiburg Br. 1916, 412–497; J. WILPERT, W. N. SCHUMACHER, Die römischen Mosaiken der kirchlichen Bauten vom IV.–XIII. Jahrhundert, Freiburg Br. 1976, 75 f.; Beat BRENK, Die frühchristlichen Mosaiken in S. Maria Maggiore zu Rom, Wiesbaden 1975; DERS., Spätantike und frühes Christentum (Propyläen Kunstgeschichte, Supplementbd. 1), Frankfurt 1977, 71–75. – Papst Hadrian I. (772–795) weist in seiner Erwiderung an Karl den Großen u. a. auf diese Mosaiken als alte Zeugnisse für die Erlaubtheit der Bilder hin (MGH Ep. 5,50,5); s. u. Abschn. I,2.

[11] »Idolum tam fieri quam deus prohibet. Quanto praecedit, ut fiat quod coli possit, tanto prius est, ne fiat, si coli non licet. Propter hanc causam, ad eradicandam scilicet materiam idolatriae, lex divina proclamat, ne feceris idolum, et coniungens, neque similitudinem eorum quae in caelo sunt et quae in terra et quae in mari, toto mundo eiusmodi artibus interdixit servis dei«: De idolatria 4,1 (CC 2, 1103); s. hierzu und zum folgenden: KLAUSER, Beitrag (o. Anm. 4), 370 ff., und neuerdings: Peter PLANK, Das ambivalente Verhältnis der Alten Kirche zum Bild, in: H.-J. SCHULZ, J. SPEIGL (Hrsg.), Bild und Symbol – glaubenstiftende Impulse, Würzburg 1988, 49–63.

[12] »At ubi artifices statuarum et imaginum et omnis generis simulacrorum diabolus saeculo intulit, rude illud negotium humanae calamitatis et nomen de idolis consecutum est et profectum. Exinde iam caput facta est idolatriae ars omnis quae idolum quoquomodo edit. Neque enim interest, an plastes effingat, an caelator exculpat, an phrygio detexat, quia nec de materia refert, an gypso, an coloribus, an lapide, an aere, an argento, an filo formetur idolum«: De idol. 3,2 (CC 2, 1103).

[13] Clemens Alex., Protreptikos 4,57,6 (GCS 12,45,15): ἐπαινείσθω μὲν ἡ τέχνη, μὴ ἀπατάτω δὲ τὸν ἄνθρωπον ὡς ἀλήθεια; vgl. H. KOCH, Bilderfrage (o. Anm. 4), 15.

[14] Protrept. 4,57,3–58,2 (GCS 12,44 f.); vgl. Th. KLAUSER, Beitrag, 370 f.; ferner: H.-D.

Produktion mit totem Stoff zu tun. Das Kunstwerk kann deshalb niemals eine geistige, religiöse Wirklichkeit oder gar das Wesen Gottes adäquat wiedergeben.[15] Clemens' Schüler Origenes teilt weitgehend die Einstellung seines Lehrers gegenüber den Bildern.[16]

In Spanien bestimmt die Synode von Elvira, die wahrscheinlich bald nach dem Ende der Diokletianischen Verfolgung tagte (um 306), in ihrem 36. Kanon: »Malereien darf es in der Kirche nicht geben, damit nicht das, was verehrt und angebetet wird, auf Wände gemalt wird.«[17]

Entschiedene Bildergegner im 4. Jahrhundert sind die Bischöfe Eusebius von Caesarea und Epiphanius von Salamis auf Zypern. Eusebius weist das Ansinnen der Constantia, der Schwester des Kaisers Constantin, ihr eine Christus-Ikone zu besorgen, in schroffer Form unter Berufung auf das zweite Gebot des Dekalogs zurück.[18] Epiphanius, der sich in den neunziger Jahren des 4. Jahrhunderts in Palästina aufhielt, fand am Kirchenportal der Ortschaft Anablata zwischen Jerusalem und Bethel einen Vorhang mit dem Bild Christi oder eines Heiligen.[19] Voller Empörung über die Verletzung des biblischen Bilderverbots schnitt er den Vorhang ab und gab den Aufsehern des Ortes den Rat, einen toten Armen darin einzuhüllen und zu bestatten. Später übersandte er der Gemeinde durch den Bischof Johannes von Jerusalem einen neuen, bilderlosen Vorhang, nicht ohne den Bischof zu ermahnen, in Zukunft besser

ALTENDORF, Die Siegelbildvorschläge des Clemens von Alexandrien. ZNW 58 (1967), 129–138.

[15] Protr. 4,51,6 (GCS 12,40,9 ff.); Strom. 7,5,28,2 (GCS 17, 20,20 ff.): τί δ' ἂν καὶ οἰκοδόμων καὶ λιθοξόων καὶ βαναύσου τέχνης ἅγιον εἴη ἔργον; οὐχὶ ἀμείνους τούτων οἱ τὸν ἀέρα καὶ τὸ περιέχον, μᾶλλον δὲ τὸν ὅλον κόσμον καὶ τὸ σύμπαν ἄξιον ἡγησάμενοι τῆς τοῦ θεοῦ ὑπεροχῆς; γελοῖον μεντᾶν εἴη, ὡς αὐτοί φασιν οἱ φιλόσοφοι, ἄνθρωπον, ὄντα »παίγνιον θεοῦ«, θεὸν ἐργάζεσθαι καὶ γίγνεσθαι παιδιὰν τέχνης τὸν θεόν; KLAUSER, Beitrag, 371; ALTENDORF, Zwinglis Stellung (o. Anm. 4), 17.

[16] Vgl. besonders C. Cels. 4,31; 8,17–19; KOCH, Bilderfrage, 19–22. C. Cels. 3,15 nennt Origenes als erste Aufgabe der Kirche bei der Unterweisung der Neubekehrten, ihnen die καταφρόνησις τῶν εἰδώλων καὶ πάντων τῶν ἀγαλμάτων beizubringen; s. hierzu: Norman H. BAYNES, Idolatry and the Early Church, in: DERS., Byzantine Studies, and Other Essays, London 1955, 116–143; bes. 120.

[17] »Placuit, picturas in ecclesia non esse debere, ne quod colitur et adoratur in parietibus depingatur« (MANSI 2,11); s. hierzu eingehend: KOCH, Bilderfrage, 31–41.

[18] MANSI 13,316 f.; MPG 20,1545–1549; KLAUSER, Beitrag, 371 f. Hans FREIHERR VON CAMPENHAUSEN, Die Bilderfrage als theologisches Problem der alten Kirche, in: DERS., Tradition und Leben. Kräfte der Kirchengeschichte. Aufs. u. Vortr., Tübingen 1960, 216–252; ebd. 222 f.; Knut SCHÄFERDIEK vermutet als Verfasser des Briefes Euseb von Nikomedeia: Zur Verfasserschaft und Situation der Epistula ad Constantiam de imagine Christi. ZKG 91 (1980), 177–186; bes. 184 f.

[19] In der lateinischen Fassung des Briefes, erhalten unter den Briefen des Hieronymus, Ep. 51,9 (CSEL 54,411,9): »inveni ibi velum pendens in foribus eiusdem ecclesiae tinctum atque depictum et habens imaginem quasi Christi vel sancti cuiusdam; non enim satis memini, cuius imago fuerit.« Zu Epiphanius: W. SCHNEEMELCHER, Art. Epiphanius von Salamis, in: RAC 5 (1962), 909–927; KOCH, Bilderfrage, 58–64; KLAUSER, Beitrag, 372; VON CAMPENHAUSEN, Bilderfrage, 226 f.

auf die Einhaltung des Bilderverbots zu achten.[20] Er verfaßte dann auch noch eine Flugschrift, in der er den götzendienerischen Brauch, Bilder Christi, der Gottesmutter, der Märtyrer, der Engel und Propheten herzustellen, bekämpfte.[21] Da Epiphanius mit seinen Ermahnungen, wie er selbst schreibt, nur Spott erntete und selbst bei seinen Mitbischöfen kein Verständnis fand, wandte er sich mit einer Eingabe an den Kaiser Theodosius I. und bat diesen, dem Treiben der Bilderfreunde ein Ende zu machen.[22] Epiphanius starb im Jahre 403. In seinem Testament beschwört er seine Gemeinde, nur ja keine Bilder in Kirchen und auf Friedhöfen, aber auch nicht im Gemeindehaus anzubringen. »Denn es ist einem Christen nicht erlaubt, sich durch Augenreiz und Benebelung des Sinnes erregen zu lassen, vielmehr soll das auf Gott Bezügliche allen eingezeichnet und eingeformt sein.« »Wer es unternimmt, das göttliche Bild des Gott-Logos mit Berufung auf seine Menschwerdung in irdischen Farben anzuschauen, der sei aus der kirchlichen Gemeinschaft ausgeschlossen.«[23]

Vermutlich war Epiphanius der letzte Bischof, der öffentlich eine Beachtung des Bilderverbots forderte. Um die Mitte des 4. Jahrhunderts scheint es die Kirche allgemein aufgegeben zu haben. Die großen Kirchenväter des 4. Jahrhunderts stehen den Künsten aufgeschlossen gegenüber. Nach Basilius sind alle τέχναι (Künste und handwerkliche Fähigkeiten) von Gott zur Unterstützung der Natur verliehen.[24] Er verlangt eine adäquate bildliche Darstellung der Märtyrer und des Kampfrichters Christus.[25] Innerhalb seiner Ausführungen über die Wirkung gemalter Märtyrer-Szenen steht der bemerkenswerte Satz: »Denn was das Wort der Geschichtserzählung zu Gehör bringt, das führt die Malerei schweigend durch Nachahmung vor Augen.«[26] Der berühmte Satz,

---

[20] Hieronymus, Ep. 51,9 (CSEL 54,411 f.); G. OSTROGORSKY, Studien zur Geschichte des byzantinischen Bilderstreites (Hist. Unters. 5), Breslau 1929, 74 f.: Epiph. ep. ad Johannem.

[21] Fragmente bei Karl HOLL, Die Schriften des Epiphanius gegen die Bilderverehrung, im: DERS., Gesammelte Aufsätze zur Kirchengeschichte II, Tübingen 1928, 351–387; ebd. 356–359.

[22] S. die Fragmente bei HOLL, o. c. 360–362.

[23] καὶ ἐν τούτῳ μνήμην ἔχετε, τέκνα ἀγαπητά, τοῦ μὴ ἀναφέρειν εἰκόνας ἐπ' ἐκκλησίας μήτε ἐν τοῖς κοιμητηρίοις τῶν ἁγίων· ἀλλ' ἀεὶ διὰ μνήμης ἔχετε τὸν θεὸν ἐν ταῖς καρδίαις ὑμῶν· ἀλλ' οὔτε κατ' οἶκον κοινόν· οὐκ ἔξεστι γὰρ Χριστιανῷ δι' ὀφθαλμῶν μετεωρίζεσθαι καὶ ρεμβασμῶν τοῦ νοός, ἀλλ' ἐγγεγραμμένα καὶ ἐντετυπωμένα ἔστω πᾶσι τὰ πρὸς τὸν θεόν (HOLL, o.c. 363, Nr. 33); εἴ τις τὸν θεῖον τοῦ θεοῦ λόγου χαρακτῆρα κατὰ τὴν σάρκωσιν ἐξ ὑλικῶν χρωμάτων ἐπιτηδεύει κατανοῆσαι... (ἔστω ἀνάθεμα) (ebd. Nr. 34).

[24] Basilius, Regulae fusius tractatae, Interr. 55 (MPG 31, 1044 ff.).

[25] Hom. 17,3 (MPG 31,489 A).

[26] Ἐπεὶ καὶ πολέμων ἀνδραγαθήματα καὶ λογογράφοι πολλάκις καὶ ζωγράφοι διασημαίνουσιν, οἱ μὲν τῷ λόγῳ διακοσμοῦντες, οἱ δὲ τοῖς πίναξιν ἐγχαράττοντες καὶ πολλοὺς ἐπήγειραν πρὸς ἀνδρίαν ἑκάτεροι. Ἃ γὰρ ὁ λόγος τῆς ἱστορίας διὰ τῆς ἀκοῆς παρίστησι, ταῦτα γραφικὴ σιωπῶσα διὰ μιμήσεως δείκνυσιν (Hom. 19,2: MPG 31,508 f.).

den später im byzantinischen Bilderstreit die Ikonodulen für ihren Standpunkt anführen: ἡ τῆς εἰκόνος τιμὴ ἐπὶ τὸ πρωτότυπον διαβαίνει, steht dagegen bei Basilius in trinitarisch-christologischem Zusammenhang und meint Christus als Bild des Vaters. Gleichwohl ist damit auch eine positive Wertung des (gemalten oder plastischen) Bildes zum Ausdruck gebracht, wie die Fortsetzung des Zitates zeigt: »Was nun hier nachahmungsweise das Bild ist, das ist dort naturhaft der Sohn. Und wie in den Erzeugnissen der Kunst die Ähnlichkeit der Form nach besteht, so besteht in der göttlichen und einfachen Natur die Einheit in der Gemeinsamkeit der göttlichen Natur.«[27] Eine ganz ähnliche Auffassung vom Bild wie Basilius hat Gregor von Nyssa.[28] Nach Ansicht des Nilus, eines Schülers des Johannes Chrysostomus, sollen die heiligen Tempel von der Hand eines hervorragenden Malers auf beiden Seiten mit Szenen äus dem Alten und Neuen Testament ausgemalt werden, damit die Analphabeten, die die heiligen Schriften nicht lesen können, durch die Betrachtung der Bilder an die sittliche Vollkommenheit der Heiligen *erinnert* und zur *Nachahmung* ihrer Tugend angeregt werden.[29] Die Auffassungen dieser griechischen Väter kommen denjenigen des Papstes Gregor des Großen schon recht nahe, auf die wir weiter unten ausführlicher eingehen.

Im Westen sind es besonders Prudentius und Paulinus von Nola, die eine bilderfreundliche Haltung einnehmen. In ihren Gedichten sind den Märtyrern geweihte Kirchen beschrieben, die mit Szenen aus der Bibel und aus dem Leben der betreffenden Blutzeugen ausgemalt sind.[30]

In den darauf folgenden Jahrhunderten bis zum Ausbruch des byzantinischen Bildersturms in den zwanziger Jahren des 8. Jahrhunderts erfahren wir kaum etwas von offener Bilderfeindlichkeit. Die ikonoklastischen Aktionen des Bischofs Serenus von Marseille zur Zeit

---

[27] Ὅ οὖν ἐστιν ἐνθαῦτα μιμητικῶς ἡ εἰκών, τοῦτο ἐκεῖ φυσικῶς ὁ Υἱός. Καὶ ὥσπερ ἐπὶ τῶν τεχνικῶν κατὰ τὴν μορφὴν ἡ ὁμοίωσις, οὕτως ἐπὶ τῆς θείας καὶ ἀσυνθέτου φύσεως ἐν τῇ κοινωνίᾳ τῆς θεότητός ἐστιν ἡ ἕνωσις (De Spiritu Sancto 18,45: MPG 32,150 C). Im Sinne einer bilderfreundlichen Theologie wird der Satz zitiert von Johannes Damascenus, De imaginibus oratio I (MPG 94,1261 D); Gerhard B. LADNER, Origin and Significance of the Byzantine Iconoclastic Controversy. Mediaeval Studies 2(1940), 127–149; ebd. 143, Anm. 95; jetzt auch in: DERS., Images and Ideas in the Middle Ages. Selected Studies in History and Art I (Storia e Letteratura, 155), Roma 1983, 37–72.

[28] Vgl. besonders: In suam ordinationem (MPG 46,545 A); Oratio laud. S. Theodori (ebd. 737 CD).

[29] Ἱστοριῶν δὲ Παλαιᾶς καὶ Νέας Διαθήκης πληρῶσαι ἔνθεν καὶ ἔνθεν χειρὶ καλλίστου ζωγράφου τὸν ναὸν τὸν ἅγιον, ὅπως ἄν οἱ μὴ εἰδότες γράμματα, μηδὲ δυνάμενοι τὰς θείας ἀναγινώσκειν Γραφὰς τῇ θεωρίᾳ τῆς ζωγραφίας, μνήμην τε λαμβάνωσιν τῆς τῶν γνησίων τῷ ἀληθινῷ Θεῷ δεδουλευκότων ἀνδραγαθίας, καὶ πρὸς ἅμιλλαν διεγείρωνται τῶν εὐκλεῶν καὶ ἀοιδίμων ἀριστευμάτων, δι' ὧν τῆς γῆς τὸν οὐρανὸν ἀπηλλάξαντο, τῶν βλεπομένων τὰ μὴ ὁρώμενα προτιμήσαντες (Ep. 4,61: MPG 79,577 f.).

[30] S. besonders: Prudentius, Peristeph. Hymn. 9,9 ff. (CSEL 61,367); Paulinus von Nola, Carm. 18,29 ff. (CSEL 30,98); 27(ebd. 262 ff.); 28 (ebd. 291 ff.).

Papst Gregors des Großen sind eine Ausnahme.[31] Der Bildersturm im
Ostreich beginnt mit einzelnen Aktivitäten und einem Edikt des Kaisers
Leon III. (717-741) gegen den Bilderkult in den Jahren 726-730 und
endet im Jahre 843 mit der so genannten »Wiederherstellung der Orthodoxie«, am 11. März (der Tag wird bis heute in der Ostkirche gefeiert). Höhepunkte sind das Konzil von Konstantinopel 754, das, von
338 Bischöfen besucht, den bilderfeindliche Standpunkt sanktionierte,
und das Konzil von Nizäa (23. September – 13. Oktober 787), in der
Regierungszeit der Kaiserin Irene (780-802), das die Beschlüsse von 754
aufhob und den Bilderkult wieder einsetzte.[32]

Der Streit um die Stellung und theologische Bedeutung der Ikone in
der Ostkirche ist bis heute nicht ausgestanden, wie die Auseinandersetzung von Hans-Georg BECK mit Leonid OUSPENSKY zeigt.[33] OUSPENSKY
sieht in der Ikone »den Ausdruck der Orthodoxie in ihrer Gesamtheit«,
das heißt ein Äquivalent der Botschaft des Evangeliums und eine Ma-
nifestation der Glaubensüberlieferung der Kirche. Der Kult der Ikone
ist integraler Bestandteil des liturgischen Lebens; er leitet sich folgerichtig aus dem christlichen Fundamentaldogma, dem der Inkarnation,
ab.[34] Demgegenüber bestreitet BECK die zentrale Bedeutung der Ikone

---

[31] S. hierzu u. Abschn. I,1.

[32] Zu dem byzantinischen Bilderstreit liegen zahlreiche gute Untersuchungen vor; einige der wichtigsten: K. SCHWARZLOSE, Der Bilderstreit, ein Kampf der griechischen Kirche
um ihre Eigenart und um ihre Freiheit, Gotha 1890; G. OSTROGORSKY, Studien (o.
Anm. 20); E. J. MARTIN, A History of the Iconoclastic Controversy, London 1930
(Neudruck 1978); G. B. LADNER, Origin (o. Anm. 27); A. GRABAR, L'Iconoclasme Byzantin. Dossier Archéologique, Paris 1957; St. GERO, Byzantine Iconoclasm during the Reign
of Leo III, with Particular Attention to the Oriental Sources, Louvain 1973; H. G. THÜM-
MEL, Art. Bilder V/1. Byzanz, in: TRE 6 (1980), 532-540 (mit ausführlicher Bibliographie);
zum religions- und kulturgeschichtlichen Hintergrund: L. W. BARNARD, The Graeco-
Roman and Oriental Background of the Iconoclastic Controversy (Byzantina Neerlandica
5), Leiden 1974; Hans-Georg BECK, Die griechische Kirche im Zeitalter des Ikonoklasmus,
in: Handbuch der Kirchengeschichte hrsg. von Hubert JEDIN, III/1, Freiburg 1966/1985,
31-61.

[33] Nach früheren Veröffentlichungen hat L. OUSPENSKY seine Auffassung von der Ikone zuletzt eingehend dargelegt in: La Théologie de l'Icône dans l'Eglise orthodoxe, Paris
1980; H.-G. BECK, Von der Fragwürdigkeit der Ikone (Bayer. Akad. d. Wiss., Phil.-hist. Kl.,
Sitzungsber. 1975, H. 7), München 1975.

[34] OUSPENSKY, o. c. 9: »C'est que l'icône n'est pas une simple image, ni une décoration,
ni même une illustration de la sainte Ecriture. Elle est quelque chose de plus: un équivalent
du message évangélique, un objet cultuel qui fait partie intégrante de la vie liturgique...
Dans l'icône, l'Eglise voit non pas un des aspects de l'enseignement orthodoxe, mais l'expression de l'orthodoxie dans son ensemble, de l'orthodoxie comme telle. On ne peut donc
ni comprendre, ni expliquer l'image sacrée en dehors de l'Eglise et de sa vie. L'icône, image
sacrée, est une des manifestations de la Tradition de l'Eglise, au même titre que la tradition
écrite et la tradition orale. La vénération des icônes du Christ, de la Vierge, des anges et des
saints est un dogme de la foi chrétienne, formulée au Septième Concile Oecuménique; elle
découle du dogme fondamental de l'Eglise: sa confession du Dieu devenu Homme. L'image
de Celui-ci est un témoignage de Son incarnation véritable et non illusoire.«

für Theologie und Kult der Orthodoxie, und zwar vom Selbstverständnis
der Orthodoxie als Bewahrerin der unverfälschten altchristlichen Tradition[35] und von der Stellung der Ikone in der byzantinischen Liturgie
und in den liturgischen Kommentaren her.[36] Angesichts solch funda-
mentaler – wenngleich theologisch und historisch gut begründeter – Un-
terschiede in der Deutung erkennt man den Sinn der Erwägung, ob die
Menschen als Ikonoklasten oder Ikonodulen geboren werden.

Die Geschichte des Ikonoklasmus ist Teil jener umfassenderen Geschichte versuchter oder erfolgreicher Vernichtung geistiger Strömungen
und ihrer literarischen und künstlerischen Produktionen, in die etwa
auch Bücherzensur und Büchervernichtung gehören.[37] Denkwürdig ist,
daß es sich dabei nicht um Phänomene längst vergangener, noch »unauf-
geklärter« Zeiten der Antike und des »finsteren« Mittelalters handelt,
sondern gerade die beiden großen Schritte, die der europäische Geist in
die Moderne macht, nämlich Reformation und Aufklärung, jeweils mit
einer revolutionären Abtuung der Bilder verbunden sind.

Uns geht es im folgenden um eine Gesamtdarstellung des Ikonoklasmus im Bereich des *westlichen* Christentums, wobei es nichtauf eine
Erfassung aller einzelnen bilderstürmerischen Aktivitäten ankommt,
sondern auf eine Erklärung der großen ikonoklastischen Bewegungen,
ihrer Herkunft und ihrer theoretischen Grundlagen und Motive. Ebenso
interessiert uns die religiöse und theologische Rechtfertigung des Bildes
im sakralen Bauwerk und des Bilderkultes sowohl im Bereich der offiziellen Schul- und Universitätstheologie wie auch dem der Volksfrömmigkeit. Eine solche Darstellung fehlt bisher, wenn auch zu einigen der
von uns behandelten Themen, Epochen und Persönlichkeiten gute Ein-
zeluntersuchungen vorliegen, die wir dankbar benutzt haben.[38] Die im

---

[35] BECK, o. c. 7: »Und wenn nun die Frage wieder aufgenommen werden soll, ob die
Ikone Ausdruck der Orthodoxie als solcher ist, muß bei Beantwortung der Gesamtumfang
dieser Bildfunktionen mit berücksichtigt werden. Dann aber lautet die Antwort auf die
Frage wohl nein. Sie muß jedenfalls dann nein lauten, wenn die Orthodoxie verstanden
wird, wie sie sich selbst versteht, nämlich als in allen wesentlichen Fragen identisch mit
der unverfälschten altchristlichen Tradition, an der sie ohne jede Veränderung festgehalten hat und festhält. Die Orthodoxie ist über Jahrhunderte ohne die Ikone ausgekommen,
mag man sie nun als Historienbild oder Andachtsbild oder Gnadenbild verstehen.«
[36] »Der Befund ist gering und verringert sich noch bei näherer Betrachtung: die Ver-
beugungen vor den ›Heiligen Türen‹ z. B. haben mit der Ikonostase inhaltlich überhaupt
nichts zu tun, es sind Ehrenbezeugungen vor dem Heiligtum hinter den Türen, bevor es
betreten wird... Von einem Bezug des Gebetes in seiner heutigen Form auf die Christus-
Ikone als solche kann nicht die Rede sein... Es sieht fast so aus, als käme die byzantinische
Liturgie im wesentlichen ohne Ikonen zurecht...« (ebd. 32). Über die »Sprache«, d. h. die
deutbaren Aussagen der Ikone, s. Konrad ONASCH, Recht und Grenzen einer Ikonensemiotik. Theol.Lit. Z. 111 (1986), 241–258; ebd. auch Literaturangaben zu Verständnis und
Theologie der Ikone in der neueren russischen Theologie.
[37] S. hierzu besonders: Wolfgang SPEYER, Büchervernichtumg und Zensur des Geistes
bei Heiden, Juden und Christen (Bibliothek des Buchwesens, Bd. 7), Stuttgart 1981.
[38] Einen vorzüglichen Überblick bis zum 16. Jahrhundert gibt Walther VON LOEWENICH

folgenden vorgetragenen Ergebnisse beruhen jedoch, ob es sich nun um
bereits erforschtes Terrain oder Neuland der Forschung handelt, auf der
Analyse und Interpretation der Quellentexte selbst.

Das Thema ist bis heute mit mancherlei konfessionellen und emotio-
nalen Vorurteilen belastet. Wer es behandelt, entgeht nur schwer der
Kritik der »Nachkömmlinge«, wie schon Louis RÉAU in der Einleitung
seiner »Geschichte des Vandalismus« in bezug auf Frankreich bemerkt
hat. Zwar verteidigt in unserem aufgeklärten Zeitalter niemand mehr im
Ernst die Exzesse der Ikonoklasten der Reformation und der Französischen Revolution. Aber die geistigen Nachfahren der Hugenotten möchten nicht so gern an den Vandalismus ihrer Vorväter erinnert werden,
ebenso wenig wie manche Kreise des katholischen Klerus an den »vandalisme embellisseur« der Prälaten des 18. Jahrhunderts und die überzeug-
ten Republikaner an die Greuel der Sanskulotten und Kommunar-
den.[39] In der Überzeugung, daß jede geschichtliche Erscheinung ihr
»Recht« hat und daß eine religions- und kulturhistorische Betrachtung
am ehesten zum Verständnis aller Seiten und Facetten dieses wichtigen
Komplexes beitragen kann, haben wir uns um Objektivität bemüht,
ohne deshalb, wie der Leser merken wird, unsere Sympathien ganz zu
verstecken.

---

in seinen beiden Artikeln: Bilder V/1. Im Westen, in: TRE 6 (1980), 540–546, und: Bilder
VI. Reformatorische und nachreformatorische Zeit, ebd. 546–557.
    [39] L. RÉAU, Histoire du Vandalisme. Les monuments détruits de l'art français, Paris
1959, I,8.

I. BILDERFEINDLICHE STRÖMUNGEN IM FRÜHMITTELALTER

1. Papst Gregor I. in Auseinandersetzung mit dem Bischof Serenus von Marseille

Der Standpunkt, den Papst Gregor der Große (590–604) Zur Rolle der Bilder in der Kirche, veranlaßt durch ikonoklastische Aktionen des Bischofs Serenus von Marseille, eingenommen hat, wurde über den aktuellen Anlaß hinaus für die westliche Kirche von Bedeutung: Gregor ist über das ganze Mittelalter hin die maßgebliche Autorität, auf die sich die offizielle bilderfreundliche Theologie, aber auch Kreise, die den Bilderkult einschränken möchten, berufen.[1]

Die einzige Kenntnis, die wir von der Auseinandersetzung haben, stammt aus Zwei Briefen Gregors an Serenus, die auf die Jahre 599 und 600 datiert werden.[2] Aus ihnen allein haben wir auch die wenigen Nachrichten über die Persönlichkeit des Serenus.[3] Nach der Darstellung Gregors hatte Serenus, als er einige Bilderverehrer in den Kirchen bemerkte, die Bilder zerstören und hinauswerfen lassen.[4] Indirekt geht aus Gregors Ausführungen hervor, daß das alttestamentliche Verbot (Ex 20,5: »non adorabis ea neque coles«) hierfür das Motiv war.[5] Die Wahl der verwendeten Verben (confregit, proiecit, confringeres, fregisse) läßt vermuten, daß es sich bei den »Bildern« (imagines, picturae) um Mosaiken, nicht um Fresken gehandelt haben wird.

Schon in seinem ersten Brief lobt Gregor den Eifer, mit dem sich der Bischof gegen die Anbetung von Menschenwerk gewandt habe. Er miß-

---

[1] S. hierzu vor allem: Gerhard B. LADNER, Der Bilderstreit und die Kunst-Lehren der byzantinischen und abendländischen Theologie. ZKG 50 (1931), 1–23; jetzt auch in: DERS., Images and Ideas in the Middle Ages. Selected Studies in History and Art, I (Storia e Letteratura, 155), Roma 1983, 13–33.

[2] S. Gregorii Magni Registrum Epistolarum ed. Dag NORBERG (CC 140. 140 A), Turnhout 1982; ebd. Ep. 9,209 (CC 140 A, 768); Ep. 11,10 (CC 140 A, 873–876); ältere Ausgaben: MPL 77 (dort: Ep. 9,105 und 11,13); MGH Epp. 1.2, ed. L. M. HARTMANN, Berlin 1891–1899 (dort: Ep. 9,208 und 11,10).

[3] É. BROUETTE, Art. Serenus, in: LThK² 9 (1964), 686 f.; zu der Auseinandersetzung s. F. Homes DUDDEN, Gregory the Great. His Place in History and Thought, 2 Bde., London 1905; ebd. II,74–76.

[4] »Praeterea indico dudum ad nos pervenisse quod fraternitas vestra quosdam imaginum adoratores aspiciens easdem ecclesiis imagines confregit atque proiecit« (Ep. 9,209: CC 140 A,786).

[5] »Perlatum siquidem ad nos fuerat quod inconsiderato zelo succensus sanctorum imagines sub hac quasi excusatione, ne adorari debuissent, confringeres« (Ep. 11,10: CC 140 A,873).

billigt jedoch dessen Konsequenz, die Bilder zu zerstören. »Denn das Bild in der Kirche dient dem Zweck, daß die Analphabeten wenigstens auf die Wände schauend lesen, was sie in den Büchern nicht zu lesen vermögen.« Serenus hätte also die Bilder für diesen ihren eigentlichen Zweck erhalten und gleichzeitig das Volk von ihrer Anbetung abhalten müssen.[6]

Aus dem zweiten Brief Gregors, einem Antwortschreiben auf einen nicht erhaltenen Brief des Serenus, geht hervor, daß der Bischof von Marseille nicht gewillt war, dem Papst in der Bilderfrage nachzugeben. Wohl um eine direkte Konfrontation mit Gregor zu vermeiden, aber sicher auch um dessen Wunsch ignorieren zu können, nimmt Serenus zu einer Fiktion seine Zuflucht: er tut so, als ob der Brief Gregors eine Fälschung des Überbringers, des Abtes Cyriacus, gewesen sei. Der Papst weist ihn deshalb zurecht,[7] wiederholt seine in dem früheren Brief geäußerte Beurteilung der Zerstörungsaktion und betont erneut den Zweck der Bilder in der Kirche: sie sind nicht zur Anbetung bestimmt, sondern dienen der Belehrung derjenigen, die nicht lesen können. Gerade diesen Aspekt hätte Serenus bedenken müssen, da er unter Heiden wohnt.[8] Man sieht, daß Gregor, der ein großer Missionar war, einen Sinn für den Propagandaeffekt der Bilder hatte.

Nach Auffassung Gregors entspricht die bildliche Darstellung von Ereignissen der Geschichte der Kirche altem Brauchtum, das *nicht ohne*

---

[6] »Et quidem zelum vos, ne quid manufactum adorari possit, habuisse laudavimus, sed frangere easdem imagines non debuisse iudicamus. Idcirco enim pictura in ecclesiis adhibetur, ut hi qui litteras nesciunt saltem in parietibus videndo legant, quae legere in codicibus non valent. Tua ergo fraternitas et illa servare et ab eorum adoratu populum prohibere debuit, quatenus et litterarum nescii haberent, unde scientiam historiae colligerent, et populus in picturae adoratione minime peccaret« (Ep. 9,209: CC 140 A,786).

[7] »Litterarum tuarum primordia ita sacerdotalem in te esse benivolentiam demonstrabant, ut maior nobis fieret de fraternitate tua laetitia. Sed tanto eorum finis a suis dissentit initiis, ut non unius, sed diversarum esse mentium talis crederetur epistula. Ex illo autem, quod de scriptis nostris quae ad te misimus, dubitasti, quam sis incautus apparuit. Nam si diligenter ea quae fraterno amore monuimus attendisses, non solum minime dubitasses, sed immo quod te sacerdotali gravitate oporteret agere cognovisses. Neque enim Cyriacus quondam abbas, qui scriptorum nostrorum portitor exstitit, istius disciplinae vel eruditionis fuit, ut vel ipse aliud facere, sicut putas, auderet, vel tu de eius tibi persona suspicionem falsitatis assumeres« (Ep. 11,10: CC 140 A, 873).

[8] »Et quidem quia eas adorari vetuisses omnino laudavimus, fregisse vero reprehendimus. Dic frater, a quo factum sacerdote aliquando auditum est, quod fecisti? Si non aliud, vel illud te non debuit revocare, ut despectis aliis fratribus solum te sanctum et esse crederes sapientem? Aliud est enim picturam adorare, aliud per picturae historiam quid sit adorandum addiscere. Nam quod legentibus scriptura, hoc idiotis praestat pictura cernentibus, quia in ipsa ignorantes vident quod sequi debeant, in ipsa legunt qui litteras nesciunt; unde praecipue gentibus pro lectione pictura est. Quod magnopere a te, qui inter gentes habitas, attendi decuerat, ne, dum recto zelo incaute succenderis, ferocibus animis scandalum generares. Frangi ergo non debuit, quod non ad adorandum in ecclesiis, sed ad instruendas solummodo mentes fuit nescientium collocatum« (ebd. 873 f.).

vernünftigen Grund (non sine ratione) entstanden ist. Niemals hat man gehört, daß ein Priester ein ähnliches Zerstörungswerk unternommen hat wie Serenus. Da er seinen an sich nicht tadelnswerten Eifer nicht auf die Mönchstugend des Augenmaßes (discretio) gegründet hat, riskierte er die Spaltung seiner Gemeinde: die Mehrheit hat sich von der Gemeinschaft mit dem Bischof abgewandt.[9] Gregor schließt sein Schreiben mit einer detaillierten Anweisung an Serenus, wie er sein Verhalten erklären und die Einheit der Gemeinde wieder herstellen könne: nämlich daß er die Bilder deshalb habe zerstören lassen, weil er festgestellt habe, daß sie angebetet worden seien; wenn sie aber Bilder zu dem *von alters her* üblichen Zweck, nämlich dem der Unterweisung, in der Kirche haben wollten, dann sei dagegen nichts einzuwenden; ihm habe nicht die Darstellung von Ereignissen der Geschichte mißfallen, sondern nur die unerlaubte Anbetung. Auch in Zukunft soll der Bischof die Anfertigung von Bildern nicht verhindern, sondern nur deren Anbetung.[10] Was Gregor hier empfiehlt, ist also nichts anderes als ein diplomatischer Rückzug des Bischofs, um die Spaltung der Gemeinde zu beheben.

Die von dem Bischof Serenus veranlaßte Bilderzerstörung ist die erste ikonoklastische Aktion im Bereich des westlichen Christentums, von der wir Kenntnis haben. Wie wir aus Gregors des Großen Reaktion erschließen können, war sie mit dem alttestamentlichen Bilderverbot motiviert. Der Papst seinerseits rechtfertigt die Bilder im Kirchenraum mit Gründen der praktischen Verkündigung und der Missionspropaganda: diejenigen, die keinen Zugang haben zu Büchern, weil sie entweder nicht lesen können oder Heiden sind, können über die Bilder Kenntnis von der christlichen *historia* erlangen. Überdies entspricht die Ausstattung des Kirchenraums mit Bildern, freilich nicht deren kultische Verehrung, nach Auffassung Gregors altem christlichem Brauch (*vetustas admisit, antiquitus factae sunt*).

---

[9] »Et quia in locis venerabilibus sanctorum depingi historias non sine ratione vetustas admisit, si zelum discretione condisses, sine dubio et ea quae intendebas salubriter obtinere et collectum gregem non dispergere, sed dispersum potius poteras congregare, ut pastoris in te merito nomen excelleret, non culpa dispersoris incumberet. Haec autem dum in hoc animi tui incaute nimis motu exsequeris, ita tuos scandalizasse filios perhiberis, ut maxima eorum pars a tua se communione suspenderet. Quando ergo ad ovile dominicum errantes oves adducas, qui quas habes retinere non praevales?« (ebd. 874).

[10] »Atque eis dicendum: Si ad hanc instructionem, ad quam imagines antiquitus factae sunt, habere vultis in ecclesia, eas modis omnibus et fieri et haberi permitto. Atque indica, quod non tibi ipsa visio historiae, quae pictura teste pandebatur, displicuerit, sed illa adoratio, quae picturis fuerat incompetenter exhibita. Atque in his verbis eorum mentes demulcens eos ad concordiam tuam revoca. Et si quis imagines facere voluerit, minime prohibe, adorare vero imagines omnimodis devita. Sed hoc sollicite fraternitas tua admoneat, ut ex visione rei gestae ardorem compunctionis percipiant et in adoratione solius omnipotentis sanctae trinitatis humiliter prosternantur« (ebd. 875).

Gregor hatte seine Eltern Gordianus und Silvia im Atrium des St. Andreas-Klosters darstellen lassen. An anderer Stelle des Klosters gab es, von der Hand des gleichen Künstlers gemalt, eine porträthafte Darstellung Gregors selbst.[11]

Die oft zitierte Stelle aus dem Brief an den Einsiedler Secundinus ist eine spätere Interpolation und erscheint in der neuesten kritischen Ausgabe von D. NORBERG im Anhang.[12] Den Bildern wird dort über das von Gregor in seinem (echten) Brief an Serenus Gesagte hinaus noch eine weitere Qualität zugeschrieben: die Betrachtung des Bildes unseres Erlösers weckt die *Erinnerung* (recordatio) an den Sohn Gottes und regt die Liebe zu ihm an. Dabei kommt dem Bild keine kultische Verehrung zu, sondern wir beten Christus an, an dessen Geburt, Leiden oder Verherrlichung wir uns aufgrund der bildlichen Darstellung *erinnern* (recordamur). Unser Herz wird im *Andenken* (memoria) an seine Auferstehung oder an seine Passion erfreut bzw. zum Mitleid angeregt.[13] Diese Stelle ist deshalb bedeutsam, weil uns hier schon im frühen Mittelalter[14] das Bild in seiner Eigenschaft als Meditationsbild begegnet – eine Auffassung, die wir sonst eher als typisch für das Spätmittelalter vermuten würden.

2. Der Bilderstreit im karolingischen Zeitalter

Die Libri Carolini

Die berühmten *Libri Carolini,* das erste bedeutende westliche Dokument bilderfeindlicher Theologie, sind eine Reaktion auf das zweite Konzil von Nizäa (September/Oktober 787), mit dem die erste Phase des Bilderstreits im oströmischen Reich ein Ende gefunden hatte.[15] Die Ak-

---

[11] S. die ausführliche Beschreibung des Johannes Diaconus, S. Gregorii Magni Vita 4,83 f. (MPL 75,229–231); DUDDEN, Gregory I,7 f.

[12] Ep. 9,72 (MPL 77,990 f.); CC 140 A, 1110 f. (Appendix X); vgl. Ep. 9,148 (CC 140 A, 704).

[13] »Scimus quia tu imaginem Salvatoris nostri ideo non petis, ut quasi Deum colas, sed ob recordationem filii Dei in eius amore recalescas, cuius te imaginem videre desideras. Et nos quidem non quasi ante divinitatem ante ipsam prosternimur, sed illum adoramus, quem per imaginem aut natum aut passum vel in throno sedentem recordamur. Et dum nos ipsa pictura quasi scriptura ad memoriam filium Dei reducimus, animum nostrum aut de resurrectione laetificat aut de passione emulcat. Ideoque direximus tibi surtarias duas, imaginem Salvatoris et sanctae Dei genitricis Mariae, beatorum Petri et Pauli apostolorum per supradictum filium nostrum diaconem et unam crucem, clavem pro benedictione« (CC 140 A, 1110 f.); vgl. auch H. KOCH, Bilderfrage (o. Einl. Anm. 4), 78.

[14] Nach dem Herausgeber D. NORBERG stammt die Interpolation aus dem 8. Jahrhundert (CC 140 A, 1104).

[15] Libri Carolini sive Caroli Magni Capitulare de imaginibus rec. H. BASTGEN (MGH Concilia II, Suppl.), Hannover-Leipzig 1924; wichtige Korrekturen und Ergänzungen zu dieser Edition geben: Ann FREEMAN, Further Studies in the Libri Carolini. Speculum 40

ten des Konzils wurden durch die beiden päpstlichen Legaten nach Rom mitgebracht wo eine sehr dürftige, fehlerhafte lateinische Übersetzung hergestellt wurde.[16] Papst Hadrian I. sandte diese Übersetzung an den fränkischen Hof. Dort wurde eine Liste von Einwänden gegen das Konzil, *Capitulare adversus synodum,* zusammengestellt, welche der Abt Angilbert von Centula (St. Riquier) im Auftrag Karls des Großen dem Papst überbrachte. Hadrians I. Antwort auf dieses *Capitulare* ist erhalten.[17] Die *Libri Carolini* sind nicht identisch mit dem *Capitulare,*[18] sondern sind wahrscheinlich eine überarbeitete und erweiterte Fassung desselben.[19] Sie wurden in den Jahren 790-792, jedenfalls aber vor dem Konzil von Frankfurt 794, verfaßt, das sich mit dem Brief des Papstes auseinandersetzte.[20]

Obwohl sich die *Libri Carolini* als Werk Karls des Großen selbst geben, wird einhellig angenommen, daß dem König die sprachliche und theologische Bildung fehlte, die ihn in die Lage versetzt hätte, ein so bedeutendes Werk zu schreiben.[21] Der Verfasser wird also unter den

---

(1965), 203-289, und Luitpold WALLACH, The Libri Carolini and Patristics, Latin and Greek: Prolegomena to a Critical Edition, in: L. WALLACH (Hrsg.), The Classical Tradition. Literary and Historical Studies in Honor of H. Caplan, Ithaca, N. Y., 1966, 451-498.

[16] Die Konzilsakten: J. D. MANSI, Coll. Conc. 12, Florenz 1766, 985-1154; 13, Florenz 1767, 1-189; vgl. das Urteil des Anastasius Bibliothecarius († 879), der eine neue Übersetzung anfertigte, in seiner Praefatio an den Papst Johannes VIII.: »... non quod ante nos minime fuerit interpretata, sed quod interpres pene per singula relicto utriusque linguae idiomate adeo fuerit verbum e verbo secutus, ut quid in eadem editione intelligatur, aut vix aut nunquam possit adverti, in fastidium versa legentium, pene ab omnibus hac pro causa contemnatur. Unde a quibusdam nec ipsa lectione, ut non dicam transscriptione, digna penitus iudicatur« (ebd. 981; MPL 129,195); vgl. auch Lib. Carol. IV,14 (MGH Conc. II Suppl. 199,9): »... nullius penitus sensus lectori ingerit indicium, quia et a sensuum regulis est alienum et a Latine locutionis integritate penitus extraneum. ..«

[17] Epistolae selectae pontificum Romanorum Carolo Magno et Ludovico Pio regnantibus scriptae ed. K. HAMPE (MGH Epistolae 5, Karolini Aevi 3), Berlin 1899, 5-57; ältere Editionen: MANSI 13,759-810; MPL 98,1247-1292.

[18] Die Identität mit dem *Capitulare* nahm noch der Herausgeber H. BASTGEN an: Das Capitulare Karls d. Gr. über die Bilder oder die sogenannten Libri Carolini. Neues Archiv der Gesellschaft für die ältere deutsche Geschichtskunde 36 (1911), 631-666; 37 (1912), 15-51; 455-533.

[19] So Karl HAMPE, Hadrians Verteidigung der zweiten Nicaenischen Synode gegen die Angriffe Karls d. Gr. Neues Archiv 21 (1896), 95-113; E. J. MARTIN, History (o. Einl. Anm. 32), 229 und ebd. Anm. 2; vgl. auch: Wolfram VON DEN STEINEN, Entstehungsgeschichte der Libri Carolini. Quellen und Forschungen aus ital. Arch. u. Bibl. 21 (1929/30), 1-93; ebd. 1-11.

[20] Vgl. MARTIN, History, 230, Anm. 1; das Problem der Datierung behandelt auch, ohne zu einer definitiven Entscheidung zu kommen: G. ARNALDI, La questione dei Libri Carolini, in: Culto Cristiano - Politica imperilae Carolingia (Convegni del Centro di Studi sulla spiritualità medievale, 18), Todi 1979, 63-86.

[21] Nach W. VON DEN STEINEN gehen die Randnoten des Codex Vat. lat. 7207 auf Karl d. Gr. selbst zurück: Karl der Große und die Libri Carolini. Die tironischen Ramdnoten zum Codex authenticus. Neues Archiv 49 (1932), 207-280; vgl. auch: Gert HAENDLER, Epochen karolingischer Theologie. Eine Untersuchung über die karolingischen Gutachten zum byzantinischen Bilderstreit (Theol. Arbeiten, Bd. 10), Berlin 1958, 32, Anm. 86.

fränkischen Hoftheologen zu suchen sein. Man nahm an, es sei Alkuin[22] oder Theodulf von Orléans.[23] Im Mittelalter hatten die *Libri Carolini* keine große Wirkung, gerieten vielmehr alsbald in Vergessenheit. 1549 veranstaltete Jean du Tillet († 1570), später Bischof von St.
Brieuc, dann von Meaux, aufgrund einer von ihm in Frankreich ent-
deckten Abschrift eine Edition. Diese Edition hat dann auch Calvin erst-
malig in der *Institutio* von 1550 benutzt.[24]

Nicht zuletzt aufgrund der ihm vorliegenden schlechten Übersetzung
der Konzilsakten, aber auch wegen deren Unvollständigkeit kommt es
bei dem Verfasser der *Libri Carolini* zu zahlreichen Mißverständnissen.
Deshalb kann die karolingische Streitschrift wohl nicht als adäquate
Antwort auf die byzantinische Bildertheologie angesehen werden.[25] Dennoch findet sich in ihr eine eigenständige und theologisch fundierte Haltung zu der Bilderfrage, die schon mehrfach in der Forschung behandelt
wurde.[26] Wir gehen hier nur auf einige zentrale Argumente ein, die auch
für die Folgezeit bedeutsam wurden.

Die *Libri Carolini* möchten in der Bilderfrage weder die Partei der
Ikonoklasten ergreifen, die sich auf der Synode von Konstantinopel 754
durchgesetzt hatten, noch die der Ikonodulen, deren Synode von Nizäa
787 sie bekämpfen. Sie wollen sich vielmehr an den *mittleren Königsweg*
halten, welcher der Weg des durch die vier Kardinaltugenden bestimmten Maßes ist (vgl. Num 20,17; 1 Tim 5,21): die Bilder sollen weder
abgeschafft noch angebetet werden. Die Anbetung gebührt allein Gott;

---

[22] Bastgen, Capitulare, Neues Arch. 37 (1912), 491 ff.; W. Delius, Die Bilderfrage im
Karolingerreich. Diss. theol. Halle 1928, 22; L. Wallach nimmt Alkuin als Endredaktor
an: The Unknown Author of the Libri Carolini. Patristic Exegesis, Mozarabic Antiphons,
and the Vetus Latina, in: S. Prete (Hrsg.), Didascaliae. Studies in Honor of A. M. Albareda, New York 1961, 469–515.

[23] W. Von Den Steinen, Entstehungsgeschichte, 72. 89; Wattenbach-Levison,
Deutschlands Geschichtsquellen im Mittelalter, II. Die Karolinger vom Anfang des 8.
Jahrhunderts bis zum Tode Karls des Großen, bearb. von W. Levison und H. Löwe,
Weimar 1953, 201. 226; H. Löwe, Deutschland im fränkischen Reich, in: Gebhardt,
Handbuch der deutschen Geschichte, 9. Aufl. hrsg. von H. Grundmann, I, Stuttgart 1970,
187; Ann Freeman, Theodulf of Orleans and the Libri Carolini. Speculum 32 (1957),
663–705; Dies., Further Studies (o. Anm. 15); D. Schaller, Art. Theodulf, in: LThK² 10
(1965), 52 f.

[24] ICR I,11,14 (OS III,103,5 ff.).

[25] S. die zahlreichen Beispiele für Mißverständnisse, die St. Gero anführt: The Libri
Carolini and the Image Controversy. The Greek Orth. Theol. Rev. 18 (1973), 7–34; ebd.
11–13. Er folgert daraus: »If this is so, then, no matter what philosophical and linguistic
barriers existed between East and West, the LC cannot be taken as a response to the
Byzantine doctrine of images in any meaningful sense« (ebd. 13); vgl. auch K. Baus, Art.
Libri Carolini, in: LThK² 6 (1961), 1020 f.; Hermann Josef Vogt, Das bilderfreundliche
Konzil von Nizäa 787. Una Sancta 41 (1986), 178–186.

[26] S. vor allem: G. Haendler, Epochen, 74–94; H. Schade, Die Libri Carolini und ihre
Stellung zum Bild. ZKathTheol. 79 (1957), 69–78; ebd. 71–75; St. Gero, Libri Carolini,
14–18.

Bilder können als Schmuck oder zur Erinnerung an geschichtliche Ereignisse in der Kirche geduldet werden.[27]

Den Gedanken, daß nach dem Zeugnis des Alten und des Neuen Testaments die Anbetung keinem Geschöpf, sondern allein Gott zukomme, wiederholen die *Libri Carolini* mehrmals mit großer Eindringlichkeit.[28] Dem Bilderkult fehlt die biblische Legitimation: unter den *christianae religionis instrumenta,* den Heilsmitteln des Christentums, begegnet er nicht, er wird vielmehr von fast allen heiligen Schriften abgelehnt, die allein die Anbetung Gottes zulassen.[29] Die Apostel haben für sich selbst die Anbetung abgelehnt: Petrus hindert den Cornelius daran (Act 10,26); Johannes, der einen Engel anbeten will, wird belehrt, daß diese Ehre allein Gott gebührt (Apoc 19,10); Paulus und Barnabas entziehen sich ebenfalls der Anbetung (Act 14,14). Wenn also Engel und Menschen nicht angebetet werden dürfen, um wieviel weniger die Bilder, die weder Vernunft noch sinnliche Wahrnehmung besitzen.[30]

Der strikten Ablehnung des Bilderkultes steht in den *Libri Carolini* die Hochschätzung solcher Gegenstände der Anbetung gegenüber, die in der Schrift fundiert ist. Hierzu gehört vor allem der Mensch, den Gott nach seinem Bild geschaffen hat: ihm kommt eine »Anbetung« zu, die in der Liebe und im Gruß ihren Ausdruck findet. Das 24. Kapitel des zweiten Buches trägt die Überschrift: »Da man außer Gott nichts an-

---

[27] »Quae duo mala cum alterutrum sibi contraria sint et a recto tramite remota, restat nobis ut viam regiam secundum Apostolum gradientes neque ad dexteram neque ad sinistram declinemus, ut nec cum illis prorsus abolendas diiudicemus nec cum istis adorandas decernamus, sed solum Deum adorantes et eius sanctos venerantes secundum antiquam patrum et ecclesiasticam traditionem eas in ecclesia in ornamento et memoria rerum gestarum, si libet, habeamus, et cum iustitia hinc severitatem, illinc adolationem contempnentes, cum prudentia hinc versutiam, illinc hebetudinem declinantes, cum temperantia hinc libidinem, illinc insensibilitatem spernentes, cum fortitudine hinc timiditatem, illinc audaciam abiicientes cum sanctis patribus, qui eas in ornamento solummodo esse ecclesiae siverunt, istis hinc adorantibus, illis illinc abomimantibus postpositis viam mandatorum Domini teneamus«: LC II, 31(ed. BASTGEN 102,15–26); vgl. auch ebd. Praefatio (ed. c. 5 f.): ». . et doctoris gentium praedicatione admoniti, qui nos viam regiam tenere instituit, imagines in ornamentis ecclesiarum et memoria rerum gestarum habentes solum Deum adorantes et eius sanctis opportunam venerationem exhibentes nec cum illis frangimus nec cum istis adoramus. .«, und III, 16 (ed. c. 138, 1 ff.).
[28] S. z. B. außer den o. z. Stellen noch LC I,9 (ed. c. 29,9 ff.); III,14 (131,18 ff.); IV,22 (215,27 ff.); HAENDLER, Epochen, 75.
[29] »Inter quae nullum penitus locum imaginum cultus et adoratio tenent, quoniam quidem nullo antiquitatis instituuntur documento vel fulciuntur exemplo, sed pene cunctarum divinarum scripturarum abdicantur eloquio. Solum namque Deum colere, ipsum adorare, ipsum glorificare debere totius divinae Scripturae tuba terribilis intonat«: LC II,21 (ed. c. 80, 7–12); vgl. HAENDLER, Epochen, 76.
[30] »Si igitur angeli sive homines, ut presentis exempli ratio docet, minime adorandi sunt, salva adoratione, quae caritatis et salutationis officio exhibetur, multo minus imagines, quae rationis expertes sunt nec salutatione nec adoratione dignae, eo quod insensatae sint, adorandae sunt«: LC II,25 (ebd., ed. c. 84,18–21). Der Titel des Kapitels lautet: »Quod nusquam ab apostolis exemplis aut verbis, ut illi garriunt, imagines adorare institutum sit.«

deres anbeten darf, ist es etwas anderes, den Menschen aus der Ver-
pflichtung zur Liebe und zum Gruß anzubeten, etwas anderes von Händen gemachte Bilder.« Der Mensch ist *opus Dei,* das Bild ist *opus artificis.* Gott hat geboten, die Menschen, nicht die Bilder zu lieben; er hat
wegen der Menschen seinen Sohn in die Welt gesandt, nicht wegen der
Bilder; von Menschen, nicht von Bildern wollte er »Vater« genannt werden. Den Bildern dagegen wird die Anbetung in abergläubischer und
überflüssiger Weise (superstitiose et superflue) dargebracht.[31]

Der Verfasser fügt eine Warnung an diejenigen an, die zwar in den
Kirchen predigen, nur Gott allein dürfe angebetet werden, die aber, um
den Bilderkult durchzusetzen, Synoden versammeln: hieraus könnte ein
Bürgerkrieg entstehen, der den gegenwärtigen Wohlstand des Staates be-
drohen würde. Sie können dies vermeiden, wenn sie sich innerhalb der
Grenzen der prophetischen und evangelisch-apostolischen Verkündigung halten, sprachliche Neuerungen unterlassen und mit den Anordnungen der heiligen Väter zufrieden sind.[32]

Legitimiert ist weiterhin die Anbetung des Abendmahls (corporis et
sanguinis Dominici sacramentum). Die Gleichstellung der Bilder mit
dem Sakrament, die das zweite Konzil von Nizäa nach Meinung des
Verfassers der *Libri Carolini* vollzogen hatte,[33] wird ausdrücklich abgelehnt.[34] Der Abstand von beiden ergibt sich aus dem Gegensatz von
menschlicher und göttlicher Tätigkeit: das Sakrament wird durch das
unsichtbare Wirken des Geistes Gottes vollbracht, die Bilder werden
sichtbar von der Hand des Künstlers aufgrund menschlicher Fertigkeit
an die Wand gemalt.[35] Daß es um den geistigen Kultus Gottes geht,

---

[31] LC II,24 (ed. c. 83).

[32] »Ceterum illi, qui intra sanctam ecclesiam in sacro eloquio solum Deum adorandum
solumque colendum praedicant et, ut imagines adorentur, sinodos congregant, videant, ne
forte domesticam pacem intestino bello perturbent et prosperitatem rerum nostrarum isto
errore quasi quodam civili bello commaculent. Quod facillime vitare poterunt, si intra
metas propheticae et evangelicae sive apostolicae predicationis contineantur et exclusis
vocum novitatibus sanctorum patrum solummodo institutis contenti sint«: ebd. (ed. c.
83,33–39); vgl. GERO, Libri, 15 f.

[33] S. Acta Conc. Nic. II, Act. 6 (MANSI 13,262 E - 263 C). Damit ist dem Verfasser der
Libri Carolini ein Mißverständnis unterlaufen. Die Akten des Konzils zitieren nämlich an
der betreffenden Stelle die Meinung der Ikonoklasten, nach der Leib und Blut Christi sein
wahres Bild sind und alle anderen Bilder abgelehnt werden. Dem gegenüber betont das
Konzil, daß keiner der Apostel und Väter jemals das unblutige Opfer, das zum Gedächtnis
Christi gefeiert wird, als Bild seines Leibes bezeichnet habe: ebd. (MANSI 13,263 DE); s.
auch die Erwiderung Hadrians I.: ed. HAMPE, MGH Epp. 5,33 (c. 38), und dazu w. u. bei
Anm. 62.

[34] LC II,27 (ed. c. 87).

[35] »Multum igitur, et ultra quam mentis oculo perstringi queat, distat sacramentum
Dominici corporis et sanguinis ab imaginibus pictorum arte depictis, cum videlicet illud
efficiatur operante invisibiliter spiritu Dei, hae visibiliter manu artificis; illud consecretur
a sacerdote divini nominis invocatione, hae pingantur a pictore humane artis eruditione. .«
(ebd., ed. c. 88,37 ff.); s. hierzu auch HAENDLER, Epochen, 77 f.

betont schon das programmatisch an den Anfang dieses 27. Kapitels gestellte Joh-Zitat: »Veri adoratores adorabunt Patrem in spiritu et veritate« (Joh 4,23). Aus dem sakramentalen Kultus ergibt sich die Notwendigkeit heiliger Kultgefäße: schon im Alten Testament wurden sie auf Geheiß Gottes von Moses für die Stiftshütte, von Salomon für den Tempel eingeführt.[36] Eine weitere biblische Legitimation, die den Bildern fehlt, erhalten die Kultgefäße aufgrund der Tatsache, daß Christus bei der Stiftung des Neuen Testaments einen Kelch verwendete.[37]

In dem sehr langen Kapitel II,30 wenden sich die *Libri Carolini* gegen die Gleichstellung der Heiligen Schrift mit den Bildern, wie sie das zweite Konzil von Nizäa vollzogen hatte.[38] Von Moses bis zu den Aposteln haben die heiligen Schriftsteller die Heilstaten Gottes in der Schrift, nicht im Bild festgehalten. In der Schrift findet man die Glaubenslehren und die Richtlinien für das christliche Leben und Handeln.[39]

Auch der Reliquienkult wird von der Bilderverehrung abgegrenzt. Wiederum bemüht sich der Verfasser um Schriftbeweise sowohl aus dem Alten wie aus dem Neuen Testament. Die alttestamentlichen Patriarchen wandten große Sorgfalt auf ihre eigene Bestattung und die ihrer Angehörigen an. In der Verehrung der Reliquien der Heiligen wird der Glaube zum Ausdruck gebracht, daß diese mit Christus leben und auch ihre Gebeine dereinst auferstehen werden.[40]

Eine hohe Wertschätzung genießt ferner das Kreuz, das nicht als stoffliches Bild aufgefaßt wird, sondern als Idee, Geheimnis, geistliche Waffe.[41] Wie Stephen GERO gezeigt hat, kommen die *Libri Carolini* hier der Auffassung der byzantinischen Ikonoklasten sehr nahe, die das Kreuz nicht nur von der Zerstörung ausnahmen, sondern es oft an die Stelle zerstörter Darstellungen setzten und es in Gedichten priesen. Wie die *Libri Carolini* beriefen sie sich auf die Kreuzesmystik des Apostels Paulus (vor allem Gal 6,14).[42]

---

[36] LC I,29 (ed. c. 91,28-33); HAENDLER, Epochen, 78 f.

[37] »Denique sine imaginibus et lavacri unda et sacri liquoris unctio percipi et timiamata adoleri et luminaribus loca sancta perlustrari et corporis et sanguinis Dominici consecratio effici potest, sine vasis vero numquam. Nam et nostrae salutis auctor, cum et veteri Testamento terminum et novo initium poneret, non imaginem, sed calicem accepisse perhibetur« (ebd. ed. c. 92,3-7).

[38] Acta Conc. Nic. II, Act. 4 (MANSI 13,19 D): »Non adversantur pictores scripturis, sed quidquid scriptura dicit, id demonstrant; ita ut assertores sint eorum quae scripta sunt. . . Divinus apostolus edocet dicens: Quaecumque scripta sunt, ad nostram doctrinam scripta sunt. Ipsae itaque sanctae atque colendae imagines et picturae, tum quae in musivis, quam quae in materiali scriptione fiunt, ad nostram doctrinam et aemulationem et formam sunt. .«

[39] Ed. c. 92-100, u. dazu eingehend: HAENDLER, Epochen, 80-83.

[40] LC III,24 (ed. c. 153 ff.); HAENDLER, Epochen, 77.

[41] »Non igitur quaedam materialis imago, sed Dominicae crucis mysterium est vexillum, quod in campo duelli, ut fortius confligamus, sequi debemus; arma, quibus libertatem tueri valeamus; munitio, qua infestantium hostium incursus evitemus. . .«: LC II,28 (ed. c. 89,37 ff.).

Von besonderer Bedeutung, vielleicht auch für die Verfasserfrage, ist der hohe Rang, den die *Libri Carolini* der Bundeslade zuweisen. In zwei Kapiteln, I,15 und II,26, wird ihre theologische Bedeutung behandelt und ein Vergleich mit den Bildern zurückgewiesen. Sie wurde auf Anordnung Gottes, nicht aufgrund der Willensentscheidung irgend eines Künstlers hergestellt.[43] Die Bundeslade selbst und die Gegenstände, die sie trägt und enthält, sind gleichsam befrachtet mit bedeutsamen Hinweisen auf das Neue Testament: die Bundeslade selbst bedeutet den auferstandenen und zur Rechten des Vaters erhöhten Herrn, in dem allein wir den Friedensbund mit Gott haben; die beiden Gesetzestafeln sind die beiden Testamente; der Stab Aarons verweist auf das Priesterkönigtum Christi, das Manna auf die Himmelsspeise des Neuen Testaments;[44] der Deckel (propitiatorium) zeigt, daß die Barmherzigkeit des Erlösers sowohl das mosaische wie das evangelische Gesetz übertrifft; die beiden Cherubim bedeuten die Fülle der Erkenntnis, die in den beiden Testamenten offenbar wurde. Dies alles soll mit dem geistigen Auge betrachtet und so die Wahrheit in unserem Herzen, nicht in der äußerlichen bildlichen Darstellung gesucht werden.[45]

Das Apsismosaik von Germigny-des-Près

Die Bundeslade mit den Cherubim ist dargestellt auf dem berühmten Apsismosaik der Kirche von Germigny-des-Prés bei Saint-Benoît-sur-Loire. Theodulf (✝ 821), von Geburt Westgote, Bischof von Orléans und Abt von Fleury (Saint-Benoît-sur-Loire), ist der Erbauer der im Jahre 806 geweihten Kirche, die allerdings ursprünglich ein Zentralbau war.[46] Das

---

[42] GERO, Libri Carolini, 16 f. und Anm. 80–85; Zitat von Gal 6,14 und 2,19 f.: LC II,28 (ed. c. 90,10 ff.).

[43] »Magne absurditatis, immo temeritatis est arcae testamenti Domini imagines coaequare conari, cum tot mysteriorum indiciis ab illa noscantur differre, et rei, quae condita est Dominicae vocis imperio, res adsimilare, que cuiuslibet artificis conduntur arbitrio. Siquidem illa condita est Domino imperante, iste conduntur artis industria iuvante; illa a sancto viro Moyse, iste a quolibet opifice; illa a legislatore, iste a pictore; illa redundet mysteriis, iste corporum tantummodo fucis. . .«: LC II,26 (ed. c. 85,29 ff.); vgl. HAENDLER, Epochen, 79 f.

[44] »Arca namque foederis secundum quosdam Dominum et Salvatorem nostrum, in quo solo foedus pacis apud Patrem habemus, designat, qui post resurrectionem suam ascendens in caelum carnem, quam adsumpserat ex virgine, in Patris dextera conlocavit, in quo sunt duae tabulae legis, duo videlicet Testamenta, in quo est virga Aaron, que fronduerat ei, quia ipse est rex et sacerdos . . . in quo est manna, caelestis videlicet pabuli edulium. . .«: LC I,15 (ed. c. 35,15 ff.).

[45] »Haec igitur insignia, arca videlicet et quae in ea sunt, propitiatorium sive cherubim, semper a nobis spiritali intuitu cernantur et tota mentis intentione quaerantur. Nec ea in depictis tabulis sive parietibus quaeramus, sed in penetralibus nostri cordis mentis oculo aspiciamus . . . non iam veritatem per imagines et picturas quaeramus, qui spe, fide et caritate ad eandem veritatem, que Christus est, ipso auxiliante pervenimus«: ebd. (ed. c. 37,11 ff.).

[46] H. LECLERCQ, Art. Germigny-des-Prés. Dict. d'Archéol. chrét. et de Liturgie 6 (1924),

Apsismosaik ist der (stark restaurierte) Rest einer Fülle von Mosaiken, die die karolingische Kirche einmal zierten.[47] Nach Meinung von May VIEILLARD-TROIEKOUROFF bieten die Kunstwerke, die Theodulf ausführen ließ, eine Illustration der bilderfeindlichen Ideen der *Libri Carolini,* wie diese andererseits zur Erklärung der Ikonographie der Apsis von Germigny herangezogen werden können.[48] Die Bundeslade, Symbol des erhöhten Christus, ist an die Stelle des sonst in byzantinischen Kirchen dargestellten Pantokrators getreten. Die bildliche Darstellung Gottes selbst wird vermieden: auf sein Wirken weisen die aus dem Himmel kommende Hand (dextera Dei) und die Cherubim hin; außer den beiden auf dem Deckel der Lade überschatten zwei weitere riesige Engel die Bundeslade.[49] Vor der Restauration der Kirche im vergangenen Jahrhundert waren auch in den Ecken der dem Altarraum vorgelagerten Kuppel noch die Reste zweier sechsflügeliger Engel zu erkennen. Berichte und Zeichnungen aus dem 19. Jahrhundert zeigen, daß das Dekor des Innenraumes der Kirche an der Beschreibung des Allerheiligsten des Salomonischen Tempels (3 Kön 6,14–36) orientiert war.[50] Die noch erhaltene Inschrift Theodulfs am unteren Rand des Apsismosaiks hat, im elegischen Versmaß wiedergegeben, ungefähr folgenden Wortlaut:

Sieh hier das heilge Orakel und die Cherube, Betrachter:
 Gottes Lade, sie strahlt, Zeichen des ewigen Bunds.
Dies beschau und zum Herrn des Himmels wende dich flehend,
 Denke dabei im Gebet, bitte, auch an Theodulf.[51]

1219–1232; A. GRABAR, Les Mosaïques de Germigny-des-Prés. Cahiers Archéologiques 7 (1954), 171–18? ; P. BLOCH, Das Apsismosaik von Germigny-des-Prés. Karl der Große und der Alte Bund, in: Karl der Große, Lebenswerk und Nachleben, Bd. III: W. BRAUNFELS, H. SCHNITZLER (Hrsg.), Karolingische Kunst, Düsseldorf 1965, 234–262.

[47] Abbildungen des Mosaiks bei: A. GRABAR, Mosaïques, Tafeln LVIII und LIX; A. FREEMAN, Theodulf, Speculum 32 (1957), bei S. 675; P. BLOCH, Apsismosaik, 245–247; der Kirche bei: Jean HUBERT, Jean PORCHER, W. Fritz VOLBACH, Die Kunst der Karolinger. Von Karl dem Großen bis zum Ausgang des 9. Jahrhunderts, München 1969, 46–48 (Abb. 40–43).

[48] M. VIEILLARD-TROIEKOUROFF, Nouvelles études sur les mosaïques de Germigny-des-Prés. Cahiers Archéologiques 17 (1967), 103–112; ebd. 103 und Anm. 2.

[49] Vgl. hierzu LC I,20 (ed. BASTGEN, 46):»Primo quaerendum est, quur Moyses, cum tabernaculum faceret, duos cherubim aureos fecerit et in propitiatorio, quod erat super arcam, posuerit, Salomon vero alios duos multo maiores addiderit, quibus in templo positis sub eorum alis arcam in medio conlocaverit cum propitiatorio et cherubim prioribus et in tabernaculo duo cherubim, in templo vero quatuor fuerint?«; vgl. P. BLOCH, Apsismosaik, 255 und 261, Anm. 101; zu *dextera Dei* s. auch o. Anm. 44.

[50] VIEILLARD-TROIEKOUROFF, o. c. 105. 108; BLOCH, o. c. 256; auch das Wort *oraculum* am Beginn der Inschrift stammt aus der gleichen Quelle (3 Kön 6,19 f. 22 f.); s. u. Anm. 51.

[51] Oraculum sanctum et cherubin hic aspice spectans
 Et testamenti en micat arca Dei.
Haec cernens precibusque studens pulsare Tonantem
 Theodulfum votis iungito, quaeso, tuis.
Über Theodulf als Dichter s. vor allem: Hans LIEBESCHÜTZ, Theodulf of Orléans and the Problem of the Carolingian Renaissance, in: D. J. GORDON (Hrsg.), Fritz Saxl 1890–1948. A Volume of Memorial Essays from his Friends in England, London 1957, 77–92; Dieter

Die Inschrift weist auf den kultischen Mittelpunkt Israels, das Allerheiligste des Salomonischen Tempels mit der Bundeslade, hin. Tempel und Bundeslade sind Vorbilder für die Kirche des neuen Bundes und ihre Mitte, den zur Rechten Gottes erhöhten Christus.[52]

Die Erwiderung des Papstes Hadrian I.

Wie bereits erwähnt, nimmt Papst Hadrian I. nicht zu der uns vorliegenden Fassung der *Libri Carolini,* sondern zu dem zunächst von den Theologen Karls des Großen ausgearbeiteten und von dem Abt Angilbert überbrachten *Capitulare adversus synodum* Stellung.[53] Die von uns oben behandelten Texte dürften aber in beiden Fassungen weitgehend identisch gewesen sein, wie die Erwiderungen des Papstes zeigen.

Die fränkischen Theologen hatten darauf hingewiesen, daß dem Bilderkult die Legitimation durch eine Einsetzung von alters her und deren Bezeugung in der Schrift fehle.[54] Hadrian I. begnügt sich damit, dem eine Stelle aus einer Predigt des Augustinus entgegenzuhalten. In allegorischer Ausdeutung von Prov 31,13: »quaesivit lanam et linum et operata est consilio manuum suarum« betont der Kirchenvater dort die Zusammengehörigkeit von Wolle, d. h. äußerem, fleischlichem, und Leinen, d. h. innerem, geistlichem Tun: Obwohl man auch das Äußere in geistlicher, nicht fleischlicher Weise tun muß, darf man sich doch nicht auf die bloße Innerlichkeit beschränken.[55] Der Behauptung, die Apostel

SCHALLER, Philologische Untersuchungen zu den Gedichten Theodulfs von Orléans. DA 18 (1962), 13–91; Edition der Gedichte in: MGH Poetae Latini Aevi Carolini, rec. E. DUEMMLER, I, Berlin 1881, 437–581.- *Tonans* ist in der antiken Religion Beiname für Jupiter, z. B. Horaz, Carm. 3,5,1: »Caelo tonantem credidimus Iovem regnare«; im christlichen Kontext ist vor allem auch an Stellen wie 1 Kön 2,10; 2 Kön 22,14; Job 37,4 f.; 40,4; Mk 1,11 par. zu denken.

[52] Vgl. die Deutung von Mosaik und Inschrift bei A. GRABAR, Mosaïques, 173: »Selon moi, toutes ces images, y compris les ornements, servaient à illustrer un seul et même sujet, celui qu'évoque le *titulus:* le Sanctuaire ou Temple idéal qui s'élève au milieu d'un Paradis, et qui est une image de Dieu, comme le rappelle d'ailleurs la présence des anges et des chérubins qui montent la garde à ses côtés. Le *titulus* nous invite à adopter cette explication, lorsqu'il nous engage à reconnaître, dans le *testamenti . . . arca Dei, l'oraculum sanctum,* c'est-à-dire le temple de Jérusalem et, par là, l'Église chrétienne. Tandis que, dans sa deuxième partie, le même *titulus* nous fait comprendre que cette image symbolique figure Dieu: c'est en la regardant, dit-il, qu'on pourrait adresser ses prières pour le fondateur de l'église, Théodulphe, au *tonantem,* c'est-à-dire au maître des cieux.« Entgegen der Annahme von GRABAR stellt jedoch die Bundeslade Christus als den Mittelpunkt der Kirche des neuen Bundes dar. Vgl. dazu auch die Deutung der beiden großen Cherubim in den LC I,20 (ed. BASTGEN, 46): »Quo in facto innuitur eo, quod post incarnationem Dominicam ecclesia latius esset ex diversarum gentium congregatione sublimanda et supernis civibus copulanda.«

[53] S. o. Anm. 17–19.

[54] LC II,21 (o. Anm. 29).

[55] »Invenis alium dicentem tibi: Sufficit michi in conscientia Deum colere, Deum adorare: quid mihi opus est aut in ecclesiam ire aut visibiliter misceri cristianis? Linea vult habere sine tunica; non novit, non commendat talia opera mulier ista. Dicenda sunt qui-

hätten niemals, weder durch ihr Beispiel noch durch ihre Worte, die Bilderverehrung eingesetzt,[56] stellt der Papst das Zeugnis des Dionysius Areopagita entgegen; dessen Autorität und Altertümlichkeit wiederum wird von Papst Gregor dem Großen gestützt.[57] Die erste Stelle ist aus einem angeblich an den Evangelisten Johannes gerichteten Brief des Areopagiten entnommen und sagt, die sichtbaren Bilder stellten das Unsichtbare dar;[58] in der zweiten aus *De coelesti hierarchia* wird der Aufstieg des Geistes vom farbigen, materiellen Bild zum Einfachen, Immateriellen beschrieben und zugleich die Notwendigkeit der materiellen Elemente betont.[59] Die Idee vom Aufstieg zum Unsichtbaren mittels des Sichtbaren wird dann für die mittelalterliche Ästhetik, vor allem des romanischen Zeitalters, von entscheidender Bedeutung.[60]

In einer langen Liste, die mit der Zeit des Kaisers Constantin und des Papstes Silvester I. beginnt, zählt Hadrian I. auf, was seine Vorgänger in der Stadt Rom an kirchlichen Bauwerken errichten ließen und wie sie die Kirchen mit Mosaiken, Fresken und Plastiken ausschmückten. Darunter werden auch die altchristlichen Mosaiken von S. Maria Maggiore aus der Zeit des Papstes Sixtus III. (432–440) erwähnt.[61]

---

dem et docenda spiritualia sine carnalibus, sed illi, qui accipiunt, debent tenere spiritualia et non carnaliter operari carnalia«: Augustinus, Ser. 37 (MPL 38,224 f.); MGH Epp. 5,41 (c. 57).

[56] LC II,25 (o. Anm. 30).

[57] Vgl. Gregorius Magnus, Homil. in Ev. 2,34,12 (MPL 76, 1254): »Dionysius Areopagita, antiquus videlicet et venerabilis pater...«

[58] Die Wiedergabe beider Stellen ist ungenau; vor allem ist im Originaltext nicht von Bildern im engeren Sinn die Rede, sondern von der bildlichen Funktion der materiellen Wirklichkeit. Vgl. Ps-Dionysius, Ep. 10: Ἀληθῶς ἐμφανεῖς εἰκόνες εἰσὶ τὰ ὁρατὰ τῶν ἀοράτων – »Revera quae videntur manifestae sunt imagines eorum quae non videntur« (MPG 3,1117/1118).

[59] »Predicta enim incorporea agmina diversis coloribus effigurantur, et compositionibus variosa per colores tradidit, quatenus sic tacite nosmetipsos per sacratissimas effigies ad simplices et incorporales pia mente transeamus; etenim inpossibile est nostra mente ad incorporea illa pertingere caelestis militiae imitationem visionemque, nisi per elementorum poterimus per visibilem ad invisibilem pulcherrimamque attingi effigiem et visibiles odoriferasque imagines rationali traditione invisibiles prefulgi«: MGH Epp. 5,32 f. (c. 36); vgl. Ps-Dionysius, De coel. hier. c. 1, § 3: »Quapropter primitiva illa rituum sacrorum institutio, sanctissimam nostram hierarchiam supermundana coelestium hierarchiarum imitatione dignam censens, praedictas immateriales hierarchias, materialibus figuris et formativis compositionibus variegando transscripsit, ut pro nostra cum illis proportione, a sacratissimis fictionibus ad simplices figurarum expertes anagogas et similitudines evehamur; quandoquidem fieri non possit, ut mens nostra ad immaterialem illam coelestium hierarchiarum imitationem ac contemplationem intendatur, nisi e propinquo materiali usa fuerit manuductione: cogitando scilicet, apparentes has pulchritudines arcanorum esse decorum effigies; ac sensiles odorum suavitates expressas esse figuras spiritalis dispensationis, et immaterialis illustrationis speciem prae se ferre lumina materiata« (MPG 3,121/122).

[60] S. dazu: Rosario Assunto, Die Theorie des Schönen im Mittelalter (DuMont-Tb. Bd. 117), Köln 1982, vor allem 86–104.

[61] »Magis enim successor eius beatus Xystus papa fecit basilicam sanctae Dei genitricis Mariae cognomento Maiore, quae et Presepe dicitur, simili modo et ipse tam in metallis aureis quamque in diversis historiis cum sacris decoravit imaginibus« (MGH Epp. 5,50,5 ff.); J. Wilpert, Mosaiken (o. Einl. Anm. 10), 412.

In der Abendmahlsfrage bemerkt der Papst, daß das Konzil von Nizäa die Bilder nicht mit Leib und Blut Christi gleichgestellt, sondern gegenüber den Ikonoklasten auf die dem entgegenstehende Lehrtradition verwiesen habe.[62] Dagegen insistiert Hadrian auf der Gleichstellung der Bilder mit den heiligen Kultgefäßen: nach dem legitimen Brauch der römischen Kirche werden die heiligen Bilder und die bildlichen Darstellungen historischer Ereignisse mit heiligem Öl gesalbt, bevor sie von den Gläubigen verehrt werden, so wie es Gott dem Moses für die Stiftshütte und ihr gesamtes kultisches Inventar geboten hatte (Ex 30,25–29).[63]

Mit dem Konzil teilt Hadrian I. auch die Auffassung von der sachlichen Identität des von den Bildern Dargestellten mit dem Inhalt der Heiligen Schrift. Als Zeugnis der kirchlichen Lehrtradition hierfür hält der Papst Karl dem Großen die berühmte Stelle aus dem Brief Gregors I. an den Bischof Serenus von Marseille vor, in der es heißt, daß die Bilder für die Ungebildeten, die Analphabeten, die Stelle der Schrift vertreten.[64] Für die Rechtfertigung von Bildern in sakralen Bauwerken spielt diese Aussage Gregors über das ganze Mittelalter hin eine bedeutende Rolle. In der Reformationszeit, vor allem bei Karlstadt und den Schweizer Reformatoren, wird gerade sie zu einem besonderen Gegenstand der Polemik.

Dies sind in etwa die sachlich bedeutendsten Einwände, die Hadrian I. dem König und dessen theologischen Beratern vorhält. Auf eine Reihe von Beweisgängen, die die *Libri Carolini* mit großem intellektuellen und gelehrten Aufwand dargelegt haben, geht er nicht näher ein. So beschränkt er sich im Falle der Bundeslade, deren herausragende Sonderstellung die *Libri Carolini* verteidigen, mit dem dürren Hinweis auf einige Augustinus-Stellen, aus denen die figürliche Bedeutung aller alttestamentlichen Ereignisse und Gegenstände hervorgeht.[65] Im übrigen fällt auf, daß die Argumente des Papstes zugunsten der Bilder sämtlich aus der nachbiblischen kirchlichen Tradition entnommen sind.

In dieser Auseinandersetzung ist so schon die Grundstruktur aller späteren Konflikte um die Bilder innerhalb des westlichen Christentums vorgebildet: bilderfreundliche oder bilderfeindliche Haltung hängen entscheidend damit zusammen, ob man dem vor allem in der späteren Väterzeit in Kirche und Theologie wirksam gewordenen griechisch-neu-

---

[62] MGH Epp. 5,33 (c. 38); s. dazu o. Anm. 33.

[63] »Nos vero in his fideliter et veraciter dicimus et probamus, quia usus recte sanctae nostrae catholicae et apostolicae Romane ecclesiae fuit et est, quando sacras imagines vel istorias pinguntur, prius a sacro crismate unguntur et tunc a fidelibus venerantur: instar facientes, ut locutus est Dominus ad Mosen...«: ed. c. 34 (c. 39).

[64] Gregorii M. Ep. 11,10 (CC 140 A,873–876); s. o. Anm. 8; MGH Epp. 5,42 (c. 1).

[65] MGH Epp. 5,41 (c. 58).

platonischen Gedankengut und damit außerbiblischen Lehrtraditionen überhaupt einen legitimen Platz innerhalb des Christentums zuerkennt, oder von einem mehr oder minder deutlich ausgesprochenen Sola-scriptura-Standpunkt aus das Gedankengut der jüdischen und urchristlichen Literatur als alleinige, für alle Zeiten gültige Richtschnur des Glaubens ansieht. Die christlichen Ikonoklasten aller Zeiten werden immer wieder Rekurs auf die Schrift suchen; die christlichen Ikonodulen werden sich vor allem auf die geschriebene und nichtgeschriebene kirchliche Tradition berufen.[66]

Dungal in Auseinandersetzung mit Claudius von Turin

Unter Karls des Großen Nachfolger Ludwig dem Frommen lebt der Bilderstreit erneut für kurze Zeit auf. Anlaß ist die Tätigkeit des Bischofs Claudius von Turin, von dessen Werk gegen die Bilderverehrung nur ein kurzes Exzerpt erhalten ist.[67] Dieses ist jedoch besonders wertvoll, weil es, wie Claudio LEONARDI bemerkt hat, das einzige Beispiel eines theologisch motivierten Ikonoklasmus in dieser Zeit im Westen ist.[68] Claudius berichtet selbst, wie er in seinem Jurisdiktionsbereich als einziger, entgegen der allgemein verbreiteten Praxis der Bilderverehrung, mit der Zerstörung der Bilder begann.[69] Das Verbot der Verehrung nicht nur der Bilder, sondern jeglicher Kreatur anstelle des Namens Gottes sieht er in Röm 1,25 ausgesprochen, wo der Apostel die Idololatrie der Heiden verurteilt.[70] Den Christen hält Claudius vor, sie hätten von den Götzen nicht abgelassen, sondern lediglich deren Namen ausgetauscht.[71] Auch

---

[66] Vgl. hierzu auch meine Rezension zu: H. PFEIFFER, Gottes Wort im Bild. Christusdarstellungen in der Kunst, München-Wuppertal 1986, in: Theol. Rev. 83 (1987), 379 f.

[67] »Apologeticum atque rescriptum Claudii episcopi adversus Theutmirum abbatem«, verfaßt ca. 825 (MGH Epp. 4,610–613). Über Claudius von Turin s. Mirella FERRARI, »In Papia conveniant ad Dungalum«. Italia medioevale e umanistica 15 (1972), 1–52; DIES., Note su Claudio di Torino »episcopus ab ecclesia damnatus«. It. med. e um. 16 (1973), 291–308.

[68] C. LEONARDI, Gli Irlandesi in Italia. Dungal e la controversia iconoclastica, in: H. LÖWE (Hrsg.), Die Iren und Europa im früheren Mittelalter, Stuttgart 1982, II, 746–757; ebd. 755.

[69] ». . postquam coactus suscepi sarcinam pastoralis officii, missus a pio principe, sanctae Dei aecclesiae catholicae filio, Hludowico et veni in Italiam civitatem Taurinis, inveni omnes basilicas contra ordinem veritatis sordibus anathematum imaginibus plenas, et quia quod omnes colebant, ego destruere solus coepi et idcirco aparuerunt omnes ora sua ad blasphemandum me et nisi Dominus adiuvisset me, forsitan vivum deglutissent me« (MGH Epp. 4,610,27–32).

[70] »Et ideo sciendum est summopere, quia non solum qui visibilia figmenta atque imagines colit, sed etiam quamlibet sive caelestem sive terrenam, sive spiritalem sive corpoream creaturam vice nominis Dei colit et salutem animae suae quae a solo Deo est, ab illis sperat, de illis est, de quibus dicit apostolus: »Et coluerunt et servierunt creaturae potius quam creatori« (ed. c. 611,14–18).

[71] ». . non idola reliquerunt, sed nomina mutaverunt« (ebd. 611,2).

die Verehrung des bemalten Kreuzes wird als Ausübung einer falschen
Religion und Aberglauben abgelehnt: Denen, die sie praktizieren, gefällt
nichts anderes an unserem Erlöser als das, was auch den Ungläubigen
gefiel, nämlich der Schimpf des Leidens und die Verhöhnung im Tod.
Sie glauben von Christus dasselbe wie die ungläubigen Juden und Heiden, die nicht an seine Auferstehung glauben; sie stellen ihn sich beständig als Leidenden und Toten vor und begreifen nicht das Wort des
Apostels, das dazu im Widerspruch steht: »Wenn wir auch Christus nach
dem Fleische« gekannt haben, so kennen wir ihn doch jetzt nicht mehr«
(2 Kor 5,16).[72] Aus der Zusammenfassung des Werkes geht weiterhin
hervor, daß Claudius von Turin unter anderem auch die Pilgerfahrt
nach Rom und das Vertrauen auf Verdienst und Fürbitte der Heiligen
abgelehnt hat.[73]

Mit dem bilderfeindlichen Werk des Claudius hat sich eingehend der
Ire Dungal befaßt, der etwa um das Jahr 784 in St.-Denis eingetreten war
und 825 als Lehrer in der langobardischen Hauptstadt Pavia nachweis-
bar ist.[74] Dungal sieht in Claudius einen Verspotter und Verächter der
Inkarnation und Passion Christi.[75] Der entscheidende Gedanke seiner
Argumentation aber ist, daß im Alten Testament nicht die Bilder verboten sind, die zu Ehren des Schöpfers, sondern nur diejenigen, die zu
Ehren eines Geschöpfes hergestellt werden. Im Wissen darum, daß das
Volk zum Götzendienst geneigt war und daß es sich tatsächlich ein Idol
herstellen würde, verbot Gott die Bilder von Geschöpfen am Himmel,
auf der Erde und im Wasser, damit die Israeliten nicht diese statt seiner
verehrten. Dagegen hat Gott Bilder, die seiner Ehre dienten, nicht nur
nicht verboten, sondern ihre Anfertigung sogar befohlen: so die Cherubim des Allerheiligsten der Stiftshütte (Ex 25,18 ff.; 37,7 ff.) und die
eherne Schlange (Num 21,8 f.).[76]

---

[72] Ebd. 611,27–35.

[73] Ebd. 613,13–26.

[74] Dungali responsa contra perversas Claudii Taurinensis episcopi sententias (MPL
105,465–530); über Dungal s. zuletzt: C. LEONARDI, Irlandesi (o. Anm. 68), mit Angaben
über die ältere Literatur.

[75] »Ille vero . . omnium sanctorum adversarius et blasphemator, inimicus crucis Christi,
sanctaeque eius destructor et confaltor imaginis, ac per hoc gradatim ascendens, incarnationis et passionis eius derisor et contemptor« (MPL 105,528 A); LEONARDI, o. c. 757.

[76] »Similitudines enim, quae non ad divinum, sed ad alienum, hoc est, non ad Creatoris,
sicut in epistola depravatum est, sed ad creaturae fiunt honorem, habere interdicuntur.
Proinde sciens Dominus populum durae esse cervicis, et ad idola pronum colenda, citoque
esse praevaricaturum, et simulacrum a se colendum conflaturum, prohibuit eos aliquam
similitudinem eorum quae sunt in caelo et in terra, vel in aquis habere, ne eo relicto et suo
honore omisso illa pro se adorarent et colerent. Caeterum ubi ad suum pertinere vidit
honorem, non solum non vetavit, sed etiam sanctas iussit fieri similitudines« (MPL
105,471 A).

Am zuletzt genannten Beispiel der ehernen Schlange wird die Fragwürdigkeit biblischer Argumentation deutlich: ihre Herstellung durch Moses (Num 21,8) kann zur Rechtfertigung des Bilderkultes, ihre Zerstörung durch den König Ezechias (4 Kön 18,4) zur Begründung des Ikonoklasmus herangezogen werden.[77]

Ausklang des Bilderstreits im fränkischen Reich

Jonas, Bischof von Orléans (seit 818; † 843), vollendete im Jahre 840 sein Werk über den Bilderkult. Auf Veranlassung Ludwigs des Frommen verfaßt, ist es dessen Sohn, dem König Karl dem Kahlen gewidmet.[78] Der Verfasser setzt sich darin in zum Teil heftiger und polemischer Form mit Claudius von Turin auseinander. Auch Jonas hatte nur das oben erwähnte Exzerpt aus dem Werk des Claudius vor sich, das ihm Kaiser Ludwig hatte zusenden lassen.[79] Jonas bringt über Dungal hinaus sachlich nicht sehr viel Neues. Doch ist die »Theologie des Ortes«, die er im dritten Buch auf dem Hintergrund alttestamentlicher Stiftungslegenden von Kultorten entwickelt, bemerkenswert.

Es ist keine neue Sache, so führt er aus, daß bestimmte Gebetsstätten von Menschen aufgesucht werden, vielmehr wird ein solcher Brauch durch die Autorität der Vorväter und der göttlichen Schriften gestützt. Denn obwohl Gott überall gegenwärtig ist und seine Hände alle Orte gegründet haben,[80] so hat er doch, als er den Glauben Abrahams prüfen wollte, *einen ganz bestimmten Ort,* einen ihm gefälligen Berg, zur Opferung des Sohnes vorgeschrieben, und er wollte, daß Abraham drei Tage zu diesem Ort unterwegs wäre. Es ist überliefert, daß der besagte Ort wegen des dort geschehenen Ereignisses später berühmt war, von vielen Menschen aufgesucht und mit dem Namen »Auf dem Berg wird der Herr sehen« ausgezeichnet wurde.[81] Auch Moses, der das Volk Israel

---

[77] Zur Geschichte des jüdischen Bilderverbots und des bilderlosen Kultus s. bes.: Ch. DOHMEN, Bilderverbot (o. Einl., Anm. 2).

[78] Jonae de cultu imaginum libri tres (MPL 106,305–388); Widmungsschreiben an Karl den Kahlen auch: MGH Epp. 5,335–355 (ed. E. DÜMMLER). »Quod ergo pro viribus executus idem opusculum iuxta imperium patris vestri ob capacitatem mei sensus digerens, vobis offerre merito iudicavi, ut quod patri vestro imperanti reddere non quivi, in vobis et illi, et vobis pariter reddam« (ebd. 354,42). Über Jonas s. M. MANITIUS, Geschichte der lateinischen Literatur des Mittelalters I, München 1911, 374–380; ebd. 377 f. über *De cultu imaginum* mit teilweise unzutreffender Wertung.

[79] S. o. Anm. 67. »Quem (scil. libellum) licet ego nec legerim nec viderim, quoddam tamen ex eo excerptum, eodem genitore vestro mittente, suscepi« (MGH 5,354,23). Auch Jonas überliefert den Titel des Werkes von Claudius: »Apologeticum atque rescriptum Claudii adversus Theodemirum abbatem« (MPL 106, 312).

[80] Is 48,13; vgl. ferner den Satz im Gebet Salomons zur Tempelweihe (3 Kön 8,27): »Ergone putandum est, quod vere Deus habitet super terram? si enim caeli et caeli caelorum te capere non possunt, quanto magis domus haec, quam aedificavi?«

[81] Vgl. Gen 22,14. »Neque enim novitia res est loca quaedam intuitu orationis conventibus frequentari humanis, sed potius auctoritate patrum priscorum et divinorum ad id

gelehrt hatte, daß Himmel und Erde dem Herrn gehörten, schrieb ihm doch im Deuteronomium (14,23.25; 26,2; 31,11) für die Zeit nach der Eroberung Kanaans einen ganz bestimmten Kultort vor.[82] Es liegt Jonas besonders daran, die Bedeutung des Kultortes und dessen biblische Legitimierung zu unterstreichen, weil sich Claudius ja im Zusammenhang seiner Polemik gegen die Bilder auch gegen den Besuch heiliger Orte durch die Gläubigen gewandt hatte.[83]

Aus der karolingischen Zeit sind uns weitere Stimmen überliefert, die in bezug auf die Bilder einen eher zurückhaltenden oder auch massiv kritischen Standpunkt zum Ausdruck bringen. Überhaupt sind bei den karolingischen Theologen durchaus verschiedene Grade sowohl der Bilderfeindlichkeit wie auch der Bilderfreundschaft zu beobachten. Claudius von Turin lehnt, wie wir gesehen haben, auch Darstellung und Kult des Kreuzes ab. Einhard dagegen hat eine kleine Abhandlung über den Kult des Kreuzes verfaßt, in der er die Anbetung des Kreuzes billigt, weil wir dabei mit dem inneren Auge den sehen und anbeten, der daran hing.[84] Rabanus Maurus ermahnt in einem Gedicht seinen Nachfolger Hatto, der offenbar ein Liebhaber der Malerei war, die Arbeit des Schreibens, die Anstrengung des Psalmodierens und das Lesen nicht geringzuschätzen. Denn der Buchstabe ist mehr wert als das ungenaue, täuschende, mit Farben gemalte Bild. Die Schrift ist die vollkommene Richtschnur des Heils, sie spricht alle Sinne an, während das Bild nur den Augen eine bescheidene Befriedigung gewährt.[85]

---

agendum provocamur auctoritate eloquiorum. Licet namque Deus ubique praesens sit et omnia loca manibus eius fundaverint, tamen beati Abraham fidem probaturus, non in quocumque loco, sed in monta quo sibi placuit, filium offerri praecepit, et trium dierum spatio ad eumdem locum supradictum virum ire voluit. Eumdem autem locum postea ob id fuisse clarum atque insignem traditur, atque a multis frequentatum, unde et nomine ›In monte Dominus videbit‹ est insignitus« (MPL 106,367).

[82] MPL 106,367 CD.

[83] Ebd. 369.

[84] Einharti Quaestio de adoranda cruce, ed. K. HAMPE, Berlin 1899 (MGH Epp. 5,146–149, u. bes. ebd. 149,6).

[85] »Nam pictura tibi cum omni sit gratior arte,
     Scribendi ingrate non spernas posco laborem,
     Psallendi nisum, studium curamque legendi,
     Plus quia gramma valet quam vana in imagine forma,
     Plusque animae decoris praestat quam falsa colorum
     Pictura ostentans rerum non rite figuras.
     Nam scriptura pia norma est perfecta salutis
     Et magis in rebus valet et magis utilis omni est,
     Promptior est gustu sensu perfectior atque
     Sensibus humanis facilis magis arte tenenda,
     Auribus haec servit, labris obtutibus atque,
     Illa oculis tantum pauca solamina praestat«:
Hrabani Mauri Carmina, rec. E. DÜMMLER, Berlin 1884 (MGH Poetae lat. 2,154–258); ebd. C. 38 (ed. c. 196).

Gegen den Bilderkult, nicht gegen Bilder überhaupt, wendet sich der Erzbischof Agobard von Lyon (769–840) in seinem Buch gegen den Aberglauben der Ikonodulen.[86] Er beruft sich dafür auf das erste Gebot und dessen Auslegung durch Augustinus.[87] Gemäß der Lehre des heiligen Augustinus ist auch kein anderer Mittler zwischen Gott und den Menschen zu suchen als allein derjenige, der Gott und Mensch zugleich ist.[88] Wie Eusebius im Zusammenhang mit seinem Bericht über die Statuengruppe Jesu und der blutflüssigen Frau in Caesarea Philippi zeigt,[89] haben Christen von alters her Bilder der Apostel und Christi selbst aus Liebe und zur Erinnerung, jedoch nicht zum Zwecke kultischer Verehrung,[90] hergestellt und bewahrt. Zu den Erinnerungsbildern zählt Agobard auch die Gemälde von Konzilien, auf denen die rechtgläubigen Katholiken als Sieger, die Häretiker dagegen als Unterlegene und Vertriebene dargestellt sind. Ähnlich wie die Historiengemälde von Kriegen die militärischen Ereignisse festhalten, so erinnern diese Darstellungen gewissermaßen an Geistesschlachten, bei denen sich die Unerschütterlichkeit des katholischen Glaubens bewährte. Doch keinem von den alten Katholiken wäre es eingefallen, ihnen kultische Verehrung oder Anbetung zu erweisen.[91]

Im Gegensatz zu diesem orthodoxen Bilderverständnis der älteren Christenheit sieht Agobard die Haltung seiner eigenen Zeitgenossen: sie nähern sich der Idololatrie oder der Irrlehre des Anthropomorphismus, indem sie Gebilde aus Menschenhand verehren und ihre Hoffnung auf sie setzen. Die Ursache für solchen Irrglauben sieht Agobard in der Tatsache, daß der Glaube aus den Herzen entfernt und das gesamte Vertrauen in sichtbare Dinge gesetzt wurde.[92] Nach Meinung des Bischofs

---

[86] Liber contra eorum superstitionem qui picturis et imaginibus sanctorum orationis obsequium deferendum putant (MPL 104, 199–228). In der neueren Forschung ist die Verfasserschaft des Agobard bestritten worden; s. hierüber: Egon BOSHOF, Erzbischof Agobard von Lyon. Leben und Werk (Kölner Histor. Abh. Bd. 17), Köln 1969, 139–158. BOSHOF nimmt an, daß ein anonymer Kleriker der Kirche von Lyon die Schrift im Auftrage Agobards verfaßt habe (ebd. 157).

[87] MPL 104,199; vgl. Augustinus, Ser. 8,4 (CC 41,82 ff.); De Civ. 10,1 (CC 47,272).

[88] »Quod inter Deum et homines nullus sit alius mediator quaerendus, nisi ille qui Deus et homo est« (MPL 104,202); vgl. Augustinus, De Civ. 9,15 (CC 47,262).

[89] Hist. Eccl. 7,18 (GCS 9 II,672/673).

[90] »ob amorem potius et recordationem, quam ob religionis honorem« (MPL 104,215 A).

[91] »Habuerunt namque et antiqui sanctorum imagines vel pictas vel sculptas, sicut etiam superius est ostensum; sed causa historiae, ad recordandum, non ad colendum; ut verbi gratia, gesta synodalia, ubi pingebantur catholici veritate fulti et victores, haeretici autem pravi dogmatis mendaciis detecti convicti et expulsi, ob recordationem firmitatis catholicae fidei, iuxta morem bellorum tum externorum cum civilium ad memoriam rei gestae; sicut et in multis locis videmus. Sed nullus antiquorum catholicorum unquam eas colendas vel adorandas fore existimavit« (o. c. c. 32: MPL 104,225).

[92] »Nunc autem error invalescendo tam perspicuus factus est, ut idolatriae vel Anthropomorphitarum haeresi propinquum aut simile sit adorare figmenta, et spem in eis

von Lyon sind Bilder mit religiösem Inhalt genau so anzuschauen wie
profane Gemälde. Von gemalten Bewaffneten oder Bauern bei der Ernte
oder Fischern oder Jägern erwartet man ja auch keine Verstärkung des
Heeres oder Hilfe bei der Landarbeit und eine bessere Ernte oder einen
reicheren Fischfang und eine größere Jagdbeute: ebenso wenig dürfen
wir von abgebildeten Engeln, predigenden Aposteln, Leiden erdulden-
den Märtyrern irgend eine Hilfe erwarten. Sie können weder Gutes noch
Böses tun.[93] Agobard vertritt damit eine rein rationale Haltung gegenüber dem religiösen Bild. In ihm mehr zu sehen als in jedem profanen
Gemälde, wäre für ihn *Aberglauben:* um solchem Aberglauben den
Grund zu entziehen, haben die rechtgläubigen Väter auf der Synode von
Elvira das Anbringen von Gemälden in den Kirchen verboten.[94]

Wie Agobard und die übrigen fränkischen Theologen der ersten Hälfte des 9. Jahrhunderts lehnt auch der große Gelehrte Walahfrid Strabo
(† 18.8.849) den *Kult* der Bilder ab. Dieser Ablehnung steht aber bei ihm
eine ausgesprochene *Hochschätzung der Kunst und des Kunstwerks* gegenüber. Walahfrid hat ein Werk über Ursprung und Entwicklung des
christlichen Kultus geschrieben,[95] dessen Anfang vor allem stark reli-
gionswissenschaftlich orientiert ist: der Verfasser spricht dort u. a. über
die Entstehung der Tempel und Altäre, Gemeinsamkeit und Un-
terschiede der Religionen, die Entstehung christlicher Gotteshäuser. Das
8. Kapitel handelt über Bilder und Gemälde.[96]

Walahfrid betont selbst, daß er einen maßvollen, mittlerer Standpunkt
einnehmen möchte zwischen einem übertriebenen Bilderkult auf der
einen und einem »Zertrampeln der Schönheit« auf der anderen Seite.[97]
Moses und Salomon verstießen nicht gegen das Bilderverbot, als sie die
Stiftshütte und den Tempel mit bildlichem Schmuck ausstatten ließen.

---

habere. At quae huius erroris causa? Fides de corde ablata, tota fiducia in rebus visibilibus
collocata« (o. c. c. 33: MPL 104,225).

[93] »Sicut autem videntes pictos armatos viros, vel agriculturae intentos, sive metentes,
vel vindemiantes, seu stantes in navibus piscatores, et retia iaculantes, nec non venatores
venabulis extensis, cum canibus capreas cervosque persequentes, nec augmentum exercitus,
nec adiutorium annui operis, vel acervos tritici, seu rivulos musti, nec pisces, capreas et
sues ab illis nos accepturos speramus; ita quoque, si viderimus pennatos angelos pictos,
praedicantes apostolos, martyres tormenta patientes, nullum ab imaginibus quas aspicimus
auxilium sperare debemus; quia nec male possunt facere, nec bene« (ebd 225 f.).

[94] »Recte nimirum, ob huiusmodi evacuandam superstitionem, ab orthodoxis patribus
definitum est picturas in Ecclesia fieri non debere: Ne quod colitur et adoratur, in parietibus depingatur« (ebd. 226); vgl. o. Einl. Anm. 17.

[95] De ecclesiasticarum rerum exordiis et incrementis liber unus (MPL 114,919–966);
über das Werk s. MANITIUS I,305 f.

[96] De imaginibus et picturis (MPL 114,927–930).

[97] »Nunc iam de imaginibus et picturis, quibus decus ecclesiarum augetur dicenda sunt
aliqua. Quia et earum varietas nec quodam cultu immoderato colenda est, ut quibusdam
stultis videtur: nec iterum speciositas ita est quodam despectu calcanda, ut quidam vanitatis
assertores existimant.«

Der gesamte Bau des Offenbarungszeltes und des Tempels hat eine geheimnisvolle Bedeutung in bezug auf das Neue Testament. Auch Historienbilder, die der Erinnerung an geschichtliche Ereignisse dienen, Bilder des Herrn und der Heiligen, die aus Liebe zu ihnen gemalt sind, um ihr Bild den Herzen der Betrachter fester einzuprägen, sind nicht verboten. Ihre Anbetung allerdings wäre Aberglauben, da dann der allein zulässige *geistige Kultus* auf körperliche Gegenstände übertragen würde. Weil so etwas geschehen kann, darf man aber nicht die Kunst der Maler und Bildhauer beschuldigen. Mit gleichem Recht könnte man auch Gottes Werke schmähen: die Gestirne mit ihrem Glanz, die Pflanzen mit ihrer Schönheit und ihrem Duft, weil sie von irrenden Menschen mit göttlichen Ehren bedacht wurden.[98] Nach Auffassung Walahfrids hat die Schönheit sowohl der Rahmenerscheinungen wie der Kunstwerke ihren Ursprung in Gott selbst.

Walahfrid sind die Kontroversen der Vergangenheit um die Bilderfrage wohlbekannt, sowohl diejenige bei den Griechen wie die im fränkischen Reich. Sie sind nach seiner Meinung teils aus übertriebenem Bilderkult, teils aus dem überzogenen Widerstand gegen die Bilder entstanden.[99] Dagegen stellt Walahfrid die maßvolle christliche Auffassung *(Christiani perfectio sensus),* nach der eine Zerstörung von Kunstwerken nicht statthaft ist: mit dem gleichen Recht könnte man unter Berufung auf den Glauben an die Allgegenwart Gottes, der nicht in von Menschenhänden gemachten Bauwerken wohnt (vgl. Act 7,48; 17,24; 3 Kön 8,27), sämtliche Kirchen zerstören, um nicht den Eindruck zu erwecken, Gott sei zwischen Mauern und Dächern eingeschlossen.»Und so könnte es geschehen, daß, während wir um die Beseitigung aller Anlässe des Irrtums für die Dummköpfe besorgt sind, wir am Ende fast nichts mehr haben, um unsere Frömmigkeit zu bilden und die einfachen und unwissenden Menschen zur Liebe der unsichtbaren Güter hinzuziehen.«[100]

---

[98] »Sane, si cui videtur ars pictorum vel fabrorum ob hoc culpanda, quasi ea quae ab ipsis fiunt, propter artis decorem et convenientiam, ad cultum sui illiciant insipientes: poterit consequenter et Dei obtrectare facturis, quare ipse vel luminaria coeli tanti splendoris, vel herbas et olera tantae creaverit venustatis et odoris: cum ipsa sicut et aliae creaturae, a quibusdam errantibus, divinis honoribus adorata sint et culta, qui error non auctori bonorum ascribendus est, sed daemonum persuasioni, et hominum consensui iniquo, qui bonis in malum abuti didicerunt« (MPL 114,928).

[99] »Notandum vero, quod sicut quidam easdem imagines ultra quam satis est venerantur, ita alii, dum volunt cautiores caeteris in religione videri, illas ut quasdam idololatriae species respuunt, et praesumptionis fastu, simplicium corda scandalizant« (ebd. 928 C).

[100] »Cum itaque talis sit Christiani perfectio sensus, non sunt omnimodis honesti et moderati imaginum honores abiiciendi. Si enim ideo, quia novimus non adorandas nec colendas iconas, conculcandae sunt delendae picturae, quasi non necessariae vel nocivae, ergo et quia credimus, quod Creator omnium, qui ubique est et coelum et terram implet, non habitat in manufactis, destruenda sunt templa, ne videamur parietibus et tectis inclusum credere Creatorem; sicque poterit evenire, ut dum cavemus ne uspiam sit aliquid, ubi insipientium mens possit errare, nihil pene haheamus, quo vel devotionem nostram

Der Nutzen der Bilder ist nach Walahfrid ein vielfacher: Das Bild ist ein Lesestoff für den Analphabeten *(quaedam litteratura illiterato).*[101] Es erweist sich überdies gelegentlich wirksamer als das Wort, um bei den ungebildeten Menschen Glauben und innere Umkehr zu erreichen.[102] »Wie also den Reinen alles rein ist (nach Tit 1,15), den Unreinen und Ungläubigen dagegen nichts rein ist, weil ihr Geist und ihr Gewissen beschmutzt sind, so sind den Bösen alle Wege voller Anstoß. Und wie die Guten auch die schlechten Dinge gut gebrauchen, so gebrauchen die Bösen auch die guten Dinge schlecht. Deshalb sind Bilder und Gemälde so zu haben und zu schätzen, daß weder durch Mißachtung ihr Nutzen zunichte wird und solche Unehrerbietigkeit zum Unrecht an denen wird, die sie darstellen, noch durch einen maßlosen Kult der gesunde Glaube verletzt wird und so die Ehre, die wir in übertriebener Weise körperlichen Gegenständen darbringen, beweist, daß uns weniger an der Betrachtung des Geistigen liegt.«[103]

In diesen maßvollen, »humanistischen« Erwägungen Walahfrids ist so etwas wie der Ertrag zusammengefaßt, den die »hohe«, wissenschaftlich und intellektuell geprägte Mönchstheologie aus den Auseinandersetzungen der karolingischen Zeit gewonnen hat. Die Volksfrömmigkeit wird in dem nun beginnenden romanischen Zeitalter andere Wege gehen.

---

exerceamus, vel simplices et ignaros ad amorem invisibilium trahere valeamus« (ebd. 929 CD).

[101] Ebd. 929 D.

[102] »Et videmus aliquando simplices et idiotas qui verbis vix ad fiden gestorum possunt perduci, ex pictura passionis Dominicae, vel aliorum mirabilium ita compungi, ut lacrymis testentur exteriores figuras cordi suo quasi litteris impressas« (ebd. 930 A).

[103] Ebd. 930 A.

II. URSACHEN UND FOLGEN DER CISTERCIENSISCHEN BILDERFEINDLICHKEIT

1. Aspekte romanischer Ästhetik

Wir haben nicht vor, im Rahmen unserer Darstellung die Ästhetik und die Kunstauffassungen des romanischen Zeitalters eingehend zu erörtern. In beinahe allen Werken über die Romanik sind hierzu wichtige Informationen und Erwägungen zu finden.[1] Uns geht es hier um zwei Elemente romanischer Kunst, die vor allen anderen Widerspruch und Kritik der cisterciensischen Reformbewegung im 12. Jahrhundert herausforderten und so zu einem der Hauptanlässe der cisterciensischen Bilderfeindlichkeit wurden: der Reichtum der Ausstattung von Kirchen und Klöstern und der Reichtum an - oft bizarren - Formen der Kunstwerke in und an romanischen Bauwerken.[2] Quellen, die einen direkten Aufschluß über Stilempfinden und ästhetisches Bewußtsein im 10. und 11. Jahrhundert geben, sind äußerst spärlich, und so sind wir, neben wenigen schriftlichen Zeugnissen, vor allem auf die Interpretation der Kunstwerke selbst angewiesen, wenn wir eine Annäherung an den uns fremden romanischen Geist versuchen.

Schon Henri FOCILLON hat auf die Fremdheit der romanischen Kunstwelt im Vergleich zu der gotischen hingewiesen, in welcher letzteren wir zum Teil unsere eigenen Vorstellungen wiederfinden können und die uns irgendwie noch gleichzeitig ist.[3] Sowohl in dem Verhältnis zu Gold und edlen Steinen, das in der Anfertigung kostbarer Reliquiare und Schreine zum Ausdruck kommt, wie in der Vielfalt der phantastischen Gestalten der romanischen Bauplastik scheint die Welt älterer, vorchristlicher Kulte und Religionen wieder lebendig geworden zu sein.

---

[1] S. dazu: Wilhelm MESSERER, Romanische Plastik in Frankreich Köln 1964, bes. 15-19.

[2] Vgl. den ersten Satz des Buches von Jurgis BALTRUŠAITIS, La stylistique ornementale dans la sculpture romane, Paris 1931, IX: »En étudiant la sculpture romane, nous avons été frappé par deux faits, d'une constance et d'une régularité remarquables: d'une part, la richesse du décor ornemental, et, d'autre part, l'interprétation toute particulière de la forme vivante.«

[3] H. FOCILLON, Art d'occident. T. I: Le moyen âge roman, Paris 1938 (Nachdr. 1965), 225: »Nous nous reconnaissons dans la sculpture gothique, nous y retrouvons notre humanité; elle est notre contemporaine encore, et presque notre voisine, bien plus que la sculpture de la Renaissance, fondée dans son principe sur la résurrection d'un passé pour lequel nous ne pouvons plus éprouver qu'une admiration et une amitié intellectuelles... L'art roman nous déconcerte de toutes parts dans la composition et le sentiment des images. Il abonde en monstres, en visions, en écritures abstraites. Il nous paraît d'abord bien plus ancien que l'âge dont il est pourtant l'expression fidèle et que l'architecture à laquelle il se conforme si étroitement.«

Prachtentfaltung

Die Entwicklung der romanischen Architektur ist wesentlich durch den aufblühenden Reliquienkult und das Pilgerwesen bestimmt. Die romanischen Kirchen sind selbst so etwas wie große, von allen begehbare Reliquienschreine. Sie dienen vornehmlich zwei Zwecken: der Aufbewahrung der Reliquien und, da diese Reliquien große Pilgerscharen anziehen, sind sie Andachtsstätten, in deren Rahmen der Kult der Reliquien vollzogen wird. Die Klosterkirche dieser Zeit ist Mönchskirche und Pilgerkirche zugleich. (Die Abteikirchen der Cistercienser werden dem Volk verschlossen bleiben und ausschließlich Gebetsstätten für die Mönche werden). Die Pilger vor allem sind es, die den Reichtum der Abteikirchen begründen und sowohl den Bau großer, repräsentativer Kirchen wie auch ihre Ausstattung mit kostbaren Kultgegenständen ermöglichen.[4]

Die romanische Abteikirche ist für den Aufenthalt und Durchzug großer Menschenmengen gebaut, wie man heute noch etwa in Saint-Philibert von Tournus, der Madeleine in Vézelay,[5] Saint-Benoît-sur-Loire und auch an den Resten der Abteikirche St. Peter und Paul von Cluny (Cluny III)[6] sehen kann. Oft ist dem eigentlichen Kirchenraum eine weiträumige Vorkirche (Narthex) vorgelagert, in der die Pilger sich aufhalten können. Sie ziehen dann durch die breiten Gänge der Seitenschiffe um den Altarraum herum. Dort und in den kranzförmig um das Chorhaupt angeordneten Kapellen werden die Reliquien aufbewahrt.

Die Behältnisse der Reliquien, aber auch die übrigen Kultnstände, wie Kreuze,[7] Altarverkleidungen,[8] Kanzeln,[9] Radeuchter,[10] werden aus kost-

---

[4] FOCILLON, o. c. 136.

[5] S. Klaus BUSSMANN, Burgund. Kunst, Geschichte, Landschaft, Köln ³1980, Abb. 104; vgl. auch ebd. Abb. neben S. 139; Georges DUBY, Saint Bernard. L'Art cistercien, Paris 1976, 213, Abb. 193.

[6] Kenneth John CONANT, The Third Church at Cluny, in: W. R. W. KOEHLER (Hrsg.), Medieval Studies in Memory of A. Kingsley Porter, Cambridge, Mass. 1939, II,327–357; bes. ebd. Abb. 2. 3.10.21 (S. 340. 341. 347. 357).

[7] Hierzu gehören das Lotharkreuz des Aachener Domschatzes, das Mathildenkreuz des Essener Münsterschatzes, das Reichskreuz der Wiener Schatzkammer und das Reliquienkreuz Kaiser Heinrichs II. in den Beständen der Stiftung Preuß. Kulturbesitz in Berlin; s. H. JANTZEN, Ottonische Kunst, 1963, Abb. 45. 48. 49. 50; E. G. GRIMME, Goldschmiedekunst im Mittelalter. Form und Bedeutung des Reliquiars von 800–1500, Köln 1972, 42 f. und Abb. 17.

[8] Noch erhalten sind die goldene Altartafel Heinrichs II. aus dem Münster zu Basel (im Musée Cluny in Paris) und das Antependium der ehemaligen Klosterkirche Großcomburg bei Schwäbisch Hall.

[9] Vgl. die Kanzel Heinrichs II. im Chor des Doms zu Aachen.

[10] Aus frühromanischer Zeit sind noch erhalten die Radleuchter von Großcomburg und Hildesheim. Bernhard von Clairvaux hat sich gerade auch über diese Radleuchter ereifert: »Ponuntur dehinc in ecclesia gemmatae non coronae, sed rotae, circumsaeptae lampadibus, sed non minus fulgentes insertis lapidibus«: Apologia ad Guillelmum Abbatem 12,28 (S. Bernardi Opera, ed. J. LECLERCQ, H. M. ROCHAIS, III, Rom 1963, 105).

baren Materialien und mit großer Kunstfertigkeit hergestellt. In der ottonischen Zeit haben die berühmten Goldschmiedewerkstätten ihre höchste Blüte, darunter die des Erzbischofs Egbert von Trier (977–993). Aus ihr sind noch drei hervorragende Kunstwerke erhalten: der Egbert-Schrein (St. Andreas-Tragaltar) und die Hülle des heiligen Nagels im Trierer Domschatz[11] sowie die Hülle des Petrusstabes im Domschatz von Limburg.[12] Wie Hans JANTZEN dargelegt hat, zeichnet die Goldschmiedekunst der ottonischen Zeit ein besonderes Verhältnis zum Gold aus: wie schon in älteren Kulturen bringt das kunstvoll bearbeitete Gold einen geheimnisvollen Bezug zum übersinnlichen und überzeitlichen Bereich zum Ausdruck.[13]

In gelegentlichen Äußerungen der Zeitgenossen finden wir dieses Bewußtsein. Der Freund Egberts, der Erzbischof Adalbero von Reims (969–31.1.989) war ein überaus kunstverständiger Mann. Wie der Chronist Richer von St.-Remi[14] berichtet, war er vom Zeitpunkt seiner Erhebung auf den erzbischöflichen Stuhl von Reims an intensiv mit dem Um- und Ausbau seiner Kathedrale beschäftigt *(plurimum studuit)*. Um einen weiten Kirchenraum zu gewinnen, ließ er die Empore abreißen, die das hintere Viertel der Kirche eingenommen hatte. Gleich am Eingang erhielt das Grab des Märtyrerpapstes Callixtus einen erhöhten Platz und eine Kultstätte. Der Hochaltar wurde mit goldenen Kreuzen und prachtvollen Chorschranken *(cancellis:* vielleicht sind damit auch Antependien gemeint) geschmückt.[15] Von der weiteren Ausstattung der

---

[11] S. Rhein und Maas. Kunst und Kultur 800–1400, Köln 1972, 176 f.; Schatzkunst Trier, Hrsg. Bischöfl. Generalvikariat Trier, (Treveris Sacra, Bd. 3), Trier 1984, 96 f.

[12] E. G. GRIMME, Goldschmiedekunst (o. Anm. 7), 26 f. und ebd Abb. 7.

[13] »Gold hat für jene Epoche wie allgemein für das frühe Mittelalter noch den geheimnisvollen Klang, von dem wir nur noch aus der Ferne der germanischen Frühzeit und aus alten Sagen von Königsschätzen vernehmen. Im Golde liegen Macht und Reichtum dinghaft ausgebreitet, sinnfällig verkörpert. So wird Gold in den Dienst der sakralen Aufgabe als des höchsten Anrufes an die Kunst gestellt. Aber nun ist es doch nicht das Materielle, das die Goldschmiedekunst der ottonischen Kaiserzeit auszeichnet, sondern es ist eine Art besonderer Vergeistigung des Materials. Keine Epoche der deutschen Kunst des Mittelalters und darüber hinaus bis zur Neuzeit hin hat wie die ottonische ein so ausgeprägtes Gefühl für die aus dem Edelmetall herauswirkende geheimnisvolle Macht besessen und es vermocht, dem liturgischen Gerät jenen mystischen Zauber zu verleihen, der von diesen Schöpfungen über fast ein Jahrtausend hinweg noch zu uns hinüberstrahlt« (JANTZEN, Ottonische Kunst, 125).

[14] Richeri Historiarum libri IV, ed. G. H. PERTZ, Hannover 1839; Nachdr. 1963 (MGH SS 3,561–657); über Richer s. zuletzt: Hans-Henning KORTÜM, Richer von Saint-Remi. Studien zu einem Geschichtsschreiber des 10. Jahrhunderts (Hist. Forschg., Bd.8), Wiesbaden 1985.

[15] »Hic in initio post sui promotionem, structuris aecclesiae suae plurimum studuit. Fornices enim qui ab aecclesiae introitu per quartam pene totius basilicae partem, eminenti structura distendebantur, penitus diruit. Unde et ampliore receptaculo, et digniore scemate, tota aecclesia decorata est. Corpus quoque sancti Kalisti papae et martiris, debito honore in ipso aecclesiae ingressu, loco scilicet editiore collocavit; ibique altare dedicans, oratorium fundendis Deo precibus commodissimum aptavit. Altare praecipuum crucibus aureis insigniens, cancellis utrimque radiantibus obvelavit«: Richer, Hist. III,22 (MGH SS 3,613).

Kathedrale von Reims erwähnt Richer die Anfertigung eines kostbaren
Tragaltars, der sich an das Vorbild der Bundeslade des Salomonischen
Tempels anlehnte, eines siebenarmigen Leuchters, eines Reliquien-
schreins, mehrerer Radleuchter, bunter Glasfenster, auf denen Ereignisse dargestellt waren, sowie von Glocken, die die Kirche in die Lage ver-
setzten, ein donnerndes Getöse zu veranstalten.[16]

In dem Briefcorpus Gerberts von Aurillac, des späteren Papstes Silvester II., der im letzten Viertel des 10. Jahrhunderts Leiter der Dom-
schule von Reims und engster Vertrauter des Erzbischofs Adalbero war,
sind Briefe Adalberos an Egbert von Trier erhalten, in denen von einem
Kreuz die Rede ist, das Adalbero bei der Werkstatt Egberts in Auftrag
gab.[17] Nach Auffassung des Erzbischofs soll es ein Pfand der Freundschaft zwischen beiden Kirchenfürsten sein, und durch seine Betrachtung soll ihre unauflösliche Liebe von Tag zu Tag vermehrt werden.[18]
Die Freundschaft Egberts preist Adalbero mit begeisterten Worten:
»Wenn uns auch die Natur viele Menschen durch Verwandtschaft, viele
durch Zuneigung verbindet, so ist doch keine Frucht der Freundschaft
süßer als die, die auf dem Fundament der Liebe ruht. Denn wessen
Dienste empfanden wir je geschmackvoller oder angenehmer als die Eu-

[16] »Preter haec etiam altare gestatorium non viliore opere effinxit. Super quod sacerdote
apud Deum agente, aderant quatuor euangelistarum expressae auro et argento imagines,
singulae in singulis angulis stantes. Quarum uniuscuiusque alae extensae, duo latera altaris
usque ad medium obvelabant. Facies vero agno immaculato conversas intendebat. In quo
etiam ferculum Salomonis imitari videbatur. Fecit quoque candelabrum septifidum; in quo
cum septem ab uno surgerent, illud significare videbatur, quod ab uno Spiritu septem
gratiarum dona dicidantur. Nec minus et arcam opere eleganti decoravit; in qua virgam et
manna id est sanctorum reliquias operuit. Coronas quoque non minima inpensa fabrefac-
tas in aecclesiae decus suspendit. Quam fenestris diversas continentibus historias dilucid-
datam, campania mugientibus ac si tonantem dedit« (Hist. III,23; ed. c. ebd.).
[17] Die Briefsammlung Gerberts von Reims, bearb. von Fritz WEIGLE, Weimar 1966
(MGH Briefe der deutschen Kaiserzeit 2); ebd. Ep. 104: »Destinato operi designatas mit-
timus species. Admirabilem formam, et que mentem et oculos pascat, frater efficiet fratri,
soror sorori. Exiguam materiam nostram magnum ac celebre ingenium vestrum nobilitabit
cum adiectione vitri tum compositione artificis elegantis« (ed. c. 134). Aus dieser wichtigen
Stelle geht u. a. hervor, daß Adalbero an Egbert eine Zeichnung oder ein Modell für das
bestellte Kreuz gesandt hat, die Ausgestaltung im einzelnen, insbesondere was den Zel-
lenschmelz betrifft, dagegen dem künstlerischen Genie seines Kollegen überläßt. Nebenbei
erfahren wir, daß Egbert aktiv, wenn auch nicht unbedingt handwerklich-manuell, in seiner Werkstatt tätig war. Für das ästhetische Bewußtsein eines Kirchenfürsten wie Adalbero
ist die Aussage bedeutsam, daß die bewundernswürdige Gestalt des fertigen Kunstwerkes
»den Geist und die Augen weiden soll«. - Zu dem Briefwechsel s.: H. FELD, Die europäische Politik Gerberts von Aurillac: Freundschaft und Treue als politische Tugenden, in:
Gerberto: scienza, storia e mito. Atti del Gerberti Symposium (Bobbio 25-27 luglio 1983)
(Archivum Bobiense, Studia 2), Bobbio 1985, 695-731; ebd. 723 f.
[18] Ed. WEIGLE, Ep. 106: »Et quoniam per Verdunum iter nobis est, eo crucem vestra
scientia, ut speramus, elaboratam, si fieri potest, kl. novemb. dirigite. Sitque hoc pignus
amicicie ita opus placens: dum oculis crebrius ingeretur, indissolubilis amor in dies aug-
mentabitur.«

ren?«[19] Vermutlich spielt er auch an dieser Stelle wieder *(elegantiora!)* auf das Kreuz an, das dann wieder in dem Brief erwähnt wird, in dem er Egbert Grüße zur Genesung von einer Krankheit sendet: Diejenigen, die das Kreuz Egberts mit großem Gefallen betrachten, spüren etwas von der Freundschaft der beiden Bischöfe. Durch sein kostbares Material deutet dieses Pfand der Freundschaft auf deren *Ewigkeitscharakter.*[20] »Das Werk des Goldschmieds erfüllte nur dann seine Aufgabe richtig, wenn es den Ewigkeitsbezug erlebbar machte.«[21]

In romanischer Zeit entstanden auch die archaischen Kultbilder der Madonna, wie die Gottesmutter des Essener Münsters[22] und Notre-Dame la Brune von Tournus (12. Jh.), vor allem aber die Reliquienstatue der heiligen Fides (Sainte Foy) in Conques, die »älteste erhaltene Skulptur eines Heiligen«[23] (9./10. Jh.). Am Kult der heiligen Fides entzündet sich eine der wenigen zeitgenössischen kritischen Stellungnahmen zum Bilder- und Wallfahrtswesen jener Zeit, die aber für das gelehrte, »aufgeklärte« Mönchtum charakteristisch gewesen sein dürfte. In seinem Buch über die Wunder der heiligen Fides berichtet der Scholaster Bernhard von Angers[24] von seiner ursprünglichen Skepsis in bezug auf die zu seiner Zeit übliche Bilderverehrung: In Teilen Mittel- und Südfrankreichs sei es alter Brauch (vetus mos et antiqua consuetudo), den Heiligen je nach Vermögen Statuen aus Gold, Silber oder einem anderen Metall zu errichten, in denen das Haupt oder ein größerer Teil des Leichnams geborgen würde. Eine solche Gewohnheit werde von verständigen Leuten mit Recht für abergläubisch gehalten, da in ihr ein Überbleibsel des alten Götter- oder vielmehr Dämonenkultes erhalten zu sein scheine.

---

[19] Ep. 125: »Cum multos nobis natura iungat affinitate, multos affectione, nullius amicitie fructus suavior est quam is, qui fundamento nititur karitatis. Nam cuius obsequia aliquando sensimus aut elegantiora vestris aut iocundiora?«

[20] Ep. 126: »Gaudemus quippe, si gaudetis, tristamur, si tristamini. Sic sancta societas unum et idem sentiens manet. Nec nos soli dulcem affectum vestrum circa nos sentimus. Sentiunt et illi, qui admirabile opus crucis a vobis nostro nomini elaborate non sine magna oblectatione conspiciunt, in quo pignus amicitie eternitatem sibi affectat.« Ein wahrscheinlich aus der Egbert-Werkstatt stammendes Brustkreuz befindet sich noch heute in der Sint Servaaskerk zu Maastricht (Holzkern mit Silber- und Goldblechauflage, Zellenschmelzen und Edelsteinen, einer antiken Gemme und einem Crucifixus aus Elfenbein): s. Rhein und Maas (o. Anm. 11), 179.

[21] GRIMME, Goldschmiedekunst (o. Anm. 7), 26; vgl. auch Guibert von Nogent, De vita sua I,2: »Si enim quidquid aeternaliter a Deo institutum est, pulchrum est, omne illud quod temporaliter speciosum est, aeternae illius speciei quasi speculum est« (MPL 156, 840 B).

[22] »aller deutschen Marienbildwerke Anfang in der so naturfernen Sprache vom Ausgang des 10. Jahrhunderts« (JANTZEN, Ottonische Kunst, 124 und ebd. Abb. 39).

[23] Hermann FILLITZ, Das Mittelalter I (Propyläen Kunstgeschichte, Bd. 5), Berlin 1969, 163 und ebd. Abb. 102; Renate KROOS, Vom Umgang mit Reliquien, in: Ornamenta Ecclesiae, Köln 1985, III,25–49; ebd. 40.

[24] Liber Miraculorum Sancte Fidis I,13 (ed. A. BOUILLET, Paris 1897, 46–49); das Kapitel fehlt in der bei MIGNE (MPL 141, 131–164) abgedruckten Edition; deutsche Übersetzung bei W. MESSERER, Romanische Plastik (o. Anm. 1), 145 f.

Auch ihm selbst sei »in seiner Dummheit« der Gedanke gekommen, es handele sich um eine verkehrte und dem christlichen Gesetz widersprechende Sache, als er einmal in Aurillac die goldene, mit Edelsteinen besetzte Statue des heiligen Geraldus erblickt habe.[25] Damals habe er lachend zu seinem ihn begleitenden Schüler Bernerius gesagt: »Bruder, was hältst du von dem Götzenbild? Hätten wohl Jupiter oder Mars sich einer solchen Statue für unwert erachtet?«[26]

Bernerius war mit seinem Lehrer einer Meinung und machte sich seinerseits geistreich und ironisch über das Idol lustig, und das keineswegs ohne vernünftigen Grund: denn wo der Kultus des allein höchsten und wahren Gottes ausgeübt wird, da scheint es widerreligiös und unsinnig zu sein, wenn man eine Statue aus Gips oder Holz oder Erz herstellt. Eine Ausnahme ist allerdings der Crucifixus, der zur Feier des Andenkens an das Leiden des Herrn von der gesamten Kirche akzeptiert wird. Das Gedächtnis an die Heiligen darf dagegen nur durch die Schrift oder durch Wandbilder sichtbar gemacht werden. Statuen der Heiligen sind nicht erlaubt; es handelt sich dabei um einen alteingewurzelten Mißbrauch der Laien. Dieser ist in den genannten Gegenden so stark, daß Berhard es nicht hätte wagen dürfen, seine Meinung über das Bild des heiligen Geraldus offen zu sagen, ohne auf der Stelle dafür als Verbrecher bestraft zu werden.[27]

Bernhard berichtet dann weiter, wie sie drei Tage später in Conques ankamen. Die Kapelle, in der das Gnadenbild aufbewahrt wurde, war überfüllt mit Pilgern, die auf dem Boden lagen, so daß sie selbst sich nicht mehr niederwerfen konnten. So betete er stehend mit folgenden

---

[25] Bei seiner ersten Pilgerreise nach Conques im Jahre 1013, die über Aurillac führte; s. ed. BOUILLET XII und ebd. 48, Anm. 1.

[26] »Quod cum sapientibus videatur haud iniuria esse supersticiosum, videtur enim quasi prisce culture deorum vel potius demoniorum servari ritus, michi quoque stulto nichilominus res perversa legique christiane contraria visa nimis fuit, cum primitus sancti Geraldi statuam super altare positam perspexerim, auro purissimo ac lapidibus preciosissimis insignem et ita ad humane figure vultum expresse effigiatam, ut plerisque rusticis videntes se perspicati intuitu videatur videre, oculisque reverberantibus precantum votis aliquando placidius favere. Moxque Bernerio meo mea culpa subridens latino sermone in hanc sentenciam erumpo: *Quid tibi, frater, de ydolo? An Juppiter sive Mars tali statua se indignos estimassent?*« (ed. BOUILLET, 47).

[27] »Ibi tum Bernerius iam sentencia ductus, satis ingeniose delusit, satisque sub laude hanc vituperavit. Nec prorsus immerito. Nam ubi solius summi et veri Dei recte agendus est cultus, nefarium absurdumque videtur gypseam vel ligneam eneamque formari statuam, excepta crucifixi Domini. Cuius imago ut affectuose, ad celebrandam Dominice passionis memoriam, sculptili vel fictili formetur opere, sancta et universalis recipit ecclesia. Sanctorum autem memoriam humanis visibus vel veridica libri scriptura, vel imagines umbrose coloratis parietibus depicte tantum debent ostendere. Nam sanctorum statuas, nisi ob antiquam abusionem atque invincibilem ingenitamque idiotarum consuetudinem, nulla ratione patimur. Que abusio in predictis locis adeo prevalet, ut si quid tunc in sancti Geraldi imaginem aperte sonuissem, fortasse magni criminis penas dedissem« (ebd.).

Worten: »Heilige Fides, von der ein Teil des Körpers in diesem Bilde ruht, steh mir bei am Tage des Gerichtes!« Dabei zwinkerte er seinem Begleiter aus dem Augenwinkel zu, »in der Meinung, es sei unpassend und weit entfernt von jeglichem vernunftgemäßen Verhalten, daß so viele vernünftige Menschen zu einem stummen und gefühllosen Gegenstand beteten.«[28]

Im Rückblick beurteilt er jedoch dieses Räsonnement und die Tatsache, daß er despektierlich von einem *simulacrum* gesprochen hatte, so, als handelte es sich um ein Bild der Venus oder Diana, als Dummheit: denn das heilige Bild wird ja von den Pilgern nicht in der Absicht aufgesucht, ihm wie einem Götzen zu opfern, sondern wegen des Gedächtnisses an die Märtyrerin zu Ehren Gottes.[29] Zu diesem Sinneswandel trug hauptsächlich eine Erzählung des damaligen Dekans und späteren Abtes Adalgerius bei. Er berichtete Bernhard von einem Kleriker namens Odalrich, der bei einer der üblichen Reisen des Gnadenbildes die Leute durch ungeziemendes Gerede von dessen Verehrung abspenstig gemacht hatte. Darauf sei ihm die Heilige persönlich im Traum erschienen, habe ihn getadelt und mit einer Rute geschlagen. Er habe dann nur noch so lange gelebt, daß er die Vision eben noch erzählen konnte.

Bernhard schließt aus dieser Erzählung, daß für ein Räsonnieren, ob das Bild der heiligen Fides verehrt werden dürfe, kein Platz mehr ist: wer das Ansehen des Bildes schmälert, greift damit die Ehre der Märtyrerin selbst an. Es handelt sich auch nicht um ein dreckiges Götzenbild, bei dem ein Opfer- oder Orakelkult vollzogen wird, sondern man begeht das Gedächtnis der heiligen Jungfrau und bittet in Reue um ihr Eintreten zur Vergebung der Sünden. Wie es überdies jedem klugen Menschen einleuchtet, ist die Statue vor allem ein Behältnis für die Reliquien der Heiligen, und sie birgt einen kostbareren Schatz als einstmals die Bundeslade. Das vollständig erhaltene Haupt der Märtyrerin ist eine der wichtigsten Perlen des himmlischen Jerusalem. Wegen ihrer Verdienste wirkt Gott so große Dinge, wie sie bei keinem anderen Heiligen

---

[28] »Denique post tercium diem pervenimus ad sanctam Fidem. Quibus monasterium intrantibus forte fortuna accidit, ut locus ille secretus in quo venerabilis imago servatur, fuerit patefactus. Ubi ergo coram astitimus, in tanta loci angustia, pre multitudine soli decumbentium, nequivimus et nos procidere. Quod cum michi molestum sit, stans aspicio imaginem, atque precantia verba examussim in hoc modo fundo: *Sancta Fides, cuius pars corporis in presenti simulachro requiescit, sucurre michi in die iudicii.* Rursus quoque ad Bernerium scholasticum meum limis oculis subridendo respicio, ineptum quippe et a rationis linea longe remotum estimans, ut tot rationales rem mutam insensatamque supplicarent« (ebd. 47 f.).

[29] »Verum istud vaniloquium sive parva conceptio non adeo ex bono corde procedebat, quando sacram imaginem que non ut idolum sacrificando consulitur, sed ob memoriam reverende martyris in honore summi Dei habetur despective tamquam Veneris vel Dianae appellaverim simulachrum. Et hoc ita stulte in sanctam Dei egisse valde me postea penituit« (ebd. 48).

in jener Zeit bekannt geworden sind.[30] Für Bernhard ergibt sich daraus ganz klar die Folgerung: »Also ist das Bild der heiligen Fides nichts, was man zerstören oder tadeln dürfte, da offenbar niemand seinetwegen in einen alten Irrtum zurückfällt noch die Tugenden der Heiligen gemindert werden, noch ein Bestandteil der Religion deswegen zugrunde geht.«[31] Die Heilige selbst hat so durch ihr Erscheinen und strafendes Eingreifen, wie eine *dea ex machina,* den kritischen Erwägungen über ihr Bild und dessen Kult ein Ende gesetzt.[32]

Während Bernhard von Angers die Berechtigung des anfänglich von ihm als Götzendienst kritisierten und verspotteten Bilderkultes dann teilweise aus der Verbindung mit der Reliquie herzuleiten sucht, sieht etwa hundert Jahre später Guibert von Nogent (1053–1124) gerade in dem Kult der Reliquien eine Wurzel für Irrtümer und Mißstände.[33] Es ist *wider die Natur und wider Gottes Willen,* die Leichname der Heiligen den Gräbern zu entnehmen, in goldene oder silberne Behältnisse zu schließen und sie gliederweise aufgeteilt durch die Gegend zu transportieren.[34] Der Engel Raphael lobt den Tobias, weil er die Toten bestattet und damit ein Gott wohlgefälliges Werk vollbracht hat (Tob 12,12). Wer dagegen die Leichen ihrer natürlichen Rechte beraubt und aus nichtigem Anlaß ihre Ruhe stört, der lädt schwere Schuld auf sich.[35] Der Geist Samuels beklagt sich, als er durch die Wahrsagerin von

---

[30] »Nullus ergo argumentandi locus relictus est utrum sancte Fidis effigiata species venerationi debeat haberi, cum liquido pateat qui huic exprobravit sancte martyri nichilominus detraxisse, neque id esse spurcissmum ydolum, ubi nefarius immolandi consulendive ritus exerceatur, sed sancte virginis piam memoriam apud quam multo decentius ac copiosiore fidelis cordis compunctione, eius pro peccatis efficax inploretur intercessio. Vel quod prudentissimum est intelligi, sanctorum pignerum potius hec capsa est ad votum artificis cuiusve figure modo fabricata, longo preciosiore thesauro insignis, quam olim archa testamenti. Siquidem in hac tante martiris caput servatur integerrimum, quam constat procul dubio unam e precipuis Hierusalem celestis esse margaritam. Pro cuius etiam meritis divina bonitas talia operatur, qualia propter aliquem sanctum nostro quidem tempore alias fieri nec audire nec scire potuerimus« (ebd. 49).

[31] »Ergo sancte Fidis imago nichil est quod destrui vel vituperari debeat, cum nec quisquam ob id in antiquum errorem relabi, nec sanctorum virtutes inde minui, nec etiam quippiam de religione propterea videtur deperire« (ebd.).

[32] Vgl. auch Klaus SCHREINER, »Discrimen veri ac falsi«. Ansätze und Formen der Kritik in der Heiligen- und Reliquienverehrung des Mittelalters. AKG 48 (1966), 1–53; ebd. 9.

[33] Vor allem in seinem Werk: De pignoribus sanctorum (MPL 156, 607–680); Übersetzung eines wichtigen Abschnitts bei GRIMME, Goldschmiedekunst (o. Anm. 7), 174; über Guibert s. auch SCHREINER, o. c. 31 ff.

[34] »Ut quid, precor, homo a sua natura, imo a Dei imperio eruitur, ut quod conditionaliter nulli competit, aureis vel argenteis conchulis inseratur? Certe si sanctorum corpora sua, iuxta naturae debitum, loca, id est sepulchra servassent, huiusmodi quos recensui errores vacassent. Per hoc enim quod e tumulis eruuntur, membratim huc illucque feruntur, et cum pietatis obtentu occasio circumlationis exstiterit, ad hoc subeunte nequitia detorqueri coepta est intentionis rectitudo, ut pene quae simpliciter fieri consueverant corrumperet universa cupido«: De pign. sanct. (MPL 156, 626 f.).

[35] »Si tanti loco meriti Tobiae mortuorum sepultura ascribitur, ut inter caeterarum be-

Endor in seiner Ruhe gestört wird (1 Kön 28, 15).[36] Durch den Reliquienkult ergibt sich auch die widersinnige Situation, daß der Jünger dem Herrn vorgezogen wird: während Christus mit einem Stein in sein Grab eingeschlossen wurde, wird der Heilige in Gold gefaßt; jener wurde gerade noch in ein dünnes Leichentuch gewickelt, dieser wird in Seiden- und Brokatstoffe gehüllt.[37] In seiner Geschichte der Kreuzzüge kritisiert Guibert darüber hinaus noch, daß die Reliquien der schändlichen Habgier dienstbar gemacht werden, indem das Zeigen der Knochen und das Herumtragen der Reliquiare zur Geldbeschaffung erfolgt: ein Mißbrauch, der vor allem in den französischen Kirchen um sich gegriffen hat.[38]

Monstren und Chimären

Die ältesten uns bekannten szenischen und figürlichen Darstellungen von Tiermenschen werden in die früheste Periode des Jungpaläolithikums, das Aurignacien (35 000 – 28 000 vor unserer Zeit) datiert, wie der Vogelmensch in der Höhle von Lascaux in Südfrankreich und die Statuette des Löwenmenschen aus einer Höhle des Lonetals (Hohlenstein-Stadel) bei Ulm.[39]
Sodann gibt es seit den Zeiten der ägyptischen und mesopotamischen Hochkulturen Erzählungen und bildliche Darstellungen von Mischwesen aus Mensch und Tier oder aus mehreren Tieren in fast allen bekannten Religionen und Kulturen.[40] Die Anhäufung von Monstren und

---

neficia humanitatum Raphaelis specialiter fere testimonio collaudetur, et ante Dei oculos grate admodum delata dicatur, quid impietatis et culpae putamus obtineat, qui corpora naturali debito privans quavis levi occasione molestat?« (ebd. 627).

[36] Ebd. 627 B.

[37] »Et quae non dico levior, sed importunior occasio quam ut discipulus praeponatur magistro? ille lapidi intrudatur, hic auro claudatur? ille nec pene subtili sindone obvolvatur, hic palliis aut sericis, aurove textili subcingatur?« (ebd. 627 A).

[38] Gesta Dei per Francos sive Historia Hierosolymitana I,5 (MPL 156, 695): »Et considerandus etiam sub hac occasione, plurimus quidem, sed non minus perniciosus error, qui Gallicanas praecipue, de sanctorum corporibus obsedit Ecclesias; istis illum, illis eumdem, seu martyrem seu confessorem se habere iactantibus, cum duo loca non valeat occupare integer unus. Quod totum contentionis malum inde sumit originem quod sancti non permittuntur habere debitae et immutabilis sepulturae quietem. Et plane ex pietate descendisse non ambigo quod eorum corpora argento operiuntur et auro; sed iam evidenti et nimium turpi avaritiae militant et ossium ostensiones et feretrorum ad pecunias corrogandas circumlationes. Quae omnia desivissent, si eorum, ut ipsius Domini Jesu, forti apposito obice immobili clauderentur membra sepulcro.«

[39] Hansjürgen MÜLLER-BECK, Die Anfänge der Kunst im Herzen Europas, in: H. MÜLLER-BECK, Gerd ALBRECHT (Hrsg.), Die Anfänge der Kunst vor 30 000 Jahren, Stuttgart 1987, 9–23; bes. 21; Joachim HAHN, Die ältesten figürlichen Darstellungen im Aurignacien, S. 25–33, u. ebd. S. 75, Nr. 37.

[40] S. dazu vor allem: Heinz MODE, Fabeltiere und Dämonen in der Kunst. Die phantastische Welt der Mischwesen, Stuttgart 1974.

phantastischen Wesen in der Kunst der romanischen Epoche ist eines der großen, letztlich immer noch ungelösten Rätsel der europäischen Kultur und hat, seit man sich näher damit beschäftigt, Anlaß zu vielerlei Hypothesen und Vermutungen gegeben.[41] Forscher wie H. FOCILLON und J. BALTRUŠAITIS haben auf den eklatanten Widerspruch zwischen der festen, klaren, geordneten Architektur der romanischen Kirchen und der wirren, tumultuösen, phantastischen Welt ihres Dekors aufmerksam gemacht.[42] In den Skulpturen der Portale und Kapitelle scheinen archaische Urbilder aus den Tiefen der menschlichen Seele[43] oder mythische Tiergottheiten vorchristlicher Religionen[44] erneut Gestalt zu gewinnen.

Der Mensch der romanischen Zeit verstand die ihn umgebende Welt und ihre Einzelerscheinungen symbolisch: Tiere, Pflanzen und Naturphänomene waren Bilder und enthielten Hinweise auf verborgene geistliche und heilsgeschichtliche Wahrheiten. Die handwerklichen und künstlerischen Produktionen ihrerseits hatten symbolische, geistliche Funktion: das machtvolle, klar gegliederte, in sich ruhende Gebäude der romanischen Dom- und Abteikirche ist ein Symbol der *ecclesia militans,* der Kirche als geistlicher und politischer Wirklichkeit. Zugleich aber gab

---

[41] Von den zahlreichen Spezialuntersuchungen s. besonders: Richard BERNHEIMER, Romanische Tierplastik und die Ursprünge ihrer Motive, München 1931; Richard HAMANN, Das Tier in der romanischen Plastik Frankreichs, in: W. R. W. KOEHLER (Hrsg.), Medieval Studies in Memory of A. Kingsley Porter, Cambridge, Mass. 1939, II,413–452; Wera VON BLANKENBURG, Heilige und dämonische Tiere. Die Symbolsprache der deutschen Ornamentik im frühen Mittelalter, Leipzig 1943; V.-H. DEBIDOUR, Le bestiaire sculpté du moyen âge en France, Grenoble-Paris 1961; Herbert SCHADE, Dämonen und Monstren, Regensburg 1962; Joachim M. PLOTZEK, Mirabilia Mundi, in: Ornamenta Ecclesiae, Köln 1985, I, 107–113; als Nachschlagewerk ist wichtig: Olivier BEIGBEDER, Lexique des symboles, [Paris] Zodiaque 1969.

[42] »N'y a-t-il pas une contradiction singulière entre l'ordre des eglises et ce tumulte d'images, entre les règles d'un art de bâtir dont nous nous sommes attaché à montrer la puissance, la stabilité, la qualité raisonnée, et les règles d'une iconographie qui, entre la transfiguration de Dieu et la déformation des créatures, ne connaît guère de moyen terme, enfin entre un art monumental dominé par une conception du plan et des masses qui n'appartient qu'à l'occident et une iconographie qui a puisé en orient la plupart de ses richesses?« (FOCILLON, Art d'occident I,232); »Cette sculpture au décor exubérant, ces monstres, cette faune et cette humanité qui appartient moins à la nature qu'à quelque règne fantastique et aux régions de la fantaisie en apparence la plus libre, prennent place sur une architecture d'une stabilité admirable. L'ordre des masses, la distribution des parties, la sévère beauté de la construction offrent l'image d'une plénitude tranquille et d'une solidité compacte. N'y a-t-il pas contradiction entre la plastique et l'art de bâtir, entre l'abondance de l'une et la rigueur de l'autre, le désordre mouvant du décor et l'ordre permanent de la structure?« (BALTRUŠAITIS, Stylistique ornementale, IX). – Dieser Gegensatz scheint aufgehoben bei dem Dom von Bamberg, wo eine (noch) romanische Architektur Träger und Rahmen einer (schon) gotischen Ornamentik und Bauplastik ist.

[43] So die Deutung von W. VON BLANKENBURG (o. Anm. 41), unter Zuhilfenahme der Tiefenpsychologie C. G. JUNGS.

[44] Auf dieser Deutung beruht die Interpretation von R. HAMANN (o. Anm. 41); vgl. auch H. FOCILLON, Art d'occident I,231.

es in dieser Zeit ein waches Bewußtsein dafür, daß die gegenwärtige Welt und Kirche, in der man lebte, sowohl der Zeit wie dem Raum nach begrenzt war und daß es jenseits dieser Grenzen andere Wirklichkeiten gab: dieses Gefühl und diese geglaubten oder vorgestellten Wirklichkeiten fanden Ausdruck und Gestaltung in der Plastik der romanischen Kirchen.

Das durch apokalyptisch-eschatologische Vorstellungen bestimmte Weltbild hat seine Wurzeln zunächst in der jüdisch-christlichen Tradition, sowohl in den heiligen Schriften wie bei den Kirchenvätern. Unter den letzteren ist es besonders Augustinus, der unter dem Eindruck des zerfallenden Römerreiches stehend in seinen Schriften der mittelalterlichen Kirche endzeitliches Bewußtsein und allegorische Weltdeutung zugleich vermittelte. Was sich auf dem Tympanon und auf den Kapitellen der romanischen Kirchen ausbreitet, liegt jenseits aller erfahrbaren Wirklichkeit. Die immense Vielfalt der Kreaturen scheint nicht die geschaffene Welt wiedergeben zu wollen, sondern »den Traum Gottes am Vorabend der Schöpfung und den grauenhaften Erstentwurf seines Werkes«.[45] Die Darstellungen des Weltenrichters im Tympanon der Portale vermitteln den Schrecken der Endzeit und des Jüngsten Gerichts.[46] Dagegen zeigt das Tympanon im Narthex der Sainte-Madeleine zu Vézelay (1122) die Aussendung der Apostel durch den Weltherrscher Christus »bis an die Grenzen der Erde« (Apg 1,18; vgl. Röm 10, 18).[47] Auf die extremste Möglichkeit der Verkündigung verweisen die in den Nebenszenen dargestellten Pygmäen, Panotier (Großohren) und Kynokephalen (Hundsköpfe), die man sich wie andere Fabelwesen am Rande der zivilisierten Welt lebend vorstellte.[48] Mit dem Ende der Welt ist auch

---

[45] H. FOCILLON, o. c. I,17: ». .l'immense diversité des créatures. L'art roman ne les avait aperçues qu'à travers un réseau d'ornement et sous des apparences monstrueuses. Il avait multiplié l'homme dans la bête et la bête dans l'animal impossible. Il avait suspendu à ses chapiteaux toute une série de captures chimériques et timbré le tympan des églises du sceau de l'Apocalypse. Mais ces êtres soumis à d'incessantes métamorphoses trahissent par leur profusion et par leur variété l'impatience d'une genèse qui, dans le dédale d'une stylistique abstraite, cherche à atteindre la vie. On dirait, non le monde créé, mais le rêve de Dieu à la veille de la création et l'ébauche terrible de son oeuvre. C'est l'encyclopédie de l'imagination avant l'encyclopédie du vrai.«

[46] Eines der großartigsten Beispiele ist das Tympanon der Kathedrale Saint-Lazare von Autun, Werk des Meisters Gislebertus; s. Ingeborg TETZLAFF, Romanische Portale in Frankreich, Köln 1977, Abb. 89; Klaus BUSSMANN, Burgund, Köln ³1980, 141–145, und ebd. Abb. 61. 62. 63.

[47] TETZLAFF, o. c. Abb. 84; G. DUBY, Saint Bernard (o. Anm. 5), 50, Abb. 37; 211, Abb. 192. Zur Deutung des inneren Tympanons von Vézelay s. Adolf KATZENELLENBOGEN, The Central Tympanon at Vézelay. Encyclopedic Meaning and its Relation to the First Crusade. Art Bulletin 26 (1944), 141–151; St. SEELIGER, Das Pfingstbild mit Christus. 6.–13. Jahrhundert. Das Münster 9 (1956), 146–152.

[48] J. M. PLOTZEK, Mirabilia Mundi (o. Anm. 41), 110. Vgl. auch die Deutung von R. BERNHEIMER, Romanische Tierplastik (o. Anm. 41), 157: »So spannt sich also die Welt romanischer Tierplastik zwischen zwei Begriffspolen, der Imago mundi, der Gesamtheit

indirekt auf das Ende der Zeit hingewiesen, das dann kommen wird, wenn die Verkündigung des Evangeliums alle Völker erreicht hat. Dann ist auch der Zeitpunkt des Jüngsten Gerichts gekommen, bei dem, wer nicht glaubt, verdammt wird (Mk 16,16). Deshalb ist der aussendende und den Geist spendende Weltherrscher des inneren Portals von Vézelay zugleich als Weltrichter dargestellt.

Fundort für zahlreiche Mischwesen und Tiersymbole war die Bibel, besonders prophetische und apokalyptische Texte. Im Buch Daniel (7,3-8) werden vier greuliche Mischwesen beschrieben, die aus dem Meer steigen und die widergöttlichen Reiche symbolisieren. Der Prophet Ezechiel (1,5-12) und der Verfasser der Apokalypse (4,6-8) beschreiben in ihren Visionen vier lebende Mischwesen in der unmittelbaren Nähe Gottes, in denen die christliche Theologie später die Symbole der vier Evangelisten erblickte und die in der romanischen Kunst unzählige Male als solche dargestellt sind.[49] Christus selbst erscheint in der Apokalypse als Lamm mit sieben Hörnern und sieben Augen, »welche die in alle Welt ausgesandten sieben Geister Gottes sind« (Apoc 5,6). Apoc 9,7-10 sind heuschreckenartige Mischwesen beschrieben, die die Menschen in der Endzeit schädigen werden. Eine wichtige Quelle war auch der sogenannte Physiologus, ein anonymes Werk des 2.-3. nachchristlichen Jahrhunderts, in dem neben Pflanzen, Tieren und Steinen auch Fabelwesen und vor allem menschliche Monstren beschrieben wurden und das in seinen verschiedenen Fassungen im Mittelalter eine große Verbreitung hatte.[50]

Überaus beliebt waren die biblischen Tierszenen, allen voran die Erzählung von Daniel in der Löwengrube, »vielleicht die beliebteste der

---

aller geschaffenen Wesen, durch die der Ruhm des Schöpfers verkündigt wird, und dem ewigen Kampf, den die finsteren Gewalten mit den Mächten des Heils um die menschliche Seele ausfechten. Beide Systeme überschneiden sich und kommen einander in die Quere; denn die gleichen Tiere, die in dem einen Zusammenhang wesentlich ein Interesse als geographisches Kuriosum haben, können in einem anderen mit allen Schrecken der Hölle gewappnet sein... Die Imago mundi und die Idee von den Nachstellungen des Bösen sind die weitesten Begriffe, in die man die Tierskulptur der Romanik einspannen kann. Man wird gut tun, sich an diese Oberbegriffe zu halten...«

[49] Vgl den von Richer beschriebenen Tragaltar des Erzbischofs Adalbero von Reims (o. Anm. 16); s. ferner: V.-H. DEBIDOUR, Bestiaire (o. Anm. 41), 330 f. 458.

[50] Von den verschiedenen Ausgaben vgl. vor allem: Der Physiologus, nach einer Handschrift des 11. Jahrhunderts herausgegeben und erläutert von Dr. G. HEIDER (Archiv f. Kunde österr. Geschichtsquellen, Bd. 5), Wien 1851; Physiologus Bernensis. Voll-Faks. Ausg. d. Codex Bongarsianus 318 der Burgerbibliothek Bern. Wiss. Komm. v. Christoph VON STEIGER und Otto HOMBURGER, Basel 1964; Der altdeutsche Physiologus. Die Millstätter Reimfassung und die Wiener Prosa, hrsg. v. Friedrich MAURER, Tübingen 1967; Millstätter Genesis und Physiologus Handschrift. Vollst. Facsimileausg. der (frühmittelhochdt.) Sammelhandschrift 6/19 des Geschichtsvereins Kärnten im Kärntner Landesarchiv, Klagenfurt. Einf. u. kodikologische Beschreibg. v. A. KRACHER, Graz 1967; Der Physiologus. Übertr. u. erl. v. Otto SEEL, Zürich-Stuttgart 1960.

romanischen Plastik überhaupt, die Zahl ihrer Beispiele ist unübersehbar«.[51] In einer solchen Szene konnte die Überlegenheit des Heiligen über das Tier, d. h. die Überwindung dämonischer Mächte durch die Tugend, aber auch der Sieg über die Mächte der Unterwelt, über Tod und Teufel, dargestellt werden. Es gibt auch Tiere, die Gott benutzt, um seine Pläne bei den Menschen durchzusetzen, wie der Esel Bileams (Num 22,22–30), abgebildet auf einem Kapitell der Kathedrale Saint-Lazare von Autun.[52] Entsprechend den Versen aus dem Lobgesang der drei Jünglinge im Feuerofen (Dan 3,79–81) dienten nach Auffassung der romanischen Künstler und ihrer Auftraggeber die Meereswesen, die Vögel, die wilden und zahmen Tiere dem Lobe Gottes.

Sowohl Tiere, wie Löwen und Bären, als auch phantastische Mischwesen und Halbmenschen, als auch Gestalten aus den antiken Göttermythen können als Verkörperung dämonischer Mächte dargestellt werden. Sie erhalten in dem christlich und heilsgeschichtlich bestimmten System ihren Platz angewiesen, womit in gewisser Weise auch der von ihnen ausgehende Schrecken gebannt und die immer noch empfundene Furcht bewältigt wird. Daneben ist jedoch auch das reine ästhetische Gefallen, die Freude am Absonderlichen und Grotesken, oft auch eine gute Portion Humor dem romanischen Zeitalter keineswegs unbekannt. Die phantastischen Geschöpfe der Steinmetzen und Bildhauer dienten ebenso wie die prunkvollen Erzeugnisse der Goldschmiedekunst als Augen- und Geistesweide.[53] Besonders eindrucksvolle Zeugnisse für dieses ästhetische Bewußtsein finden wir in dem Parzival-Epos des Wolfram von Eschenbach. Im fünften Buch wird der Luxus der Gralsburg, die erlesenen Kostbarkeiten der Einrichtung, der Gebrauchsgegenstände, der Kleider in aller Ausführlichkeit den Zuhörerinnen beschrieben.[54] Mit ebenso großer Freude am abstoßenden, häßlichen Detail schildert Wolfram im sechsten Buch ein lebendig gewordenes romanisches Monstrum: Kundrie, die eine Nase wie ein Hund hatte; zwei Eberzähne ragten ihr aus dem Mund; die Augenbrauen waren in zwei Zöpfe gedreht und unter das Stirnband gesteckt; Ohren hatte sie wie ein Bär; ihr Gesicht war mit struppigen Haaren bewachsen, die Hände wie mit Affenhaut überzogen.[55] Für den heiligen Bernhard von Clairvaux aber ist gerade das sinnliche, ästhetische Vergnügen, das die Monstren und Chimären, die »ungestalte Wohlgestalt« und die »wohlgestaltete Ungestalt« den Mönchen bereiten, ein Hauptstein des Anstoßes.[56]

---

[51] R. HAMANN, Das Tier (o. Anm. 41), 417 f.

[52] HAMANN, ebd. 421 f. und 423, Abb. 8.

[53] Vgl. o. Anm. 17–20.

[54] Parzival 229,23 ff.; Übersetzung von W. STAPEL, 119 ff.; vgl. Udo KULTERMANN, Kleine Geschichte der Kunsttheorie, Darmstadt 1987, 51.

[55] Parzival 312 ff.; Übers. STAPEL, 162 f.

[56] Apologia ad Guillelmum S. Theodorici Abbatem 12,29 (S. Bernardi Opera ed. LECLERCQ-ROCHAIS III,106); s. u. Anm. 94.

2. Die Ablehnung des Bildes im Bereich der cisterciensischen Reformbewegung

Im Blick auf die schmucklose und strenge Architektur der Kirchen- und Klosterbauten des Cistercienser-Ordens im 12. und 13. Jahrhundert hat man von einer »aszetischen Haltung in bezug auf die Kunst«,[57] von einem »rigiden Puritanismus«, ja von einem »ungezügelten Ikonoklasmus« gesprochen.[58] Die großartige Einfachheit und vornehme Strenge des mittelalterlichen cisterciensischen Sakralbaus, die noch heute unsere Bewunderung hervorruft,[59] geht zurück auf wenige Bestimmungen der älteren Gesetzgebung des Ordens und auf Bernhard von Clairvaux. Beide wenden sich nicht gegen das Bild als solches, sondern gegen Reichtum und Prachtentfaltung an klösterlichen Bauten.

Die Gesetzgebung der Cistercienser

Die ersten Cistercienser waren nicht bilderfeindlich. Das beweisen die ältesten in Cîteaux selbst hergestellten Handschriften, die reich an ausgemalten Initialen und Miniaturen sind, darunter die vierbändige Bibel des Abtes Stephan Harding, vollendet im Jahre 1109, und die »Moralia in Job« Gregors des Großen, abgeschlossen 1111. Die in der Stadtbibliothek von Dijon aufbewahrten Codices bezeugen noch heute den Kunstsinn und erlesenen Geschmack des dritten Abtes des »Novum monasterium«.[60] Stephan Harding war seit der Gründung im Jahre 1098 Mönch und von 1108 bis 1133 Abt von Cîteaux. In der nach seinem Tode (vielleicht schon 1134, vielleicht aber erst gegen 1150) angelegten Sammlung der Statuten der Generalkapitel des Ordens sind aber dann sowohl

---

[57] Marcel AUBERT, L'architecture cistercienne en France, Paris ²1947, I,135: »ascétisme artistique«.

[58] E. VACANDARD, Vie de Saint Bernard Abbé de Clairvaux, Paris 1895, I,100: »puritanisme rigide«; vgl. M.-A. DIMIER, L'art cistercien. France [Paris] Zodiaque 1974, 35, L. BOUYER zitierend: »l'iconoclasme farouche de l'ascèse cistercienne«.

[59] Vgl. AUBERT, o. c. II,216; Wolfgang BICKEL, Die Kunst der Cistercienser, in: A. SCHNEIDER u. a. (Hrsg.), Die Cistercienser: Geschichte, Geist, Kunst, Köln 1974, 195–340; ebd. 198; Ulrich SCHRÖDER, Architektur der Zisterzienser, in: Die Zisterzienser. Ordensleben zwischen Ideal und Wirklichkeit (Ausstellung Aachen 1980), 311–344; ebd. 311.

[60] Ambrosius SCHNEIDER, Skriptorien und Bibliotheken der Cistercienser, in: DERS. u. a. (Hrsg.), Die Cistercienser, 429–446; ebd. 437; Louis J. LEKAI, The Cistercians: Ideals and Reality. Kent State University (Ohio) 1977, 262; zur Buchmalkunst im frühen Cîteaux s. vor allem die Arbeiten von Ch. OURSEL: La miniature du XIIᵉ siècle à l'abbaye de Cîteaux d'après les manuscrits de la bibliothèque de Dijon, Dijon 1926; Les principes et l'esprit des miniatures primitives de Cîteaux. Cîteaux 6 (1955), 161–172; La Bible de Saint Etienne Harding et le Scriptorium de Cîteaux (1109– vers 1134). Cîteaux 10 (1959), 34–43; Miniatures cisterciennes (1109–1134), Mâcon 1960.

die Farbigkeit der Handschriften wie das Ausmalen der Initialen, ferner die farbigen Glasfenster verboten.[61]

Eines der ältesten cisterciensischen Dokumente, das »Exordium Cistercii«, in dem die Geschichte der Klostergründung und die ersten Statuten von Cîteaux festgehalten sind, schreibt in seinem 25. Kapitel einfache Paramente und Altargeräte vor: Seide darf nur bei Stola und Manipel verwendet werden; die Meßgewänder sollen einfarbig sein; Kelche und Kommunionröhrchen dürfen nicht aus Gold, sondern nur aus innen vergoldetem Silber sein. Im 26. und letzten Kapitel heißt es dann: »Skulpturen dulden wir nirgends, Malereien nur auf Kreuzen, die aber nur aus Holz sein dürfen.«[62] In der späteren, ausführlicheren Fassung von 1134 wird dann auch der Grund für diese Bestimmung angegeben: Wenn man solchen Bildwerken die Aufmerksamkeit zuwendet, werden der Nutzen der Meditation und die Einhaltung der Ordenszucht beeinträchtigt.[63]

Die Statuten des Generalkapitels von 1157 verbieten Kreuze »mit Gold« (gemeint ist wohl das Auftragen von Gold auf das hölzerne Kreuz) sowie übergroße Kreuze, deren Mitführen in der Prozession Schwierigkeiten macht; ferner dürfen goldene oder silberne Kreuze von bemerkenswerter Größe nicht hergestellt werden.[64] Erstmals ist auch das Verbot steinerner Glockentürme schriftlich festgehalten.[65] Neben dem schon erwähnten Verbot farbiger Glasfenster ist es die einzige Bestimmung aus der Frühzeit des Ordens, die sich direkt auf die Architektur der Klostergebäude bezieht. Das Generalkapitel von 1182 ordnet die Beseitigung farbiger Fenster innerhalb von zwei Jahren an und bedroht

---

[61] Statuta Capitulorum Generalium ordinis Cisterciensis ab anno 1116 ad annum 1786, ed. J.-M. CANIVEZ, 8 Bde., Louvain 1933–1941; ebd. I,31 (c. 80): »De litteris et vitreis. Litterae unius coloris fiant, et non depictae. Vitreae albae fiant, et sine crucibus et picturis.« F. KOVÁCS datiert die Redaktion dieser Sammlung auf die Jahre 1148–1150: A propos de la date de la rédaction des »Instituta Generalis Capituli apud Cistercium«. Anal. Cist. 7 (1951), 85–90; ebd. 89 f.

[62] Jean de la Croix BOUTON, Jean Baptiste VAN DAMME, Les plus anciens textes de Cîteaux (Cîteaux. Commentarii Cistercienses. Studia et Documenta, Vol. 2), Achel 1974, 125: »De sculpturis et picturis et cruce lignea: Sculpturae nusquam, picturas tantum licet habere in crucibus quae et ipsae nonnisi ligneae habeantur.« Deutsche Übersetzung des »Exordium« bei A. SCHNEIDER, Die Geschichte der Cistercienser, in: Die Cistercienser (o. Anm. 59), 11–56; ebd. 21–29.

[63] Statuta ed. CANIVEZ I,17 (c. 20): »De sculpturis et picturis, et cruce lignea: Sculpturae vel picturae in ecclesiis nostris seu in officinis aliquibus monasterii ne fiant interdicimus, quia dum talibus intenditur, utilitas bonae meditationis vel disciplina religiosae gravitatis saepe negligitur. Cruces tamen pictas quae sunt ligneae habemus«; Joseph TURK, Cistercii Statuta Antiquissima, Roma 1949: Instituta Generalis Capituli, c. 20.

[64] Statuta ed. CANIVEZ I,61 (Nr. 15): »Cruces cum auro non habeantur, nec tam magnae quae congrue non portentur ad processionem, sed ad altare ponantur. Item aureae vel argenteae cruces notabilis magnitudinis non fiant.«

[65] Ebd. (Nr. 16): »Turres lapideae ad campanas non fiant.«

Abt, Prior und Ökonom der Klöster, in denen das nicht geschieht, mit der Strafe des Freitagsfastens bei Brot und Wasser.[66]

Die Ordensgesetzgebung des 13. Jahrhunderts übernimmt im wesentlichen die erwähnten Bestimmungen und erweitert sie, wohl aus gegebenem Anlaß, in einigen Punkten. Die Statuten von 1202 enthalten wörtlich das Skulpturen- und Gemäldeverbot von 1134 samt der Begründung, daß die Beschäftigung mit diesen Dingen der Meditation und der Ordensdisziplin schade.[67] Bezüglich der Kreuze und der Glockentürme werden die Beschlüsse von 1157 erneuert.[68] Auch das Verbot farbiger Fenster und die Anordnung, sie innerhalb von zwei Jahren zu beseitigen, wird wiederholt. Allerdings werden die Abteien, die keine ursprünglichen cisterciensischen Gründungen sind, sondern dem Orden nachträglich inkorporiert wurden, hiervon ausgenommen.[69] Die um die Mitte des Jahrhunderts erlassenen Statuten bestätigen und verdeutlichen dieses Privileg ausdrücklich: die Abteien, die einem anderen Klosterverband angehörten und zur Zeit ihrer Umkehr farbige Fenster besaßen, dürfen diese behalten.[70] Eindrücklich wird an die alten Ordensideale der *honestas* und *paupertas* erinnert: überflüssige und auffällige Dinge, die mit der althergebrachten Würde und Armut nicht übereinstimmen, dürfen an den Klostergebäuden nicht angebracht werden. Außer dem Bild des Crucifixus darf es kein Bild geben. Den visitierenden Äbten wird nahegelegt, ihre Aufsichtspflicht sorgsam wahrzunehmen.[71]

Wir sind in der späten Stauferzeit: um die Mitte des 13. Jahrhunderts sind im Orden Reformbestrebungen und eine Rückbesinnung auf das ursprüngliche Ordensideal erkennbar. Ihren architektonischen Niederschlag haben diese Bestrebungen etwa in dem Bau der Abteikirche von Eußerthal bei Annweiler in der Pfalz (geweiht 1262) gefunden:[72] in

---

[66] Ebd. 91 (Nr. 11): »Vitreae depictae infra terminum duorum annorum emendentur; alioquin ex tunc abbas et prior et cellerarius omni sexta feria ieiunent in pane et aqua, donec sint emendatae.«

[67] Bernard Lucet, La codification cistercienne de 1202 et son évolution ultérieure (Bibliotheca cisterciensis 2), Roma 1964, 29: Dist. I,6.

[68] Ebd. 29, Dist. I,3 und 32; Dist. I,12: »De cruce lignea. aurea. vel argentea. Cruces pictas que sunt lignee habemus non tamen tam magnas que congrue non portentur ad processionem. et ad altare ponantur. Item auree vel argentee cruces notabilis magnitudinis non fiant.«

[69] Ebd. 29, Dist. I,5. »Excipiuntur tamen ille abbatie, que fuerint alterius ordinis« (ebd.).

[70] Bernard Lucet, Les codifications cisterciennes de 1237 et de 1257, Paris 1977, 208 (Dist. I,3): »De vitreis et curiositatibus. Vitree albe tantum fiant, exceptis abbatiis que alterius ordinis fuerunt, que aliter factas tempore conversionis sue poterunt retinere.«

[71] Ebd. 208, Dist. I,4: »Superfluitates et curiositates notabiles in sculpturis et picturis, edificiis et pavimentis et rebus aliis similibus, que deformant antiquam ordinis honestatem et paupertati nostre non congruunt, in abbatiis, grangiis, cellariis ne fiant interdicimus, nec picture preter ymaginem Crucifixi. Hec omnia patres abbates in suis visitationibus diligenter inquirant et faciant observari«; ebd. 210, Dist. I,9: »Cruces pictas ligneas habemus; auree vel argentee notabilis magnitudinis non fiant.«

[72] Erich Rinnert, Eußerthal (Schnell, Kunstführer Nr. 777), München [4]1984.

diesem edlen, heute leider verstümmelten Bau aus rotem Pfälzer Sandstein hat, in einer zeitlichen Distanz von etwa eineinhalb Jahrhunderten von der Gründergeneration, die strenge Sakralarchitektur vom Typ Fontenay erneut Gestalt angenommen.

Die Gesetzgebung der Cistercienser enthält, was Kunst im und am Bau betrifft, nur einschränkende Bestimmungen und Verbote. Eine positive Ästhetik wurde nicht entwickelt. Die Äbte und verantwortlichen Baumeister des Ordens müssen aber ein hoch kultiviertes ästhetisches Bewußtsein besessen haben, was die erhaltenen Bauwerke ja heute noch deutlich genug beweisen. Sie sind das Ergebnis eines künstlerischen Gestaltungswillens der sich zwischen und trotz den restriktiven Statuten durchgesetzt hat. »Denn«, wie Marcel AUBERT zutreffend bemerkt, »die Scheu vor dem Luxus, dem Reichtum, die die Ursache der Beschlüsse des Generalkapitels ist, erstickt bei den Äbten nicht den Sinn für die Schönheit, die Kunst, die Größe und den Adel in der Strenge. Sie nötigt den Baumeister, einfache und logische Lösungen zu suchen, und oft hat ihn gerade das . . zur Vollkommenheit geführt.«[73] Ein oft genanntes Beispiel hierfür ist die hochentwickelte Grisaillenmalerei, eine Folge des Verbotes farbiger Glasfenster.[74]

Der Einfluß Bernhards von Clairvaux

Es ist unbestritten, daß die kunst- und bilderfeindlichen Bestimmungen in der frühen Gesetzgebung der Cistercienser auf den Einfluß Bernhards von Clairvaux zurückgehen. Das legen allein schon die oben erwähnten, vor 1134 vollendeten Handschriften des Scriptoriums von Cîteaux nahe. Stephan Harding resignierte im Jahre 1133 als Abt und starb bald darauf. Etwa von da an scheint der ästhetische Rigorismus Bernhards, nicht nur was die Gestaltung von Handschriften betraf, sich voll durchgesetzt zu haben.[75] Nach Bernhards Tode wiederum wurden dann selbst in Cî-

---

[73] AUBERT (o. Anm. 57) I,141; vgl. auch: Renate WAGNER-RIEGER, Die Habsburger und die Zisterzienserarchitektur, in: K. ELM (Hrsg.), Die Zisterzienser. Ordensleben zwischen Ideal und Wirklichkeit. Ergänzungsband, Köln 1982, 195–212; ebd. 195: »Die Baukunst der Zisterzienser ist ein hervorragendes Beispiel dafür, wie durch Reduktion und Verzicht nicht Verarmung, sondern Erhöhung der Qualität und der Raumdichte entstehen kann.«

[74] Beispiele in: A. SCHNEIDER (Hrsg.), Die Cistercienser (o. Anm. 59), 310 f.; s. ferner: Brigitte LYMANT, Die Glasmalerei bei den Zisterziensern, in: Die Zisterzienser (Ausstellung Aachen 1980), 345–356, und ebd. Abb. 12 neben S. 336.

[75] S. Ch. OURSEL, Les principes, und DERS., La Bible de S. Etienne Harding (o. Anm. 60). »En dehors de ces hypothèses, il ressort des faits qu'il n'y avait pas accord parfait sur le décor des manuscrits entre saint Bernard et saint Etienne, bien que la rigidité monochrome de saint Bernard ait engendré à Clairvaux des livres magnifiques. Mais il serait déraisonnable de croire que l'abbé de Cîteaux, saint Etienne Harding, ait systématiquement violé une interdiction qui n'intervient certainement qu'après sa retraite et sa mort; on peut supposer que la disparition du second abbé favorisa plus ou moins rapidement le courant prohibitionniste, et nous retrouvons ainsi cette date approximative de 1134 qui a paru marquer le terme du grand éclat pour le scriptorium de Cîteaux« (ebd. 43).

teaux und den Primarabteien die die Buchmalerei einschränkenden Bestimmungen kaum mehr beachtet.[76]

Es ist fraglich, ob Bernhard über seinen Abscheu vor der prachtvollen
Kunstentfaltung der cluniazensischen Klöster hinaus positive Ideen für
den Sakralbau hatte und diese auch, etwa in konkreten Anweisungen für
die ausführenden Baumeister, zum Ausdruck brachte. Man hat dies für
die Abteikirche von Fontenay angenommen, die gewissermaßen unter
den strengen Augen des Abts von Clairvaux in den Jahren 1139–1147
erbaut und am 21. September 1147 durch seinen ehemaligen Schüler,
den Papst Eugen III., konsekriert wurde.[77] Nach Charles OURSEL »entspricht die vornehme Pracht der Abteikirche von Fontenay exakt dem
Denken und dem Geist des heiligen Bernhard, wie sie uns seine Schriften und Werke offenbaren.«[78] Fontenay gilt deshalb als das Beispiel par
excellence für den sogenannten »bernhardinischen Plan«, als dessen
Merkmale der Grundriß in Form des lateinischen Kreuzes, der gerade
Abschluß des Chorhaupts, je zwei oder drei Kapellen auf beiden Seiten
des Querhauses und der als einfache Pfeilerbasilika mit zugespitzten
Tonnengewölben gestaltete Innenraum genannt werden.[79]

Nun hat schon OURSEL, der Bernhard für die Architektur von Fontenay verantwortlich machen möchte, seine Feststellung mit der Bemerkung eingeschränkt, man müsse ihm nicht notwendig die ausschließliche
Urheberschaft für die technische Verwirklichung des Baus der Abteikirche zuschreiben; mögliche Einflußnahmen des einen oder anderen
Mönchs von Cîteaux oder Clairvaux seien nicht auszuschließen. Aber
indem Bernhard den ihm vorgelegten Plan bestätigt habe, habe er ihn
gewissermaßen autorisiert. Auf die gleiche Weise komme Hugo von Se-
mur, während dessen sechzigjährigem Abbatiat (1049–1109) die Abteikirche Cluny III errichtet wurde, die eigentliche Urheberschaft für diesen wunderbaren und außerordentlichen Bau zu, ohne daß er persönlich
und ausschließlich der Architekt gewesen sei.[80]

Nüchtern betrachtet haben wir es hier mit reinen Mutmaßungen zu
tun, für die die uns bekannten Quellen keinerlei Anhaltspunkte bieten –
außer vielleicht für die doch recht allgemeine Feststellung, daß die Architektur einiger der ältesten erhaltenen Abteikirchen der Cistercienser

---

[76] A. SCHNEIDER, Skriptorien (o. Anm. 60), 436; Gisela PLOTZEK-WEDERHAKE, Buchmalerei in Zisterzienserklöstern, in: Die Zisterzienser (Ausstellung Aachen 1980), 357–378;
ebd. 359.

[77] DIMIER, L'art cistercien (o. Anm. 58), 66.

[78] Ch. OURSEL, L'Église abbatiale de Fontenay. Cîteaux 5 (1954), 125–127; ebd. 126: »on
peut dire, sans fausse rhétorique, que la noble magnificence de l'abbatiale de Fontenay
répond exactement à la pensée et à l'esprit de saint Bernard, tels que nous le révèlent ses
écrits et ses oeuvres. .«

[79] Vgl. W. BICKEL, Die Kunst der Cistercienser (o. Anm. 59), 200–203; 231–233.

[80] OURSEL, Fontenay, 127.

in ihrer grandiosen Einfachheit und Strenge dem »Geist« des heiligen Bernhard entsprechen.[81] Dies wird auch durch die eingehende Untersuchung dieser Frage in der kunsthistorischen Dissertation von Wolfgang RUG bestätigt: der Autor kommt u. a. zu dem Ergebnis, daß über den tatsächlichen Anteil Bernhards am sogenannten »bernhardinischen Plan« ebenso wenig etwas gesagt werden kann wie über seine Einflußnahme auf die Cistercienser-Architektur im einzelnen.[82]

Das negative Ergebnis hinsichtlich des Anteils Bernhards am cisterciensischen Sakralbau wird bestätigt durch die »Vita prima S. Bernardi«, deren zweites Buch der Mönch Ernald verfaßt hat. Dort wird eigehend über die Verlegung der Abtei Clairvaux an einen geeigneteren Ort weiter unten im Tal berichtet.[83] Nach der Rückkehr Bernhards von seiner zweiten Italienreise im Jahre 1135 traten der Prior Gottfried (Godefroid de la Roche-Vanneau), sein leiblicher Vetter, und die Mönche der Abtei mit dem Plan an ihn heran, angesichts der allzu beengt gewordenen Verhältnisse die alten Gebäude zu verlassen und das Kloster an einer breiteren Stelle des Tales vollständig neuzubauen. Nach anfänglichem Widerstreben gab der Abt schließlich seine Zustimmung. Der Neubau des Klosters mit der in der Kunstgeschichte als Clairvaux I bezeichneten Abteikirche erfuhr tatkräftige Unterstützung durch den Grafen Theobald (Thibaut) von Champagne und die Bischöfe der Umgebung und wurde in großer Schnelligkeit vollendet. Von einem aktiven Eingreifen Bernhards in Konzeption und Ausführung ist in diesem Bericht nicht die Rede. Näher liegt die Vermutung, in dem Prior Gottfried den spiritus rector des Unternehmens zu sehen.[84]

Bernhard dagegen war, nach allem, was wir von ihm wissen, an der Welt als Gegenstand der Sinne, ob es sich nun um Natur oder Kunst handelte, kaum interessiert: wie seinen Geschmackssinn so hatte er auch

---

[81] Daran ändern auch geschliffene Formulierungen wie die von Georges DUBY nichts: »Bernard de Clairvaux, lui, ne se soucie pas de construire, encore moins de décorer. Bernard de Clairvaux parle. Il écrit surtout ... or, dans l'abondance de ces textes, il n'apparaît aucun signe qu'il n'ait prêté quelque attention à ce que nous appelons l'oeuvre d'art. En vérité le bâtiment cistercien lui doit tout. Saint Bernard est bien le patron de ce vaste chantier, et comme l'on dit, le maître de l'ouvrage. Sa parole a gouverné, comme le reste, l'art de Cîteaux« (Saint Bernard. L'Art Cistercien, Paris 1976, 14).

[82] W. RUG, Der »bernhardinische Plan« im Rahmen der Kirchenbaukunst der Zisterzienser im 12. Jahrhundert. Diss. Tübingen 1983, 103–139.

[83] S. Bernardi Vita prima II,5,28–31 (MPL 185, 284 f.); vgl. E. VACANDARD, Vie de Saint Bernard I,409 ff.; über die »Vita prima« und ihre Verfasser s. Adriaan Henrik BREDERO, Études sur la »Vita prima« de Saint Bernard. Anal. S. O. Cist. 17 (1961), 3–72; 215–260; 18 (1962), 3–59.

[84] Gottfried war der Gründerabt von Fontenay, dem er 1119–1126 vorstand. Danach kehrte er als Prior nach Clairvaux zurück. Während des Baus der Abteikirche von Fontenay war er bereits Bischof von Langres (ab 1139). 1161 resignierte er und zog sich erneut nach Clairvaux zurück.

die optische Wahrnehmungsfähigkeit weitgehend reduziert und abgetö-
tet. Sein Sekretär Gaufrid (Gottfried von Auxerre) berichtet u. a., daß er
einmal Öl statt Wasser trank, ohne es zu bemerken;[85] ferner daß er auf
einer Reise zu dem Bischof Hugo von Grenoble und zu Guigo, dem
Prior der Grande Chartreuse, einen ganzen Tag lang am Genfer See
vorbeiritt, ohne den See wahrzunehmen.[86] Der mit ihm befreundete Abt
Wilhelm von St.-Thierry, der später Cistercienser wurde, weiß zu erzählen, daß Bernhard schon als Novize ein ganz nach innen gekehrtes Leben führte: er habe nach einem Jahr noch nicht gewußt, ob das Gebäude,
in dem er wohnte, eine eingewölbte Decke hatte; nach langer Zeit noch
sei er der Meinung gewesen, das Chorhaupt der Abteikirche habe nur
ein Fenster – in Wirklichkeit hatte es deren drei.[87] Besonders die beiden
zuletzt erwähnten Episoden zeigen, was von Vermutungen über das ästhetische Bewußtsein Bernhards und seine Mitwirkung bei der Planung
und Gestaltung von Kirchen und anderen Bauwerken zu halten ist.

In dem Werk, das nicht selten als Quelle für Bernhards »Ästhetik«
angesehen wird, der an Wilhelm von St.-Thierry gerichteten »Apologia«,[88] geht es nicht um strittige ästhetische Gesichtspunkte. Bernhard
greift vielmehr die Prachtentfaltung in den Kirchen und Klöstern der
Cluniazenser aus zwei Gründen an: einmal weil der Reichtum und seine
Zurschaustellung im Widerspruch zu dem Ideal der klösterlichen Armut
steht, sodann weil die bildlichen Darstellungen die Mönche von ihrer
hauptsächlichen Pflicht, der Lektüre der heiligen Schriften und der Me-

---

[85] »Nam et oleum sibi per errorem aliquando propinatum bibit, et penitus ignoravit.
Nec prius id cognitum, quam superveniens quidam labia eius miraretur inuncta« (S. Bernardi Vita prima III,1,2: MPL 185,304).

[86] »Iuxta lacum etiam Lausanensem totius diei itinere pergens, penitus eum non vidit,
aut se videre non vidit. Cum enim vespere facto de eodem lacu socii colloquerentur, in-
terrogabat eos, ubi ille lacus esset: et mirati sunt universi« (ebd. III, 2,4: MPL 185, 306).

[87] »Ipse cum novitius esset, in multo sibi parcens, instabat omnimodis mortificare non
solum concupiscentias carnis, quae per sensus corporis fiunt, sed et sensus ipsos per quos
fiunt .. totusque absorptus in spiritum, spe tota in Deum directa, intentione seu meditatione spirituali tota occupata memoria, videns non videbat, audiens non audiebat; nihil sa-
piebat gustanti, vix aliquid sensu aliquo corporis sentiebat. Iam quippe annum integrum
exegerat in cella Novitiorum, cum exiens inde ignoraret adhuc an haberet domus ipsa
testudinem, quam solemus dicere caelaturam. Multo tempore frequentaverat intrans et
exiens domum ecclesiae, cum in eius capite, ubi tres erant, unam tantum fenestram esse
arbitraretur. Curiositatis enim sensu mortificato, nil huiusmodi sentiebat; vel si forte aliquando eum contingebat videre, memoria, ut dictum est, alibi occupata non advertebat.
Sine memoria quippe sensus sentientis nullus est« (ebd. I,4: MPL 185, 238). Vgl. hierzu
auch den Abschnitt über die »Naturerfahrung« Bernhards bei Ulrich KÖPF, Religiöse Erfahrung in der Theologie Bernhards von Clairvaux (Beitr. z. Hist. Theol. 61), Tübingen
1980, 46–53.

[88] S. hierzu neuerdings: Elisabeth MELCZER and Eileen SOLDWEDEL, Monastic Goals in
the Aesthetics of Saint Bernard, in: Meredith P. LILLICH (Hrsg.), Studies in Cistercian Art
and Architecture I, Kalamazoo, Michigan 1982, 31–44; Emero STIEGMANN, Aesthetics of
Authenticity, ebd. II, 1984, 1–13.

ditation ablenken. Nach Auffassung des Abtes von Clairvaux sind also bei den Cluniazensern zwei wesentliche Grundlagen des *mönchischen Lebens* infrage gestellt, und um sie geht es ihm vor allem in seiner beißenden Kritik.

Das Werk beginnt mit Beteuerungen, daß er nichts gegen die Cluniazenser habe. Er liebe die Mitglieder aller Orden. Er nimmt die Cluniazenser sogar gegen ihre Verleumder in Schutz. Dann aber kommt er auf die Mißstände und Regelwidrigkeiten in den Klöstern mit traditioneller Lebensform zu sprechen. Insbesondere der Luxus, das üppige Leben der Mönche regt ihn auf. Er prangert das Fressen und Saufen, den Luxus in der Kleidung, insbesondere auch den Aufwand der Äbte an. Schließlich wendet er sich gegen den Luxus der Heiligtümer und Klostergebäude. In Abwandlung eines Verses aus den Satiren des Persius fragt er *als Mönch die Mönche:* »Sagt mir, ihr Armen, wenn ihr überhaupt noch als arm gelten wollt: Was hat das Gold im Heiligtum zu tun?«[89] Mit der doppelten Bedeutung des Wortes *gentes* (»Heiden« und »Völker«) spielend fragt Bernhard weiter, ob das Leben unter den *gentes* die Mönche dazu geführt habe, deren Werke zu lernen und damit auch den Bilderdienst. Doch der eigentliche Götzendienst, der hinter alldem steckt, ist die Habgier (nach Eph 5,5; Kol 3,5).[90] Er zögert nicht, den Erbauern der Kirchen und Auftraggebern der herrlichen Kunstwerke das niedrigste Motiv zu unterstellen: die schmutzige Geldgier. Die Mönche betreiben im Grunde nichts anderes als eine raffinierte Volksverdummung, um an das Geld der Laien heranzukommen: »Es gibt eine Kunst, Gold zu säen, so daß es sich vervielfacht; man gibt es aus, damit es sich vermehrt, und das Ausstreuen bringt eine Menge ein. Durch den Anblick der kostspieligen, Bewunderung erregenden Eitelkeiten werden die Menschen mehr zum Geben angeregt als zum Beten. So wird mittels Reichtum neuer Reichtum geschöpft, das Geld zieht das Geld an, denn ich weiß nicht, wie es geschieht: wo man mehr Reichtum sieht, da schenkt man noch lieber. Die Augen sind gefesselt von den mit Gold überzogenen Reliquienschreinen, und die Geldbeutel öffnen sich wie von selbst... Man zeigt das Bild eines Heiligen oder einer Heiligen von herrlicher Gestalt, und

---

[89] »Illud autem interrogo monachus monachos, quod in gentilibus gentilis arguebat: Dicite, ait ille, pontifices, in sancto quid facit aurum? Ego autem dico: ›Dicite pauperes‹, – non enim attendo versum, sed sensum – ›dicite‹, inquam, ›pauperes, si tamen pauperes, in sancto quid facit aurum?‹« (Apologia ad Guillelmum Sancti Theodorici Abbatem 12,28: Opera, ed. LECLERCQ-ROCHAIS III,104); das Zitat aus Persius, Sat. II,69.

[90] »Quem, inquam, ex his fructum requirimus: stultorum admirationem, an simplicium oblationem? An quoniam commixti sumus inter gentes, forte didicimus opera eorum, et servimus adhuc sculptilibus eorum? Et ut aperte loquar, an hoc totum facit avaritia, quae est idolorum servitus, et non requirimus fructum, sed datum?« (ed. c. III,105); vgl. Eph 5,5: »avarus, quod est idolorum servitus«; Kol 3,5: ».. avaritiam, quae est simulacrorum servitus«.

je farbiger es ist, für umso heiliger wird es gehalten. Die Leute laufen
herbei, um es zu küssen, werden eingeladen, zu spenden, und mehr wird
das Schöne bewundert als das Heilige verehrt.«[91]

Das Geld, das man zum Schmuck der Kirchen ausgibt, wird den Armen der Kirche gestohlen. Indem den Armen der ihnen zustehende Lebensunterhalt verweigert wird, wird die Kirche einer ihrer eigentlichen
Aufgaben untreu:»Die Kirche glänzt an ihren Mauern und läßt es bei
ihren Armen an allem fehlen. Sie bekleidet ihre Steine mit Gold und
ihre Kinder läßt sie nackt. Mit dem, was man für die Bedürftigen ausgeben müßte, dient man den Augen der Reichen. Die Neugierigen finden
ihr Vergnügen und die Unglücklichen finden nicht einmal das zum Leben Notwendige.«[92]

Die reiche Ausstattung der Gotteshäuser steht auch im Widerspruch
zu den Grundsätzen des mönchischen Lebens selbst, denn die Mönche
sollen ja als Arme dem Reichtum, als geistlich orientierte Männer den
materiellen Dingen entsagen. Bernhard gesteht allerdings ein, daß man
seinem oben angeführten Vers des Persius den des Propheten entgegenhalten könne:»Herr, ich liebe die Pracht deines Hauses und den Ort der
Wohnung deiner Herrlichkeit« (Ps 25,8). Deshalb will er den Schmuck
der *Kirchen* dulden, der zwar den Eingebildeten und Habgierigen scha-
det, nicht aber den einfachen und frommen Menschen.[93]

Umso heftiger wendet er sich anschließend gegen den Skulptu-
renschmuck in den Aufenthaltsräumen des Klosters. Bekannt sind die
höhnischen Worte, die er gegen die romanischen Kunstwerke findet: die
Darstellungen aus der antiken Mythologie, die dämonischen Monstren,
die Doppelwesen und Halbmenschen. Nicht anders als einem neuzeitlichen Aufklärer geht Bernhard jedes Verständnis für die Welt der romanischen Plastik ab: er sieht allein den Schaden, den die Bilder aufgrund der Tatsache anrichten, daß sie vor den Augen der *lesenden Mön-*

---

[91] »Tali quadam arte spargitur aes, ut multiplicetur. Expenditur, ut augeatur, et effusio
copiam parit. Ipso quippe visu sumptuosarum, sed mirandarum vanitatum, accenduntur
homines magis ad offerendum quam ad orandum. Sic opes opibus hauriuntur, sic pecunia
pecuniam trahit, quia nescio quo pacto, ubi amplius divitiarum cernitur, ibi offertur liben-
tius. Auro tectis reliquiis signantur oculi, et loculi aperiuntur. ostenditur pulcherrima forma Sancti vel Sanctae alicuius, et eo creditur sanctior, quo coloratior. Currunt homines ad
osculandum, invitantur ad donandum, et magis mirantur pulchra, quam venerantur sacra«
(ed. c. III,105).

[92] »Fulget ecclesia parietibus, et in pauperibus eget. Suos lapides induit auro, et suos
filios nudos deserit. De sumptibus egenorum servitur oculis divitum. Inveniunt curiosi quo
delectentur, et non inveniunt miseri quo sustententur« (ed. c. III,105 f.).

[93] »Denique quid haec ad pauperes, ad monachos, ad spiritales viros? Nisi forte et hic
adversus memoratum iam Poetae versiculum propheticus ille respondeatur: Domine, dilexi
decorem domus tuae et locum habitationis gloriae tuae. Assentio: patiamur et haec fieri in
ecclesia, quia etsi noxia sunt vanis et avaris, non tamen simplicibus et devotis« (ed. c.
III,106).

che angebracht sind. Diese werden dadurch von ihrem eigentlichen Tagwerk, dem Meditieren des Gesetzes Gottes, abgelenkt. Wenn Bernhard hier nicht, wie so oft, übertreibt, dann gab es Mönche, die den ganzen Tag mit der Betrachtung der Kunstwerke zubrachten und die es vorzogen, »in den Marmorbildern anstatt in den Codices zu lesen.«[94]

Man sieht, daß sich hier nicht ein bestimmtes ästhetisches Verständnis gegen ein anderes durchzusetzen versucht,[95] sondern es ist, genau wie auch bei der Ablehnung der Buchmalerei, der Kampf eines aszetischen Rigoristen, der in den Augen das Einfallstor für die sinnlichen Reize in die Welt des Geistlichen und somit eine Gefährdung für das mönchische Leben sieht, gegen das urmenschliche Bedürfnis, die religiöse und mythische Wirklichkeit nicht nur im Wort und im Gedanken, sondern auch im Bild darzustellen und zu begreifen.

Die Regel Abaelards für das Frauenkloster Le Paraclet

Das Verhältnis Peter Abaelards zu Bernhard von Clairvaux war ein sehr gespanntes.[96] Bernhard sah in Abaelard einen Häretiker, dem man unter allen Umständen das Handwerk legen mußte. In seiner Leidensgeschichte (Historia calamitatum) spricht Abaelard von zwei »neuen Aposteln«, die, angestiftet von seinen alten Gegnern, allenthalben eine Verleumdungskampagne gegen ihn entfachten, indem sie ihn sowohl betreffs seines *Glaubens* wie seines *Lebenswandels* ins Gerede brachten.[97] Mit

---

[94] »Caeterum in claustris, coram legentibus fratribus, qui, facit illa ridicula monstruositas, mira quaedam deformis formositas ac formosa deformitas? Quid ibi immundae simiae? Quid feri leones? Quid monstruosi centauri? Quid semihomines? ... Tam multa denique, tamque mira diversarum formarum apparet ubique varietas, ut magis legere libeat in marmoribus quam in codicibus, totumque diem occupare singula ista mirando, quam in lege Dei meditando« (Apologia 12,29: ed. c. III,106).

[95] Vgl. Alois DEMPF, Die geistige Stellung Bernhards von Clairvaux gegen die Cluniazensische Kunst, in: Johannes SPÖRL (Hrsg.), Die Chimäre seines Jahrhunderts. Vier Vorträge über Bernhard von Clairvaux anläßlich der 800. Wiederkehr seines Todestages, Würzburg [1953], 29–53; ebd. 32 f.; H. SCHADE, Dämonen und Monstren, Regensburg 1962, 21 ff.

[96] Über Abaelard s. vor allem: Etienne GILSON, Héloïse et Abélard. Etudes sur le Moyen Age et l'Humanisme, Paris 1938 (dt. Übers. Freiburg 1955); Leif GRANE, Peter Abaelard. Philosophie und Christentum im Mittelalter, Göttingen 1964; E. M. BUYTAERT in: CCCM 11, Turnholt 1969, XII-XXV; DERS. (Hrsg.), Peter Abelard. Proceedings of the International Conference Louvain May 10–12, 1971, Louvain-Den Haag 1974; René LOUIS (Hrsg.), Pierre Abélard – Pierre le Vénérable. Les courants philosophiques, littéraires et artistiques en occident au milieu du XIIᵉ siècle. Colloques internationaux du Centre national de la recherche scientifique, no. 546, Paris 1975; Arnold ANGENENDT, Peter Abaelard, in: M. GRESCHAT (Hrsg.), Gestalten der Kirchengeschichte, Bd. 3 (Mittelalter I), Stuttgart 1983, 148–160.

[97] »Priores aemuli cum per se iam minus valerent, quosdam adversum me novos apostolos, quibus mundus plurimum credebat, excitaverunt. Quorum alter regularium canonicorum vitam, alter monachorum se resuscitasse gloriabatur. Hi praedicando per mundum discurrentes, et me impudenter quantum poterant corrodentes, non modice tam ecclesiasticis quibusdam quam saecularibus potestatibus contemptibilem ad tempus effece-

diesen beiden, die Heloisa dann in ihrem Antwortbrief, unter deutlicher
Anspielung auf die Gegner des Paulus, als »Pseudoapostel« bezeichnet,[98] sind zweifellos Norbert von Xanten und Bernhard von Clairvaux
gemeint. Die Gegnerschaft des letzteren führte bekanntlich zur Verurteilung Abaelards auf dem Konzil von Sens (2.-3. Juni 1140) und anschließend durch den Papst Innocenz II. (16. Juli 1140).[99]

Abaelard teilte indes Bernhards strenge Auffassung von der mönchischen Armut, und die cisterciensischen Reformideen scheinen auf ihn
nicht ohne Eindruck geblieben zu sein. In der umfangreichen Ordensregel, die er auf Bitten Heloisas für ihr Kloster Le Paraclet verfaßt
hat,[100] erkennen wir an einigen Stellen deutlich den Einfluß der cisterciensischen Gesetzgebung. Was die Ausstattung der Kirche betrifft, so
empfiehlt Abaelard die *Beschränkung auf das Notwendige* und die *Ver-
meidung des Überflüssigen*. Der Besitz goldener und silberner Kultgeräte
wird generell untersagt, nur Kelche aus Silber sind gestattet. Die Verwendung von Seide ist nur bei Stola und Velum erlaubt. In der Kirche
dürfen sich keinerlei plastische Darstellungen befinden. Das hölzerne
Altarkreuz darf jedoch mit dem Bild des Erlösers bemalt werden. Wie
bei den Cisterciensern darf das Kloster nur zwei Glocken besitzen. Zur
notwendigen Ausstattung zählt Abaelard schließlich noch das Weihwasserbecken am Eingang der Kirche.[101]

---

runt, et de mea tam fide quam vita adeo sinistra disseminaverunt, ut ipsos quoque ami-
corum nostrorum praecipuos a me averterent, et qui adhuc pristini amoris erga me aliquid
retinerent, hoc ipsi modis omnibus metu illorum dissimularent« (Hist. cal. c. 12: MPL
178,164); J. T. MUCKLE, The Story of Abelard's Adversities. A Translation with Notes of the
Historia Calamitatum, Toronto 1954; Abaelard. Die Leidensgeschichte und der Briefwechsel mit Heloisa, übertragen und herausgegeben von Eberhard BROST, Heidelberg [4]1979; zur
Beurteilung Bernhards durch Abaelard vgl. auch: Raymond KLIBANSKY, Peter Abailard
and Bernard of Clairvaux. A Letter by Abailard. Med. and Ren. Studies 5 (1961), 1–27.

[98] ». . et detractiones illas tibi gravissimas duorum illorum pseudoapostolorum a prae-
dictis aemulis in te commotas. .« (Ep. 2 Heloissae: MPL 178,181).

[99] S. hierzu bes.: Jürgen MIETHKE, Theologenprozesse in der ersten Phase ihrer institutionellen Ausbildung: Die Verfahren gegen Peter Abaelard und Gilbert von Poitiers. Viator 6 (1975), 87–116; ebd. 96–102.

[100] Paracletum, Paracletense Coenobium: Abaelard hatte seine ehemalige Einsiedelei bei
Nogent-sur-Seine nach Vertreibung der Nonnen von Argenteuil durch Suger von St.-Denis
(ca.1129) an Heloisa und ihre Schwestern übergehen. – Die Echtheit des Briefwechsels
Abaelard-Heloisa ist in der neueren Forschung umstritten; s. hierzu zuletzt: Hans BAYER,
Abälard-Heloise-Briefwechsel und Conte du Graal in ihrer Zeit. Ein Beitrag zur Funktion
der Literatur in den Glaubenskämpfen des Hochmittelalters. ZKG 100 (1989), 3–32. Nach
BAYER ist die Ordensregel für Le Paraclet (Ep. 7) das Werk eines Augustiner-Chorherrn
von Saint-Loup und wurde gegen Ende des 12. Jahrhunderts verfaßt.

[101] »Oratorii ornamenta necessaria sint, non superflua; munda magis quam pretiosa.
Nihil igitur in eo de auro vel de argento compositum sit praeter unum calicem argenteum,
vel plures etiam, si necesse sit. Nulla de serico sint ornamenta, praeter stolas aut phanones.
Nulla in eo sint imaginum sculptilia. Crux ibi lignea tantum erigatur ad altare, in qua si
forte imagines salvatoris placeat depingi, non est prohibendum. Nullas vero alias imagimes
altaria cognoscant. Campanis duabus monasterium sit contentum. Vas aquae benedictae ad
introitum oratorii extra collocetur, ut ea sanctificentur mane ingressurae, vel post Com-

Auch bei den übrigen Gebäuden und Besitztümern des Klosters legt Abaelard nahe, sich mit dem *Notwendigen* zu begnügen. Die Ausstattung der Klöster mit Skulpturen und Gemälden entspricht nicht dem von Jesus vorgelebten Armutsideal. Der irdische Besitz lenkt im übrigen von der Betrachtung der himmlischen Güter ab. Obwohl der Körper im Kloster eingeschlossen ist, kann sich der Geist so in der Sorge um die weltlichen Dinge zerstreuen und verstricken. Jeglicher Besitz eines Klosters, der über das *Notwendige* hinausgeht, ist Raub an den Armen: Die Klosterinsassen tragen die Verantwortung für den Tod so vieler Armer, wie sie mit ihrem Überfluß ernähren könnten. Bei einer jährlichen Bestandsaufnahme der Lebensmittel darf nur das behalten werden, was für den Lebensunterhalt eines Jahres erforderlich ist. Der Rest muß den Armen *zurückgegeben* werden.[102]

Der Gedanke, daß die Prachtentfaltung in und an den kirchlichen Bauwerken Diebstahl am Eigentum der Armen sei, ist uns aus der Apologie Bernhards wohlbekannt. Er begegnet uns wieder im Rahmen bilderfeindlicher Argumentationen am Vorabend und im Verlauf der Reformation.

Die Reaktion Sugers von St.-Denis

Suger (1081-1151) gehört als Politiker, Bauherr und Geschichtsschreiber zu den überragenden Gestalten des 12. Jahrhunderts.[103] 1122 wurde er

---

pletorium egressae« (Ep. 8, Petri ad Heloissam: Institutio seu Regula sanctimonialium: MPL 178,281 A). - Vgl. auch die Antithese 45 in Sic et Non: »Quod Deus per coporales imagines non sit repraesentandus, et contra.« Die These wird mit Deut 5,8; 4,15; 27,14 f. begründet, die Gegenthese mit 1 Kor 8,4: »nihil est idolum in mundo« (MPL 178, 1408-1412).

[102] »Nec in victu tantum et vestitu superfluitates evitentur, verum et in aedificiis aut quibuslibet possessionibus. In aedificiis quidem hoc manifeste dignoscitur, si ea maiora vel pulchriora quam necesse sit componentur, vel si nos ipsa sculpturis vel picturis ornantes, non habitacula pauperum aedificemus, sed palatia regum erigamus. ›Filius hominis, inquit Hieronymus (epist. 1), non habet ubi caput reclinat, et tu amplas porticus et ingentia tectorum spatia metiris?‹ Cum pretiosis vel pulchris delectamur equitaturis, non solum superfluitas, sed elationis vanitas innotescit. Cum autem animalium greges vel terrenas multiplicamus possessiones, tunc se ad exteriora dilatat ambitio: et quanto plura possidemus in terra, tanto amplius de ipsis cogitare cogimur, et a contemplatione coelestium devocamur. Et licet corpore claustris recludamur, haec huc et illuc cum illis diffundit, et quo plura possidentur quae amitti possunt, maiori nos metu cruciant; et quo pretiosiora sunt, amplius diliguntur, et ambitione sui miserum magis illaqueant animum. Unde omnino providendum est, ut domui nostrae sumptibusque certum praefigamus modum, nec supra necessaria vel appetamus aliqua, vel recipiamus oblata, vel retineamus suscepta. Quidquid enim necessitati superest, in rapina possidemus; et tot pauperum mortis rei sumus, quot inde sustentare potuimus. Singulis igitur annis, cum collecta fuerint victualia, providendum est quantum sufficiat per annum; et si qua superfuerint, pauperibus non tam danda sunt quam reddenda« (ebd. 302 B-D).

[103] Über Suger ausführlich: Marcel AUBERT, Suger, Abbaye St.- Wandrille 1950; Erwin PANOFSKY, Abt Suger von St.-Denis, in: DERS., Sinn und Deutung in der bildenden Kunst,

während einer Romreise, die er im Auftrag des französischen Königs Ludwig VI. des Dicken unternahm, zum Abt von St.-Denis, dem bedeutendsten und wohl auch reichsten Kloster Frankreichs, gewählt. 1145, im 23. Jahr seines Abbatiats, begann er auf Bitten seines Konvents mit der Aufzeichnung der die Abtei betreffenden Ereignisse während seiner Amtszeit. Der *Liber de rebus in administratione sua gestis*[104] enthält im wesentlichen Berichte über die Vermehrung des Besitzes sowie den von Suger begonnenen Neubau der Abteikirche und deren Ausstattung mit wertvollem Schmuck. Er wird ergänzt durch den Bericht über die Weihe der Abteikirche, *Libellus de consecratione ecclesiae a se aedificatae,*[105] der weitere wichtige Einzelheiten über den Bau enthält. Suger begann nach 1130 mit dem Bau der Westfassade und des Narthex (Weihe am 9. Juni 1140) und 1140 mit dem Chor der neuen Kirche, die er indes nicht mehr nach seinen Vorstellungen vollenden konnte.[106] Suger gehört zweifellos zu den Initiatoren des neuen gotischen Baustils, der die Romanik zuerst im Bereich der Ile-de-France ablöste, wenn er auch nach neueren Forschungen nicht mehr schlechthin als Vater der Gotik bezeichnet werden kann.[107]

Es ist umstritten, ob Sugers Schöpfung im Einklang mit den Vorstellungen Bernhards von Clairvaux stand oder ob wir nicht vielmehr in dem Neubau der Abteikirche St.-Denis eine Reaktion auf den bernhardinischen Rigorismus zu sehen haben. Die erstere Sicht wird von Otto VON SIMSON vertreten, der den Einfluß Bernhards auf Suger als sehr groß einschätzt[108] und die ästhetischen Auffassungen *beider* in den durch Johannes Scotus Eriugena vermittelten Ideen des Pseudo-Dionysius Areopagita begründet sieht. Wahrscheinlicher ist jedoch die von Sumner McKnight CROSBY im Anschluß an Louis GRODECKI vertretene Meinung, Suger habe die Planung der neuen Abteikirche St.-Denis und deren Ausstattung in bewußtem Gegensatz zu dem cisterciensischen Puritanismus und den Reformabsichten Bernhards durchgeführt.[109] Im zu-

Köln 1975; 125–166; Otto VON SIMSON, Die gotische Kathedrale. Beiträge zu ihrer Entstehung und Bedeutung, Darmstadt 1968, 93–202.

[104] MPL 186, 1211–1240.

[105] MPL 186, 1239–1254.

[106] Über den Bau Sugers und das, was davon bis heute übrig geblieben ist s. den Bericht des Ausgräbers Jules FORMIGÉ, L'Abbaye royale de Saint-Denis. Recherches nouvelles, Paris 1960, 65–105.

[107] Hans JANTZEN, Die Gotik des Abendlandes. Idee und Wandel, Köln ²1963, 52 f.; vgl. noch O. VON SIMSON, o. c. 138: »Der von Suger begründete neue Stil – der gotische – erscheint uns heute als die reinste Verkörperung der mittelalterlichen Kultur.«

[108] S. bes. o. c. 159 f. »In Wahrheit gibt es mehr Berührungspunkte zwischen den künstlerischen Anschauungen beider als gemeinhin angenommen wird.«

[109] L. GRODECKI, Suger et l'architecture monastique, in: L'architecture monastique – Die Klosterbaukunst. Bulletin des relations artistiques France-Allemagne. Numéro spécial, Mainz 1951; S. McK. CROSBY, L'Abbaye royale de Saint-Denis, Paris 1960; DERS., Abbot Suger's St.-Denis. The New Gothic, in: Acts of the 20th International Congress of History

letzt genannten Sinne interpretieren auch Erwin PANOFSKY und Wolfgang RUG Sugers Tätigkeit.[110] PANOFSKY weist mit Recht darauf hin, daß
Sugers Berichte »zum Teil ausgesprochen apologetisch sind und daß sich
diese Apologie weitgehend gegen Cîteaux und Clairvaux richtet.«[111]

Dieser Eindruck bestätigt sich, wenn wir uns einige Einzelheiten aus
seinen Aktivitäten und deren Beschreibung vergegenwärtigen. Suger
fühlt sich in seinen Bemühungen bei der Verschönerung der Abtei von
Gott selbst unterstützt und gefördert: »Deo cooperante et nos et nostra
prosperante.«[112] Er schildert eingehend, wie bei der Anfertigung des
goldenen Prachtkreuzes, an dem lothringische Goldschmiede zwei Jahre
lang arbeiten, die erforderliche Menge edler Steine nicht aufzutreiben
ist. Da ereignet sich plötzlich »ein amüsantes und doch bemerkenswertes
Wunder« (unum iocosum, sed nobile miraculum): Drei Abteien bieten
ihm unerwarteter Weise eine große Menge Steine an, die er für 400
Pfund erwirbt. Der Papst Eugen III., ein Cistercienser und ehemaliger
Schüler des heiligen Bernhard, weiht das Kreuz an Ostern 1147, als er
Sugers Gast in St.-Denis ist.[113] Wer denkt bei dieser Beschreibung nicht
an das Verbot der Verwendung kostbarer Materialien bei den Cisterciensern und deren schlichtes, bemaltes Holzkreuz?

Der Gegensatz zu der bernhardinisch-cisterciensischen Auffassung
vom Kult wird besonders deutlich, wenn Suger erklärt, daß es ihm bei
der Beschaffung kostbaren Materials und der Anfertigung wertvoller
Kultgeräte vor allem um die *Verehrung der heiligen Eucharistie* ging.
Wenn im Alten Testament auf Geheiß Gottes oder seines Propheten
goldene Opfergefäße, Schüsseln und Schalen zum Auffangen des Blutes
von Böcken, Stieren und einer roten Kuh dienten (Ex 37,16; Num 19,2),
um wieviel mehr (vgl. Hebr 9,14) müssen zur Aufnahme des Blutes Jesu
Christi goldene Gefäße, kostbare Steine und die teuerste Materialien
bereitgestellt werden. Dennoch ist alles, was wir beschaffen, so wie wir
selbst unzureichend zu einem solchen Dienst. Auch wenn wir durch eine
Neuschöpfung Anteil am Wesen der (den himmlischen Kult vollziehen-
den) Engel bekämen, so würde dies nicht zu einem vollkommenen und

---

of Art 1, Princeton 1936, 85–91, s. ferner: DERS., Abbort Suger's Program for this His New
Abbey Clunch, in: Timothy Gregory VERDON (Hrsg.), Monasticism and Arts, Syracuse,
New York 1984, 189–206.

[110] E. PANOFSKY, Abt Suger (o. Anm. 103), 139 ff.; W. RUG, Der »bernhardinische Plan«
(o. Anm. 82), 117.

[111] PANOFSKY, o. c. 141.

[112] De rebus in administratione sua gestis, c. 28 (MPL 186, 1229).

[113] Ebd. c. 32 (MPL 186, 1231–1233). Eugen III., Papst vom 15. Februar 1145 bis zum 8.
Juli 1153, kam Anfang des Jahres 1147 nach Frankreich; s. auch o. bei Anm. 77. – Das
Kreuz und der Altaraufsatz Karls des Kahlen sind dargestellt auf dem Bild des *Maître de
Saint Gilles:* Messe à Saint-Denis (ca. 1495–1500) in der National Gallery zu London; s.
dazu: Jurgis BALTRUŠAITIS, Réveils et Prodiges. Le gothique fantastique, Paris 1960, 23.

würdigen eucharistischen Gottesdienst ausreichen.[114] Es gibt Leute, die
dem entgegenhalten, es genüge für diesen Gottesdienst eine heilige Gesinnung, ein reines Herz und eine ehrliche Absicht. Suger ist der Auffassung, daß es darauf vor allem ankommt. Zugleich aber möchte er offen
bekennen, daß der Dienst des heiligen Opfers auch in seinem äußeren,
greifbaren Bereich mit dem Schmuck heiliger Gefäße vollzogen werden
müsse und zu der inneren Reinheit der äußere vornehme Rahmen notwendig hinzugehöre.[115] Zu dem schon genannten »Um wieviel mehr«
des Neuen Testamentes bringt Suger nun eine zweite theologische Begründung, die auf der *Inkarnation* Christi und der aus dem Erlösungswerk folgenden, dem Menschen verheißenen *Erhöhung* mit Christus basiert: »In allem nämlich müssen wir *gänzlich* in geziemender Weise unserem Erlöser dienen, der sich nicht geweigert hat, in allem *gänzlich,*
ohne irgend eine Ausnahme, für uns Vorsorge zu treffen: der unsere
Natur mit der seinigen in einer einzigen, wunderbaren Person vereinig-
te, der uns an seine rechte Seite gestellt und uns den wirklichen Besitz
seines Reiches versprochen hat.«[116] Mit dem zweimaligen *universaliter*
unterstreicht Suger die Zusammengehörigkeit von Innerem und Äußerem in dem Erlösungswerk Christi, dem die organische Verbindung von
innerer Gesinnung und äußerem Rahmen in dem eucharistischen Kult
entsprechen muß. Er äußert damit, auch theologisch, den denkbar
schärfsten Widerspruch zu der rigoros spirituellen Auffassung Bernhards von Clairvaux und seiner Anhänger.

Der Gedanke, in der luxuriösen Ausstattung der Abteikirche des heiligen Dionysius sinnlose Verschwendung oder Diebstahl an den Armen
der Kirche zu sehen, liegt Suger völlig fern. Sowohl die Kostbarkeit des

---

[114] ».. Abundet unusquisque in suo sensu. Mihi fateor hoc potissimum placuisse, ut
quaecumque cariora, quaecumque carissima, sacrosanctae Eucharistiae administrationi super omnia deservire debeant. Si libatoria aurea, si fialae aureae, et si mortariola aurea ad
collectam sanguinis hircorum aut vitulorum, aut vaccae rufae, ore Dei aut prophetae iussu
deserviebant: quanto magis ad susceptionem sanguinis Jesu Christi vasa aurea, lapides
pretiosi, quaeque inter omnes creaturas carissima continuo famulatu, plena devotione ex-
poni debent. Certe nec nos nec nostra his deservire sufficimus. Si de sanctorum cherubim
et seraphim substantia nova creatione nostra mutaretur, insufficientem tamen et indignum
tantae et tam ineffabili hostiae exhiberet famulatum« (De reb. in adm. sua gest. c. 32: MPL
186, 1234).
[115] »Opponunt etiam qui derogant, deferre sufficere huic administrationi mentem sanctam, animum purum, intentionem fidelem. Et nos quidem haec interesse praecipue, proprie, specialiter approbamus. In exterioribus etiam sacrorum vasorum ornamentis, nulli
omnino aeque ut sancti sacrificii servitio, in omni puritate interiori, in omni nobilitate
exteriori, debere famulari, profitemur« (ebd.).
[116] »In omnibus enim universaliter decentissime nos oportet deservire Redemptori nostro, qui in omnibus universaliter, absque exceptione aliqua nobis providere non recusavit,
qui naturae suae nostram sub uno et admirabili individuo univit, qui nos in parte dexterae
suae locans, regnum suum veraciter possidere promisit, Dominus noster qui vivit et regnat
per omnia saecula saeculorum« (ebd.).

verwendeten Materials (Gold, edle Steine, die mehrmals namentlich aufgezählt werden) als auch die künstlerische Qualität des vollendeten Werkes dienen nach seiner Auffassung, im Sinne des Pseudo-Areopagiten und des Scotus Eriugena, dem Aufstieg des menschlichen Geistes von der materiellen zur immateriellen Welt: das in kostbarem Material strahlende Kunstwerk ist ein Gleichnis für Christus, das wahre Licht. Das Kunstwerk trägt so dazu bei, den menschlichen Geist zu erleuchten und ihm den Aufstieg zur rein geistigen Wahrheit zu ermöglichen.[117] Suger hat diese Auffassung an verschiedenen Stellen seiner Werke, vielleicht aber am prägnantesten in der von ihm verfaßten Inschrift des Portals der Abteikirche zusammengefaßt:

> Wer immer du die Herrlichkeit dieser Tore zu preisen suchst:
> Bewundere nicht das Gold und die Kosten, sondern die Mühe des Kunstwerks!
> Vornehm ist das Werk, das hier glänzt, doch vornehm leuchtend möge das Werk
> Die Geister erhellen, daß sie durch wahre Lichter gelangen
> Hin zum wahren Licht, wo Christus die wahre Pforte ist.
> Auf welche Weise es hier drinnen ist, läßt das goldene Tor erkennen.
> Der schwache Geist steigt durch die Materie auf zur Wahrheit,
> Er, der früher untergetaucht war, steht auf beim Anblick dieses Lichts.[118]

Die kunstvoll gestaltete Materie wird hier ähnlich gesehen wie die historischen und kultischen Ereignisse des Alten Testaments. Auch sie hatten ja nach christlicher Meinung außer ihrer vordergründigen, äußerlichen Bedeutung noch einen wahren, geistlichen Sinn. Auch bei ihnen mußte der Geist vom buchstäblichen, äußeren Sinn zur tieferen, christlichen Wahrheit aufsteigen. Diese seine Sicht von der eigentlichen Bedeutung des Kunstwerkes und des mosaischen Gesetzes hat Suger in der Gestaltung der Kirchenfenster, die er durch Glasmaler verschiedener Nationen ausführen ließ, und in den deutenden Versen dazu zum Ausdruck gebracht. Er schreibt: »Eines von den Fenstern zeigt, indem es dazu anregt, vom Materiellen zum Immateriellen aufzusteigen, den Apostel Paulus, wie er eine Mühle dreht, die Propheten, wie sie die Säcke zur Mühle bringen. Diesen Gegenstand (materia!) erläutern die folgenden Verse:

---

[117] Vgl. hierzu besonders PANOFSKY, o. c. 144–151.
[118] »Portarum quisquis attollere quaeris honorem,
Aurum nec sumptus, operis mirare laborem.
Nobile claret opus, sed opus quod nobile claret,
Clarificet mentes, ut eant per lumina vera
Ad verum lumen, ubi Christus ianua vera.
Quale sit intus in his determinat aurea porta.
Mens hebes ad verum per materialia surgit,
Et demersa prius hac visa luce resurgit«
(De rebus in adm. sua gest. c. 27: MPL 186, 1229).

Du treibst die Mühle, Paulus, und trennst das Mehl von der Kleie,
Moses' altes Gesetz machst du im Innersten klar.
Und aus vielen Körnern wird so ein Brot ohne Kleie,
Speise ewig und wahr, Nahrung für Engel und Mensch.«[119]

---

[119] »Vitrearum etiam novarum praeclaram varietatem ab ea prima quae incipit a Stirps Jesse in capite ecclesiae, usque ad eam quae superest principali portae in introitu ecclesiae tam superius quam inferius, Magistrorum multorum de diversis nationibus manu exquisita, depingi fecimus. Una quarum de materialibus ad immaterialia excitans, Paulum apostolum molam vertere Prophetas saccos ad molam apportare repraesentat. Sunt itaque eius materiae versus isti:

Tollis agendo molam de furfure, Paule, farinam,
   Mosaice legis intima nota facis.
Fitque de tot granis verus sine furfurs panis,
   Perpetuusque cibus noster et angelicus«

(MPL 186, 1237). In der romanischen Kunst wurde diese Szene öfter dargestellt, so z. B. auf einem berühmten Kapitell der Abteikirche Ste.-Madeleine in Vézelay (»Le moulin mystique«); s. Ingeborg TETZLAFF, Romanische Kapitelle in Frankreich, Köln ³1979, Abb. 97; K. BUSSMANN, Burgund, Köln ³1980, Abb. 112. Über die Fenster von Sugers Kirche s. J. FORMIGÉ, o. c. (o. Anm. 106), 105. Das von Suger erwähnte Fenster »Stirps Jesse« ist abgebildet bei G. DUBY, Saint Bernard (o. Anm. 81), 54, Abb. 42.

III. THEOLOGIE UND BILD IN DER HOCHSCHOLASTIK

Die scholastische Theologie – und das heißt in diesem Fall auch: die an den Universitäten und theologischen Schulen gelehrte Theologie, also nicht die Theologie überhaupt – erreicht ihren Höhepunkt in den großen Werken des Dominikaners Thomas von Aquin und des Franziskaners Bonaventura von Bagnoregio. Für beide ist die Frage nach der grundsätzlichen Erlaubtheit der kultischen Bilder positiv entschieden. In ihren Quaestionen geht es deshalb in erster Linie um die Art und Weise der Bilderverehrung: Steht dem Bild Christi die gleiche Verehrung wie der Gottheit selbst, der *cultus latriae,* zu? In diesem Zusammenhang wird dann allerdings auch die Frage behandelt, ob es überhaupt erlaubt ist, Bilder von Gott herzustellen. Die Argumentation beider Theologen stimmt in ihren Grundzügen überein. Auffällig ist, daß dabei die Konzilsentscheidung von Nizäa 787 keine Rolle zu spielen scheint.

Thomas von Aquin

Thomas erläutert das Problem ausführlich sowohl in seinem Sentenzen-Kommentar[1] wie in der Summa theologica.[2] An beiden Stellen beginnt er mit dem fundamentalen Einwand des Bilderverbotes aus Ex 20,4: »Du sollst dir kein Bild anfertigen, noch irgend ein Abbild...« Zweiter Einwand nach der Summa: Wir dürfen uns nach Eph 5,11 nicht an den Werken der Heiden beteiligen. Den Heiden aber wird vor allem vorgeworfen, daß sie »die Herrlichkeit des unvergänglichen Gottes mit dem Abbild des vergänglichen Menschen vertauscht« haben (Röm 1,23). Im Sentenzen-Kommentar lautet das Argument noch etwas anders: Auch die von der Kirche verehrten Bilder sind Menschenwerk: sie sind deshalb mit gleichem Recht Gegenstand des Spottes, den die Schrift sonst den Götzen angedeihen läßt. Ein weiteres Argument gegen die Anbetung des Bildes Christi, das Thomas nur in der Summa anführt: Christus selbst kommt die *adoratio latriae* nur aufgrund seiner göttlichen, nicht aber seiner menschlichen Natur zu. Das Bild seiner Gottheit, das der menschlichen Seele eingeprägt ist, wird aber nicht angebetet: dann darf erst recht nicht das körperliche Bild angebetet werden, das Christus als Menschen darstellt. Schließlich ein letzter Grund gegen die Bilderverehrung, der im Sentenzen-Kommentar und in der Summa angeführt wird: Im Gottesdienst ist nur das erlaubt, was von Gott selbst

---

[1] In III. Sent., dist. 9, q. 1, ar. 2, qla. 2 (ed. FRETTÉ 9,152–155).
[2] S.th. III, q. 25, ar. 3 (ed. P. CARAMELLO 146 f.).

eingesetzt ist. Aber in der Heiligen Schrift gibt es keine Anweisung über die Bilderverehrung. Demnach wäre die Einführung des Bilderdienstes eine Vermessenheit.[3]

Die Lösung, die Thomas in beiden Werken vorträgt, beruht auf der Distinktion *des Bildes als Gegenstand* (secundum quod est res quaedam) und *des Bildes als (Ab-) Bild* (secundum quod est imago): insofern das Bild Christi eine Plastik oder ein Gemälde ist, kommt ihm keinerlei Verehrung zu, denn Verehrung kann sich nur auf ein vernunftbegabtes Wesen beziehen; insofern es sich aber um das Bild Christi handelt, wird ihm die gleiche Verehrung zuteil wie Christus selbst.[4] Denn die geistige Beziehung (motus animi), die in der Verehrung zum Ausdruck kommt, ist ja nicht auf das Bild als solches gerichtet, sondern auf die in ihm dargestellte Person.

Aus dieser grundsätzlichen Distinktion folgt die Auflösung der vier angeführten Gründe gegen die Bilderverehrung: 1. In Ex 20,4 wird nicht ein allgemeines Verbot der Herstellung von Skulpturen und Bildern ausgesprochen, sondern es wird lediglich untersagt, Bilder zum Zweck der Anbetung anzufertigen. Deshalb ist das Verbot zunächst gegen die Verehrung der heidnischen Götter gerichtet. Aber auch ein Bild des wahren Gottes konnte im Alten Testament nicht angefertigt werden, weil Gott körperlos ist. Das hat sich im Neuen Testament geändert, da Gott Mensch geworden ist: Gott als Mensch kann im körperlichen Bild dargestellt und verehrt werden.[5] Im Sentenzen-Kommentar hatte Thomas die Argumentation noch etwas anders gewichtet, insofern er dort, unter Berufung auf Is 40,18–20, von der grundsätzlichen Unmöglichkeit und folglich der Unerlaubtheit der bildlichen Darstellung Gottes *vor der Inkarnation Christi* ausgeht. Die Gefahr des Götzendienstes wird an zweiter Stelle genannt. Daß Gott, nachdem er Mensch geworden ist, ein Bild haben kann, wird damit begründet, daß er aufgrund der angenommenen menschlichen Natur, die ja auch angebetet wird, eine körperliche Gestalt hat. »Und deshalb ist es unter dem neuen Gesetz erlaubt, Bilder herzustellen.«[6]

---

[3] »Praeterea in cultu divino non sunt exhibenda nisi ea quae per legem Dei determinantur. Sed non invenitur in sacris Scripturis institutum de imaginum adoratione. Ergo videtur nimis praesumptuosum fuisse imaginum adorationem inducere« (ed. FRETTÉ 9, 152b/153a). In der Summa ist der Einwand nicht so scharf formuliert, enthält aber zusätzlich den Hinweis auf 1 Kor 11,23: »Ego accepi a Domino quod et tradidi vobis«, mit der Bemerkung, daß sich in der Schrift keine Überlieferung über die Bilderverehrung findet.

[4] »Si igitur dicendum est, quod imagini Christi inquantum est res quaedam, puta lignum sculptum vel pictum, nulla reverentia exhibetur: quia reverentia debetur non nisi rationali naturae. Relinquitur ergo, quod exhibeatur ei reverentia solum inquantum est imago. Et sic sequitur quod eadem reverentia exhibeatur imagini Christi quam ipsi Christo. Cum igitur Christus adoretur adoratione latriae, consequens est quod eius imago sit adoratione latriae adoranda« (S.th. III, q. 25, ar. 3, in corp.); die entsprechenden Ausführungen im Sentenzen-Kommentar: ed. c. 9, 155 a/b.

[5] S.th. III, q. 25, ar. 3, ad 1.

2. Der Apostel verbietet (Eph 5,11) die Teilnahme an den *fruchtlosen* Werken der Heiden, nicht an deren nützlichem Tun. Die Bilderverehrung der Heiden war fruchtlos, weil sie glaubten, den Bildern wohne eine göttliche Kraft inne, und weil sie in ihnen Kreaturen anbeteten. Die Christen beten aber das Bild Christi nicht wegen des Bildes an, sondern wegen des dargestellten Inhalts: nämlich Christi als des wahren Gottes.[7]

3. Würde man das vernunftbegabte Geschöpf als Bild Gottes anbeten, so wäre das ein Anlaß zum Irrtum, insofern dann die Anbetung leicht beim Menschen stehenbliebe und nicht auf Gott bezogen würde. Diese Gefahr besteht aber bei einer Plastik oder einem Gemälde aus einem leblosen Material nicht.[8]

4. Den vierten Einwand schließlich widerlegt Thomas durch den Hinweis auf *die nicht im Kanon enthaltenen apostolischen Überlieferungen.* In der Summa zitiert er hierzu 2 Thess 2,15, wo von den mündlichen (per sermonem) und den geschriebenen (per epistolam) Traditionen die Rede ist. Zu den mündlichen Überlieferungen gehört der kultische Gebrauch von Bildern und die Anbetung des Bildes Christi. Thomas beruft sich auf überkommene Legenden, nach denen der Evangelist Lukas das in Rom aufbewahrte Bild Christi und der seligen Jungfrau gemalt und Christus selbst sein Bild dem König Abgar gesandt habe.[9]

Im Sentenzen-Kommentar gibt Thomas einen dreifachen Grund für die Einführung der Bilder in der Kirche an: 1. Zur Unterweisung der Ungebildeten, die durch sie gewissermaßen wie durch Bücher belehrt werden; 2. damit das Geheimnis der Inkarnation und die Vorbilder der Heiligen besser im Gedächtnis haften bleiben, wenn sie täglich vor Augen gestellt werden; 3. um die Gefühle der Frömmigkeit anzuregen, was wirksamer über das Sehen des Bildes als über das Hören des Wortes geschieht.[10]

---

[6] »Ad primum ergo dicendum, quod ante incarnacionem Christi, cum Deus incorporeus esset, non poterat ei imago poni, sicut dicitur Isai. XL; et ideo prohibitum est in veteri lege ne imagines fierent ad adorandum; et praecipue quia proni erant ad idolatriam ex hoc quod totus mundus idolatriae insistebat. Sed postquam Deus factus est homo, potest habere imaginem, cum habeat ratione humanitatis assumptae, quae simul cum eo adoratur, figuram corporalem; et ideo permissum est nova lege imagines fieri« (In III. Sent., dist. 9, q. 1, ar. 2, qla. 2, ad 1); vgl. S.th. III, q. 25, ar. 3, ad 1.

[7] S.th., l. c., ad 2; In III. Sent., l. c., ad 2 (ed. c. 9,155).

[8] S.th., l. c., ad 3.

[9] In III. Sent., l. c., ad 3; S.th., l. c., ad 4. Beide Legenden entstanden um die Mitte des 6. Jahrhunderts: E. Von Dobschütz, Christusbilder. Untersuchungen zur christlichen Legende (TU 18, N. F. 3), Leipzig 1899, 28. 105 ff. und ebd. Beilage VII A, 269** f. Das Abgar-Bild wird in der Zeit des Bilderstreites erwähnt bei Johannes Damascenus, De fide orth. IV,16 (MPG 94, 1173/74); De imaginibus or. I (MPG 94, 1261 B).

[10] »Fuit autem triplex ratio institutionis imaginum in Ecclesia. Primo ad instructionem rudium, qui eis quasi quibusdam libris edocentur. Secundo ut incarnationis mysterium et sanctorum exempla magis in memoria essent, dum quotidie oculis repraesentantur. Tertio ad excitandum devotionis affectum qui ex visis efficacius incitatur quam ex auditis« (In III. Sent., 1. c.; ed. c. 9, 155b); vgl. hierzu: Gerhard B. Ladner, Der Bilderstreit und die

Bonaventura

Diese drei von Thomas eher anhangweise genannten Gründe stehen bei Bonaventura im Zentrum seiner Argumentation, mit der Bemerkung, daß die Einführung der Bilder in der Kirche *nicht ohne vernünftigen Grund* erfolgte.[11] Alle drei Gründe werden dann von Bonaventura noch näher erläutert:

1. Plastiken und Gemälde ersetzen den Ungebildeten die Schriften, die sie nicht lesen können. So können sie in den Bildern die Geheimnisse des Glaubens gleichsam ablesen.[12]

2. Der Affekt der Frömmigkeit wird bei manchen Menschen nicht geweckt, wenn sie nur mit dem Ohr vernehmen, was Christus für uns getan hat. Dies geschieht aber, wenn ihnen die Ereignisse des Lebens Christi gewissermaßen als gegenwärtig vor Augen gestellt werden. »Denn unser Gefühl wird mehr angeregt durch das, was man sieht, als durch das, was man hört.« Für diese Einschätzung der beiden Sinne, die er mit Thomas teilt, führt Bonaventura eine Stelle aus der Ars poetica des Horaz an: »Schwächer ist der Eindruck, der der Seele durch das Ohr zugeht, minder wirksam, als was das zuverlässige Auge unmittelbar aufnimmt und was der Zuschauer sich selbst zuträgt.«[13]

3. Auch in bezug auf das Gedächtnis zeigt sich nach Bonaventura die Überlegenheit des Gesichtssinnes. Wie das Sprichwort sagt, geht das gehörte Wort zu dem einen Ohr herein und zu dem anderen wieder hinaus. Das Gesehene dagegen prägt sich besser dem Gedächtnis ein. Sodann ist auch nicht immer jemand zur Hand, der uns die Heilstaten Gottes durch Worte ins Gedächtnis ruft. Deshalb ist es *durch Gottes Vorsehung* (dispensatione divina) geschehen, daß Bilder vor allem in den

---

Kunst-Lehren der byzantinischen und abendländischen Theologie. ZKG 50 (1931), 1–23; jetzt in: DERS., Images and Ideas in the Middle Ages. Selected Studies in History and Art I (Storia e Letteratura, 155), Roma 1983, 13–33; ebd. 29.

[11] Bonaventura, In III. Sent., dist. 9, ar. 1, q. 2 (ed. Quaracchi III,202 ff.). »Respondeo: Dicendum quod imaginum introductio in Ecclesia non fuit absque rationabili causa. Introductae enim fuerunt propter triplicem causam, videlicet propter simplicium ruditatem, propter affectuum tarditatem et propter memoriae labilitatem« (ebd. 203).

[12] »Propter simplicium ruditatem inventae sunt, ut simplices, qui non possunt scripturas legere, in huiusmodi sculpturis et picturis tanquam in scripturis apertius possint sacramenta nostrae fidei legere.«

[13] »Propter affectus tarditatem similiter introductae sunt, videlicet ut homines, qui non excitantur ad devotionem in his quae pro nobis Christus gessit, dum illa aure percipiunt, saltem excitentur, dum eadem in figuris et picturis tanquam praesentia oculis corporeis cernunt. Plus enim excitatur affectus noster per ea quae videt, quam per ea quae audit. Unde Horatius:
Segnius irritant animos demissa per aurem,
Quam quae sunt oculis subiecta fidelibus, et quae
Ipse sibi tradit spectator«
(Horaz, AP 180 ff.).

Kirchen hergestellt werden, damit wir uns bei ihrem Anblick an die für uns geschehenen Wohltaten und an die tugendhaften Werke der Heiligen erinnern.[14]

Im Anschluß an diese Erörterungen kommt Bonaventura dann auf das *Bild Christi* zu sprechen. Wie der Kontext zeigt, denkt er dabei ausschließlich an das Kruzifix: Dieses Bild wurde eingeführt, um uns den, der für uns gekreuzigt wurde, vor Augen zu stellen. So bietet es sich uns nicht für sich selbst dar, sondern es weist auf den Gekreuzigten hin. Folglich bezieht sich auch alle dem Kreuz dargebrachte Verehrung auf Christus. Und dies ist wiederum der Grund, weshalb dem Kreuz die höchste Form der Anbetung, *cultus latriae,* zusteht. Bonaventura führt hierfür eine Stelle aus De doctrina christiana (3,9,13) des Augustinus an, wo der Kirchenvater sagt, daß man bei einem von Gott eingesetzten Zeichen nicht das Sichtbare und Vergängliche verehre, sondern das, was durch das Zeichen dargestellt wird.[15]

Wie bei theologischen Quaestionen üblich, hatte Bonaventura zu Beginn mehrere Einwände gegen den Bilderkult erhoben, die am Ende aufgelöst werden. Die wohl wichtigsten darunter sind der Verdacht des Götzendienstes und die Tatsache, daß der Bilderkult nicht aus der Schrift begründbar ist: »Der Götzendienst ist noch viel stärker zu vermeiden als die gesetzlichen Zeremonien. Nun lehnt die Kirche aber einen Gottesdienst nach der Vorschrift des alttestamentlichen Zeremonialgesetzes ab, um nicht in den Verdacht des Judaismus zu kommen. Wenn nun der Götzendienst in der Verehrung von Bildern und Gemälden bestand, dann, so scheint es, dürfen solche nicht angebetet werden.« »Wenn solche Bilder weder durch das Neue noch durch das Alte Testament gebilligt werden, dann, so scheint es, war ihre Einführung eine vermessene Neuerung. Wenn sie also (im Alten Testament) vernichtet werden müssen, dann dürfen sie (im Neuen Testament) nicht verehrt werden.«[16]

---

[14] »Propter memoriae labilitatem, quia ea quae audiuntur solum, facilius traduntur oblivioni, quam ea quae videntur. Frequenter enim verificatur in multis illud quod consuevit dici: verbum intrat per unam aurem et exit per aliam. Praeterea, non semper est praesto qui beneficia nobis praestita ad memoriam reducat per verba. Ideo dispensatione Dei factum est, ut imagines fierent praecipue in ecclesiis, ut videntes eas recordemur de beneficiis nobis impensis et Sanctorum operibus virtuosis.«

[15] »Quoniam igitur imago Christi introducta est ad repraesentandum eum, qui pro nobis crucifixus est, nec offert se nobis pro se, sed pro illo; ideo omnis reverentia, quae ei offertur, exhibetur Christo. Et propterea imagini Christi debet cultus latriae exhiberi. Et hoc est quod dicit Augustinus in libro tertio de Doctrina christiana: ›Qui veneratur tale signum divinitus institutum, cuius vim significationemque intelligit, non hoc veneratur, quod videtur et transit, sed illud potius, quo talia cuncta referenda sunt.‹- Concedendae sunt igitur rationes, quae hoc ostendunt.« Das Augustinus-Zitat: De doct. christ. 3,9,13 (CC 32,85). Vgl. auch Bonaventura, In III. Sent., dist. 9, ar. 1, q. 4 (ed. Quaracchi III,207 f.): »Crux ratione crucifixi latria est adoranda«. . ». .ut signum rememorativum, ducens in Crucifixum« (ebd. 208 b). Schon zu Beginn der Quaestio hatte Bonaventura den bekannten Satz des Johannes Damascenus zitiert: »Honor imaginis refertur ad prototypum« (De fide orth. 4,16).

Zu dem ersten hier zitierten Einwand bemerkt Bonaventura, er träfe in der Tat zu, wenn die Bilder um ihrer selbst willen angebetet würden, in der Überzeugung, es wohne ihnen eine göttliche Kraft inne. Die Gläubigen verehren die Bilder aber in einer völlig anderen Mentalität. Wenn nun weiter dagegen gehalten wird, daß die Bilder Anlaß zum Irrtum seien, so hat das keine Bedeutung. Denn auch die heiligen Schriften waren und sind bis zum heutigen Tag Anlaß zum Irrtum, ebenso auch andere Kreaturen. Deswegen aber kann man sie nicht zerstören; denn nach dem Ratschluß Gottes dienen sie den Guten zum Guten und für die Bösen wenden sie sich zum Bösen. Und das Gleiche gilt für die Bilder.[17]

Den zweiten Einwand entkräftet Bonaventura ebenso wie Thomas mit dem Hinweis auf die nicht schriftlich festgehaltenen Überlieferungen der Apostel.[18] Nach seiner Meinung dienen auch die beiden von Johannes Damascenus überlieferten Legenden der Rechtfertigung des Bildes (ad imaginum confirmationem): die von dem auf wunderbare Weise für den König Abgar entstandenen Abdruck des Gesichtes Christi und die von dem durch Lukas gemalten Bild Christi und seiner Mutter.[19]

Bei Bonaventura wird wie bei Thomas der für die »Hochtheologie« charakteristische Gesichtspunkt zum Ausdruck gebracht, daß die Bilder, im Vergleich zu dem gelesenen oder zu Gehör gebrachten Wort eigentlich ein minderes Medium der Glaubensbelehrung sind: es ist bestimmt für die Analphabeten und Ungebildeten. Andererseits stellt vor allem Bonaventura die Überlegenheit des Gesichtssinnes heraus, sowohl was die Wirkung auf den Affekt der Frömmigkeit wie auch auf das Gedächtnis betrifft. Auffällig ist, daß beide Theologen das Bild nur behandeln, insofern es Gegenstand der Belehrung und der Verehrung ist. Eine dritte Betrachtungsweise, die dem Bild auch einen aktiven Charakter zuerkennt, nämlich den des Gnadenbildes, das nicht nur den Strom der Verehrung von unten nach oben leitet, sondern auch den der Gnade von oben nach unten, kommt in der stark intellektuell geprägten Theologie der Hochscholastik nicht vor.

---

[16] In III. Sent., dist. 9, ar. 1, q. 2, Obj. 5.6.
[17] »Et si tu obiicias, quod sunt occasio erroris, dicendum, quod etsi litterae sacrae fuerunt et sunt usque in hodiernum diem, et etiam aliae creaturae quandoque occasio erroris, non tamen propter hoc sunt litterae delendae et creaturae destruendae, quia hoc divini iudicii est, ut bonis sint in bonum, malis autem in mala convertantur. Sic et in imaginibus est intelligendum« (ed. c. III,204 b).
[18] »Ad illud vero quod obiicitur, quod illud non habet auctoritatem ex Scripturis, dicendum, quod multa Apostoli tradiderunt, quae tamen non sunt scripta. Unde Apostolus laudabat eos qui tenebant suas traditiones, et Ecclesia servavit fideliter quae ab Apostolis accepit.«
[19] Ed. Quaracchi III,204 b.

IV. DAS BILD IM FRANZISKANERTUM

An dem starken Interesse, das Bonaventura am Kreuz Christi hat, zeigt sich, daß er franziskanischer Theologe ist.[1] Von dem neuen Verhältnis zum Bild und speziell zum Crucifixus, das mit dem Auftreten des Franziskus von Assisi selbst im westlichen Christentum Eingang fand, ist jedoch in seiner Theologie kaum etwas wahrzunehmen. Dieses neue Verhältnis nimmt seinen Ausgang von der Vision des Crucifixus von San Damiano im Sommer des Jahres 1206.

Der Crucifixus von San Damiano und die Folgen

Nach dem Bericht der älteren Lebensbeschreibungen betrat Franziskus die kleine, halbzerstörte Kirche S. Damiano bei Assisi, um vor dem auf Holz gemalten Bild des Gekreuzigten zu beten. Da sagte der Crucifixus zu ihm die berühmten Worte: »Franziskus, geh und baue mein Haus wieder auf, das, wie du siehst, ganz und gar in Verfall gerät.«[2]

Der Crucifixus von San Damiano ist *der erste sprechende Crucifixus* der christlichen Religionsgeschichte. In der Literatur wird gelegentlich auf einige frühere visionäre Ereignisse ähnlichen Charakters hingewiesen: Gregor von Tours (537/38–594) erzählt im ersten Buch seines Werkes über die Wunder von einem gemalten Crucifixus in der Kathedrale von Narbonne: er sei dreimal nacheinander einem Priester in einer Vision erschienen und habe verlangt, daß man seine Blöße auf jenem Bild bekleide.[3] Im 11. Jahrhundert hatte Johannes Gualberti, der Gründer

---

[1] Vgl. auch seine Traktate: Lignum vitae (Opera omnia VIII, Quaracchi 1898, 68), Vitis mystica (ebd. 159) und den Hymnus: »Recordare sanctae crucis« (ebd. 667).

[2] »Francisce, inquit, vade, repara domum meam, quae ut cernis, tota destruitur«: Fr. Thomae de Celano Vita secunda S. Francisci 10 (Analecta Franciscana 10, Quaracchi-Firenze 1926–1941, 137); ders., Tractatus de miraculis S. Francisci 2 (ebd. 272); vgl. Legenda trium sociorum 13 (ed. Théophile DESBONNETS, AFH 67 [1974], 38–144; ebd. 99 f.): »Francisce, nonne vides, quod domus mea destruitur? Vade igitur et repara illam mihi.«

[3] Gregor von Tours, Mirac. I,22 (MGH SS rer. merov. 1, 501): »Est et apud Narbonensim urbem in ecclesia seniore, quae beati Genesii martyris reliquiis plaudit, pictura, quae Dominum nostrum quasi praecinctum lenteo indicat crucifixum, quae pictura dum assidue cerneretur a populis, apparuit cuidam Basileo Presbitero per visum persona terribilis, dicens: ›Omnes vos oblecti estis variis indumentis et me iugiter nudum aspicitis. Vade quantotius, operi me vestimento!‹ Et presbiter non intellegens visionem, data die nequaquam ex ea re memoratus est. Rursumque apparuit ei; sed et illud parvi pendit. Post tertium autem diem secundae visionis, gravibus excruciatum verberibus, ait: ›Nonne dixeram tibi, ut operires me vestimento, ne cernerer nudus, et nihil ex hoc a te actum est? Vade‹, inquit, ›et tege lenteo picturam illam, in qua crucifixus appareo, ne tibi velox superveniat interitus.‹ At ille commotus et valde metuens, narravit ea episcopo, qui protenus iussit desuper velum expandi. Et sic obiecta nunc pictura suspicitur. Nam etsi parumper detegatur ad contemplandum, mox dimisso velo contegitur, ne detecta cernatur.«

des Ordens von Vallombrosa (Gründung von Vallombrosa: 1036), dem Mörder eines nahen Verwandten, der sich wehrlos vor ihm in Kreuzesform ausgestreckt hatte, Verzeihung gewährt. Als er kurz darauf die Kirche San Miniato in Florenz betrat, nickte ihm der Crucifixus dankend zu.[4] Im 12. Jahrhundert berichtet ein Mönch, er habe Bernhard von Clairvaux beobachtet, als er eine Erscheinung des Crucifixus hatte: dabei habe er den Eindruck gehabt, der Gekreuzigte löse seine Arme von dem Querbalken und ziehe den Heiligen an sich.[5] Bei dem von Gregor von Tours berichteten Ereignis und im Falle des heiligen Bernhard handelt es sich um reine Visionen: es ist nicht das Bild selbst, das spricht. Bei Johannes Gualberti ist es zwar ein Crucifixus, der ein Lebenszeichen zu erkennen gibt, aber er spricht kein Wort. Der Crucifixus von San Damiano dagegen spricht selbst. Von dem Satz, den er an Franziskus richtet und den dieser zunächst wörtlich versteht, geht der Auftrag zu einer Erneuerung und Umgestaltung der mittelalterlichen Kirche aus.

Der Crucifixus von San Damiano, ein auf Nußbaumholz gemaltes romanisches Tafelbild (croce dipinta) des 11. Jahrhunderts, ist ein »ekklesiologischer« Crucifixus: neben dem gekreuzigten Heiland ist die unter dem Kreuz versammelte *ecclesia militans* dargestellt; im oberen Teil erkennen wir die Auferstehung (und Himmelfahrt) Christi mit der himmlischen *ecclesia triumphans,* während im stark zerstörten Unterteil, heute nicht mehr erkennbar, vielleicht eine Darstellung der leidenden, in der Unterwelt auf die Erlösung wartenden Kirche mit den Heiligen des Alten Testaments zu sehen war. Der Crucifixus selbst, ein »lebendiger Christus«, schaut den Betrachter und Beter mit weit geöffneten Augen an.[6]

Es lag im Zuge der franziskanischen Frömmigkeit, ein *Mitleiden* mit dem gekreuzigten Christus anzustreben, so wie Franziskus selbst als *alter*

---

[4] S. Joannis Gualberti Vita auctore Attone, c. 3 (MPL 146, 672): »Postquam autem inimicum in pace transire permisit, ac de caetero libere quocumque vellet abire concessit, progressus paululum, ad Sancti Miniatis venit ecclesiam. Quam cum oraturus ingreditur, crucem eiusdem ecclesiae caput sibi flectere contuetur, quasi gratias ei redderet, quia, pro reverentia ipsius, suo inimico misericorditer pepercisset.« – Der Crucifixus des heiligen Johannes Gualberti wurde am 25. November 1671 in die Kirche S. Trinità übertragen (s. MPL 146,961 ff.), wo er sich heute noch befindet.

[5] S. Bernardi Vita prima, lib. VII, c. 7 (MPL 185,419 f.): »Dominus Menardus abbas de Moris, quod est monasterium vicinum Clarae-Valli, vir religiosus, mirabilem quamdam rem, quasi de alio, retulit familiaribus suis, quam tamen sibimet evenisse putamus, ita dicens: ›Notus est mihi monachus, qui beatum Bernardum abbatem aliquando reperit in ecclesia solum orantem. Qui cum prostratus esset ante altare, apparebat ei quaedam crux cum suo crucifixo super pavimentum, posita coram illo, quam idem vir beatissimus devotissime adorabat ac deosculabatur. Porro ipsa maiestas, separatis brachiis a cornibus crucis videbatur eumdem Dei famulum amplecti atque astringere sibi.‹«

[6] Leone BRACALONI, Il prodigioso Crocifisso che parlò a S. Francesco. Stud. Franc. 11 (1939), 185–212; Edward B. GARRISON, Italian Romanesque Panel Painting. An Illustrated Index, Florence 1949; der Crucifixus von San Damiano ebd. 183, Nr. 459.

Christus (zweiter Christus) das Leiden Christi nachvollzogen hatte. Der Biograph Thomas von Celano berichtet, daß seit dem Ereignis von San Damiano sich das Andenken an das Leiden des Herrn seinem Herzen tief eingeprägt hatte.[7] Celano führt dann wie in einer Liste die schon in seinen beiden Lebensbeschreibungen erwähnten Episoden und visionären Begebenheiten an, die mit dem Kreuz zusammenhängen: das kreuzförmige Ordenskleid;[8] die Vision des Bruders Silvester, der ein goldenes Kreuz aus dem Mund des Franziskus herauskommen sah, das mit seinen Armen die ganze Welt umfaßte;[9] die Vision des Bruders Monaldus, der während einer Predigt des heiligen Antonius über die Kreuzinschrift Franziskus als Gekreuzigten erblickte;[10] ein anderer von den Gefährten, Bruder Pacificus, sah einmal ein strahlendes Tau auf der Stirn des Franziskus.[11] Zu dem Buchstaben Tau, Zeichen der Erlösung und Erwählung, hatte Franziskus eine besondere Beziehung: er firmierte mit ihm seine Briefe und malte es an die Wände von ihm und anderen bewohnter Zellen.[12] Zwei Jahre vor seinem Tode, um das Fest Kreuz Erhöhung (14. September) des Jahres 1224, wurde er auf dem Berge La Verna mit den Stigmata des gekreuzigten Heilands ausgezeichnet.[13] Der tote Franziskus schließlich sah nach dem Bericht von Augenzeugen aus wie ein soeben vom Kreuz Abgenommener.[14]

---

[7] »Ex tunc profundo charactere impressa fuit cordi eius memoria dominicae passionis, et alta in sese conversione reducta«: III Cel 2 (Anal. Fr. 10,272 f.); vgl. I Cel 115 (ebd. 91); II Cel 10 (ebd. 137); 105 (ebd. 192); 3 Soc 14 (ed. DESBONNETS, 100).

[8] I Cel 22 (Anal. Fr. 10,19).

[9] II Cel 109 (Anal. Fr. 10,195); 3 Soc 31 (ed. DESBONNETS, 113); vgl. Testamentum S. Francisci 5, in: Kajetan ESSER, Die Opuscula des hl. Franziskus von Assisi. Neue textkritische Edition (Spicilegium Bonaventurianum 13), Grottaferrata (Romae) 1976, 431–447; ebd. 438.

[10] I Cel 48 (Anal. Fr. 10,38).

[11] II Cel 106 (Anal. Fr. 10,193).

[12] »Familiare sibi signum Thau, prae ceteris signis, quo solo et missivas chartulas consignabat et cellarum parietes ubilibet depingebat«: III Cel 3 (Anal. Fr. 10,273); vgl. III Cel 159 (ebd. 321); Schriftstück für Bruder Leo (»Chartula fr. Leoni data«), in: ESSER, Opuscula 134–146, bes. 143; Die Schriften des heiligen Franziskus von Assisi. Einführung, Übersetzung, Erläuterungen: L. HARDICK und E. GRAU (Franzisk. Quellenschr. 1), Werl ⁶1980, 204–207. Das Schriftstück für Bruder Leo, das heute in dem kleinen Museum des Sacro Convento in Assisi aufbewahrt wird, zeigt, von der Hand des Franziskus selbst gezeichnet, einen unter der Erde liegenden bärtigen Kopf, aus dessen Mund ein Tau emporwächst. Es handelt sich um den Kopf Adams, darüber hinaus aber auch um den Kopf des Franziskus, der wie Christus ein »zweiter Adam« ist; s. dazu: Duane LAPSANSKI, The Autographs on the »Chartula« of St. Francis of Assisi. AFH 67 (1974), 18–37, und bes. die Bildtafeln neben S. 34 und S. 36.

[13] I Cel 94 f.; 112–115; II Cel 135–138; III Cel 3–5.

[14] »Resultabat revera in eo forma crucis et passionis Agni immaculati, qui lavit crimina mundi, dum quasi recenter e cruce depositus videretur, manus et pedes clavis confixos habens et dextrum latus quasi lancea vulneratum«: I Cel 112 (Anal. Fr. 10,88); »Nam sicut dixit michi frater Leo, socius suus, qui presens fuit, quando ad sepeliendum lavabatur in morte, videbatur recte sicut unus crucifixus de cruce depositus«: Salimbene de Adam, Chronik (MGH SS 32, 195).

Durch den Eindruck, den Franziskus hinterließ, wurde den Zeitgenossen Leiden und Tod Christi in einer neuen Weise nahegebracht.
Auf die bildliche Darstellung des Crucifixus wirkte sich das in der Weise
aus, daß in Mittelitalien um die Mitte des 13. Jahrhunderts das Tafelbild
mit dem *toten Christus* allmählich das mit dem im Tode triumphierenden Christus ablöste.[15] Zu den frühesten noch erhaltenen Beispielen eines unter franziskanischem Einfluß gemalten *toten Crucifixus* gehören
der heute im Museum von Santa Maria degli Angeli aufbewahrte Crucifixus des Giunta Pisano (entstanden etwa 1235–1240)[16] und der des
sogenannten »Maestro dei Crocifissi azzurri« im Museum von San Francesco in Assisi (entstanden etwa 1265–1275).[17] Die zentrale Bedeutung
des Kreuzes in der franziskanischen Theologie und Spiritualität fand bis
in die Zeit des Spätmittelalters und der Frührenaissance ihren Niederschlag in den Freskenzyklen der »Legende vom heiligen Kreuz«
zahlreicher Franziskanerkirchen, so im Chor von Santa Croce in Florenz (von Agnolo Gaddi, Ende des 14. Jahrhunderts), in S. Francesco in
Volterra (von Cenni di Francesco um 1410), in der Kirche von Wie-
sendangen bei Winterthur (von Hans Haggenberg um 1490) und in S.
Francesco in Arezzo (von Piero della Francesca, 1452–1466).[18] Die große Zunahme der Darstellungen von Szenen aus der Passion
Christi im späteren Mittelalter ist ebenfalls dem franziskanischen Ein-
fluß zuzuschreiben. Hierzu gehört das Vesperbild (Pietà), das Bild, auf
dem die »schmerzerfüllte Mutter« (Mater dolorosa) ihren soeben vom
Kreuz abgenommenen, im Tod erstarrten Sohn auf dem Schoß hält.[19]
Das Vesperbild wird zum Andachts- und Wallfahrtsbild der Spätgotik

---

[15] BRACALONI, Crocifisso (o. Anm. 6), 206 f.; vgl. ferner: Hellmut HAGER, Die Anfänge
des italienischen Altarbildes. Untersuchungen zur Entstehungsgeschichte des toskanischen
Hochaltarretabels, München 1962, 75. 79; Hanna EGGER, Franziskanischer Geist in mittelalterlichen Bildvorstellungen. Versuch einer franziskanischen Ikonographie, in: Niederösterreichische Landesausstellung: 800 Jahre Franziskus von Assisi. Franziskanische
Kunst und Kultur des Mittelalters. Krems-Stein, Minoritenkirche, 15. Mai – 17. Oktober
1982, Wien 1982, 471–505; ebd. 476 f.; vgl. auch: Henry THODE, Franz von Assisi und die
Anfänge der Kunst der Renaissance in Italien, Wien [4]1934, 467: »Wohl auf keinem anderen Gebiete der Darstellungen christlicher Geschichte hat sich der direkte Einfluß des
Franziskus so bedeutend geltend gemacht, als auf dem der Kreuzigung Christi. Der Kultus
des Kruzifixus, den er, selbst ein Abbild des Gekreuzigten, hervorgerufen, hat der Kunst
schon unmittelbar nach seinem Tode einen mächtigen Impuls gegeben«; Gerhard RUF,
Der Einfluß der franziskanischen Bewegung auf die italienische Kunst des Mittelalters und
der Frührenaissance. Franz. Stud. 67(1985), 259–286; ebd. 271.
[16] GARRISON (o. Anm. 6), 208, Nr. 543. Giunta Pisano hatte im Jahre 1236 im Auftrage
des Generalministers Elias von Cortona ein Kruzifix für den Lettnerbalken der Oberkirche San Francesco in Assisi gemalt. Es ist seit 1623 verschwunden; s. E. LEMPP, Frère Elie
de Cortone. Etude biographique, Paris 1901, 89; RUF, o. c. 271.
[17] GARRISON, o. c. 184, Nr. 461.
[18] S. hierzu: H. FELD, Die »Verkündigung« innerhalb von Piero della Francescas Heilig-Kreuz-Zyklus in Arezzo. Franz. Stud. 67(1985), 348–359.
[19] G. RUF, Einfluß (o. Anm. 15), 273.

schlechthin. Die in dieser Zeit entstandenen und bis heute besuchten Wallfahrtsorte (z. B. Blieskastel, Klausen bei Trier, Lautenbach in Baden) haben alle eine Pietà als Kultbild. Dem Vesperbild liegt der Gedanke zugrunde, daß die *Mater dolorosa* dem betrachtenden Beter das *Mitleiden* mit ihrem Sohn vermittelt, so wie es der dem Franziskaner Jacopone da Todi zugeschriebene Hymnus *Stabat Mater* zum Ausdruck bringt:

> Sancta Mater illud agas,
> Crucifixi fige plagas
> Cordi meo valide.

»Heilige Mutter, hefte des Gekreuzigten Wunden fest auf mein Herz.«[20]

In der Tatsache, daß im Spätmittelalter nicht mehr allein die Gräber der Heiligen oder ihre Reliquien, sondern ein Kultbild Ziel der Wallfahrt sein kann, zeigt sich das gewandelte Verhältnis zum Bild, nicht in der theologischen Theorie – sie geht über das bei Thomas und Bonaventura Gesagte nicht hinaus – wohl aber in der Volksfrömmigkeit. Seit dem sprechenden Crucifixus von San Damiano hat das Kultbild doch eine eigene Qualität, durchaus auch etwas Numinoses bekommen, wenn auch die katholische Schul- und Hoch-Theologie bis auf den heutigen Tag in ihm nichts weiter als das Abbild des Urbildes und gewissermaßen die Durchgangsstation für die diesem zufließende Verehrung sehen möchte.

Die Bedeutung des heiligen Ortes

Das eben beschriebene Verständnis des Kultbildes stimmt überein mit einer Grundüberzeugung franziskanischer Weltsicht und Theologie, daß das Göttliche und Ewige im Unscheinbaren und Alltäglichen begegnet. Es steht auch in engem Zusammenhang mit der franziskanischen »*Theologie des Ortes*«.

Die ersten Franziskaner lebten nicht in festen Häusern, schon gar nicht in Klöstern wie die alten Orden. Die ältesten provisorischen Niederlassungen der gerade durch den Papst Innocenz III. in mündlicher Form approbierten Gemeinschaft in Rivotorto und Porziuncola bestanden aus primitiven Schuppen und Hütten.[21] Die franziskanische Bewegung war ursprunglich eine Wanderbewegung: Franziskus lehnte im An-

---

[20] Vgl. die Beurteilung dieses Hymnus bei F. J. E. RABY, A History of Christian-Latin Poetry from the Beginnings to the Close of the Middle Ages, Oxford 1953, 440: »the *Stabat Mater* remains, with the *Dies Irae,* a supreme achievement of Franciscan and, indeed, of religious verse of the Middle Ages.«
[21] I Cel 42 (Anal. Fr. 10,33); 44 (ebd. 34 f.); 3 Soc 55 (ed. DESBONNETS 129); 32 (ebd. 113); Anon. Per. 14b (L. DI FONZO, L'Anonimo Perugino tra le fonti francescane del sec. XIII. Rapporti letterari e testo critico. Misc. Franc. 72, 1972, 117–483; ebd. 441).

schluß an Jesus und seine Jünger feste Bleibestätten ab.[22] Thomas von Celano, der es vielleicht selbst erlebt hat, berichtet in seiner zweiten Lebensbeschreibung, wie Franziskus die Brüder, einschließlich der Kranken, aus einem für sie neu erbauten Haus in Bologna hinauswerfen ließ.[23] Ein festes Haus, das die Gemeinde von Assisi in Porziuncola zur Unterbringung der Teilnehmer am Generalkapitel hatte errichten lassen, begann er eigenhändig abzureißen; an der Vollendung des Zerstörungswerkes wurde er allerdings durch die Bürger gehindert.[24]

Der Chronist Jordan von Giano, der im Jahre 1225, noch zu Lebzeiten des Franziskus, in Erfurt eine Niederlassung der Brüder gründete, berichtet, wie der von den Bürgern bestellte Prokurator ihn fragte, »ob er wünsche, daß der Ort in Form eines Kreuzgangs gebaut würde. Er, weil er niemals einen Kreuzgang im Orden gesehen hatte, antwortete: ›Ich weiß nicht, was ein Kreuzgang ist. Baut uns einfach ein Haus nahe am Wasser, damit wir darin hinabsteigen können, um unsere Füße zu waschen.‹ Und so geschah es.«[25] Das allegorische Werk »Sacrum Commercium S. Francisci cum Domina Paupertate«, dessen Datierung bis heute umstritten ist, verherrlicht das franziskanische Armutsideal in seiner radikalsten Form.[26] Die Armut tritt dort, wie in dem berühmten Gewölbefresko von Giotto über dem Grab des Franziskus in der Unterkirche S. Francesco in Assisi,[27] in personifizierter Gestalt auf. Von Franziskus und seinen Gefährten zum Mittagsmahl eingeladen, antwortet Frau Ar-

---

[22] Regula bullata, c. 6 (Opuscula ed. ESSER, 368 f.); Regula non bullata, c. 7,13 (ebd. 383); vgl. Testamentum 24–26 (ebd. 441).

[23] II Cel 58: »Mandat denique fratribus domum festinanter exire. Propter quod, relicta domo, etiam infirmi non remanent, sed eiiciuntur cum aliis. Nec redeundi licentia datur, donec dominus Hugo tunc Ostiensis episcopus et in Lombardia legatus, domum praedictam publice praedicando suam esse proclamat. Testimonium perhibet et scribit haec ille, qui tunc de domo aegrotus eiectus fuit« (Anal. Fr. 10,166).

[24] Leg. Per. 56 (»Compilatio Assisiensis« dagli Scritti di fr. Leone e Compagni su S. Francesco d'Assisi. Edizione integrale dal Ms. 1046 di Perugia, ed. M. BIGARONI, Porziuncola 1975, 134–138).

[25] »Ille autem qui a burgensibus fuerat fratribus procurator datus interrogans fratrem Jordanum, si ad modum claustri sibi vellet edificari, ipse quia numquam viderat claustrum in ordine, respondit: ›Nescio quid sit claustrum; tantum edificate nobis domum prope aquam, ut ad lavandum pedes in ipsam descendere possimus.‹ Et ita factum est« (Chronica fratris Jordani, 43; ed. H. BOEHMER, Paris 1908, 39).

[26] Kritische Edition: Sacrum Commerciun S. Francisci cum Domina Paupertate, Firenze-Quaracchi 1929; deutsche Übersetzug und Einführung: Kajetan ESSER, Der Bund des Heiligen Franziskus mit der Herrin Armut, Werl/Westf. 1966. Die Schrift wird von einigen Forschern auf das Jahr 1227 datiert. Doch ist die Entstehung in den Jahren 1260–1270 wahrscheinlicher; wir hätten dann in ihr eine Rückbesinnung radikalerer Kreise des Ordens auf die Ideale der Anfangszeit zu sehen; s. STANISLAO DA CAMPAGNOLA, Introduzione, in: Fonti Francescane, Padova ³1982, 245.

[27] Gerhard RUF, Das Grab des hl. Franziskus. Die Fresken der Unterkirche von Assisi, Freiburg Br. 1981, 143 f. und ebd. Abb. 54; D. W. SCHÖNAU, A new hypothesis on the Vel in the lower church of San Francesco in Assisi. Franz. Stud. 67 (1985), 326–347; bes. 335 und 344, Abb. 1.

mut: »Zeigt mir zuerst *den Ort des Gebetes,* den Kapitelsaal, den Kreuzgang, das Refektorium, die Küche, das Dormitorium und den Wohn-
raum, die schönen Sitze, die glatt geschliffenen Tafeln und euer großes
Haus!« Die Brüder bestehen darauf, daß zunächst das ärmliche Mahl
aus Wasser und Brot auf dem Boden eingenommen wird. Nach der Mit-
tagsruhe bittet die Armut erneut darum, daß ihr nun der Kreuzgang
gezeigt werde. »Sie führten sie auf einen Hügel und zeigten ihr das Land
ringsum, so weit der Blick reichte, und sagten: Herrin, das ist unser
Kreuzgang.«[28]

Dieser radikalen *Kloster- und Ortslosigkeit* des frühen Franziskanertums steht das *Festmachen an heiligen Orten,* die mit bedeutenden visionären Ereignissen im Leben des Franziskus verbunden sind, gegenüber:
eines der großen Paradoxe des Franziskanertums. Orte, denen schon
Franziskus selbst einen besonderen Charakter aufgeprägt hat, sind vor
allem das Portiuncula-Kirchlein (Santa Maria degli Angeli), der Alverna-Berg und einige weitere sogenannte Eremitorien, zu denen er sich
zeitweise mit einigen Gefährten zurückzog. Die bedeutendsten davon
sind die im Tal von Rieti gelegenen Poggio Bustone, Fonte Colombo und
Greccio.

Die Kirche Portiuncula hatte Franziskus eigenhändig wieder hergestellt. Sie ist der Ort, an dem er wahrscheinlich am 24. Februar 1208 das
Evangelium von der Aussendung der Jünger durch Jesus (Mt 10,1-13)
hörte und sich anschließend von dem Priester auslegen ließ. Er sah darin
die endgültige Anweisung für sein künftiges Leben in absoluter Armut.
Nach seinem Willen sollte die Kirche und der bei ihr befindliche Konvent ein »Modell des Ordens« (speculum religionis) sein. In der zweiten
Lebensbeschreibung des Thomas von Celano heißt es: »Diesen Ort liebte
der Heilige vor allen anderen; er schrieb den Brüdern vor, ihn mit besonderer Ehrfurcht zu verehren; er wollte ihn als Modell des Ordens
stets in Bescheidenheit und äußerster Armut erhalten wissen.«[29] Schon
die erste Celano-Legende beschreibt - in dem klaren Bewußtsein, daß
hier eigentlich ein Widerspruch vorliegt - ausführlich die überaus hohe
Meinung, die Franziskus von der Portiuncula hatte:

»Denn obwohl er wußte, daß das Himmelreich überall auf der Erde
bestehe, und obwohl er glaubte, daß den Auserwählten Gottes an jedem
Ort die Gnade Gottes verliehen werde, so hatte er doch erfahren, daß
der Ort der Kirche der heiligen Maria in Portiuncula von reicherer Gnade erfüllt und durch den häufigen Besuch der himmlischen Geister

---

[28] Sacrum Commercium 59-63 (Fonti Franc. 2018-2022).
[29] II Cel 18 (Anal. Fr. 10,142). Über den besonderen Rang der Kirche Portiuncula und
der dortigen Niederlassung der Brüder als Modell des Ordens (»forma et exemplum tocius
religionis«) handelt ausführlich die Legenda Perusina, c. 56 (ed. BIGARONI, 124-140).

ausgezeichnet war. Er sagte deshalb oft zu den Brüdern: ›Seht zu, meine
Söhne, daß ihr diesen Ort niemals verlasset! Wenn ihr auf der einen
Seite hinausgejagt werdet, dann kommt auf der anderen wieder herein.
Denn dieser Ort ist wahrhaft heilig und eine Wohnung Gottes. Hier hat
uns, als wir noch wenige waren, der Höchste vermehrt. Hier hat er die
Herzen seiner Armen mit dem Licht seiner Weisheit erleuchtet. Hier hat
er unseren Willen mit dem Feuer seiner Liebe entzündet. Wer hier mit
frommem Herzen betet, wird erhalten, um was er bittet, und wer sün-
digt, wird schwerer bestraft werden. Deshalb, meine Söhne, haltet den
Ort der Wohnung Gottes aller Ehre würdig, und preist dort Gott mit
ganzem Herzen, mit freudiger und lobpreisender Stimme!‹«[30]

Mit dem Satz, in welchem dem frommen Beter die Erhörung in Aus-
sicht gestellt wird, scheint Franziskus auf seine Absicht anzuspielen, das
Heil und den Nachlaß der Sünden und Sündenstrafen nicht am heiligen
Grab in Jerusalem, an den Apostelgräbern von Rom oder anderen berühmten Wallfahrtsorten zu suchen, sondern bei dem unscheinbaren
Portiuncula-Kirchlein. Er hatte deshalb dem Papst Honorius III. die Ge-
währung des nur an den Besuch dieses Ortes gebundenen Ablasses abge-
trotzt.[31] Wäre der Portiuncula-Ablaß gemäß der ursprünglichen Intention des Franziskus verwirklicht worden, so hätte er wohl das kirchliche
Buß- und Indulgenzenwesen revolutionieren können.[32] So ist es kein Zufall, daß der Ablaß alsbald in Vergessenheit geriet – die ältesten Lebens-

---

[30] I Cel 106 (Anal. Fr. 10,82). Parallel zu dieser Meinung von der Portiuncula als heiligem *Ort* steht die Einschätzung, die Franziskus von Weihnachten als heiliger *Zeit* hatte:
»Nam beatus Franciscus maiorem reverentiam habebat in Nativitate Domini, quam in ulla
alia sollempnitate Domini, quoniam licet in aliis eius sollempnitatibus Dominus salutem
nostram operatus sit, tamen ex quo natus fuit nobis, ut dicebat beatus Franciscus, oportuit
nos salvari. Propterea volebat, ut tali die omnis Christianus in Domino exultaret et pro eius
amore, qui semetipsum dedit nobis, omnis homo non tantum pauperibus cum ylaritate
esset largus, set etiam animalibus et avibus« (Leg. Per. 14; ed. BIGARONI, 46); s. auch u. bei
Anm. 45).
[31] Paul SABATIER, Étude critique sur la concession de l'indulgence de la Portioncule ou
pardon d'Assise, Paris 1896; Fratris Francisci Bartholi de Assisio Tractatus de Indulgentia
S. Mariae de Portiuncula, ed. Paul SABATIER (Collection d'Études et de Documents, 2), Paris
1900; Antonius FANTOZZI, Documenta Perusina ad Indulgentiam Portiunculae spectantia.
AFH 9 (1916), 237-293. Die Verkündigung des Ablasses wird auf den 2. August 1216
datiert (Omer ENGLEBERT, Vie de Saint François d'Assise, Paris ²1972, 223-233); die Weihe
der Portiuncula fand wahrscheinlich schon ein Jahr früher, am 2. August 1215 statt: so
Giuseppe ABATE, Della data della consacrazione della Porziuncola e dei racconti sulla
celebre indulgenza. Misc. Franc. 37 (1937), 183-197. Die Weiheliturgie enthält die Lesung
3 Kön 8,23-45 (Gebet Salomons bei der Tempelweihe) mit dem bemerkenswerten Satz:
»Ergone putandum est, quod vere Deus habitet super terram? Si enim caelum et caeli
caelorum te capere non possunt, quanto magis domus haec, quam aedificavi?«
[32] Vgl. die dem Papst Honorius III. gegenüber geäußerte Befürchtung der Kardinäle:
»Videte, Domine, quoniam si huic talem exhibetis indulgentiam, ultramarinam destruitis,
et indulgentia beatorum Petri et Pauli ad nihilum redigetur et pro nihilo reputabitur«: Fr.
Francisci Bartholi Tract., ed. SABATIER, XCI und 16.

beschreibungen erwähnen ihn nicht[33] – und daß er, als ein halbes Jahrhundert nach dem Tode des Franziskus die Erinnerung an ihn wiedererwachte, wie andere gefährliche franziskanische Ideen in das herrschende kanonische und theologische System eingegliedert wurde.[34]

Der zweite heilige Ort des Franziskanertums, der in seiner Bedeutung der Portiuncula kaum nachsteht, ist der Berg La Verna (Alverna). Der Berg, ein Teil des Monte-Penna-Massivs, zwischen den oberen Tälern des Arno und des Tiber, in der Nähe von Bibbiena gelegen, wurde Franziskus im Jahre 1213 von dem Grafen Orlando Catani geschenkt.[35] Hier erhielt Franziskus im Herbst 1224 während der Vision eines gekreuzigten sechsflügeligen Engels (Seraph) die fünf Wundmale des gekreuzigten Jesus, was in der Deutung der Zeitgenossen und wohl auch des Franziskus selbst als definitive Gleichstellung mit dem leidenden und sterbenden Welterlöser aufgefaßt wurde.[36] Die Inschrift über dem mittelalterlichen Eingangstor des Klosterbezirks bringt den Anspruch des Alverna-Berges zum Ausdruck:»Non est in toto sanctior orbe mons«: »Auf der ganzen Welt gibt es keinen heiligeren Berg.«[37] Damit soll nicht nur die Überlegenheit über den Sinai und die anderen alttestamentlichen Berge, die Orte von Gotteserscheinungen waren (Bethel, Horeb, Moria, Sion), betont werden, sondern auch über die neutestamentlichen Heilsberge (Golgotha, Ölberg, Tabor), also die acht heiligen Berge von »Oltremare« insgesamt.[38] Der Alverna-Berg als *Ort der Vollendung der Welterlösung* ist den anderen heiligen Bergen der Gottesoffenbarung und Heilsgeschichte schlechthin überlegen: darin zeigt sich die Tendenz der franziskanischen Religion, die bisherigen zentralen Heiligtümer des Christentums auf den zweiten Rang zu verweisen.[39] Das war aber nur möglich durch die Konstituierung eigener heiliger Orte.

Mit für die Entwicklung der franziskanischen Bewegung wichtigen visionären Begebenheiten sind sodann vor allem drei kleine Konvente

---

[33] Vgl. aber den Reflex in der 3 Soc 56 (ed. DESBONNETS, 130) erwähnten Vision eines Bruders von der um die Portiuncula versammelten blinden Menschheit.

[34] 1277 wurden unter dem Generalminister Hieronymus von Ascoli, dem späteren Papst Nikolaus IV. (1288–1292), die Zeugnisse über den Portiuncula-Ablaß gesammelt (ENGLEBERT, Vie, 230 f.)

[35] Die Frage der Besitzlosigkeit stellt sich bei dieser Gelegenheit nicht. Eine vorzügliche Beschreibung der Geschichte des Berges und seiner Heiligtümer, mit zahlreichen Literaturangaben, bietet das monumentale Werk von Marino Bernardo BARFUCCI, Il Monte della Verna. Sintesi di un Millennio di Vita, Arezzo 1982.

[36] S. o. Anm. 13 und 14.

[37] S. BARFUCCI, o. c. 38.

[38] Ebd. 29 f.

[39] Einer der ersten Gefährten, Bruder Ägidius, bei dem manche Züge des Franziskus übersteigert, ein wenig ins Karikaturhafte verzerrt, erscheinen, hat nach dem Tode des Franziskus dem heiligen Ort seiner eigenen Visionen, dem Konvent von Cetona, diesen Rang zugeschrieben (Chronica XXIV Gen. OM.: Anal. Fr. 3,98 f.).

des Rieti-Tales verbunden. Sie haben die für das Eremitorium charakteristische landschaftliche Lage und Gestalt: ein von bewohntem Gebiet
abgelegener Ort am Hang eines bewaldeten Berges, wo Felsenklüfte oder
primitive Hütten eine Zuflucht bieten; in einiger Entfernung und Abgeschiedenheit davon, einen nahezu totalen Rückzug ermöglichend, die
Höhle oder »Zelle« des Franziskus, in der er seine Kämpfe mit den
dämonischen Mächten austrug und wo seine betrachtenden Gebete in
Visionen ausmündeten.[40] Poggio Bustone ist nach alter Tradition der Ort,
an dem sich Franziskus im Sommer des Jahres 1208 Gedanken über
seine eigene Zukunft und die seiner Brüder machte. Er hatte damals
sieben Gefährten. Er erhielt dort die Gewißheit der Vergebung aller
seiner Sünden; weiterhin wurde ihm offenbart, daß seine Bewegung zu
einer unzählbaren Masse anwachsen werde; er sah aber auch die fort-
schreitende Dekadenz unter seiner zukünftigen Anhängerschaft voraus.[41] Poggio Bustone gilt ferner als Ausgangspunkt der ersten franziskanischen Friedens- und Bußmission in Italien.[42]

In Fonte Colombo, dem »franziskanischen Sinai«, arbeitete Franziskus im Frühjahr 1223 die endgültige Regel für den »Orden der Minder-
brüder« aus. Nach Darstellung der Legenda Perusina ließ er sie den
widerstrebenden Ordensoberen gegenüber durch die vom Himmel tö-
nende Stimme Christi bestätigen und obendrein bekräftigen, daß sie
»buchstäblich, buchstäblich, buchstäblich, ohne Deutung, ohne Deutung, ohne Deutung« einzuhalten sei.[43] Greccio schließlich, das »neue
Bethlehem«, ist der Ort der berühmten Weihnachtsfeier des Jahres
1223.[44] Durch die, unter Einbeziehung der Tiere, dramatisch inszenierte
Feier der Mitternachtsmesse wollte Franziskus in einer neuen, bis dahin
unerhörten Weise auf die Mysterien der Menschwerdung Gottes und der
Welterlösung hinweisen: »Denn ich will das Andenken des Kindes be-
gehen, das in Bethlehem geboren wurde, und es in seiner kindlichen
Hilflosigkeit, wie es in die Krippe gelegt wurde und wie es neben Ochs
und Esel auf dem Heu dalag, mit meinen körperlichen Augen genau

---

[40] N. Cavanna, L'Umbria francescana illustrata, Perugia 1910 (französ. Übers.: L'Ombrie franciscaine, Paris 1926); Johannes Jörgensen, Das Pilgerbuch. Aus dem franziskanischen Italien, München 61922; Sulle orme di San Francesco nella Terra Reatina. Guida ai
Santuari della Valle Santa, Terni 1980.

[41] I Cel 26–28 (Anal. Fr. 10,22 f.).

[42] I Cel 29–30 (ebd. 23 ff.).

[43] »Tunc beatus Franciscus vertit faciem suam versus celum et loquebatur sic Christo:
›Domine! nonne bene dixi, quod non crederent tibi?‹ Tunc audita est vox in aere Christi
respondentis: ›Francisce, nichil est in regula de tuo, set totum est meum, quicquid est ibi. Et
volo quod regula sic observetur ad litteram, ad litteram, ad litteram, et sine glossa, et sine
glossa, et sine glossa‹« (Leg. Per. 17; ed. Bigaroni, 52).

[44] S. den Bericht in I Cel 84–86 (Anal. Fr. 10,63 f.). ». . quasi nova Bethlehem de Graecio
facta est« (ebd. 64,7).

sehen.«[45] Thomas von Celano erkennt in der Weihnachtsbotschaft des Franziskus die »Zeichen eines neuen apostolischen Zeitalters. Alsbald wurde die einst beerdigte Vollkommenheit der Urkirche ans Licht gebracht, deren Großtaten alle Welt zwar las, aber deren Beispiel sie nicht sah. . . Seit den Zeiten der Apostel erging niemals ein so hervorragender, niemals ein so wunderbarer Anruf an die Welt.«[46]

In der Betonung von »Bethlehem, der kleinen Stadt«, setzt Franziskus im Zeitalter der Kreuzzüge und der (vor allem päpstlichen!) Kreuzzugspropaganda einen Akzent gegen deren Ziel: Jerusalem, die Stadt des heiligen Grabes. Er war ja nicht lange davor aus dem Orient zurückgekehrt und hatte das Debakel des Kreuzfahrerheeres vor Damiette (29. August 1219) aus der Nähe erlebt.[47] Wenn Bethlehem, das heißt die Erlösung, in Greccio Wirklichkeit geworden ist und Gott dort gegenüber Menschen und Tieren »seine Barmherzigkeit vervielfacht« hat,[48] dann sind wohl kriegerische Wallfahrten überflüssig.

In der dramatischen Feier der Weihnachtsnacht von Greccio wird vielleicht wie bei keinem anderen Ereignis des Franziskus-Lebens deutlich, was Henry THODE meinte, als er schrieb, Franziskus habe »die Religion mit der Natur versöhnt«.[49] Mit Franziskus beginnt im westlichen Christentum ein neues Verhältnis zur Natur und damit auch eine neue Haltung zur Kunst, welche die Voraussetzung für das Aufkommen der Renaissance sind.[50] »Indem Franz die verachtete und mißhandelte Natur in ihre Rechte als Vermittlerin zwischen Gott und Mensch wieder einsetzte, hat er dem christlichen Künstler die einzig echte Lehrerin gewiesen. Indem er die Geheimnisse des christlichen Glaubens in den natürlichen Vorgängen von Christi irdischem Lebenswandel veranschaulicht sah, hat er den alten Stoff der christlichen Legende als einen gleichsam ganz neuen der Kunst zugeführt.«[51]

---

[45] I Cel 84 (ebd. 63,18); s. auch o. Anm. 30.
[46] III Cel 1 (ebd. 271,10).
[47] II Cel 30 (Anal. Fr. 10,149); vgl. I Cel 57 (ebd. 43); Gert WENDELBORN, Franziskus von Assisi. Eine historische Darstellung, Leipzig 1977, 255 ff.
[48] Vgl. I Cel 87 (Anal. Fr. 10,65).
[49] S. H. THODE, Franz von Assisi (o. Anm. 15), bes. 77–84.
[50] Mit Recht hat man deshalb Franziskus als den »Vater der Renaissance« bezeichnet; James J. WALSH, The Thirteenth Greatest of Centuries, New York 1924, 254: »the father of the Renaissance«; J. CARTWRIGHT, The Painters of Florence, London 1914, 3: »the real founder of the Italian Renaissance«.
[51] THODE, o. c. 79.

Bildliche Darstellungen des Franziskus und seiner Legende

Leben und Wirken des Franziskus waren so etwas wie die Initialzündung für eine Entwicklung der Architektur und bildende Kunst, die sich in Italien schon bald nach seinem Tode explosionsartig ausbreitete.[52] Es waren sowohl die Stoffe der »christlichen Legende«, das heißt: die Geschichten des Alten und Neuen Testaments, die in einer neuen, eben »renaissancehaften« Weise gesehen und dargestellt wurden, als auch die wunderbaren Ereignisse im Leben des Franziskus, der heiligen Klara und anderer franziskanischer Heiliger, in denen man gewissermaßen die Fortsetzung und Vollendung des Erlösungswerkes Christi sah.

Bilder des Franziskus, der bereits zu seinen Lebzeiten als »Mensch einer anderen Welt« (homo alterius saeculi) und überragender Wundertäter angesehen wurde,[53] gab es wahrscheinlich schon sehr früh. Im Tractatus de miraculis des Thomas von Celano, der in den Jahren 1252–1253 abgeschlossen wurde,[54] ist ein Bild des Franziskus mit den Stigmata in einer Kirche zu Potenza erwähnt.[55] Wenig später erzählt der Verfasser ein Wunder, das sich an einem Bild zutrug, auf dem Franziskus ohne die Stigmata abgebildet war. Dieses Bild war Eigentum einer adeligen römischen Dame und befand sich in deren Privatkapelle.[56] Wahrscheinlich wird es sich bei solchen Bildern um Tafelbilder nach Art derjenigen des Margaritone d'Arezzo (ca. 1216–1290) in S. Francesco a Ripa in Rom und im Museo Medioevale in Arezzo gehandelt haben. Auch die ältesten Darstellungen der Franziskus- und der Klara-Legende wurden auf Holztafeln gemalt.[57]

---

[52] S. hierzu besonders: Remigius BOVING, Das aktive Verhältnis des hl. Franziskus zur bildenden Kunst. AFH 19 (1926), 610–635, mit Angaben zur älteren Literatur; Gerhard RUF, Grab (o. Anm. 27); DERS., Einfluß (o. Anm. 15); Vincent MOLETA, From St. Francis to Giotto. The Influence of St. Francis on Early Italian Art and Literature, Chicago 1983; Dieter BLUME, Wandmalerei als Ordenspropaganda. Bildprogramme im Chorbereich franziskanischer Konvente Italiens bis zur Mitte des 14. Jahrhunderts, Worms 1983; James H. STUBBLEBINE, Assisi and the Rise of Vernacular Art, New York 1986.

[53] Vgl. I Cel 36: »Currebant viri, currebant et feminae, festinabant clerici, accelerabant religiosi, ut viderent et audirent sanctum Dei, qui homo alterius saeculi omnibus videbatur. Omnis aetas omnisque sexus properabat cernere mirabilia, quae noviter Dominus per servum suum operabatur in mundo« (Anal. Fr. 10,29); ferner: I Cel 82 (ebd. 61); 3 Soc 54 (ed. DESBONNETS, 129).

[54] S. STANISLAO DA CAMPAGNOLA, Introduzione, in: Fonti Francescane, 237.

[55] III Cel 6 (Anal. Fr. 10,275).

[56] »Moris est Romanarum nobilium matronarum, sive sint viduae sive nuptae, maxime quibus generositatis privilegium divitiae servant et Christus suum infundit amorem, in propriis domibus seorsum habere camerulas aut diversorium aliquod orationibus aptum, in quo aliquam depictam habent iconam, et illius sancti imaginem quem specialiter venerantur. Quaedam igitur domina, morum claritate ac parentum gloria nobilis, sanctum Franciscum in suum elegerat advocatum. Cuius imaginem depictam habebat in secreto cubiculo, ubi Patrem in abscondito exorabat« (III Cel 8 f.: Anal. Fr. 10,275 f.).

[57] Florens DEUCHLER, Arte povera: Zu den ältesten Franziskus-Bildern als Zeugen eines mittelalterlichen Genus pingendi, in: Niederösterr. Landesausstellung: 800 Jahre Franz

Das vermutlich älteste Fresko des Franziskus ist das in der Gregorius-Kapelle der heiligen Höhle von Subiaco, ein sogenanntes »Erinnerungsbild«, das auf das Jahr 1228 datiert wird.[58] Es stimmt in allen wesentlichen Zügen mit der Beschreibung, die Thomas von Celano von der äußeren Gestalt des Heiligen gibt, überein.[59] Im 13. und 14. Jahrhundert boten dann die als weite Predigthallen konzipierten Franziskanerkirchen mit ihren großen freien Wandflächen Platz genug für Fresken und Freskenzyklen. Weder diese großen Bauten noch ihre Ausschmückung entsprachen allerdings dem Ideal des Franziskus, der noch in seinem Testament auf der Ärmlichkeit von Kirchen und Klostergebäuden der Brüder bestanden hatte.[60] Der erste »Sündenfall« in dieser Hinsicht war der 1228 mit Wissen und Willen des Papstes Gregor IX. von dem Generalminister Elias begonnene Bau der riesigen Grabeskirche vor den Toren von Assisi, in die 1230 die Gebeine des Heiligen übertragen wurden.[61] Im Verlaufe des 13. Jahrhunderts wurde die Unterkirche durch die bedeutendsten Maler der Zeit mit den wundervollen Freskenzyklen ausgeschmückt, in denen Leben, Sterben und Verherrlichung des Franziskus in die engste Beziehung zu den »alten« Ereignissen der christlichen Heilsgeschichte und Legende gesetzt sind,[62] darunter die sogenann-

---

von Assisi, Wien 1982, 382–386, und ebd. Abb. 35. 36, und: GARRISON, Panel Painting (o. Anm. 6), S. 50 f., Nr. 51. 58; Tafel des Bonaventura Berlinghieri in S. Francesco zu Pescia mit Franziskus und sechs Bildern aus seiner Legende (1235; GARRISON, S. 154, Nr. 402); Tafelbild von S. Maria degli Angeli auf dem Brett, das Franziskus als Bett und Sterbelager diente (Inschrift: »Hic michi viventi lectus fuit et morienti«; GARRISON, S. 50, Nr. 52); Franziskus und Franziskus-Legende auf der Tafel von S. Francesco zu Pisa (GARRISON, S. 155, Nr. 408); Tafel mit Darstellung des Franziskus und vier (posthumen) Wunderszenen (1265–1275) im Museum des Sacro Convento in Assisi; Klara-Tafel des »Maestro di S. Chiara« (1283) in S. Chiara, Assisi; s. hierzu bes.: Benvenuto BUGHETTI, Vita e miracoli di S. Francesco nelle tavole istoriate dei secoli XIII e XIV. AFH 19 (1926), 636–732, und die dazu gehörigen Abbildungen.

[58] Gerhard B. LADNER, Das älteste Bild des hl. Franziskus von Assisi. Ein Beitrag zur mittelalterlichen Porträtikonographie, in: FS. P. E. Schramm, Wiesbaden 1964, 449–460; jetzt auch in: DERS., Images and Ideas in the Middle Ages, Roma 1983, I, 377–391; F. DEUCHLER, Arte povera (o. Anm. 57); DERS., Die ältesten Franziskusbilder. Überlegungen zu Form, Stil und Funktion. Franz. Stud. 67 (1985), 317–325; Elisabeth VAVRA, Imago und Historia. Zur Entwicklung der Ikonographie des hl. Franziskus auf Tafelbildern des Duecento, in: Niederösterr. Landesausst. (o. Anm. 57), 529–532; MOLETA, St. Francis (o. Anm. 52), 16.

[59] I Cel 83 (Anal. Fr. 10,62); LADNER, o. c. 390 f.; DEUCHLER, Arte povera, 383; DERS., Franziskusbilder, 321; dagegen W. GOEZ: »Übrigens sah Franziskus ganz anders aus«: Franziskus von Assisi, in: Sankt Elisabeth. Fürstin Dienerin Heilige, Sigmaringen 1981, 380–385; ebd. 380.

[60] »Caveant sibi fratres, ut ecclesias, habitacula paupercula et omnia, quae pro ipsis construuntur, penitus non recipiant, nisi essent, sicut decet sanctam paupertatem, quam in regula promisimus, semper ibi hospitantes sicut advenae et peregrini« (Testamentum 24: Opuscula, ed. ESSER, 440 f.); vgl. Regula bull. c. 6 (ed. c. 368); Leg. Per. 58 (ed. BIGARONI, 148).

[61] S. hierzu: H. FELD, Die Totengräber des heiligen Franziskus von Assisi. AKG 68 (1986), 319–350.

[62] G. RUF, Das Grab des heiligen Franziskus (o. Anm. 27); Joachim POESCHKE, Die Kirche San Francesco in Assisi und ihre Wandmalereien, München 1985.

te »Maestà« (thronende Madonna mit Kind) von Cimabue (1278–80) mit der berühmten Darstellung des Franziskus an ihrer linken Seite[63] und die allegorischen Gemälde mit den Haupttugenden des Franziskanertums und dem in der himmlischen Glorie thronenden Franziskus in dem Gewölbe über seinem Grab von Giotto und seiner Schule.[64]

Um die Wende des 13. Jahrhunderts hat dann Giotto mit dem Franziskus-Zyklus des Langhauses der Oberkirche San Francesco das neue Zeitalter der Malerei in Italien recht eigentlich eingeläutet.[65] Von da an entfaltet sich die Malerei der Frührenaissance, anhand des Stoffes franziskanischer Legenden und Themen, vor allem in den Franziskanerkirchen. Sie bringt bis ins 15. Jahrhundert bedeutende Werke hervor, wie etwa die Apsiszyklen von Montefalco (Benozzo Gozzoli, 1450–52)[66] und Arezzo (Piero della Francesca 1452–66)[67] beweisen.

Mit dieser Entwicklung wurden die bis zum Beginn des 14. Jahrhunderts anhaltenden Versuche der Ordensleitung, das Armutsideal auch hinsichtlich der Kirchen und ihrer Ausstattung hochzuhalten, faktisch überholt. In einem Rundbrief, den der neugewählte Generalminister Bonaventura am 23. April 1257 an die Provinzialminister und Kustoden richtet, werden zehn Mißstände aufgezählt, durch die der Glanz des Or-

---

[63] RUF, ebd. 103 ff. und Abb. 32.

[64] D. W. SCHÖNAU, Hypothesis on the Vel (o. Anm. 27) und ältere Literatur ebd.

[65] S. dazu bes.: Alastair SMART, The Assisi Problem and the Art of Giotto. A Study of the Legend of St. Francis in the Upper Church of San Francesco, Assisi, Oxford 1971; Gerhard RUF, Franziskus und Bonaventura. Die heilsgeschichtliche Deutung der Fresken im Langhaus der Oberkirche von San Francesco in Assisi aus der Theologie des heiligen Bonaventura, Assisi 1974; Hans BELTING, Die Oberkirche von San Francesco in Assisi. Ihre Dekoration als Aufgabe und die Genese einer neuen Wandmalerei, Berlin 1977; J. POESCHKE, Kirche (o. Anm. 62). Als bedeutendstes Werk franziskanischer Kunst in der Generation unmittelbar nach Giotto darf der berühmte, 1325–1330 entstandene Zyklus der elf Chorfenster von Königsfelden im Aargau gelten; s. hierzu: Emil MAURER, Die Glasmalereien, in: Marcel BECK u. a., Königsfelden. Geschichte Bauten Glasgemälde Kunstschätze, Olten und Freiburg Br. 1983, 53–96; Dietrich W. H. SCHWARZ, Ikonographie der Glasgemälde. 115–171; Ariane ISLER-DE JONGH, Programme religieux et programme dynastique à Königsfelden. Zeitschr. f. Schweizer. Archäol. u. Kunstgesch. 36 (1979), 236–238; Kurt RUH, Begegnung im Geistigen. Königin Agnes und Meister Eckhart in Königsfelden. Neue Zürcher Z. 4.2.1985.

[66] Raffaello MORGHEN, Tradizione religiosa e Rinascimento nel ciclo degli affreschi francescani di Montefalco, in: Il mondo antico nel Rinascimento. Atti del V Convegno internazionale di studi sul Rinascimento, Firenze 2–6 sett. 1956, Firenze 1958, 149–156; DERS., Francescanesimo e Rinascimento, in: Jacopone e il suo tempo (Convegni del Centro di Studi sulla Spiritualità medievale, I, 13–15 ott. 1957), Todi 1959, 13–36; Antonio BOSCHETTO, Benozzo Gozzoli nella chiesa di San Francesco a Montefalco, Milano 1961; Silvestro NESSI, La vita di San Francesco dipinta da Benozzo Gozzoli a Montefalco. Misc. Franc. 61 (1961), 467–492; Silvestro NESSI, Pietro SCARPELLINI, La Chiesa-Museo di S. Francesco in Montefalco, Spoleto 1972; ebd. 79–83 ausführliche Bibliographie; Elisabeth GIESE, Benozzo Gozzolis Franziskuszyklus in Montefalco. Bildkomposition als Erzählung (Europ. Hochschulschr. 28,52), Frankfurt M. 1986.

[67] H. FELD, »Verkündigung« (o. Anm. 18) und Literaturangaben ebd.

dens verdunkelt wird. An fünfter Stelle rügt Bonaventura die kostspielige und übertriebene Bauweise, »die den Frieden der Brüder stört, die Freunde belastet und uns in vieler Hinsicht einer verkehrten Beurteilung durch die Menschen aussetzt.«[68]

Im Jahre 1260, noch währende der Amtszeit des Bonaventura, faßt das in Narbonne tagende Generalkapitel Beschlüsse gegen das kostbare Altargerät und eine aufwendige Bauweise der Kirchen; Einwölbungen sollen nur mit Erlaubnis des Generalministers für den Chor gestattet sein.[69] Die von dem gleichen Generalkapitel erlassenen Konstitutionen bestimmen darüber hinaus: »Weil aber Übertreibung und Überfluß in direktem Widerspruch zur Armut stehen, bestimmen wir, daß die übertriebene Ausstattung der Gebäude mit Gemälden, Reliefs, Fenstern, Säulen und dergleichen, oder das Übermaß an Länge, Breite und Höhe im Verhältnis zur Gegebenheit des Ortes strengstens vermieden werde. Diejenigen, die diese Bestimmungen übertreten, sollen schwer bestraft werden, und die Hauptverantwortlichen sollen unwiderruflich von den Orten weggejagt werden, es sei denn, sie werden durch den Generalminister wieder eingesetzt. Die Visitatoren sollen die Einhaltung dieser Bestimmungen strikt überwachen, wenn die Minister nachlässig sind. Die Kirchen dürfen in keiner Weise eingewölbt werden, mit Ausnahme des Chors. Nirgends soll ein Campanile der Kirche in Art eines Turms errichtet werden; desgleichen dürfen keine mit Historien oder anderen Bildern versehene Glasfenster angefertigt werden, mit der einzigen Ausnahme, daß in dem Hauptfenster hinter dem Hochaltar des Chores Bilder des Gekreuzigten, der seligen Jungfrau, des heiligen Johannes, des heiligen Franziskus und des heiligen Antonius sein dürfen. Und wenn darüber hinaus Bilder hergestellt werden, so sollen sie durch die Visitatoren entfernt werden.«[70]

---

[68] »Occurrit aedificiorum constructio sumtuosa et curiosa, quae pacem Fratrum inquietat, amicos gravat et hominum perversis iudiciis multipliciter nos exponit« (Bonaventura, Opp. omn. VIII, Quaracchi 1898, 469a); s. auch ebd. Ep. 2,2 (ed. c. 470a).

[69] »Turribulla, cruces et ampulle de argento omnino amoveantur, et de cetero calices simplices fiant in opere plano, et pondus duarum marcharum et dimidie non excedant; nec plures calices quam altaria habeantur, excepto uno pro conventu... Ad modum testudinate non fiant ecclesie nisi super altare, absque licentia generalis ministri«: Franz EHRLE, Die älteste Redactionen der Generalconstitutionen des Franziskanerordens. Archiv f. Lit. u. Kirchengesch. des Mittelalt. 6 (1892), 1–138; ebd. 34.

[70] »Cum autem curiositas et superfluitas directe obviet paupertati, ordinamus, quod edificiorum curiositas in picturis, celaturis, fenestris, columnis et huiusmodi; aut superfluitas in longitudine, latitudine et altitudine secundum loci conditionem arctius evitetur. Qui autem transgressores huius constitutionis fuerint, graviter puniantur, et principales de locis irrevocabiliter expellantur, nisi per ministrum generalem fuerint restituti. Et ad hoc firmiter teneantur visitatores, si ministri fuerint negligentes. Ecclesie autem nullo modo fiant testudinate, excepta maiori cappella. Campanile ecclesie ad modum turris de cetero nusquam fiat; item fenestre vitree ystoriate vel picturate de cetero nusquam fiant, excepto quod in principali vitrea post maius altare chori haberi possint imagines crucifixi, beate Virginis, beati Johannis, beati Francisci et beati Antonii tantum; et si de cetero facte fue-

Auf dem Kapitel, das 1310 in San Antonio zu Padua tagte, erließ der damalige Generalminister Gonsalvo (Gondisalvus Hyspanus) nochmals einschränkende Bestimmungen für die Bautätigkeit des Ordens.[71] Wenn man bedenkt, daß damals gerade die Ausmalung der Oberkirche von Assisi vollendet worden war, sieht man, wie weit franziskanisches Ideal und franziskanische Wirklichkeit hundert Jahre nach den Anfängen der Bewegung auseinandergefallen waren. Es waren allerdings sowohl der Impuls dieses Ideals wie dessen Umkehrung, die zusammen kultur-schöpferisch gewirkt haben.

---

rint, per visitatores amoveantur« (EHRLE, o. c. 94 f.); vgl. M. AUBERT, L'Architecture ci-stercienne en France, Paris ²1947, I,142, Anm. 4; W. BRAUNFELS, Abendländische Kloster-baukunst, Köln ³1978, 307 f.

[71] »Item excessus edificiorum quoad picturas, cincturas et celaturas vel sculpturas amo-veant, ubi fieri poterit absque destructione operum principalium; et auctores eorum tam preteritos quam futuros vel aliorum excessuum, puta in latitudine, longitudine, altitudine ac sumptuositate libris et legitimis actibus privent« (EHRLE, o. c. 70).

V. SPÄTMITTELALTERLICHE ABKEHR VOM BILD

Der ungeheuere Aufschwung, den die Kunst, die Volksfrömmigkeit, das Wallfahrtswesen durch das franziskanische Christentum erfahren hatten, zog einen von der zweiten Hälfte des 14. Jahrhunderts an spürbaren Überdruß am Bild und eine Abkehr von Plastik und Malerei nach sich.[1] Natürlich hat dies auch etwas mit der Degeneration des Franziskanertums und seiner Eingliederung in das spätmittelalterliche kirchliche System des Handels mit geistlichen Gütern – auch Simonie genannt – zu tun. Die Reaktion darauf können wir z. B. deutlich bei John Wyclif erkennen, der, anfänglich stark von franziskanischer Theologie und Spiritualität beeinflußt, sich in seinen späteren Werken heftig gegen die Franziskaner als die Hauptzerstörer der altkirchlichen Ideale wendet.

1. John Wyclif, seine Anhänger und theologischen Gegner

Wyclif

Die Kritik John Wyclifs († 31. Dezember 1384) am Bilder- und Reliquienkult seiner Zeit klingt im ganzen sehr maßvoll. Sie steht im Zusammenhang seiner umfassenderen Kritik an der dekadenten Kirche seiner Zeit und deren Abfall von den Idealen der apostolischen Kirche. Wie im Alten Bund, sagt er im Traktat De Ecclesia, infolge des Abfalls der Juden vom geistigen Kult die Zeichen eines ehebrecherischen Geschlechts die Oberhand bekamen, so müssen sich im Neuen Testament, wenn der Sinn für die himmlischen Güter verlorengeht, die menschlichen Überlieferungen und ein von äußerlichen Zeremonien bestimmter Kult durchsetzen.[2]

Ausführlich befaßt sich Wyclif mit der Bilderfrage im Traktat über die Gebote Gottes, der seine Ethik enthält.[3] Nach Erörterung des ersten Ge-

---

[1] Vgl. Erwin ISERLOH, Bilderfeindlichkeit des Nominalismus und Bildersturm im 16. Jahrhundert, in: W. HEINEN (Hrsg.), Bild-Wort-Symbol in der Theologie, Würzburg 1969, 119–138; bes. ebd. 128–131; ISERLOH spricht von einer »Dominanz der Quantität und der Peripherie« in der spätmittelalterlichen Kunst, die einen Überdruß am Bild zur Folge hatte; vgl. ferner: Lacey Baldwin SMITH, The Reformation and the Decay of Medieval Ideals. Church Hist. 24 (1955), 212–220; bes. 217.

[2] »Sicut enim in lege veteri Iudeis declinantibus a cultu insensibilium invaluerunt signa generacionis adultere, sic in nova lege torpente affeccione celestium oportet tradiciones humanas et ritus ceremoniarum sensibilium dimissa religione et affeccione insensibilium prevalere« (Johannes Wyclif Tractatus de Ecclesia, ed. J. LOSERTH, London 1886, 466).

[3] Johannis Wyclif Tractatus de mandatis divinis. Accedit Tractatus de statu innocencie, ed. Johann LOSERTH and F. D. MATTHEW, London 1922; s. hierzu bes.: W. R. JONES, Lollards and Images: The Defense of Religious Art in Later Medieval England. Journ. of the History of Ideas 34 (1973), 27–50.

botes im alttestamentlichen Kontext wendet er sich dem christlichen Bilderkult zu. Seine Ansicht ist in dem lapidaren Satz zusammengefaßt: »Es ist klar, daß Bilder sowohl zu gutem wie zu schlechtem Zweck gemacht werden können.« Einem guten Zweck können sie dienen, wenn sie die Herzen der Gläubigen dazu anregen, die Frömmigkeit zu vertiefen; eine schlechte Wirkung können sie zeitigen, wenn sie Anlaß und Gelegenheit bieten, von der Glaubenswahrheit abzuirren: wenn ein Bild zum Beispiel so wie Gott oder ein Heiliger selbst angebetet wird, oder wenn man sich allein um seiner Schönheit oder seines materiellen Wertes willen an ihm freut. Als Beispiel eines Glaubensirrtums der Laien in diesem Bereich nennt Wyclif die Darstellung der Trinität mit Gott Vater als altem Mann, der seinen gekreuzigten Sohn auf den Knieen hält, und dem Heiligen Geist als Taube, die von beiden herabkommt, also das im Spätmittelalter sehr verbreitete Bild des »Gnadenstuhls«. Aber nicht nur bei Laien, sondern auch in höheren kirchlichen Kreisen sind körperlich-materielle Vorstellungen von Gott Vater, dem Heiligen Geist oder den Engeln verbreitet.[4] Der zweite gravierende Irrtum im Bereich des Bilderkults ist nach Wyclif *die Meinung, daß dem Bild eine numinose Kraft innewohne.* Daraus folgt auch die unterschiedliche Wertung der verschiedenen Gnadenbilder, welche wiederum eine Hauptursache für das Wallfahrtswesen ist. Das aber ist zweifellos Idololatrie.[5]

Man sieht hier besonders deutlich, daß es vor allem die franziskanisch geprägte Auffassung des (Gnaden-) Bildes ist, gegen die sich Wyclif wendet. Es ist deshalb kein Zufall, daß auf diese seine Ausführungen eine heftige Polemik gegen das Wallfahrtswesen folgt: er verlangt eine Predigt gegen die an Wallfahrtsorten entfaltete Pracht, durch die die Pilger verblödet werden, um sie am Geldbeutel zu schröpfen.[6] Wyclifs Folgerung: »Da uns also im ersten und größten Gebot vorgeschrieben wird, kein menschliches Machwerk anzubeten, insofern den Juden verboten wird, solche Bilder anzufertigen, ist klar, daß wir uns mit größter Sorg-

---

[4] »Et patet quod ymagines tam bene quam male possunt fieri: bene ad excitandum, facilitandum et accendendum mentes fidelium, ut colant devocius Deum suum; et male ut occasione ymaginum a veritate fidei aberretur, ut ymago illa vel latria vel dulia adoretur, vel ut in pulcritudine, preciositate aut affeccione impertinentis circumstancie minus debite delectetur. Sic enim laici depingunt infideliter trinitatem, ac si Deus pater foret grandevus paterfamilias, habens in genibus filium suum crucifixum et Spiritum Sanctum columbam utrique descendentem. Et sic de multis similitudinibus, ex quibus nedum laici sed superiores ecclesiastici errant in fide, putantes Patrem vel Spiritum Sanctum aut angelos esse corporeos« (Tract. de mand. div., ed. LOSERTH-MATTHEW, 156).

[5] »In secundo errant plurimi putantes aliquid numinis esse subiective in ymagine, et sic uni ymagini plus affecti quam alteri adorant ymagines, quod indubie est ydolatria« (ebd. 156 f.).

[6] »Ideo predicandum est contra preciositatem, speciositatem et alias sophisticaciones quibus illudimus peregrinos pocius propter pecunias hauriendas quam propter religionem Christi in populis augendam« (ebd. 157).

falt vor dem unter dem Honig verborgenen Gift hüten müssen: nämlich das Zeichen an Stelle des durch das Zeichen Bedeuteten in götzendienerischer Weise anzubeten.«[7]

Die Erlaubtheit der Bilder, die nicht ausreichend in der Schrift fundiert ist und an sich ja dem ersten Gebot widerspricht (preter auctoritatem scripture!), muß deshalb den Laien mit großer Sorgfalt erklärt werden: man darf sich hier nicht einfach mit einer Begründung begnügen, wie sie etwa für das Nichtmehrgelten des Sabbatgebotes angeführt wird; vielmehr muß man im einzelnen Gefahr und Nutzen des Bilderkultes erörtern.[8] Wyclif zitiert dann aus dem Brief des Epiphanius von Salamis an den Bischof Johannes von Jerusalem, in welchem die Auffassung vertreten wird, daß ein in der Kirche aufgehängtes Bild im Widerspruch zur Autorität der Schrift ist.[9] Ob sich dies nun *vor* der *erlaubten* (licite) Einführung der Bilder in die Kirchen ereignete oder *danach* gegen das schwache, zur Idololatrie geneigte Volk gerichtet war: es ist jedenfalls für Wyclif ein früher Hinweis auf die Gefahr der Bilderverehrung. Auf diese Gefahr ist nach wie vor mit Sorgfalt hinzuweisen, zumal ja die Christen sinnliche, tierische Menschen (animales vel bestiales) sind, die dazu neigen, den Glauben an die *geistlichen Güter* aufzugeben und sich den für die Sinne ergötzlichen Dingen zuzuwenden: den Gesichtssinn dem Schauspiel des teuren Zierats der Kirche, das Gehör den Glocken, Orgeln und einer neumodischen Art, die Stunden durch eine wundersam klingende Glocke anzukündigen. Außerdem gibt es genug sinnliche Dinge, die dazu geeignet sind, die übrigen Sinne von der Religion abzulenken.[10]

Trotz all dieser negativen Momente und Gefahren weist Wyclif schließlich doch darauf hin, daß die kirchlichen Bildnisse auch einem guten Zweck dienen können. Er führt dafür ein ausführliches Zitat aus Bedas des Ehrwürdigen Werk De templo Salomonis an.[11] Wie Bedas Erklärung zeigt, gilt das Bilderverbot des Dekalogs nicht schlechthin und absolut. Denn Salomon ließ in seinem Tempel verschiedene Gemälde

---

[7] »Cum ergo primo et maximo mandato precipimur non adorare humanam fabricam, in tantum quod Iudei precipiuntur non facere tales ymagines, patet quod summa diligencia cavere debemus venenum sub melle adorando ydolatrice signum loco signati.« Daß das *signum* anstatt des *signatum* verehrt wird, ist einer der Hauptkritikpunkte Wyclifs am eucharistischen Kult.

[8] »Ideo licencia constituendi ymagines preter auctoritatem scripture est diligentissime laicis exponenda, non solum dicendo quod potest bene fieri, quia sic potest operacio qua contra tercium mandatum sabbatum dissolvitur, et contra quodcunque mandatum prevaricatur, sed oportet in particulari diligenter exponere periculum et profectum« (De mand. div., ed. c. 158).

[9] S. o. Einl. Anm. 19.

[10] De mand. div., ed. c. 158.

[11] Beda Venerabilis, De templo Salomonis liber (MPL 91,735-808); bes. ebd. c. 13 f. (ebd. 764-769).

und Skulpturen anbringen (3 Kön 6,23–30), die ein vorbedeutender Hinweis auf unsere Bilder sind. Das Gleiche hatte schon Moses auf Geheiß Gottes in der Stiftshütte getan (Ex 25,17–22); ebenso ließ er die eherne Schlange in der Wüste zur Heilung des Volkes von den Bissen giftiger Schlangen errichten (Num 21,8 f.). Wenn man also, so zitiert Wyclif zustimmend Beda, sorgfältig auf den Wortlaut des Gesetzes achtet, so wird dort nicht das Anfertigen von Bildern der Gegenstände schlechthin verboten, sondern sie zum Zwecke der Anbetung herzustellen.[12] Auch das Neue Testament verbietet nicht die Bilder, denn sonst hätte der Erlöser, als er das Bild des Kaisers auf dem Denar sah, nicht geboten, dem Kaiser das Seine zu geben (Mt 22,18–21; Mk 12,15–17; Lk 20,23–26), sondern er hätte das Bild auf der Münze wegen der Gefahr der Idololatrie getadelt.

Dennoch schließt Wyclif seine Erörterung der Bilderfrage mit einer Warnung ab: zwar sei die Meinung Bedas durchaus katholisch; doch sind diejenigen, die aus Vorwitz, Stolz oder einer anderen sündhaften Regung, unter Hintansetzung der Gottesliebe, Bilder herstellen, Götzendiener; ihre eigentliche Sünde besteht in dem *Verstoß gegen das Gebot der Gottesliebe* (also nicht in einem Zuwiderhandeln gegen das erste Gebot des Dekalogs).[13]

In einer Predigt weist Wyclif im Rahmen seiner Polemik gegen die Franziskaner darauf hin, daß Christus und die Apostel keine Basiliken errichten ließen. Bilder sind vom Gesetz Christi her nicht begründbar. Erst nach Meinung der neueren Theologen sind sie Bücher für die Laien.[14] In einer anderen Predigt wendet sich Wyclif gegen den Reliquienkult: Gott hat im Falle des Moses eine öffentliche und ehrenvolle Bestattung nicht zugelassen, ebenso wenig bei seiner eigenen Mutter und Johannes dem Täufer. Nach Esther 6,9 wird jeder Tugendhafte in der Weise geehrt, wie ihn der König der Könige ehren will. Der König der Könige will aber die Heiligen ausschließlich in geistiger Weise geehrt und belohnt wissen. Deshalb steht der Reliquienkult eindeutig im Widerspruch zu seinem Willen.[15] Dem Willen Gottes würde es entsprechen, unsere gesamte Frömmigkeit auf Christus auszurichten und den Heili-

---

[12] »Non tamen negandum est quin ymagines ecclesie possunt bene fieri... Unde si diligenter verba legis attendimus, non prohibemur facere ymagines rerum, sed facere ista ydolatrandi gracia« (De mand. div., ed. c. 159).

[13] »Licet ista venerabilis Bede sentencia sit vere catholica, huic tamen non obest quod quicunque ex curiositate, superbia vel alio peccato quo postponitur Dei amor faciunt huiusmodi simulacra sunt ut sic idolatre, offendentes contra mandatum de Dei dileccione« (ebd. 160).

[14] Johannis Wyclif Sermones, ed. J. LOSERTH, London 1888, II,125.

[15] »Cum ergo scimus quod rex regum colligit in spiritualibus horum sanctorum totam laudem et premium quod voluerit ipsis dare, videtur quod manifeste repugnamus voluntati sue tam differenter colendo horum sanctorum reliquias, cum scimus quod triumphans ecclesia non sic facit« (Sermo 22, ed. LOSERTH II,164 f.).

gen eine mehr allgemeine Verehrung zuteil werden zu lassen, die die seligen Geister der Toten zum Gegenstand hat, dagegen die Pilgerfahrten und die aufwendige Verehrung ihrer Reliquien zu unterlassen.[16] Es wäre der Ehre der Heiligen und dem Nutzen der Kirche zuträglicher, die Aufwendungen für die dumme und sinnlose Ausstattung der Gräber den Armen zukommen zu lassen. Er sei sich indes bewußt, fügt Wyclif hinzu, daß derjenige, der diesen Irrtum scharf und ausführlich aufdecken würde, von den Bilderverehrern und habgierigen Nutznießern der Heiligengräber als offenkundiger Häretiker angesehen würde: denn in Kult und Verehrung der Eucharistie zusammen mit dem Kult der Leichen und Bilder wurde die Kirche von einer ehebrecherischen Generation verführt.[17]

Wie wir sehen, wendet sich Wyclif hauptsächlich gegen das Sinnliche, Äußerliche, Ungeistige im Kult und gegen die Anhäufung des Reichtums durch den Klerus. Er steht damit sowohl in der Tradition der mittelalterlichen mönchischen Kritik, wie er auch wesentliche Gedanken der humanistischen und reformatorischen Polemik gegen das Wallfahrts-, Reliquien- und Bilderwesen vorwegnimmt.

Lollarden und Hussiten

Entschieden radikaler wendet sich ein unter den Werken Wyclifs überlieferter Traktat aus Kreisen seiner Anhänger, der Lollarden, speziell gegen den Bilderkult: Die Verehrung der Bilder des Crucifixus, der seligen Jungfrau Maria und der anderen Heiligen ist Idololatrie. Gott wirkt durch die Bilder keine Wunder. Sie dürfen auch nicht als Predigtersatz für die Laien geduldet werden, verdienen vielmehr, zerstört zu werden, so wie Ezechias die eherne Schlange zerstören ließ (4 Kön 18, 4). Der arme Mensch ist das Bild der heiligen Dreifaltigkeit und von Gott selbst geschaffen: ihn läßt man leiden und hilft ihm nicht, obwohl es Gott unter Strafe der Verdammnis geboten hat. Dagegen hat der Bilderdienst keinerlei Fundament in der Schrift; er wurde vielmehr durch die List des Antichristen und seiner Priester eingeführt. Er dient der Be-

---

[16] »Cum ergo debemus conformari voluntati divine quantum sufficimus, videtur secundum totam nostram devocionem in Christum colligere et cultum confusum (si et quatenus sibi placuerit) sanctis dare, et omnino nec in peregrinacionibus nec in sumptuosis reliquiarum mortuorum in terris excedere, sed beatos spiritus mortuorum cum prudencia adorare« (ebd. 165).

[17] »Unde ad honorem foret sanctorum et utilitatem ecclesie quod distributa forent pauperibus iocalia sepulcrorum, quibus stulte ac eciam inaniter sunt ornata. Scio tamen quod acute et diffuse detegens hunc errorem foret a cultoribus signorum et avaris reportantibus ex talibus sepulcris lucrum manifestus haereticus reputatus. Nam in cultu et veneratione eukaristie cum cultu mortuorum corporum atque ymaginum per generationem adulteram ecclesia est seducta« (ebd.).

reicherung der Bischöfe, Priester und Mönche. Mit dem Geld würde man besser die Armen unterstützen.[18] Wohl unter Anspielung auf eine entsprechende Bemerkung Wyclifs meint der Verfasser höhnisch, daß die Bilder an sich der Seele des Menschen weder nützlich noch schädlich sind, doch können sie sehr wohl dem Körper eines Menschen in der Kälte guttun, wenn sie aufs Feuer gelegt werden, und das Silber und die Edelsteine an ihnen können den Armen nützen, und das Wachs kann dazu verwandt werden, armen Menschen bei der Arbeit Licht zu spenden.[19]

Wie für Wyclif so ist auch für Jan Hus die Geist-Kirche die wahre Kirche. Die äußeren, materiellen Riten und Gestalte wertet er demgegenüber ab.[20] Seine radikaleren Anhänger wandten sich in Böhmen in Wort und Tat gegen den Bilderkult. In den chiliastischen Artikeln der Taboriten vom Jahre 1420 heißt es:»It. eine jede Kirche, Kapelle oder ein jeder Altar, zu Gottes oder eines Heiligen Ehre errichtet, sollen als götzendienerisch zerstört werden.«[21] Dementsprechend stürmten die Taboriten im August 1420 die Klöster von Prag, zündeten sie an und demolierten auch die Altarbilder und Statuen in den Kirchen.[22] Der Ikonoklasmus der Hussiten steht im Zusammenhang ihrer Bestrebungen, zur armen Kirche Jesu Christi zurückzukehren. Die Kunst in den Kirchen verwarfen sie als heidnisch. Josef MACEK verweist jedoch auf die Bibel des Filip von Paděrov, eines taboritischen Hauptmanns,»ein herrliches Kleinod der Illustrationskunst und ein Hinweis auf die Liebe und Achtung, die die einfachen Taboriten der Kunst entgegenbrachten.«[23]

Roger Dymmok

Der englische Dominikaner Roger Dymmok hat 1395 einen Traktat gegen zwölf Häresien der Lollarden verfaßt.[24] Der eingehenden Darstellung der kirchlichen Lehre wird jeweils die lollardische These in engli-

---

[18] Select English Works of John Wyclif, ed. Thomas ARNOLD, Oxford 1871, III,462–464; s. hierzu: H. B. WORKMAN, John Wyclif: A Study of the English Medieval Church. 2 Bde., Oxford 1926; ebd. II,17; W. R. JONES, Lollards (o. Anm. 3), 30–37.

[19] »Certis, these ymagis of hemselfe may do nouther gode ne yvel to mennis soulis, but thai mygtten warme a mannes body in colde, if thai were sette upon a fire, ande tho silver ande jewelis upon hem wolden profite to pore men, and tho waxe for to light pore men and creaturis at ther werke« (Select English Works, ed. c. III,463).

[20] Vgl. etwa im Tractatus de ecclesia, ed. S. HARRISON THOMSON, Cambridge 1956, 224: ».. quilibet iniquus presbiter prophanat, id est violat, execrat et contaminat templum spirituale dei, quod indubie secundum sanctos est dignius in natura quam omnia templa materialia, que post diem iudicii non durabunt.«

[21] Josef MACEK, Die Hussitenbewegung in Böhmen, Prag ²1958, 150.

[22] J. MACEK, Jean Hus et les traditions hussites (XVᵉ – XIXᵉ siècles), Paris 1973, 150.

[23] J. MACEK, Die hussitische revolutionäre Bewegung, Berlin 1958, 182.

[24] Rogeri Dymmok Liber contra XII errores et hereses Lollardorum, ed. H. S. CRONIN, London [1921].

scher Sprache und anschließend in lateinischer Übersetzung vorange-
stellt. Die achte These, die nach Meinung des Verfassers »notwendig ist,
dem irregeleiteten Volk vorgehalten zu werden«, bringt zum Ausdruck,
daß Wallfahrten, Gebete und Opfer den Bildern des Gekreuzigten und
anderen Bildern aus Holz und Stein gegenüber dem Götzendienst verwandt sind und mit den Werken der christlichen Barmherzigkeit nichts
zu tun haben. Sind schon diese Bilder ein Buch des Irrtums für das
Laienvolk, so ist das Bild der Trinität besonders verabscheuungswür-
dig.[25] Die These wird mit dem Hinweis begründet, Gott habe geboten,
die Werke der Barmherzigkeit bedürftigen Menschen zu erweisen, die
das Bild Gottes in zutreffenderem Sinne als Holz und Stein sind. Denn
Gott sagte nicht: »Lasset uns Holz oder Stein nach unserem Bild und
Gleichnis machen«, sondern: »Lasset uns den Menschen machen.«[26]

Es folgt daraus, daß das Offizium des Kreuzes, das zweimal im Jahr
von der Kirche gefeiert wird, voller Idololatrie ist. Denn wenn das Holz
des Kreuzes, die Lanze und die Nägel zu verehren wären, dann wären
auch die Lippen des Verräters Judas eine verehrungswürdige Reliquie,
falls man ihrer habhaft werden könnte.[27] Der Pilger muß sich die Frage
gefallen lassen, ob er mit seiner Spende für die Reliquien den betreffenden Heiligen im Himmel unterstützen will oder das Kloster des Wall-
fahrtsortes, das gut an dem Pilgerwesen verdient.[28] Aber auch die sogenannte Heiligkeit ist eine fragwürdige Sache, da bei der Kanonisation
nicht allein religiöse Gesichtspunkte eine Rolle spielen. So sind die Ereignisse, die zum Tode des Thomas von Canterbury führten, nicht eigentlich Ursachen eines echten Märtyrertums.[29]

---

[25] »Octava conclusio necessaria referri populo decepto. Peregrinaciones, oraciones et
oblaciones facte cecis ymaginibus Crucifixi et surdis ymaginibus de ligno et lapide sunt
propinque nature ydolatrie, et multum distant ab operibus caritatis sive elemosine. Et
quamvis prohibite ymagines sint liber erroris populo laicali, adhuc ymago usualis sancte
Trinitatis est maxime abhominabilis« (ed. c. 181). Vgl. auch Wyclifs Ausführungen über
das anthropomorphe Bild der Trinität, o. Anm. 4.

[26] »Hanc conclusionem Deus aperte monstravit, mandando opera misericordie fieri hominibus indigentibus, quia ipsi sunt ymago Dei in maiori similitudine quam lignum vel
lapis. Quia Deus non dixit: ›Faciamus lignum vel lapidem ad ymaginem et similitudinem
nostram‹, set: ›Faciamus hominem etc.‹« (ebd)

[27] »Correlarium: officium de ligno crucis, bis in anno celebratum in nostra ecclesia, est
plenum ydolatrie, quia si lignum crucis Christi, lancea et clavi essent tanto honore venerandi, tunc labia Iude proditoris essent solempnis reliquia, siquis posset illa optinere.«

[28] »Set nos rogamus te, peregrine, quando oblacionem facis ossibus sanctorum inscri-
nitorum in aliquo loco, utrum intendis relevare indigenciam sancti in celo, vel domus
pauperis elemosine, que ita bene dotatur.«

[29] »Quia Deus novit quomodo homines canonizantur. Et, ut apercius loquamur, fideles
Christiani supponunt, quod puncta propter que moriebatur nobilis homo quem homines
appellant sanctum Thomam non sunt causa martirii nec fuerunt.« – Etwa zu der gleichen
Ansicht kommt Conrad Ferdinand Meyer, der in seiner Novelle »Der Heilige« die politischen und religiösen Hintergründe der Ermordung Thomas Beckets meisterhaft behandelt hat (C. F. Meyer, Sämtliche Werke, München-Zürich s. a., 256–350).

Dymmok verteidigt demgegenüber den Bilderkult in vier Thesen. Die Begründungen sind im wesentlichen die klassischen, die wir aus der Argumentation des Thomas und Bonaventura kennen: Nutzen und bessere Einprägsamkeit der Bilder gegenüber den Büchern; ihre Einführung aufgrund göttlicher Autorität (Abgar-Bild); die dem Bild erwiesene Ehre bezieht sich auf das Urbild; dies gilt in verstärktem Maße für das Kreuz, auf das die Christen die Hoffnung ihres Heils setzen. Auch die Reliquien werden nicht um ihrer selbst willen verehrt, sondern als Teile der Leiber der Heiligen, die Werkzeuge des Heiligen Geistes zu jeglichem guten Werk waren. Gott selbst billigt die Pilgerfahrten durch die an den Wallfahrtsorten geschehenden Wunder. Durch ihre Spenden wollen die Gläubigen nicht irgendwelche Bedürfnisse der Heiligen befriedigen, sondern zur Erhaltung und würdigen Gestaltung ihrer Kultstätten beitragen. Die den Heiligen dargebrachten Opfer schließen im übrigen die Mildtätigkeit gegenüber den Armen nicht aus, kommen vielmehr oft auch diesen zugute. Schließlich verteidigt Dymmok den Kult des heiligen Thomas von Canterbury: er hat freiwillig einen gewaltsamen Tod auf sich genommen aus Liebe um Gottes und der Gerechtigkeit willen; als »Gerechtigkeit« in diesem Falle wird näherhin die Freiheit seiner Kirche und derjenigen ganz Englands bestimmt.[30]

Thomas Waldensis

Mit der Widerlegung der Theologie Wyclifs hat sich am eingehendsten der Karmeliter Thomas Netter von Saffron-Walden (ca. 1372 - 3. November 1431) befaßt.[31] Sein umfangreiches Werk »Doctrinale Antiquitatum Fidei« ist um 1420 entstanden und wurde im 18. Jahrhundert in einer dreibändigen Ausgabe neu ediert.[32] Der dritte Band »De sacramentalibus« enthält einen Traktat über Heiligenkult und Reliquien, der sich speziell gegen einen Anhänger Wyclifs mit Namen Wilhelm Sartor richtet.[33] Dieser hatte ein Büchlein verfaßt, in dem er für die alleinige Anbetung Gottes eingetreten war und auch die Anbetung der Menschheit Christi abgelehnt hatte. Demgegenüber betont Thomas, daß Gott in seinen Geschöpfen geehrt werden soll; auch die Menschheit Christi, sein Fleisch, seine Reliquien, sein Kreuz und sein Bild sind anzubeten, da sich die Anbetung auf die fleischgewordene Person Christi bezieht, die nicht teilbar ist.[34] Die Reliquien werden nicht in ihrer Eigenschaft als

---

[30] Ebd. 181–206.

[31] G. MESTERS, Art. Thomas Waldensis, in: LThK² 10 (1965), 150.

[32] Thomae Waldensis Carmelitae Anglici Doctrinale Antiquitatum Fidei Catholicae Ecclesiae adversus Wiclefitas et Hussitas, ed. Bonaventura BLANCIOTTI, 3 Bde., Venedig 1757–1759 (Nachdruck Farnborough 1967).

[33] Titulus 13: Qualiter adorentur sancti et eorum reliquiae.

[34] »Christus ergo non solum secundum Divinitatem, sed secundum suam humanitatem

tote Dinge angebetet, sondern die Anbetung bezieht sich auf Gott. Dennoch kann ein heiliger Gegenstand auch an sich angebetet werden, und zwar wegen der Gnade oder *heiligen Kraft* oder Ehre, die Gott in ihn hineingelegt hat; als Beispiel hierfür führt Thomas die Heilung der am Blutausfluß leidenden Frau (Lk 8,43-48) an, die den Kleidersaum Jesu angebetet habe.[35]

Nach Behandlung der von Wyclif abgelehnten Kanonisation der Heiligen wendet sich Thomas der theologischen Begründung des Wallfahrtswesens zu.[36] Wyclif und seine Anhänger hatten ja behauptet, Christus habe nicht in seinem Grab verehrt werden wollen. In ihren Augen sind die Pilger Götzendiener (idololatrae infideles). Thomas sucht dies zu widerlegen, indem er zunächst darauf hinweist, daß Wallfahren aus göttlichem Antrieb geschieht. Gott hat schon die Israeliten zu einer dreimaligen Wallfahrt im Jahr zum Tempel nach Jerusalem verpflichtet (Deut 16,16 f.).[37] Auch Christus wollte Pilger sein, indem er schon als Kind jährlich zu Ostern mit seinen Eltern (Lk 2,41 f.) und später auch als Erwachsener (Joh 7,2-10) Zum Tempel zog. Ein weiterer Jerusalem-Pilger, der eben durch seine Pilgerfahrt gerechtfertigt wurde und als Lohn den Glauben erlangte, war der Eunuch der Königin Kandake von Äthiopien (Act 8,27). Mit der Übertragung des Priestertums in das Neue Testament (vgl. Hebr 7,12) wurde auch die Wallfahrt übertragen, ohne daß der Ort, das Ziel geändert worden wäre: denn nach der Prophetie des Zacharias (14,16 f.) kommen alle Familien der Heiden, um Christus anzubeten auf dem Kalvarienberg, an seinem Grab, am Berg der Himmelfahrt, an seiner Geburtskrippe. Die ersten dieser »evangelischen Pilger« waren die Hirten und die drei Magier, die Wyclif schmäht und sich damit herausnimmt, was selbst der gottlose Herodes nicht wagte.[38] In

---

a Deitate discretam, est a terrigenis adorandus. Qua adoratione inquies? Respondetur, quod adoratione Verbi, quae est latria: quia tunc ad ipsam personam referres, quae Verbum caro factum est, et habitavit in nobis. . . Hic signat Pater Ambrosius formam catholice adorandi carnem Christi, humanitatem, ac sanctas reliquias, adoratione scilicet indivisa Verbi Dei: quia cum carnem Christi et crucem eius, ac imaginem adoramus, Christum non dividimus« (ebd. 745 f.).

[35] »Secundo, adorari potest res sacra per se ipsam concepta: per se dico tertio modo, ut alteri non adhaeret; propter gratiam tamen, vel virtutem sacram, aut familiarem contactum, vel tractatum honoris, quem a Deo promeruit; ita quasi res ipsa virtutem vel gratiam a Deo exeuntem acciperet, non coexisteret autem Deo. Qualiter Hemorroissa creditur adorasse fimbriam Salvatoris, dicente postmodum Salvatore: quis me tetigit? sensi virtutem exisse de me. Fide tetigit, sed a longe tangens, virtutem exeuntem meruit, non vindictam« (ebd. 749).

[36] Titulus 15: De peregrinatione ad sanctorum tumulos, aut sancta loca (809-834).

[37] »Quod quia contingit aliquando ex memoria loci, vel sancti, vel signi ibi ostensi Dei, ideo divinae legis est instictus. Hoc modo peregrinari Deus instituit Israeliticam plebem ter in anno ad domum Domini in Jerusalem dicens. . .« (o. c. 809).

[38] »Loco ergo non mutato, peregrinatio est translata sacerdotio translato. Inde omnes familiae gentium, quas prophetavit Zacharias, ut secundum literam venirent in templum, iam peregre illuc venirent adorare Christum ad Calvariae locum, ad sepulchrum, ad mon-

eklatantem Widerspruch zu seiner Behauptung, Christus habe nicht »in
solchen Gräbern angebetet werden« wollen, stehen die zum Grab Christi
pilgernden Frauen (Mt 28,1 ff.): Sie ebenso wie der Engel, der ihnen
die Auferstehung Christi verkündet, und die beiden in dem Grab sitzenden Engel (Joh 20,12; Lk 24,23) stehen am Anfang einer Reihe von
vielen tausend Pilgern, die das Grab Christi besuchen und dort Gott und
den auferstandenen Christus anbeten. Hinzu kommen Nikodemus und
Joseph von Arimathia, die für ein ehrenvolles Begräbnis Jesu sorgten.[39]
Wyclif sieht sich jedoch gerade hierdurch nicht widerlegt, da für ihn das
Begräbnis Jesu keine kultische Handlung gegenüber Gott ist, sondern
lediglich ein Dienst an dem verstorbenen Menschen. Für Thomas ist
jedoch gerade das ein umso stärkeres Argument und Vorbild für den
Kult der in ihren Gräbern ruhenden Heiligen.[40]

Alle diese biblischen Gründe untermauert Thomas mit einer Fülle
von Belegen aus der Tradition und zahlreichen Zitaten aus den Kirchenvätern. Ganz besonders scheint ihn geärgert zu haben, daß Wyclif die
Grabstätten der Heiligen als »illusionis obiecta« (im Blick auf die kostbaren Schreine und die luxuriöse Ausstattung der Grabkirchen) und den
Heiligenkult als »illusiones« bezeichnet hatte. Gerade diese häretische
Schmähung will er aus der Schrift widerlegen. Die zentrale Stelle für ihn
ist Is 11,10: »Radix Jesse, qui stat in signum populorum, ipsum gentes
deprecabuntur, et erit sepulchrum eius gloriosum.« Christus selbst wollte sich also nicht irgend ein unscheinbares, sondern ein öffentliches,
glorreiches Grab auswählen. In gleichem Zusammenhang weist Thomas
dann auch auf den im Alten Testament bezeugten Kult des Grabes Jo-
sephs (Eccli 49,17 f.) und anderer alttestamentlicher Heiliger hin, der
von den Christen fortgeführt wurde.[41]

Ein weiterer umfangreicher Abschnitt ist der theologischen Begründung und Verteidigung der Heiligenfeste gewidmet.[42] Sodann wendet
sich Thomas dem von Wyclif besonders bekämpften Kirchen- und Klo-
sterbau zu.[43] Nach Wyclif hat sich Christus wenig um das prachtvolle

---

tem Ascensionis, ad praesepe nativitatis, quorum erant primitiae, peregre venientes pastores ad Salvatoris exortum: et tres Magi venientes peregre adorare Regem Iudaeorum a
solis exortu... Hos evangelicos peregrinos culpet Wicleffus, si audeat, quod Herodes im-
pius non audebat« (ebd. 810 f.).

[39] »Ergo convinceris, o Wicleff, teste David et Apostolo« (nämlich durch Ps 96,7 und
Hebr 1,6), »quod Christus in sepulchro voluit adorari, et ab Angelis adorari. Iungamus his
Nicodemum, qui venit cum tanta mixtura myrrhae et aloes quasi librarum centum, et
Joseph ab Arimathia praenobilem; qui tanto cultu ditabant Christum venerabili sepultura.
Non putas ab istis voluit Christus in sepulchro taliter adorari?« (ebd. 812).

[40] »Non, inquis, quia ei non obsequebantur ut Deo, sed ut homini mortuo. At tanto hoc
fortius est pro nobis, qui ipsos hoc opere commendatos sanctis cultum faciendo iacentibus
in sepulchris laudabiliter imitamur« (ebd.).

[41] Ebd. 815–817.

[42] Titulus 16: De festivitatibus sanctorum celebrandis (833–860).

[43] Titulus 17: De fabricis ecclesiarum (863–894); Titulus 19 (1): De religiosis domibus
(897–902).

Tempelgebäude gekümmert; ähnliches dürfte für die Basiliken zutreffen, die von den Heuchlern in die Kirche eingeführt wurden (nach Mt 24,2); nach Joh 4,21–23 hat er die Zeit angekündigt, in der die wahren Anbeter den Vater in Geist und Wahrheit anbeten werden. Thomas weist nun Wyclif zunächst Ungenauigkeit beim Zitieren und Argumentieren aus der Schrift nach, sodann bemüht er sich, seinerseits zu zeigen, daß Christus keineswegs ein distanziertes Verhältnis zum Tempel in Jerusalem hatte, sondern ihn als seines Vaters Haus und sein eigenes ansah. Auch hier führt er wiederum neben Belegen aus der Schrift (Tempelreinigung: Joh 2,15 f.; der zwölfjährige Jesus im Tempel: Lk 2,49) zahlreiche Stellen aus der Exegese der Väter an.[44] Unter Berufung auf mehrere Augustinus-Stellen stellt er fest, daß der Bau von Kirchen ein Werk hervorragender Frömmigkeit und eine Hochform des Kultes ist.[45]

In den weiteren Traktaten seines Werkes rechtfertigt dann Thomas die Bilder, die von Wyclif selbst kaum, dafür aber umso heftiger von seinen Anhängern bekämpft wurden, sodann im einzelnen die Bilderverehrung und die Wallfahrt zu Gnadenbildern.[46] Über die Geschichte des byzantinischen Ikonoklasmus zeigt er sich recht gut informiert und zitiert ausgiebig die ihm bekannten Quellen. Nach Meinung von Thomas wurden damals die Bilder zum erstenmal bekämpft; vorher sei der Bilderkult in der Kirche über sieben Jahrhunderte unbestritten gewesen. Daß Christus selbst kein Bilderfeind war, geht daraus hervor, daß er dem König Abgar sein wunderbarer Weise entstandenes Bild übersandte,[47] und das Bild des Kaisers auf der Münze ausdrücklich billigte (Mt 22,20 f.) und in ihm keinen Verstoß gegen das alttestamentliche Bilderverbot sah.[48] Das göttliche Bilderverbot gilt nicht für das Bild schlechthin, sondern für das Götzenbild, das man *sich selbst* macht, um es anzubeten.[49]

Aus der umfangreichen positiven Argumentation des englischen Karmeliters für die Bilder sei nur noch die Überlegung angeführt, daß die Schrift des Alten Testaments an sehr vielen Stellen *in bildlicher Rede*

---

[44] Ebd. 867 f.

[45] »Deus, inquit Wicleffus, hoc non attendit. Immo, inquit Augustinus, et valde retribuet. Est ergo Ecclesiarum fabrica materialium res eximiae pietatis, cultus Dei summus, omnis haeresis et diabolicae potestatis atrocissimum repulsivum, et omnium gratiarum Christi continens firmamentum« (ebd. 879).

[46] 902–972.

[47] 907 f.

[48] 921 f.

[49] ». . ita intelligitur *non facies tibi Deum, sculptile.* Intransitive pronuntia primo *Deum, sculptile* postea per seipsum. Et nota pronomen *tibi,* ne facere vetaretur sculptile absolute, sed *tibi,* et non Deo: ne sculpas imaginem, ut tibi sit Deus, et non sola imago Dei ipsa, quam sculpis. Hic solus error est, qui fideles distinguit a gentibus« (916).

von Gott spricht, indem sie ihm ungefähr alle menschlichen Körperteile
zuschreibt: Hände, Füße, Schultern, Finger, Uterus, Arm, Augen, Ohren, Eingeweide, Herz. Warum kann nicht der Bildhauer und Maler das
Gleiche mit den Mitteln seiner Darstellung tun, was die Schrift mit Worten ausdrückt?[50]

Einen eigenen Traktat hat Thomas dem Kult des Kreuzes gewidmet,
der ihm wohl besonders am Herzen liegt. Er verteidigt ihn gegen Claudius von Turin und die Wyclefiten.[51] Schließlich begründet er die Pilgerfahrt zu den Gnadenbildern damit, daß Gott seine Kraft an manchen
Orten eher zeigt als an anderen; als Beispiel führt er den Teich in Jerusalem an, zu dem ein Engel herabstieg, um den ersten Kranken, der
hinein gelangte, zu heilen (Joh 5,2 ff.).[52] Gott verleiht also den heiligen
Bildern und Reliquien eine Kraft (virtus), nicht aber ein göttliches Wesen (numen, divinitas).[53]

Die Schrift des Thomas Waldensis bleibt für lange Zeit das ausführlichste und gründlichste Werk kontroverstheologischen Charakters über
die Bilderfrage und alle damit zusammenhängen den Probleme. Dies gilt
nicht nur für die Bekämpfung und Widerlegung des Gegners, sondern
auch für die Bemühung um eine eigene, positive Theologie des Bildes. Es
ist überdies eine Theologie, die die *Volksfrömmigkeit* angemessen berücksichtigt und einbezieht. Eine vergleichbare Leistung hat erst wieder
der Jesuit Robert Bellarmin in der Zeit der nachtridentinischen Kirchenreform erbracht.[54]

2. Katholische Reformtheologen des Spätmittelalters

Pierre d'Ailly und Jean de Gerson

Auch Theologen, die außerhalb jeden Verdachts der Häresie standen,
wie der Kardinal Pierre d'Ailly, richteten im Spätmittelalter ihre Kritik
gegen die prachtvolle und übertriebene Ausstattung kirchlicher und klösterlicher Gebäude mit Bildern und Plastiken.[55] In einer Schrift über die

---

[50] »Sed quod scriptura facit verbis, cur artifex non faciet signis? Quam culpam incurrit
pictor dans Deo oculum, quem Scriptura concedit? An maius peccatum circa hanc rem
incurrit pennicillus quam penna, imago quam litera, dum vero transumpto pennicillo Deus
imaginem suam depinxit in anima?« (933).

[51] Titulus 20: De adoratione Sanctae Crucis (951–968).

[52] Ebd. 969.

[53] »Virtutem hanc Deus his sanctis picturis aut sanctis reliquiis certe communicat; non
autem numen, quod potius Divinitatem ipsam secundum naturam, aut eius maiestatem
designat« (971 f.).

[54] S. u. VIII.1 Robert Bellarmin.

[55] S. hierzu: J. HUIZINGA, Der Herbst des Mittelalters, Stuttgart ⁹1965, 211 f.

Kirchenreform, die Ende 1415 dem Konzil von Konstanz vorgelegt wurde und von der noch im 16. Jahrhundert Drucke sowohl des lateinischen Originals wie einer deutschen Übersetzung verbreitet wurden,[56] geht es im dritten Teil um die Reformation der Prälaten. Ihnen als den Verantwortlichen für den Kult wird ans Herz gelegt, dafür zu sorgen, daß der Gottesdienst sich nicht in lästiger Weise in die Länge zieht, sondern die angemessene Kürze eingehalten wird. Ferner sollen sie gegen eine Vermehrung der Bilder in den Kirchen, die Einführung neuer Festtage, die übertriebene kirchliche Bautätigkeit, die Häufung der Kanonisationen vorgehen. Auch soll an den weniger hohen Festtagen nach dem Besuch des Gottesdienstes die Arbeit erlaubt werden, und das aus zwei Gründen: einmal weil der an den Feiertagen übliche Müßiggang und die Vergnügungen die Laster fördern, sodann weil die normalen Arbeitstage den Armen kaum genügen, ihren Lebensunterhalt zu erwerben.[57] Man sieht, daß hier erstaunliche Töne einer Kritik an der mittelalterlichen »Festkultur« lange vor der Zwinglischen Reformation in Zürich laut werden.

Jean Charlier de Gerson, der wie Ailly Kanzler der Universität Paris und einer der wichtigsten Teilnehmer am Konstanzer Reformkonzil gewesen war, bemüht sich in zahlreichen systematischen und aszetisch-praktischen Schriften um eine Besserung der Kirche seiner Zeit. Die Prälaten und Kleriker mahnt er zu einer einfachen Lebensführung, zu Bescheidenheit in Haushalt und Kleidung.[58] Den theologisch korrekten und unbedenklichen Bilderkult verteidigt er zwar,[59] wendet sich aber

---

[56] De reformatione ecclesiae libellus reverendissimi patris D. Petri de Aliaco Cardinalis Cameracensis, oblatus primoribus ecclesiasticis in concilio Constantiensi, iussu Caes. Sigismundi congregatis. An. M. CCCC. XV. Mense Novembri (Druck s. l. et a. 16. Jh.); Petri von Alliach / Ertz-Bischoffen von Cammerich / der Universität Paris Cantzlers / unnd Cardinals Bedencken von der Reformation der Kirchen / auffgesetzt Auff befehl Keysers Sigmunden / und im Concilio zu Costnitz Anno 1415. den 15. Nov. ubergeben. Verteutscht Durch J. G. D. D. (s. l. et a. 16. Jh.).

[57] »Tertia consideratio: De reformatione praelatorum... Item quia praelatis de divino cultu specialis cura esse debet, circa huiusmodi reformationem, quae necessaria est, providendum esset, quod in divino servicio non tam onerosa prolixitas, quam devota et integra brevitas servaretur, quod in ecclesiis non tam magna imaginum et picturarum varietas multiplicaretur, quod non tot nova festa solennizarentur, quod non tot novae ecclesiae aedificarentur, quod non tot novi sancti canonizarentur, quod praeterquam diebus dominicis et in maioribus festis ab ecclesia institutis liceret operari post auditum officium, cum quia in festis saepe magis multiplicantur peccata, in tabernis, in choreis, et aliis lasciviis, quas docet ociositas, tum quia dies operabiles vix sufficiunt pauperibus ad vitae necessaria procuranda.«

[58] S. z. B. Super victu et pompa praelatorum (Oeuvres complètes, ed. GLORIEUX 3,95–103); über Gerson als Reformtheologen: Christoph BURGER, Aedificatio, Fructus, Utilitas. Johannes Gerson als Professor der Theologie und Kanzler der Universität Paris (Beitr. zur Hist. Theol. 70), Tübingen 1986.

[59] Vgl. z. B. In Marc 1,7 (ed. GLORIEUX 3,107): »Idolatria est ex depravatione intellectus vel affectus, exhibitio cultus alicui rei, non ut signum est alterius, cuius cultus illa res nec vere nec attributive est particeps... Per hoc quod dicitur: non ut signum est alterius,

gegen abergläubische und idololatrische Mißbräuche. Die einfachen Leute, die das Bild, und nicht, wie es sich gehört, im Bild den Heiligen verehren, sündigen entweder, oder sie sind durch ihre unüberwindliche Ignoranz oder auch, weil sie die Intention haben, ihre Andacht im Sinne der Kirche zu verrichten, entschuldigt.[60] Unter anderen volkstümlichen Merkwürdigkeiten kritisiert Gerson in diesem Zusammenhang auch Madonnenbilder, »die in ihrem Bauch eine Trinität haben, so als ob die gesamte Trinität in der Jungfrau Maria menschliches Fleisch angenommen hätte.« Auch in der »Fête des fous«, einer Art von religiösem Karnelval oder Muftik, die in vielen Kirchen und Klöstern Frankreichs mit großer Ausgelassenheit gefeiert wurde, sieht Gerson einen idololatrischen Mißbrauch: er hat dagegen eine kleine Schrift verfaßt.[61]

Bernhardin von Siena und Johannes von Capestrano

Die beiden bedeutendsten Prediger aus dem Franziskanerorden im 15. Jahrhundert waren Bernhardin von Siena und Johannes von Capestrano. Beide haben die strengere Richtung der Franziskaner, die sogenannte »Observanz«, ins Leben gerufen und ihr zum Durchbruch verholfen. Beide predigten unter enormem Zulauf der Volksmassen in Italien. Capestrano (Kapistran) wirkte darüber hinaus noch in seinen letzten Lebensjahren in Deutschland, Österreich und Ungarn.[62] Sowohl Bernhardin wie Johannes veranstalteten am Ende ihrer Predigten des öfteren eine sogenannte »Verbrennung der Eitelkeiten« (rogo delle vanità). Dabei landeten in der Regel hauptsächlich Karten-, Brett- und Würfelspiele sowie Schmuck auf dem Scheiterhaufen. Die Verbrennung der Eitelkeiten war so etwas wie der Schlußakt bei der dramatisch inszenierten Volksmission der franziskanischen Wanderprediger. Trotz vielfachen Widerspruchs hielten Bernhardin und die anderen Observanten daran fest.

---

secluditur omnis cultus qui tribuitur imaginibus; non enim adorantur ut sunt res, nec proprie loquendo adorantur ut signa, sed res signatae in earum rememoratione coluntur atque venerantur; venerantur, inquit, tali prorsus cultu qualem rei praesenti donaremus.«

[60] Predigt »Pour le Jour de Noël« (ed. GLORIEUX 7,963): »Quant aux ymaiges de sains et des sainctes, pareillement je ne les honnoure pas mais je honnoure les sains et les sainctes qui sont representez par ces ymaiges... Et se tu me dis que les simples gens ne font pas ainsy, je dy qu'ilz pechent se ilz ne sont excusez ou par invincible ignorance ou parce que ilz ont entencion de faire comme l'Eglise fait en honnourant telles ymaiges.«

[61] Contre la Fête des fous (ed. GLORIEUX 7,409-411).

[62] Johannes HOFER, Johannes Kapistran. Ein Leben im Kampf um die Reform der Kirche (Bibliotheca Franciscana 1.2), Heidelberg ²1964/1965; Eliseo ONORATI, Der heilige Bernhardin von Siena (1380-1444), in: Niederöst. Landesausst., Wien 1982, 181-199; Helmut HUNDSBICHLER, Johannes Kapistran. Franziskanische Observanz - Rettung Europas - Sachkultur, ebd. 200-207; Iris ORIGO, Der Heilige der Toskana. Leben und Zeit des Bernardino von Siena, München 1989.

Ein großes Spektakel dieser Art fand, wie schon vorher in Bologna und Rom, am 28. Oktober 1425 anläßlich einer Predigtserie Bernhardins in Perugia statt. Es wurde am darauf folgenden Allerheiligenfest (1. November) von den Bürgern aus eigenem Antrieb wiederholt.[63] Johannes von Capestrano brachte den seltsamen Brauch in die Länder jenseits der Alpen. Im Juli 1452 brannte auf dem St.-Stephans-Platz in Wien ein Scheiterhaufen mit Spielbrettern, Karten, überflüssigen Haaren und anderen »Eitelkeiten«.[64] Auch bei seinem Zug durch Mitteldeutschland wird allenthalben das gleiche Ritual vollzogen. So fordert er bei einer Predigt in Halle am 3. Oktober 1452 die Eitelkeiten für den Scheiterhaufen. Er scheint es vor allem auf Glücksspiele und die Frisuren (Haarschmuck, Haarteile) der Frauen abgesehen zu haben.[65] Dagegen ist nicht überliefert, daß auch Bilder verbrannt wurden. Auch das Bild im Museum der Stadt Bamberg, das Capestrano bei einer Predigt und im Vordergrund eine Verbrennung zeigt, läßt die bereits erwähnten Gegenstände, aber keine Bilder erkennen.[66] Von einer grundsätzlichen Bilderfeindlichkeit Capestranos wird auch sonst nichts berichtet. Er tadelt lediglich einmal in einer Predigt am Fest seines Ordensgründers Franziskus (Halle, 4. Oktober 1452) die Maler, die die Stigmata des Heiligen falsch darstellen.[67] Der Schritt von den Verbrennungen der »Eitelkeiten« zur Zerstörung weiterer Güter einer gehobenen und verfeinerten Kultur und zur Vernichtung von Kunstwerken ist aber ein sehr kleiner.

Konrad Summenhart

Zu den wichtigsten Theologen einer kirchlichen Reform vor der Reformation gehört in Deutschland der Tübinger Professor Konrad Summenhart († 20. Oktober 1502).[68] Unter seinen Werken ist ein Traktat über die zehn Fehler der Mönche erhalten, der als Tischlesung für die im Jahre 1493 im Kloster Hirsau zu einem Provinzialkapitel versammelten Äbte

---

[63] HOFER, o. c. I,118 f.
[64] Ebd. II,21.
[65] »Obediant ergo taxillatores, salcatores et lusores, et tabuleria cum taxillis, similiter et muliercule plectas crinium et loccos ad comburendum apportent« (ebd. II,171, Anm. 72).
[66] HOFER, o. c. I, Abbildung neben S. 432, und: Niederösterr. Landesausstellung, Tafel 3 neben S. 48.
[67] »Non laudo pictores, inquit Johannes de Capistrano, picturam hanc falsificantes. Numquam enim emisit sangwinem per manus et pedes, sed dumtaxat per latus« (Codex mit Predigtnachschriften der Königl. Bibliothek zu Kopenhagen, fol 138r: HOFER, o. c. II,171, Anm. 73).
[68] Über Summenhart s.: Johannes HALLER, Die Anfänge der Universität Tübingen 1477-1537, 2 Bde., Stuttgart 1927-1929; I, 172-187; II,64-67; Heiko A. OBERMAN, Werden und Wertung der Reformation. Vom Wegestreit zum Glaubenskampf, Tübingen 1977, passim; H. FELD, Art. Summenhart, Konrad, in: Die deutsche Literatur des Mittelalters. Verfasserlexikon; ebd. weitere Literatur.

und Mönche bestimmt war.[69] Die zehn von Summenhart angeprangerten Fehler der Mönche sind: 1. Der Abfall von der Vollkommenheit der Väter und das von den Mönchen gegebene schlechte Beispiel; 2. der Luxus der Klostergebäude und ihrer Ausstattung; 3. die übertriebene Ausschmückung der Kirchen mit Gemälden und dergleichen; 4. die Beschäftigung der Mönche mit weltlichen Angelegenheiten; 5. die Vernachlässigung des Studiums der heiligen Schriften; 6. die Unmäßigkeit im Essen und Trinken; 7. das Zuschanzen von Klosterbesitz an Verwandte; 8. die ritterliche Ausrüstung und die simonistischen Praktiken; 9. die übergroße Strenge gegenüber den Novizen und jungen Mönchen, denen überhaupt keine Freiheit gelassen wird; 10. die Duldung von Mönchen mit Privatbesitz (proprietarii).

Zum Hintergrund dieser herben Kritik ist anzumerken, daß das Kloster Hirsau unter dem Abt Bernhard von Gernsbach (1460–1482) einen gewaltigen wirtschaftlichen Aufschwung genommen hatte. Dieser Abt begann mit dem Bau des Ostflügels des berühmten Kreuzganges (1482), der unter dem kurzen Abbatiat seines Nachfolgers Georg (1482–1484) vollendet wurde. Der Abt Blasius Scheltrub von Öttlingen (1484–1503) erbaute dann Südflügel und Brunnenhaus (1485–1489) sowie West- und Nordflügel (1489–1494). Kreuzgang und Brunnenhaus wurden mit prachvollen bunten Glasfenstern ausgestattet, für die die 1430–1440 entstandene Biblia Pauperum als Vorlage diente.[70] Wie das einzige noch erhaltene Fenster des Zyklus, das Pilatus-Fenster (Tafel 22 der Biblia Pauperum) zeigt, waren die Fenster so gestaltet, daß sie jeweils eine neutestamentliche Szene flankiert von ihren alttestamentlichen Vorbildern zeigten: Jezabel bedroht Elias mit dem Tod (3 Kön 19,2); Pilatus wäscht seine Hände in Unschuld (Mt 27,24); die Babylonier fordern Daniels Tod (Dan 6,12 ff.).[71] Derselbe Abt Blasius ließ 1492 auch das

[69] Tractatulus exhortatorius ad attendendum super decem defectibus virorum monasticorum: per Magistrum Conradum Summenhart de Calw: sacre theologie professorem: Anno domini. M. cccc. xcii. in studio Tüwingensi: ad cuiusdam abbatis petitionem editus. et ad monasterium hirsaugiense: tempore provintialis capituli: quod ibidem eodem anno instabat celebrandum: ut per lectorem mense pronuntiaretur: predicti patris mandato destinatus.

[70] Franz STECK, Das Kloster Hirsau, historisch-topographisch beschrieben, Calw 1844, 293 ff.; Beschreibung des Oberamts Calw, hrsg. von dem Königlichen statistisch-topographischen Bureau, Stuttgart 1860, 228 f.; M. BACH, Über die ehemaligen Glagemälde im Kreuzgang des Klosters Hirsau. Christl. Kunstblatt 1897, 113–121; Markus OTTO, Der spätgotische Kreuzgang des Klosters Hirsau und seine ehemaligen berühmten Glasgemälde. Schwäb. Heimat 21 (1970), 1–18.

[71] S. M. OTTO, o. c. Im Jahr 1579 verfaßte der evangelische Abt von Hirsau (1569–1588) Dr. Johannes Parsimonius (Karg) eine Beschreibung der Glasgemälde, die nach Wolfenbüttel gelangte. Dort fand sie G. E. LESSING vor, der sie als Grundlage für seine beiden Beschreibungen benutzte: Ehemalige Fenstergemälde im Kloster Hirschau (Zur Gesch. und Lit. Aus den Schätzen der Herzogl. Bibliothek zu Wolfenbüttel, Braunschweig 1773, 317–344; DERS., Des Klosters Hirschau Gebäude, übrige Gemälde, Bibliothek und älteste Schriftsteller (ebd. 345–370).

Winterrefektorium erweitern und ausmalen.[72] Johannes Trithemius, Abt von Sponheim, hat in seinen Annalen des Klosters Hirsau eingehend über die Bautätigkeit der Äbte und die für die Kunstwerke gemachten Ausgaben berichtet, so auch über die Ausgestaltung des Winterrefektoriums (für 300 Gulden) und des Kreuzgangs (mehr als 300 Gulden).[73]

Trithemius war einer der Vorsitzenden bei dem Provinzialkapitel (der Provincia Moguntina der Bursfelder Kongregation des Benediktiner-Ordens) von 1493. In den genannten Annalen hat er über den aufwendigen Empfang, den der Abt Blasius seinen Kollegen bereitete, erzählt.[74] Als Moselländer wußte er gutes und reichliches Essen und Trinken zu schätzen.[75] Das hinderte ihn aber nicht daran, ein »Trauer-Buch über Stand und Zerfall des Mönchsordens« zu schreiben, übrigens wie der Traktat Summenharts auf Bitten des Abtes Blasius und der Hirsauer Mönche verfaßt und während drei Tagen beim Mittags- und Abendtisch vorgelesen.[76]

---

[72] S. hierüber: Paul WEIZSÄCKER, Ein wiedergefundener Gemäldecyklus aus dem Winterrefektorium des Klosters Hirsau. Christl. Kunstbl. 1900, 49–57; 66–73.

[73] Joannis Trithemii Spanheimensis et postea Divi Jacobi apud Herbipolim Abbatis, Viri suo aevo doctissimi, Tomus I. II Annalium Hirsaugiensium, St. Gallen 1690; ebd. II,545 (zum Jahr 1491): »Refectorium Fratrum hyemale ampliavit, quod picturis, fenestris et caelaturis pulchre satis ornavit impensis trecentorum florenorum. Fenestras cum rotundis (id est Schyben) et picturis ad tria latera ambitus Monasterii fieri iussit; pro quibus plus quam trecentos auri florenos exposuit. In quarto vero latere picturas sine rotundis fecit duntaxat. Imaginem quoque Crucifixi Jesu Christi Salvatoris nostri, quae stat in gradibus chori erecta, pro uno et triginta florenis emit, ad quam plures Indulgentias a multis impetravit.«- Allein der bereits 1489 vollendete Bau des Südflügels und des Brunnenhauses hatte 1100 fl gekostet (ebd. 534, zum Jahr 1489)

[74] »Eodem anno Dominica tertia post Pascha, quae fuit XXVIII. dies mensis Aprilis, celebratum fuit ordinis nostri XXVIII. Provinciale Capitulum hic in isto Monasterio Hirsaugiensi, in quo praesederunt Joannes Trithemius tunc Spanheimensis, Conradus in Wiblingen, Bartholomaeus S. Crucis in Werdea, et Andreas Montis Monachorum prope Bambergam, Monasteriorum ordinis memorati Abbates. Blasius vero huius Monasterii Abbas cum ingenti laetitia Patres, qui convenerant, suscipiens, et in victualibus abunde tractans, laudem et honorem totius Capituli reportavit« (Ann. Hirs. II,552, zum Jahr 1493).

[75] Vgl. ebd. II,561: ».. ventrosus (ut ego sum).« Sein im Neumünster zu Würzburg erhaltenes Grabmal von Tilman Riemenschneider zeigt das Porträt eines wohlgenährten Prälaten: s. Hanswernfried MUTH, Toni SCHNEIDERS, Tilman Riemenschneider und seine Werke, Würzburg ²1980, 139 und Abb. ebd. 80.

[76] Joannis Trithemii Abbatis Spanheimensis Liber lugubris de statu et ruina monastici ordinis, in: Joannis Trithemii opera, ed. J. BUSAEUS, Mainz 1604, 806–839; s. ebd. 839 den Auszug aus der Chronik von Sponheim: »Ex Chronico Spanheimensi ad annum 1493. Anno Joannis Trithemii Abbatis nostri decimo, celebratum fuit 28. ordinis nostri provinciale Capitulum, ad Dominicam Iubilate, in monasterio sanctorum Petri et Pauli in Hirsaugia Spirensis dioecesis, in quo praesederunt Joannes Trithemius Abbas noster ipse, Conradus Abbas in Wiblingen, Bartholomaeus Abbas S. Crucis in Werdea, et Andreas montis monachorum prope Bambergam, et multa fuerunt decreta. In eodem Capitulo publice ad mensam Praelatorum et Doctorum, qui ex Tubingensi Universitate cum aliis convenerant videre Capitulum et Patres, per triduum, mane et sero, lectus fuerat opportune libellus Penthicus, id est, lugubris, de ordinis nostri ruina, quem praefatus Abbas noster Joannes Trithemius eodem anno ad petitionem Blasii Abbatis Hirsaugiensis et fratrum eiusdem monasterii ediderat. Quem tum patres ad finem cum intentione maxima

Im Jahr des Kapitels ließ der Abt Blasius noch mehrere Altarblätter für die Kirche und eine Darstellung des Abendmahls für das Kopfende des Refektoriums malen.[77] 1498 folgte die Anschaffung des prachtvollen St. Nikolaus-Altares für 130 fl. »zum Lobe Gottes und zur Zier seines Hauses«.[78] Die Bautätigkeit in Hirsau fand ihren Abschluß gewissermaßen am Vorabend der Reformation unter Blasius' Nachfolger, dem Abt Johannes Hanßmann von Calw (1503–1524), mit der (heute noch erhaltenen) Marienkapelle und dem Bibliothekssaal in ihrem Obergeschoß.

Diese Bau- und Repräsentationswut der Äbte von Hirsau bildet den Hintergrund für die herbe Kritik Summenharts, die sich stark an den Wortlaut der Apologia Bernhards von Clairvaux anlehnt. Die aus der Welt in die Einsamkeit geflohenen Mönche sollten lieber in der Heiligen Schrift lesen als in Gemälden der Wände und Decken. Sie geben nämlich sonst den Außemstehenden den Eindruck, als seien sie Analphabeten.[79] Gregor der Große schreibt an Serenus, die Bilder seien die Bücher der Ungebildeten. Der Mönch, der sich an die Bilder hält, stellt sich also auf die Stufe des Laien und Illiteraten. Wenn die Ereignisse der Geschichte dem Gedächtnis mittels geistiger Bilder (species intelligibiles) eingeprägt sind, was für eine Notwendigkeit besteht dann noch, sie mittels eines äußeren, sichtbaren Bildes (species visibilis) auf die Wände zu heften?[80]

---

lectum, omnes unanimiter statuerunt (sicut in recessu eiusdem Capituli continetur) perpetuis temporibus ad mensam Praelatorum in ipso Capitulo pro tempore celebrando legendum.« – Wenn das Kapitel nicht länger als drei Tage dauerte, kann Summenharts Traktat wohl nicht mehr zur Vorlesung gelangt sein. – Zu den Reformbestrebungen des Trithemius s. bes.: Klaus GANZER, Zur monastischen Theologie des Johannes Trithemius. Hist. Jahrb. 101 (1981), 384–421.

[77] »Hoc ipso quoque anno praenotato Blasius Abbas ligneum in Ecclesia Monasterii tabulatum, simul et in duabus eiusdem absidibus fieri fecit, pro qua structura 150 florenos exposuit. Tabulam etiam in refectorio positam hyemali ad mensam Praesidentis, in qua depicta est Coena Domini pro 34 florenis fieri disposuit. Eodem quoque anno Tabernaculum quod est supra maius altare fabricari mandavit, pro quo florenos 80 impendit« (l. c. II,553).

[78] »Hoc ipso anno idem Blasius tabulam cum picturis et imaginibus ad altare S. Nicolai Pontificis fieri mandavit, pro cuius perfectione operis florenos 130 ad laudem Dei et decorem Domus suae exposuit« (ebd. II,572, zum Jahr 1498).

[79] »Vobis autem qui dixistis: Ecce elongavi fugiens et mansi in solitudine, quibusque littere note sunt, congruentius esse video sacrarum litterarum hystorias in volumine legere librorum quam in picto pariete vel tegimine lectorum. Nanque cum sitis vel saltem esse debetis litterarum noticia prediti, in huiuscemodi tamen picturarum usu quasi earundem scientia indocti sitis speciem prefertis cernentibus (Summenhart, Tract., 2. Defectus).

[80] »Gregorius quippe Sereno Massiliensi episcopo scribens ait: Quod legentibus scriptura, hoc ydaeotis prestat figura, quia in ipsa ignorantes vident, quod sequi debeant; in ipsa legunt, qui litteras nesciunt. Unde et precipue gentibus pro lectione pictura est. Hec ille. Picture itaque et imagines libri sunt laycorum. Laycum igitur et quasi literarum inscium se exhibet, qui talium librorum usum sectatur. Et cum rei geste hystoriam internis rerum speciebus intelligibilibus impressis memorie noveritis, que necessitas et exteriori specie visibili eandem parietibus imprimatis?« (ebd.).

Im dritten Abschnitt seines Traktats, der hauptsächlich von der luxuriösen Ausstattung der Abteikirchen handelt, trägt Summenhart den Gedanken Bernhards vor, die für diese Zwecke gemachten Aufwendungen seien Diebstahl an Nahrung und Kleidung der Armen. »Oft werden die Armen ausgeplündert, um die Steine zu bekleiden. Eva an der Wand wird bekleidet und der Arme liegt nackt neben der Wand.«[81] Mit einem Seitenhieb auf den theologischen Lehrbetrieb an den Universitäten bemerkt er: »Wie an einigen Theologenschulen Aristoteles und sein Kommentator Averroes mehr Lärm erzeugen als Christus und der Apostel, so tönen in einigen Klöstern die Aufseher und Jäger lauter als die Lehrer der heiligen Schriften.«[82] Interessant ist, wie Summenhart hier den Luxus in den Klöstern und die Vorherrschaft des Aristoteles an den Universitäten im Zusammenhang sieht mit der Vernachlässigung der heiligen Schriften. Den letzteren Gesichtspunkt hat er im 5. Defectus »super litterarum divinarum tam plangenda derelictione« noch näher ausgeführt.

In seiner Predigt bei dem Trauergottesdienst der Universität Tübingen für ihren Gründer, den Herzog Eberhard im Bart, am 9. März 1496,[83] hebt Summenhart die Bescheidenheit der Wohnung des verstorbenen Fürsten besonders hervor. Wiederum unter Anlehnung an Bernhard von Clairvaux betont er, daß die herzoglichen Gemächer nicht mit schmutzigen Affen, monstruösen Centauren, Halbmenschen usw. ausgemalt waren und daß er auch nicht die Armen bestahl, um die Steine zu bekleiden. Auch bei dieser Gelegenheit zeigt Summenhart seine kirchliche Reformgesinnung, indem er betont, der Verstorbene habe damit, daß er derartigen Luxus abgelehnt habe, nicht nur im Gegensatz zu weltlichen Fürsten gestanden, sondern auch zu Prälaten und Äbten seiner Zeit.[84]

---

[81] »O mira dilectio, ait Hugo de Folieto: Troianos gestat paries pictos purpura: auro vestitos, et Christianis panni negantur veteres. Hectori clipeus datur auro splendens: pauperi vero ad ianuam clamanti non porrigitur panis. et ut verum fatear: spoliantur pauperes sepe, ut vestiantur lapides. vestitur Eva in pariete et pauper nudus accubat iuxta parietem« (ebd. 3. Defectus).

[82] »Sane quemadmodum in non nullis theologorum scolis (ut Alvarus deplangit) plus reboant Arestotiles et eius commentator Averrois quam Christus et Apostolus, sic in non nullis monasteriis plus villici et venatores quam divinarum scripturarum resonant preceptores.«

[83] Oratio funebris et luctuosa: per magistrum Conradum Summenhart de Calw sacre theologie professorem habita ad universitatem Tüwingensem in officio exequiarum: quod eadem universitas pro illustri principe domino Eberhardo primo duce in Wirtemberg et Deck: tanquam pro suo patrono et fundatore VII. ydus Martii Anno M.CCCC.XCVI: pie peregit. qui preclarus princeps pauloante in festo beati Mathie apostoli hora vesperarum: eodem anno diem clauserat extremum. Tübingen 1498.

[84] »Quam humili resederit satis apparet habitaculo utputa nulla celatura pictura aut alia quavis curiositate variato. Non ibi vidissetis immundarum simiarum aut ferorum leonum vel maculose tigridis aut monstruose (!) centhauri vel semihominis figuras tanta curiositate depictas: ut magis libeat legere in marmoribus quam in codicibus. Ubi hectori datur clipeus aureus et pauperi ante ianuam vite negantur commoda: ubi spoliantur pauperes, ut vestian-

Die Gegenüberstellung von Buch und Bild, wie sie in der Argumentation Summenharts anklingt, natürlich aber auch schon bei Bernhard von Clairvaux, wobei das Buch mit dem Inneren, Geistigen, das Bild mit dem Äußerlichen, Materiellen assoziiert wird, ist dann deutlich akzentuiert in der humanistischen Polemik gegen die zeitgenössischen religiösen Praktiken.

---

tur lapides: ubi troianos gestat paries pictos purpura et christianis nec dantur indumenta vetera: ubi curiosi inveniunt quo delectentur nec inveniunt quo sustententur pauperes. Sed non tam vana quam prorsus reprobanda duxit talia: quamquam (ut de secularibus taceam) non nulli ecclesiasticorum et monasticorum: hac hodie sepe delinquant vanitate prelati.« – Vgl. hierzu jedoch die von Eberhard veranlaßte Ausmalung des Schlosses von Urach und die Chorfenster der Stiftskirche zu Tübingen. Auch das berühmte Gebetbuch Eberhards (Cod. brev. 1 der Württembergischen Landesbibliothek Stuttgart), in dem es von Halbmenschen und Affen wimmelt, ist Zeugnis für die Bilderfreundlichkeit des Herzogs. Zu dem Gebetbuch s. Jakob ESCHWEILER, Das Eberhardgebetbuch, Stuttgart 1951; W. IRTENKAUF in: Württemberg im Spätmittelalter. Ausstellung des Hauptstaatsarchivs Stuttgart und der Württ. Landesbibliothek. Katalog bearb. v. Joachim FISCHER, Peter AMELUNG und Wolfgang IRTENKAUF, Stuttgart 1985, Nr. 18 (S. 29); ebd. weitere Literatur.

VI. KRITIK UND ZWEIFEL AM BILD IN HUMANISMUS UND RENAISSANCE

Hieronymus Savonarola

Im Gefolge der schon genannten Bernhardin von Siena, Johannes von Capestrano und anderer italienischer Bußprediger veranstaltete auch der Dominikaner Fra Girolamo Savonarola auf dem Höhepunkt seiner politischen Macht in Florenz »Verbrennungen der Eitelkeiten«. Am 7. Februar 1497 und am 27. Februar 1498 – beide Male war es der Fastnachtsdienstag – wurden auf der Piazza della Signoria riesige Gerüste in Pyramidenform errichtet, auf denen neben Toilettengegenständen, Spielen, Musikinstrumenten und »ketzerischen« Büchern (Petrarca, Boccaccio) auch Gemälde und Plastiken verbrannt wurden.[1] Die Savonarola günstig gesonnenen Biographen nehmen ihn vor dem Vorwurf des Ikonoklasmus in Schutz und behaupten, wirkliche Kunstwerke seien bei den »Verbrennungen der Eitelkeiten« nicht zugrunde gegangen. Der Venezianer, der einen der Scheiterhaufen für eine riesige Summe erwerben wollte und doch nur erreichte, daß sein Bild an oberster Stelle mit verbrannt wurde, scheint anderer Ansicht gewesen zu sein.[2]

Im August 1496 erschien Savonarolas große Reformschrift »De simplicitate Christianae vitae«.[3] In diesem Werk wendet er sich in der Art Bernhards von Clairvaux mit aller Schärfe gegen Luxus und Überfluß der Fürsten, des Adels, der Handwerker, des Säkular- und Ordensklerus und sogar der Nonnen. Wie können die Könige und Fürsten, ihre Frauen und Töchter gerettet werden, die ein einfaches Leben ablehnen und alles für ihren aufwendigen Lebensstil ausgeben, für Pferde und Hunde und anderen überflüssigen Luxus, und deswegen die Völker mit hohen Steuern bedrücken? Was für eine Entschuldigung gibt es für die vornehmen Bürger, die es ihnen gleichtun, und deren Frauen mit ihren vielen Kleidern und ihrem Schmuck? Viele Frauen werden deshalb verdammt, weil sie so viel Überflüssiges haben und in ihren Schatullen

---

[1] Joseph SCHNITZER, Savonarola. Ein Kulturbild aus der Zeit der Renaissance, 2 Bde., München 1924; I,392–395; 480 f.; Roberto RIDOLFI, Vita di Girolamo Savonarola, 2 Bde., Roma 1952; I,277 f.; 333; Horst BREDEKAMP, Renaissancekultur als »Hölle«: Savonarolas Verbrennungen der Eitelkeiten, in: M. WARNKE (Hrsg.), Bildersturm. Die Zerstörung des Kunstwerks, München 1973, 41–64; s. ferner: Canzona d'un piagnone pel bruciamento delle vanità nel Carnevale del 1498, in: Fra Girolamo Savonarola, Poesie, ed. C. GUASTI e I. DEL LUNGO, Lanciano 1914, 87–130.

[2] SCHNITZER, o. c. II,801–847, bes. 814; RIDOLFI, o. c. I,278; II,180, Anm. 24.

[3] Girolamo Savonarola, De simplicitate Christianae vitae, ed. Pier Giorgio RICCI (Edizione nazionale delle Opere di Girolamo Savonarola, 4), Roma 1959.

verwahren, während die Armen vor Hunger zugrunde gehen. Die Kleriker und Priester der Kirche, die zu größerer Einfachheit gehalten sind als die Laien und die die Armen ernähren sollen, wie können sie bei ihren tatsächlichen Lebensverhältnissen einmal guten Gewissens vor dem Gericht Christi erscheinen?[4]

Eine besonders sarkastische Kritik trifft die Ordensleute, und unter ihnen wiederum vor allem die Mitglieder der Bettelorden: Savonarolas Mitbrüder im engeren Sinne also. Sie bauen keine Klöster, sondern Paläste, sie kleiden sich in kostbare Stoffe, wo sie doch gemäß ihrer Regel schäbige Kleider tragen müßten. Savonarolas Kritik macht auch vor den kostbaren Paramenten nicht halt: die Ordensbrüder freuen sich, bei den Feierlichkeiten am Altar in Gold, Silber und Seide gekleidet zu sein. Sie haben zwar das Gelübde der Armut abgelegt, fliehen aber vor dieser wie vor einer Löwin oder Bärin, der man ihre Jungen weggenommen hat. Sie wollen feine, genüßliche Arme (pauperes delicati) sein, die die Almosen der wirklichen Armen erbetteln und sie für ihre überflüssigen Bedürfnisse ausgeben. Dieser übermäßige Bettel und die habgierige Aneignung des Besitzes der Armen müßten zuerst abgestellt werden; sodann müßte der bereits zusammengeraffte Überfluß den Armen zurückerstattet werden.[5] Der Blick des Frate dringt sogar bis zu den verborgenen Eitelkeiten der Nonnen vor: sie besitzen doppelte und dreifache Garderoben, goldene (Gebet-?) Büchlein und Knabenfiguren aus Stuck und Holz – Savonarola nennt sie »Götzen« – die sie wie Kleiderpuppen mit Perlen und Kostbarkeiten bekleiden. Das Mitleid mit den hungernden Armen dagegen geht ihnen ab.[6]

---

[4] Ed. c. 100.

[5] »Sed quid dicemus etiam de religiosis, tam monachis quam mendicantibus, ubique terrarum qui aedificant non monasteria sed palatia, et pretiosis vestibus utuntur de panno magni pretii et rascia subtili, qua nulla vanior ostentari potest, cum secundum regulam viles vestes habere deberent; et gaudent in solemnitatibus ante altare vestiri auro et argento et serico; et cum votum paupertatis emiserint, fugiunt eam quasi leaenam et ursam captis filiis; et volunt esse pauperes delicati, quaerentes eleemosynas pauperum et eas in pompis et superfluis expendentes? Si isti simpliciter viverent secundum ea quae superius diximus, quot superflua inveniremus in domibus eorum? Primo quidem non oporteret tot eleemosynas quaerere, et bona pauperum sibi cum tanta aviditate usurpare; secundo, multa quae iam acquisita sunt pauperibus erogarentur; quia sunt superflua« (ed. c. 100 f.). Mit »rascia« ist ein besonderes Wolltuch serbischer Herkunft gemeint; vgl. den Bericht Burchards über das Verhalten des Kardinals Giovanni Medici (des späteren Leo X.) beim Tode seines Vaters Lorenzo: »deponi fecit a parietibus et lectis paramentorum omnem ornatum, omnes pannos de rascia« (Johannis Burchardi Argentinensis Diarium sive Rerum urbanarum commentarii, ed. L. THUASNE, I, Paris 1883, 460).

[6] »De monialibus autem tot et tanta scribenda suppeteret, quod charta non sufficeret. Hodie enim multa superflua habent, tam in communi quam in particulari. Volunt enim habere tunicas et omnes vestes duplicatas et triplicatas, libellos aureos, pueros gypseos sive ligneos, videlicet idola earum, quos vestiunt auro et argento et margaritis; et cum pauperes non habeant panem quo sustententur, non compatiuntur eis« (ebd. 101).

Die Entschuldigung, daß die Pracht der Kirchen und der liturgischen Kleidung der Ehre Gottes diene, läßt Savonarola nicht gelten. Was tragen die Ausstattung der Klosterzellen und aufwendige Kleider zur Ehre Gottes bei? Wird nicht die christliche Religion durch Armut geschmückt? Hält man nicht denjenigen für den besseren Christen, der am meisten Freude an der Armut hat, und wird nicht eben hierin Gott mehr geehrt? »Sagt mir weiter: wie könnt ihr dulden, daß die Armen, von denen es heute eine solche Menge gibt, in ihrem Elend vor Hunger und Kälte umkommen, wenn ihr ihnen ohne Mühe zu Hilfe kommen könntet? Ihr habt überflüssige Kelche, Paramente goldene Kreuze und silberne Gefäße: warum werden diese nicht eingeschmolzen und für die Armen verausgabt? Ganz gewiß lieben die Sakramente das Gold nicht und brauchen es auch nicht, denn unsere Väter hatten Kelche aus Holz. Doch damals hatten die hölzernen Kelche goldene Priester; jetzt haben die goldenen Kelche hölzerne Priester.«[7]

Zu den wichtigsten Werken Savonarolas gehört zweifellos der gegen Ende des Jahres 1497 veröffentlichte »Triumphus Crucis«, in dem der Frate die Grundlehren des christlichen Glaubens und zugleich in stark apologetischer Tendenz deren Überlegenheit über andere Religionen, Weltanschauungen und Kulte darlegt.[8] Im zweiten Buch dieses Werkes hebt er die Überlegenheit des inneren, geistigen Kultes über den äußeren hervor, während er im dritten Buch dann die kirchlichen Zeremonien einschließlich des Bilderkultes als vernunftgemäß verteidigt.

Gott kann auf zweifache Art und Weise von den Menschen verehrt werden, mit dem Geist und dem Körper. Dem entspricht ein zweifacher Kult, der innere und der äußere. Der innere Kult ist derjenige, der Gott durch die Tätigkeit des Intellekts und des Willens dargebracht wird; der äußere wird in körperlichen Zeremonien und Opfern vollzogen. Da die Materie um der Form willen da ist, folgt daraus die Hinordnung und dienende Funktion des äußeren in bezug auf den inneren Kult.[9] Der

---

[7] »Nonne religio Christiana paupertate decoratur? Nonne quanto quis magis paupertate delectatur, reputatur melior Christianus et ex hoc Deo maior honor acquiritur? Dicite iterum: quomodo potestis pati quod pauperes, quorum hodie tanta copia est, in tanta miseria fame et frigore pereant, quando posseti eis commode subvenire? Habetis calices superfluos et paramenta et cruces aureas et argentea vasa: quare haec non conflantur et pauperibus erogantur? Certe aurum sacramenta non amant nec eo egent: patres enim nostri calices ligneos habebant. Sed tunc calices lignei sacerdotes aureos habuerunt; nunc autem calices aurei sacerdotes ligneos habent« (ebd. 101 f.).

[8] Girolamo Savonarola, Triumphus Crucis. Testo latino e volgare a cura di Mario FERRARA (Ed. nazionale, 5), Roma 1961.

[9] »Cum autem Deus possit dupliciter ab hominibus venerari, spiritu videlicet et corpore, duplicem quoque cultum ponere debemus, interiorem scilicet et exteriorem. Interiorem dicimus eum, qui Deo per operationem intellectus et voluntatis exhibetur; exteriorem vero, qui per corporis officia caerimoniasque et sacrificia impenditur. Cum igitur materia sit prop ter formam, nemini dubium est exteriorem cultum ad interiorem ordinari eique servire«: Triumphus Crucis II,2 (ed. c. 50).

innere Kult besteht in der Richtigkeit und Vollkommenheit des inneren
Lebens des Menschen: hierdurch wird Gott vor allem geehrt. Die innere
Vollkommenheit bestimmt Savonarola dann näherhin als Heiligkeit des
Lebens. »Im guten und vollkommenen Leben des Menschen wird also
Gott die hauptsächliche Ehre erwiesen.«[10] Der Kult Gottes ist darüber
hinaus für den Menschen Mittel und Voraussetzung, die Glückseligkeit
zu erlangen. Diese Voraussetzung wird aber viel eher aufgrund eines
guten Lebens als durch Opfer und Zeremonien erworben: also steht fest,
daß ein in rechter Weise geführtes Leben der wahre Kult Gottes ist.[11]
Ferner besitzt Gott keine körperlichen Eigenschaften, sondern ist *actus
purus.* Daraus folgt, daß der Mensch durch einen rechten sittlichen Lebenswandel und Reinheit des Herzens Gott ähnlicher wird als durch
äußere Akte. Und deshalb wird Gott in vollkommenerer Weise im Geist
als im Körper verehrt. Das Kapitel schließt mit dem Zitat von Joh 4,24:
»Gott ist Geist, und die ihn anbeten, müssen ihn in Geist und Wahrheit
anbeten.«[12]

Das sind Erwägungen, die ebenso gut von Erasmus stammen könnten.
Sie sind jedoch nicht wie bei diesem mit einer Kritik und Abwertung der
kultischen Praxis der zeitgenössischen Kirche verbunden, wie sich im
letzten Kapitel des dritten Buches des »Triumphus Crucis« zeigt, in dem
sich Savonarola um den Nachweis bemüht, »daß die Zeremonien der
Kirche vernunftgemäß sind.«[13] Die abgestufte Verehrung des Kreuzes,
der Bilder der Jungfrau Maria und der Heiligen (cultus latriae, hy-
perduliae, duliae) rechtfertigt er mit den Argumenten seines Ordens-
bruders Thomas von Aquin: dem Bild wird nicht als solchem Verehrung
dargebracht, sondern insofern es Darstellung der betreffenden heiligen
Person ist. Savonarola verzichtet auf den Versuch einer biblischen Begründung des Bilderdienstes und spricht von der Einführung, Erfindung
der Bilder: das Andachtsbild wurde aus drei Gründen eingeführt, nämlich zum Andenken an die Heiligen, um durch ihr Beispiel die Herzen
zur Tugend und Heiligkeit anzuregen und um sie auf ihre Fürbitte für

[10] »Interiorem autem verum Dei cultum dicimus esse rectitudinem ac perfectionem
vitae hominis interioris, qua Deus maxime honoratur... Eo autem perfectior erit, quo
sanctius vivet: sanctitas vero est interioris hominis perfectio, qua etiam totus homo perfi-
citur. Ergo in bona et perfecta hominis vita Deo praecipuus honor persolvitur. Et sic verus
et integer Dei cultus est ipsa optimi viri vita et operatio in Deum relata« (ed. c. 50 f.).
[11] »Cum ergo manifestum sit ad ipsam foelicitatem et huiusmodi bona a Deo impetran-
da multo perfectius hominem per bonam vitam, quam per sacrificia caerimoniasque dis-
poni, constat verum Dei cultum esse rectitudinem vitae« (ebd. 51).
[12] »Praeterea, cum Deus non sit corpus, sed actus purus, homo per rectitudinem cordis-
que puritatem fit Deo similior quam per actus exteriores, et ideo perfectius Deus spiritu
quam corpore colitur. *Spiritus enim est Deus; et eos qui adorant eum, in spiritu et veritate
oportet adorare*« (ebd.).
[13] Ed. c. 204; 481.

uns bei Gott aufzurichten. Die bildlichen Darstellungen der Geschichten der Heiligen (Historienbilder, Zyklen) vertreten bei den Ungebildeten und Analphabeten die Stelle von Texten.[14]

Interessant ist die Rechtfertigung und symbolische Theologie des
kirchlichen Gebäudes, die Savonarola hierauf folgen läßt: der materielle
Bau der Kirche in allen seinen Teilen und in seiner architektonischen
Anordnung symbolisiert die *ecclesia spiritualis,* das heißt Christus mit
allen seinen Gliedern und deren sakramentalem Leben.[15] Die geistliche
Bedeutung der Teile des Bauwerks legt Savonarola im einzelnen dar: die
Steine sind die Gläubigen, der Zement ist die Liebe, die sie zusammen-
hält, der Grundstein ist Christus usw. Die Tatsache, daß aus allen einzelnen Teilen der Kirche eine tiefere Bedeutung ersichtlich ist, ist für
den Frate der Beweis, daß die christliche Religion nicht nur nichts Un-
vernünftiges, sondern nur Wunderbares enthält.[16]

Auch in dieser Apologie der Außenseite des kirchlichen Kultes liegt
der Schwerpunkt auf dem geistlichen Element: das Sichtbare hat seinen
Sinn darin, daß es zum Unsichtbaren, Göttlichen (ad divina contemplanda) hinführt. Man ersieht hieraus, daß Savonarola nicht einfachhin
wegen der von ihm inszenierten »Verbrennungen der Eitelkeiten« als
Ikonoklast abgestempelt werden kann. Er hat sich vielmehr gegen die
von Reichtum und Überfluß geprägte Kultur der Renaissance in Florenz
und ganz Italien gewandt. Die tiefe Abneigung gegen das Haus Medici
ist dabei nur ein einzelnes Symptom. Unter dem Einfluß des franziskanischen (!) Armutsideals sollte die von ihm erstrebte Reform der Kirche
in erster Linie eine Loslösung von der Kultur des Reichtums und der
Sünde sein. Das seinem Ideal entsprechende religiöse Bild und eine nicht
»sündige« Kunst hat er nicht abgelehnt. Dennoch gehört er zu denen,
die wie im Norden Erasmus und Summenhart von einem betont spiri-
tuell geprägten Kirchenverständnis her das herrschende System infrage
gestellt und damit radikalere Auffassungen, auch hinsichtlich der sakralen Kunst, vorbereitet haben.

---

[14] »Huiusmodi enim effigies ad recolendam sanctorum memoriam, ad excitandosque
eorum exemplo ad virtutem sanctitatemque animos, erigendosque ad illorum suffragia pro
nobis ad Dominum imploranda, adinventae sunt. Picturae quoque res eorum gestas ex-
primentes, praecipue rudibus litterarumque ignaris pro lectione succurrunt« (ebd. 205).

[15] »Quoniam vero invisibilia Dei per ea, quae facta sunt, intellectu conspiciuntur, ma-
teriales ecclesias aedificamus et consecramus; ut tam lapides, quam ligna, ordoque et structura omnis earum caelestia insinuent sacramenta, templaque manufacta, spiritualem Ecclesiam, idest Christum, cum omnibus eius membris significent, ut per haec etiam homo ex
delectabili quadam comparatione ad divina contemplanda excitetur« (ebd. 205).

[16] »... quae si prosequi singula velimus, in immensum volumen protrahemur. Haec autem sufficere putamus; unde omnes facile discant christianam relligionem nil impossibile,
nil irrationabile, denique non modo nihil insulsum, sed nihil etiam non admirabile con-
tinere« (ebd. 207).

Erasmus von Rotterdam

Die Auseinandersetzung der Reformatoren mit Reliquienund Bilderverehrung, Wallfahrten und Zeremonien der« katholischen Kirche ihrer Zeit
ist ohne die Kritik des Erasmus am Kult nicht denkbar. Wie Erwin PAN-
OFSKY überzeugend dargelegt hat, hatte Erasmus keine tiefere Beziehung
zum bildlichen Kunstwerk, auch nicht zu der zu seiner Zeit »modernen«
Skulptur, Malerei und Architektur der Renaissance. Er war ein Bücher-
mensch, und sein vornehmliches Interesse galt dem geschriebenen und
gedruckten Wort.[17] Schon in dem 1501 verfaßten, 1503 erstmals veröffentlichten »Enchiridion militis christiani«, das allerdings zunächst keine sehr große Resonanz fand, wendet sich Erasmus gegen die äußere
Seite der christlichen Religion: die Zeremonien, die kirchlichen Vorschriften, die frommen Bräuche, und betont statt dessen den *Geist,* den
inneren Gehalt der Religion.[18] Die Unterscheidung von Fleisch und
Geist gilt nach Erasmus nicht nur für das Alte, sondern auch für das
Neue Testament (und damit für die darauf sich gründende Kirche): auch
das Evangelium hat sein Fleisch und seinen Geist.

»Denn wenn auch der Schleier vom Angesicht des Moses hinwegge-
zogen ist, so sieht doch noch Paulus durch einen Spiegel und im Rätsel.
Und bei Johannes hat Christus selbst gesagt: Das Fleisch nützt gar
nichts, der Geist ist es, der lebendig macht. Ich hätte mich gescheut zu
sagen: Es nützt überhaupt nichts. Mir hätte es gereicht zu sagen: Das
Fleisch nützt ein wenig, aber viel mehr der Geist. Nun hat die Wahrheit
selbst gesagt: Es nützt gar nichts. So sehr nützt es nicht, daß es nach
Paulus todbringend ist, wenn es nicht auf den Geist bezogen wird. Im
übrigen ist das Fleisch doch insofern nützlich, als es die Schwachheit
gewissermaßen stufenweise zum Geist führt. Der Leib kann ohne den
Geist nicht bestehen, der Geist aber bedarf des Leibes in keiner Weise.
Wenn nach der Aussage Christi der Geist so etwas Großes ist, daß er
allein Leben gibt, dann müssen wir bestrebt sein, in allen Texten, in
allen Tätigkeiten auf den Geist zu achten, nicht auf das Fleisch.«[19]

Die hier zitierte Stelle Joh 6,64 und das Wort Jesu an die Samaritani-
sche Frau: »Gott ist Geist, und die ihn anbeten, müssen ihn in Geist und

---

[17] E. PANOFSKY, Erasmus and the Visual Arts. J. Warb. 32 (1969), 200–227; bes. 204 f.
»Like most northern humanists Erasmus was primarily interested in the written word and
only secondarily in the world accessible to the eye« (ebd. 204); vgl. auch: Rachel GIESE,
Erasmus and the Fine Arts. Journal of Modern History 7 (1935), 257–279.
[18] Robert STUPPERICH, Das Enchiridion militis christiani des Erasmus von Rotterdam
nach seiner Entstehung, seinem Sinn und Charakter. ARG 69 (1978), 5–23; Cornelis AU-
GUSTIJN, Erasmus von Rotterdam. Leben-Werk-Wirkung, München 1986, 44–53; Carlos
M. N. EIRE, War against the Idols. The Reformation of Worship from Erasmus to Calvin,
Cambridge 1986, 28–53; vgl. auch PANOFSKY, Erasmus, 207–214.
[19] Enchiridion, Canon V (LB V,30 BC).

Wahrheit anbeten« (Joh 4,24), sind für Erasmus die entscheidenden Richtlinien sowohl für den Kult[20] wie für das christliche Leben, die *pietas*.[21] Man hat in diesem Zusammenhang von einer »religion du pur esprit« gesprochen.[22] Allerdings lehnt Erasmus die äußeren Zeremonien nicht rundweg ab: sie können Anzeichen und Hilfen für die *pietas* sein; notwendig können sie auch für die »Kinder«, die im Glauben Unvollkommenen sein; deshalb sollen auch die Vollkommenen sie nicht ablehnen, um die Schwachen nicht zu verletzen.[23] Im übrigen gilt für das Leben des Christen die Regel, vom Körperlichen zum Geistigen, vom Sichtbaren zum Unsichtbaren vorzudringen.[24] Doch hat Erasmus im gleichen Zusammenhang auch die Äußerlichkeit und Gesetzlichkeit der Mönchsreligion mit beißendem Spott überzogen.[25]

Im Jahre 1518 brachte Erasmus das Enchiridion erneut bei Froben in Basel heraus. Er stellte dem Text einen Widmungsbrief an Paul Volz, den Abt des Klosters Haugshofen (Hugshoffen) bei Schlettstatt (Sélestat) voran.[26] In diesem Brief setzt er sich mit allem Nachdruck für eine aus den Quellen des Evangeliums geschöpfte reine Lehre Christi ein. Wiederum wendet er sich mit scharfen Worten und zum Teil schneidendem Hohn gegen die dem evangelischen und apostolischen Ideal widersprechenden Mißstände in Theologie, kirchlicher Praxis und religiösem Leben. Die Exzesse der Mönche werden ebenso angegriffen wie die nach seiner Meinung der wahren *pietas* widersprechenden Formen der Volksfrömmigkeit. Zu letzteren gehört auch das Wallfahrtswesen (Erasmus nennt ausdrücklich: Rom, Jerusalem und St. Jakob): es wäre (im Sinne

---

[20] Vgl. ebd. 30 f: »Imo contemsit et carnis suae manducationem, et sanguinis potum, nisi et spiritualiter edatur atque bibatur.«

[21] AUGUSTIJN, Erasmus, 45 f.

[22] Jacques ÉTIENNE, Spiritualisme érasmien et théologiens louvanistes. Un changement de problématique au début du XVI siècle, Louvain-Gembloux 1956, 14; AUGUSTIJN, Erasmus, 48.

[23] »Sunt enim nonnumquam tum indicia, tum adminicula pietatis: quae, quoniam fere necessaria sunt infantibus in Christo, donec grandescant et occurrant in virum perfectum, tamen ne a perfectis quidem convenit fastidiri, ne exemplo laedantur infirmi« (LB V,32 E); »Quid igitur faciet Christianus? negliget Ecclesiae mandata? contemnet honestas maiorum traditiones? damnabit pias consuetudines? Immo si infirmus est, servabit ut necessarias: sin firmus et perfectus, tanto magis observabit, ne sua scientia fratrem offendat infirmum, et occidat eum pro quo mortuus est Christus... Non damnatur cultus visibilis, sed non placatur Deus, nisi pietate invisibili: spiritus est Deus, et spiritualibus victimis flectitur« (ebd. 37B).

[24] »Denuo pullulascere, a corpore ad spiritum, a mundo visibili ad invisibilem, a littera ad mysterium, a sensibilibus ad intelligibilia, a compositis ad simplicia temet ipsum quasi gradibus quibusdam scalae Jacob erige« (LB V,38/39).

[25] »Caeterum si verum fateri fas est, nonne videmus arctissimum quodque Monachorum genus fastigium religionis aut in cerimoniis, aut in certa lege Psalmorum, aut in corporum labore ponere?« (ebd. 35 B).

[26] Opus Epistolarum Des. Erasmi Roterodami, ed. P. S. ALLEN, III, Oxford 1913, Nr. 858 (361–377).

der *doctrina Christi)* richtiger, sich zu Hause um seine Familie zu küm-
mern, und das Geld, das man für die lange und gefahrvolle Reise ausgibt, ließe man besser den wirklich Armen zukommen.[27]

Paul Volz, der Adressat dieser Widmung, begegnete im Jahre 1539 in
Straßburg Calvin. Er hatte sich damals den Wiedertäufern angeschlossen
und wurde von Calvin für das reformierte Christentum gewonnen. Er
wirkte danach als Pastor in der Kirche von Straßburg.[28] Es ist zu vermuten, daß es nicht zu einem geringen Teil der Einfluß des Erasmus
war, der Volz, wie viele andere, auf diesen Weg gebracht hatte.

Vielleicht noch eine größere Wirkung als das »Enchiridion« erzielte
das 1509 verfaßte und 1511 erstmals veröffentlichte »Encomion Moriae«:
es wurde für die reformatorische Bildgegnerschaft so etwas wie ein
Handbuch.[29] Erasmus vertritt in diesem Werk seine auch sonst immer
wieder zum Ausdruck gebrachte fundamentale Vorstellung, daß die *vita
christiana* das Entscheidende in der christlichen Religion sei, das heißt:
der praktische Vollzug der von Jesus und Paulus gegebenen ethischen
Prinzipien im individuellen Leben. Darin und in der *Nachahmung der
Tugenden* der Heiligen besteht der *wahre Kult,* nicht in der Ausübung
rein äußerlicher religiöser Praktiken und Zeremonien.[30] Wie schon im
»Enchiridion« hat die Stelle Joh 4,24 eine ganz zentrale Bedeutung:
»Gott ist Geist, und die ihn anbeten, müssen ihn in Geist und Wahrheit
anbeten.« An dieser Vorschrift haben die Apostel ihre Gottesverehrung
orientiert, und nirgends steht geschrieben, es sei ihnen offenbart worden,
ein an die Wand gekritzeltes Bild ebenso anzubeten wie Christus selbst,
wenn es nur die Merkmale Christi trägt.[31]

---

[27] »Itidem, si quis admoneat rectius facere eos qui domi liberis et uxori moderandae
dent operam, quam si visendi gratia Rhomam, Hierosolymam aut Compostellam adeant,
eamque pecuniam quam insumunt in longam ac periculosam profectionem, sanctius in
bonos ac veros pauperes erogari, non damnat pium istorum affectum, sed antefert id quod
propius est verae pietati« (ALLEN III, Nr. 858, 408–414).

[28] Theodor Beza, Joannis Calvini Vita (CO 21,119–172): »Nec minor fuit eius felicitas in
multis in viam revocandis Anabaptistis, inter quos duo praecipui fuerant, unus Paulus
Volsius, cui iam olim Erasmus suum illud Enchiridion militis christiani dicaverat: quo
pastore postea usa est Argentinensis ecclesia« (ebd. 130).

[29] Peter JEZLER, Elke JEZLER, Christine GÖTTLER, Warum ein Bilderstreit? Der Kampf
gegen die »Götzen« in Zürich als Beispiel, in: H.-D. ALTENDORF, P. JEZLER (Hrsg.),
Bilderstreit: Kulturwandel in Zwinglis Reformation, Zürich 1984, 83–102; ebd. 84.

[30] Moriae Encomium id est Stultitiae Laus, ed. Clarence H. MILLER (Opera omnia Desiderii Erasmi Roterodami IV/3, Amsterdam-Oxford 1979), 134,170: »Quanta turba eorum,
qui deiparae virgini cereolum affigunt, idque in meridie, cum nihil est opus? Rursum
quam pauci qui eandem vitae castimonia, modestia, coelestium rerum amore studeant
aemulari? Nam is demum verus est cultus longeque coelitibus gratissimus.«

[31] »Adorabant quidem illi, nihil aliud sequentes quam illud euangelicum ›spiritus est
deus, et eos qui adorant eum, in spiritu et veritate oportet adorare‹. Verum haud apparet eis
tum fuisse revelatam una eademque adoratione adorandam imagunculam carbone delinia-
tam in pariete et Christum ipsum, si modo duobus sit porrectis digitis, intonsa coma et in
umbone qui adhaeret occipitio, treis habeat notas« (ebd. 152,439).

In der Vorrede zu seiner ersten Ausgabe des Neuen Testaments von 1516[32] (Paraclesis) hat Erasmus so etwas wie eine Zusammenfassung seiner neutestamentlichen Theologie, von ihm *Philosophia Christiana* genannt, gegeben. Gegen Ende dieser *Paraclesis* entfaltet er einen für seine Theologie und Hermeneutik charakteristischen Gedanken: Die heiligen Schriften sind *das wahre Bild Christi*. Daraus ergibt sich seine Kritik am damals üblichen Reliquien- und Bilderkult: Nichts erfreut sich unter Christen einer so großen Verehrung wie ein Fußabdruck Christi; zur Verehrung seiner Tunika strömen alle von weither heran. Doch selbst wenn man seinen ganzen Hausrat zeigen würde: es gibt nichts, was Christus deutlicher und wahrer darstellen könnte als die Evangelien. Sie geben das wahre, weil lebendige, Bild Christi wieder.[33]

Ein Standbild aus Holz oder Stein wird von den Gläubigen aus Liebe zu Christus mit Gold und edlen Steinen verziert. Sinnvoller wäre es aber, dasjenige mit den größten Kostbarkeiten auszuzeichnen, was uns Christus so viel näher bringt als ein schäbiges Bildchen. Letzteres kann allenfalls seine körperliche Gestalt wiedergeben, wenn es überhaupt etwas wiedergibt. Die Bücher des Neuen Testamentes dagegen teilen uns *das lebendige Bild seines Geistes* mit, den sprechenden, heilenden, sterbenden, auferstehenden, stets in geistiger Weise gegenwärtigen Christus. Damit sieht man von ihm mehr, als es mit körperlichen Augen möglich wäre.[34]

In diesen bemerkenswerten Sätzen ist die Verbindung von Bilderfeindlichkeit (Ikonoklasmus), Hochschätzung des Geistigen vor dem Körperlich-Materiellen (Spiritualismus) und Rekurs auf die Heilige Schrift als einzige Quelle relevanter theologischer und ethischer Erkenntnis (Biblizismus) bereits vorgeprägt,[35] die dann besonders bei den

---

[32] Novum Instrumentum Omne, Basel 1516; die mehrfach überarbeitete Fassung in LB VI.

[33] »Si quis ostendat Christi pedibus impressum vestigium, quam procumbimus christiani, quam adoramus? At cur non potius vivam illius et spirantem imaginem in hisce veneramus libris? Si quis Christi tunicam exhibeat, quo non terrarum provolaturi simus, ut eam osculari liceat? Atqui ut totam illius supellectilem proferas, nihil erit, quod Christum expressius ac verius repraesentet quam euangelicae litterae.« – Vgl. hierzu auch: H. FELD, Die Wiedergeburt des Paulinismus im europäischen Humanismus. Catholica 36 (1982), 294–327; ebd. 323 f.

[34] »Ligneam aut saxeam statuam, amore Christi, gemmis auroque decoramus. Quin haec potius auro gemmisque et si quid his preciosius insigniuntur, quae tanto praesentius Christum nobis referunt, quam illa imaguncula? Siquidem illa, quid aliud quam corporis figuram exprimit? si tamen illius quicquam exprimit, at hae tibi sacrosanctae mentis illius vivam referunt imaginem ipsumque Christum loquentem, sanantem, morientem, resurgentem, denique totum ita praesentem reddunt, ut minus visurus sis, si coram oculis conspicias.«

[35] »Aus ihm spricht ein Geistes- und Bildungsaristokrat, dem durchaus das Verständnis für die gröberen Formen der Volksfrömmigkeit fehlte«: Erich HASSINGER, Das Werden des neuzeitlichen Europa 1300–1600, Braunschweig ²1964, 18.

von humanistischem Gedankengut geprägten oder beeinflußten Reformatoren, wie Zwingli und Calvin, und in ihrem Wirkungsbereich auch zu konkreten Folgen führen sollte.

Als Erasmus später in Gestalt des Basler Bildersturmes von 1529 mit solchen Folgen direkt konfrontiert wurde, scheint ihm doch der Schrekken in die Glieder gefahren zu sein, wie aus einem Brief vom 24. März 1529 hervorgeht, in dem er für die ikonoklastischen Aktivitäten das merkwürdige Wort »idolomachia« verwendet.[36] Wie alle Tumulte waren ihm auch diese revolutionären Erscheinungen verhaßt.[37] In der ausführlichen Darlegung der Gründe seines Weggangs von Basel, die er am 9. Mai 1529 von Freiburg aus an Willibald Pirckheimer sendet, berichtet er ebenfalls über die von ihm erlebten ikonoklastischen Ausschreitungen bei Einführung der Reformation. In seiner ironischen Art gibt er der Verwunderung darüber Ausdruck, daß die Kruzifixe und Bilder sich nicht mittels Wundern gegen ihre Zerstörung wehrten, wie man es aus älteren Legenden kannte. Wie auch schon in dem oben angeführten Brief vom 24. März erwähnt, erfolgt die Bildervernichtung in engem Zusammenhang mit der Abschaffung der Messe.[38] Am 22. Mai 1530 gibt Erasmus, ebenfalls von Freiburg aus, an den Augustinerchorherrn und Weihbischof Augustin Marius einen Bericht aus Basel weiter, in dem von dem wundersamen Fall der Bilder bei bloßer Berührung erzählt wird. Obwohl sich Erasmus vordergründig über die Zerstörung entrüstet, ist doch auch hier ein unterschwelliger Spott über die Heiligen, die sich selbst nicht helfen können, nicht zu übersehen.[39]

---

[36] »Hic medio brumae frigore mire caluit idolomachia, ne musca quidem imaginum relicta est in templis, sublata funditus missa ritusque ecclesiastici, nisi quod habetur interdum concio; deinde mulieres cum pueris canunt psalmum Germanicis rhithmis compositum, et interdum datur panis corporis Dominici symbolum. Monachi simul et monachae iubentur ponere sacram vestem aut alio demigrare. Hactenus tamen in nullius aedes privatas facta est irruptio, et a sanguine temperatum est; quod utinam sit perpetuum!« (ALLEN VIII, Nr. 2133,64–72); vgl. ebd. Nr. 2158,13–19; Nr. 2176,67–69; PANOFSKY, Erasmus, 207, Anm. 21.

[37] »Quod in imagines odiose saevitum est, minimum faciebat ad pietatem, ad seditionem plurimum« (ALLEN VIII, Nr. 2175, 11–13: Brief vom 8. Juni 1529 aus Freiburg).

[38] »Hactenus tamen Senatus moderatus est tumultum, ut per fabros et artifices tollerentur e templis quae tolli placuisset. Tantis autem ludibriis usi sunt in simulacra divorum atque etiam Crucifixi, ut mirum sit nullum illic aeditum miraculum; quum olim tam multa soleant aedere vel leviter offensi divi. Statuarum nihil relictum est, nec in templis nec in vestibulis nec in porticibus nec in monasteriis. Quidquid erat pictarum imaginum, calcea incrustura oblitum est. Quod erat capax ignis, in rogum coniectum est; quod secus, frustulatim comminutum. Nec pretium nec ars impetravit, ut cuiquam omnino parceretur. Mox in totum abrogata missa, ut nec privatim domi fas esset sacrificare, nec in finitimis pagis audire sacrum« (ebd. Nr. 2158,24–35).

[39] »Dicit Basileae omnia facta citra omnem tumultum summaque tranquillitate. De imaginibus sic excusat, quendam hastili casu tetigisse statuam, mox concidisse. Idem quum baculo tentasset alius atque alius, omnes attactae conciderunt. Quo ex miraculo quum perspicerent manifestam Dei voluntatem, caeteras quoque demoliti sunt. Tam improbae vanitatis sunt fere omnia« (ALLEN VIII, Nr. 2321,31–36).

Eine merkwürdige und wenig beachtete Seite des Ikonoklasmus im 16.
Jahrhundert ist die Tatsache, daß der Zweifel am Bild und an der künstlerischen Tätigkeit sich auch bei Künstlern der Hochrenaissance bemerkbar macht. Zweifellos sind dabei reformatorische Ideen mit im
Spiel, aber auch die innere geistige Entwicklung der betreffenden Künstler. Wir denken hier vor allem an Michelangelo und Ligier Richier.

Michelangelo Buonarroti

Michelangelo (1475–1564), der von 1534 an dauernd in Rom lebt, leidet
seit dem Ende der dreißiger Jahre zunehmend unter dem Zweifel an
seinem bisherigen künstlerischen Lebenswerk. Unter dem Einfluß der
durch Vittoria Colonna vermittelten Gedanken, die auf Juan Valdes zurückgehen,[40] erfaßt ihn der Verdacht, daß die künstlerische Leidenschaft
(l'affectuosa fantasia), die eine Produktion von Kunstwerken allererst
möglich macht, in Wahrheit eine Verirrung sei. In seiner existentiellen
Not und Verzweiflung sucht er Zuflucht bei der Gnade und Liebe des
gekreuzigten Heilands. Dieses neue religiöse Bewußtsein Michelangelos,
in dem man eine bestimmte Ausprägung einer *Theologia crucis* gesehen
hat,[41] findet seinen Niederschlag in den späten Sonetten.[42] Am plastisch-
sten ist es vielleicht in dem berühmten *Giunto è già 'l corso dell mia vita*
ausgedrückt:

Né pinger né scolpir fie più che quieti
l'anima, volta a quell' amor divino
c'aperse, a prender noi, 'n croce le braccia.

Nicht Malen und nicht Meißeln schaffen Frieden
Der Seele, hingewandt zu Gottes Liebe,
Die uns am Kreuz empfängt mit offnen Armen.[43]

Das Gedicht, das mit dem Bilde des Lebens als zerbrechlichem Kahn,
der nach langer Fahrt auf stürmischem Meer nunmehr »in den ge-
meinsamen Hafen« gelangt ist,[44] und der Vorstellung des göttlichen Ge-

---

[40] S. hierzu besonders: Henry THODE, Michelangelo und das Ende der Renaissance, 3
Bde., Berlin 1902–1912; ebd. II, 344 f.; Charles DE TOLNAY, Michelangelo, 5 Bde., Princeton 1947–1960; ebd. V,54; H. FELD, Wiedergeburt (o. Anm. 33), 301 f.
[41] Luitpold DUSSLER, Die Spätwerke des Michelangelo, in: Ch. DE TOLNAY u. a., Michelangelo Buonarroti, Würzburg 1964, 115–155; ebd. 121; vgl. Roberto SALVINI, The Hidden Michelangelo, Oxford 1978, 138: »There is some justification for the theory that the
conception of the *Last Judgement* shows the influence of the Protestant idea of justification through faith rather than good works.«
[42] S. Franz RAUHUT, Michelangelo als Dichter, in: Ch. DE TOLNAY u. a., Michelangelo
Buonarroti, 191–214.
[43] Michelangiolo Buonarroti, Rime, ed. Enzo Noè GIRARDI, Bari 1960, Nr. 285,
S. 450 ff.; 134 f.
[44] S. hierzu: H. FELD, Wiedergeburt, 303, Anm. 33.

richts über gute und böse Werke beginnt, endet, nach Erwägung der Vergeblichkeit des Künstelerlebens angesichts eines doppelten Todes, mit dem Gedanken der Zuflucht zur göttlichen Barmherzigkeit, die am Kreuz die Arme öffnet, »um uns zu sich zu nehmen« (a prender noi).

Der Gedanke an den richtenden Gott, wie er ihn an die Altarwand der Cappella Sistina gemalt hatte, die vergebende Liebe des leidenden Christus, das Bewußtsein von Schuld und Vergeblichkeit, der Schmerz der Reue: das sind Motive, die viele Altersgedichte Michelangelos durchziehen. Die diese Sonette tragende Grundstimmung bestimmt auch Michelangelos letzte monumentale Fresken, die beiden Wandbilder der Cappella Paolina des Vatikan: die 1542–1545 gemalte »Bekehrung des Paulus« und die 1546–1550 geschaffene »Kreuzigung des Petrus« bei deren Vollendung er 75 Jahre alt war.[45] In dem Bild auf der linken Seite, der »Bekehrung des Paulus«, hat Michelangelo den vom Pferd stürzenden Paulus als alten Mann dargestellt und ihm seine eigenen Züge gegeben.[46] Die Aussage des Bildes ist klar: Michelangelo hat in dieser eigenwilligen Interpretation der Bekehrung des Apostels *seine eigene Umkehr*, Gottes Gericht und Gnade zugleich *über sich selbst* darstellen wollen

Nichts aber kann deutlicher und erschütternder die Lebenskrise des alten Michelangelo dokumentieren als die von ihm hinterlassenen Torsi der Pietà, welche ja, wie wir gesehen haben, das Hauptandachtsbild des Spätmittelalters war. In seiner Jugend konnte er noch eine makellose Pietà vollenden: die von St. Peter in Rom. Im vorgerückten Alter arbeitete er an der rätselhaften Pietà des Doms Santa Maria del Fiore in Florenz, in der er sich selbst als Nikodemus, den toten Christus haltend, darstellte. Er hatte sie ursprünglich für sein eigenes Grabmal in Santa Maria Maggiore in Rom bestimmt, später aber zerschlagen, worauf sie von einem Schüler mangelhaft restauriert wurde. Bis kurz vor seinem Tode schließlich meißelte er an der heute im Kastell von Mailand aufbewahrten »Pietà Rondanini«, einem der ganz großen Ecce homo der europäischen Kulturtradition.

Ligier Richier

In der Kirche St.Étienne zu Saint-Mihiel an der Maas steht das letzte große Werk des Bilhauers Ligier Richier (1500–1567), die »Grablegung Christi«.[47] Die Gruppe von dreizehn überaus bewegten Figuren wird

---

[45] Zu den Paolina-Fresken s. vor allem: Herbert VON EINEM, Michelangelo - Bildhauer. Maler. Baumeister, Berlin 1973, 166–174; Rolf SCHOTT, Michelangelo, Paris s. a. [1975], 201–206; R. SALVINI, The Hidden Michelangelo, 141–148; H. FELD, Wiedergeburt, 305 f.

[46] DE TOLNAY, Michelangelo V,71 f.

[47] Über Ligier Richier s.: Marguerite DEVIGNE, Art. Richier, Ligier, in: Allg. Lexikon der bildenden Künstler 28 (1934), 277–279; Georg KAUFFMANN, Die Kunst des 16. Jahrhunderts (Propyläen Kunstgeschichte, Bd. 6), Berlin 1970, 273.

allgemein als Höhepunkt der lothringischen Skulptur des 16. Jahrhunderts angesehen.[48] Wenn man in den Figuren auch bereits die Formensprache der Renaissance erkennt, so weist das Werk doch in seiner Thematik in das Mittelalter, und es scheint so etwas wie die letzte Vollendung spätgotischer religiöser Plastik zu sein.

Richier schuf die »Grablegung« in den Jahren 1554–1564, gut drei Jahrzehnte nach Tilman Riemenschneiders berühmtem Sandsteinaltar für die Abteikirche der Cistercienserinnen von Maidbronn bei Würzburg, auf dem das gleiche Thema dargestellt ist.[49] Die dreizehnte Station des Kreuzwegs ist somit der Gegenstand, mit dem die beiden größten Bildhauer des katholischen Spätmittelalters ihr Werk abgeschlossen und gekrönt haben. Der Maidbronner Altar gilt als letztes Werk Riemenschneiders. Ligier zog sich nach Vollendung des Werkes von Saint-Mihiel in das Genf Calvins zurück, wo er 1567 als reformierter Christ starb. Er hat so im eigenen Leben und Schaffen das Ende der mittelalterlichen sakralen Kunst vollzogen. Ähnlich wie bei Michelangelo war die Krise seines Glaubens zugleich die Krise seines Schaffens.

---

[48] Pierre SIMONIN, Saint-Mihiel (Meuse), in: Dictionnaire des églises de France 5 (1971), 177–180; Peter VOLKELT, Horst VAN HEES, Lothringen Ardennen Ostchampagne (Reclams Kunstführer, Frankreich, Bd. III), Stuttgart 1983, 388–390; Rudolf HINSBERGER, Prinzip Hoffnung in Stein. Das Meisterwerk des Ligier Richier in St.-Mihiel. Saarbrücker Zeitung am Wochenende 1978, Nr. 13, S. 3. Über weitere Werke Richiers und die Schule von Saint-Mihiel s. Émile MÂLE, L'Art religieux après le Concile de Trente, Paris 1932, 222; Walter LEICK, Der bemerkenswerte Friedhof von Marville in Lothringen. Warten auf die Auferstehung. Heimatblätter der Saarbrücker Zeitung Nr. 384, November 1987, S. 3.
[49] Hanswernfried MUTH, Toni SCHNEIDERS, Tilman Riemenschneider und seine Werke, Würzburg ²1980, 169–172; Abb. ebd. 161–164.

VII. DER REFORMATORISCHE IKONOKLASMUS

1. Das Bild im Urteil der Reformatoren

Die Stellung der Reformatoren zum sakralen Bild setzt die Kritik des Erasmus von Rotterdam an Bilderverehrung und Wallfahrtswesen voraus. Wie diese steht sie im Zusammenhang der Kritik an dem in der spätmittelalterlichen Kirche praktizierten Kult insgesamt. Anders als bei Erasmus, der die religiösen Praktiken niemals dezidiert abgelehnt oder bekämpft hat, stellt sich für die Reformatoren, wenn auch in je verschiedener Weise, die Frage nach dem richtigen oder falschen Gottesdienst, der wahren oder irrigen *pietas,* ganz radikal. Gemeinsam ist ihnen die Überzeugung, daß der Kult der katholischen Kirche ihrer Zeit, insbesondere die Messe, Ergebnis einer geschichtlichen Fehlentwicklung ist. Die Frage der Bilderverehrung ist in diesem Komplex ein Teilaspekt. Ihre Beurteilung durch die einzelnen Reformatoren hängt überdies von deren individuellem theologischen Denken ab. Die ersten reformatorischen Streitschriften, die die Ablehnung des Bilderkults zum Gegenstand haben, stammen von Andreas Bodenstein von Karlstadt (1522) und Ludwig Hätzer (1523).

Karlstadt

Karlstadt verficht in seiner Schrift »Von Abtuung der Bilder«, in der er den ikonoklastischen Aktivitäten in Wittenberg Anfang 1522 ein theologisches Fundament zu geben sucht,[1] drei Thesen: »1. Daß wir Bilder in Kirchen und Gotteshäusern haben, ist unrecht und wider das erste Ge-

---

[1] Andreas Karlstadt, Von abtuhung der Bylder / und das keyn Betdler unther den Christen seyn sollen, Wittenberg 1522; Deutsche Flugschriften zur Reformation, hrsg. von Simon KARL, Stuttgart 1980, 231–279; zu Karlstadts Theologie und seinen Aktivitäten 1520–1522 s. Ronald J. SIDER, Andreas Bodenstein von Karlstadt. The Development of his Thought 1517–1525 (Studies in Medieval and Reformation Thought, Vol. 11), Leiden 1974, 104–173; James S. PREUS, Carlstadt's »Ordinaciones« and Luther's Liberty: A Study of the Wittenberg Movement 1521–22 (Harvard Theol. Studies, 26), Cambridge, Mass. 1974, 33–39; Mark U. EDWARDS Jr., Luther and the False Brethren, Stanford, California 1975, 6–33; Margarete STIRM, Die Bilderfrage in der Reformation, Heidelberg 1977, 38–40; Ulrich KÖPF, Die Bilderfrage in der Reformationszeit. BWKG 90 (1990); Carl C. CHRISTENSEN, Art and the Reformation in Germany, Athens, Ohio 1979, 23–41; EIRE, War (o. VI, Anm. 18), 54–65; zur Theologie Karlstadts im allgemeinen und ihrer Genese ist wichtig: Ulrich BUBENHEIMER, Consonantia Theologiae et Jurisprudentiae. Andreas Bodenstein von Karlstadt als Theologe und Jurist zwischen Scholastik und Reformation (Jus Ecclesiasticum, Bd. 24), Tübingen 1977; zu Karlstadts Werk »Von abtuhung« s. ferner: Carter LINDBERG, »There should Be No Beggars Among Christians«: Karlstadt, Luther and the Origins of protestant poor Relief. Church Hist. 46 (1977), 313–334.

bot: Du sollst nicht fremde Götter haben. 2. Daß geschnitzte und gemalte Ölgötzen auf den Altären stehen, ist noch schädlicher und teufli-
scher. 3. Darum ist es gut, notwendig, löblich und göttlich, daß wir sie
abtun und der Schrift ihre Rechte und ihr Urteil zuerkennen.«

Die maßgebende Stelle für Karlstadt ist Ex 20,3 ff., das erste Gebot, in
dem das Bilderverbot enthalten ist. Demgegenüber verfängt nicht die
Ausrede:»Ich bete ja die Bilder nicht an; ich ehre sie nicht ihretwegen,
sondern wegen der Heiligen, die sie darstellen.« Gott hat die Verehrung
der Bilder schlichtweg verboten, und dieses Verbot kann man nicht glos-
sieren. Wenn Gott es hätte haben wollen, daß er selbst oder seine Heiligen in Bildern geehrt würden, so hätte er das Herstellen von Bildern
nicht verboten.[2]

Karlstadt wendet sich gegen die Auffassung, daß die Laien die Bilder
anstelle von Büchern gebrauchen sollen, für die man sich auf Gregor
den Großen beruft. Aus dem Bild des Gekreuzigten z. B. kann man nur
etwas über das äußerliche, fleischliche Leiden Christi erfahren. Christus
aber sagt selbst, daß sein eigenes Fleisch nichts nütze, sondern nur der
Geist (Joh 6,64). Karlstadt beruft sich auch auf die bei Hieronymus
überlieferte Geschichte des Epiphanius von Salamis, der einen Vorhang
mit eingewebten heiligen Gestalten am Eingang einer Kirche herunter-
riß und Grabtücher für die Armen daraus machen ließ.[3]

Unter Berufung auf Deut 7,5 (Zerstörung der Kultgegenstände der
Völker Kanaans), 4 Kön 18,4 (Zerschlagung der ehernen Schlange durch
Ezechias) und 4 Kön 23 (Säuberungsaktionen des Josias) fordert Karl-
stadt zur Zerstörung der christlichen Kultbilder auf.

»Etliche Bilderküsser sprechen: Das alte Gesetz verbietet Bilder und
das neue nicht. Aber wir folgen dem neuen, nicht dem alten Gesetz.«
Dagegen betont Karlstadt die unveränderte Gültigkeit des alten Gesetzes
in diesem Punkt. Christus ist nicht gekommen, das Gesetz zu brechen,
sondern es zu erfüllen. Auch das vierte, fünfte und sechste Gebot sind
noch inkraft, das Bilderverbot als Bestandteil des ersten Gebotes erst
recht.

---

[2] »Ob einer dörfft sagen. Ja ich bette die bilder nit an. Ich thůn in nit eere von iren
wegen / sonder von der heiligen wegen, die die bedeüten. Antwurt got kürtzlich und mit
leichten worten. Du solt sie nit anbetten. Du solt sie nit eeren. Glosiers wie du kanst / du
solt sie stracks nit anbeten / du solt kein knie vor in haben / du solt kein liecht vor in
anzünden. Wann ichs haben wolt spricht got / dastu mich oder meine heiligen / soltest in
bildnis eeren / ich wolt dir es nit verbotten haben / bildnis und gleichnis zůmachen.«
[3] S. o. Einl., Anm. 19; V, bei Anm. 9; vgl. H. FR. VON CAMPENHAUSEN, Die Bilderfrage
als theologisches Problem in der alten Kirche (o. Einl., Anm. 18), 226. Karlstadt hatte
schon seit 1518, im Anschluß an Erasmus und unter häufiger Berufung auf die genannte
Joh-Stelle, in seinen Schriften den äußerlichen, sichtbaren Gottesdienst bekämpft: SIDER,
o. c. 149–152; EIRE, o. c. 56 f.

Karlstadt war mit Albrecht Dürer näher bekannt, dem er noch am 1. November 1521 die Schrift »Von Anbetung und Ehrerbietung der Zeichen des Neuen Testaments« gewidmet hatte. Dem durch die nur wenige Wochen später erschienene Schrift »Von Abtuung der Bilder« in Wittenberg ausgelösten Sturm wären um ein Haar auch drei berühmte Bildwerke Dürers zum Opfer gefallen, die sich in der Schloßkirche befanden: »Maria betet das Christkind an« (1497); »Die Anbetung der Könige« (1504); »Die Marter der zehntausend Christen« (1508). Dürer war auch mit Zwingli befreundet, der nun ebenfalls heftig gegen die Bilderverehrung Stellung bezog. In Nürnberg selbst wurde Dürer mit bilderfeindlichen Aktivitäten konfrontiert. Wie Hans RUPPRICH gezeigt hat, veranlaßten diese Ereignisse den Maler, in seinen letzten Lebensjahren (1525-1528) entschieden sowohl für die Kunst der Malerei als auch für die Erhaltung des Bildes in der Religion einzutreten.[4] Er hat dies in zwei verschiedenen Fassungen eines Widmungsbriefes an Willibald Pirckheimer zu seinem Werk »Unterweisung der Messung«, vor allem aber in den Unterschriften zu den berühmten Bildern der Vier Apostel, die dem Rat der Stadt Nürnberg gewidmet waren, getan. »Schon allein die Tatsache, daß Dürer nach den ersten Ausbrüchen des reformatorischen Bildersturmes und der Abschaffung der Heiligenverehrung daran ging, ein solches malerisches Monumentalwerk von einem Ernst und einer Größe zu schaffen, die kaum ihresgleichen kennen, beweist, daß die Vier Apostel nicht nur Bekenntnisbilder im religiösen Sinne sind, sondern auch eine Apologie der Malerei und ein Bekenntnis zu weiterer Pflege christlicher bildender Künste.«[5]

Ludwig Hätzer

Ähnlich wie Karlstadt betont auch Ludwig Hätzer in seiner kleinen Schrift »Ein Urteil Gottes«[6] die Verbindlichkeit der alttestamentlichen Gebote Gottes auch für die Christen, soweit sie die Sitten und die Ehre Gottes betreffen. Das erste Gebot ist zweifellos verbindlich, also auch

---

[4] Hans RUPPRICH, Dürers Stellung zu den agnoëtischen und kunstfeindlichen Strömungen seiner Zeit (Bayer. Akad. der Wiss., Phil.-hist. Kl., Sitzungsber. Jg. 1959, H. 1), München 1959, bes. 13-21.

[5] RUPPRICH, ebd. 18.

[6] Ain urtayl Gottes unsers eegemahels / wie man sich mit allen Götzen und Bildnussen halten soll auß der hayligen geschrifft gezogen durch Ludwig Hätzer, Zürich 1523; eine lateinische Übersetzung erschien 1524. Über Hätzer s.: J. F. Gerhard GOETERS, Ludwig Hätzer (ca. 1500 bis 1529), Spiritualist und Antitrinitarier. Eine Randfigur der frühen Täuferbewegung (Quellen und Forschungen zur Reformationsgeschichte, 25), Gütersloh 1957; DERS., Art. Haetzer, Ludwig, in: The Mennonite Encyclopedia 2 (1956), 621-626; Charles GARSIDE Jr., Ludwig Haetzer's Pamphlet against Images: A Critical Study. Mennonite Quarterly Rev. 34 (1960), 20-36; zur Frage der Abhängigkeit von Karlstadt ebd. 33; DERS., Zwingli and the Arts, New Haven and London 1966, 109-115; EIRE, War, 79 f.

das zweite.[7] Im übrigen besteht Hätzers Schrift zum größten Teil aus einer Sammlung alttestamentlicher Stellen gegen den Bilder- und Götzendienst. Aus dem Neuen Testament werden nur wenige Stellen angeführt.

Hätzer wendet sich auch gegen die Heiligenverehrung und die Wallfahrten, da Gott allein die Ehre gebührt. Daß die Bilder die Bücher der Laien seien, behauptet Papst Gregor, jedoch nicht Gott. Ein weiteres geläufiges mittelalterliches Argument, die Bilder förderten die Andacht und die Besserung des Menschen, entkräftet Hätzer mit dem Hinweis auf Joh 6,64: Gott allein ist es, der den Menschen zu Christus hinzieht.

Hätzer, der damals mit Zwingli noch eng verbunden war, hatte bei der zweiten Zürcher Disputation (26.–28 Oktober 1523) das Protokoll zu führen. In seiner Argumentation gegen die Bilder stützte sich Leo Jud auf Hätzers Bilderschrift.[8] Er kam zu dem Ergebnis: »das under den Christen gar kein bild nit sol sin.«[9] Als hierauf Sebastian Hofmeister von Schaffhausen im Zusammenhang seiner Aufforderung an die Anwesenden, gegen das von Leo Jud Angeführte aus der Schrift zu argumentieren, nebenbei bemerkt, daheim könne jeder tun, was er wolle,[10] greift Hätzer in die Debatte ein. Unter Hinweis auf Deut 27,14 f. macht er den Schaffhausener Doktor darauf aufmerksam, daß auch private, daheim aufbewahrte Bilder verboten sind: »Herr doctor! Es sind ouch die heymlichen bild verbotten. Deß habend wir ein klar ort in der gschrifft Deuter 27: Das hat Moyses gebotten uß dem gheyß gottes: Die Leviten söllend verkünden und mit lutrer, häller stimm zů allem volck Israels sagen: Verflůcht ist der mensch, der ein ggossen bild macht, das ein grüwel des herren gottes ist, und dasselb an ein ort setzt. Und das gantz volck sol sagen: Amen.«[11] Dieser Meinung schloß sich dann auch der spätere Wiedertäufer Konrad Grebel an.[12]

---

[7] Hätzer ist vermutlich der erste unter den Schweizer Reformatoren, der das Bilderverbot als selbständiges (zweites) Gebot des Dekalogs zählt. Vgl. STIRM, Bilderfrage, 154: dort ist der Katechismus des Leo Jud von 1534 als zeitlich erster Beleg für die neue Dekalog-Einteilung angegeben. Die Frage der Einteilung des Dekalogs in vier und sechs oder in drei und sieben Gebote hat schon Augustinus erörtert: Quaest. Ex. 71,1 (CC 33, 102 f.).

[8] »Es ist ein bůchly in kurtzen tagen hie ußgangen in dem truck, darinn gnůgsamlich mit clarer götlicher gschrifft die bilder verworffen werden« (Z II,690); s. hierzu: GOETERS, Hätzer, 23.

[9] Z II,691.

[10] »..das bild, bsunder in den templen des christenlichen volcks, nit sin söllend – mach im einer daheym heymlich ein gantzen wagen voll, wil er gern!« (Z II,691/692).

[11] Ebd. 692.

[12] »Dann so die bild nit under den Christen sin söllend, so söllend's ye ouch nit heimlich sin; dann das were dispensatio divini verbi« (ebd.). – Über den Fortgang der zweiten Zürcher Disputation s. u. VII,2.

Luther

Luther hat bekanntlich zu verschiedenen Zeiten seines Lebens in verschiedener Weise Stellung zur Bilderfrage genommen.[13] Dies entspricht seinem Wandel bezüglich anderer Fragen der Theologie und kirchlichen Praxis. Luthers Haltung zum Bild hängt im übrigen mit seinem Verständnis des sakralen Ortes zusammen, und dieses hat sich ebenfalls im Laufe seines Lebens gewandelt.

In der Schrift »Von den guten Werken« des Jahres 1520 wendet sich Luther gegen das Übermaß an Kirchenbauten. Es kommt auf das Gebet an, nicht auf den Raum. Man kann auch unter einem Strohdach oder in einem Saustall beten.[14] In der Kirchenpostille von 1522 meint Luther, man solle die Kirchen in aller Welt »umbkeren« (d. h. profanieren) und in gewöhnlichen Häusern und unter freiem Himmel predigen, wie es die Apostel getan haben.[15] In dieser Zeit findet er überhaupt die stärksten Worte gegen die äußerlichen, menschlichen Ausdrucksformen der Religion,[16] und man hat darin eine ziemliche Nähe zu den Ideen Karlstadts erkennen wollen.[17] Doch geht es bei Luther nicht um den Gegensatz von geistigem und materiellem Kult, sondern um denjenigen von Gottes Gnade und Menschenwerk.

In den Predigten der Fastenzeit des Jahres 1522 grenzt sich Luther dann von den Wittenberger Bilderstürmern ab. Er betont, daß die Bilder religiös indifferente Gegenstände sind: sie sind weder gut noch böse; man mag sie haben oder nicht haben. Als Kultgegenstände scheiden sie natürlich aus, und wegen des Mißbrauchs, der damit getrieben wurde, hat er eigentlich keine Sympathie dafür. Doch darf man sie auf keinen Fall zerstören.[18] In dem Werk: »Wider die himmlischen Propheten, von

---

[13] Hans Freiherr Von Campenhausen, Die Bilderfrage in der Reformation. ZKG 68 (1957), 69-128; jetzt auch in: Ders., Tradition und Leben, Tübingen 1960, 361-407; ebd. 384-400; M. Stirm, Bilderfrage, 17-129; C. Christensen, Art, 42-65.

[14] WA 6,239,13.

[15] WA 10 I,254 (Epistel am St. Stephans-Tage, Apg 6,8-14).

[16] Vgl. z. B. auch: Epistel zu der Messe in der Christnacht, Tit 2,11-15: »Sihe, also foddert gott nit von dyr kirchen pawen, wallen, stifften, meßhören, diß oder das, Szondern eyn solchs hertz und leben, das ynn seynen gnaden geht und sich furcht fur andernn wegen und leben, die außer der gnaden gahn... Sihe, das ist der echte gottis dienst, datzu man keyner glocken, keyner kirchen, keyneß gefeß noch tzyerd, keyner lichte noch kertzen, keyner orgelln noch gesang, keyniß gemelds noch bildiß, keyner taffelln noch altar, keyner blatten noch kappen, keyniß reuchernn noch bespernnng, keyner proceß noch creutzgangß, keiniß ablaß noch brieffs bedarff. Denn das sind alliß menschen fundle und auffsetz, die gott nit acht, und den rechten gottisdienst mit yhrem gleyssen vordunckeln. Es darff nur eynerley, des Euangeli, das man das wol treybe, und darauß solchen gottis dienst dem volck bekand mache, das ist die rechte glock und orgelln tzu dießem gottis dienst« (WA 10 I,38/39).

[17] Eire, War, 67: »a passage about the nature of true worship that seems as iconoclastic as anything written by Karlstadt.«

[18] WA 10 III,35.

den Bildern und Sakrament« von 1525 hält Luther den Bilderstürmern entgegen: »und sage zu erst, daß nach dem gesetz Mose keyn ander bilde verbotten ist denn Gottes bilde, das man anbettet, Eyn crucifix aber odder sonst eyns heyligen bilde ist nicht verbotten zu haben. Hui nů yhr bildenstürmer, trotz und beweyset es anders.«[19] Ein Satz aus »Vom Abendmahl Christi, Bekenntnis« des Jahres 1528 geht noch weiter in bezug auf die Zulässigkeit von Bildern: »Bilder, glocken, messegewand, kirchenschmuck, aller liecht und der gleichen, halt ich frey. Wer da will, der mags lassen, Wie wol bilder aus der Schrift und von guten Historien ich fast nützlich, doch frei und wilkörig halte. Denn ichs mit den bildestürmen nicht halte.«[20]

Schon ein Jahr früher hatte er in den Predigten über die Genesis (1527) gesagt, kein äußerlich Ding fördere uns oder helfe uns vor Gott, *dennoch* müßten wir äußerliche Dinge und Gebärden halten: einen *Ort* wählen, wo man Gottes Wort predigt und die Sakramente hält. Eine Kirche ist zwar nicht besser als ein anderes Haus, aber es schickt sich nicht, dort zu fressen, zu saufen oder zu tanzen.[21] Auch in den Genesis-Vorlesungen von 1535-1545 lehnt Luther nach wie vor Wallfahrten und Bilderdienst ab, betont aber die Notwendigkeit äußerer Zeremonien: der Ort der Kirche fordert eine bestimmte Haltung; man kann sich in ihr nicht wie in einer Kneipe benehmen.[22]

Auffällig ist, daß Luther die Frage der Bilder weder in Zusammenhang mit dem Dekalog bringt, noch bei ihm der Bilderkult als Gegensatz zu einem rein geistigen Kult aufgefaßt wird. Im alttestamentlichen Bilderverbot sah er wie im Sabbatgebot ein rein zeitlich bedingtes Zeremonialgesetz.[23] Zum zweiten war sein Denken nicht von dem erasmianischen Gegensatz Geist-Körper geprägt, wie dies sicher in starkem Maße bei Zwingli der Fall war.

Zwingli

In den 67 sogenannten »Schlußreden« der ersten Zürcher Disputation (19. Januar 1523) hat Zwingli zum erstenmal die Kernsätze seiner Predigt und Lehre zusammengefaßt.[24] Weder in diesen Thesen noch in deren späterer Auslegung[25] ist er aber eigens thematisch auf die Bilderfrage

---

[19] WA 18,37-214; ebd. 68.
[20] WA 26,509; CLEMEN 3,514.
[21] WA 24,599.
[22] WA 44,171.
[23] WA 18,81 f.; VON CAMPENHAUSEN, Bilderfrage in der Reformation, 384. 386.
[24] Z I,458-465; Gottfried W. LOCHER, Die Zwinglische Reformation im Rahmen der europäischen Kirchengeschichte, Göttingen-Zürich 1979, 110-115; Ulrich GÄBLER, Huldrych Zwingli. Eine Einführung in sein Leben und sein Werk, München 1983, 63-68.
[25] Z II,1-457; LOCHER, o. c. 123-126; GÄBLER, o. c. 68-71.

eingegangen. Dennoch von großem Interesse für seinen sich entwickelnden Standpunkt ist der 25. Artikel »Von Feiertag und Wallfahrt«: »Daß Zeit und Ort den Christenmenschen unterworfen sind und der Mensch nicht ihnen. Daraus folgt, daß diejenigen, die Zeit und Ort anbinden, die Christen ihrer Freiheit berauben.«[26]

In seiner Auslegung dieses Artikels führt Zwingli für die Freiheit des Ortes Mt 12,6 (»hier ist Größeres als der Tempel« und für die Freiheit der Zeit Mt 12,8 (»der Menschensohn ist Herr auch des Sabbats«) an. Im übrigen wendet er sich gegen den Müßiggang an Sonn- und Feiertagen. Ebenso lehnt er die Wallfahrt zu bestimmten Orten – genannt sind Rom, Jerusalem, Sankt Jakob – als nicht nur närrisch, sondern auch antichristlich ab: »denn sy machend die gnad gottes an einem ort bereiter und wolfeiler dann am andren.«[27]

In dem Ratschlag, den Zwingli im gleichen Jahr zusammen mit einigen Amtskollegen verfaßt, wird der Zusammenhang von Bild und Wallfahrt hergestellt: man läuft nur dorthin, wo sich ein Bild befindet. Die Bilder muß man hinwegtun, weil sie von Gott verboten sind.[28] In dem gleichzeitigen Ratschlag der weltlichen Ratsmitglieder kommt noch eine sehr viel maßvollere Haltung zum Ausdruck: Grundsätzlich erkennen die Verfasser an, daß für die Bilder im Alten und Neuen Testament keine Grundlage besteht. Deshalb sei auch keine lange Disputation ihretwegen nötig. Auch wird solchen Bildern mehr Ehre erboten, als sein soll, »und doch wol ze beraten syg, nachdem sölliche bild vil hundert jar und unlang nach den heligen apostoln und jungern Cristi under den Cristen angefangen syent, das die mit lieb, on ergerniß und zwytracht, mügint abgestellt werden...«[29] Für die Kirchen verbietet der Rat selbständige Aktionen von Einzelpersonen und Störungen des Friedens. Wenn Gemeinden sich entschließen, die Bilder an ihrem Ort zu belassen, so brauchen sie nicht beseitigt zu werden; allerdings dürfen keine Kerzen mehr davor angezündet werden. Ebenso soll das Kruzifix als Zeichen der Menschheit und des Leidens Christi nirgends angetastet werden.[30]

---

[26] »Das zyt und statt den Christenmenschen underworffen sind und der mensch nitt inen; daruß gelernet, das die, so zyt und statt anbindend, die Christen irer fryheit beroubend« (Z I,461).
[27] Z II,246–248.
[28] Z III,129; die Mitverfasser sind der Abt Wolfgang Joner genannt Rüppli von Cappel, der Propst Heinrich Brennwald von Embrach, der Johanniter-Komtur Konrad Schmid von Küßnacht sowie Leo Jud und Heinrich Engelhard, Leutpriester an St. Peter bzw. am Frauenmünster (Z III,120, App. II).
[29] Z III,115. VON CAMPENHAUSEN hält dieses Gutachten irrtümlich für einen Text Zwinglis und kommt deshalb bezüglich dessen Haltung zu den Bildern in dieser Zeit zu falschen Schlüssen (Die Bilderfrage in der Reformation, 372); der Text des Ratsmandates findet sich auch in: Actensammlung zur Geschichte der Zürcher Reformation in den Jahren 1519–1533, hrsg. von Emil EGLI, Zürich 1879, Nr. 543 (S. 234 f.).

Systematisch und eingehend befaßt sich Zwingli mit der Bilderfrage zum erstenmal im »De vera et falsa religione commentarius« vom März 1525, im letzten Kapitel: »De statuis et imaginibus«.[31] Grundsätzlich sollen Statuen und Bilder nur dort abgeschafft werden, wo sie als Kultgegenstände im Gebrauch sind.[32] Mit seinem Wort: »Arme habt ihr allezeit unter euch, mich aber habt ihr nicht immer« (Mt 26,11; Joh 12,8) hat Christus jeglichen äußeren Kult von sich weg auf die Armen gelenkt. Gott hat also geboten, die kultischen Ehrenbezeugungen auf die Armen zu übertragen.[33]

Der klassischen Erwägung, daß die Menschen durch die Bilder belehrt und zur Frömmigkeit hingeführt würden, begegnet Zwingli mit dem Hinweis, daß Christus eine solche Methode der Belehrung nicht vorgesehen habe, und er hätte sie bestimmt nicht weggelassen, wenn er ihren Nutzen vorausgesehen hätte.[34] Dann folgt sein programmatischer Satz: »Durch das Wort Gottes müssen wir äußerlich belehrt werden, innerlich durch den Geist über das, was zur *pietas* gehört, nicht durch ein von Künstlerhand geschaffenes Werk.«[35] Christus als Gott kann nicht dargestellt werden, als Mensch abgebildet dürfte er nicht angebetet werden. Schließlich führt Zwingli eine Fülle von Stellen sowohl aus dem Alten wie aus dem Neuen Testament als Belege für das Bilderverbot an.

Kurze Zeit nach dem »Commentarius«, am 27. April 1525, erschien »Eine Antwort, Valentin Compar gegeben«.[36] Der Alt-Landschreiber von Uri hatte vier Hauptartikel Zwinglis aus dessen 67 Schlußreden angegriffen. Die Schrift Compars ist verloren, ihr Inhalt kann jedoch im wesentlichen aus Zwinglis Zitaten und Antworten erschlossen werden. In dem dritten Artikel »Von den bildnussen«, der den weitaus größten Raum der Entgegnung Zwinglis einnimmt,[37] distanziert sich der Reformator sowohl von den »stürmeren« wie von den »schirmeren« der Bilder. Er selbst hält sich aus zwei Gründen für einen unparteiischen Leh-

---

[30] Z III,116.
[31] Z III,900 ff.
[32] »Statuas, imagines et simulacra nemo tam stolidus est, qui putet abolandas esse, ubi nullus eis cultus exhibetur.«
[33] »Cum enim Christus ad insultantis Judae vocem discipulis omnibus diceret: Pauperes semper habetis vobiscum, me autem non semper habebitis, et istis potestis benefacere, omnem visibilem cultum a se in pauperes derivavit. Ne igitur deum ullis huiusmodi honoribus defatigemus, quos in pauperes transtulit, sed eo conferamus, quo ille iussit.«
[34] »Quod autem quidam dicunt: ›Imaginibus hominem doceri, ac ad pietatem moveri‹, de suo faciunt. Nusquam enim Christus hunc docendi modum docuit, neutiquam ommissurus, si profuturum esse praevidisset.«
[35] »Verbo dei doceri debemus externe, interne spiritu, quae ad pietatem pertinent, non opere per manum artificis sculpto.«
[36] Z IV,35–159; s. hierzu besonders: GARSIDE, Zwingli (o. Anm 6), 161–178; EIRE, War (o. VI, Anm. 18), 83–86.
[37] Z IV,84–152.

rer in dieser Sache: einmal erregen die Bilder bei ihm wenig Anstoß, da
er sie wegen seiner Kurzsichtigkeit schlecht sehen kann, aber dennoch
mehr als andere Menschen an schönen Bildern und Statuen sein Vergnügen hat; sodann hat er den Bildersturm in Zürich nicht angestiftet,
sondern die Entfernung der Bilder ist aus allgemeiner Überzeugung geschehen; ihm selbst und den anderen Predigern hätte viel mehr an der
Abschaffung der Messe gelegen.[38]

Die Argumentation Zwinglis zur Bilderfrage erfolgt dann in drei Teilen: 1. einer eingehenden Interpretation des alttestamentlichen Bilderverbots (Ex 20,2-6 und Deut 5,6-10); 2. einem Beweis aus zahlreichen
neutestamentlichen Stellen, daß auch für die Christen die Verehrung der
»Götzen« verboten ist; 3. einer kurzen Schilderung der Vorgänge in
Zürich, in der dargelegt wird, daß die Beseitigung der »Götzen« in be-
hördlich geordneter Form vor sich ging, was anderen Orten ein Beispiel
geben kann.

Im ersten Teil geht es Zwingli vor allem um den Nachweis, daß das
erste Gebot in allen seinen Aussagen nicht nur für die Juden verbindlich
ist – diese Ansicht hatte Valentin Compar vertreten[39] – sondern auch für
die Christen. Christus hat uns auf Gott als unseren Vater verwiesen (Mt
6,9). Wie können wir uns dann andere Väter, Beschirmer, Helfer, Ge-
sundmacher neben ihm aufstellen?[40] Im ersten Gebot ist auch nicht allein die Abbildung Gottes verboten, sondern aller Abgötter, das heißt:
»dero, die wir für unsere tröst haben ufgeworffen.«[41] Bilder, die nicht
verehrt werden, können dagegen bestehen bleiben. Zwingli weist in diesem Zusammenhang darauf hin, daß man in Zürich die Bilder in den
Kirchenfenstern nicht zerstört hat, ferner daß das im Großmünster verehrte Altarbild Karls des Großen entfernt, seine außen an dem höheren
Turm angebrachte Statue aber belassen wurde.[42]

Mit großer Ausführlichkeit widerlegt Zwingli den Kult der Heiligenbilder und das Wallfahrtswesen. Wie aber steht es mit dem Kruzifix?[43]
Nach einer Erörterung der Zwei-Naturen-Lehre kommt der Reformator

---

[38] »Ich gdar ouch mich wol für einen unpartiigen leerer in der sach dargeben uß vil
ursachen: Die erst, das mich die bilder wenig verletzen mögend, daß ich sy übel sehen mag,
ouch das ich für andre menschen lust hab in schönem gemäld und ständen bilden. Die
ander, das ich die bilder nit hab angehabt zu stürmen, noch dazů gereizt, sunder hat der
einig gloub sy by uns angehebt verachten und hinthůn, darumb es ouch one zerrüttung
beschehen ist, als hernach komen wirt. Als aber das abtůn amhůb, můßten wir ye der
warheit kuntschafft geben, wiewol wir alle, die predgetend, vil lieber zur selben zyt die
meß hettind umbgestossen weder die bilder. Aber gott wolt diß vor haben« (Z IV,84 f.).
[39] Zwingli faßt – anders als zu dieser Zeit schon Ludwig Hätzer – das Bilderverbot noch
als Teil des ersten Gebotes.
[40] Z IV,88,12-17.
[41] Ebd. 94,30.
[42] Ebd. 95.
[43] Ebd. 113,22 ff.

zu dem gleichen Ergebnis, das er schon im »Commentarius« formuliert hatte: Die Gottheit Christi kann nicht bildlich dargestellt werden; die bloße Menschheit aber darf nicht angebetet werden, da sie ja Geschöpf ist.[44] Gleichwohl darf man ein Bildnis Christi haben, ebenso wie andere Bilder. Zwingli warnt jedoch eindringlich vor der Gefahr der Vergötzung des Crucifixus. Diese Gefahr ist noch größer als bei Heiligenbildern, wie man an den in den Kirchen aufgestellten Kreuzen sieht: sie werden fast mit Notwendigkeit zu Gegenständen der Abgötterei.[45]

Den von Compar vorgebrachten, seit Papst Gregor dem Großen bekannten Einwurf, das Bild Christi belehre den einfachen Menschen, weist Zwingli mit Ironie und Schärfe zurück: Wo hätte uns Gott aus einem solchen Buch zu lernen geheißen? Wie kann man an einem stummen Bild ohne den Unterricht des Wortes den wahren Gott und Herrn Jesus Christus erkennen lernen? Warum schicken wir nicht die Bilder zu den Ungläubigen, damit sie den Glauben daraus lernen? Zwingli betont, daß man nach dem Willen Christi »mit dem Wort lehren muß, nicht mit den Götzen«.[46] Das Papsttum hatte aber ein besonderes Interesse daran, die Götzen an die Stelle des Wortes zu heben, denn im Spiegel des Wortes hätte man die Falschheit des Papsttums erkannt. Compar hatte im gleichen Zusammenhang auch auf die Eigenschaft des Bildes als *Andachtsbild* hingewiesen, wie sie besonders auf den das *Leiden Christi* darstellenden Bildstöcken Gestalt gewinnt.[47] Doch hierfür hat Zwingli überhaupt kein Verständnis: auch die Verehrung des Leidens Christi ist für ihn eine Form des Götzendienstes. Er weist in dürren Worten darauf hin, daß Gott eine solche Verehrung nirgends geboten hat; es handelt sich dabei um menschliche Erfindungen.[48]

---

[44] »Also erfindt sich, das man Christum nit verbilden sol noch mag; denn das fürnemist in Christo mag nit verbildet werden: denn die gotheit mag und sol nit verbildet werden. So sol ouch sin blosse menscheit nit geeret werden mit sölcher eer, als man gott eeret« (ebd. 119,2).

[45] »Wo aber yeman siner menscheit bildnus hatt, das gezimpt glych als wol ze haben als ander bildnussen. Aber das ghein gotzery darus werd! Dann dieselb ist uns mit gheinem gevarer weder mit der verbildung Christi. Das gsehend wir in allen templen... Also verbütet nieman die bildnus der menscheit Christi ze haben, aber für einen götzen haben, das ist ein grössere schmach Christi, weder so man eins säligen götzen hielte. Umsech sich aber ein yetlicher wol, der schon die bildnus Christi in seinem huß halt, das er sy nit zů eim götzen mache; dann, wie vor geredt ist, es werdend gheine bilder ee zů götzen by uns weder die bilder Christi. Und in den templen hab ich ghein fürgesetzt crütz nie gsehen, man hatt es für einen götzen gemacht« (ebd. 119 f.).

[46] Z IV,120,25; »An allen orten heißt Christus nienen mit götzen leren, sunder mit predgen und fůren des wortes« (ebd. 120,31).

[47] »Es gat ein Christenman über fäld. Er findt da das lyden Christi underwegen einmal, zwürend oder drümal oder an den bildstöcken am weg; so offt thůt er dem lyden Christi etwas eer an mit dem lyb, neiget sich, zücht sin hoptkleid ab« (ebd. 124,25). – Es ist wohl an Bildstöcke mit Darstellungen der Pietà oder des Schmerzensmannes zu denken. Die von Compar beschriebenen Vorgänge sind Äußerungen franziskanisch geprägter Frömmigkeit.

Schließlich sucht Zwingli mit einer Kette von Stellen, hauptsächlich aus den paulinischen Briefen, zu beweisen, daß auch im Neuen Testament die Götzen nicht weniger verboten sind als im Alten.[49] Die erste und wichtigste Stelle ist Röm 1,20–25. An allen weiteren Stellen, wo von Götzen und Götzendienst die Rede ist, wird nach Meinung des Reformators nicht nur der heidnische Kult im engeren Sinne abgelehnt, sondern auch Verirrungen der christlichen Frömmigkeit wie der Bilderkult.

Zwingli hat mit seiner Argumentation das entscheidende theologische Fundament für die Ablehnung und Bekämpfung des Bilderkults im Bereich der oberdeutsch-schweizerischen Reformation gelegt. Wir werden seinen Gedanken an allen Orten begegnen, wo die von ihm geprägte Kirchen- und Gesellschaftsreform sich durchsetzt. Kein anderes Theologumenon innerhalb der Reformation hatte wahrscheinlich so weitreichende kulturgeschichtliche Folgen wie die Gedanken Zwinglis zum «Götzendienst».

Bucer

Martin Bucer hat seine Auffassung zu der Bilderfrage in der kleinen Schrift: »Das einigerlei Bild bei den Gotgläubigen an orten da sie verehrt, nit mögen geduldet werden« dargelegt.[50] Sie trägt am Schluß das Datum des 6. März 1530. Anlaß war der Widerspruch eines Teils der Bürger von Straßburg gegen den Beschluß des Rates vom 14. Februar 1530, alle Bilder und Kruzifixe aus den Kirchen entfernen zu lassen.[51] Ihnen gegenüber möchte Bucer, wie er im Präskript ausführt, zu der Einsicht verhelfen, »wie Gotseliglich ein Oberkeit in diser sachen gehandlet und nichts anders, dann sie vor Gott zu thůn schuldig gewesen.«[52] Das Werk selbst ist in drei Teile gegliedert: im ersten Teil führt

---

[48] »Denn wo hatt uns gott ye gelert, daß wir imm sölche eer in den götzen oder vor inen, oder den götzen in synem namen tun söllind? Diß ist alles nun unser tant, und hat uns got sölches nit gelert« (ebd. 124/125).

[49] Ebd. 131–143.

[50] Der vollständige Titel lautet: »Das einigerlei Bild bei den Gotgläubigen an orten da sie verehrt, nit mögen geduldet werden, helle anzeyg auß Göttlicher Schrifft, der alten heiligen Vätter leer und beschluß etlicher Concilien. Mit außweisung auß waß falschem grunde und durch weliche die Bilder in die Kirchen erst nach der zeit der heil. vätter Hieronymi. Augustini und anderer kommen sindt. Do durch die Vandalen und Gotthen der Recht verstand anfieng zů grund gehn. Durch die Prediger der Kirchen Christi zů Straßburg«, ed. H. DEMMER in: Martin Bucers Deutsche Schriftem (DS), Bd. 4, Gütersloh 1975, 161–181; zur Eigenart der Theologie Bucers s. vor allem: Friedhelm KRÜGER, Bucer und Erasmus. Eine Untersuchung zum Einfluß des Erasmus auf die Theologie Martin Bucers (bis zum Evangelien-Kommentar von 1530) (Veröff. d. Inst. für Eur. Gesch. Mainz, Bd. 57), Wiesbaden 1970.

[51] Über die Vorgeschichte s. die Einleitung von H. DEMMER, DS 4,163; ferner: René BORNERT, La Réforme Protestante du Culte à Strasbourg au XVIᵉ siècle (1523–1598) (Studies in Medieval and Reformation Thought, 28), Leiden 1981, bes. 133–141; 487.

[52] DS 4,165.

Bucer den Schriftbeweis, daß die Bilderverehrung im Widerspruch zum christlichen Glauben und der Liebe zu Gott steht; im zweiten legt er dar, daß in den Zeiten der Alten Kirche und der Väter diese Überzeugung lebendig war; im dritten und letzten Teil führt er die geschichtlichen Gründe für das Eindringen des Bilderkultes in die Kirche an.

Bucer geht aus von dem Anfang des Dekalogs Ex 20,2-6. Er faßt das Bilderverbot als *eigenes zweites Gebot*.[53] Im Unterschied zu den vielen Zeremonialgesetzen und zeitbedingten Vorschriften des »alten Volkes«, die nach dem Erscheinen Christi sinnlos geworden sind, behält das Bilderverbot seine volle Geltung auch für die Christen. Bucers Begründung: Der Bilderkult ist an bestimmte Orte gebunden, und das steht im Widerspruch zum wahren Glauben und zu der Liebe Gottes: diese erfordern nämlich, daß man Gott *überall* erkenne und ehre.[54] Indem die Bilderverehrung eine Einschränkung des Kultes auf bestimmte Orte mit sich brachte, hatte sie im ganzen eine Gottvergessenheit («Gotsvergessen«) zur Folge, weil die Erkenntnis und Verehrung Gottes *mittels seiner Werke,* vor allem des nach Seinem Bilde geschaffenen Menschen, verloren ging.[55] Die Bilder sind den Christen nicht weniger, sondern viel mehr noch als den Juden verboten, da für die Christen ja viel eher das Gebot gilt, Gott im Geist und in der Wahrheit anzubeten (Joh 4,24!)[56]

Auch die Rolle der Bilder als Laienbibel weist Bucer ebenso wie vor ihm schon Zwingli zurück. Den Juden, die dem Geist nach Kinder waren, hatte Gott, um sie zu seiner Erkenntnis zu führen, viele Zeremonien, Bräuche und Feste gegeben. Aber Bilder zu haben hatte er ihnen auf das strengste verboten. Wie kann man da in der jetzigen Zeit, da gilt, daß Gott im Geist allein und in der Wahrheit zu dienen sei (Joh 4,24!), und auch der äußerliche Tempel mit all seinen Zeremonien dahin ist, behaupten, die Bilder seien nützlich zur Unterrichtung der Laien?[57]

Bucer wendet sich ausdrücklich gegen die Auffassung Luthers in der Bilderfrage, ohne ihn namentlich zu nennen: Bilder im kultischen Bereich zu haben, kann «jetz nitt meer ein eusserlich frei dinng sein«.[58]

---

[53] »Diß sindt die zwey ersten gebot von den Zehen. Das erst haltet uns für, das der ewig got unser got sein sol, das ander verbeut nit allein frembde göter, sonder auch alle bilder und die aller ding, so allenthalb sein mögen, und nit allein der frembden götter betreffend das volck Gottes, die recht gläubigen, welche dann allein das recht Israel und die waren Juden sind« (DS 4,166,14). Vgl. o. Anm. 7.

[54] »Des verpots aber der Bilder mögen wir nit also frei sein, dieweil am tag ligt, und von keinem recht verstendigen Christen mag geleugnet werden, das Bilder haben an stetten, da sie vereret oder nun in gfar der vererung ston, warem glauben und der liebe Gottes abbrüchlich ist. Dann der recht Glaub und Gottes lieb erfordert, das man Got allenthalb erkenne, förchte, ehre und seiner werck allein und in allen ortten und zeiten warneme, in drinnen preise und lobe« (DS 4,167,1).

[55] Ebd. 167,7-26.

[56] Ebd. 168,9-14; vgl. auch 174,10.

[57] Ebd. 168,15 ff.

[58] Ebd. 170,18 ff.

Durch die Bilderverehrung geschieht dem Glauben Abbruch. Deshalb müssen sie gerade um der Schwachen willen entfernt werden, die meinen, »es sei etwas dran«, wenn man sie in den Kirchen beläßt. Da mit den Bildern bei uns Christen ein größerer Mißbrauch getrieben wird, als es jemals bei den Heiden der Fall war, ist es höchste Zeit, dies alles abzustellen und in der Kirche nichts zu dulden außer der göttlichen Schrift.[59]

Im zweiten Teil hat Bucer einige Zeugnisse aus der Väterzeit gegen den Bilderkult gesammelt, darunter den bei Hieronymus überlieferten Bericht des Epiphanius über die Beseitigung des Vorhangs an der Kirche von Anablata und die ikonoklastische Aktion des Bischofs Serenus von Marseille.[60] Indem Papst Gregor, »den man nennt den grossen«, gegen «den frommen Bischoff zů Massilien« vorging und ihm schrieb, er solle allein das Anbeten der Bilder abstellen, aber nicht die Bilder zerstören, die zur Belehrung bestimmt seien, hat er, wie in vielem anderen, gegen die Schrift der Apostel und den Glauben der Väter gelehrt. Für Bucer zeigt sich darin der Beginn des *Niedergangs,* der von da an fortschreitenden *Dekadenz der Römischen Kirche.*[61] Dagegen spendet der Reformator den oströmischen ikonoklastischen Kaisern des 8. Jahrhunderts, Leon III. und Konstantin V., uneingeschränktes Lob. Die Kaiserin (»wütrichin«) Irene jedoch, die das zweite Konzil von Nizäa (787) veranstaltete, ist eine der Hauptverantwortlichen für die Förderung des Bilderkultes. Wie durch sie und danach in der westlichen Kirche vor allem durch das Wallfahrtswesen die »Abgötterei« vermehrt wurde, legt Bucer im dritten Teil seiner Schrift dar. Er schließt sie mit dem Aufruf, die Bilder abzutun, insoweit ein jeder Gewalt und Befugnis hat: zunächst einmal (jedermann) aus den Herzen, dann jeder Hausvater aus seinem Hause, schließlich die Obrigkeiten aus den Kirchen und anderen öffentlichen Orten.[62]

Mit seiner Auffassung in der Bilderfrage steht Bucer Zwingli näher als Luther, den er ja ausdrücklich bekämpft.[63] Seine biblische Argumentation ist jedoch weitgehend eigenständig, wenn auch der Einfluß erasmianischen Gedankenguts unverkennbar ist. Bemerkenswert ist der geschichtliche Aufriß Bucers zur Entwicklung des Bilderkults, in dem die Sicht eines Abfalls von der ursprünglichen Reinheit der Lehre und des Kultes und einer fortschreitenden Dekadenz der Kirche, vor allem seit dem Beginn des Mittelalters, deutlich zum Ausdruck gebracht wird.

---

[59] Ebd. 171–174.

[60] Vgl. o. Einleitung bei Anm. 19, und Abschnitt I,1.

[61] »Es war an dem, das es bei der Römischen Kirchen alles anfienge zů schwerem abgang zukommen, wie sichs hernaher leyder nur zuvil hat sehen lassen« (DS 4,178,8).

[62] Ebd. 181.

[63] Vgl. dagegen H. VON CAMPENHAUSEN, Bilderfrage in der Reformation, 389, und dazu H. DEMMER, Einleitung, 164, Anm. 3.

Calvin

Ähnlich wie Bucer sieht Calvin die Geschichte der Kirche als eine Geschichte der Dekadenz und des Abfalls vom Ursprünglichen und Alten, und zwar sowohl in der Lehre wie im Gottesdienst.[64] Dabei kommt der Frage des richtigen oder falschen Gottesdienstes von allem Anfang an eine zentrale Bedeutung zu. Dies zeigt sich schon in seiner Auseinandersetzung mit dem Kardinal Jacopo Sadoleto im Jahre 1539 (Calvin war damals, nachdem er aus Genf hatte weichen müssen, in Straßburg). Sadoleto hatte in seinem Brief an Senat und Volk von Genf[65] auf *die falsche Gottesverehrung, den verkehrten Kultus* als die Hauptgefahr für das Seelenheil hingewiesen: Gibt man die richtige Gottesverehrung auf, so verliert man damit den sicheren und zuverlässigen Anker des Lebensschiffes und den Beistand Gottes selbst.[66] In seiner Erwiderung gibt Calvin Sadoleto in diesem Punkt recht,[67] er nimmt allerdings dann für sich und die anderen Reformatoren in Anspruch, daß sie den ursprünglichen, reinen Kult wiederhergestellt haben.

In seiner 1543 verfaßten Schrift an Kaiser Karl V. und die auf dem Reichstag zu Speyer versammelten Fürsten und Stände über die Not-

---

[64] S. hierzu: Heinrich BERGER, Calvins Geschichtsauffassung (Studien zur Dogmengeschichte und systematischen Theologie, Bd. 6), Zürich 1955, 178–192; Helmut FELD, Um die reinere Lehre des Evangeliums. Calvins Kontroverse mit Sadoleto 1539. Catholica 36 (1982), 150–180; bes. 163–168; Danielle FISCHER, L'histoire de l'Église dans la pensée de Calvin. ARC 77 (1986), 79–125; bes. 109–114. Zu Calvins Leben s. T. H. L. PARKER, John Calvin: A Biography, London 1975; zur Theologie Calvins ist wichtig: Wilhelm NEUSER, Dogma und Bekenntnis in der Reformation: Von Zwingli und Calvin bis zur Synode von Westminster, in: Handbuch der Dogmen- und Theologiegeschichte hrsg. von Carl ANDRESEN, II, Göttingen 1980, 165–352; ebd. 238–271; für unsern Zusammenhang vgl. auch: Heribert SCHÜTZEICHEL, Calvins Einspruch gegen die Heiligenverehrung. Catholica 35 (1981), 93–116.

[65] Jacobi Sadoleti Romani Cardinalis Epistola ad Senatum Populumque Genevensem: Qua in oboedientiam Romani Pontificis eos reducere conatur, Lyon 1539; Jacobi Sadoleti Cardinalis et Episcopi Carpentoractensis opera quae extant omnia, 4 Bde., Verona 1737–1738: ebd. II,171–186. Der Brief ist auch abgedruckt in den Ausgaben der Werke Calvins: Joannis Calvini Opera quae supersunt omnia, ed. G. BAUM, E. CUNITZ, E. REUSS, Braunschweig 1863–1900 (= CO), 5,385–428; Joannis Calvini Opera Selecta, ed. P. BARTH, G. NIESEL, 5 Bde., München 1926–1962 (= OS), 1,441–456.

[66] »Illud autem peccatum horribile et pertimescendum, quo prave colitur Deus, qui rectissime debet coli, et quo falsa de illo sentiuntur, qui est summa solus veritas: illud, illud, inquam, est peccatum, quod non solum in proximo periculo aeterni mali nos constituit, sed spem prope etiam et conatum declinandi et fugiendi eiusmodi periculi nobis aufert. . . At in hoc truci horribilique peccato praeposterae falsaeque religionis nec Deum nobis nec anchoram amplius relinquimus« (Sadoleti Opera omn. II,179; CO 5,377; OS 1,449); s. hierzu: FELD, o. c. (o. Anm. 64), 155.

[67] »Deinde ad causam propius accedis, quum demonstras nullam esse nocentiorem animabus pestem, quam perversum Dei cultum« (CO 5,388; OS 1,460). »Hoc quoque tibi non aegre concedo, non aliunde esse gravius saluti nostrae periculum, quam a praepostero perversoque Dei cultu« (CO 5,392; OS 1,464).

wendigkeit der Kirchenreform[68] nimmt der *richtige Kultus* den ersten Platz unter den konstituierenden Elementen des Christentums ein: »Wenn man nun fragt, worin vor allem die christliche Religion unter uns ihren Bestand hat und ihre Wahrheit behauptet, so ist es gewiß, daß die folgenden beiden Wesenszüge nicht nur den höchsten Platz innehaben, sondern auch alle übrigen Teile, ja die gesamte Wirkkraft des Christentums umfassen: nämlich daß Gott in der rechten Weise verehrt wird und daß die Menschen wissen, von woher ihr Heil zu erbitten ist. Wenn diese beiden aus dem Blick gekommen sind, können wir uns wohl rühmen, Christen zu sein, aber unsere Aussage ist dann vergeblich und nichtssagend.«[69] Was dann noch zum äußeren Erscheinungsbild der Kirche gehört: die Sakramente und die Leitung der Kirche, ist ausschließlich zur Erhaltung und zum Dienst dieser Wesenselemente der Religion eingesetzt. »Wenn das jemand klarer und vertrauter ausgesprochen haben will: die Leitung in der Kirche, das Hirtenamt und die übrige Ordnung sind wie der Leib. Die Lehre aber, die die Norm für die rechte Gottesverehrung vorschreibt und die zeigt, worauf die Gewissen der Menschen ihr Heilsvertrauen zu gründen haben, ist die Seele, die den Körper selbst belebt, ihn lebendig und handlungsfähig macht und schließlich bewirkt, daß er kein toter und nutzloser Kadaver ist.«[70]

Nach Calvin ist die wahre Gottesverehrung eine geistige, da Gott selbst von Natur Geist ist. Den stärksten Gegensatz hierzu stellt der in äußerlichen, götzendienerischen Praktiken sich erschöpfende Kultus der Katholischen Kirche seiner Zeit dar.[71] Das Grundübel, der erste Schritt zum Abfall vom reinen Ursprung war, daß man, anstatt Jesus Christus in seinem Wort, seinen Sakramenten und geistlichen Gnaden zu suchen, sich seinen Kleidern (d. h. den materiellen Überbleibseln) zuwandte. Das Gleiche trug sich bei den Aposteln, Märtyrern und den übrigen

---

[68] De necessitate reformandae ecclesiae (CO 6,453–534).

[69] »Si quaeritur, quibus potissimum rebus stet christiana religio inter nos, suamque veritatem retineat, has duas non modo summum locum occupare certum est, sed reliquas etiam omnes partes, adeoque totam vim christianismi sub se comprehendere: ut rite colatur Deus, ut unde salus sibi petenda sit, noverint homines. Iisdem sublatis, Christi nomine gloriemur licet, vana est ac inanis nostra professio. Sequuntur deinde sacramenta, et ecclesiae gubernatio. . .« (CO 6,459); vgl. hierzu: EIRE, War, 198.

[70] »Hoc si clarius et familiarius habere quis velit: regimen in ecclesia, munus pastorale, et reliquus ordo, una cum sacramentis, instar corporis sunt; doctrina autem illa, quae rite colendi Dei regulam praescribit, et ubi salutis fiduciam reponere debeant hominum conscientiae ostendit, anima est, quae corpus ipsum inspirat, vividum et actuosum reddit: facit denique, ne sit mortuum et inutile cadaver« (CO 6,459 f.)

[71] Vgl. Comm. in quinque libros Mosis, Lex, Secundum praeceptum (1563): »Certum enim est, Deum nunquam voluisse coli nisi pro sua natura. Unde sequitur, verum eius cultum semper fuisse spiritualem, ideoque minime situm in externis pompis. Iam tot caeremoniarum copia et apparatus adeo nihil ad pietatem profuit, ut vel superstitionis fuerit occasio, vel stultae perversaeque confidentiae« (CO 24,403); EIRE, War, 200–202.

Heiligen zu: anstatt ihr Leben zu meditieren, um ihrem Beispiel zu folgen, begann man ihre Knochen und Kleider aufzubewahren.[72] Seine eigene Bekehrung sieht Calvin in erster Linie als von Gott gewirkte Abkehr von päpstlichem Aberglauben und Götzendienst. Noch in seinem Testament dankt er Gott vor allem anderen dafür, daß er ihn aus der Finsternis der Idololatrie entrissen und in das Licht seines Evangeliums geführt hat.[73]

Auch in der Begründung des Bilderverbots, die Calvin in der ersten Fassung der Institutio von 1536 gibt, hebt er besonders die Unbegreiflichkeit, Körperlosigkeit, Unsichtbarkeit Gottes hervor, der alles so umfaßt, daß er *durch keinen Ort* umschlossen werden kann. Er kann also nicht mittels einer Figur wiedergegeben oder durch ein Bild dargestellt werden. Auch ein Idol darf nicht als Abbild Gottes verehrt werden. Gott, der Geist ist, soll *in Geist und Wahrheit* angebetet werden. Calvin weist zur Begründung auf einige Schriftstellen hin, doch ist die zentrale Stelle für ihn Joh 4,24, in der ein rein geistiger, an keinerlei Ort gebundener Kult Gottes postuliert wird.[74]

Im Gegensatz zu dem auch für die Christen verbindlichen Bilderverbot ist das Sabbatgebot (in Calvins Zählung das vierte des Dekalogs) ein Schattengebot, das den Juden für die Zeit der Zeremonien gegeben wur-

---

[72] Traicté des reliques (1543): »Or, le premier vice, et comme la racine du mal, a esté, qu'au lieu de chercher Jesus Christ en sa Parolle, en ses Sacremens et en ses graces spirituelles, le monde, selon sa coustume, s'est amusé à ses robbes, chemises et drappeaux; et en ce faisant a laissé le principal, pour suyvre l'accessoire. Semblablement a-il faict des Apostres, Martyrs et autres sainctz. Car au lieu de mediter leur vie, pour suyvre leur exemple, il a mis toute son estude à contempler et tenir comme en thresor leurs os, chemises, ceinctures, bonnetz, et semblables fatras« (CO 6,409).

[73] »Primum omnium gratias ago Deo, quod misertus mei, quem crearet, et in hoc mundum collocaret, non solum me e profundis idololatriae tenebris, in quas demersus eram, eripuit, ut me in evangelii sui lucem adduceret...« (Theodor Beza, Vita Calvini: CO 21,162); vgl. hierzu auch: EIRE, o. c. 196: »Like Farel before him, Calvin underwent a conversion experience that focused on the rejection of Roman Catholic worship as a life saving moment. From that moment forward, Calvin would become one of the most ardent opponents of catholic ›idolatry‹... As the corruption of man's proper relationship with God, the problem of idolatry assumes a key position in the thought of Calvin. In fact, Calvin's attack on idolatry is an attack on the corruption of all religion, it is an involved defense of the truth of the Gospel against its antithesis.« EIRE kritisiert mit Recht an M. STIRM, daß sie die zentrale Bedeutung des Kultus in der Theologie Calvins nicht genügend beachtet und so zu einer Nivellierung des Unterschiedes von Luther und Calvin in der Bilderfrage kommt (o. c. 196, Anm. 5; 198, Anm. 12); vgl. M. STIRM, Bilderfrage, 161–228; bes. 224–228.

[74] Auslegung des zweiten Gebotes: »Quo significatur, cultum omnem atque adorationem deberi uni Deo. Qui cum sit incomprehensibilis, incorporeus, invisibilis, sicque omnia contineat, ut nullo loco concludi possit; ne somniemus figura aliqua exprimi posse, aut quovis simulacro repraesentari, nec idolum, quasi Dei similitudo esset, veneremur; quin potius adoremus Deum, qui spiritus est, in spiritu et veritate (Deut. 6. 10. 1 Reg 8. Joan 1. 1 Tim 1. Joan 4)...« (CO 1,32; OS 1,42 f.). Zu Calvins Einteilung des Dekalogs s. M. STIRM, Bilderfrage (o. Anm. 1), 161. 230.

de: durch seine äußere Beachtung sollte *der geistige Kult Gottes* dargestellt werden.[75] Mit der Ankunft Christi wurde es wie die anderen Schat-
tengebote des mosaischen Gesetzes abgeschafft, wie Paulus in Gal 4 und
Kol 3 deutlich bezeugt.[76] Die tiefere Wahrheit des Sabbatgebotes besteht
in der Aufforderung zur Ruhe in Gott und zum Verzicht auf die Werke
des Fleisches.

In der zweiten Fassung der Institutio von 1539 hat Calvin das zweite
Gebot ausführlicher als alle anderen kommentiert. Was Gott mit dem
zweiten Gebot intendiert, ist, daß er seinen rechtmäßigen Kult nicht
durch abergläubische Riten entheiligt sehen möchte. Er will uns deshalb
von den fleischlichen Kultpraktiken, die unser beschränkter Geist aufgrund seines groben Gottesbegriffes erfunden hat, wegziehen und zur
einzig *legitimen Gottesverehrung, nämlich der geistigen,* heranbilden.
Das Verbot der äußeren Idololatrie zielt nur auf die krasseste Form der
Übertretung des zweiten Gebotes.[77] Das Gebot selbst hat also zwei Teile:
im ersten wird unsere Willkür gezügelt, damit wir nicht den unbegreif-
lichen Gott in sinniicher Weise zu begreifen oder vorzustellen versuchen; der zweite Teil verbietet die Anbetung von Bildern.[78] Auch hier
kommt es Calvin vor allem darauf an, den rein geistigen Kult als einzig
legitime Form der Gottesverehrung herauszustellen.

Eingehend befaßt er sich mit Gründen, die vonseiten der Katholiken
zur Verteidigung der Bilder vorgebracht werden. Die sinnlich wahr-
nehmbaren Zeichen von Gottes Präsenz im Alten Testament, wie Wolke,
Rauch und Flamme, sollten auf sein unbegreifbares Wesen hinweisen.
Auch die Cherubim des Deckels der Bundeslade, die von den Verteidi-
gern der Bilder erwähnt werden, sagen doch selbst nur aus, *daß Bilder
zur Darstellung der Geheimnisse Gottes nicht geeignet sind:* die Flügel der
Cherubim verhüllen ja den Ort, von dem die Kraft Gottes ausgeht, um
die Vermessenheit des menschlichen Auges in ihre Schranken zu weisen.[79] Wie vor ihm schon Zwingli und Bucer lehnt Calvin die Bilder im

[75] Nach Augustinus, Ep. 55,12 (MPL 33,214; CSEL 34,192).

[76] »Minime autem ambigendum est quin praeceptum hoc umbratile fuerit, ac Judaeis
pro caeremoniarum tempore mandatum, ut spiritualem Dei cultum sub externa illis obser-
vatione repraesentaret. Quare adventu Christi, qui umbrarum lux est et figurarum veritas,
abrogatum fuit, ut caeterae mosaicae legis umbrae, quemadmodum evidenter testatur Paulus (Gal 4. Col 3)« (CO 1,36; OS 1,46 f.).

[77] »Finis ergo praecepti est, quod Dominus superstitiosis ritibus legitimum sui cultum
non vult profanari. Quare in summa nos a carnalibus observatiunculis, quas stolida mens
nostra, ubi Deum pro sua crassitate concepit, comminisci solet, in totum revocat et ab-
strahit, ac proinde ad legitimum sui cultum, hoc est, spiritualem et a se institutum format.
Quod autem est in hac transgressione crassissimum vitium notat: idololatriam externam«
(CO 1,385).

[78] »Ac duae quidem sunt mandati partes. Prior licentiam nostram coercet, ne Deum, qui
incomprehensibilis est, sub sensus nostros subiicere, aut ulla specie repraesentare audea-
mus. Secunda vetat, ne imagines ullas adoremus religionis causa« (ebd.).

[79] »Propitiatorium quoque, unde praesentiam suae virtutis exserebat, sic compositum

sakralen Raum als Lehrmittel für die Ungebildeten mit scharfen Worten ab.[80] Die Vermittlung der Lehre geschieht nach dem Geheiß Gottes allein durch die Predigt des Wortes und die Feier seiner Geheimnisse: sie beanspruchen alle Aufmerksamkeit, von der die Betrachtung der Götzenbilder nur ablenkt.[81]

Das Verhältnis von Predigt und Bild behandelt Calvin auch in seinem Galaterbrief-Kommentar von 1548.[82] Zu Gal 3,1 (»quibus ante oculos Iesus Christus depictus est, inter vos crucifixus«) bemerkt er, Paulus habe seine Verkündigung nicht als dürre Lehre charakterisieren wollen, sondern vielmehr als lebendiges und deutliches Bild Christi.[83] Um den Galatern die Wirkkraft (energia) seiner Predigt ins Gedächtnis zurückzurufen, vergleicht er sie zunächst mit einem Gemälde, welches den Hörern das lebendige Bild Christi vor Augen stellte. Er geht aber über diesen Vergleich noch hinaus, indem er hinzufügt, es habe sich dabei um den gekreuzigten Christus gehandelt. Damit meint er, daß die Predigt in höherem Maße die Wirksamkeit des Todes Christi vermittelt als dessen Anblick.[84] Die andere Deutung, nach der die Galater den Herrn noch einmal gekreuzigt und verspottet hätten, indem sie von der Reinheit des Evangeliums abwichen, gefällt Calvin weniger. Er bevorzugt die Auslegung, daß die Galater durch die Verkündigung des Paulus so über Christus belehrt wurden, als ob er ihnen auf einer Bildtafel, ja sogar als unter ihnen Gekreuzigter, vorgestellt worden wäre.[85] Eine solche Vorstellung

---

erat, ut innueret optimum divinitatis aspectum hunc esse, dum animi supra se admiratione efferuntur. Cherubim siquidem alis ipsum operiebant, velum obtegebat, locus ipse procul reconditus satis per se occulebat. Proinde insanire eos apparet, qui simulacra Dei et sanctorum, exemplo illorum Cherubim, defendere moliuntur. Quid enim indicabant imagunculae illae, nisi imagines repraesentandis Dei mysteriis non esse idoneas? quando in hoc formatae erant, ut alis obvelantes propitiatorium oculi humani temeritatem a Dei contemplatione coercerent« (CO 1,386).

[80] CO 1,387 f.; 391.

[81] »Sed tum quoque respondebimus, non hanc esse in sacris locis docendi fidelis populi rationem: quem longe alia doctrina quam istis naeniis illic institui vult Deus. Verbi sui praedicationem et sanctorum mysteriorum celebrationem communem illic omnibus doctrinam proponi iussit; in quam parum sedulo intentum sibi animum esse produnt, qui oculis ad idola contemplanda circumaguntur« (ebd. 387 f.).

[82] Joannis Calvini Commentarii in quatuor Pauli Epistolas: ad Galatas, ad Ephesios, ad Philippenses, ad Colossenses, Genevae 1548; s. dazu: T. H. L. PARKER, Calvin's New Testament Commentaries, Grand Rapids, Mich. 1971, 155.

[83] »Dicit igitur tantam fuisse doctrinae suae perspicuitatem, ut non tam fuerit nuda doctrina, quam viva et expressa imago Christi.« Der gesamte Passus wurde unverändert in die späteren Auflagen des Kommentars übernommen; s. CO 50,202 f.

[84] »Nam ut ostendat Paulus, quanta suae praedicationis energia fuerit, primum picturae ipsam comparat, quae imaginem Christi ad vivum illis expresserit. Deinde hac similitudine non contentus subiungit Christum fuisse inter eos crucifixum. Quo significat non debuisse plus affici praesenti mortis Christi adspectu quam sua praedicatione.«

[85] »Retineamus ergo sensum illum: non aliter Pauli doctrina edoctos fuisse de Christo, ac si fuisset illis ostensus in tabula, imo inter ipsos crucifixus.«

ist letztlich nur aufgrund der Wirksamkeit des Geistes im Sinne beider Korintherbriefe möglich. Die praktische Folgerung, die sich daraus für die künftigen Prediger (an sie vor allem ist ja Calvins Auslegung adressiert!) ergibt, ist, daß sie nicht nur lernen müssen zu sprechen und zu deklamieren, sondern in das Bewußtsein der Hörer einzudringen, *damit der gekreuzigte Christus sinnlich fühlbar vor ihnen entsteht und ihnen sein Blut tropft.*[86] Die Nähe zu der in ganz anderem religiösem Kontext, aber doch fast gleichzeitig entstandenen visionären Mystik des Ignatius von Loyola liegt auf der Hand. Die ganz andere ekklesiologische Zielsetzung wird klar, wenn Calvin fortfährt: »Wo die Kirche solche Maler hat, braucht sie weiter keine hölzernen und steinernen, das heißt toten, Bilder. Sie verlangt überhaupt nicht mehr nach Gemälden. Und bestimmt wurden bei den Christen den Bildern und Gemälden damals zuerst die Türen der Tempel geöffnet, als die Hirten zum Teil verstummt waren und zu bloßen Idolen wurden, zum Teil so kalt und nachlässig von oben herab ein paar Worte verlauten ließen, daß Kraft und Wirksamkeit des Amtes vollkommen ausgelöscht war.«[87]

Den unvereinbaren Widerspruch zwischen der Duldung von Bildern und dem *geistigen Kultus* stellt Calvin in prägnanten Worten in seiner Auslegung des Schlußsatzes des ersten Johannesbriefs (»custodite vos ab idolis«, 5,21) heraus.[88] Der Apostel verurteilt hier nicht nur die Idololatrie, sondern er warnt vor den Bildern überhaupt. Wegen der beständigen Gefahr des Abgleitens in den Aberglauben kann eine reine und echte Gottesverehrung nicht aufrecht erhalten werden, wenn Bilder einen Einfluß auf die Menschen ausüben können.[89] In dem Verdikt des Apostels sind nach Calvin außer den Statuen auch die Altäre und alle anderen Instrumente des Aberglaubens eingeschlossen. Mit ihrer Argumentation, es seien nur die heidnischen Götzenbilder gemeint, machen sich die Papisten lächerlich. Der Apostel will vielmehr ganz allgemein

---

[86] »Itaque qui rite Euangelii ministerio defungi volent, discant non tantum loqui et declamitare, sed etiam penetrare in conscientias, ut illis Christus crucifixus sentiatur et sanguis eius stillet.«

[87] »Ubi tales Ecclesia pictores habet, minime amplius indiget ligneis et lapideis, hoc est mortuis simulacris, minime picturas ullas requirit. Et certe tunc primum simulacris et picturis apertae fuerunt templorum fores apud Christianos, quum partim obmutuissent pastores essentque mera idola, partim ita frigide et perfunctorie pro suggestu pauca verba facerent, ut penitus exstincta esset vis et efficacia ministerii.«

[88] In omnes Pauli Apostoli Epistolas atque etiam in Epistolam ad Hebraeos, item in Canonicas Petri, Johannis, Jacobi, et Judae, quae etiam Catholicae vocantur, Joh. Calvini Commentarii, Genf 1556; CO 55,293–376; ebd. 376; PARKER, Calvin's NT Commentaries, 156.

[89] »Nec idololatriam modo damnat apostolus, sed praecipit, ut a simulacris ipsis caveant. Quo significat non posse integrum ac sincerum Dei cultum retineri, simulac simulacra appetere homines incipiunt. Sic enim nobis ingenita est superstitio, ut minima quaeque occasio nos contagione sua inficiat.«

lehren, daß von einer körperlichen Darstellung Gottes *eine Verderbnis der richtigen Gottesverehrung* (pietas) ausgeht. Die Christen müssen deshalb wachsam in einem geistigen Kult Gottes verharren und alles fernhalten, was zu groben und fleischlichen Praktiken des Aberglaubens herabziehen kann.[90]

Schon Marta GRAU und danach Leon WENCELIUS haben auf Calvins hochentwickeltes ästhetisches Bewußtsein und seine positive Einstellung zur profanen Malerei hingewiesen: Calvin lehne nicht die Kunst als solche ab, löse sie aber total aus dem kultischen Bereich. Er habe so die Emanzipation und Laisierung der Kunst eingeleitet, wie er die Kirche selbst laisiert habe. Die niederländische Malerei in ihrer großen Zeit, insbesondere die Kunst Rembrandts, entspreche dem Geist Calvins.[91] WENCELIUS hat dies letztere in einem eigenen Werk zu begründen versucht.[92] Was die Ästhetik des Wortes und die Kunst der Sprache betrifft, so ist Calvins Meisterschaft unbestritten.[93] Es tut jedoch seiner Größe keinen Abbruch, wenn man feststellt, daß er zu den visuellen Künsten so gut wie überhaupt kein Verhältnis hatte – was im übrigen auch für Erasmus und andere humanistisch gebildete Männer jener Zeit zutrifft.[94] Die Trennung der Kunst vom kultischen Bereich liegt zwar im Zuge der damaligen Zeit und war auch in gewissem Sinn zukunftsträchtig. Sie ist aber wohl nicht unter eindeutig positivem Aspekt zu sehen. Ob die in calvinistischem Milieu und Einflußbereich entstandene Kunst Rembrandts unbedingt als positive Spiegelung calvinistischen Geistes zu deuten ist, ist zumindest fraglich. Es wäre ebenso gut möglich, daß Rembrandt auch gegen den Geist seiner Umwelt angemalt hat. Doch bedürfte dies eingehenderer Untersuchungen.

---

[90] »Ridiculi porro sunt papistae, qui hoc ad statuas Jovis et Mercurii et similium detorquent: quasi vero non generaliter doceat Apostolus pietatis esse corruptelam, ubi corporea Deo figura affingitur, vel ubi eriguntur ad cultum statuae et picturae. Meminerimus ergo in spirituali Dei cultu ita sollicite manendum esse, ut quidquid nos ad crassas et carnales superstitones flectere potest, procul a nobis arceamus.« – Vgl. hierzu die Argumentation des katholischen Pfarrers von Appenzell, Theobald Huter, bei der Berner Disputation: u. Anm. 154

[91] M. GRAU, Calvins Stellung zur Kunst, Würzburg 1917, 44–52; L. WENCELIUS, L'Esthétique de Calvin, Paris s. a. [1937], 161–167.

[92] L. WENCELIUS, Calvin et Rembrandt. Étude comparative de la philosophie de l'art de Rembrandt et de l'esthétique de Calvin, Paris s. a. [1937].

[93] S. hierzu vor allem: Francis M. HIGMAN, The Style of John Calvin in his French Polemical Treatises, Oxford 1967.

[94] Vgl. EIRE, War (o. VI, Anm. 18), 231: »Though theological from top to bottom, Calvin's attack on idolatry as something ›unreasonable‹ is a product of the humanist tradition, and it indicates that the Reformation succeeded in part because of its affinity with certain aspects of the intellectual climate of the sixteenth century.«

2. Die theologischen Disputationen bei der Einführung der Reformation im süddeutschen und schweizerischen Raum

Zwischen 1523 und 1536 fanden im Südwesten des damaligen Reichsgebietes Disputationen über theologische und kirchenrechtliche Fragen statt, die der Einführung der Reformation vorausgingen oder sie begleiteten. Im Gegensatz zur mittelalterlichen Disputation war ihr äußerer Rahmen nicht der akademische der Universität, sondern als Veranstalter fungierte, nach dem Vorbild der ersten Zürcher Disputation vom Januar 1523, die weltliche Obrigkeit, in der Regel also die Räte und Bürgermeister der Städte.[95] Obwohl die Disputationen zumeist öffentlich waren, waren sie vor allem für den Klerus der betreffenden Stadt und ihrer Umgebung bestimmt. Den Geistlichen wurde Gelegenheit gegeben, zu den vorab aufgestellten Thesen Stellung zu nehmen. Ziel der Veranstalter, die äußerlich den Anschein der Neutralität wahrten, und der reformatorisch gesinnten Hauptdisputanten war natürlich, den anwesenden Klerus, sofern das noch nötig war, von der evangelischen Lehre zu überzeugen und ihn für die Zukunft darauf festzulegen. Entsprechend ging es in den Thesenreihen, im Unterschied zu den herkömmlichen mittelalterlichen, nicht um ein spezielles theologisches Problem, sie boten vielmehr ein Summarium der reformatorischen Lehre mit besonderer Akzentuierung der Gegensätze zur traditionellen katholischen Auffassung.[96]

Ein weiterer gravierender Unterschied zu den früheren Disputationen bestand darin, daß die Wahrheit der Thesen allein am Wort Gottes gemessen werden sollte. Deshalb durfte nur aus der Bibel argumentiert werden. Wer versuchte, aus der theologischen Tradition oder dem geltenden Kirchenrecht, im Verständnis der Reformatoren also mit *Menschenlehre,* seinen Standpunkt zu begründen, wurde nicht selten durch das Präsidium zum Schweigen gebracht. Bei der Disputation von Bern 1528 war sogar das Heranziehen von Kirchenväter-Stellen verboten. Mit Recht hat Bernd MOELLER darauf hingewiesen, daß »das Schriftprinzip in den meisten Fällen recht unevangelisch, nämlich rein formal ange-

---

[95] Zur eingehenden Charakteristik der Disputationen s. vor allem: Bernd MOELLER, Die Ursprünge der reformierten Kirche. ThLZ 100 (1975), 641–653; ferner: DERS., Zwinglis Disputationen. Studien zu den Anfängen der Kirchenbildung und des Synodalwesens im Protestantismus. ZSavRG 87, Kan. Abt. 56, (1970), 275–324; 91, Kan. Abt. 60 (1974), 213–364; Otto SCHEIB, Die theologischen Diskussionen Huldrych Zwinglis. Zur Entstehung und Struktur der Religionsgespräche des 16. Jahrhunderts, in: R. BÄUMER (Hrsg.), Von Konstanz nach Trient. Festg. f. A. FRANZEN, Paderborn 1972, 395–417; dazu wiederum MOELLER, ZSavRG 91 (1974), 216, Anm. 3.

[96] MOELLER, Ursprünge, 646.

wendet« wurde.[97] Für die reformatorische Seite dokumentierte sich im Wort der Schrift der Wille Gottes schlechthin. Wer dagegen auf der Basis der katholischen Tradition argumentieren wollte, stand von vornherein auf verlorenem Posten, da alles, was nicht biblisch begründbar war, dem Verdikt anheimfiel, rein menschliche Erfindung zu sein. Die gegenwärtige Gestalt sowohl der Theologie wie der Kirchenverfassung wurde überdies von den Reformatoren als Ergebnis jahrhundertelanger Fehlentwicklung und Dekandenz im Vergleich zu den evangelischen und apostolischen Ursprüngen gesehen. Diese Voraussetzungen muß man auch bei der uns hier speziell interessierenden Behandlung der Bilderfrage im Auge behalten.[98]

Zweite Zürcher Disputation 1523

Während die Bilderfrage in Zwinglis 67 Artikeln und der ersten Zürcher Disputation vom 29. Januar 1523 noch keine zentrale Rolle spielte,[99] wurde auf der zweiten Zürcher Disputation (26.–28. Oktober 1523) der ganze erste Tag mit den Debatten über dieses Thema ausgefüllt.[100] Vorausgegangen ware einzelne bilderstürmerische Aktionen in Zürich selbst und dessen Umgebung, darunter die spektakuläre Beseitigung des Wegkreuzes in Stadelhofen durch den Schuhmachergesellen Klaus Hottinger.[101]

Zentraler und wichtigster Teil der Auseinandersetzung um die Bilder ist die Disputation zwischen Heinrich Lüti, damals Prädikant in Winterthur, und Leo Jud. Da sich unter den Anwesenden keiner gefunden hatte, der bereit gewesen wäre, die beiden Zwinglischen Thesen über die Bilder und die Messe[102] mit Gründen aus der Schrift zu bestreiten, übernahm Lüti den Part des Opponens oder Adversarius. Er verteidigte also pro forma eine Sache, von der er nicht überzeugt war.[103] Da die

---

[97] MOELLER, ebd. 647.

[98] Sie gelten natürlich nicht für die im folgenden auch behandelte Disputation von Baden, bei der die katholische Seite den Ton angab.

[99] Z I,451-569; G. W. LOCHER, Zwinglische Reformation (o. Anm. 24), 110-115.

[100] Die Akten der zweiten Zürcher Disputation: Z II,664-803; Erörterung der Bilderfrage: ebd. 690-731; B. MOELLER, Zwinglis Disputationen (o. Anm. 95), ZSavRG 87,285-289; LOCHER, Zwinglische Reformation, 132 f.

[101] LOCHER, o. c. 130 f.; Peter JEZLER, Tempelreinigung oder Barbarei: Eine Geschichte vom Bild des Bilderstürmers, in: H.-D. ALTENDORF, P. JEZLER, Bilderstreit. Kulturwandel in Zwinglis Reformation, Zürich 1984, 75-82; ebd. 77-80. Hottinger wurde als erster Märtyrer des evangelischen Glaubens Zwinglischer Observanz im März 1524 zu Luzern hingerichtet: LOCHER, o. c. 157.

[102] »das die bilder nit sin söllend, und das die meß nit ein opffer sye« (Z II,693,21).

[103] »Sydtenmal so sy aber hie, so es gilt, zů mereren malen erforderet, schwygend, und damit nit gar und gantz nüts gehandlet werd, und hiemit ouch anderen die schlußreden uß der gschrift zů widerfechten ein ursach und anzug ggeben werd, damit die götlich warheit dester clärer und häller an tag kumme, wil ich sy, so ferr es müglich wär, mit der gschrift umbkeren« (Z II,693,11); »Sömliche inreden hat der Lüty nit ingfürt, das er der meynung

Beteiligten es darauf abgesehen hatten, die traditionelle scholastische Disputation zu parodieren, geriet der Diskurs stellenweise zur Posse und scheint recht lustig gewesen zu sein.

Lütis erste Einrede betrifft die in der vorausgegangenen Debatte vorgebrachten Schriftargumente gegen die Bilder in ihrer Gesamtheit: sie beziehen sich allein auf die Götzenbilder der Heiden, verbieten aber nicht die Bilder Christi und der lieben Heiligen.[104] Leo Jud fordert ihn daraufhin auf, seine Behauptung mit der göttlichen Schrift zu beweisen. Lüti führt nun die Geschichte der Anfertigung des goldenen Kalbes, die von Gott mit dem Tod vieler Israeliten bestraft wurde (Ex 32), und den allgemeinen Hinweis auf das Verbot der Götzenbilder durch die Propheten an. Gott hat also nicht die Bilder Christi und der Heiligen verboten. Der Protokollant Ludwig Hätzer kann sich nicht enthalten, dieses Argument als strohernes (»ströwy argument«) zu charakterisieren.[105] Jud entgegnet, daß damit kein positiver Beweis für die Erlaubtheit der Bilder erbracht worden sei.[106] Nun führt Lüti die beiden Stellen im Alten Testament an, wo Gott die Errichtung von Bildern geboten hat: nämlich der ehernen Schlange (Num 21,8 f.) und der beiden Cherubim auf der Bundeslade (Ex 25,18). Daraus ist zu schließen, daß Gott keinen Abscheu vor den Bildern hat.[107]

Dies veranlaßt nun Jud zu einer eingehenden Gegenrede, in der er zunächst betont, daß Gottes Gebot Ex 20,4 in Ewigkeit fest und unverrückt stehen bleibt, wenn auch Gott zeitweise privaten Personen Anweisungen gibt, die seinen Geboten entgegenstehen.[108] Dann befaßt er sich mit der ehernen Schlange und anschließend mit den Cherubim. In dem Geheiß Gottes, die eherne Schlange zu machen, sieht Jud eine Ausnahme, durch die aber das Gebot nicht generell aufgehoben ist. Er führt hierfür eine Reihe von Beispielen aus dem Alten Testament an, darunter Gottes Befehl an Abraham, seinen Sohn zu töten (Gen 22,2) entgegen dem Gebot, nicht zu töten (Ex 20,13), und Gottes Anweisung an die

---

were, sunder das sy ouch erduret wurdind, so etlich vermeintend, es were ouch etwas und rûms wirdig, so man also schimpfflich hiewider kampffty« (ebd. 699,7).

[104] »Alle ort und stett der gschrifft, die ir harfürtragen habend zů bewären, das die bilder nit sin söllend, so wil mich beduncken, sy reichend allein uff die bilder der götzen der abgötten, und nit uff die bildnussen Christi und der lieben heyligen« (ebd. 693,23). Ähnlich argumentiert Luther 1525 gegen die Bilderstürmer: s. o. bei Anm. 19.

[105] Z II,694,15; über Hätzer als Protokollführer der zweiten Zürcher Disputation s. o. bei Anm. 8–11.

[106] »Losend, meister Heynrich! Ich hör das wol; das ist aber ouch nüt bewärt, das man darumb die bild söll han. Bewärend das uß der götlichen gschrifft, das got bilder nitt verbotten sunder nachgelassen hab« (Z II,694,17).

[107] »Dannenhar wol ze mercken ist, das er keinen grüwel ab den bilden hab« (ebd. 694,28).

[108] »Das gebott gottes Exo. 20. blybt in ewigkeit styff ston und unverruckt, obschon got sunderen personen zů zyten wider das gebott befelch thůt« (ebd. 694,32).

Israeliten, die Schmucksachen der Ägypter mitzunehmen (Ex 3,22) entgegen dem Verbot, zu stehlen (Ex 20,15). Als Ausnahme vom Tötungsverbot sieht Jud auch das Recht der Obrigkeit, gegen den Untertanen mit Gewalt vorzugehen (entsprechend Röm 13,4).[109] Das Gesetz Gottes betreffend der Ehre Gottes und der Nächstenliebe hat ewigen Bestand. Und doch kann Gott nach seinem Wohlgefallen Ausnahmen verfügen. Aus einer solchen Ausnahme kann aber nicht etwa die Erlaubtheit von Bildern bei den Christen gefolgert werden.[110]

Jud erläutert dann im Anschluß an Joh 3,14 die figürliche, gleichnishafte Bedeutung der ehernen Schlange (»ein figur und schatten des alten testaments«). Da nun die Wahrheit gekommen ist, bedürfen wir der Figur nicht mehr. Auch kann man aus der Errichtung der ehernen Schlange nicht die Erlaubtheit des Kruzifixes für die Christen ableiten. »Denn all unser Anbeten soll geschehen im Geist und in der Wahrheit (Joh 4,24). Wo der Geist ist, da sind alle Bildnisse hinfällig; denn das Fleisch nützt nichts, der Geist aber macht lebendig (Joh 6, 64).«[111] Das Kreuzbild Christi wurde zwar ursprünglich von den Christen in guter Absicht gemacht, doch sollte es jetzt hinweggetan werden, weil man ihm entgegen dem Verbot Gottes kultische Ehren erweist. So hat auch Ezechias die eherne Schlange zerschlagen lassen, als die Juden anfingen, ihr zu räuchern und zu opfern (4 Kön 18,4).

Was die Cherubim auf der Bundeslade betrifft, so wurden sie auf Geheiß Gottes von Moses angefertigt (Ex 25,18). Diese und die vorgenannte Stelle sind die einzigen in der gesamten Bibel, an denen von einer Anordnung Gottes, Bilder zu machen, berichtet wird. Dagegen stehen die zahlreichen Stellen, an denen Gott die Zerstörung der Bilder gebietet. Die Bundeslade ist ein Gegenstand, der für den zeremoniellen Bereich des jüdischen Kultus eine Bedeutung hatte (»ein ceremonisch und kilchenprengisch ding«). Die Cherubim waren nach Jud auch keine Bilder, sondern eher ein Ornament der Bundeslade. Das Wort Gottes, bei dem die Christen fest bleiben müssen, verbietet alle Bilder: die der Heiligen, Christi und Gottes.[112]

---

[109] »Und uff den hütigen tag, wiewol nyeman töden sol, ist doch das schwärt nit vergeben yn der hand des obren und amptmans, dem zůgelassen ist das verbösrend oug ußzůstechen und die verbösrend hand und fůß abzůhouwen« (ebd. 695,13).

[110] »Item, so ein gsatzt gemacht würt von einem fürsten, und er etlich wyder das gsatzt fryet, ist darumb den anderen nit erloubet das gantz gsatzt zů brechen... Also spricht das gsatzt gottes: Das die eer gottes und den nutz und liebe des nächsten betrifft, blybt ewig ston, wo aber got darwider heyßt, da hat man's ouch geton; dann er mit dem sinen umbgon mag, wie ihn gefal, on mengklichs intrag. Daruß volgt aber nit, daß darum die Christen bilder haben söllen« (ebd. 695, 4 ff. 19 ff.).

[111] Ebd. 696,2 ff.

[112] »Dise Cherubin sind kein bilder gesin, sunder ein gfrens unnd gezierd am krantzwerck der arch. Darumb zimpt uns Christen, das wir by dem wort gottes styff blyben, da er spricht: Mach dir kein abcontrafeyung oder bildnuß deren dingen etc., ut supra. Da wer-

Heinrich Lüti bringt nun einen weiteren Einwand vor: er gibt zu, daß man Christus wegen seiner Gottheit nicht bildlich darstellen dürfe; doch sei nicht verboten, ihn, sofern er ein Mensch ist, abzubilden. Stellen wie 1 Joh 4,12; Joh 1,18; Joh 5,37, an denen betont wird, daß Gott nie jemand gesehen habe, beziehen sich allein auf die Gottheit. Dagegen insistiert Jud nochmals auf dem Bilderverbot Ex 20,4, das die Dinge im Himmel, auf der Erde, im Wasser und unter der Erde nennt. Da Christus aber im Himmel ist, so ist das Verbot, ihn abzubilden, im Gebot Gottes mit eingeschlossen.[113]

Die folgenden Argumente, die von der auf die Schlüsselgewalt des Petrus gegründeten Autorität des Papstes ausgehen, werden weder von dem Opponenten selbst noch von dem Defensor ernst genommen. Hierauf ergreift Konrad Schmid, Komtur des Ordenshauses der Johanniter zu Küßnacht, das Wort zu einer längeren Rede.[114] Sie läuft hinaus auf ein Plädoyer, den »Schwachen« die Bilder vorerst noch als Stütze (Stab, Rohr) zu belassen. Schmid rät, zunächst für die Abschaffung der größten Abgötterei, des falschen Bildes Christi und der Heiligen *im Herzen,* zu sorgen. Den Schwachen muß zuerst der starke Stab Jesus Christus als einziger Tröster und Helfer aufgerichtet werden. Wenn sie gelernt haben, sich an ihn zu halten, werden sie der Bilder nicht mehr bedürfen und sie von selbst gutwillig fahren lassen. »Denn es ist eh nicht gut, daß man die Gewissen versehre, die Christus mit seinem Sterben gesund gemacht hat.«[115] Auf die Ermahnung des Vorsitzenden Sebastian Hof-

---

dend alle bild verbotten, ouch der heyligen, Christi und gottes. Dann, ist Christus im himel und die heyligen, als wir gloubend, so ist ouch ir bildnuß verbotten zů machen« (ebd. 697,5).

[113] »Ir hörend, das die wort gottes klar und heyter sagend, das wir weder deren dingen, so im himel, noch deren, so uff erdrich, noch deren, so im wasser oder under dem erdboden sind, bildung oder abcontrafeyung machen söllend. Ist nun Christus im himel – das ich wol gloub – so hat er ye verbotten, das man inn nit abbilden sölle. Ist das nit klar gnůg?« (ebd. 697.24).

[114] Z II,699–707; über Konrad Schmid s. ebd. 699, Anm. 5.

[115] »So man aber hie von der abthůung der bilder handlen wil, ist min radt, daß besser sye, die erst und gröste abgöttery und schädlichen bild im hertzen, so man Christum und die heyligen anderst im hertzen macht und bildet, dann sy darinn sollend sin nach ußtruck götlichs worts, werde zůvor abgethon uß dem hertzen, ee und man die ussere bild abthüyge, an denen die menschen noch hangend, und sy nit wellen lassen abthůn, diewyl und sy nit andre bericht darvon habend. Man sol ie dem schwachen sinen stab, daran er sich hept, nit uß der hand ryssen, man gebe im dann ein anderen, oder man fellet inn gar ze boden. So aber ein schwacher sich hept an ein ror, das mit im wancket, so laß man das in der hand, und zeyg man im einen starcken stab daby, so laßt er denn selbs gůtwilligklich das ror fallen und gryfft nach dem starcken stab. Also laß man den blöden schwachen die ußwendigen bild ston, daran sy sich noch hebent, unnd berichte man sy vor, uns ze helffen, sy kein leben, heyligkeit oder gnad darinn, und sygind schwecher dann ein ror, uns ze helffen, und richte man inen daby ein starcken stab uff, Christum Jesum, den einigen tröster und helffer aller betrüpten, so werdent sy befinden, das sy der bild, ouch der heiligen, nit bedörffend, gůtwilliklich lassen faren, und Christum frölich ergryffen. Und wo Christus also in des menschen hertz durch ware erkantnus wäre, da wurdind dann alle bild on ergernus hynfallen.«

meister, er solle keine Ratschläge erteilen, sondern sich auf die Argumentation aus der Schrift beschränken, erwidert Schmid, er habe Bedenken, ob die Gebote für Christen in gleichem Maße verpflichtend seien wie für Juden und Heiden.[116] Hier nun greift Zwingli in die Debatte ein: Zwar freundschaftlich, doch mit eindeutiger Schärfe weist er Schmids Rat, die Bilder vorläufig als Stütze für die Schwachen zu dulden, zurück. Die Bilder sind ein Mißstand, der darauf zurückzuführen ist, daß die unnützen Priester und Bischöfe die Predigt des Wortes Gottes vernachlässigt haben. Da also die Bilder kein »Mittelding« (Adiaphoron) sind, sondern eindeutig unter das Verbot Gottes fallen, darf man sie überhaupt nicht dulden.[117]

Badener Disputation 1526

Zu Baden im Aargau fand vom 21. Mai bis 8. Juni 1526 eine große Disputation statt. Sie war angelegt als Gegenveranstaltung zu Zwinglis Disputationen, und die katholische Seite wollte damit gegen die in Zürich eingeführten Neuerungen einen entscheidenden Schlag führen.[118]

Dann es ist ie nit gůt, das man die gwüßnen versere, die Christus mit sinem sterben gesund gemacht hat« (Z II,704-705).

[116] »Das macht mir ein scrupel, daß uns die gebot als streng söllind binden als die Juden und Heyden« (ebd. 707,19).

[117] »Ich sag's ouch nit darumb, das ir mich gescholten habind, sunder darumb, das ir vermeinen wöllend, es sygend stäb oder stecken der blöden. Des walt got! Hettend die unnützen pfaffen unnd bischoff das wort gottes, so inen entpfolhen, ernstlich gepredget, als sy unnützen dingen nachgelouffen sind, so were es nie darzů kummen, das der arm ley, der der gschrifft onwüssend ist, den Christum ab der wand unnd ab den brieffen hette müssen lernen. Hierumb so sind die bild nit ze dulden; denn alles, das got verbotten hat. das ist nit ein mittelding« (ebd 708).

[118] Eine umfassende Publikation der Akten der Badener Disputation ist ein dringendes Desiderat der Forschung. Es existieren sechs Handschriften, vier in der Zentralbibliothek Zürich, zwei im Staatsarchiv Luzern (Hss. KA 15 und KA 25; ein weiteres Aktenbündel mit der Signatur KA 20 enthält Briefe und weitere Schriftstücke aus dem Umkreis der Disputation; Titel: Religions strytt und Disputation zů Baden im Argöw zwüschen einer Eydtgnoßschaft Aᵒ 1526, und die resignierende Feststellung: »Vicit quidem veritas, sed parum profuit ad conversionem seductorum«). Im Jahre 1527 gab Thomas Murner in Luzern einen Druck der Akten heraus: Die Disputacion vor den XII orten einer loblichen eidtgnoschaft ... von wegen der einigkeit in christlichem glauben in iren landen ... in dem iar Christi unsers erlösers MCCCCC und XXVI uff den XVI tag des Meyens erhöret und zů Baden im ergöw irer stattgehalten unnd vollendet, Luzern 1527. Eine lateinische Übersetzung erschien 1528, ebenfalls in Luzern. Zu dem äußeren Verlauf der Disputation s.: Die Eidgenössischen Abschiede aus dem Zeitraume von 1521 bis 1528, bearb. von Johannes STRICKER (Amtliche Sammlung der älteren Eidgenössisschen Abschiede Bd. 4, 1a), Brugg 1873, 907-937; und die Darstellungen: Leonhard VON MURALT, Die Badener Disputation 1526 (Quellen und Abhandlungen zur schweizerischen Reformationsgeschichte, 3), Leipzig 1926; B. MOELLER, Zwinglis Disputationen, ZSavRG 91, 272-283; G. W. LOCHER, Zwinglische Reformation, 182-187; Otto MITTLER, Geschichte der Stadt Baden, 2 Bde., Baden 1962/1965; ebd. I,303-307; vgl. ferner: Ernst STAEHELIN, Zwei private Publikationen über die Badener Disputation und ihre Autoren. ZKG 37 (1918), 378-405.

Die drei katholischen Theologen Johann Eck, Professor in Ingolstadt, Johann Fabri, Generalvikar des Bistums Konstanz, und Thomas Murner, Franziskaner aus Straßburg, sollten im Rahmen eines eidgenössischen »Tages« den »wahren alten Glauben«[119] in Thesen verteidigen. Fabri und Murner spielten auf der Disputation kaum eine Rolle. Die führende Gestalt war Eck,[120] der sieben Thesen aufgestellt hatte. Fünf davon waren gegen reformatorische Lehren gerichtet und wurden während der Veranstaltung eingehend disputiert. In den beiden ersten Thesen geht es um die reale Gegenwart Christi im Altarssakrament und um die Messe als Opfer, These 5 behauptet die Existenz des Fegfeuers, in den Thesen 3 und 4 werden die Heiligen als Fürbitter und die Bilder verteidigt: »III. Maria und die hailigen sind anzuorüefen alß fürbitter«,[121] verhandelt am 2. und 3. Juni von Eck und Oekolampad in sechs Collationen; »IV. Des Herren Jesu und der Hailigen bildnuß sind nit abzuothuond«, verhandelt am 4. Juni in sechs Vorträgen gegen Heinrich Link von Schaffhausen, Johannes Heß von Appenzell, Dominik Zyli, Schulmeister von Sankt Gallen und Oekolampad (Hußschin).[122]

So wie es bei den von Zwingli und den Reformierten geprägten Disputationen hauptsächlich um Darstellung des eigenen Standpunktes ging, so war auch die Badener Disputation kein echtes Glaubensgespräch, sondern »»eine Kundgebung der Katholiken«.[123] Eck, der genaue Kenntnis über den Verlauf der zweiten Zürcher Disputation hatte, verteidigt die Bilder vor allem im Blick auf die bibeltheologische Argumentation des in Baden nicht anwesenden Zwingli.

Die Debatte über die Bilder wird von dem Schaffhausener Heinrich Link (Linck) eröffnet, der in einer längeren Rede den reformierten

---

[119] Die Überschrift zu Ecks Thesen lautet: »Schlußreden des waren alten / glaubens dem Zwingli durch / Johann Ecken zu erhalltenn« (Disputacion, ed. Murner, fol 12); vgl. Eidgenöss. Absch. 927.

[120] Er muß »als der eigentliche Initiator und der führende Kopf der Badener Disputation bezeichnet werden«: MOELLER, o. c. 273; vgl. ebd. 279.

[121] Murners Ausgabe hat auf dem Titelblatt das folgende schön Lied:

> Maria
> Maria zart man sagt von dir
>   Groß lob und eer das gloubend wir
> Du habst gmeine Cristenheit
>   Vor yrthům bhiet und ouch vor leid
> Ach hilf uns ouch zů einikeit
>   Durch din sun Jhesum reine meydt
> Rieff an für uns sin götlich krafft
>   Zů frid und růw der Eidtgnoschafft.

[122] Disputacion, ed. Murner, fol 130–150; Staatsarchiv Luzern, Hs. KA 15, fol 181r–211r; vgl. Eidgenöss. Absch. 927 f.

[123] VON MURALT, Badener Disputation, 100.

Standpunkt darlegt. Gleich zu Beginn weist er auf den eklatanten Widerspruch zwischen dem in der Schrift festgehaltenen Willen unseres Herrn, der »allein im Geist und in der Wahrheit« angebetet werden will (Joh 4,24), und der mißbräuchlichen kirchlichen Praxis hin.[124] Eck antwortet hierauf ebenfalls in einer längeren Rede, die eine geschickte Mischung aus theologisch-biblischer Argumentation und schneidender Polemik ist. Zwingli meine »nach seinem kleinen Verstand«, die Anbetung im Geist und in der Wahrheit widerspreche dem Bilderkult. Doch kann der durch ein Bild zur Andacht angeregte Christ gleichwohl Gott im Geist anbeten: »Denn was hindert das Bild den Geist?« Wäre Heinrich Links Argumentation zutreffend, so wäre das Gebet überhaupt unmöglich, denn jeder, der zu Gott oder dem gekreuzigten Herrn Jesus betet, der macht sich *in seinem Herzen ein Bild Christi*. Wie könnte er ohne eine solche bildliche Vorstellung Christus anbeten? Schon in der Schule lernt man, daß das Denken eines Dings nur mittels eines Bildes und Gleichnisses von dem Ding (d. h. eine inneren Vorstellung, species impressa) möglich ist.[125]

Eck wendet sich dann der alttestamentlichen Begründung des Bilderverbots durch die »neuen Christen« zu. Er betont, daß im Dekalog die Abgötterei verboten werde. Das Bilderverbot ist nicht absolut, sondern bezieht sich nur auf solche Bilder, die zum Zweck der Anbetung angefertigt werden.[126] Dies geht aus Lev 26,1 hervor, wo die Errichtung von Säulen und Standbildern, vor denen man sich niederwirft, verboten wird. Dagegen hat Josua unter der Eiche von Sichem einen Stein aufgerichtet (Jos 24,26), und auch Samuel hat den sogenannten »Stein der Hilfe« (Eben-Eser: 1 Kön 7,12) aufgestellt. Im christlichen Kult richtet sich das Gebet nicht an das Bild, sondern an den Abgebildeten, das Urbild.[127] Aus der Argumentation Heinrich Links würde nach Eck folgen,

---

[124] »Zům ersten die wil der her Jhesus Christus weder uff dem noch andren werck noch in den wiesteren als an sondren orten angebettet werden will, sonder allein im geist und in der warheit. Die wil aber nun biß har ein lange zit grosse, unüberschwenckliche hoffnung zů den usserlichen bilden gehept worden ist und also heil und gesundtheit ouch ergetzlicheit des libs gesůcht worden ist, handt wir nun heiter anzeigt durch den allmechtigen got, das er sich nit lassen will eren, noch inn dissen usserlichen bildtnissen, bin selbigen oder umb die selbigen gesůcht werden wil.«

[125] »Als wers nitt müglich wen in ein bild manete oder indächtig machte, das er glich als wol got in dem geist anbettete, dan was hindert das bild den geist. Und wan her Heinrichs argument gůt wäre so möchte kein christ betten, dan ein iedlicher der zů got oder den Chrutzgoten herren Jhesu ein bät fieren will der gedenck im selber in sim hertzen das bild Christi wie wolt er sunst Christum anbätten. In der schůl lernt man die knaben wie unser gedencken von einem ding sig durch glichnis und bildtniß des dings.«

[126] »Das ichs aber kürtz, so wil ich denn spruch kurtzlich verantwurten und sprich das da selbs als ein gebot ist, dorin got gebüt sich zů eeren an zů betten, unnd verbüt die abgötteri. Dorum so er die bilder verbüt, legt er uß in was meinung das mans nit mache zů dem end, das mans anbätte, und in götliche eer erbiete.«

[127] »Aber wie die kilch lert so reicht unser gebet in das das verbilldet wird« (Murner, Disputacion, fol 132v; Staatsarchiv Luzern, Hs. KA 15, fol 184v).

daß seine Voreltern und alle frommen Christen fünfzehn hundert Jahre lang Abgötterei getrieben hätten. So viele gelehrte und heilige Christen hätten über so viele Jahre *die Schrift nicht verstanden*. Eck hält hier der reformatorischen Auffassung von der Dekadenz, dem fortschreitenden Abfall der Kirche von dem evangelischen, urchristlichen Idealzustand den katholischen Standpunkt entgegen, nach dem die kirchliche Lehrtradition und kultische Praxis durch die Jahrhunderte im wesentlichen unversehrt geblieben ist.

Wäre das alttestamentliche Bilderverbot in absolutem, uneingeschränktem Sinne zu verstehen, so hätte man keine Handwerker, keine Maler und Goldschmiede haben können. Die Texte des Alten Testaments beweisen aber das Gegenteil, so der Bericht über die kunstvolle Gestaltung des Thrones Salomons mit zwölf Löwen auf den Stufen (2 Chron 9,17 ff.). Durch die Zerstörung von Bildern wird den armen Leuten nicht geholfen. Diejenigen, die gegen die Bilder unter Hinweis auf die Bedürftigkeit der Christen argumentieren, machen sich die Erwägungen des Judas bei der Salbung Jesu durch Maria Magdalena zu eigen (Joh 12,5 f.). Salomon baute seinen kostbaren Tempel, in dem nur »das schlecht himmel brot« aufbewahrt wurde. Wieviel mehr Aufwand ist da bei dem christlichen Tempel gerechtfertigt, in dem »das lebendig himmel brot, der zart fronleichnam Christi Jhesu« gegenwärtig ist. Will man den armen Leuten helfen, so sollen die Mittel dazu nicht an Gott, an den Heiligen, am Tempel erspart werden, sondern am überflüssigen Luxus der Kleider und übrigen Gebrauchsgegenstände.

Gott habe nicht (positiv) geboten, Bilder zu machen: Dieses Argument wurde nach Eck von den »neuen Christen« für besonders schlagend gehalten, bis sie selbst mit den Wiedertäufern konfrontiert wurden: da mußten sie erkennen, daß diese Art zu argumentieren nicht recht ist. Denn die Wiedertäufer lehnten die Feier des Sonntags ab, eben mit der Begründung, daß Christus den Sonntag nicht eingesetzt habe. Eck schließt den ersten Vortrag mit der Bemerkung, man könne das Wort Gottes ebenso gut in einer Kirche mit Bildern verkünden wie in einem öden jüdischen Gotteshaus, in dem gleichwohl mehr Bilder waren als in den Kirchen der »neuen Christen«.[128]

In seiner Erwiderung betont Heinrich Link u. a. erneut, daß nach reformatorischer Auffassung nicht Bilder überhaupt, sondern nur solche, die angebetet werden, unter das Bilderverbot fallen. Dazu gehört allerdings auch der in der Kirche bislang übliche Heiligen- und Bilderkult.[129] Der Bilderkult dient nicht zur Erbauung der Schwachen, die man

---

[128] »Unnd dorum, min lieber her Heinrich, man kan das wort gottes glich als wol christlich fieren in der kilchen da bilder sint, als in einer öden unandechtigen iüdischen kirchen dorin dennoch mer bildwerck gewesen ist, dan ietz in der nuwen christenkirchen.«

[129] »Aber die heiligen in der kirchen zů eren und anzů betten ist verbotten anzebetten.«

vielmehr mit dem Wort Gottes zu Christus und zur Erkenntnis Gottes führen soll. Eck wiederum weist auf den zentralen Punkt mittelalterlicher Bildertheologie hin: Die Christen beten nicht das Bild als solches, sondern den dargestellten Heiligen an. Maria wird durch ihre materielle Figur »bedeutet«.[130]

Der Rest der Debatte erschöpft sich in reiner Polemik und Wiederholung der jeweiligen Standpunkte und Argumente. Bemerkenswert ist noch Ecks Auseinandersetzung mit Johannes Heß: Unter Hinweis auf Phil 2,5 ff. führt er *die Inkarnation,* das Eingehen Gottes in eine leibliche Gestalt, *als theologische Begründung des Bilderkultes* an. Die Menschen- und Knechtsgestalt, die Gott angenommen hat, ist so etwas wie sein Bild. Dieses Bild kann seinerseits dargestellt und in Andacht verehrt werden.[131] Im Blick auf die Bilderstürme der Reformierten bemerkt Eck, Zwingli und Heß wollten doch auch nicht, daß man ihr Bild verbrenne; ebenso wenig könne man das von unsere Herrn Jesus in bezug auf sein Bild und das seiner Mutter annehmen. Erneut weist er auf die Cherubim und die anderen Bilder im jüdischen Tempel hin; dagegen wollen die »neuen Christen« alle Bilder in den Kirchen umstoßen. Heß hatte behauptet, daß die Gemeinden solche ikonoklastischen Aktionen unter Erleuchtung des Heiligen Geistes vornähmen. Dem hält Eck entgegen, daß die einfachen Christen sich ihre Autorität in Glaubensdingen nur anmaßten, weil sie von den falschen Predigern und ungelehrten Pfaffen dazu angestiftet würden. Dieses Treiben werde in Sektiererei und religiösen Provinzialismus ausarten.[132] Es kann jedoch in der christlichen Kirche nur einen Glauben, eine Taufe geben. Die ganze christliche Kirche versteht das Wort Gottes besser als ein einzelner und wird auch eher durch den Heiligen Geist erleuchtet. Den Schulmeister Dominikus Zily, der das Gnadenbild von Sankt Gallen verhöhnt hatte, weist Eck etwas süffisant auf Luther hin, der doch auch »ein Haupt der neuen Christen« sei, zu den Bildern aber eine durchaus positive Einstellung habe.[133]

---

[130] »Ich büg mich neig mich knuw nit von des holtzes wegen, sonder von Maria wegen, die bedüt wurdt durch disse figur...«

[131] »Ist nun got in liplicher bildtniß gesehen worden, worum wolt man in nit malen in solcher gestalt und so ein frommer christ sehe die bildtniß sins gots schöpffer und erlösers, wie wolt er so kalt und undanckpar sin, das er in ermanung des bilds nit wolte den herren eren und loben.«

[132] »Er sagt fil von einer kilch höre, wan sy ettwas fürnemen mit den bilden oder andren erlücht vom heiligen geist. Ich sprich wan die falschen prediger nit weren, der gemein man blib wol zů friden, und nit understünd solche nuwerung im glouben. Söllen aber die ungelörten pfaffen die frommen landt lüt in dörffer und stetten uber reden das sy gewalt haben als im glouben ordenung ze machen, uff zů setzen, abzethůn, so werdent wir so fil glouben haben als fil dörffly im land sint und alle iar ein nuwen glouben oder fil ee, da bhiet uns got vor.«

[133] »So ouch Luther ein houpt der nuwen christen bekent das die bilder christen loblich unnd erlich sigent, worum darff dan sin iunger das bild Marie zu sant gallen im münster schnödigklich ein melků nennen« (Disputacion, ed. Murner, fol 141r; Staatsarchiv Luzern, Hs. KA 15, fol 197v).

Noch während der Verhandlungen in Baden hat Zwingli in Zürich
eine kurze antwort auf Ecks Thesen verfaßt.[134] Gegen die Bilderthese
führt er drei Punkte an: 1. Alle Bilder, die irgendwie verehrt werden,
sind abzuschaffen; niemand hat etwas gegen Bilder, die nicht verehrt
werden;[135] 2. die hauptsächlichen Stellen im Neuen Testament gegen die
Bilderverehrung sind: 1 Kor 10,7; 12,2; 5,11; 2 Kor 6,16; Gal 5,20; 1
Thess 1,9; Apg 17,29; 21,25; 1 Petr 4,3; 1 Joh 5,21 (den Satz: »Liebe
Söhne, hütet euch vor den Götzen« führt Zwingli im Wortlaut an); 3. die
Apostel haben an diesen Stellen nicht nur die heidnischen Götzenbilder
verboten, sondern haben im Sinne des ersten Gebotes (Ex 20,3 ff.) *alle
Bilder* gemeint.[136]

Berner Disputation 1528

Nach mehreren Jahren der Auseinandersetzung und des Tauziehens zwischen Alt- und Neugläubigen in Bern beschloß der Große Rat am 15.
November 1527, auf den Sonntag nach Neujahr (6. Januar) 1528 zu einem Glaubensgespräch einzuladen.[137] Peter Cyro, seit 1525 Stadtschreiber und reformatorisch gesinnt, verfaßte das Einladungsschreiben. Darin hieß es, daß allein das klare und lautere Gotteswort Geltung haben
solle (sola scriptura) und nicht mittels der Auslegung von Kirchenvätern
und Theologen erläutert werden dürfe; die biblische Schrift solle allein
mit biblischer Schrift ausgelegt, dunkle Stellen mit klaren erklärt werden (scriptura sui ipsius interpres); die Schrift ist schließlich alleinige
Richtschnur und Grundfeste des christlichen Glaubens, unter Hintansetzung menschlicher Klugheit, Spitzfindigkeit und Meinung.[138] Die

---

[134] Z V,171-195; s. die Einleitung von Walter KÖHLER, ebd. 171-174.

[135] »Alle bilder, die vereeret werdend einigen weg, sind abzethůn. Und die bildnus gottes
sol minder denn andre gemacht werden; wo sy nit vereret werdend, ist nieman wider bilder
und gemäld« (Z V,191,15).

[136] »Wo aber die bäpstler vil zanggs harinbringen und sagen wöltind, die apostel habind
allein der abgötter bildnus verbotten, habend sy langest antwurt; dann sy von allen bilden
gefürt haben nach innhalt des ersten gebots gottes« (Z V, 192,9).

[137] Über die Vorgänge vor Einführung der Reformation in Bern s. bes.: Richard FELLER,
Geschichte Berns. II. Von der Reformation bis zum Bauernkrieg. 1516 bis 1653. Archiv des
Histor. Vereins des Kantons Bern 42/2 (1954), 141-155; LOCHER, Zwinglische Reforma-
tion, 272-276; zum kulturgeschichtlichen Hintergrund der Berner Reformation ist wichtig:
R. FELLER, Der Staat Bern in der Reformation = Gedenkschrift zur Vierhundertjahrfeier
der Bernischen Kirchenreformation, Bd. II, Bern 1928.

[138] »Sodenne haben wir gar eigentlich beredt und endlich beslossen, dass in disem gespräch dhein andre geschrift, dann beider, nüws und alts testaments, so biblisch genempt
wird, und gottes wort ist, statt hab und gälten sölle, sonders das blos clar und luter wort
gottes hierinn anzogen und gebrucht, und dass es mit der lerer verstand und uslegung,
welich doch die siend, nit solle übergewaltiget noch erlütert werden, allein biblisch geschrift mit biblischer erklärt, usgeleit, verglichet, und die dunckle mit der heitern erlüch-
tet, ouch niemands darüber, dann alein die göttlich gschrift, sich selbs ze urteilen hab, die
dann das richtschit, schnůr, grundveste und einiger richter des waren christenlichen glou-
bens ist, daruf und nach ein jeder christenmöntsch sin glouben und vertruwen richten,

Argumentation aus der kirchlichen Überlieferung galt also von vornherein als unzulässig. Wie Richard FELLER mit Recht bemerkt hat, war
damit eine freie Auseinandersetzung zwischen zwei Überzeugungen
ausgeschlossen. Der Sieg der neuen Kirche stand fest, bevor die Disputation begonnen hatte.[139]

Die Einladung erging an alle Welt- und Ordensgeistlichen des Berner
Landes, an die Inhaber politischer Ämter, an alle Einwohner, die der
Verwaltung Berns zugehörig waren, schließlich an die vier Bischöfe, deren Bistümer Anteil am bernischen Gebiet hatten, nämlich von Konstanz, Basel, Wallis (Sitten) und Lausanne. Den Bischöfen wurde für den
Fall ihres Ausbleibens der Verlust ihrer bischöflichen Rechte ange-
droht.[140]

Der Bischof von Lausanne, Sebastian von Montfalcon, erhielt von
Bern zwei in drohendem Ton gehaltene Briefe, in denen er zum Kommen ermahnt wurde.[141] Als einziger von den Bischöfen machte er sich
auf den Weg, mußte aber wegen eines Sturzes vom Pferd die Reise abbrechen. In einem Brief an die Regierung von Bern vom 4. Januar 1528
teilte er seine Bedenken bezüglich des reformatorischen Schriftprinzips
und der angesagten Disputation mit:[142] Wie kann die Schrift Richter
sein, da sie allenthalben dunkle Stellen enthält, die selbst den scharfsin-
nigsten Männern unzugänglich sind? Der Geist teilt seine Gaben nicht
allen in gleichem Maße mit, sondern einem jeden nach seinem Wohlgefallen. Wie schon Petrus gesagt hat (2 Petr 3,16) enthalten die Briefe
des Paulus einige schwer verständliche Stellen, die von ungelehrten und
nicht gefestigten Leuten in ihrem Sinn verdreht werden. Die Behauptung, die heiligen Schriften enthielten nichts Dunkles, widerspricht der
Lehre der rechtgläubigen Väter, die eben dies einhellig predigen und von
denen viele versichern, daß manches das menschliche Begreifen übersteigt.[143] Der Bischof meint weiter, daß in Verhandlungen, wie sie die

---

setzen und buwen soll, aller möntschen tand klůgheit, spitzfindigkeit, eigen gutdůncken
und meinung hindan gesetzt«: Aktensammlung zur Geschichte der Berner Reformation
1521-1532, hrsg. v. R. STECK und G. TOBLER, Bern 1923, 519 f. (Nr. 1371).

[139] FELLER, Geschichte Berns, 155 f.

[140] »die disputatz ze vollfüren, zů welicher wir erstlich beschriben haben die vier bi-
schove mit namen den von Costentz, Basel, Wallis und Losann, deren bistumb sich in
unser stett und land strecken, dass dieselben in eignen personen, von wegen irs ampts als
oberst seelsorger und hirten, die si wellend geachtet und gehalten werden, allhie erschinen,
und ir gelerten im wort gottes mit inen bringen und ze disputiren anhalten, und dheins-
wegs ußbliben, bi verlierung alles dess, so si bischöffliches ampts und wirde halb hinder uns
ligen haben« (Aktensammlung ed. STECK-TOBLER, 519).

[141] Am 27. November und 23. Dezember 1527: STECK-TOBLER, Nr. 1385 (S. 529) und
Nr. 1416 (S. 548 f.).

[142] Ebd. Nr. 1446 (S. 578-580).

[143] »Scriptura autem, quomodo erit iudex, cum abditissima passim habeat occulatissimis
viris impervia, in qua abissus abissum invocat, presertim cum non omnibus omnia largia-
tur spiritus, sed dividat singulis pro sua voluntate. Sunt in Paulinis epistolis, si Petro cre-

Berner vorhaben, nichts zu gewinnen sei als die bloße äußere Rinde der Schrift, das Tintenfaß der Theologen, da nach dem Wort des Apostels der Buchstabe tötet, der Geist lebendig macht. Wo nicht der Geist, sondern der Buchstabe Autorität habe, da werde dem Heiligen Geist der Zugang verschlossen.[144] Selbst wenn die Disputation zu einer Einigung führen sollte, wie werden sich diejenigen an die dort gefaßten Beschlüsse halten, die gegen die Entscheidungen aller Konzilien verstoßen und den Konsens des gesamten christlichen Volkes für nichts erachtet haben? Mit ihrer oberflächlichen Jagd nach Schriftstellen kehren sie das bisher im heiligen und profanen Bereich Geltende zugleich um. Ihr eigenes Schriftverständnis gilt ihnen wie ein göttliches Orakel, die Ansichten der anderen sehen sie als flüchtige Schattengebilde an.[145]

In ähnlicher Weise drückt sich der Bischof von Konstanz, Hugo von Hohenlandenberg, in seinem sehr ausführlichen Schreiben vom 31. Dezember 1527 aus.[146] Er betont u. a., daß auf der Disputation zu Baden im Aargau »unser alter, heiliger, vielhundertjähriger Glaube« gegen die Lehrer aller neuen Sekten offenkundig und unwidersprechlich verteidigt worden sei. Mit der beschönigenden Auskunft, kein Mensch solle Richter über die Schrift sein, sondern nur die Schrift über sich selbst, suchen die bernischen Prädikanten die Tatsache zu bemänteln, daß sie die Schrift nach ihrem eigenen Verstande gegen den Geist der Kirche auslegen wollen.[147] Der Bischof ermahnt die Berner, sich nicht beirren zu lassen, wenn auch etliche Sakramente und Satzungen der Kirche in der Schrift nicht offen ausgesprochen seien. Das sei auch gar nicht nötig, da die lebendige Stimme der Kirche nicht geringer zu achten sei als die Schrift. Überdies sei die Schrift ein von der Kirche eingesetztes Zeichen. Die Kirche bestand schon in ihrer ganzen Vollkommenheit, bevor ein Evangelium oder eine Epistel niedergeschrieben waren.[148]

---

dimus, 2. c. 3. quedam difficilia intellectu, que indocti et instabiles depravant. Quod si quis contendit, nihil prorsus caliginis esse in sacris litteris, audiat orthodoxos, quorum nullus est hoc non predicans, quorum bona pars asseverat, nonnulla excedere captum humanum. Et tamen horum arca in sublimi ferebatur secura, recentiorum scapha heret in sirtibus« (Aktensammlung ed. STECK-TOBLER, S. 579).

[144] »Quod auten nihil recipiatur nisi merus cortex scripture, hoc esset atramentalium theologorum, cum apostolus dicat ›littera occidit, spiritus vivificat‹, ibique precluditur via spiritus sancti, ubi non spiritus sed littera habet auctoritatem« (ebd.).

[145] »Demus vero, quod in unam sententiam conveniat disputatio: quomodo hoc in posterum stabunt decreto, qui sanctarum omnium sinodorum quamlibet veterum placita, qui tot orbis columpnarum censuras, qui totius populi christiani consensum pro nihilo ducunt? Qui futilibus commentis venantur locos ex scripturis, quibus evertant sacra pariter et prophana? Qui scripture sensum volunt pro suo arbitrio temperandum, et quod sentiunt, volunt haberi pro oraculo, ceterorum sententiis umbrarum instar volitantibus?« (ebd. 580).

[146] Aktensammlung ed. STECK-TOBLER, Nr. 1432 (S. 562–567).

[147] Ebd. 564.

[148] »ewch auch mit nichten irren lassen, ob gleichwol etliche sacramenta und satzungen der kirchen in der geschrift nit offentlich ausgetrückt seien, wie auch nit von nöten gewesen, angesechen, dass die lebendig stimm der kirchen nit geringer zů achten ist als die

Die zehn Schlußreden (Conclusiones, Thesen) der Disputation waren
von Franz Kolb aus Lörrach, der im Frühjahr 1527 als Prediger nach
Bern berufen worden war, und Berchtold Haller aufgestellt worden.[149]
Die beiden ersten Thesen beschreiben die Kirche als aus dem Wort Gottes geboren und durch keine menschliche Satzung gebunden; die dritte
betont, daß die von Christus geleistete Genugtuung für die Sünden allein
genügt. In der vierten These wird festgestellt, daß die wesentliche und
leibliche Gegenwart Christi im Brot der Danksagung (Eucharistie) nicht
aus der Schrift zu begründen sei; die fünfte lehnt die Messe als Opfer für
die Sünden der Lebenden und Toten als schriftwidrig und gotteslästerlich ab. Im Anschluß daran befassen sich die Thesen 6, 7 und 8 ebenfalls
mit dem kultischen Bereich. In den beiden letzten schließlich geht es um
das Verbot der Hurerei und die Erlaubtheit der Priesterehe.[150]
Die Thesen 6-8 haben unmittelbar mit unserem Gegenstand zu tun.
Die sechste These betont die alleinige Mittlerschaft Christi und weist die
Heiligenverehrung zurück: »Wie Christus ist alleyn für uns gestorben,
also sol er eyn eyniger mittler und fürspräch zwüschent Gott dem vatter
und uns glöubigen angerüfft werden. Deßhalb all ander mittler und für-
sprächen ussert halb disem zyt anzerüffen, von uns on grund der
gschrifft uffgeworfen.« Die siebente These bestreitet die Existenz des
Fegfeuers und konstatiert folglich die Überflüssigkeit des gesamten katholischen Totenkultes: »Das nach disem zyt kein Fägfhür in der
gschrifft erfunden wirt. Deßhalb all todten dienst, als Vigill, sellmäß,
seelgrät, Sibend, Tryßgost, Jarzyt, amplen, kertzen und derglychen, vergeblich sind.« In der achten These geht es um die Bilder: »Bilder machen zů vereerung, ist wider Gottes wort, Nüws und Alts Testaments.
Deßhalb wo sy in gefar der vererung fürgestellt, abzethůnd syend.«
Die Disputation begann am 7. Januar in der Barfüßerkirche und
dauerte bis zum 26. Januar. Die achte These wurde recht kurz abgehan-
delt.[151] Franz Kolb beginnt die Debatte darüber mit Anführung der
hauptsächlichen Bibelstellen gegen die Bilderverehrung: Ex 20,4 f.; Deut

---

geschrift selbs, auch die geschrift ain zaichen der kirchen und von der kirchen wegen, nit
die kirch von der geschrift wegen eingesetzt; so ist auch die kirch in anfang, vor und ee
kain evangelium noch epistel je geschrieben was, nit unvollkomner noch klainfügers gewalt als darnach gewesen« (ebd. 565).
 [149] STECK-TOBLER, S. 521 (Nr. 1371); über Haller s. LOCHER, Zwinglische Reformation,
269.
 [150] Handlung oder Acta gehaltener Disputation zů Bern in üchtland, Zürich 1528; über
den äußeren Verlauf der Disputation s. Theodor DE QUERVAIN, Geschichte der bernischen
Kirchenreformation, in: Gedenkschrift zur Vierhundertjahrfeier der Bernischen Kirchenreformation, Bern 1928, I, 1-300; ebd. 142-152; zur theologischen Auseinandersetzung: K.
LINDT, Der theologische Gehalt der Berner Disputation, ebd. 301-344, wo aber die Diskussion um die Bilderfrage nicht behandelt wird.
 [151] Handlung oder Acta, fol 222v-225r.

4,15 f.; 1 Kor 6,9; 1 Kor 5,11; Mt 25,40.45. Besonders diese zuletzt genannte Stelle ist für Kolb der Beweis, daß auch Christus nach seiner menschlichen Gestalt nicht abgebildet werden soll; vielmehr sind unsere Nächsten das wahre Bild der Menschheit Christi. Es ist gegen Gottes Wort und die klare Lehre Christi und der Apostel, wenn man mit großen Kosten allenthalben Götzen aufrichtet und »die lebendigen Heiligen hier auf der Erde« nicht beachtet.[152]

Im weiteren Verlauf der Erörterung nimmt Zwingli Stellung zu der Auffassung, man könne die Bilder behalten, wenn man wisse, daß sie nicht verehrt werden dürften. Er sieht darin »eine Rede menschlichen Gutdünkens«. Gott hat in seiner Allwissenheit die Bilder verboten, da die an herausragenden Orten aufgerichteten Bilder immer nach einiger Zeit angebetet werden. Die Bilder behalten zu wollen, wäre eine große Unvorsichtigkeit.[153]

Gegen die biblische Argumentation Kolbs wendet sich der Pfarrer von Appenzell, Theobald Huter (Hûter, Hutter). Er macht zunächst darauf aufmerksam, daß es in der Vergangenheit innerhalb der christlichen Kirche schon öfter Bestrebungen gab, die Bilder abzuschaffen, denen jedoch kein Erfolg beschieden war. Das Bilderverbot von Ex 20 wendet sich allein gegen den Götzendienst in heidnischer Manier: nämlich bei den hölzernen und steinernen Bildern oder den in ihnen dargestellten Göttern, wie Juppiter und Herkules, seine Zuflucht zu suchen. In dieser Weise hat noch kein Christ die Bilder aufgefaßt. Das alttestamentliche Gebot trifft deshalb auf die christlichen Bilder nicht zu.[154] Wenn Deut

---

[152] »Die menscheyt Christi sol in unserm nächsten angeschouwet und vereret werden, Matth XXV. ca. hie nächst angezogen. Und Paulus ermandt uns ouch, zun Römern XII. Das wir einer den andren mit eer erbietung fürkommen. Diewil nun wider das häll wort gottes und wider die leer Christi und der Apostel, so mitt grossem kosten allenthalb uffgericht sind Götzen, vor welichen man Gott und die abgestorbnen heyligen hatt vereret, darumb man der läbendigen heyligen hie uff ertrich nit geachtet, haben wir vorgesatzte schlußred geprediget.«

[153] Der Text auch in: Notizen und Voten Zwinglis an der Berner Disputation (Z VI/1,318): »Wir wüssen wol, das die widerständ, die die Bilder schirmen, bald müssen ufhören, so verr man uß gottes wort reden sol. Aber die Bilder, darumb sy in bruch kommen sind, und man wüsse, das sy nit zû vereren syen, möge man sy wol behalten, ergernuß zû vermyden, erkennen wir ein red menschlichen gûtdunckens sin; dann der gott, der alle dinge weißt, ee und sy beschechend, hat wol gewüßt, wann bilder ufrichte an träfenlichenn orten, das sy nach der zyt vereret wurden. Darumb hat ers ouch verbotten. Wenn nun wir uß fürwitz sagen wöllen, wir mögends wol behalten, so man sy nit verere, unnd wellends damit an genanten orten behalten, thûnd wir glych, als der sin tochter laßt zû aller uppigkeit und spricht darzû: sy weißt wol, das sy recht thûn sol. ›Welcher gern by gefar ist, der kumpt umb in der gfar‹, Ecclesiastici 3. Deßhalb wir wol wüssend, war der bilder gehören, an kein ort, da sy der vererung halb einigen anzug gäbend. Darzû ist die klarheit gottes worts also an allen orten erschinen, das sich an dero abthûn wenig mer verergerend.«

[154] »Das anryten der Christenlichen Kilchen, abzethûn die Bilder, ist offt vorhanden gsin in vergangener zyt, doch allweg nach gemeiner Christenlicher Kilchen bliben. Der spruch, so hütt Meister Franz yngefüret wider die Bildtnuß, lutend: Du solt dir nit machen werden

4,15 ff. gesagt wird, die Israeliten hätten kein Gleichnis (d. h. keine Erscheinung) Gottes gesehen an dem Tage, an dem der Herr mit ihnen am Horeb geredet hatte, und damit das Bilderverbot begründet wird, so bezieht sich das nach Auffassung Huters allein auf die Erscheinung der Gottheit und ihre Darstellung. Daß es so zu verstehen ist, beweisen die Erscheinungen von Feuer und Rauch, in denen Gott präsent war. Die Rede von Deut 4 kann also keine Anwendung auf die bildliche Darstellung Christi finden.[155]

Zwingli sieht in diesen Worten die Lehre des Konstanzer Generalvikars Faber ausgesprochen, aber nicht die biblische. Er bleibt bei seiner Auslegung von Deut 4, nach der aus der Unsichtbarkeit Gottes das Verbot seiner Abbildung folgt. Wenn Gott, der allein zu verehren ist, nicht abgebildet werden darf, so gilt es umso mehr für diejenigen, die keine göttliche Verehrung empfangen dürfen. Die Heiligenbilder wurden nach Zwinglis Meinung auch erst aufgerichtet, nachdem man die Heiligen für Götter und Helfer angenommen hatte.[156] Er will damit sagen, daß der äußerliche Götzendienst die innere verkehrte Auffassung voraussetzt. Im übrigen lehnt er die Argumentation Huters als unbiblisch ab.[157]

Der kurze Wortwechsel, der die Debatte über die Bilder abschließt, zeigt, daß auch hier, wie bei vielen anderen kontroversen Fragen, letztlich das unterschiedliche Kirchenverständnis jede Einigung verhindert:

---

ein gegraben geschnitzt bild, ouch nit alle glychnuß, die da ist im himmel etc. So man besicht den beschlussz diser red, so resolviert er sich selber, nit zů gan uff unser bild, so er spricht: Du wirst sy nit anbätten. Müßt ein narrechtiger mensch sin gsin, der da holtz oder steyn für sinen Gott hett gehept und jnen also göttlich eer bewisen: dan anbätten gehört allein Gott zů. Zů mercken ist by den Bilderen, so man ein Bild anbättet, als die Heyden habend gethan, die das für jre Götter haben gehapt, Radt unnd hilff von jm ervordret, als ob das holtz oder steyn jnen helffen möchten oder Creaturen, die dadurch bedütet werden, als Juppiter und Hercules. Also sol man keine haben, dann es wäre Abgöttery. Es hat ouch kein Christ, als ich hoff, die Bilder nie also gehapt etc.«

[155] »Den spruch hütt yngefürt Deuteronomii am IIII. Ir söllend flyssig hüten üwer seelen. Nun habt jr nüt gesechen etliche glychnuß in dem tag, an welchem der Herr mit üch geredt hat in Oreb in mitten dem fhür etc. Da klarlich zů mercken ist, das Gott nit geredt hat von der figur Christi, als wir yetz haben, dann allein von siner Gottheit, die da nit abzebilden ist, in dem, so er gesprochen hat: Ir habend kein glychnuß gesechenn, was doch das fhür und der rouch da, klerlich zů verstan geb von siner Gottheyt.«

[156] »Wiewol dise leer uß Fabers, nit Biblischer schrifft, har bracht, deßhalb sy weder angezeychnet noch verantwurt solt werden, lassen wirs doch by der antwurt blyben, die ein Ersamer Radt von Zürich Bischoffen von Constentz in der matery geben hat. Das ort Deutronomii IIII. dienet uns, dann Gott wil also reden: Ir haben minen kein bildtnus nye gesechen: darumb söllen jr mich ouch nit verbilden. Vil weniger sol man einige creatur zů vereerung verbilden. Hic valet locus a maiore: Dann so man den nit verbilden sol, der allein Gott unnd zů vereeren ist, vil weniger sol man die verbilden, die nit zů vereeren sind als Gott. Es sol ouch hie gewüß sin, dz wir erst Bilder haben ufgericht, nach dem wir die für Gött und helffer haben ufgeworffen, denen wir Bild gemacht gaben. Den Tarmhaspel Erasmi hat man erst gemacht, do man Erasmum darfür hat ufgeworffen, das er die weetagen des ynneren lybs hynnemme.«

[157] »Wellend also benügig sin sölicher gegenwürffen, die nit uss der schrifft beschächen.«

Auf die Bemerkung Huters, er unterwerfe seine Darlegung dem Urteil der allgemeinen christlichen Kirche,[158] entgegnet Zwingli: »Wär sich gemeiner Christenlichen Kilchen underwirfft, der underwirfft sich Gottes wort. So nun der Pfarrer von Appenzel die Bilder schirmpt ane gottes wort, so volget, das sich der Pfarrer von Appenzel nit der Kilchen underwirfft, die sich gottes wort halt.«- Für Zwingli gibt es keine andere Kirche als diejenige, die unter Gottes Wort steht. Zugehörigkeit zur allgemeinen christlichen Kirche bedeutet deshalb die Unterwerfung unter Gottes Wort. Das Wort Gottes zeigt sich für Zwingli als eindeutige und unantastbare Macht. Eine theologische Deutung vonseiten einer kirchlichen Institution wäre nach diesem Verständnis menschliche Anmaßung: es wäre nicht mehr die wahre allgemeine Kirche, die einen solchen Anspruch erheben würde. Damit liegt auch in bezug auf das Verständnis vom Wort Gottes zwischen den Disputierenden eine unüberbrückbare Kluft. »Ich laß es bliben, wie vor dargethan«: mit diesen Worten des Appenzeller Pfarrers endet die Erörterung der achten These.

In der Predigt, die Zwingli am letzten Tag seiner Anwesenheit in Bern, dem 30. Januar, im Münster hielt,[159] wandte er sich gegen die, die sagen: »man sol die götzen zum ersten uß dem hertzen thůn und demnach vor den ougen dennen.«[160] Einen solchen Standpunkt zu vertreten, würde soviel bedeuten wie zu sagen, Christus sei nicht im Recht gewesen, als er die Geldwechsler aus dem Tempel jagte. Denn sie waren ja in ihren Herzen auch noch nicht überzeugt, unrecht zu tun, wie ihre Frage (Joh 2,18) beweist: »Was zeigst du uns für ein Zeichen, daß du solches tust?«[161]

Als Zwingli diese Predigt hielt, war die Zerstörung der Kunstschätze des Münsters schon vollendet: Schon am 22. Januar, dem Fest des Stadtheiligen Vinzenz, waren weder Priester noch Volk im Münster erschienen. Am 27. Januar begann die Demolierung der 25 Altäre, des Sakramentshauses und der Statuen, unersetzlicher Kunstwerke. An diesem Tag wurde auch in einer Kapelle des Münsters die letzte Messe gelesen.[162]

---

[158] »Min dargethan sprüch bevilch und underwirff mich gemeiner Christenlichen Kilchen, wo ich geirt hette, mich wisen zůlassen und zůvolgen.«

[159] LOCHER, Zwinglische Reformation, 279; zu der Predigt s. auch LOCHERS Aufsatz: Von der Standhaftigkeit. Zwinglis Schlußpredigt an der Berner Disputation als Beitrag zu seiner Ethik, in: U. NEUENSCHWANDER, R. DELLSPERGER (Hrsg.), Humanität und Glaube. Gedenkschrift Kurt Guggisberg, Bern 1973, 29–41.

[160] Z VI/1,495,20.

[161] »Das man aber sy nit sölle dennen thůn, biß es nieman me verletze und uss aller menschen hertzen kommen sygind, das ist grad, als ob wir sagtind: Christus hett unrecht thon, do er die sädel unnd wächßelbenck umbkart, und, die das triben hattend, mit der geyßlen ußjagt; dann sy warend in iren hertzen noch nit bericht, das sy unrecht thätting; dann sy sprachend zů im: ›Was zeigstu uns für ein zeichen, das du sölichs thůst?‹ Und müßte ouch Christus die ding haben ston lassen, biß sy all bericht wärind gewesen« (Z VI/1,495 f.).

Am 7. Februar erließ der Rat das Reformationsmandat für das Gebiet von Bern.[163] »Es war das Werk besonnener Mäßigung, die von der Einseitigkeit absticht, mit der das Glaubensgespräch durchgeführt worden war.«[164] Der fünfte Erlaß des Mandats verfügt die Abschaffung der Messe und der Bilder, doch soll gegen Gemeinden und Einzelpersonen, die noch nicht von der evangelischen Lehre überzeugt sind, nicht gewaltsam vorgegangen werden. Bis sie zu besserer Einsicht gelangen, sollen sie nach ihrem freien Willen über Messe und Bilder befinden. Auch soll keine Partei die andere verspotten und beleidigen. Der Rat vertraut jedoch auf das Wirken der Pfarrer, die er den Gemeinden zustellen will, um sie mit dem Wort Gottes zu erbauen und aufzupflanzen.[165]

Guillaume Farels Disputation und die Ereignisse in Basel 1525-1529

In Basel ging der Einführung der Reformation nicht wie in anderen schweizerischen Städten eine große öffentliche Disputation voraus. Es war vielmehr eine Kette revolutionärer Ereignisse, die die Reformationsordnung vom 1. April 1529, durch die die Reformation ihren endgültigen Sieg errang, vorbereitete.[166] In dieser Zeit kam es mehrfach auch zu bilderstürmerischen Aktivitäten.

---

[162] FELLER, Geschichte Berns, 161-163; über die Zerstörung der sakralen Kunstwerke des Berner Münsters neuerdings: Franz Josef SLADECZEK, »Die götze in miner herren chilchen sind gerumpt«! Von der Bilderfrage der Berner Reformation und ihren Folgen für das Münster und sein Hauptportal. Ein Beitrag zur Berner Reformationsgeschichte. Theol. Z. 44 (1988), 289-311.

[163] STECK-TOBLER, Aktensammlung Nr. 1513 (S. 629-634).

[164] FELLER, o. c. 164.

[165] STECK-TOBLER, Nr. 1513 (S. 631 f.): »Zum fünften, so haben wir us bericht gottes wort die mäss und bilder in unser statt Bern hindan- und abgesetzt, des willens, die niemermer wider ufzerichten, es wäre dann sach, dass wir mit göttlicher schrift geirrt ze haben underricht und bewisen wurden; das wir nit besorgen, so doch die mäss der eer gottes abbricht und dem ewigen opfer Christi Jesu lestrig ist, und die götzen in gevar der vereerung, wider alle schrift, nüws und alts testaments, bisshar fürgestelt sind, und den einfaltigen christen verfürt, und von gott, dem schöpfer und behalter aller welt, uf die schöpfung gewisen haben. So aber wir gůt wüssen tragen, dass etlich der unsern, es syend sondrig kilchen old personen, us mangel evangelischer leer, old sunst böswillig noch schwach sind, und also ab sölichen nüwerungen schüchen und verwundrung haben, denselben zů underhalt und züchtigung wöllen wir nit mit inen gächen, sonders mitliden mit inen haben, und söllen gemeinlich gott bitten, inen verstand sins heiligen worts ze gäben. Sölich kilchörinen wöllen wir nit mit rüche noch vorgericht antasten, sonders einer jeden jetzmal iren fryen willen lassen, die mäss und bilder mit merer hand und rat abzethůnd. Darneben, so gepieten wir üch allen, gmeinlichen und sonderlichen, bi schwerer straf, dass khein parthy die ander schmäche, verspotte, lestre, beleidige, weder mit worten noch mit wärken, sonders die eine die ander christenliche gedulde; so wärden wir mit der zyt üch, und besonders von wägen der schwachen im glouben, pfarrer verordnen und zůstellen, die üch mit dem wort gottes erbuwen und ufpflanzen, und demnach, gemeinlich nach dem willen gottes ze läben, inleitung gäben werden.«

[166] Über die Situation in Basel s. vor allem: LOCHER, Zwinglische Reformation, 367-373; über die kleineren Disputationen im Rahmen der Universität: MOELLER, Zwinglis Disputationen, ZSavRG 91 (1974), 265 f.

Unter den Flüchtlingen aus Frankreich, die in Basel Zuflucht suchten, war Guillaume Farel, der spätere Weggefährte Calvins. Er kam Anfang des Jahres 1524 nach Basel. Mit Erlaubnis des Rates lud er auf den 23. Februar zu einer Disputation ein. Infolge Einspruchs der bischöflichen Behörde und der Universität kam jedoch die Veranstaltung an diesem Tag nicht zustande. Erst ein Mandat des Rates ermöglichte sie am 3. März. Die von Farel ausgehende Unruhe veranlaßte dann aber den Rat, ihn bereits im Sommer 1524 auszuweisen. Farel stellte damals 13 Thesen zur Diskussion.[167] Ein nach Zürich gesandter Druck enthält ein handschriftliches Begleitschreiben Oekolampads, das eine interessante Schilderung der damaligen Situation in Basel aus der Sicht der Reformatoren gibt.[168]

Nach Auskunft des Prooemiums enthalten Farels Thesen die Summe christlicher Freiheit, und durch sie kommt die Tyrannei menschlicher Satzungen zum Erliegen.[169] Mit Fragen des Kultus im engeren und weiteren Sinne beschäftigen sich die Thesen 3,4,5,9,11 und 12. Die in ihnen geäußerte Kritik bezieht sich auf das, was im zeitgenössischen Gottesdienst und religiösen Brauchtum nach Meinung des Autors im Widerspruch zum Evangelium steht. Entsprechend stellt die dritte These fest, daß die Unterscheidung von Kleidern und Speisen nach jüdischer Art und die Einhaltung von Zeremonien mit dem Licht des Evangeliums rein garnichts zu tun habe.[170] Die vierte These wendet sich gegen die wortreichen Gebete: Die dafür gemachten Ausgaben würden besser zur Unterstützung der Armen verwendet; ihre derzeitige Verwendung ist die Ursache für mancherlei Mißstände; die in der Kirche zu erstrebende Einigkeit würde dann erreicht, wenn man *sie* dazu anhalten würde, die Heilige Schrift zu studieren und nicht nur von den anderen sich in der

---

[167] Text in: Correspondance des Réformateurs dans les pays de langue française, ed. A.-L. HERMINJARD, I, Genève-Paris 1866, Nr. 91 (S. 193–195); Actensammlung zur Geschichte der Zürcher Reformation in den Jahren 1519–1533, hrsg. von Emil EGLI, Zürich 1879, Nr. 501 (S. 217–219); Aktensammlung zur Geschichte der Basler Reformation in den Jahren 1519 bis Anfang 1534, hrsg. von Emil DÜRR, I, Basel 1921, Nr. 195 (S. 95–105); Übersetzung in modernes Deutsch: Das Buch der Basler Reformation, hrsg. von Ernst STAE-HELIN, Basel 1929, Nr. 26 (S. 83–86); zur Theologie Farels s. bes.: Elfriede JACOBS, Die Sakramentslehre Wilhelm Farels (Zürcher Beiträge zur Reformationsgeschichte, Bd. 10), Zürich 1978.

[168] »Hulricho Zuinglio, ecclesiastico Tigurino, Oecolampadius et Bonifacius gratiam optant et pacem in Christo. – En tibi schedam conclusionum a Gallo illo latine apud nos disputatam et ab Oecolampadio in maxima christianorum corona in vernacula interpretatam. Sophistae sepius vocati nusquam conparuere. Agunt tamen magnos interim Thrasones, sed in angulis lucifugae. Incipit tamen plebs paulatim illorum ignaviam et tyrannidem verbo Dei agnoscere. Deus det incrementum...« (Actensammlung, ed. EGLI, S. 218 f.).

[169] »..propositiones, a quibus christianae libertatis pendet et per quas tyrannis humanarum fatiscit constitutionum« (Aktensammlung, ed. E. DÜRR, 99 f.).

[170] »Alienum a luce evangelica est, Judaicum vestium delectum et ciborum ac ceremonias observare« (ebd. 102).

Kleidung zu unterscheiden.[171] Es ist offensichtlich, daß hier vor allem
am Klerus und den durch ihn verursachten Übelständen scharfe Kritik
geübt wird, wenn auch die Priester nur indirekt durch das Demonstra-
tivpronomen (hi) markiert werden. Bei den wortreichen Gebeten, die
gegen Bezahlung verrichtet werden, ist wohl vor allem an die verschiedenen Fürbitten für die Toten zu denken.[172] In der nächsten These beschreibt Farel dann positiv Amt und Aufgabe der Priester: es ist die
Beschäftigung mit dem Wort Gottes; eine höhere, wichtigere Sache gibt
es nicht. Wenn durch andere Verpflichtungen eine Kollision entsteht,
dann sollen eigens für die Wortverkündigung bestimmte Diener eingesetzt werden.[173] Farel beklagt die verdammliche und überaus schädliche
Schläfrigkeit vieler in diesem Amt.

Die neunte These wendet sich indirekt gegen die Verehrung der Heiligen, bei denen man in den verschiedenen »äußerlichen« Alltagsnöten
Zuflucht suchte: man solle dagegen vor allem das begehren und erbitten,
was der Heilige Geist eingibt, und die Opfer der Christen sollen Gott
dargebracht werden.[174] Nicht aufgrund der inneren Leitung durch den
Heiligen Geist geschehen auch der Mummenschanz bei der Fastnacht
nach Art der Heiden und das Fasten nach dem Vorbild jüdischer
Heuchelei: von alldem soll sich der Christ fernhalten. Ganz besonders
aber muß er sich vor den Bildern in acht nehmen.[175] Dies ist die Aussage
der elften These, die durch die folgende ergänzt und erläutert wird:»Was
Ähnlichkeit hat mit den jüdischen Überlieferungen und Lasten und

---

[171] »Quae contra praeceptum sunt Christi verbosiores preces et non secundum Christianam formam regulatae, sine periculo orari non possunt nec institui, ut praestiterit, quae in
haec conferuntur, pauperibus erogari et non tantorum fomenta malorum fovere, quin potius pro viribus adnitendum ad unitatem omnia revocatum iri, quod fieret, si hi adigeren-
tur sacris litteris operam navare, non ab aliis exterioribus tantum in tegumentis differre«
(ebd. 102 f.).
[172] Vgl. hierzu auch die 7. These der Disputation von Bern: o. nach Anm. 150.
[173] »Presbyterorum verissimum officium verbo dei instare, cui ita addictos oportet, ut
nihil ducant augustius, ut si alia illis occurrant, quae cum verbo satis tractare non possint,
ministros ordinari oportet. Ad id damnabilis, ne dixerim perniciosissima, est multorum in
hoc officio oscitantia« (ebd. 103). Die Bedeutung von »ministros ordinari oportet« ist nicht
eindeutig. Meint Farel, daß im Falle der Häufung der Pflichten für die neben der Wortverkündigung anfallenden Aufgaben eigene *ministri* eingesetzt werden sollen? In diesem
Sinn versteht es die alte Übersetzung: »Und so inen andere sachen zů handen stossent, die
mit dem wort nit fügklich gehandlet mügent werden, sollent sonderlich diener darzů ver-
ordnet seyn.« Oder sollen die neuen *ministri* für die Wortverkündigung eingesetzt werden?
Ich neige zu der letzteren Deutung.
[174] »Maxime id petendum et orandum, quod sanctus suggesserit spiritus, suntque christianorum sacrificia soli deo offerenda« (o. c. 104).
[175] »Christianum alienum oportet a bachanalibus, quae gentium more celebrantur, et ab
hypocrisi Judaica in jejuniis et aliis, quae non directore spiritu fiunt; ac cavere oportet a
simulachris quam maxime.« – Zeitgenössische Übersetzung: »Ain christ soll sich hütten
vor dem fasznachtspyl und Jüdischer gleyssnerey in fasten und allen, die da nit geschehen
durch eingebung des gaysts, auch sich hüten vor den götzen« (ebd. 105).

nicht übereinstimmt mit der evangelischen Freiheit, sondern sie unterdrückt, das ist vom christlichen Volk wegzunehmen.«[176]

Man sieht, daß es Farel um die Reformation des christlichen Kultus gemäß der Eingebung des Heiligen Geistes geht. Den Gottesdienst, wie er zu seiner Zeit praktiziert wurde, sieht er sowohl durch jüdische (Zeremonien, Kleider, Kirchengebote) wie durch heidnische (Heiligenkult Bilderverehrung) Einflüsse verunreinigt. Die Wiederherstellung des rein geistigen Kultus wäre nach seiner Auffassung zugleich eine Wiederherstellung der christlichen Freiheit.

Die Situation in Basel in den nächsten vier Jahren ist gekennzeichnet durch gärende Unruhen, da der Rat in seiner Mehrheit altgläubig gesonnen war, in der Bevölkerung aber die Reformation immer mehr an Boden gewann.[177] In den Jahren 1525–1526 wurde mehrfach der Plan einer großen Disputation in Basel erwogen. So erbot sich Oekolampad am 12. Januar 1526 vor dem Rat, mit Eck zu disputieren.[178] Auf die Nachricht von der Berner Disputation kam es zum Volksauflauf. Anfang April 1528 wurden in St. Martin und der Augustiner-Kirche Bilder zerstört.[179] Der Rat verfügte daraufhin aus Gründen des Friedens, der Einigkeit und Glaubensfreiheit die ordentliche Entfernung der Bilder durch Handwerker aus fünf Kirchen (St. Martin, St. Lienhart, Augustiner, Barfüßer, Spital).[180]

Im Herbst 1528 war die Stimmung in Basel so weit angeheizt, daß ein Bürgerkrieg drohte. Im Oktober kam es zu weiteren Bilderstürmen. Am 23. Dezember reichen die Zünfte eine Bittschrift an den Rat ein, in der die Abschaffung der Messe sowie die konsequente Einführung der »einhelligen« Predigt auf der Grundlage des Wortes Gottes verlangt wird. Die päpstlichen Prediger sollen genötigt werden, ihre Predigt einzustellen, wenn sie nicht über ihre Lehre Rechenschaft geben können.[181] Da-

---

[176] »Quae Judaicis adsimilantur traditionibus et oneribus nec conveniunt evangelicae libertati, sed eam conculcant, a plebe christiana tollenda sunt« (ebd. 105).

[177] S. hierzu: MOELLER, Zwinglis Disputationen, ZSavRG 91 (1974), 309 ff.; LOCHER, Zwinglische Reformation, 370 ff.

[178] Aktensammlung zur Geschichte der Basler Reformation, ed. DÜRR-ROTH, II, Nr. 260 (S. 197–202).

[179] Das Protokoll des Verhörs der Bilderstürmer ebd. III, Nr. 86 (S. 65 f.). Man hat nicht den Eindruck, daß es sich um Gewissenstäter handelt, obwohl sie religiöse Gründe für ihr Zerstörungswerk angeben. Vgl. ebd. 66,2–10: »Als sy nun die bilder abprochen unnd schier verig weren, keme der sigrist zů inenn inn die kilchen, sagte: Was sy da machten, er wuszte es nit zů verantworten. Seyt er, Hanns Zirkel, er wuszte gschrifft als wol als sy, unnd diewil ers wuszte, hete er es bald verantwort: ›Es gschicht zůr eer gotts unnd dem nechsten zůr besserung.‹ Der sigrist hab aber inenn nit geholffen, unnd als sy gar verig wordenn, habenn sy inn des sigristen husz zynbis geessenn, den sy ouch hering heissen kochen, unnd einer sybenn rappenn verzert.«

[180] Ebd. III, Nr. 87 (S. 67 f.). Doch sollten die Chöre und Kapellen von St. Lienhart und Barfüßern in ihrem Zustand verbleiben, jedoch geschlossen gehalten werden, um den Altgläubigen dort noch das Abhalten von Messen und Andachten zu ermöglichen (ebd. 67).

[181] Ebd. III, Nr. 291 (S. 197–202).

mit ist implizit die Veranstaltung einer Disputation gefordert. Nach stür-
mischen Versammlungen der Evangelischen in der Barfüßer-Kirche und
der Katholiken in der Prediger-Kirche[182] erläßt der Rat am 5. Januar ein
Mandat, in dem auf den 30. Mai (zwei Wochen nach Pfingsten) eine
Disputation in der Barfüßer-Kirche angesetzt wird.[183] Bis dahin waren
allerdings nur noch drei Messen täglich (im Münster und in zwei weiteren Kirchen) erlaubt.

Am 8. Februar kommt es zu Tumulten und Aufruhr.[184] Während der
Fastnachtstage (9.-11. Februar) tobt im Münster und den Großbasler
Kirchen der Bildersturm.[185] Altäre, Statuen und Reliquienschreine werden demoliert, hinausgeschleppt und verbrannt, der Rest durch Handwerker in amtlichem Auftrag beseitigt. Der Rat ließ am Aschermittwoch
bei dem Domherrn Johann Rudolf von Reinach, der noch nicht aus der
Stadt geflohen war, eine halbherzige Entschuldigung vortragen.[186] Als
sich dann Rat und Bürgerschaft in einer neuen Schwurgemeinschaft
einigen und unter den Fastnachts-Aufruhr ein Schlußstrich gezogen
wird, wird auch den Bilderstürmern Generalpardon erteilt.[187] Die große

---

[182] S. den Bericht der Berner Gesandten: ebd. Nr. 331 (S. 232 f.).

[183] Ebd. Nr. 333. 334 (S. 234-237).

[184] Vgl. den Hilferuf des Rates an Bern: »In grosser il fügend wir uch ze wüssen, das sich
leider grössere widerwertigkeyt, dann by unns je gsin, uff dise stund haltet« (ebd. Nr. 373,
S. 277).

[185] »Zeinstags vor invocavit (vulgo ahn der narrenfasznacht) seindt die burger der Lutherischen sect zuogefaren und haben aller heyligen bildtnuszen hinweeg gethan und zerschlagen, angefangen umb das ein, das hatt geweert bisz nacht, sindt zum dritten mal
deszelben halben tags in das Münster kommen und gestirmbt, unnd dann morn mittwo-
chen aber gestürmbt, das holzwerkh harrauszer tragen uff den Münsterplaz unnd ahn
sechs enden oder heuffen anzündet und verbrennt« (ebd. Nr. 375, S. 278). »Ipsa demum
die dominica quinquagesima 9na februarii 1529, seu, ut profani loquuntur, ipsis bacchana-
libus diebus larvam deponit plebs, templa invasit, sacram supellectilem, lipsana sanctorum
et imagines igni dedit, virorum virginumque sacratarum claustra disrupit eosque ex illis vi
abegit« (ebd. Nr. 376). Zu den Basler Bilderstürmen s. auch die Briefe des Erasmus, o. VI,
Anm. 36-38.

[186] S. den Brief des Sekretärs des Domkapitels, Johann Kechtler, an den Domherrn Cornelius von Lichtenfels (Aktensammlung, ed. ROTH, III, Nr. 382, S. 280): ». . und ze wiszen,
das nach irem abschiedt wir nüzit wiszen, so vor nit beschehen gewesen, dann das der
herren werckhleuth im Münster und allen kilchen rumen und für und für abbrechen, die
aller maszen wie zuo st. Martin zuozerüsten, item schlagen die steinen bilder all hinweg;
doch ist biszhar beschirmbt die librari, capitelhus und beid sacristien sambt dem gewölb.
Witers wisz e. g., das nechten uff den obent der usschuz von der gemeind zuo minem
herren von Rinach, dem altten, khommen und im abwaesen anderer miner herren dem
gesagt: Als die sachen desz kilchen stüermens fürgangen, sige das von der bürgerschafft
ohn ir wissen beschehen, hab villicht also müeszen sin und von gott erachtet.«

[187] »Es haben ouch bedachte unnser herren den ufflouff, so sich dise wuchen von gemeiner unnser burgerschafft underthanen und hindersässen erhept unnd zůgetragen, mit-
sampt dem handel, den man mit zerstörung der billdern beganngen, und was sich darunder
mit räten, worten unnd getäten verlouffen, doch, ob yemanden an sinem lib oder eren
schaden zůgefügt, dasselbig vor unserem statgericht unnd nyenen anderswa rechtvertigen
mögen, vorbehalten, gnedigklich verzigen, verzichend ouch solichs in crafft diser erkant-
nusz dergestalten, dz diser dingen nyemandem furohin zů ungüten gedacht werden solli«
(ebd. Nr. 387, S. 287).

Reformationsordnung, die der Rat am 1. April 1529 erläßt und durch die sowohl der Kult wie auch das sittliche Leben in der Stadt geregelt werden, enthält ein Bilderverbot für alle Kirchen mit biblischer Begründung. An die Stelle der Errichtung von Bildern soll in Zukunft die Sorge für die Armen, die wahren und lebendigen Bilder Gottes, treten.[188] Auffällig ist in diesem Zusammenhang, daß das Gedächtnis der Heiligen nicht abgeschafft wird. Gleich an zwei Stellen wird vielmehr das Gedächtnis »der heiligen ewigen Jungfrau Marie« und der anderen Heiligen angeordnet. Die Gedenktage der Heiligen sollen im Kalender unverrückt erhalten bleiben.[189] Im Vergleich zu den von Zwingli beeinflußten Reformationsordnungen ist dies doch ein eigener Akzent, den man nicht leichthin übersehen sollte.

An den Vorgängen in Basel wird wie vielleicht nirgendwo sonst so deutlich der enge Zusammenhang von Ikonoklasmus und Polemik gegen die Messe erkennbar. Die hervorragenden Zielscheiben des Bildersturms sind die gotischen Flügelaltäre, die Orte der zahlreichen täglichen Messen, die ja zumeist als Opfer für die Seelen der Verstorbenen dargebracht werden. Der Ikonoklasmus der oberdeutsch-schweizerischen Reformation ist somit ein Teil des Kampfes gegen das mittelalterliche Kirchensystem als universaler Heils- und Seelenversorgungs-Anstalt.[190]

Disputation von Rive (Genf) 1535

In Genf kam es schon vor der definitiven Einführung der Reformation im Jahre 1536 zu Auschreitungen gegen Kirchen und sakrale Bildwerke. Über diese Vorgänge berichtet die adelige Klarissenschwester Jeanne de Jussie (Jussi) in ihrer »Kleinen Chronik«. Das St. Klara-Kloster, in dem

---

[188] »Von bildern. Wir habend in unsern kilchen zů statt und land kein bilder, in ansehen, das die vornaher vil anreitzung zůr abgötterien geben, darumb sy ouch gott so hoch verbotten und alle die verflůcht hatt, so bilder machen. Deszhalb wir fürohyn mit gottes hilff kein bilder uffrichtem lassen, aber ernstlich nachgedenckens haben werden, wie wir die armen dörfftigen, so die ware und lebendige bilder gottes sind, tröstlich versehen mögen« (ebd. Nr. 473, S. 399); Übertragung in modernes Hochdeutsch bei STAEHELIN, Buch der Basler Reformation, 207.

[189] »Und ob sich zůn zyten zůtragen, dz man der gebenedieten junckfrawen Marie, der můter Jesu Christi, oder anderer uszerwölten gottesheiligen, so jetzt in ewiger seligkeit sind, gedechtnüsz begon, do sollend die predicanten solche fest dermassen halten, damit gott in sinen heiligen gebriszt, die göttliche eer nit den creaturn, auch die gnad gottes, so er sinen uszerwölten heiligen bewisen, den heiligen gottes nit entzogen, sonder alle ding zů der eere gottes und besserung unserer nechsten gehandlet werden« (ebd. 385 f.). »Aber die verdienst, hohe tugenden und seligkeit der heyligen ewigen junckfrawen Marie, der heyligen apostelen, sant Johansen des töuffers und der lieben marterer Christi, diewyl man täglich frübet und tagpredig haben würt, sollend mit ernstlicher gedechtnüsz (wie davor in verkündung des göttlichen worts bevolhen ist) begangen werden unnd die tag irer gedechtnüsz im kalender onverruckt bliben« (ebd. 400).

[190] Vgl. hierzu auch: Lacey Baldwin SMITH, The Reformation and the Decay of Medieval Ideals. Church History 24 (1955), 212–220; bes. 216 f.

Jeanne die ereignisreichen Jahre vor der Abschaffung des »Aberglaubens« verbrachte, lag mitten in der Stadt, in der Nähe der Kathedrale,
bei dem heute noch Bourg-de-Four genannten Platz. Nach dem Auszug
der Nonnen nach Annecy war sie Äbtissin des dortigen Klarissenkon-
vents Ste. Croix, wo sie wahrscheinlich ihre Erinnerungen niedergeschrieben hat.[191]

Als sich im Jahre 1530 verbündete Schweizer Truppen elf Tage lang in
Genf aufhielten, wies der Genfer Befehlshaber die Klarissen an, das
große Kreuz, das vor dem Kloster stand, und den Crucifixus über dem
Eingangsportal des Konvents zu entfernen, damit sie nicht geschändet
würden. Jeanne bemerkt hierzu, es sei eine seltsame Sache gewesen, das
Zeichen unserer Erlösung zu verstecken.[192] Sie berichtet dann von Verwüstungen der Kirchen in der Umgebung von Genf und im Waadtland,
die ihr zu Ohren gekommen sind. Bemerkenswert sind insbesondere die
Übergriffe auf Kultgegenstände der Sakramente (heiliges Öl und Kor-
poralien) und die Hostienfrevel.[193] Die Artillerie der Besatzer war im
Plainpalais bei einer kleinen Kirche, die man »Oratorium« nannte,

---

[191] Die Bibliothèque publique et universitaire in Genf bewahrt zwei Handschriften der
»Petite Cronique« auf, Ms. suppl. 1453 und 1454, von denen die erstere mit großer Wahrscheinlichkeit das Autograph ist. Sie wurde erstmals 1611 in Chambéry veröffentlicht unter dem Titel: »Le levain du Calvinisme, ou commencement de l'hérésie de Genève. Faict
par Reverende Soeur Ieanne de Iussie, lors Religieuse à Saincte Claire de Genève, et après
sa sortie Abbesse au Convent d'Anyssi.« Weitere Drucke erschienen in Nancy 1626, in
Chambéry um 1640 und noch einmal 1649, in Paris 1682 (unter dem Titel: »Relation de
l'apostasie de Genève«), in Genf 1853 (hrsg. von Gustave REVILLIOD) und 1865 (hrsg. von
A.-C. GRIVEL); alle diese späteren Ausgaben basieren auf dem Druck von 1611 und haben
erhebliche Mängel; eine italienische Übersetzung kam 1882 in Prato heraus (Istoria me-
morabile del principio dell'eresia di Genevra. Testo italiano pubbl. dal P. Marcellino da
Civezza). Wir geben bei den folgenden Zitaten die Seitenangaben der (sehr fehlerhaften)
Edition REVILLIOD 1853; die Zitate sind jedoch an der Originalhandschrift verifiziert.- Zu
Jeanne de Jussie s. insbes.: Edmond GANTER, Les Clarisses de Genève 1473 - 1535 - 1793,
Genève 1949; ebd. auch die ältere Literatur.

[192] »Il fut dit aux Soeurs par le grand Capitaine de Geneve, nommé Besanscon, que l'on
ostast une grande croix qui estoit devant le conuent, et le beau Crucifix de dessus le portail
à l'entrée du conuent, et les fallut cacher de peur que ces chiens ne les depeçassent, qui
estoit chose bien estrange, de cacher le signe de nostre Rédemption« (ed. REVILLIOD, 16).

[193] »Ces Suisses Allemands à celle descendue sur le païs firent des maux innumbrables, et
comme faux chiens Heretiques par tout où ils passerent ils pillerent, et bruslerent toutes les
Eglises, Monasteres et Religions, ils rompirent tous les Cyboires, où reposoit le corps de
nostre Seigneur Iesus-Christ: Ils prenoient les Hosties sacrees, et les conculquoient soubs
leurs pieds, autres les jettoient dans le feu, ou dedans quelque fange: aussi prenoient les
sainctes onctions du sacrement de Baptesme, et du sainct Huyle, dont tous bons Chrestiens
sont oingts à l'extrémité de maladie, et l'espanchoient sur la terre par grande horreur et
mespris, en telle sorte que les Turcs Mahometistes, et Iuifs infidelles n'eussent sceu faire
pis, et espanchoient les saincts Fonds, crachoient, et se mouchoient sans honte ne vergogne,
et se torchoient des saincts Corporaux. Il fut dict qu'au païs de Vaux en une Eglise ils
prindrent la sacree Hostie de Iesus Christ, et la firent manger à une cheure beste brute, puis
dirent par grande derision, va t'en mourir quand tu voudras, car tu as tes sacremens«
(ebd. 22 f.).

aufgestellt. Die Bewacher der Geschütze demolierten nachts den Altar der Kapelle und die Glasfenster; ein steinernes Kreuz wurde zerschlagen, um Sitzbänke am Lagerfeuer zu gewinnen. Auch in den Kirchen der Augustiner und Dominikaner wurden Bilder und Statuen zerstört.[194] Das Klarissenkloster blieb diesmal noch unbehelligt. Dort wurde sogar noch die Messe gefeiert, was in allen übrigen Kirchen von Genf während der Tage der Besatzung nicht mehr möglich war.[195]

In den folgenden Jahren verstärkte sich die Anhängerschaft der Neugläubigen – von Jeanne als »Lutheraner« oder »Häretiker« bezeichnet. Am 1. Juli 1533 kam der Bischof Pierre de la Baume zum letztenmal nach Genf, das er seit fünf Jahren nicht mehr betreten hatte. Er hielt eine Predigt an das Volk und verließ alsbald wieder die Stadt, da er sein Leben bedroht sah.[196] Im Jahre 1534 häuften sich dann die ikonoklastischen Aktionen, die nun von Kreisen der Bevölkerung Genfs selbst verübt wurden. So sticht am 1. Mai ein Bürger in der Franziskanerkirche dem Bild des heiligen Antonius von Padua in Gegenwart des Konvents mit seinem Schwert die Augen aus.[197] Daß ihn kurz darauf der Schlag trifft, wird als Gottesgericht angesehen. An der Vigil von Pfingsten wurden sechs Statuen vor dem Portal des Franziskanerklosters geköpft; die Köpfe warf man in den Brunnen von St. Klara.[198] In der Pfingstnacht wurden zwei Engelsstatuen von Friedhof der Madeleine in den gleichen Brunnen geworfen.[199] In der Nacht vor dem Johannestag (24. Juni) demolierten Anhänger der Reformation vor der Madeleine Bilder Jesu und des heiligen Christophorus.[200] An dem auf den St. Anna-Tag (26. Juli) folgenden Sonntag wurde in Genf das Meßläuten verboten, um die Pre-

---

[194] »Ces chiens, qui de nuict faisoient le guet sur l'artillerie de l'Oratoire, abbatirent l'Autel de la Chapelle, et mirent en pièces la verriere où estoit en peinture l'image de Monsieur S. Antoine Abbé, et Sainct Sebastien. Ils rompirent aussi totalement une belle Croix de pierre et des billons d'icelle faisoient selle pour se seoir autour du feu. Et au Conuent des Augustins rompirent plusieurs belles Images: et au conuent des Iacobins en rompirent de belles de pierre, et bruslerent celles de Sainct Crespin et Crespinien, et firent plusieurs autres grandes et enormes vituperes contre l'honneur de Dieu« (ebd. 23 f.).

[195] »Durant le temps que ces Suisses demeurerent a Geneve, qui fut onze iours, on ne sonna aucune cloche, sinon pour leurs sermons diaboliques; la Messe, ny le divin service ny fut celebré, sinon au Conuent de Madame saincte Claire, auquel nostre Seigneur ne permit estre faict aucune insolence, ny ses ennemis n'entrerent iamais dedans.«

[196] Ebd. 67.

[197] »Le premier iour de May un Citoyen nommé Louys Chanevard, apres le sermon entra en l'Eglise des Cordeliers, et de la pointe de son espee plusieurs fois en donna dans les yeux de l'image S. Antoine de Padoue, en la presence des Religieux« (ebd. 88).

[198] »La vieille de Pentecoste à dix heures de nuict les Heretiques couperent les testes à six images devant le Portal des Cordeliers, puis les ietterent dedans le puits de Saincte Claire, c'estoit chose piteuse de voir les corps sans teste« (ebd. 89).

[199] »Celle nuict arracherent deux beaux Anges du Cymetiere de la Madeleine, et les ietterent dedans le puits de saincte Claire.«

[200] »La surveile de S. Iean Baptiste les Lutheriens de nuict rompirent et briserent une belle image de Iesus, et monsieur S. Christofle devant l'Eglise de la Magdaleine« (ebd. 90).

digt Guillaume Farels nicht zu stören. Nach der Predigt demolierte man das alabasterne Marienbild in der Kapelle der Königin von Zypern und raubte das Ciborium mit den konsekrierten Hostien.[201] Von einem weiteren Hostienfrevel berichtet Jeanne bei der Plünderung und Zerstörung der Pfarrkirche St. Legier außerhalb der Stadt: Einer namens Jean Goulle gibt seinem Pferd eine Hostie zu fressen, das sie jedoch durch die Nase wieder ausbläst.[202]

Am 28. Oktober (St. Simon und Juda) kommt es dann zum Übergriff auf das Klarissenkloster, das wegen des hohen Ansehens der Nonnen bei der Bevölkerung bisher verschont geblieben war. Die »Lutheraner« dringen während der Vesper in die Abteikirche ein und versuchen, den Gesang der Nonnen durch Geheul aus dem Takt zu bringen. Als dies nicht gelingt, lassen sie ihre Wut an einem Holzkreuz aus: sie schlagen es in Stücke, die sie in den Brunnen werfen. Das gleiche Schicksal erleidet eine Reliquienstatue der heiligen Ursula, worüber die Schwestern besonders betrübt sind.[203]

Der Bericht der Schwester Jeanne zeichnet sich vor allem bei den Ereignissen, die sich unter ihren Augen, inmittem der Stadt und im engeren Umkreis des Klosters zutrugen, durch Genauigkeit und große innere Anteilnahme aus. Es fällt auf, daß sie mehrmals auf die große *Schönheit* der zerstörten Kunstwerke hinweist. Zusammen mit dem Bericht des auf reformatorischer Seite stehenden Antoine Fromment[204] gibt die Chronik der Jeanne de Jussie ein lebendiges Bild von dem gewaltigen Wandel, de sich in wenigen Jahren in Genf vollzog. Die eigentliche revolutionäre Änderung des religiösen und politischen Status der Stadt wurde eingeleitet durch die Disputation von Rive.

Die Disputation von Rive hat ihren Namen nach dem Franziskanerkloster Rive in Genf, in dem sie vom 30. Mai bis zum 24. Juni 1535 stattfand.[205] Disputiert wurden fünf Thesen (Articles), die der bereits zur

---

[201] »Apres le iour de Saicte Anne, qui estoit le Dimanche, il fut deffendu de ne sonner la Messe, a fin de n'empescher le Predicant miserable. Et apres ce maudit presche ils briserent plusieurs belles images, et abbatirent entierement l'Autel de la Chapelle de la Royne de Cypre, et briserent l'Image de nostre Dame, qui estoit grande, et excellement belle et riche, entaillee en pierre d'albastre: et prindrent le Ciboire où estoit le Sainct Sacrement, et l'emporterent, et ne sçait-on qu'ils en firent. Ils abbatirent aussi les quatre pilliers devant le grand Autel, dont les Religieux voyant cela osterent le reste des Images« (ebd. 91).

[202] Ebd. 101.

[203] »Quand ces Lutheriens virent qu'ils n'en pouvoient plus, vont descharger leur maudite intention sur une croix de bois, qu'ils mirent par pieces, et les jetterent dedans le puits de devant le conuent, et prindrent une image de saincte Ursule, qui avoit le pied enchassé de reliques, car ils y faisoient l'offertoire, et la derocherent par les degrez et par dessus le pavé en la ruë pour la rompre, et la jetterent aussi au puits, dont les Soeurs furent grandement marries« (ebd. 103).

[204] S. nächste Anm.

[205] Über Vorgeschichte und Verlauf s. zuletzt: B. MOELLER, Zwinglis Disputationen, ZSavRG 91 (1974), 340–344; G. W. LOCHER, Zwinglische Reformation, 560–567, beide mit

Reformation übergetretene Guardian des Konventes, Jacques Bernard, aufgestellt hatte. Als eigentliche geistige Väter dürfen aber wohl Guillaume Farel und Pierre Viret gelten, die beide seit dem 2. April 1535 in Rive wohnten. Der genaue Text der Thesen ist nicht erhalten, wir besitzen jedoch eine recht ausführliche Zusammenfassung der theologischen Argumentation von der Hand Farels.[206]

In der zweiten These, die offenbar am eingehendsten erörtert wurde, geht es um das Verhältnis von Kirche und Evangelium und im Gefolge davon um die kirchlichen Gesetze und Anordnungen. Am Anfang wird der Grundsatz aufgestellt, der dann auch bei dem in der dritten These behandelten Bilderverbot Anwendung findet: Die Lehre Jesu ist hervorragender und vollkommener als die des Moses. Deshalb gilt die Vorschrift, nichts zum Gesetz hinzuzufügen oder davon wegzulassen (Deut 4,2; 12,32), *umso mehr* von den Geboten Jesu.[207] Der Grundsatz ist im Anschluß an den Hebräerbrief formuliert, der mehrfach ähnliche Gedanken enthält (vgl. Hb 2,1–4; 3,3; 8,6 f.; 9,13 f.; 10,28–30). Entgegen der traditionellen katholischen Auffassung, nach der die Kirche das Evangelium zuerst approbiert und bestimmt hat, was als Wort Gottes zu gelten habe, und auch die nachfolgende Kirche aufgrund ihrer Leitung durch den Heiligen Geist gültige und verbindliche Vorschriften erlassen kann, wurde bei der Disputation gezeigt, »wie das Wort Gottes über allem steht und nicht beurteilt wird, sondern seinerseits alles richtet, weil es ewig ist und vor der Kirche besteht, und kein von der Kirche anerkanntes Wort ist, auch nicht von ihr approbiert wird, sondern im Gegenteil die Kirche durch das Wort Gottes anerkannt und approbiert wird, insofern man mittels des Wortes Gottes erkennt, welches die Versammlung und Kirche der Bösen und welches die heilige Kirche und Braut Jesu ist«.[208]

Angaben über die ältere Literatur; ferner: Charles BORGEAUD, La conquête religieuse de Genève (1532–1536), in: Guillaume Farel 1489–1565. Biographie nouvelle, Neuchâtel-Paris 1930, 298–337; nützlich ist auch weiterhin die ausführliche Schilderung bei É. DOUMERGUE, Jean Calvin. Les hommes et les choses de son temps, II, Lausanne 1902, 134–149, die sich weitgehend an den lebendigen zeitgenössischen Bericht von Anthoine Fromment hält: Les actes et gestes merveilleux de la Cité de Genève, ed. Gustave REVILLIOD, Genève 1854, 137–207.

[206] Théophile DUFOUR, Un opuscule inédit de Farel. Le Resumé des Actes de la Dispute de Rive (1535). Mémoires et documents publiés par la Société d'histoire et d'archéologie de Genève 22 (1886), 201–240.

[207] »Sur le second article, a esté touché la perfection de la doctrine de Jésus, qui à ses apostres a notifié tout ce qu'il a ouy du Père; et d'autant que Jésus est plus excellant et parfaict que Moyse, plus sa doctrine excellante et parfaicte. Or estoit-il grandement deffendu par Moyse de ne riens adjouster ou oster de ce qu'il avait enseigné, ne de faire autrement qu'il avoit commendé, suyvant le bonne intention et ce qui semble bon, mais faire seullement à Dieu ce qu'il avoit commendé. Parquoy grandement est deffendu de ne rien adjouster ou oster de ce que Jésus a commendé, ne de faire autre chose que ce qu'il a commendé, tellement que si sainct Pol, ou autre quecunque soit, voyre quant seroit ung ange du ciel, qui adnunceroit autre chose, qu'il soit mauldict et execrable« (DUFOUR, 218).

Entsprechend diesen Grundsätzen werden zunächst zahlreich religiöse Bräuche, denen das Fundament in der Schrift fehlt, als Mißbräuche abgelehnt. Eine besonders scharfe Kritik erfahren dann die einzelnen Teile der Messe, und hier wiederum vor allem der Kanon, der teils als widersinnig, teils als gotteslästerlich, weil der Intention Jesu und dem Evangelium zuwiderlaufend, dargestellt wird. Schließlich werden noch Fegfeuer und Beicht mit ungefähr den gleichen Begründungen ad absurdum geführt.

In der dritten These geht es dann um Heiligen- und Bilderkult. Das reine Wort Gottes gebietet, Gott allein anzubeten und ihm zu dienen. Gott will in Geist und Wahrheit angebetet werden. Es ist sinnlos und gegen den Glauben, zu denen zu beten, die nicht mehr in diesem Leben sind. Der Glaube kommt aus dem Hören des Wortes Gottes, und dieses sagt nichts über ein Gebet zu denjenigen, die außerhalb dieser Welt weilen. Da ein solches Gebet im Glauben nicht möglich ist, ist es Sünde.[209]

Und nun zu den Bildern: In der Zeit der Schatten und sichtbaren, materiellen Opfer, im Alten Testament also, hat Gott sie streng verboten und diejenigen, die dem Verbot zuwiderhandelten, mit schwersten Strafen heimgesucht, bis hin zur Zerstörung ganzer Reiche. Das Verbot Gottes gilt in verstärktem Maße für das geistliche Volk des Neuen Testaments, das Gott in Geist und Wahrheit dienen soll. Entsprechend werden seine Übertreter sich einen schwereren Fluch Gottes zuziehen als die Alten.[210] Des weiteren werden die Bilder auch als Mittel, die Taten

---

[208] »Et de ce qu'on a voulu monstrer comment l'Église a l'auctorité d'approuver l'Évangile et diffinir ›cecy est la parolle de Dieu‹, et par ainsi puisqu'elle juge de la parolle de Dieu, elle est sus la parolle et peult ordonner, comme les apostres ont faict au premier concil, combien que ce ne feust commendé de Jésus en l'Évangille, aussi ceulx qui viennent après, représentans l'Église universelle, (laquelle gouvernée par le sainct esprit ne peult errer), ont peu faire des ordonnances bonnes et sainctes qu'on doit tenir et garder, – a esté monstré comment la parolle de Dieu est sur tout et n'est point jugée, mais juge tout, car elle est éternelle et devant l'Église, et n'est parolle cogneue par l'Église, ne approuvée par icelle, mais l'Église est cogneue et approuvée par la parolle de Dieu, tellement que par la parolle de Dieu l'on cognoist qu'elle est la congrégation et l'église des malings, et l'Église saincte et l'espouse de Jésus« (ebd. 218 f.).

[209] »Sur le tiers article, a esté monstré comme la pure parolle de Dieu porte qu'il fault adorer Dieu et servir à luy seul, et que les vrays adorateurs adorent le Père en esprit et vérité, puisque la saincte prière est celle de quoy Dieu veult estre honnoré et qu'il ne donnera point son honneur à autruy. Il ne fault point faire sa prière à ceulx qui sont hors de ceste vie... Il fault que nous fassions ce que nous faisons en foy, car tout ce qui n'est faict en foy est péché. Et la foy vient de l'ouye de la parolle de Dieu. Puisque la parolle de Dieu ne contient point que nous devons prier ceulx qui sont hors de ce monde et n'y a ne commandement ne aucun exemple en la saincte Escripture, ceulx donc qui les prient pèchent, veu qu'ilz ne les peuvent prier en foy« (ebd. 236 f.).

[210] »Quant est des imaiges, cependant que le peuple estoit soubz les umbres et sacrifices visibles et matériels, nostre Seigneur les a grandement deffenduz, commandant qu'on ne les feist et qu'on ne les adorast ne honnorast, et a griefvement puniz ceulx qui les ont faictes, tellement que par plusieurs foys le peuple en a esté mis en grosse captivité, les

Gottes ins Gedächtnis zu rufen, und als Bücher der armen, einfachen
Leute abgelehnt. Das Werk und Bild Gottes, nicht das von Menschenhand gefertigte Werk und Bild, ist dazu da, an die Taten Gottes zu erinnern. Das Buch der Christen ist das Evangelium Jesu Christi, der nicht
geboten hat, Bilder und Kruzifixe herzustellen, sondern das Evangelium
jeglicher Kreatur zu predigen. Die Christen müssen verständig und klaren Sinnes sein, keine Dummköpfe, die wie die Juden durch Schatten
und Figuren geführt und belehrt werden, und noch viel weniger durch
Bilder wie die Heiden.

Unmittelbar nach der Disputation fiel noch keine Entscheidung über
die Einführung der Reformation, da der Rat aus politischen Erwägungen
Widerstand leistete. Am 8. August 1535 erzwang die Bürgerschaft jedoch
die Predigt Farels in der Kathedrale St.-Pierre. Im Anschluß daran kam
es, während der Domklerus den zweiten Psalm der Sonntagsvesper (»In
exitu Israel de Aegypto«) sang, zum Bildersturm. Er wurde ausgelöst
durch eine Schar lärmender Kinder, die den Choral der Priester nach-
plärrten und anschließend mit den beweglichen Sitzen des Chorgestühls
klapperten. Von den anwesenden reformatorisch gesinnten Erwachsenen
wurde dies als wunderbares Eingreifen Gottes und Zeichen zum Beginn
des Zerstörungswerkes gedeutet[211] (der 113. Psalm enthält die Verse: »Simulacra gentium argentum et aurum, opera manuum hominum. .«). Mit
den demolierten Heiligen trieb man grobe Scherze. Die konsekrierten
Hostien gab man einem Pudel zu fressen. Die an diesen Vorgängen beteiligten äußern den seit dem antiken Epikureismus bekannten Gedanken, daß die Götzen nicht imstande sind, sich selbst zu verteidigen.[212]

---

royaumes en ont esté destruictz, et roys et peuples ruynez. Puisque nous sommes le peuple
spirituel, qui devons servir à Dieu en esprit et vérité, comment povons-nous avoir aucunes
images et les honnorer? La maleediction ne sera-elle plus grande sur nous que jamais ne
fut sur les anciens?« (ebd. 237)

[211] S. hierzu den Bericht von Fromment, dessen Beginn wir hier folgen lassen: »Mais
Dieu ne regarda à telles prudences hymaines, ne à la force, ne à la crainte et vertu des
hommes (mesme les Ministres n'entendoynt le fayre sans le voulloyr et conseil du Magistrat lequel souuenteffoys les en auoynt priés) ains succita une vintaine de petis enfans
contre tout l'entendement des hommes, une Dimenche, à Vespres, apres que Farel eust
presche à St Pierre en la grande eglise quathedralle. Du temps que les Prebstres chantoynt
leurs Vespres, et en disans le Psalme 114, In excitu Israel de Egipto, etc-, ces petis enfans,
sans que personne y pensa rien, commencerent à crier, à brayre et à urler comme les
Prebstres: et quelcun dict: vos maudissés en chantant ceux qui ont faict les ymages et ont
confiance en icelles, et encores les laissés là. Alors ces petis enfans poursuiuent à faire ung
grand bruict, remuans les sieges des fourmes, ont les Prebstres se souloynt assoyer et de
frapper, baisser et relever ces sieges, en derrision des Prebstres, tellement que tous furent
estonnés ouans ce bruict. Alors le Magniffique Mesgret dict à Baudichon, qui estoynt dans
l'Eglise avec les aultres, n'y pensant aultre chose: Certes cecy passe nostre entendement;
Dieu veult fayre quelque chose que nous n'entendons pas« (ed. REVILLIOD, 144 f.). Vgl.
hierzu die Störung des Chorgesangs der Nonnen von St. Klara ein Jahr zuvor (o. bei
Anm. 203).

[212] »Or voicy venir aulcuns des Sindiques, fort echauffés, Chican et Baudiere, et de crier
et menasser ceulx qui faysoynt cecy. Mais à la fin ny sçeurent que fayre, sinon que l'ung

Bei der Plünderung der Kirchen und Klöster kamen seltsame Dinge
zutage. Eine berühmte Reliquie der Kathedrale war der Arm des heiligen Antonius, auf den bei Streitsachen die feierlichen Eide geleistet wurden. Bei der Öffnung des Reliquiars fand man statt des Arms »une pible,
ou membre viril naturel d'ung cerf«, also einen Hirschziemer.[213] In der
Dominikaner-Kirche entdeckte man ein Gemälde, von dem man an-
nahm, es sei über hundert Jahre alt, und über das man sich sehr wunder-
te, da es bewies, daß nicht erst in der Gegenwart die päpstlichen Mißstände erkannt worden waren. Auf dem Bild war ein siebenköpfiger Teufel dargestellt, aus dessen After der Papst hervorging, aus dessen After
wiederum die Kardinäle, dann die Bischöfe, schließlich die Mönche und
Priester.[214] Im Franziskaner-Kloster befand sich ein Bild des Franziskus
mit der Inschrift: »Ich bin der wahre Weinstock, ihr aber seid die Reben«
(Joh 15,5), was auf seine Darstellung als »alter Christus« schließen
läßt.[215] Fromment berichtet auch ausführlich über das spätere Schicksal
der Altarsteine: sie wurden teils zur Ausbesserung der Mauern und Straßen verwendet, teils als Brücken, teils als Gartentische; andere zur Ab-
leitung der Fäkalien in den öffentlichen Toiletten von St.-Antoine; aus
den drei schönsten und größten wurde eine erhöhte Hinrichtungsstätte
auf dem Champel konstruiert, und der erste dort Exekutierte war ein
Priester, ein Brudermörder, der vorher von dem Bischof von Genf be-
gnadigt worden war.[216]

---

d'iceulx dict: Si sont vrays Dieux, qu'ilz se deffendent si veullent, nous n'y sçauons plus que
fayre. Et furent trouuées enuyron cinquante hosties des Prebstres consacrées à leur coustume, lesquelles le Magniffique Mesgret donna à manger à son chien barbet disant, si ce
sont vrays dieux ne se laisseront manger à ung chien; mais les deuoura tous à ung coup; et
ainsi tous les dieux blancz, et les ydolles des Prebstres furent brisés ou mangés du chien
barbet dans Geneue« (ebd. 145 f.); vgl. Lukrez, De rer. nat. 6,417–420: der Gott schützt
seine Tempel und Bilder nicht vor dem Blitzschlag:
    postremo cur sancta deum delubra suasque
    discutit infesto praeclaras fulmine sedis
    et bene facta deum frangit simulacra suisque
    demit imaginibus violento vulnere honorem?
Vgl. auch Erasmus, o. VI, Anm. 38.
[213] Fromment, ed. c. 146.
[214] »Ce n'est pas de present qu'on a congnu l'abus du Pape et des siens, veu que d'aultres
desia de long temps l'auoynt congnu, en faysant ceste figure. Laquelle auoit sept testes et
dix cornes (Apocal 17) peinte à la façon d'ung dyable, en la maniere des peyntres. Mais du
cul de ce dyable sourtoit le Pape, et du cul du Pape des Cardinaux, et des Cardinaux des
Euesques des Moynes et Prebstres; et ainsi tout ce mesnage monstroit estre sourty et venu
du cul du Dyable« (ebd. 153 f.).
[215] »Ainsi par toutes les Eglises fust trouuee quelque nouuelle marchandise. Et comme en
plusieurs conuents de St Françoys vous trouvés selon leur coustume, des peintures de St
Françoys assy y en auoit une au conuent des Cordeliers, et au dessus estoit escript; Ego sum
vitis vera; Vos autem palmites« (ebd. 154).
[216] »Mais les troys les plus beaux et excellens qu'ilz sceurent trouuer dans Geneue ont
faict ung lieu esleué en hault, (comme on esleuoit le grand autel des Eglises), aupres du
gibet, en Champel, troys ensemble, pour y sacrifier, c'est à dire executer les malfaicteurs; et
dessus ces autelz l'executeur de la haulte iustice leur coupe la teste. Et le premier qui y fust

Die gesamte Geistlichkeit floh nach dem Bildersturm aus der Stadt nach Annecy. Am 10. August verfügte der Rat der »Zweihundert« die vorläufige Abschaffung der Messe. Bis zum Dezember fand der faktische Übergang zur Reformation statt. Anfang Februar 1536 wurde Genf durch die Ankunft der Berner Truppen von der Belagerung des Herzogs von Savoyen befreit.[217] Jedoch erst am 21. Mai bestätigte die Volksversammlung förmlich den Übergang zur Reformation. Sie beschloß, dem Evangelium und dem Wort Gottes gemäß zu leben, ohne noch Verlangen zu tragen nach Messen, Bildern, Götzen und anderen päpstlichen Mißbräuchen.[218] Die noch in der Kathedrale St.-Pierre erhaltene Inschrift in schönem klassischen Latein erinnert an diese dramatischen Vorgänge. In ihr ist das religiöse und politische Selbstverständnis des reformierten Stadt-Staates prägnant zusammengefaßt:

> QVVM ANNO .1535. PROFLIGATA RO-
> MANI ANTICHRISTI TYRANNIDE
> ABROGATISQVE EIVS SVPERSTITIO-
> NIBVS SACROSANCTA CHRISTI RELI-
> GIO HIC IN SVAM PVRITATEM ECCLE-
> SIA IN MELIOREM ORDINEM SINGV-
> LARI DEI BENEFICIO REPOSITA ET SI-
> MVL PVLSIS FVGATISQVE HOSTIBVS
> VRBS IPSA IN SVAM LIBERTATEM,
> NON SINE INSIGNI MIRACVLO, RE-
> STITVTA FVERIT: SENATVS POPV-
> LVSQVE GENEVENSIS MONVMENTVM
> HOC PERPETVAE MEMORIAE CAVSA FIE-
> RI, ATQUE HOC LOCO ERIGI CVRAVIT:
> QVO SVAM ERGA DEVM GRATITVDINEM
> AD POSTEROS TESTATAM FACERET.

Es ist hier das gleiche Geschichtsverständnis ausgesprochen, wie es in der Änderung der Devise am 4. Dezember 1535 von »Post tenebras spero lucem« in das berühmte: »Post tenebras lux« zum Ausdruck kommt.[219]

---

executé ce fust ung Prebstre... Car ainsi que le Prebstre qui, selon la loy Papalle auoit sacrifié Iesus Chris sur les autelz, aussi y fust le premier sacrifié« (ebd. 231 f.).

[217] Ebd. 207; BORGEAUD, Conquête (o. Anm. 205), 329.

[218] Text bei DOUMERGUE, Jean Calvin II,147; BORGEAUD, Conquête, 332 f.

[219] DOUMERGUE II,139 f.; vgl. auch den Beginn des Testamentes Calvins, CO 21,162 (o. Anm. 73). Die älteste bekannte ikonographische Darstellung des neuen Wahlspruches befindet sich auf einer Glasscheibe des Jahres 1547: Waldemar DEONNA, Les Arts à Genève des origines à la fin du XVIIIᵉ siècle, Genève 1942, 370, Fig. 246; vgl. ebd. Fig. 1 (neben Titelblatt), von 1558; E. William MONTER, Calvin's Geneva, Huntington, New York 1967 (Nachdr. 1975), 78.

Disputation von Lausanne 1536

Nach der Eroberung des Waadtlandes durch die Berner Truppen und die Übernahme der weltlichen Herrschaftsrechte des Bischofs von Lausanne durch die Regierung von Bern fand nach nun schon vielfach bewährtem Muster vom 1. bis zum 9. Oktober 1536 in der Kathedrale von Lausanne eine öffentliche Disputation statt.[220] Die zehn Thesen wurden hauptsächlich von Guillaume Farel und Pierre Viret verteidigt. Auch Calvin, der zum erstenmal bei einer solchen Gelegenheit öffentlich auftrat, leistete einen viel bewunderten Beitrag. Dagegen war die katholische Seite nur unzulänglich vertreten, da das Domkapitel gegen die Veranstaltung feierlich protestiert und eine Teilnahme aus kirchenrechtlichen Erwägungen abgelehnt hatte. Die Thesen geben eine zusammenfassende Beschreibung der wesentlichen Elemente des Erlösungswerkes Christi (1-2), der Aufgaben der wahren Kirche Gottes (3-7) und einer christlichen Ethik (8-10) in reformatorischem Verständnis.[221]

In der 7. These ist die wahre Gottesverehrung und das daraus folgende Bilder- und Zeremonienverbot beschrieben. Sie hat folgenden Wortlaut: »Ferner kennt die genannte Kirche überhaupt keine andere Art und Weise der Gottesverehrung als die geistige und aus der Vorschrift des Wortes Gottes entnommene, die in der Gottes- und Nächstenliebe besteht. Und so gestattet sie durchaus nicht den endlosen Unfug jeglicher Zeremonien, insofern sie die Religion pervertieren, wie es die Bilder und ähnliche Dinge sind.«[222]

---

[220] Zum äußeren Verlauf der Ereignisse s. vor allem: Emmanuel DUPRAZ, La Cathédrale de Lausanne. Étude historique, Lausanne 1906, 398-403; Henri VUILLEUMIER, Histoire de l'Église réformée du Pays de Vaud sous le régime Bernois I, Lausanne 1927, 148-183; Charles GILLIARD, Le triomphe de la Réformation dans les contrées romandes. Conquête et organisation du pays de Vaud par les Bernois. Farel et la Dispute de Lausanne (Janvier à Octobre 1536), in: Guillaume Farel. Biographie nouvelle, Neuchâtel-Paris 1930, 338-347; G. W. LOCHER, Zwinglische Reformation, 558 f.

[221] Les Actes de la Dispute de Lausanne 1536 publiés intégralement d'après le manuscrit de Berne par Arthur PIAGET (Mémoires de l'Université de Neuchâtel, T. 6), Neuchâtel 1928; zur Theologie der Disputation von Lausanne s. vor allem: Georges BAVAUD, La Dispute de Lausanne (1536). Une étape de l'évolution doctrinale des Réformateurs romands (Studia Friburgensia N. S. 14), Fribourg 1956.

[222] »Ad haec sepius jam dicta ecclesia ritum colendi Deum plane alium ignorat quam spiritualem, et ex verbi Dei prescripto, qui in Dei proximique dilectione situs est, atque adeo omnium ceremoniarum nugas infinitas, quatenus pervertende religioni serviunt, ut sunt imagines, et id genus alia, prorsus non admittit«: Actes, ed. PIAGET, 6; ebd. und S. 290 die französische Übersetzung: »Oultre plus, la dicte eglise ignore toute aultre façon et maniere de servir a Dieu fors celle qui est spirituelle, ordonnee par la parolle de Dieu, qui gist en la dilection d'icelluy et du prochain. Et, pourtant, elle rejecte entierement les moqueries infinies de toutes cerimonies, en tant qu'elles pervertissent la religion, comme sont les imaiges et semblables choses«; s. hierzu: BAVAUD, Dispute, 111-115: »Les fondements de l'iconoclasme réformé«; H. FELD, Rein geistiger Kultus und Bilderverbot: Die 7. These der Disputation von Lausanne und ihr religions- und kulturgeschichtlicher Hintergrund. Catholica 41 (1987), 125-142.

Die Auslegung und Begründung dieser These unternahm Viret. Seine Rede enthält ein wahres Geflecht alt- und neutestamentlicher Stellen, die direkt und indirekt mit dem wahren geistigen Kult Gottes und seinen echten und falschen Bildern zu tun haben. Seine Hauptgedanken sind die folgenden: Der wahre Gottesdienst ist nicht dem Willen und der Phantasie des Menschen überlassen, sondern er ist allein im Willen und Wohlgefallen Gottes begründet. Wie bei allen menschlichen Werken hängt sein Wert nicht vom guten Willen oder der guten Absicht des Menschen ab, sondern er ist Gott nur angenehm, wenn er geordnet und begründet ist durch Gottes Wort. Gott ist nicht etwas Fleischliches, Sichtbares, Zerstörbares, viel mehr eine unendliche Gottheit, Majestät, Macht, Weisheit, Güte, und nach Joh 4,24, Geist, der nur solche Anbeter haben will, die ihn im Geist und in der Wahrheit anbeten. Wenn auch die Patriarchen und Propheten des Alten Testaments Zeremonien beobachtet haben, so wußten sie doch gut, daß der wahre Gottesdienst ein geistiger ist. Nach Is 66,1 und 3 Kön 8,27 benötigt Gott auch kein von Menschen gemachtes Haus, wie es auch Stephanus und Paulus in der Apostelgeschichte bestätigen (Apg 7,48 f.; 17,24), Nach Paulus sind die gläubigen Glieder der Kirche der Tempel und die Wohnung Gottes (1 Kor 3,16; 2 Kor 6,16). Da wir also immer im Tempel Gottes sind, brauchen wir nicht mehr nach Jerusalem oder auf einen anderen Berg (nach Joh 4,21), und noch viel weniger nach Rom oder Santiago zu ziehen, Orten, die voller Aberglauben und Götzendienst sind.

Wenn wir überzeugt sind, daß Gott unser Vater ist, dem wir so viele Wohltaten und große Liebe verdanken, so bringen wir ihm unsererseits unsere Liebe entgegen, die sich auch auf den Nächsten ausdehnt, der nach seinem Bild und Gleichnis geschaffen ist. Damit erfüllen wir den Willen und das Gesetz Gottes, der selbst die Liebe ist (Röm 13,8-10). Denn das Gesetz Gottes ist enthalten in den beiden Geboten der Gottes- und Nächstenliebe, deren Befolgung Gott angenehmer ist als das Darbringen von Opfern (Mt 7,12; 22, 37-40; Mk 12, 29-33). Nach dem Zeugnis der Propheten und Apostel gibt es keinen anderen Gottesdienst als allein den geistigen, dessen Inhalt die Liebe zu Gott und dem Nächsten ist.

Wenn schon die Propheten diejenigen tadelten, die bei den sichtbaren Zeremonien stehen blieben und auf sie vertrauten, umso mehr verwirft die wahre Kirche Jesu die menschlichen Erfindungen, vor allem die Bilder, die im Alten und Neuen Testament verboten sind (Ex 20,4; Deut 4,15 ff.; 27,15; Lev 26,1; Is 40,18-20; 42,8; Ps 105,19; 1 Kor 6,9; Apg 17,24), weil sie Ursache für den Götzendienst und Gelegenheit für vielerlei Mißstände sind. Es gibt keinen Grund, sie beizubehalten. Nach dem Vorbild des Ezechias, der die eherne Schlange zerstören ließ (4 Kön

18,4), die immerhin Typus eines großen Geheimnisses war (Joh 3,14), ist es erlaubt, die Bilder zu zerstören, die Gott verboten hat.

Die Bilder sind auch nicht die Bücher der armen Leute, vielmehr ist das Bild Gottes in seinen Geschöpfen enthalten: durch sie erkennen wir seine unsichtbaren Eigenschaften (nach Röm 1,20). Ferner ist Jesus Christus das wahre Bild des unsichtbaren Gottes (2 Kor 4,4; Kol 1,15; Hb 1,3). Jesus aber ist uns nach dem Zeugnis des Paulus gemalt und lebendig porträtiert in den Heiligen Schriften (Gal 3,1). Es wäre die Pflicht der Priester, das Volk durch die Verkündigung des Wortes Gottes zu lehren, anstatt Prediger aus Holz und Stein aufzustellen, nämlich Bilder, von denen sie behaupten, sie seien die Bücher der einfachen Leute. Diese aber werden verdummt und zum Aberglauben verführt. Die lebendigen Glieder Jesu Christi sterben vor Hunger und Kälte. Anstatt die Mittel der Kirche an die Armen zu verteilen, welche die wahren Bilder Gottes sind, werden sie daran verschwendet, Steine und Holz mit Silber und Gold zu überziehen.

Weil sie das Volk von der Gotteserkenntnis und dem wahren geistigen Kultus Gottes ablenken, lehnt die Kirche Bilder, Gewänder, Glocken, Orgel, Altäre und andere Äußerlichkeiten ab.[223]

Für Lausanne hatte die 7. These der Disputation eine besondere Bedeutung. Denn in der Kathedrale befand man sich ja an einem Ort besonderer Bilderverehrung, einem der größten Wallfahrtsorte des Mittelalters. Und doch fand sich unter den Anwesenden kein altgläubiger Priester oder Laie, der ähnlich wie der Arzt Blancherose den Millennarismus, die Bilder verteidigt hätte. Am Ende der Disputation lobt Farel die Bürger von Lausanne, daß sie bereits vor der Disputation die meisten Bilder beseitigt, die Altäre entblößt und durch Entfernung der Reliquienkästen entweiht und selbst *das große Idol* entfernt hätten, das sie früher so verehrt hatten. Mit dem großen Idol ist das Gnadenbild »Notre Dame de Lausanne« gemeint, dessen prachtvoll ausgemaltes Heiligtum sich in dem südlichen Querhaus der Kathedrale befand.[224]

Die theologische Begründung, die Viret für das Bilderverbot gibt, bewegt sich ganz in den Spuren Zwinglis, der in dieser Frage wiederum

---

[223] Actes, ed. PIAGET, 290–297.

[224] »Puis qu'avez osté la plus grosse partie de voz imaiges avant la disputation, desnué et dessacré les autelz, tyrans les boytes qui estoient dedans, et osté et retiré mesme la grosse idole que tant avez honoree et faict honorer, achevez, poursuyvez ce qu'avez commencé« (Actes, ed. PIAGET, 419). Das Domkapitel hatte die Entfernung der Bilder vorsorglich angeordnet: s. Emmanuel DUPRAZ, Cathédrale (o. Anm. 220), 400. Über das Gnadenbild »Notre Dame de Lausanne« und sein Schicksal s. ebd. 80–84; 406–409. In einer Liste der in Bern eingeschmolzenen Gegenstände aus dem Domschatz von Lausanne vom 7. Juni 1537 ist angeführt: »Marie ou la grande Diane avec son fils et l'argent du trône« (ebd. 409). Zu Kult und Heiligtum des Gnadenbildes s. auch: Emmanuel-Stanislas DUPRAZ, La Cathédrale de Lausanne. Histoire – Art – Culte, Lausanne 1958, 245–250.

stark von Erasmus beeinflußt war. Sie zeigt den Weg zur wahren Gottesverehrung auf. Daraus ergibt sich die Zurückweisung des falschen
Weges. Dem entsprechend kreist die Argumentation um zwei zentrale
Gesichtspunkte: 1. Der wahre Gottesdienst ist ein geistiger (Joh 4,24).
Die sichtbaren und fleischlichen Zeremonien hatten nur für eine Zeit-
lang Geltung, solange bis die Erfüllung in Jesus und durch Jesus kam.
Gott wohnt nicht in Häusern, die von Menschenhand gebaut sind. Jesus
ist das Fundament des Hauses Gottes, wir sind der Tempel und die Woh-
nung Gottes.[225] Das wahre Bild Gottes ist der Nächste, auf den unsere
Liebe gerichtet sein muß: In der Befolgung der Gebote der Gottes- und
Nächstenliebe, nicht in äußerlichen gottesdienstlichen Handlungen, besteht also der wahre Kult Gottes.[226]

2. Der rechte Weg zur Erkenntnis Gottes führt *über die Schöpfung als
Bild Gottes:* Gottes unsichtbare Eigenschaften, seine ewige Macht und
Güte, werden aus seinen Werken erkannt (Röm 1,20).[227] In besonderer
Weise ist Jesus Christus das wahre Bild des unsichtbaren Gottes. Jesus
aber ist uns gemalt und nach dem Leben porträtiert in den Heiligen
Schriften (Gal 3,1).[228] Die abergläubischen Gebräuche und Zeremonien
aber, zu denen auch die Bilder gehören, sind Hemmnisse für den rein
geistigen Kultus und die Erkenntnis Gottes und als solche von der Kirche abzulehnen.

Gemessen an ihrem Ziel, den Klerus des Waadtlandes und von Lausanne zu überzeugen, endete die Veranstaltung mit einem Debakel: etwa
10 der 184 versammelten Geistlichen schlossen sich der Reformation an.
Die Berner Regierung, die in Gestalt maßgeblicher Vertreter (Niklaus
von Wattenwyl, Peter Cyro, Kaspar Megander) den Verlauf der Disputation beobachtet und überwacht hatte, sah dennoch den Sieg der reformierten Sache als erwiesen an. In einem Dekret vom 19. Oktober verbot
sie Messe und Bilder, in einem zweiten vom 24. Dezember 1536 wurde
endgültig der Kultus in reformierter Gestalt im Waadtland eingeführt.
Schon kurz nach dem Ende der Disputation wurden in der Kathedrale
Zerstörungen durchgeführt, denen u. a. der große Crucifixus zum Opfer
fiel. Ende 1536 und Anfang 1537 wurden dann die Altäre durch Steinmetzen beseitigt.[229]

Die streng reduzierte Form des Kultus Farelscher und Calvinischer
Prägung – sie bestand im wesentlichen aus der Predigt und dem Gesang
von Psalmen – genügte dem kultischen Bedürfnis späterer Generationen

---

[225] Actes, ed. PIAGET, 292 f.
[226] Ebd. 294.
[227] Ebd. 295.
[228] Ebd. 296; vgl. Erasmus, Paraclesis, o. VI, Anm. 33. 34.
[229] E.-S. DUPRAZ, Cathédrale, 62 f.; die Kathedrale hatte nicht weniger als 40 Altäre:
ebd. 68–76.

nicht mehr. Im Laufe der Zeit wurden in Lausanne zusätzliche kultische Formen und Praktiken eingeführt, darunter eine biblische Andacht ohne Predigt und die öffentliche Aufnahme der Katechumenen. 1733 erhielt die Kathedrale wieder eine große Orgel – die mittelalterliche hatte man 1537 im Zuge des Bildersturms verbrannt. Im 19. Jahrhundert bürgerte sich dann die Bezeichnung »Kathedrale« wieder ein – seit der Reformation hatte man nur noch von der »Großen Kirche«, dem »Großen Tempel« o. ä. gesprochen.[230] Das augenfälligste Beispiel für ein gewandeltes Verständnis des Mittelalters im modernen reformierten Protestantismus ist vielleicht das Fenster des Malers Charles Clément von 1932 mit der Darstellung der »Beata Maria Lausanensis« in der Gnadenkapelle, nahe dem Ort, an dem das mittelalterliche Gnadenbild aufgestellt war.[231]

Bucers Disputationsthesen und der Ulmer Bildersturm 1531

Für den definitiven Durchbruch der Reformation in Ulm bot der Reichstag von Augsburg 1530 den unmittelbaren Anlaß.[232] Die reformatorische Sache hatte immer mehr Anhänger gefunden, seit der Zwinglianer Konrad Sam im Jahre 1524 eine evangelische Prädikanten-Stelle erhalten hatte. Er predigte zunächst in der Barfüßer-Kirche, dann im Münster. Vom 3. bis 5. November 1530 fand eine Abstimmung der Zünfte statt, bei der 87% der befragten Bürger den Reichstagsabschied von Augsburg ablehnten und damit ihre Zustimmung zu der neuen Lehre bekundeten.[233] Der Rat ließ hierauf Bucer, Oekolampad und Blarer nach Ulm kommen, um die Neuordnung der kirchlichen Verhältnisse in Angriff zu nehmen.

Die drei reformierten Theologen begannen ihre Tätigkeit am 31. Mai 1531. Zunächst war wohl eine Disputation vorgesehen, doch kam es dann zu einem anderen Verfahren. Vom 5. bis 7. Juni 1531 wurden nach-

---

[230] Ebd. 36–39; 122–129.

[231] Édouard DISERENS, Cathédrale de Lausanne. Les vitraux modernes: Un panorama du vitrail en Suisse romande entre les deux guerres, Lausanne s. a., 2. 9.

[232] Über die Reformation in Ulm s. zuletzt: Hans Eugen SPECKER und Gebhard WEIG (Hrsg.), Die Einführung der Reformation in Ulm. Geschichte eines Bürgerentscheids (Forschungen zur Geschichte der Stadt Ulm. Reihe Dokumentation, 2), Ulm 1981; E.-W. KOHLS, Einleitung zur Edition der Ulmer Kirchenordnung: Bucer, DS 4 (1975), 185–211; H. MOELLER, Zwinglis Disputationen, ZSavRG 91 (1974), 323–329, mit Angaben über die ältere Literatur; darunter besonders wichtig: Theodor KEIM, Die Reformation der Reichsstadt Ulm, Stuttgart 1851; F. KEIDEL, Ulmische Reformationsakten von 1531 und 1532. Württ. Vjh. f. Landesgesch. N. F. 4 (1895), 255–324; Julius ENDRISS, Das Ulmer Reformationsjahr 1531 in seinen entscheidenden Vorgängen, Ulm ²1931.

[233] J. ENDRISS, Die Abstimmung der Ulmer Bürgerscahft im November 1530, Ulm s. a. [1931]. Über Sam: Konrad HOFFMANN, Konrad Sam (1483–1533), der Prediger des Rats zu Ulm, in: SPECKER-WEIG, Einführung, 233–268.

einander die Weltpriester der Stadt, die Ordensleute und die Landgeist-
lichen durch den Rat auf das Rathaus zitiert, wo nach Ansprachen des
Bürgermeisters Bernhard Besserer und Konrad Sams eine Verlesung und
Erläuterung von 18 Artikeln durch Bucer stattfand. Die Geistlichen sollten hierzu einzeln Stellung nehmen. Die überwiegende Mehrheit äußerte sich ablehnend zu Bucers Artikeln. Die Antworten, deren Protokoll
erhalten ist, zeigen jedoch, daß der Welt- und Ordensklerus, von wenigen Ausnahmen abgesehen, theologisch überfordert war.[234]

Von Bucers Thesen befassen sich drei (9, 13 und 14) mit kultischen
Fragen im engeren Sinne.[235] Die 9. These weist auf die verheerenden
Folgen hin, die die Aufstellung von Bildern und Götzen in der Kirche
nach sich zog; dies war auch gar nicht anders zu erwarten, da sie entgegen dem klaren Verbot Gottes (Ex 20,4 ff.; Deut 5,8 ff.) zur Verehrung
vorgestellt wurden; sie sollen deshalb in den Kirchen nicht geduldet
werden; wer für die Aufstellung von Bildern in den Kirchen einträte, der
würde die Abgötterei verteidigen.[236] Die 13. These tritt, unter Berufung
auf Joh 4,24, für einen rein geistigen Kultus ein. Wir sollen Gott *überall*
im Geist und in der Wahrheit anbeten; seine Gnade und alles Gute für
Seele und Leib sollen wir bei Christus, dem einzigen Gnadenstuhl, suchen; die Wallfahrten *an besondere Orte,* an denen man Christus oder
die Heiligen zu verehren meint, sind deshalb abzustellen; die Gelübde,
Wallfahrten zu tun, sind ungültig.[237] In der 14. These stellt Bucer die
guten Werke am Nächsten an die Stelle, die bisher der Kult eingenommen hat. Die guten Werke, die man Gott selbst, nicht zur Besserung des
Nächsten, tun wollte, zählen vor Gott nicht; sie sind auch eine Art Götzendienst, da sie »an Holz und Stein« gewendet sind.[238] In der Charakteristik des Kultes als eines *Werkes,* durch das sich der Mensch vor Gott
gut stellen möchte, ohne den Mitmenschen zu berücksichtigen, zeigt sich
im Denken Bucers der Einfluß Luthers.

---

[234] S. die Stellungnahmen bei KEIDEL, Ulmische Reformationsakten, 260–269.

[235] Bucers Entwurf zur Ulmer Kirchenordnung und zu den 18 Artikeln (1529–1531),
bearb. v. E.-W. KOHLS (DS 4), Gütersloh 1975, 374–398; ebd. 377 f.

[236] »Bilder und Götzen Jn der kirchen haben erschreckliche ergernuß, unleuckbare abgötterey bracht und gefurdert, wie sy auch anders nit wol bringen und furderen konden, wa
sy zů vereerung, das gott so hell und theur verpotten, Exo 20 [4–15], Deutro 6 [5,8–10]
furgestellet. Darumb sollen sy in kirchen nit geduldet werden, und wurdt der gewisse
abgötterey beschirmen, der die bilder jn kirchen vertedigen wölte.«

[237] »Gott, der ein geist ist, sollen wir allenthalben jm geyst und der warheit anbetten, Joh
4 [24], und sein gnad und alles gůts an sel und Leib by dem einigen gnaden stůl Christo
sůchen. Darumb sind alle walfert an sondere ort, da man Christum oder Heiligen vermeint
zů vereren, yre Hilff oder furbitt besonders zů erlangen, abzustellen, und die gelubd, dar-
uber gethon, als untuchtig faren zu lassen.«

[238] »Der Herr sagt den leuten thůn, was wir wöllen, das uns geschehe, seye das gesatz und
propheten, Math 7 [12]. Darumb keine gůtte oder gott gefellige werck sein konden, die
nicht dem nechsten zů frommen entlich gereichen, werden auch vor gott nymer mer gůtte
werck gezelet, die man got selb etwas zů thůn, und nicht zů besserung des nächsten, ordnet
und dann an Holtz und steyn wendet.«

Wie schon erwähnt, hatte die große Masse des Ulmer Stadt- und Land-klerus nicht die theologischen Voraussetzungen, um auf Bucers Thesen angemessen antworten zu können. Die einzigen, die entschieden und sachlich dagegen auftraten, waren der Dominikaner-Prior Leonhard Köllin und der Pfarrer von Geislingen Dr. Jörg Oßwald.[239] In dem letz-teren entstand Bucer ein ebenso zäher wie konservativer Gegner. In sei-nem allgemeinen Widerspruch führt Oßwald die klassischen katholi-schen Argumente für die kirchliche Tradition an: »Wenn die Kirche bisher geirrt hätte, so wäre sie keine christliche Kirche gewesen. Der Herr aber habe ihr Joh 14 den h. Geist verheißen, der sie alle Wahrheit lehren werde, es sei also keine weitere Untersuchung nötig, da er lehre, was die Kirche lehre, die Artikel aber davon abweichen. Warum man denn glaube an eine heil. christliche Kirche, wenn die Messe, die sie bisher angenommen habe, eine Gotteslästerung sei?« Weiterhin sei der Schriftbeweis nicht ganz einfach. Die Schrift sei zwar gerecht, aber die Auslegung könne irrig sein. Gebe es also Streit um die Auslegung, so müsse ein unparteiischer Richter entscheiden, sonst sei alles Disputieren vergeblich. Auch die alten Ketzer, die der Schrift eine unrichtige Deu-tung gegeben hatten, seien nicht schlechthin aus der Schrift, sondern durch die Konzilien überwunden worden.[240] In der Tat markiert Oßwald hier die zentralen Punkte der reformatorisch-katholischen Kontroverse, und man wird nicht behaupten können, daß in diesem Fall die Ge-sprächs- und Streitpartner aneinander vorbeigeredet hätten.

In der schriftlichen Stellungnahme, die Oßwald vierzehn Tage später zu den einzeinen Artikeln einreichte, bemerkt er zur 9. These, es könne keine Schriftstelle aus dem Alten und Neuen Testament angeführt wer-den, die die Bilder verbiete, »so man sie recht versteht«. Die Christen beten die Bilder nicht an und halten Holz und Stein nicht für Gott. Gegen die 13. These führt er an, daß Christus zwar die Anbetung im Geist und in der Wahrheit gelehrt habe, damit aber die äußeren Zere-monien nicht einfachhin habe verwerfen wollen.[241]

Während Oßwald noch mit Bucer stritt – am 27. Juni fand nochmals ein öffentliches Religionsgespräch auf dem Rathaus statt – waren in Ulm längst vollendete Tatsachen geschaffen worden. Am 16. Juni, eine gute Woche nach der ersten Disputation, war die Abschaffung der Messe verfügt worden; vier Tage später, am 20. Juni 1531, wurden die Bilder im Münster beseitigt. Es war jedoch kein tumultartiger Bildersturm, son-

---

[239] Jörg Oßwald aus Ulm hatte in Heidelberg und Tübingen studiert und war seit 1509 Pfarrer in Geislingen; KEIDEL, Reformationsakten, 270, Anm. 2; Heinrich HERMELINK, Die Matrikeln der Universität Tübingen, Stuttgart 1906, Nr. 35,54 (S. 106 und ebd. Anm. 54).

[240] KEIDEL, Reformationsakten, 270 f.; KEIM, Reformation, 238 f.

[241] ENDRISS, Reformationsjahr, 34.

dern alles geschah »ordentlich«. Die Familien erhielten Gelegenheit, die von ihnen gestifteten Aitäre und Bildnisse an sich zu nehmen. Der für die Reformation zuständige Ausschuß des Rates verfügte, das Chorgestühl nicht anzutasten, dagegen sollten die beiden Orgeln entfernt werden.[242] Wie der Kaplan Nikolaus Thoman in seiner »Weißenhorner Historie« berichtet, bot das Münster danach einen Anblick, als ob der Türke dort gehaust hätte.[243] Er spricht von einer Erneuerung des byzantinischen Bildersturms und der ikonoklastischen Häresie. Nach dem Abbruch der Altäre im Münster wurden auch in den übrigen Kirchen Ulms die «Götzen« durch Handwerksleute demoliert und hinausgeworfen.[244]

Die am 6. August 1531 erlassene Kirchenordnung, die von Bucer maßgeblich beeinflußt wurde,[245] enthält auch einen ausführiichen Abschnitt »Von Bildern«.[246] In ihm wird eingangs betont, daß unser Herr und Heiland neben dem Wort der Predigt uns keine anderen leiblichen oder sichtbaren Verfügungen hinterlassen hat als die beiden Sakramente der Taufe und des Abendmahls und Gott die Bilder und Götzen auf das strengste verboten hat. Deshalb sollen die Bilder aus allen Kirchen und anderen Orten, wo sie verehrt werden, durch Amtleute entfernt werden. Dabei darf kein Unfug getrieben werden, damit niemand beleidigt wird. Den Predigern wird Anleitung gegeben, wie sie beim Volk die Neigung zum Bilderkult bekämpfen sollen. Die Bilder sind nicht der Laien Bibel, sondern sie löschen vielmehr Gottes Erkenntnis, Gedächtnis und Ehre aus. Die ewige, unbegreifliche und an allen Orten gegenwärtige göttliche Majestät kann kaum durch so viele herrliche und wunderbare Geschöpfe und lebendige Bilder abgebildet werden, um wieviel weniger durch die von Menschen hergestellten nichtigen, lügenhaften Larven. Ausführlich

---

[242] KEIDEL, Reformationsakten, 277 (Nr. 31).

[243] Quellen zur Geschichte des Bauernkriegs in Oberschwaben, hrsg. von Franz Ludwig BAUMANN, Tübingen 1876, 177, folgt auf den Abschnitt »Meßhaben abgetan«: »Aftermontag am 20 tag Junii haben sy in der pfarrkirchen all altar abbrochen, die taflen darab genomen, zerschlagen, erhawen, alle bultnussen, als gemel in der kirchen und ausserthalb als hinweg und verderbt, ain schöns crucifix mitten in der kirchen die saul oder creutz abgeseget, ganz erschlagen und erhauen, in summa wan der Turck da gewesen were, er hette an dem ort nit grober mit spottworten und andren dingen schantlicher, uncristenlicher mugen handlen. Die taflen und bulder haben sy auf dem kirchhof erscheittet und armen leyten geben zu verbrennen.« – Die Zahl der Altäre des Ulmer Münsters ist nicht einhellig überliefert. In seiner sorgfältigen Untersuchung: Die Münsteraltäre des Spätmittelalters. Stifter, Heilige, Patrone und Kapläne, in: H. E. SPECKER, R. WORTMANN (Hrsg.), 600 Jahre Ulmer Münster. Festschrift (Forschungen zur Geschichte der Stadt Ulm, 19), Ulm 1977, 126–182, kommt Hermann TÜCHLE auf insgesamt 52 Altäre.

[244] ENDRISS, Reformationsjahr, 64 f.

[245] Ordnung, die ain Ersamer Rath der Statt Ulm in abstellung hergeprachter etlicher mißpreuch in jrer Stat und gepietten zů halten furgenommen, ed. E.-W. KOHLS, in: Bucer, DS 4, Gütersloh 1974, 183–305.

[246] Ebd. 246–248.

wird dann ein Argument des Athanasius gegen die Götzenbilder der Heiden angeführt,[247] das nach Meinung des Autors auch gegen die zutrifft die in der jetzigen Zeit Bilder in den Kirchen verteidigen wollen. Athanasius fragt, ob die Bilder mittels ihrer Materie oder mittels ihrer Form und Gestalt an Gott erinnern sollen. Tun sie es aufgrund ihrer Materie, dann ist zu fragen, ob die Materie nicht in ihrem naturhaft belassenen Zustand, wie Gott sie geschaffen hat, diesem Zweck eher dienen könne, als wenn der Mensch erst »seine verkehrte Verstellung und lügenhafte Form« in die Dinge hineingebracht hat. Sagt man aber, die Bilder erinnerten der Form nach an Gott: warum erinnert die Form nicht dort, wo sie an Menschen und anderen Kreaturen natürlich, wahrhaftig und lebendig gesehen wird, an Gott, anstatt wenn sie anderen Dingen in falschem Schein beigebracht wird, in denen sie in Wahrheit gar nicht ist? So zeigt sich, daß das Erinnern an Gott, das man mit Hilfe der Götzen und Bilder zustandebringen will, in Wirklichkeit ein Wegführen (»ain gwaltige abfierung«) von Anschauung und Bewunderung der wahren, rechten, natürlichen Werke und Bilder Gottes ist, und damit von wahrer und lebendiger Erkenntnis und Erinnerung Gottes.

Die Mühe, die sich der Verfasser gibt, die Leser der Kirchenordnung zu überzeugen, und gerade auch die Verwendung des sonst bei den oberdeutschen Reformatoren nicht eben üblichen patristischen Arguments[248] zeigt, wie tief Bilderkult und Wallfahrtswesen in der spätmittelalterlichen Frömmigkeit verwurzelt waren.

Uracher Götzentag 1537

Nach der siegreichen Schlacht bei Lauffen am Neckar am 12. Mai 1534 über die Österreicher übernahm Herzog Ulrich von Württemberg wieder die Herrschaft über sein Land, aus dem er seit 1519 vertrieben gewesen war. Alsbald wurde in Württemberg die Reformation eingeführt. Am 16. Mai 1534 fand in Stuttgart der erste evangelische Gottesdienst statt, die letzte Messe nach altem katholischem Ritus wurde am 3. Januar 1535 gehalten.[249] Die Durchführung der Reformation im Herzogtum war in den ersten Jahren zwei Theologen unterschiedlicher geistiger Herkunft anvertraut: für den nördlichen Teil bis zur Stuttgarter Weinsteige

---

[247] Athanasius, Oratio contra gentes (MPG 25,39–42); der in DS 4, 247, Anm. 294 angegebene Bezug ist unzutreffend. Die Stelle wird auch zitiert in Bucers Schrift »Das einigerlei bild« (DS 4,176; ebd. Anm. 88 der korrekte Nachweis).

[248] Vgl. aber Bucers Schrift »Das einigerlei bild«, in der ebenfalls aus den Vätern und alten katholischen Konzilien argumentiert wird: s. o. bei Anm. 60.

[249] Über die Anfänge der Reformation in Württemberg s.: Ludwig Friedrich HEYD, Ulrich, Herzog zu Württemberg III, Tübingen 1844, 175 ff.; Volker PRESS, Herzog Ulrich (1498–1550) in: Robert UHLAND (Hrsg.), 900 Jahre Haus Württemberg, Stuttgart 1984, 110–135; ebd. 125 ff.

war der lutherisch eingestellte Erhard Schnepf aus Marburg, für den südlichen Landesteil dagegen Ambrosius Blarer aus Konstanz zuständig. Blarer, ehemaliger Mönch von Alpirsbach, stand der oberdeutschen Reformation zwinglianischer Prägung nahe.

Zu Anfang des Jahres 1536 ergingen »Verordnungen, die öffentliche Kirchen- und Sitten-Polizey betreffend«, die am Montag nach Pfingsten auf dem Stuttgarter Markt verkündigt wurden.[250] An fünfter Stelle wurde verfügt: »Die Bilder, welche man anbetet, sollen mit Wissen der Obrigkeit und der Prediger weggetan, die unärgerlichen aber geduldet werden.«[251] Da der Befehl nicht eindeutig war – was erregt Ärgernis oder nicht? – wurde er ausgeführt, je nachdem man mehr katholisch oder lutherisch oder zwinglianisch dachte. Schnepf verfuhr im lutherischen Sinn zurückhaltend in den Stuttgarter Kirchen. Doch ließ der Herzog in seiner Hofkapelle *alle* Bilder wegschaffen. So geschah es dann auch im Einflußbereich von Blarer: in Tübingen, Herrenberg, Nürtingen, Neuffen. Am 27. November 1537 berichtet Blarer an den Stadtschreiber von Esslingen, Johann Machtolf, von der Ausräumung der Tübinger Kirchen, die während eines Besuches Melanchthons in Angelegenheit der Universitätsreform dort stattfand.[252]

Der Gegensatz zwischen Schnepf und Blarer in der Frage der Abschaffung der Bilder war der Grund, weshalb Herzog Ulrich die Theologen auf den 10. September 1537 zu einem Gespräch nach Urach befahl. Es fand in Gegenwart von vieren seiner Räte (Balthasar von Gültlingen, Johann Konrad Thumm, Philipp Lang, Johann Knoder) statt und ist, nach einer spöttischen Bemerkung Blarers in seinem kurzen, an Machtolf übersandten Bericht vom 12. September 1537, als »Uracher Götzentag« in die Geschichte eingegangen.[253] Teilnehmer des Gespräches waren außer Blarer und Schnepf die Tübinger Theologieprofessoren Dr. Paul Konrad Phrygio und Dr. Johannes Brenz, von Reutlingen die Pfarrer Dr. Matthäus Alber und Schradi (Schradinus) sowie die Pfarrer

---

[250] HEYD, o. c. 175.

[251] Martinus CRUSIUS, Annales Suevici, Frankfurt 1595, III, 11,11 (S. 629): »Imagines, quae adorantur, tolluntor: sed, quae scandalo carent, ferri possunt. Tolluntor vero illae priores, sciente Magistratu et Concionatoribus.«

[252] »Man rumpt yetz unser kirchen hie zu Tuwingen uß. Der herr well ouch unsere hertzen von aller abgotterey und unrainikait süberen«: Briefwechsel der Brüder Ambrosius und Thomas Blaurer 1509–1548, bearb. v. Traugott SCHIESS, I, Freiburg Br. 1908, Nr. 748 (S. 834).

[253] SCHIESS I, Nr. 784 (S. 858 f.): »Ich kan euch in der eyl danecht nitt verhalten, das uff sontag nechst vor dato ain götzentag hie zů Urach gehalten worden. . . Es ist doch ain groß straff und plag uber unß, das wir so wol vyl wichtiger sachen usszerichten hetten und aber mitt sölichem kindswerck umgond und das die stummen götzen ain sölich gschray sollen machen.« Kurze Darstellung des Verlaufes bei Martin BRECHT, Hermann EHMER, Südwestdeutsche Reformationsgeschichte. Zur Einführung der Reformation im Herzogtum Württemberg, Stuttgart 1984, 230 f.

Kaspar Gräter von Herrenberg und Wenzeslaus (Wentz) Strauß von Urach.[254]

Erhard Schnepf, der als erster das Wort ergriff, war im Gegensatz zu Blarer der Meinung, daß es sich bei der Bilderfrage nicht um eine geringe Sache, sondern um einen wichtigen Artikel handele.[255] Deshalb habe er zusammen mit Magister Wentz den Herzog gebeten, sie selbst persönlich oder aber vor der Universität Tübingen zu verhören, damit sie ihre Gründe darlegen könnten. Weil diese Sache so bedeutsam (»hoch und wichtig«) sei, möchte er wissen, ob die anwesenden Räte als Richter (iudices) oder Berichterstatter (relatores) des Herzogs fungieren. Die Antwort der Räte lautet, es sei die Meinung des Fürsten, daß sich die Gesprächsteilnehmer in der Angelegenheit der Bilder freundlich und christlich vergleichen sollten, damit im Fürstentum in diesem wie in anderen Punkten Einigkeit gehalten werde. Aus der Entgegnung Schnepfs hierauf läßt sich erkennen, daß er wohl von allem Anfang an eine Verständigung für unmöglich gehalten, auch eine Änderung seines Standpunktes von vornherein ausgeschlossen hat. Er erhebt Anspruch, daß ihm die Möglichkeit gegeben wird, seine Gründe vor einer der Universitäten Tübingen, Wittenberg oder Marburg darzulegen.[256]

Schnepf setzt dann zu einer längeren Darlegung seines Standpunktes an. Er berichtet, wie er entsprechend dem vor zwei Jahren von der herzoglichen Regierung beschlossenen Artikel, *die anstößigen* (»ärgerliche«) *Bilder zu beseitigen, die nicht anstößigen* (»ohnärgerliche«) *zu belassen,* in Stuttgart verfahren sei. In anderen Gegenden des Fürstentums sei aber dem Erlaß zuwider gehandelt worden, namentlich in Tübingen, Herrenberg und Nürtingen. Die hierfür Verantwortlichen seien etwas von »Zwinglis Irrsal« angesteckt, dessen Meinung sei, daß gar kein Bild solle geduldet werden. Aber Zwingli habe geirrt, falsch gelehrt und die Welt verführt, auch die Schrift nicht verstanden. Blarers Meinung sei, daß die Bilder gut seien und überall, auch in den Wirtshäusern, geduldet werden könnten, jedoch keinesfalls in der Kirche. Das sei aber eine

---

[254] Die Namen der Teilnehmer in dem o. g. Brief Blarers (ausgenommen Schradi) und bei Christoph Besold, Virginum Sacrarum Monimenta, Tübingen 1636, 88, wo sich auch der ausführlichste Bericht über den Verlauf der Diskussion befindet (88–97).

[255] »Auß welchen (wie das Wirtenberg. Brothocoll zu erkennen gibt) der Erste M. Erhard Schnepff, Mündtlich vorgebracht: Wie daß er und M. Ambrosius Blarer (ein außgesprungner Münch von Alpirspach) newlich der Bilder halb allerley Underred gehabt, und sich doch nit vergleichen mögen. Dan dieser seines erachtens nit so gering, sonder hoch dapffer, und ein wichtiger Artickhel.«

[256] »Hat M. Erhard darwider repliciert und sich erklärt, er sampt M. Wentzen wöllen zwar ihrem Gnädig. Fürsten und Herren sich in aller Underthönigkeit bevehlen, auch jhr Mainung entdecken, aber doch in diser Sach weder jhr Fürstlich. Gnad. selbsten, noch dero verordnete Räth, als welche hierin nit so wohl erfahren, zu Richter leyden oder gedulden, wöllen auch hiemit offentlich protestiert, und dieses Artickhels halb, für die Universität Tübingen, Wittenberg oder Marburg provociert haben.«

nichtige Meinung. Denn wenn die Bilder, die zur Erinnerung (»Denck-zaichen«) da seien, in der Kirche nicht geduldet würden, dann dürfte auch keiner die Bibel in die Kirche tragen, die ja auch gemalte Bilder enthält. Wenn die Bilder an der Kirchenwand stören, so stören sie auch in der Bibel. Werde aber eingeworfen, die Bilder lenkten ab (»distrahie-ren«), dann halte er dem entgegen: »Wenn die toten Bilder und Gemäl-de in der Kirche distrahieren und irren, warum nicht viel mehr die lebendigen?« (gemeint sind die in der Kirche Anwesenden, besonders Frauen). Auch *weil man in der Kirche lehren soll,* sind Bilder dort zu dulden, entsprechend dem philosophischen Dictum: Der augenfällige Beweis lehrt mehr, und dem Wort Gregors des Großen: Die Malerei ist die Schrift der Laien.[257] Schnepf warnt davor, den Herzog und sie alle bei anderen als *Zwinglianer* in Verdacht zu bringen. Um dem vorzubeugen, solle der Herzog die Bilder stehen und nicht so sauber ausräumen las-sen.[258] Christoph Besold berichtet, daß Schnepf noch andere Argumente für die Bilder vorgetragen und sich schließlich auf sein Gewissen beru-fen habe: er werde auf keinen Fall darin einwilligen, alle Bilder aus der Kirche zu räumen; das sei weder vor Gott, noch seinem Gewissen, noch vor einem Konzil zu verantworten.[259]

Hierauf nahm Blarer das Wort zu einer Gegenrede, in der er seinen Standpunkt vertrat und begründete, daß die in den Kirchen aufgerich-teten Bilder durchaus nicht zu dulden seien. Allerdings habe er mit den Aktionen von Tübingen, Nürtingen und Neuffen nichts zu tun: diese seien vielmehr von den Vögten auf Befehl des Herzogs oder doch we-nigstens nach dessen Vorbild bei der Ausräumung der Hofkapelle ge-schehen. Mit Schnepf stimmt Blarer in einem einzige Punkt überein: »daß die lebendigen Bilder mehr ablenken als die toten, denn er sage selbst, es sei Unrecht, wenn einer in der Kirche auf schöne Jungfrauen oder verschiedene Kleider achtgebe.« Für seine Ansicht, daß die Bilder von dem Wort ablenkten, beruft er sich ebenso wie vorher Schnepf auf sein *Gewissen.* Im Gegensatz zu Schnepf meint er aber, der bilderfeind-

---

[257] »Dan Philosophorum Dictum sey: Quod Demonstratio ocularis plus doceat. So habe auch Gregorius´ wol gesagt: Quod Pictura sit Laicorum Scriptura« (BESOLD, 90).

[258] »Zuedeme möchten bald sein Gnädig. Herr, und sie alle, als Zwinglianer, bey andern in Verdacht komen. Deme vorzukomen, solte sein Gnäd. Herr die Bildnussen stehn, und nicht also sauber außraumen lassen.«

[259] »Und dergleichen bringt er M. Erhard andere Argumenta mehr, und beschleust erst-lichen, wan er bewilligen solt die Bilder alle auß der Kirchen zue raumen, wiste er das, weder vor Gott, noch vor seiner Conscientz, noch vor einigem Concilio zu defendieren, das sey seyn M. Erhardi und M. Wenceslai Guetbdunckhen, und werde er sich wider seyn Conscientz nicht dringen lassen. Und da Gott vor sey, wo anderst solt fürgenommen wer-den, so miest er sich darwidersetzen und thun, welches jhm und seinen Kindern villeicht schädlich seyn möcht. Wölle auch daß alles auß keinem Hochmuet, noch aigner Ehrgeiz-zigkheit angezeigt haben, sondern allein wie er diese Sach verstehe, und sein Conscientz außweise, das bezeuge er mit Gott.«

liche Standpunkt sei sehr wohl auch vor einem Konzil zu verantworten.[260]

Die übrigen Teilnehmer des Colloquiums neigten eher zu dem gemäßigten Standpunkt Schnepfs. Sie halten die Bilder für Adiaphora und sehen keinerlei Notwendigkeit zu voreiligem Einschreiten. Die Professoren Brenz und Phrygio halten Blarers Gründe, die Bilder aus den Kirchen zu entfernen, nicht für zwingend. Matthäus Alber meint, nur die ärgerlichen und abgöttischen Bilder seien hinwegzutun. Da zwischen Blarer und Schnepf kein Einvernehmen herzustellen war, ersuchen die Räte die Teilnehmer, ihre Meinung schriftlich, mit Begründung aus der Heiligen Schrift und Unterlassung anderer überflüssiger Argumente, bei ihnen einzureichen.

Obwohl sich Blarer bei dieser Diskussion nicht durchsetzen konnte, verfuhr Herzog Ulrich doch in seinem Sinne,[261] allerdings erst mehr als zwei Jahre später. In einem aus Kirchheim datierten Erlaß vom 20. Januar 1540[262] führt der Herzog aus: Obwohl bereits im fünften Jahr das heilige reine Evangelium in seinem Fürstentum verkündigt werde, gebe es immer noch heimliche Bilderverehrer. Sie sagten sogar in ihrer Unverschämtheit: Es muß doch an den Bildern etwas sein, sonst hätte man sie ja hinweggetan. Er befürchte, daß die verstockten Gottlosen mit der Zeit nur noch ärger und gottloser würden. »Dem allem zu begegnen und damit allenthalben in unserm Fürstenthumb allein die eer Gottes gefürdert, und alles das, so von dem rechten wahren Gottesdienst abfürt und ergernus uᶠ jme tregt, abgethon werde, So haben Wir geordnet, das alle Bülder und gemält in den Kirchen abgethon werden sollen.« Im einzelnen wird den Amtleuten befohlen, die Beseitigung nicht mit Stürmen oder Poltern, sondern mit Zucht und bei verschlossener Kirchentür durchzuführen. Von vergoldeten Bildern soll das Gold abgeschabt und dem »armen Kasten« zugewendet werden. Ein Befehl vom 7. Februar 1540, ebenfalls aus Kirchheim,[263] regelt die Verwendung der Ornate, Meßgewänder, Alben: Was aus Wolle und Leinen ist, soll direkt an die Armen verteilt, was aus Seide, Samt oder anderem kostbaren Stoff ist, soll verkauft und der Erlös dem »armen Kasten« zugeführt werden.

---

[260] »Und sey eben sein Beschluß: Daß die Bilder mehr abziehen von dem Wort, so sonst im Hertzen solt gefast werden, etc. Das aber letstlich M. Erhard sich seiner Conscientz halber nicht wiß darein zue richten, oder darvon abzuestehen, das glaub er. Aber dagegen setzt er auch sein Conscientz, und daß er auch nicht wisse zue bewilligen, etc. Daß solches aber auch nicht im Concilio zue verantworten, das wär schwär zue hören. Dan so die Evangelische Ständ das Grösser wissen zue verantworten, so werden sie ohne zweiffel diß gering Ding der Bilder halb, auch wol verantworten, etc.« (ebd. 91).

[261] Vgl. BESOLD, o. c. 97: »Und hat eben dieser außgesprungne Münch, M. Ambrosius Blaurer, in diesem Evangelischen Bilder-Krieg, den Sieg und das Feld erhalten.«

[262] Chr. F. SATTLER, Geschichte des Herzogthums Würtemberg unter der Regierung der Herzogen, 13 Bde., Tübingen 1769–1783; ebd. III, Beilage Nr. 61 (S. 235 f.).

[263] SATTLER III, Nr. 62 (S. 236).

Zur Zeit dieser Erlasse in seinem Sinn war Ambrosius Blarer selbst schon bei dem Herzog in Ungnade gefallen. Der »Uracher Götzentag«, dem er den Namen gegeben hat, ist bedeutsam, weil auf ihm der lutherische und der zwinglianische Standpunkt in der Bilderfrage im theologischen Gespräch aufeinandertrafen. Es zeigt sich dabei das Scheitern des biblischen Argumentes und der Diskussion auf rein biblischer Grundlage. Übrig bleibt für den eigenen Standpunkt die Berufung auf das individuelle Gewissen.

3. Bilderstürme im Gefolge der Reformation

Im Vorausgehenden war mehrfach auch schon von Bilderstürmen die Rede, die als Begleiterscheinung oder Folge der theologischen Auseinandersetzungen um das Bild in der Reformationszeit durchgeführt wurden. Eine erschöpfende Darstellung dieser Aktionen würde jeden Rahmen sprengen. Wir müssen uns jedoch ein wenig die Tatsache vergegenwärtigen, daß das im Gefolge der Reformation vollbrachte Zerstörungswerk an mittelalterlicher sakraler Kunst ein enormes war. Hierfür wollen wir einige Beispiele anführen.[264]

Am wenigsten kam der Bildersturm zum Tragen in den Gegenden und Städten, in denen sich die Reformation Lutherischer Prägung durchsetzte. So blieb z. B. im evanglisch gewordenen *Nürnberg* der größte Teil der kirchlichen Kunstwerke erhalten.[265] Aus den ersten Reformationsjahren sind nur ganz wenige bilderfeindliche Aktionen bekannt. Sicher hängt dies auch mit dem großen Einfluß Dürers zusammen, den dieser bei Lebzeiten in seiner Vaterstadt hatte.[266] Erst im Oktober 1529 beschloß der Rat die Entfernung eines Marienbildes aus der Frauenkirche wegen Abgötterei.[267] Ferner wurde angeordnet, den berühmten »Englischen Gruß« von Veit Stoß,[268] 1518 durch den Bürgermeister Anton Tucher für die St. Lorenz-Kirche gestiftet, beständig in verhülltem Zustand zu belassen. (Auch vor der Reformation war die Plastik nur an bestimmten Festtagen enthüllt worden). In den folgenden Jahren wurden zahlreiche

---

[264] Für Deutschland s. den Überblick bei Michael BAXANDALL, The Limewood Sculptors of Renaissance Germany, New Haven and London 1980, 69–78.

[265] Carl C. CHRISTENSEN, Iconoclasm and the Preservation of Ecclesiastical Art in Reformation Nuremberg. ARG 61 (1970), 205–221; DERS., Art and the Reformation in Germany, Athens, Ohio 1979, 66–78.

[266] S. o. bei Anm. 4 und 5.

[267] Theodor HAMPE (Hrsg.), Nürnberger Ratsverlässe über Kunst und Künstler in Zeitalter der Spätgotik und Renaissance I, Wien 1904, Nr. 1729 (S. 254): »Das mariapild in unser Frauen capellen der abgetterey halb weg thun bei dem tag, auch, so man ursach fragt, die anzeigen.«

[268] BAXANDALL, Limewood Sculptors, 271; weitere Literatur ebd.

Kunstwerke aus den Kirchen Nürnbergs entfernt und zum Teil veräußert. Doch bleibt das erstaunliche Faktum, daß im lutherischen Nürnberg mehr Kunstschätze aus Mittelalter und Renaissance erhalten blieben als in manchen katholischen Gebieten, wo sie später Neuschöpfungen des Barock weichen mußten.

Ähnlich glücklichen Umständen verdanken zwei Meisterwerke *Tilman Riemenschneiders* in Franken ihre Erhaltung: der Heiligblutaltar in Rothenburg (1502–1505) und der Marienaltar in Creglingen (ca. 1505–1510). Beide waren Zentrum vielbesuchter Wallfahrtsstätten und enthielten berühmte Reliquien. Nach einer Predigt Karlstadts an Ostern 1525 in der Jakobskirche zu Rothenburg wurde der Heiligblutaltar durch »die frummen alten christen« mit gezückten Messern gegen die Bilderstürmer verteidigt.[269] Als die Wallfahrt infolge der Reformation ausgestorben war, wurde der Heiligblutaltar 1575 von seinem hervorragenden Platz im Westchor von St. Jakob entfernt. In der Mitte des 19. Jahrhunderts wurde er an die Ostwand des rechten Seitenschiffs versetzt. Erst 1965 kehrte er an seine ursprüngliche Stelle zurück. Von fünf Altären Riemenschneiders in Rothenburg ist er der einzige erhaltene.

Der Creglinger Altar wurde nach dem Erlöschen der Wallfahrt geschlossen und mit Brettern vernagelt. Obwohl sich in der Bevölkerung die Erinnerung hielt, daß in dem Kasten der Herrgottskapelle »die Abgöttin der Katholischen« verborgen war, »fiel Riemenschneiders Altar schonsamem Vergessen anheim«.[270] Er wurde erst 1832 wiederentdeckt. Während sich, trotz vielen Zerstörungen, die beiden bedeutendsten Werke Riemenschneiders in evangelischem Gebiet erhalten haben, fiel der prachtvolle Hochaltar, den er ab 1505 für den Würzburger Dom geschaffen hatte, der Barockisierung des Jahres 1701 zum Opfer.[271] Analoge Vorgänge können wir auch anderwärts beobachten. In Württemberg z. B. blieben die Cistercienser-Abteien Maulbronn und Bebenhausen gerade infolge der Reformation in ihrer mittelalterlichen Bausubstanz nahezu unversehrt erhalten. In katholisch gebliebenen Klöstern Süddeutschlands dagegen sorgte die Bauwut der Äbte des barocken Zeitalters zumeist für eine rasche Beseitigung der mittelalterlichen Klosteranlagen.[272]

---

[269] Hanswernfried MUTH, Toni SCHNEIDERS, Tilman Riemenschneider und seine Werke, Würzburg ²1980, 119.
[270] MUTH-SCHNEIDERS, 85–104; bes. 91.
[271] Ebd. 121.
[272] Vgl. auch Georg DEHIO, Die Krisis der deutschen Kunst im sechzehnten Jahrhundert, AKG 12 (1916), 1–16, der darauf aufmerksam macht, »daß wir heute intakte mittelalterliche Altäre weitaus am häufigsten in protestantischen, genauer lutherischen, Landschaften finden, in Altwürttemberg, Sachsen, Mecklenburg und Holstein« (ebd. 9).

Marburg mit der Grabstätte der heiligen Elisabeth war seit dem Tode der Landgräfin im Jahre 1231 ein berühmter Wallfahrtsort. Seit 1249/50 wurde der Schrein mit den Gebeinen der Heiligen in der neu erbauten Wallfahrtskirche des Deutschen Ordens (Grundsteinlegung am 14. August 1235) aufbewahrt. Der Orden konnte sich bei der Einführung der Reformation in Hessen zunächst der Säkularisation seiner Häuser und der Aufhebung des Elisabeth-Kultes widersetzen. Doch im Jahre 1539 entschloß sich der Landgraf Philipp von Hessen aus Gewissensgründen, dem ihm verhaßten »Götzendienst« ein Ende zu machen. Am 18. Mai ließ er, unter Protest des Landkomturs Wolfgang Schutzbar gen. Milchling, den Elisabeth-Schrein gewaltsam öffnen und die Gebeine in einem Futtersack auf das Schloß transportieren.[273] Auch das Kopfreliquiar wurde entführt, bald danach jedoch ohne den Schädel dem Orden wieder zugestellt.[274] Der Landgraf gab seinem Statthalter Kolmatsch den Befehl, die Reliquien auf dem St. Michaels-Kirchhof an verschiedenen Stellen zu vergraben. Aus den späteren Verhandlungen um die Rückgabe der Reliquien an den Deutschen Orden geht jedoch hervor, daß dieser Befehl damals nicht ausgeführt worden war. Am 12. Juli 1548 wurden die übriggebliebenen Reliquien der heiligen Elisabeth an den Orden zurückgegeben. In den folgenden Jahrhunderten wurden sie dann doch aus verschiedenen Anlässen in alle Welt zerstreut, »und so hat sich der Wunsch Landgraf Philipps am Ende doch erfüllt.«[275]

Über die kirchlichen Kunstwerke in *Baden* vor der Reformation und ihre Zerstörung während des Bauernkriegs und der Reformation hat Joseph SAUER eingehend gehandelt,[276] angefangen mit dem von dem Waldshuter Pfarrer Balthasar Hubmaier im Herbst 1524 und Frühjahr 1525 angestifteten Bildersturm, über die Verwüstung der Abtei St. Blasien und anderer Schwarzwaldklöster durch die aufständischen Bauern bis zur völligen Ausräumung aller Kirchen und Kapellen der Bischofsstadt Konstanz im Januar 1529.

Die Bilderstürme der Wiedertäufer in *Münster* in den Jahren 1534–1535 geschahen nicht ohne theoretisches Fundament und sorgfäl-

---

[273] S. hierzu und zum folgenden: Thomas FRANKE, Zur Geschichte der Elisabethreliquien im Mittelalter und in der frühen Neuzeit, in: Sankt Elisabeth. Fürstin, Dienerin, Heilige, Sigmaringen 1981, 167–179 u. ebd. 552 f.

[274] Das Reliquiar ist erhalten und befindet sich heute im Staatlichen Historischen Museum zu Stockholm: s. St. Elisabeth, 513–517 u. ebd. Farbtafel 5 neben S. 80.

[275] S. hierüber im einzelnen: FRANKE, o. c. 172–174.

[276] J. SAUER, Reformation und Kunst im Bereich des heutigen Baden. Freiburger Diözesan-Archiv N. F. 19 (1919), 323–506; einen eindrucksvollen Beleg für die überwältigende Fülle von Kunstwerken in Südwestdeutschland, dem Elsaß und der Schweiz im ausgehenden Mittelalter bietet das monumentale Werk von Hans ROTT, Quellen und Forschungen zur südwestdeutschen und schweizerischen Kunstgeschichte im XV. und XVI. Jahrhundert, 3 Bde., Stuttgart 1933–1938.

tige Vorüberlegungen, wie die heute noch erkennbare Auswahl für die Zerstörung selbst innerhalb eines Werkes beweist. Vorrangig wurden Symbole und Erinnerungen der bischöflichen Herrschaft getilgt. Hinter der Demolierung der Bilder Christi und der Heiligen stand die besondere theologische Auffassung der Wiedertäufer von der Inkarnation Christi und der Verwirklichung des Gottesreiches. Nach der von Melchior Hofmann entwickelten Inkarnationslehre hatte Christus sein Fleisch nicht von der Jungfrau Maria erhalten, sondern in ihm war das Wort selbst, ohne menschliches Zutun, Fleisch geworden. Er ist permanent gegenwärtig, und in jedem einzelnen kann sich das Wort neu inkarnieren. Damit entfällt sowohl das Fundament für die traditionelle Sakramentenlehre wie auch für die Abbildbarkeit Christi. »Die reale Inkarnation Gottes wurde erlebt in der zu Münster errichteten Restitution urchristlicher Lebensordnung. Waren Gott und sein Reich wirklich, dann waren alle Vermittlungsträger und -instanzen, die aus der Distanz darauf verwiesen, hinfällig geworden. Die verwirklichte Utopie bedurfte nicht mehr der Hinweise über sich hinaus – und damit nicht mehr der Bilder, die für etwas stehen, was es noch nicht gibt.«[277] Auch das geschriebene Wort als Wahrheitsvermittler, einschließlich der Bibel, war in diesem »Tausendjährigen Reich« überflüssig geworden. Vom 15. März 1534 an wurden auf dem Domplatz acht Tage lang Bücher und Urkunden verbrannt.

In den *Niederlanden* tobte, ebenso wie in Frankreich, im Jahr 1566 ein calvinistischer Bildersturm, dem viele hervorragende Werke zum Opfer fielen. Der berühmte Genter Altar der Brüder Hubert und Jan van Eyck in der St. Baafs-Kathedrale, von vielen für das schönste Kunstwerk der Niederlande, ja der Christenheit überhaupt gehalten, konnte noch rechtzeitig in Sicherheit gebracht werden[278] und entging so dem Schicksal der Verwüstung, von dem damals allein in Flandern die Innenräume von über 400 Kirchen betroffen waren.[279] Anlaß für die niederländischen und flämischen Bilderstürme des Jahres 1566 war die Tätigkeit refor-

---

[277] Martin WARNKE, Durchbrochene Geschichte? Die Bilderstürme der Wiedertäufer in Münster 1534/1535, in: DERS. (Hrsg.), Bildersturm. Die Zerstörung des Kunstwerks, München 1973, 65–98; ebd. 82.

[278] Elisabeth DHANENS, Hubert und Jan van Eyck, Königstein i. T. o. J. (orig. Ausg. Antwerpen 1980), 74–121; bes. ebd. 74–77; 121; DIES., Het Retabel van het Lam Gods in de Sint Baafskathedraal te Gent (Inventaris van het Kunstpatrimonium van Oost-Vlaanderen VI), Gent 1965; R. VAN DE WIELLE, Der Genter Dom, Gent ⁴1978, 24.

[279] Über den niederländischen Bildersturm s. vor allem: M. VAN VAERNEWIJK, Troubles religieux en Flandre et dans les Pays-Bas au XVIᵉ siècle, Gent 1905; D. FREEDBERG, The Structure of Byzantine and European Iconoclasm, in: A. BRYER, J. HERRIN (Hrsg.), Iconoclasm, Birmingham 1977, 165–177; ebd. 171 (mit weiteren Literaturhinweisen); Phyllis Mack CREW, Calvinist Preaching and Iconoclasm in the Netherlands 1544–1569, Cambridge 1978; Solange DEYON, Alain LOTTIN, Les »casseurs« de l'été 1566. L'iconoclasme dans le Nord, Paris 1981.

mierter Prediger, die teils aus dem Exil zurückgekehrt, teils aus Frankreich gekommen waren. Sie scheinen Stimmungen und Tendenzen im Volk angeheizt zu haben, die latent schon vorher vorhanden waren.[280] Von den Calvinisten wurde der Sturz der Bilder als Sieg Gottes über die Götzen und das papistische Heidentum angesehen. Wie seinerzeit schon in Genf sah man in den Ereignissen Gottes Hand selbst am Werk.[281]

In *Frankreich* zieht sich der Bildersturm der Hugenotten *(vandalisme huguenot)* über viele Jahre hin und läßt kaum eine Gegend des Königreichs ausgespart. Seinen absoluten Höhepunkt erreicht er im Jahre 1562.[282] An vielen Kathedral- und Abteikirchen blieben Schäden und Verstümmelungen sichtbar bis auf den heutigen Tag, so an den Kathedralen von Meaux (Ile-de-France),[283] Auxerre (Basse Bourgogne),[284] Bourges (Berry).[285] An diesen Bischofskirchen wurden wie an vielen anderen die Plastiken des Außenwände und Portale verstümmelt oder herabgeworfen. An der Kathedrale St.-Étienne von Auxerre wurde schon damals eine Salomon-Statue enthauptet, die eine Krone trug.[286] In Bourges wurden einige der Zerstörer durch die herabfallenden Figuren erschlagen. Bemerkenswert sind die immer wieder berichteten Schändungen der sakralen Orte durch Exkremente: in der Kathedrale Sainte-Croix von Orléans benutzten die Hugenotten Tauf- und Weihwasserbecken als Latrinen;[287] in der Kathedrale von Albi schiß ein gewisser Thomas auf den Altar; er wurde von den Leuten des Bischofs gefangen genommen und büßte sein Sakrileg mit grausamer Zangenfolter und anschließender Verbrennung bei lebendigem Leibe.[288] Überaus häufig wa-

---

[280] Vgl. CREW, Calvinist Preaching, 10: »In fact, hostility to images was apparently endemic in the popular culture of the time.«

[281] Ebd. 23 f. Die Zerstörung und Zurückdrängung der sakralen Kunst wird gelegentlich als eine der Voraussetzungen für das Aufblühen der profanen Malerei in den Niederlanden in der zweiten Hälfte des 16. Jahrhunderts angesehen; s. hierzu: Keith P. F. MOXEY, Pieter Aertsen, Joachim Beuckelaer, and the Rise of Secular Painting in the Context of the Reformation, New York-London 1977.

[282] S. die eindrucksvolle Zusammenstellung der hugenottischen Verwüstungen bei Louis RÉAU, Histoire du Vandalisme. Les monuments détruits de l'art français, Paris 1959, I,68–106 (»L'inventaire des ravages«).

[283] Ebd. 70.

[284] Ebd. 75.

[285] Ebd. 86 f.

[286] Vgl. u. Kap. IX.3 über die »Hinrichtung« der Königsstatuen von Notre-Dame de Paris während der Französischen Revolution.

[287] RÉAU, o. c. 78.

[288] »Les agresseurs furent repoussés et traités avec mansuétude, sauf un certain Thomas,
    Qui non content l'église avoir pillé,
    Dessus l'autel son ventre deschargea.
Cet immonde goujat fut tenaillé, puis brûlé vif pour expier son sacrilège excrémentiel qui était d'ailleurs de pratique courante à l'époque des guerres de religion« (ebd. 91). – Die exkrementelle Altarschändung ist keine Erfindung des 16. Jahrhunderts. Im 13. Jahrhundert berichtet der Chronist Salimbene de Adam über einen ähnlichen (allerdings nicht ikonoklastisch motivierten) Vorfall: »Nam quadam die, quia perdiderat accipitrem suum,

ren auch die Schändungen von Gräbern hochgestellter Persönlichkeiten, insbesondere von Königen und Päpsten. In Notre-Dame de Cléry in der Nähe von Orléans wurde das Grab Ludwigs XI. geöffnet; die Gebeine des Königs wurden verbrannt; mit dem Schädel spielte die hugenottische Soldateska Boule; der knieenden Königsstatue wurden Arme, Beine und schließlich der Kopf abgeschlagen.[289] Auch die Gräber der Päpste des Avignonesischen Zeitalters, die seit zwei Jahrhunderten in Frankreich geruht hatten, entgingen nicht der Schändung: dasjenige Clemens' V. (Bertrand de Got) in Uzeste bei Bazas, diejenigen Johannes' XXII. (Jacques Duèze) und Benedikts XII. (Jacques Fournier) in der Kathedrale Notre-Dame-des-Doms zu Avignon, das Clemens' VI. (Pierre Roger) in der Abtei La Chaise-Dieu und das Innocenz' VI. (Etienne Aubert) in der Karthause von Villeneuve. In La Chaise-Dieu verstümmelten die Hugenotten die liegende Marmorstatue des Papstes; seinen mit Wein gefüllten Schädel ließ der Hauptmann unter seiner Truppe herumgehen, »damit ein jeder sich rühmen könnte, einmal aus dem Kopf eines Papstes getrunken zu haben.«[290] Angesichts des von ihm zusammengetragenen gewaltigen, aber nicht einmal vollständigen »Inventariums der Zerstörungen« in Frankreich kommt Louis RÉAU zu dem Schluß: »So ist es, was immer man für eine Meinung über die Folgen der Reformation äußern mag, unmöglich in Abrede zu stellen, daß dieser Aufstand des religiösen Gewissens, hervorgerufen durch die Mißstände des Papsttums, für die christliche Kunst des Mittelalters und besonders für Frankreich eine irreparable Katastrophe war, vielleicht noch schlimmer als die Revolution von 1789.«[291]

Die Hauptperiode des Ikonoklasmus in *England* geht einher mit der Aufhebung der Klöster in den Jahren 1536–1540 unter dem König Heinrich VIII. Die entscheidende Gestalt bei der Liquidierung des klösterlichen Besitzes war der mit nahezu diktatorischen Vollmachten ausgestattete Thomas Cromwell.[292] Er verdankte seinen Aufstieg dem Kardinal Wolsey, in dessen Auftrag er ab 1525 das Vermögen kleinerer Klöster

---

cum esset sub divo, extraxit sibi bracas et culum ostendit Deo in signum opprobrii et ivit et caccavit super altare in eo loco proprie, ubi consacratur dominicum corpus« (Cronica Fratris Salimbene de Adam Ordinis Minorum, ed. O. HOLDER-EGGER, Hannover u. Leipzig 1905–1913; MGH SS 32,367). – S. auch u. IX, Anm. 87.

[289] Ebd. 78. 92.

[290] Ebd. 88. 91. 98.

[291] Ebd. 104.

[292] »Cromwell is the leading figure in the story of English iconoclasm«: Martin S. BRIGGS, Goths and Vandals. A Study of the Destruction Neglect and Preservation of Historical Buildings in England, London 1952, 17. »In the manner of the destruction of the monasteries everything bears the mark of Cromwell rather than of the king; to Cromwell supreme power was delegated, he could use it as he would«: David KNOWLES, Bare ruined Choirs. The Dissolution of the English Monasteries, Cambridge 1976, 90; Sibylle SCHÜLER, Die Klostersäkularisation in Kent 1535–1538, Paderborn 1980, 68–84.

einschätzte, die schon damals, mit dem Einverständnis des Papstes, aufgelöst oder mit größeren vereinigt wurden. Das Ausmaß des unter der Verantwortung Cromwells angerichteten Zerstörungswerkes übertrifft bei weitem das aller späterer Epochen, auch das des Nachkommen seines Bruders, Oliver Cromwell. Die königliche Kasse profitierte vor allem von dem »dismantling« oder »disgarnishing« der unermeßlich kostbaren Reliquienschreine (Bury St. Edmunds, Canterbury, Winchester u. a.).[293] Imposante Klosterruinen, wie die der Cistercienser-Abtei Fountains Abbey, geben noch heute Zeugnis von der vielhundertjährigen Epoche englischer Klosterkultur und deren Vernichtung, »a depressing story for all modern lovers of medieval architecture.«[294]

Kehren wir zurück zum Ursprungsland des reformatorischen Bildersturms, in die Schweiz, nach *Zürich*. Die zeitgenössische Chronik des Gerold Edlibach enthält eine sorgfältige Aufzeichnung aller Neuerungen, die in den Jahren 1524–25 aufgrund von Ratsbeschlüssen durchgeführt und durch die der Charakter des Kultus und die religiöse Praxis vollkommen verändert wurden.[295] Zu Beginn findet sich eine Zusammenstellung neuer Glaubensgrundsätze, »wobei die Ablehnung des Marienkultes dem altgläubigen Edlibach als der ungeheuerlichste erscheint und deshalb an erster Stelle steht.«[296] Es folgen die Ablehnung des Heiligenkultes und der Wallfahrten[297] sowie der Fürbitten für die Seelen der Verstorbenen.[298] Einige Tage vor Vitus und Modestus (15. Juni), am 8. Juni 1524, erging ein erster Beschluß zur Entfernung aller Bilder. Im gleichen Jahr starb auch die Meßfeier allmählich ab.[299] Sie wurde end-

---

[293] KNOWLES, o. c. 238; SCHÜLER, o. c. 77.

[294] BRIGGS, o. c. 30; eine weitere wichtige Studie zu dem Thema ist: John PHILIPPS, The Reformation of Images: Destruction of Art in England 1535–1660, Los Angeles 1973.

[295] »Da beschachend vil grosser endrungen«. Gerold Edlibachs Aufzeichnungen über die Zürcher Reformation 1520–1526, hrsg. und kommentiert von Peter JEZLER, in: H.-D. ALTENDORF, P. JEZLER (Hrsg.), Bilderstreit. Kulturwandel in Zwinglis Reformation, Zürich 1984, 41–74.

[296] JEZLER, ebd. 46, Anm. 29. »Der erste von der Maria, der wirdigen mûter gotz, daß etliche doctores und maister vermeintend, mann sölte sy nit anrüffen in keinen nötten, noch an betten und eren etc.«

[297] »Der ander deß glichen keinnen heligen ouch nütz an rüffen weder mit bett oder mit ferten und opfer, dan sy nütz vermöchtend etc. Man sölt anlein got an rüffen etc.« (ebd. 46).

[298] »Der dritt artickel was von der lieben sellen wegen, daß man dennen ouch nütz bedörft noch thüe, weder mit messen singen lässen noch opfren noch gebett und allmûsen, dan kein fexfür nüt werre, dan gott het unß all mit sim tod erlöst und gnûg für unsser sünd gethan etc.« (ebd. 47).

[299] »Von der meß und bildren. Item nach uff Vitte und Modesti erkantend sich min herren von Zürich, klein und grouß rätt, in irren stat gerichten und gebietten die bilder in und vor der statt uß allen kilchen zû tûn und ouch die crucifix ab allen torren an der statt, deßglichen an der klöstren torren, ouch wû die stûndent etc. Und nam ouch in dissem jar die meß vast ab, dan welle alt priester meß hattend, der selben ward verspottet und für >meß knecht‹ und ›hergotz fresser‹ geachtet. Und giengend in der zit die mettinen ouch vast ab, daß vil unnützer, liederlicher pfaffen nüt mer dar in gieng. Und hûbe man selten

gültig abgeschafft am Gründonnerstag 1525, unter großer Anteilnahme der Bevölkerung, die sich zum letztenmal nach dem alten Ritus mit dem Sakrament »versehen« ließ.[300] Kurz davor berichtet Edlibach über die Demolierung der Grabstätten von St. Felix und Regula, der Stadtpatrone von Zürich, am 12. Dezember 1524.[301] Zwei Jahre später, im Herbst 1526, wurden in mehreren Kirchen der Stadt (Frauenmünster, Prediger, Barfüßer, Augustiner) die Altäre und Sakramentshäuschen abgebrochen und das Material in das Großmünster geschafft. Dort wurde ein neuer Kanzellettner erbaut.[302] Zwingli stand, wenn er predigte, auf der Sandsteinplatte der Altarmensa der Predigerkirche. Das Großmünster war die erste Kirche, in der der Ort der Predigt ins Zentrum gerückt wurde. Daß sich hierin wie auch in der Verwendung der ehemaligen Altarsteine für den Bau der Kanzel eine theologische und symbolkräftige Absicht architektonisch ausdrückte, liegt auf der Hand.

Eine der - aus heutiger Sicht - bedauerlichsten Begleiterscheinungen des Zürcher Ikonoklasmus ist der Büchersturm vom Herbst 1525, dem vor allem der große Bestand an überaus wertvollen liturgischen Büchern des Großmünsters, dann aber auch der übrigen Kirchen- und Klosterbibliotheken der Stadt zum Opfer fielen.[303] Viele Codices wurden zerstört und die Pergamentblätter an die Krämer und Apotheker als Packmaterial verkauft. Bis ins 17. Jahrhundert dienten Pergamentvorräte aus mittelalterlichen Handschriften zum Einbinden von Büchern. Der Rest der Bestände wurde in alle Welt zerstreut. »Eine Geschichte der mittelalterlichen Bibliotheken, der Gelehrsamkeit und Buchkultur Zürichs zu schreiben, ist deshalb ein fast aussichtsloses Unternehmen.«[304] Eigentliches Ziel des Zerstörungswerkes war auch hier der mittelalterliche Kult:

---

kein früemeß mer etc. Und ward ouch nach glassen von minen herren, daß ein jeder sine bilder heim in sin huß nämen mocht etc.« (ebd. 54 f.).

[300] »Item eß liessend sich in derselben zitt uff den tag fil man und wiber versächen mit dem heligen sacramentt nach dem alten bruch wie vor; dan eß klein und grouß rätt uff diß jar nach glassen hattend den priestren, die lüt zů versechen, dero vil warent etc.« (ebd. 60 f.).

[301] »Als die begreptniß beder heligen sant Felix und Räglen ab geschlisen wurdent. Im obgemelten jar, uff sant Lucien, otiligenn und sant Jost abind, da ward Zürich von klein und grossen rätten erkent, die begreptnis beder helgen obgemelt, Felix und Regulan, die lange zitt der stat Zürich pattren gewesen warren und von allen menschen hoch geeret, daß man die ouch söl hin und abschlissen, die da erst nüwklich in kurtzen jarren von fil fromer lütten mit vergülten, costlichen tafflen und sidinen tücher irre särch verdeckt ob den grebren. ouch allwegen brunend 12 amplen, wen eß tublex und samstag nächt warent. Disse begreptniß wart gar und gantz geschlissen Gott waltz sin« (ebd. 59).

[302] S. hierüber eingehend: Daniel GUTSCHER, Matthias SENN, Zwinglis Kanzel im Zürcher Grossmünster - Reformation und künstlerischer Neubeginn, in: ALTENDORF-JEZLER, Bildersturm, 109–116.

[303] Martin GERMANN, Der Untergang der mittelalterlichen Bibliotheken Zürichs: der Büchersturm von 1525, in: ALTENDORF-JEZLER, Bildersturm, 103–107.

[304] GERMANN, ebd. 106.

Die traditionelle Liturgie, die Messe und der Gesang der Horen, sollte unmöglich gemacht und ihre Restitution für alle Zeiten verhindert werden. Zu den wenigen kostbaren Codices, die dem Büchersturm entgingen, gehört die heute noch in der Zentralbibliothek aufbewahrte karolingische Bibel, die um 825 im Skriptorium von St. Martin in Tours entstanden ist. Der ehemalige Franziskaner und spätere Stiftsbibliothekar Konrad Pellikan setzte in seinem Katalog von 1532 neben ihren Titel an den Rand die Bemerkung: »Cuius vastator anathema sit.« »Der Schrecken der Bibliotheksplünderung sitzt ihm offenbar noch in den Knochen, und er fürchtet ein erneutes Aufflackern der Zerstörungswut.«[305]

Zum Abschluß dieses Kapitels über den Ikonoklasmus des reformatorischen Zeitalters fragen wir uns, ob die Neuentdeckung des biblischen Bilderverbots genügt, die Zerstörung sakraler Kunstschätze im Bereich vor allem der Zwinglischen und Calvinischen Reformation zu erklären. Peter JEZLER, Elke JEZLER und Christine GÖTTLER haben dies für Zürich verneint. Sie weisen darauf hin, daß es eine Reihe weiterer biblischer Gebote gibt, »denen die ›offizielle‹ Zürcher Reformation nie die gleiche Aufmerksamkeit geschenkt hat, deren Verfechter im Gegenteil Verfolgungen ausgesetzt waren.« Gemeint sind die Forderungen der radikalen Biblizisten nach Erwachsenentaufe, absoluter Wehrlosigkeit (Mt 5,1 ff.), Zinsverbot (Ex 22,24; Lev 25,36 f.; Deut 23,20 f.), Eidverbot (Mt 5,33 ff.), Überführung des Privateigentums in Gemeinbesitz (Apg 5,1 ff.);[306] man könnte noch das Sabbatgebot (Ex 20,8 ff.) hinzufügen, das von Calvin ausdrücklich als für die Christen unverbindliches Zeremonialgesetz bezeichnet wird.

In Beantwortung der Frage, »warum ausgerechnet das Bilderverbot in Zwinglis Reformation ein solches Gewicht erhalten hat«, verweisen die genannten Autoren auf die historische Gesamtsituation und führen vor allem vier Gesichtspunkte zur Erklärung an: 1. der Einfluß des Erasmus, besonders durch sein Werk »Encomion Moriae«; 2. die soziale Frage, das Mißverhältnis zwischen Bilderaufwand und verbreiteter Armut; 3. die Opposition gegen die mittelalterliche Festkultur und damit das Aufkommen der protestantischen Ethik und des frühkapitalistischen Geistes; 4. die Bilderschändung als Revolte gegen die Kirche als Herrschaftsinstitution.[307] Zusammenfassend charakterisieren P. und E. JEZLER und C. GÖTTLER den Bilderstreit als »die Schwelle zwischen zwei

---

[305] Ebd. 107.

[306] P. JEZLER, E. JEZLER, C. GÖTTLER, Warum ein Bilderstreit? Der Kampf gegen die »Götzen« in Zürich als Beispiel, in: ALTENDORF-JEZLER, Bilderstreit, 83–102; bes. 83 und ebd. Anm. 3

[307] JEZLER, o. c. 84–97.

Lebenshaltungen, von denen sich die alte in der spätmittelalterlichen Festkultur, die neue als protestantische Ethik äußerte. Parallel zur Ausbildung des Frühkapitalismus – Zürich wurde zu einem der kapitalistischsten und am frühesten industrialisierten Länder Europas – erfolgte die immer weitergehende puritanische Unterdrückung der Sinnlichkeit.«[308]

Daß gewisse Zusammenhänge bestehen zwischen der Zerschlagung des spätmittelalterlichen kirchlichen Systems und dem Aufkommen der modernen Industriegesellschaft samt Frühkapitalismus, soll nicht bestritten werden. Man vergleiche dazu nur Zwinglis Kritik an der an vielen Festtagen und auch an den Sonntagen (!) praktizierten Faulheit.[309] Wenn wir jedoch genauer nach den unmittelbaren historischen Ursachen des reformatorischen Ikonoklasmus fragen, dann bleibt zunächst der weit verbreitete Überdruß am gesamten mittelalterlichen Kirchensystem und dem kultischen Betrieb, der gerade auch den Klerus – Priester, Mönche, Theologen – erfaßt hatte. Es ist vor allem die *Messe,* die auf dem Höhepunkt der Reformation, in der Mitte der zwanziger Jahre des 16. Jahrhunderts, ein Hauptziel der Kritik und des Angriffs ist. Das gilt für Zwingli[310] ebenso wie für Luther.[311] Dahinter dürfte die dem Humanismus eigene Sicht des Mittelalters als einer Zeit der Dekadenz und Barbarei im Vergleich zu der reineren, höheren Antike stehen. Mit der Messe fielen die Altäre, die mit ihren an Plastiken und Gemälden reichen Aufbauten um die Wende des 15. Jahrhunderts ihre höchste Vollendung erhalten hatten, als zentrale Stätten des »Götzendienstes«.

Luther allerdings hatte sich, nach seiner Abkehr von Karlstadt und den »Schwärmern«, auch von dem Ikonoklasmus abgewandt, wohl weil er, im Unterschied zu den oberdeutschen und schweizerischen Reformatoren, der humanistischen Auffassung des Kultes fernstand und letztlich doch noch tief in der mittelalterlichen Geistigkeit und Frömmigkeit verwurzelt war. Aber auch für den Protestantismus Lutherischer Prägung gilt die scharfsinnige Bemerkung, die Georg DEHIO über das Ver-

---

[308] Ebd. 102.
[309] Z II,247 f.
[310] Vgl. z. B. Z IV,84 f. (o. Anm. 38): »wiewol wir alle, die predgetend, vil lieber zur selben zyt die meß hettind umbgestossen weder die bilder.«
[311] WA 26,508 (Vom Abendmahl Christi. Bekenntnis): »Für allen aber greweln halt ich die Messe, so fur ein opffer odder gut werck gepredigt und verkaufft wird, darauff denn itzt alle stiffte und klöster stehen, aber ob Gott wil, bald liegen sollen, Denn wie wol ich ein grosser, schwerer, schendlicher sunder bin gewest und meine iugent auch verdamlich zubracht und verloren habe, So sind doch das meine grösseste sunden, das ich so ein heiliger münch gewest bin und mit so viel messen uber 15 iarlang meinen lieben Herrn so grewlich erzürnet, gemartert und geplagt habe, Aber lob und danck sey seiner unaussprechlichen gnade gesagt ynn ewikeit, das er mich aus sol chem grewel gefurt hat und noch teglich mich, wie wol fast undanckbar, erhelt und stercket ynn rechtem glauben.«

hältnis der evangelischen Kirche zur bildenden Kunst geäußert hat:
»Daß eine Kirche, welche Mythologie und Symbolik, also die beiden
Hauptquellen der mittelalterlichen Kunst, für heidnische Greuel erklärt,
welche in ihrem Gottesdienst auf die Mitwirkung der Sinne und der
Phantasie verzichtet, welche das gesprochene Wort in den Mittelpunkt
stellt, welche die guten Werke verdammt und folglich auch für fromme
Stiftungen keinen Anreiz mehr bietet – daß eine so gewandelte Kirche
die bildende Kunst nicht nötig hat, höchstens nebenher einen schmalen
Raum ihr übrig lassen kann, ist so selbstverständlich, daß darüber kein
Wort zu verlieren ist. Die Reformation, ich wiederhole es, war nicht der
bildenden Kunst feindlich, aber sie war der Kunst unbedürftig; sie glich
darin, bewußt oder unbewußt, dem Urchristentum.«[312]

Für das unter dem Einfluß des Erasmianischen Humanismus stehende
reformierte Christentum Zwinglischer und Calvinischer Prägung dürfte
dagegen entscheidend gewesen sein, daß die gesamte Praxis des kirchlichen Kultes (Messe, Wallfahrt, Riten, Bilderverehrung) als etwas Äu-
ßerliches, Materielles, Ungeistiges begriffen wurde. Der wahre geistige
Kult dagegen ist ethischer Natur: er besteht in der *vita christiana,* im
Leben nach den von der Heiligen Schrift gegebenen Regeln. Hinzu
kommt die hohe Wertschätzung des geschriebenen Wortes, des Buches
als Vehikel und Medium des Geistigen, Innerlichen schlechthin: Die
frühe Neuzeit ist eine Zeit der Buchkultur par excellence. Wir beobachten so das Paradox, daß sich der Humanismus und die von ihm beeinflußten Strömungen der reformatorischen Theologie dem Wort als der
Quelle reinen und ursprünglichen Christentums zuwenden, während sie
das nicht aus biblischer, aber gleichwohl aus antiker griechischer Tradition stammende Bild ablehnen.[313]

---

[312] G. DEHIO, Krisis (o. Anm. 272), 9.

[313] Vgl. DEHIO, ebd.: »Überhaupt war ja die große Stellung der Kunst im mittelalterlichen Kirchenwesen gar keine Forderung des christlichen Geistes, sondern eine Forderung
der in das Christentum aufgenommenen griechischen Bildung gewesen, wodurch die merkwürdige Antinomie entsteht, daß der letzte noch in unmittelbarer Kontinuität aus der
Antike herstammende Kulturbesitz unserer Nation aufgegeben wurde in demselben Augenblick, in dem sie sich unter der Form des Humanismus wieder vertrauensvoll der
antiken Bildungsquelle zuwendete.«

VIII. DAS BILD IM TRIDENTINISCHEN KATHOLIZISMUS

Der Ikonoklasmus des reformatorischen Zeitalters mußte notwendig die Reaktion der im Konzil von Trient wieder erstarkenden Katholischen Kirche herausfordern. Wir haben hier zu fragen, in welcher Weise dies durch die »offizielle« Kirche und Theologie geschah, zunächst im Konzil selbst, sodann in den um die Durchführung seiner Beschlüsse und seines Geistes bemühten Reformbestrebungen im nachtridentinischen Katholizismus. Eine weitere viel diskutierte Frage ist die, ob die Kunst in der Zeit der Gegenreformation und katholischen Reform, sei es die des Manierismus oder die des Barock, ursächlich mit der tridentinischen Theologie zusammenhängt und von ihr entscheidend beeinflußt worden ist.

1. Theologie und kirchliche Reform

Das Bilderdekret des Konzils von Trient

Die Vorgeschichte und Entstehung des Bilderdekrets des Konzils von Trient hat Hubert JEDIN eingehend untersucht.[1] In den vierzig Jahren, die der dritten Tagungsperiode des Konzils vorausgingen, hatten sich schon mehrere katholische Theologen mit der Ablehnung der Bilder durch die Reformatoren auseinandergesetzt: Bereits 1522 hatte Hieronymus Emser eine Gegenschrift gegen Karlstadt veröffentlicht.[2] Ebenfalls schon 1522 verfaßte Johann Eck, auf die Nachricht von den Wittenberger Ausschreitungen eine Schrift »De non tollendis Christi et sanctorum imaginibus«.[3] Eck hatte damals noch keine Kenntnis von Karlstadts Kampfschrift »Von Abtuung der Bilder«.[4] In seinem 1525 erstmals erschienenen »Enchiridion locorum communium« gibt er in

---

[1] H. JEDIN, Entstehung und Tragweite des Trienter Dekrets über die Bilderverehrung. ThQ 116 (1935), 143–188; 404–429.

[2] JEDIN, ebd. 148; Heribert SMOLINSKY, Reformation und Bildersturm. Hieronymus Emsers Schrift gegen Karlstadt über die Bilderverehrung, in: R. BÄUMER (Hrsg.), Reformatio Ecclesiae. Festgabe E. Iserloh, Paderborn 1980, 427–440.

[3] De non tollendis Christi et sanctorum imaginibus contra haeresim Faelicianam sub Carolo magno damnatam et iam sub Carolo V renascentem decisio, Ingolstadt 1522. S. hierzu eingehend: Erwin ISERLOH, Die Verteidigung der Bilder durch Johannes Eck zu Beginn des reformatorischen Bildersturms, in: Aus Reformation und Gegenreformation. FS. für Theobald Freudenberger (Würzburger Diözesangeschichtsblätter 35/36), Würzburg 1974, 75–85.

[4] S. o. VII.1 Karlstadt.

dem 15. Locus »De imaginibus Crucifixi et sanctorum« eine Zusammenfassung seines Traktates von 1522.[5] Grundlage für Ecks Verteidigung der Bilder ist das Inkarnationsdogma: Der unsichtbare Gott ist durch die Menschwerdung sichtbar und für die Kunst darstellbar geworden. Im Übrigen beruft sich Eck zur Begründung der Bilderverehrung auf die geläufigen Argumente aus der kirchlichen Tradition, angefangen von der Abgar- und Veronica-Legende bis zu Gregor dem Großen.[6] 1544 erschien in Ingolstadt ein kleines Werk von Johann Cochlaeus über Heiligenkult, Bilder und Reliquien, das vor allem gegen H. Bullinger gerichtet war.[7] In Italien setzte sich der Graf Alberto Pio von Carpi eingehend mit der die Bilder abwertenden Haltung des Erasmus auseinander.[8] Die umfangreichste Monographie über die Bilder in dieser Epoche ist das Buch »De imaginibus« des Juristen Konrad Braun, das 1547 abgeschlossen vorlag.[9]

Erwähnung verdienen schließlich zwei bedeutende italienische Theologen, die sich in ihren Werken mit dem reformatorischen Ikonoklasmus auseinandersetzten: 1542 erschien in Lyon ein Traktat des Dominikaners Ambrosius Catharinus Politi über die Heiligenverehrung. Darin ist ein Kapitel der Verehrung der Bilder Christi und der Heiligen gewidmet.[10] Zu Beginn weist der Verfasser auf das hohe Alter des Bilderkults in der christlichen Welt hin. In der Gegenwart hätten aber die neuen Ikonoklasten, gestützt auf die Werke des Erasmus und Luthers, mit satanischer Wut an vielen Orten die Bilder demoliert.[11] Im Blick auf die theologische Argumentation der Reformatoren betont Politi, im Alten Testament werde nicht das Bild schlechthin verboten, sondern nur

---

[5] Johannes Eck, Enchiridion locorum communium adversus Lutherum et alios hostes ecclesiae (1525–1543), hrsg. v. Pierre FRAENKEL (Corp. Cath. 34), Münster Westf. 1979, 191–198.

[6] ISERLOH, Verteidigung, 79 f.; vgl. hierzu auch Ecks Argumentation auf der Badener Disputation 1526: o. VII, bei Anm. 118–133.

[7] De sanctorum invocatione et intercessione, deque imaginibus et reliquiis eorum pie riteque colendis. Liber unus. Joannis Cochlei Germani, adversus Henricum Bullingerum Helveticum, Ingolstadt 1544.

[8] Tres et viginti libri in locos lucubrationum variarum D. Erasmi Roterodami, quos censet ab eo recognoscendos et retractandos, Paris 1531; 8. Buch: De sanctorum cultu et reliquiarum veneratione; Friedrich LAUCHERT, Die italienischen literarischen Gegner Luthers, Freiburg 1912, 300–306; JEDIN, Entstehung, 151–153.

[9] JEDIN, ebd. 154; über den Autor: Theobald FREUDENBERGER, Art. Braun, Konrad, in: NDB 2 (1955), 556.

[10] De certa gloria, invocatione ac veneratione sanctorum disputationes atque assertiones catholicae adversus impios, F. Ambrosii Catharini Politi Senensis ord. praed., Lyon 1542; ebd. 61–73: De adoratione ad imagines Christi et sanctorum.

[11] »Fuit et antiquissimi moris in toto orbe Christiano nos mortales adorare ad sanctorum et ipsius Christi imagines. Nunc vero ex Erasmi et Lutheri commentis, insurrexerunt novi iconoclastae, qui furore Satanico demoliti sunt in multis locis omnem picturam et imaginem« (ebd. 61).

die Anfertigung eines Götzenbildes zum privaten kultischen Gebrauch.[12] Der neutestamentliche Bilderkult wird mittels der Inkarnation begründet: der Sohn Gottes ist einer von uns geworden und deshalb im Bild darstellbar. Er hat viele Brüder mit sich in die Herrlichkeit genommen, die wie er verehrt und ohne Verletzung eines Gebotes dargestellt werden dürfen.[13] Zehn Jahre später, 1552, brachte Politi in Rom seine Abhandlung »De cultu et adoratione imaginum« heraus.[14] Jacopo Nacchianti, ebenfalls Dominikaner (von S. Marco in Florenz, wo er am 17. März 1518 eingetreten war) und Bischof von Chioggia (seit 1544) behandelt in einem Exkurs seines 1557 in Venedig erstmals erschienenen Römerbrief-Kommentars, zu Röm 1,23, den Gebrauch und die Verehrung der Bilder in der Kirche Gottes.[15] Nacchianti hebt ebenso wie Politi die Altertümlichkeit des Gebrauches der Bilder in der Kirche hervor. Ihre Verehrung gilt nicht dem materiellen Bild, sondern dem abgebildeten Heiligen. Dadurch unterscheidet sich die christliche Bilderverehrung von der heidnischen Idololatrie.

Das Bilderdekret wurde von dem Trienter Konzil in seiner 25. Sitzung (der 9. der dritten Tagungsperiode unter dem Papst Pius IV.), am 3. Dezember 1563, dem vorletzten Tag des Konzils überhaupt, zusammen mit dem Dekret über das Fegefeuer, verabschiedet.[16] Über die andere wichtige Frage, die bekanntlich die Reformation ausgelöst hatte, die der Ablässe, wurde am allerletzten Tag (4. Dezember) in dem Dekret »De indulgentiis« entschieden.[17] Über die drei genannten Themen fand keine Debatte mehr statt. Die Dekrete selbst tragen alle Merkmale der Eile und des Drucks, unter denen sie zustandekamen, an sich: Die Konzilsleitung versuchte, so schnell wie möglich die Auflösung herbeizuführen,

---

[12] »Vides igitur rationem, cur prohiberentur sculptilia, imo vides etiam, quod genus sculptilium prohiberetur, videlicet illud, in quo aliquid alienum a vero numine representaretur, idque colendi atque adorandi gratia. . . Neque illud erat omnino prohibitum fieri, sed privata autoritate fieri. Lex enim ad privatos loquitur« (63).

[13] »At vero nunc, iam quando filius Dei venit, sicut unus quidam ex nobis, ac per hoc redditus est nobis effigiabilis, et postquam multos ex fratribus secum advexit in gloriam, qui post illum et propter illum, ut supra diximus, redditi sunt honorabiles, et suo ipsi quoque cultu venerandi, idcirco absque ulla laesione praecepti fiunt Christi et sanctorum imagines, et ad eas absque ulla superstitione adoramus, quoniam non hic locum habet legis prohibitio, quia neque prohibitionis ratio« (64).

[14] Jedin, Entstehung, 156; 158–160.

[15] Enarrationes . . . in epistolam D. Pauli ad Romanos. Per R. P. et D. Jacobum Naclantum Episcopum Clugiensem, Venedig 1557. Der Römerbrief-Kommentar wurde zum zweitenmal veröffentlicht im ersten Band der Opera Nacchiantis (Venedig 1567, 161–316), nach dem Kommentar über den Epheserbrief; F. Lauchert, Gegner, 593 ff. Wie viele andere bedeutende Werke der katholischen Reformbewegung wartet er auf eine kritische Ausgabe.

[16] Concilium Tridentinum 9 (Acta 6), ed. St. Ehses, Freiburg Br. 1924, 1076–1079; H. Denzinger, A. Schönmetzer, Enchiridion Symbolorum, Freiburg 1965, 1820–1825.

[17] Conc. Trid. 9,1105; Denzinger-Schönmetzer 1835.

da man den Tod des Papstes Pius' IV. und die dann mögliche Wahl seines Nachfolgers durch das Konzil befürchtete.

Unmittelbare Ursache dafür, daß überhaupt noch ein Bilderdekret Aufnahme in die Konzilsbeschlüsse fand, waren die Verhältnisse in Frankreich. Während des ersten Hugenotten-Krieges, insbesondere gegen Ende des Jahres 1561, war es zu »Reinigungen« zahlreicher Kirchen durch die Reformierten gekommen. Der Kardinal Guise wünschte deshalb unbedingt, daß das Konzil in der Bilderfrage ein Reformdekret (also nicht ein dogmatisches Dekret, das eine längere Debatte erfordert hätte) erlasse, um die Schwankenden zu befestigen. Als Diskussionsgrundlage, um eine schnelle Verabschiedung der von ihm gewünschten Dekrete zu ermöglichen, führte der Kardinal eine von Theologen der Sorbonne verfaßte Sentenz in die Debatte ein, die bei dem Religionsgespräch mit den Calvinisten in St. Germain-en-Laye (28. Januar – 11. Februar 1562) vorgelegen hatte. Wie JEDIN nachgewiesen hat, ist diese Sentenz die Vorlage des Trienter Bilderdekrets.[18]

Das Dekret hat *die Form einer Anweisung* an die Bischöfe und die übrigen Lehrer der Kirche, die Gläubigen in der von alters überlieferten Lehre über die Fürbitte der Heiligen, ihre Anrufung, die Verehrung der Reliquien und den rechten Gebrauch der Bilder zu unterweisen.[19] Der Gegenstand dieser Lehre wird dann näher umschrieben: die zusammen mit Christus herrschenden Heiligen bringen ihre Gebete für die Menschen Gott dar; es ist gut und nützlich, sie anzurufen, um von Gott durch seinen Sohn Jesus Christus, der allein unser Erlöser und Heiland ist, Wohltaten zu erlangen; diejenigen, die die Anrufung der Heiligen bestreiten oder behaupten, diese beteten nicht für die Menschen und ihre Anrufung sei Götzendienst und stehe im Widerspruch zu Gottes Wort und tue der Ehre des einzigen Mittlers zwischen Gott und den Menschen, Jesu Christi, Abbruch: diese verträten eine Meinung, die im Widerspruch zur wahren christlichen Religion steht (impie sentire); ferner sind die Reliquien der Märtyrer und der anderen Heiligen, weil sie lebendige Glieder Christi und ein Tempel des Heiligen Geistes waren, von den Gläubigen zu verehren; diejenigen, welche dies alles für unnütz und überflüssig halten, verfallen der Verurteilung durch die Kirche.

Bezüglich der Bilder Christi, der Jungfrau und Gottesmutter Maria und der anderen Heiligen ist zu lehren, daß sie in den Kirchen aufgestellt und beibehalten werden sollen und ihnen die gemäße Ehre erwiesen werden soll. Dabei ist nicht zu glauben, in den Bildern wohne eine göttliche Kraft und man könne in sie wie in ein heidnisches Götzenbild sein Vertrauen setzen. Vielmehr ist die den Bildern erwiesene Ehre auf

---

[18] JEDIN, Entstehung, 174–188; 409 f.
[19] Conc. Trid. 9,1077.

deren Urbilder (prototypa), die sie darstellen, gerichtet und ihr Kult ist Anbetung (adoremus) bzw. Verehrung (veneremur) Christi und der Heiligen. Das Konzil bezieht sich damit ausdrücklich auf die Entscheidungen des zweiten Konzils von Nizäa gegen die Bilderbekämpfer.

Weiter wird den Bischöfen aufgetragen zu lehren, daß durch die in Gemälden und anderen bildlichen Darstellungen ausgedrückten Heilsereignisse *das Volk gebildet und im Glauben gefestigt werde.* Die Betrachtung aller heiligen Bilder ist überaus nützlich, weil das Volk durch sie nicht nur an das Heilswerk Christi erinnert wird, sondern auch die Wunder, die Gott durch die Heiligen wirkt, vor Augen gestellt werden und so zum Dank an Gott und zur Nachahmung der Heiligen angeregt wird. Daraus wiederum ergibt sich eine Förderung der Gottesliebe und des religiösen Lebens (pietas). Hier folgt nun das Anathem für diejenigen, die das Gegenteil dieser Dekrete lehren oder als Ansicht vertreten. Diese kirchenamtliche Verurteilung gibt dann doch dem als Reformanweisung an die Bischöfe konzipierten Dekret einen dogmatischen Charakter.[20]

Der letzte Teil des Bilderdekretes ist der Abstellung und Vorbeugung von Mißbräuchen gewidmet: insbesondere sollen keine Bilder mit falschem Lehrgehalt oder solche, die den Ungebildeten Anlaß zum Irrtum geben, gemalt oder aufgestellt werden.[21] Auch soll das »ungelehrte Volk« bei den Darstellungen biblischer Geschichten belehrt werden, daß die Gottheit eigentlich nicht in Farben und Figuren abbildbar sei.[22] Bei Heiligen-, Reliquien- und Bilderverehrung sollen Aberglaube, unlautere Geldgeschäfte und Laszivität abgestellt werden; das Malen von Bildern leicht obszönen Charakters (procaci venustate) wird verboten; die Feste und Wallfahrten sollen nicht zu Freß- und Saufgelagen mißbraucht werden. Die Bischöfe sollen dafür Sorge tragen, daß alles, was in diesem kultischen Bereich geschieht, der Heiligkeit des Hauses Gottes angemessen ist. Schließlich verbietet das Konzil, ohne Billigung durch den zu-

---

[20] »Illud vero diligenter doceant episcopi, per historias mysteriorum nostrae redemptionis, picturis vel aliis similitudinibus expressas, erudiri et confirmari populum in articulis fidei commemorandis et assidue recolendis; tum vero ex omnibus sacris imaginibus magnum fructum percipi, non solum quia admonetur populus beneficiorum et munerum, quae a Christo sibi collata sunt, sed etiam, quia Dei per sanctos miracula et salutaria exempla oculis fidelium subiiciuntur, ut pro iis Deo gratias agant, ad sanctorumque imitationem vitam moresque suos component, excitenturque ad adorandum ac diligendum Deum, et ad pietatem colendam. Si quis autem his decretis contraria docuerit aut senserit: anathema sit« (ebd. 1078, 28—36).
[21] »In has autem sanctas et salutares observationes si qui abusus irrepserint: eos prorsus aboleri sancta synodus vehementer cupit, ita ut nullae falsi dogmatis imagines et rudibus periculosi erroris occasionem praebentes statuantur« (ebd. 1078,37).
[22] »Quodsi aliquando historias et narrationes Sacrae Scripturae, cum id indoctae plebi expediet, exprimi et figurari contigerit: doceatur populus, non propterea divinitatem figurari, quasi corporeis oculis conspici, vel coloribus aut figuris exprimi possit« (ebd. 1078,39).

ständigen Bischof, ein *ungewohntes, unübliches Bild* (insolitam imaginem) aufzustellen oder *neue Reliquien* anzunehmen. Ganz am Schluß heißt es dann noch einmal, daß auch durch die Bischöfe und Provinzialkonzilien in diesem ganzen Bereich nichts Neues oder bisher in der Kirche Unübliches ohne vorherige Information des Papstes entschieden werden darf.

Das tridentininsche Bilderdekret bringt keine Weiterführung oder Entscheidung in irgend einer Frage innerkatholischer Bildertheologie. Es steht damit auf der Linie aller übrigen Dekrete des Konzils: Wie sie sucht es zunächst die Abgrenzung gegen die Häretiker, ohne jemanden näher oder gar namentlich zu nennen. Aus der Vorgeschichte und dem Text geht jedoch klar hervor, daß die in dieser Zeit vor allem in Frankreich als bedrohlich empfundene reformierte (Zwinglianisch-Calvinische) Auffassung vom sakralen Bild verurteilt werden soll. Während so in dem dogmatischen Teil die harte Linie mittelalterlich-katholischer Tradition ohne Kompromisse aufrecht erhalten wird, sucht das Konzil die von den Reformatoren gegeißelten Mißstände mittels Anweisung an die Bischöfe in Griff zu bekommen.

Das Dekret ist gleichwohl ein Flickwerk geblieben. Unter Zeitdruck und kurzsichtigen kirchenpolitischen Erwägungen zustande gekommen, leidet es vor allem an seiner dogmatischen Unausgereiftheit. Die überwiegende Mehrheit der Konzilsväter sah die Bilderfrage wie die des Purgatoriums und des Ablasses wohl nicht als vollgewichtige dogmatische Fragen, sondern eher als dem Bereich der Volksfrömmigkeit angehörende Nebensachen an. Nicht von ungefähr wurden sie ganz am Schluß des Konzils in unangemessener Oberflächlichkeit und Eile behandelt. H. JEDIN urteilt deshalb allzu positiv, wenn er bemerkt, »daß das Konzil auch in diesem Dekret sich auf seine eigentliche Aufgabe beschränkt, Zurückhaltung und Maß übt.«[23] Einige, allerdings wenige, Zeitgenossen sahen dies anders. Der spanische Botschafter Graf Luna hielt es für notwendig, die drei genannten Dekrete als dogmatische Dekrete und damit in ausführlicher Debatte zu verhandeln. Noch am 27. November 1563 protestierte er in einer abendlichen Unterredung mit den päpstlichen Legaten heftig gegen die Eile, ja Überstürzung, mit der man das Konzil zum Abschluß zu bringen versuche.[24] Gegen die überstürzte Verabschiedung wandten sich nach Verlesung der Dekrete über Purgatorium und Bilder auch der Bischof von Montemarano, Antonius a S. Michaele, ein Franziskaner, und der Bischof von Guadix, Melchior Alvares.[25] Letzterer brachte nochmals bei der Endabstimmung sein Mißfallen

---

[23] H. JEDIN, Geschichte des Konzils von Trient, Bd. IV/2, Freiburg Br. 1975, 184.
[24] JEDIN, Entstehung, 414.
[25] »R. D. ep. Montismarani dixit, quod, cum propter inopiam temporis non potuerit suum iudicium dare, relinquit iudicio Summi Pontificis et Sedis Ap^cae. R. D. Guadiscensis.

über die eilige Behandlung so wichtiger Sachen zum Ausdruck.[26] Bei dieser Gelegenheit beanstandet auch der Bischof von Alife, Jacobus Gilbertus Nogueras, die Lückenhaftigkeit der beiden Dekrete insbesondere in Hinsicht auf die Erfordernisse der gegenwärtigen Zeit.[27]

Im nachhinein kann man dem guten Bischof nur rechtgeben. Verglichen mit dem intellektuellen Aufwand, mit dem Zwinglianer und Calvinisten, aber auch ein Teil ihrer zeitgenössischen katholischen Gegner ihre jeweiligen Standpunkte vertraten, ist das Konzilsdekret doch ein recht dürftiges Dokument. Es fehlt ihm sowohl eine »binnenkatholische« theologische Fundierung wie eine sachgemäße Auseinandersetzung mit den Reformatoren. Dies hätte aber nur im Zusammenhang mit der Erörterung des reformatorischen Schriftverständnisses geschehen können: es rächte sich hier, daß eine solche Arbeit schon in der ersten Sitzungsperiode (1545–1547), bei der Behandlung des Verhältnisses von Schrift und Tradition, versäumt worden war. Es fehlt auch ein ernsthaftes Eingehen auf Phänomene und Inhalte der Volksreligion: sie wird mit dem gängigen Theologenhochmut lediglich unter dem Gesichtspunkt der Gefährdung des »ungebildeten Volkes« durch Aberglauben betrachtet.

Auf der anderen Seite hat aber das Trienter Bilderdekret auch nicht allzu viel verdorben. Es schuf immerhin in den noch katholisch gebliebenen Teilen Europas einen gewissen Freiraum für die Entfaltung der religiösen Kunst in den folgenden Epochen des Manierismus und des Barock. Die theologische Denkarbeit wurde wenigstens zum Teil durch Theologen der nachtridentinischen Reform, wie den Kardinal Robert Bellarmin, nachgeholt.

Das Dekret steht jedoch auch am Beginn der sich von da an bis in die allerjüngste Gegenwart fortsetzenden Zensur- und Gängelungsversuche der religiösen Kunst durch den Klerus. Noch während des Pontifikates Pius' IV. erhält der »Hosenmaler« (»Braghettone«) Daniele da Volterra den Auftrag, die nackten Figuren des »Jüngsten Gerichts« von Michelangelo in der Cappella Sistina des Vatikan zu übermalen. Im 18. Jahrhundert wird die Bekleidung »unanständiger« Körperteile fortgesetzt. Noch in der zweiten Hälfte des 20. Jahrhunderts, unter dem Pontifikat des Papstes Pius' XII., entfaltete eine von dem Kardinal Celso Costantini

---

Veritas articulorum placet; non tamen placet praecipitatio, qua publicati sunt« (Conc. Trid. 9, 1079).

[26] »R. D. Guadiscensis. Displicet, quod res tam graves tam praecipitanter agantur; ideo subscribit sententiae, quam heri dixit in congregatione« (ebd. 1097,15).

[27] »R. D. Aliphanus. Decreta duo de imaginibus et de purgatorio non placent, non quia non credam esse vera, quae ibi continentur, sed quia multa non affirmantur, quae essent affirmanda, et aliqua non damnantur, quae essent damnanda, prout praesentium temporum ratio exigit« (ebd. 1097,20).

geleitete kirchliche Behörde, der die Begutachtung und Genehmigung religiöser Kunstwerk und ihre Einteilung in »unanständige, blasphemische« und »gute, fromme« oblag, vor allem in Italien eine rege Aktivität.[28] Im Jahre 1959 ließ der Papst Johannes XXIII. die Nacktheit der barocken Putti an den Pfeilern der St. Peters-Kirche in Rom mit Lappen aus rosa Gips bekleiden.[29]

Karl Borromäus

Die führende Gestalt bei der auf das Konzil von Trient folgenden katholischen Reformbewegung war der Kardinal Carlo Borromeo (1538–1584).[30] Er war der Nepot Pius' IV., durch den er Anfang 1560, noch nicht einmal 22jährig, zum Kardinal kreiert wurde. Anfangs den Genüssen eines luxuriösen Lebens keineswegs abgeneigt, wandte er sich nach dem plötzlichen Tod seines älteren Bruders einem rigorosen, bis zur Selbstquälerei aszetischen Leben zu. Im Sommer 1563 ließ er sich zum Priester und wenige Monate später zum Bischof weihen. Bald verließ er auch Rom, um sich in Befolgung der in Trient dekretierten Residenzpflicht der Bischöfe seiner Erzdiözese Mailand anzunehmen. Der Rest seines kurzen Lebens war einer überaus eifrigen, aber auch einer gewissen Härte und fanatischer Züge nicht entbehrenden, Reformtätigkeit in seinem Bistum und der umgreifenden Mailänder Kirchenprovinz gewidmet. Um Inhalt und Geist der Trienter Beschlüsse durchzusetzen, hielt er zahlreiche Synoden ab und verfaßte Lehrschreiben vor allem an den Klerus.

Schon durch das erste Provinzialkonzil, das Karl 1565 abhielt, wurden über die Bilder Bestimmungen erlassen, die der Durchführung des tridentinischen Dekretes dienen sollten, dennoch aber über dieses inhaltlich hinausgingen.[31] Unter anderem wird verboten, daß die Stoffe volks-

[28] Die »Pontificia Commissione Centrale per l'arte sacra in Italia« wurde durch den Papst Pius XI. im Jahre 1924 eingesetzt: Annuario Pontificio per l'Anno 1958, 1099. Sie existiert, inzwischen mit stark vergrößertem Mitarbeiterstab, bis heute.

[29] Wie Charles DEJOB zu berichten weiß, hatte schon der Papst Pius IX. etwas Ähnliches veranlaßt:»De nos jours, Pie IX a fait couvrir la nudité des anges qui, dans Saint-Pierre du Vatican, soutiennent les portraits des papes« (De l'influence du Concile de Trente sur la littérature et les beaux-arts chez les peuples catholiques. Essai d'introduction à l'histoire littéraire du siècle de Louis XIV, Paris 1884, 258).

[30] Über ihn: Giuseppe ALBERIGO, Art. Borromeo, Carlo, in.: TRE 7 (1981), 83–88 (mit Literaturangaben); Erwin ISERLOH, Karl Borromäus (1538–1584) ein Heiliger der katholischen Reform im 16. Jahrhundert, in: W. BAIER u. a. (Hrsg.), Weisheit Gottes – Weisheit der Welt. FS. für J. Kard. Ratzinger zum 60. Geb., St. Ottilien 1987, II,889–900.

[31] Acta Ecclesiae Mediolanensis, a Carolo Cardinali S. Praxedis Archiepiscopo condita, Milano 1599, 4; (ich zitiere nach dieser Ausgabe, da mir die neuere von Achille RATTI, Milano 1890–1899, nicht zugänglich war); über die Mailänder Synodalakten s. vor allem: Paolo PRODI, Ricerche sulla teorica delle arti figurative nella Riforma cattolica. Archivio italiano per la storia della pietà 4 (1965), 121–212; ebd. 135 ff.

tümlicher Legenden Gegenstand künstlerischer Darstellung werden.[32] Die Bischöfe sollen dafür sorgen, daß die Bilder in ihren Einzelheiten inspiziert werden, um festzustellen, ob alles der Würde und Heiligkeit des Prototyps entspricht, damit durch den Anblick die Frömmigkeit angeregt, auf keinen Fall aber Anlaß zu schandbaren Gedanken gegeben wird.[33] Damit die Bischöfe dies alles gemäß der Vorschrift des Konzils von Trient durchführen können, sollen sie die Maler und Bildhauer ihrer Diözesen zusammenrufen und über das, was sie bei der Produktion heiliger Bilder zu meiden haben, belehren. Darüber hinaus sollen sie Sorge tragen, daß die Künstler kein Kunstwerk, *weder öffentlich noch privat,* herstellen, ohne den Pfarrer zur Beratung hinzuzuziehen. Die zuwiderhandelnden Künstler sind ebenso wie ihre Auftraggeber zu bestrafen.[34] Schwierigere Fälle müssen den Bischöfen zur Entscheidung vorgelegt werden. Gemälde und Plastiken, die wegen der Frechheit oder des Unwissens der Künstler so geraten sind, daß sie untragbar erscheinen, sollen nach Zurateziehung gelehrter Männer *entweder ganz zerstört oder wenigstens irgendwie verbessert* werden.[35] Letzteres ist die erste bekannte Bestimmung ikonoklastischen Charakters im Gefolge der tridentinischen Reformbestrebungen.

Auf dem dritten Provinzialkonzil von 1572 ließ der Erzbischof ankündigen, daß über den Bau und die Ausstattung der Kirchen sowie über Kleider und Kultgefäße Instruktionen erlassen würden.[36] Sie erschienen 1577 und enthalten bis ins einzelne gehende Bestimmungen über den Sakralbau (Kirche und Kloster) und die liturgischen Kleider und Gegenstände.[37] Was die Architektur betrifft, so ist Karls Stilempfinden durch

[32] »Historiae quoque, quibus neque Ecclesia, neque probati scriptores auctoritatem ullam dederunt, sed sola vulgi vana opinione commendantur, effingi prohibeantur.« – Man braucht nur daran zu erinnern, daß einem solchen theologischen Rigorismus etwa die Legenden über volkstümliche irische Wanderheilige, wie St. Wendel und St. Landelin, und ihre Darstellungen zum Opfer fallen würden, die ja ihre Überlieferung und ihr Fortleben nur der *vana opinio* des Volkes verdanken.

[33] »Deinde uniuscuiusque imaginis os, corpus, corporis habitum et statum, ornatum et locum inspiciendum curent Episcopi; ut haec omnia ad prototypi dignitatem et sanctitatem, apta sint et decora; atque ex imaginis inspectione pietas excitetur, nulla vero turpis cogitationis detur occasio.«

[34] »Haec et reliqua huiusmodi ex Tridentini concilii praescripto, ut commodius Episcopi exequantur, convocent suarum dioecesum pictores et sculptores, omnesque pariter doceant, a quibus cavere debeant in sacris imaginibus effingendis: curentque ne illi, inconsulto parocho, aliquam sacram imaginem publice vel privatim effingant. Quod si qui deliquerint, puniantur, tam ipsi artifices, quam ii quorum sumptibus vel iussu effictae erunt imagines.«

[35] »Quod si quas iam pictae imagines fictave simulacra, ob artificum temeritatem aut inscitiam, eiusmodi fortasse fuerint, ut ferenda nullo modo videantur; ea curent Episcopi, doctorum etiam et peritorum virorum consilio adhibito, ut omnino deleantur, vel saltem aliqua ratione corrigantur.«

[36] Acta Ecclesiae Mediolanensis, 101.

[37] Instructionum fabricae et supellectilis ecclesiasticae libri II (Acta Eccl. Med., 561-638); kritische Edition mit Kommentar von Paola BAROCCHI in: Trattati d'Arte del Cinquecento fra Manerismo e Controriforma III, Bari 1962, 1-113; 383-464; s. zu dem

das Mittelalter geprägt. So sieht er den plastischen Schmuck (Löwen!) der Hauptportale romanischer Basiliken seiner Kirchenprovinz als vorbildlich an. Die Fenster sollen oben abgerundet sein, und für die Fassade schreibt er ein Rundfenster (Rose) vor.[38]

Obwohl Karl betont, daß vieles dem Urteil eines erfahrenen Architekten überlassen bleiben soll, sind doch die Vorschriften so detailliert, daß sie geeignet sind, die künstlerische Kreativität eher zu strangulieren als zu beflügeln. So droht denn auch das 17. Kapitel des ersten Buches, das den Bildern gewidmet ist, zunächst einmal den Malern und Bildhauern schwere Strafen und Sanktionen an für den Fall, daß sie von den gegebenen Regeln abweichen,[39] desgleichen den Rektoren der Kirchen. Im übrigen werden die Bestimmungen des Konzils von Trient annähernd im Wortlaut wiederholt. Hinzu kommen zwei Bestimmungen, die uns ein wenig skurril anmuten, jedenfalls aber bestimmt nicht für die ästhetische Einfühlungsgabe des Erzbischofs sprechen: Die Darstellung des einzelnen Heiligen soll dessen wirklichem Aussehen so nahe wie möglich kommen; auf jeden Fall aber soll sich der Künstler hüten, ihm die Züge eines anderen lebenden oder verstorbenen Menschen zu geben;[40] außerdem wird die Abbildung von Tieren, wie Pferden, Eseln, Hunden und Fischen in Kirchen und heiligen Stätten verboten, wenn sie nicht, nach der Gewohnheit der Kirche, zur dargestellten heiligen Geschichte gehören.[41] Die in der Kunst des Spätmittelalters und der Renaissance überaus beliebte Einfügung von Porträts bekannter Personen in Gemälde hat Borromeo wohl als Ausdruck von weltlicher Eitelkeit abgelehnt. Die zweite hier angeführte Bestimmung, die ebenfalls dem Zurückdrängen des Profanen und Säkularen aus dem sakralen Raum dienen soll, wurde schon von den zeitgenössischen Malern des Manierismus, dann von denen des Barock, entweder nicht beachtet oder sie kannten sie gar nicht. Sie fand auch Aufnahme in die Dekrete der vierten von Borromeo veranstalteten Provinzialsynode (1576), die 1580 veröffentlicht wurden.[42]

Werk: Heinz HORAT, Die Bauanweisungen des hl. Karl Borromäus und die schweizerische Architektur nach dem Tridentinum, in: B. ANDERES u. a. (Hrsg.), Kunst um Karl Borromäus, Luzern [1980], 135–155; ebd. 137 f.: Die Bauvorschriften des hl. Karl Borromäus.

[38] Acta Eccl. Med., 565; BAROCCHI, Trattati III,14–16.

[39] »Iam vero de sacris imaginibus pie religioseque exprimendis, cum maxime ex decreto Tridentino, constitutionibusque provincialibus Episcopus cavere debet; tum etiam pictoribus et sculptoribus gravis poena mulctave proposita est, ut ne iis exprimendis a praescriptis regulis discedant« (Acta Eccl. Med., 575; Trattati III,42).

[40] »In illis autem, sicut sancti cuius imago exprimenda est, similitudo quoad eius fieri potest referenda est; ita cautio sit, ut ne alterius hominis viventis vel mortui effigies de industria repraesentetur« (ebd.).

[41] »Effigies praeterea iumentorum, canum, piscium aliorumve brutorum animantium, in ecclesia aliove sacro loco fieri non debent, nisi historiae sacrae expressio ex matris Ecclesiae consuetudine aliter quandoque fieri postulat« (Acta Eccl. Med 575; Trattati III,43).

Nicht unerwähnt bleiben darf die Bedeutung, die Borromeo nach seinem Tod für Kult und Ikonographie erlangte.[43] Als er am 3. November 1584 starb, stand er bereits im Ruf der Heiligkeit. 1610 wurde er als erster Glaubenszeuge nachreformatorischer Zeit heiliggesprochen. Das Volk verehrte ihn vor allem als Pestheiligen. In Italien und den anderen katholisch gebliebenen Ländern wurden ihm viele Kirchen und Kapellen geweiht. Auf unzähligen Altären wurde er in Bild und Plastik dargestellt. Die größte Kultstätte Karls in Italien ist der Sacro Monte bei Arona am Lago Maggiore, eine unvollendet gebliebene gestaltete Landschaft in barocker Manier, mit der über 23 Meter hohen Kolossalstatue des Erzbischofs auf der Höhe des Berges (geweiht am 19. Mai 1698).[44] Einen Höhepunkt an Popularität und Beliebtheit erreichte die Darstellung des heiligen Karl Borromäus im oberschwäbischen und fränkischen Barock.[45] Friedrich Karl von Schönborn, Fürstbischof von Bamberg und Würzburg (1729-1746), förderte vor allem den Kult seines Namenspatrons. Als beliebter Brückenheiliger trat Karl neben Johann Nepomuk, so auf den Brücken von Würzburg, wo die Statue bis heute erhalten ist, und Bamberg, wo sie im Jahre 1795 dem Hochwasser der Regnitz zum Opfer fiel.[46]

Gabriel Paleotti

In enger Verbindung mit Borromeo und wie dieser bei der tridentinischen Kirchenreform engagiert, war der Kardinal Gabriele Paleotti (1522-1597), seit 1566 Bischof von Bologna.[47] Er war besonders daran interessiert, im Sinne des Tridentinum die Mißbräuche innerhalb der sakralen Kunst zu bekämpfen und darüber hinaus eine theoretische und theologische Grundlage für die künstlerische Tätigkeit zu erarbeiten. 1582 erschienen in Bologna auf Italienisch zwei Bücher seines ursprünglich fünfteilig geplanten Werkes: »Discorso intorno alle imagini sacre et profane«. Eine lateinische Übersetzung wurde 1594 in Ingolstadt herausgebracht.[48] Paolo PRODI hat eine eingehende Analyse des Werkes

---

[42] Acta Eccl. Med., 118; PRODI, Ricerche (o. Anm.31), 136.

[43] S. hierzu zuletzt: Bernhard ANDERES u. a. (Hrsg.), Kunst um Karl Borromäus, Luzern o. J. [1980].

[44] Andres MOSER, Catherine WAEBER-ANTIGLIO, Arona: ein Sacro Monte und eine Kolossalstatue für den Heiligen Karl Borromäus, ebd. 15-47.

[45] Gebhard SPAHR, Karl Borromäus an der oberschwäbischen Barockstraße, ebd. 193-202.

[46] Elisabeth ROTH, Karl Borromäus in der fränkischen Kultlandschaft, ebd. 170-192.

[47] Paolo PRODI, Il Cardinale Gabriele Paleotti (1522-1597), 2 Bde. (Uomini e Dottrine 7.12), Roma 1959/1967.

[48] Discorso intorno alle imagini sacre et profane diviso in cinque libri. Dove si scuoprono varii abusi loro, e si dichiara il vero modo che christianamente si doveria osservare nel porle nelle chiese, nelle case, et in ogni altro luogo. Raccolto et posto insieme a utile delle anime per commissione di Monsignore Illustrissimo et Reverendissimo Card. Paleotti ves-

gegeben.[49] Wir haben hier nur einige für unsere Untersuchung wichtige Gesichtspunkte hervorzuheben.

Im ersten Buch behandelt Paleotti zunächst die Bilder im allgemeinen, sodann im besonderen die profanen und heiligen Bilder. Im zweiten Buch geht es um die nach der Intention des Trienter Konzils zu beseitigenden Mißbräuche in der Malerei. Die traditionelle katholische Auffassung vom Bild als Buch und Unterrichtsmittel für die Ungebildeten wird von Paleotti ergänzt durch den Gedanken, daß die bildende Kunst eine Art Sprache sei: sie ist ein Mittel, um in direkter Weise innere Begriffe und Gefühle auszudrücken. Wahrscheinlich wurde die Malerei früher als die Schrift entdeckt; sie ist eine Sprache, die der gesamten Menschheit gemeinsam ist und alles vollkommener vermitteln kann, als es sonst durch die verschiedene literarischen Genera geschieht, so daß sie gewissermaßen die göttliche Natur und Vollkommenheit nachahmt.[50] Als notwendige Konsequenz hieraus ergibt sich die Zugehörigkeit der bildende Künste zu den vornehmen Künsten (arti nobili), ja im Falle der in christlichem Sinne ausgeübten Kunst handelt es sich um eine Tätigkeit von allerhöchstem Rang (arte nobilissima).[51]

Nachdem Paleotti die Frage der Einführung der Bilder in den antiken Kulturen behandelt hat, kommt er speziell auf die heiligen Bilder, d. h. diejenigen, die ein religiöses Thema zum Gegenstand haben, zu sprechen:[52] sie wurden von der Kirche gebilligt und eingeführt wegen ihres Nutzens für die Christen, an deren Augen, Intellekt, Willen und Gedächtnis sie sich richten, um sie zu Gott zu erheben. Im nächsten Kapitel führt Paleotti dann den Vergleich zwischen dem christlichen Maler und dem Prediger aus.[53] In der katholischen Lehre über den Bilderkult sieht er das rechte Mittelmaß zwischen heidnischer Idololatrie und häretischer Bilderfeindschaft.[54]

Das zweite Buch des *Discorso* ist den Mißbräuchen der heiligen und der profanen Bilder gewidmet: in 52 Kapiteln entwickelt Paleotti seine Vorstellungen von einer Reform der bildenden Künste im Geist des

---

covo di Bologna. Al popolo della città et diocesi sua MDLXXXII; PRODI, Ricerche (o. Anm. 27), 141; 145, Anm. 7; 196; neuere Edition des Discorso mit Kommentar von P. BAROCCHI in ihrer Sammlung: Trattati d'Arte (o. Anm. 33) II, Bari 1961, 117–509.

[49] PRODI, Ricerche, 141–164.

[50] »Nè in questo ci restringeremo più a libri de gli historici, che de gli Oratori, o de' Poeti, o d'altri, poi che la pittura in alcuna cosa più all' uno, et in alcun' altra più all' altro accostandosi, diffonde in tutti i soggetti la sua grandezza, communicandosi a tutte le materie, a tutti i luoghi, et a tutte le persone, quasi imitando in ciò la divina natura et eccellenza« (Discorso, 21; PRODI, Ricerche, 148).

[51] Discorso I, c. 6.7.

[52] Discorso I, c. 16–20.

[53] Discorso I, c. 21.

[54] Discorso I, cc. 26–33; PRODI, Ricerche, 150.

Konzils von Trient. Er beklagt zunächst den paganisierenden und lasziven Geist, der in neuerer Zeit in die religiöse Kunst eingedrungen sei. Die allgemeinen Richtlinien des Konzils wurden erlassen, um dieses Unwesen zu bekämpfen. Um ihnen zum Durchbruch zu verhelfen, hält Paleotti ein analoges Verfahren wie bei dem auf dem Konzil beschlossenen und von Pius IV. im März 1564 veröffentlichten *Index der verbotenen Bücher* für sinnvoll.[55] Er übernimmt die in Trient für die Bücher festgesetzten Regeln nun für die dem Christen schädlichen religiösen Bilder: sie werden eingeteilt in »vermessene«, »skandalöse«, »irrige«, »verdächtige«, »häretische«, »abergläubische« und »apokryphe«.[56] »Vermessen« sind Bilder, die Meinungen zur Darstellung bringen, die nicht in der heiligen Schrift oder der kirchlichen Lehre fundiert sind. Aus den von Paleotti genannten Beispielen wird deutlich, daß hier nichts anderes gemeint ist als die vor allem im zeitgenössischen Manierismus beliebte gezielte Interpretation *(invenzione)* eines vorgegebenen Stoffes.[57] »Skandalöse« Bilder sind solche, die geeignet sind, die Augen der Guten zu beleidigen, indem sie religiös oder moralisch unwürdige Gegenstände zur Darstellung bringen. Im Falle der »apokryphen« Bilder ist der Autor geneigt, Konzessionen zu machen, insofern es erlaubt ist, gewisse Einzelheiten zu malen, die zwar keine geschichtliche Fundierung haben, aber im kirchlichen Brauchtum verwurzelt sind, wie z. B. die Darstellung des Crucifixus mit Lendentuch, die Verkündigungsszene mit knieender Maria, ein schönes Reitpferd bei der Bekehrung des Paulus. Im ganzen kommt es dem Kardinal vor allem darauf an, der künstlerischen Phantasie Zügel anzulegen.[58]

Dem Paganismus der Renaissance sucht Paleotti mit einem absoluten Darstellungsverbot mythologischer Themen beizukommen: die »falschen Götter« dürfen unter gar keinem Vorwand gemalt oder ausgestellt werden, weder dem des Studiums der antiken Geschichte oder der Literatur, noch dem der rein ornamentalen Ausstattung etwa von Bibliotheken. Es sind vor allem Bilder dieser Art, die das Ärgernis von Gläubigen und Protestanten erregen und gerade den Häretikern Anlaß geben, die Katholiken als Götzendiener zu bezeichnen.[59] Im weiteren Verlauf lehnt Paleotti dann »verlogene und falsche Bilder« ab, das sind nach seiner

---

[55] »Dunque essendoci dal sacro concilio Tridentino con l'indice de i libri data buona regola per discernere quali sono in libri permessi, et quali in prohibiti, potrà la stessa servire per norma al conoscere quali siano le pitture da essere eseguite, o fuggite dal christiano« (Discorso, 106; PRODI, Ricerche, 151, Anm. 1).

[56] Discorso II, cc. 3-9.

[57] S. hierzu unten VIII.2. Manierismus.

[58] »Ma qui di nuovo è d'avvertire primieramente, che non basta che li pittori si accordino insieme a dipingere una cosa, se ella non è fondata nella ragione, e verisimilitudine grande, et communemente da i dotti accettata« (Discorso, 121:, PRODI, Ricerche, 152).

[59] Discorso, 121. 122; PRODI, Ricerche, 153.

Auffassung solche, die nicht ihrer Aufgabe gerecht werden, *die Wirklichkeit nachzuahmen.* Ein gleiches gilt für die »unwahrscheinlichen Bilder«: solche, die gegen die historische Wahrscheinlichkeit verstoßen.[60] Man wird annehmen dürfen, daß der Autor, wenn er das schreibt, ganz bestimmte Gemälde der Renaissance und des zeitgenössischen Manierismus vor Augen hat, ebenso wenn er die ungehörigen Bilder behandelt und verbietet, die Madonna »mit bemaltem, glattem, vollem und beinahe lüsternem Gesicht« zu malen und sich gegen »disproportionierte« Gemälde ausspricht, nämlich solche, bei denen das Verhältnis der Körperteile untereinander unstimmig ist oder die einzelnen Teile eines Gemäldes nicht miteinander harmonieren (die Madonna in jugendlichem Alter neben einem Crucifixus als erwachsenem Mann; Häuser in einer Landschaft, die größer als die Berge sind).[61] Es sind gerade solche »Verzerrungen«, die für den Manierismus charakteristisch sind – denken wir nur an El Greco.

Was hätte aber Paleotti gesagt, wenn er die malerischen Exzesse der auf ihn folgenden 150 Jahre des barocken Zeitalters hätte erleben können? Denn er lehnt nicht nur das eben Erwähnte ab, sondern auch mythische und allegorische Darstellungen sowie Glorifizierungen und Apotheosen von Heiligen: das alles soll der Künstler besser den Theologen und heiligen Lehrern überlassen; er selbst dagegen soll sich darauf beschränken, »die Dinge in ihrem natürlichen Zustand nachzuahmen, einfach so wie sie sich den Augen der Sterblichen gezeigt haben.«[62] Auch alles, was Gegenstand des Intellekts, nicht der Sinne ist, hält der Bischof von Bologna für unmöglich und folglich für unerlaubt, bildlich darzustellen: die Geheimnisse Gottes, die Allgemeinbegriffe (Universalien), die Tugenden und Laster. Die bisherigen allegorischen Abbildungen, etwa durch Frauengestalten, hält er für verfehlt.[63] All dies aber ist im Barock, in viel reicherer und üppigerer Weise als in der Renaissance, nicht zuletzt durch den von dürren Vorschriften nicht gehemmten Ge-

---

[60] Discorso II, cc. 25. 26.

[61] Discorso II, cc. 27. 28; PRODI, Ricerche, 155.

[62] ». . diciamo che essendo l'officio del pittore l'imitare le cose nel naturale suo essere, et puramente come si sono mostrate a gli occhi de' mortali, non ha egli da trapassare i suoi confini, ma lasciare a' theologi e sacri dottori, il dilatarle ad altri sentimenti più alti e più nascosti: altrimenti seria un confondere ogni cosa, et passare tumultuariamente dallo stato della natura a quello della gratia, o della gloria; il che ognun vede, che de celesti doni in questa vita, godevano insieme di mirabile luce et gioia interna: ma poichè le scritture autentiche non dicono, che da alcuno siano mai stati veduti in tale trasfiguratione, non pare che convenga al pittore hora d'introdurla, eccetto in quei casi, dove le vite loro approvate facessero fede, che fossero stati tal' hora veduti in quella forma, come di alcuni santi si legge« (Discorso, 208 f.; PRODI, Ricerche, 158). – Es ist bemerkenswert, wie bei aller theoretischen Hochschätzung der bildenden Kunst als solcher im Verhältnis zum Künstler doch Theologenhochmut und klerikales Machtbewußtsein durchbrechen.

[63] Discorso II, cc. 43.44; PRODI, Ricerche, 161 f.

staltungswillen einer neuen Generation kirchlicher Großherren, Wirklichkeit geworden.

Ein Jahr vor seinem Tod, im Jahre 1596, verfaßte Paleotti eine für die Mitglieder des Kardinalskollegiums bestimmte Denkschrift: »De tollendis imaginum abusibus novissima consideratio«.[64] Er war 1589 Kardinalbischof von Albano geworden und hatte seinen Wohnsitz in Rom genommen. In seinem Vorwort beklagt er, daß seit dem Konzil von Trient nichts geschehen sei, um die allgemein verbreiteten Mißstände im Bereich der sakralen Kunst zu beseitigen. Er führt dies auf Nachlässigkeit und Geringschätzung des gesamten Bereiches der Kunst zurück, die als Nebensache für die Kirche angesehen werde.[65] Die Denkschrift behandelt insgesamt neun Fragen. In der ersten geht der Autor den Ursachen der vielfachen Mißbräuche im religiösen Bilderwesen nach.[66] Als eine davon nennt er die Tatsache, daß man Künstler wie andere Handwerker nur in ihrem eigenen Fach ausbildet und dann ausschließlich nach den ihrer Kunst eigenen Gesetzen und Regeln agieren läßt. Für die Ausübung sakraler Kunst wäre aber auch eine gediegene religiöse Ausbildung erforderlich.[67]

In der sechsten Frage stellt Paleotti das Heilmittel vor, mit dessen Hilfe die Mißstände in der kirchlichen Kunst beseitigt und dem Bilderdekret des Konzils von Trient endlich Geltung verschafft werden kann: Es ist ein Buch, eine Art Leitfaden mit Gesetzeskraft, ähnlich wie der Index der verbotenen Bücher, in welchem genau der Weg zur Erkenntnis der Mißbräuche und zu ihrer Beseitigung aufgezeigt würde.[68] Da die Bilder die Bücher des Volkes sind, soll mit der Durchführung der

---

[64] Ediert von PRODI, Ricerche, Appendice seconda (194–208); s. dazu auch: Hubert JEDIN, Das Tridentinum und die bildenden Künste. ZKG 74 (1963), 321–339; ebd. 329. 336 ff.

[65] »Tertio quod haec lues (tam et si valde pestilens) a paucis tamen dignoscitur. Unde sicut morbos quos aeger non sentit, difficile est curare: sic cum sordes huiusmodi, quibus Imagines laborant, vix ab ullo considerentur, hinc tota haec materia, quae ad earum abusus pertinet, in ullo fere pretio hodie habetur, non quidem hominum pervicacia, sed incuria quadam, modicaque horum vitiorum existimatione; ex quo fit, ut quaecumque hoc argumento conscribuntur, ex eorum numero censeantur, quae non improbantur quidem, sed tamen Ecclesiae Dei non necessaria putantur, atque ideo videntur sine iactura a scriptoribus omitti posse« (PRODI, 196).

[66] »Unde tot multiplices abusus qui in universa fere Dei Ecclesia in Imaginibus reperiuntur originem habuerint« (PRODI, 197).

[67] Ebd. 198.

[68] »Nam cum materia haec multiplex, atque implicata deprehendatur, et nec privatis sermonibus, nec generalibus regulis comprehendi possit, ut alias superius diximus, certe nihil aptius, aut utilius inveniri potest, quam ut liber, seu commentarius aliquis plenus, distinctus, in omnesque partes necessarias se vertens, conscribatur, ac publicae authoritatis clipeo, modo infra enarrando, roboretur, quo illis omnibus ad quos pertinet, via monstretur primum ad abusus ipsos dignoscendos, deinde ad eosdem salubriter emendandos. Hoc autem remedium optimum, et saluberrimum futurum esse constat. . .« (ebd. 205).

Bestimmungen die für das Buchwesen zuständige päpstliche Behörde, die Index-Kongregation, betraut werden.[69] Paleottis Plan konnte sich nicht durchsetzen, »ohne Zweifel zum Besten des freien Kunstschaffens, ob auch im Sinne des Tridentinums, muß dahingestellt bleiben.«[70]

Johannes Molanus

Der flämische Theologe Johannes Molanus (Vermeulen; 1533–18.9.1585) verfaßte wenige Jahre nach Abschluß des Konzils von Trient eine Art theologischer Ikonologie auf der Basis des tridentinischen Bilderdekrets. Das Werk erschien erstmals 1570 in Löwen, wo Molanus Professor war.[71] Nach dem Tode des Autors kamen in Löwen mindestens noch zwei Neuauflagen heraus: 1594 und 1771.[72] Der Traktat ist in vier Bücher unterteilt: Im ersten Buch gibt der Autor einen Überblick über die Geschichte des Ikonoklasmus; das zweite Buch enthält die Grundsätze einer im Sinne des Tridentinums »rechtgläubigen« Malerei und Anweisungen, wie den Mißbräuchen in der Kunst zu begegnen sei (mit zahlreichen Beispielen); im dritten und vierten Buch werden, am Leitfaden der Feste des Kirchenjahres, zahlreiche Erklärungen zur christlichen Ikonographie gegeben. Trotz seiner im ganzen apologetischen Tendenz übt Molanus auch harte Kritik an Bildern, die nach seiner Auffassung religiöse Inhalte falsch oder unchristlich darstellen, und gibt Anweisungen zur korrekten, orthodoxen Wiedergabe.

Es geht Molanus einerseits darum, die im kirchlichen Gebrauch befindlichen Bilder gegenüber den Häretikern zu verteidigen. Andererseits möchte er den christlichen Künstler in das sehr enge Korsett katholischer Orthodoxie und moralischer Schicklichkeit zwängen. Die entscheidenden Leitlinien dabei sind ein gewisser Historismus und Naturalismus: Es soll nach Möglichkeit nichts dargestellt werden, was nicht in den schriftlichen Quellen, vor allem der Heiligen Schrift, überliefert ist.[73] Doch sind etwa auch Symbole erlaubt, von denen die Quelle nichts berichtet, wie die Lilie in der Darstellung der Verkündigung, die ein Zeichen der Jungfräulichkeit Marien ist.[74] Es kann sich für den Künstler

---

[69] Interrogatio nona: PRODI, 208.

[70] JEDIN, Tridentinum (o. Anm. 64), 339.

[71] Titel der Erstausgabe: De Picturis et Imaginibus sacris Liber unus: tranctans de vitandis circa eas abusibus et de earum significationibus. Authore Joanne Molano, Lovaniensi, Sacrae Theologiae Licentiato, et Lovanii ordinario Professore Lovanii MDLXX.

[72] Titel der (2. und) 3. Auflage: De Historia SS. Imaginum et Picturarum, pro vero earum usu contra abusus, Libri quatuor; Auctore Joanne Molano. Lovanii MDCCLXXI.

[73] Vgl. z. B. Historia II,18 (61): »Consequenter dicendum est, eas quoque Picturas et Imagines, quae solidis Historiis innituntur, reverenter ab omnibus agnoscendas esse... Inter quae primo loco recensentur Historiae sacrae Scripturae, tam Novi quam Veteris Testamenti, quas etiam Vetustas accuratissime depinxit.«

[74] Historia III,13 (274 f.).

auch die Notwendigkeit einer Entscheidung über das in der Geschichte Gesagte hinaus ergeben. So ist in dem Bericht des Evangeliums über die Verkündigung (Lk 1,28) nicht gesagt, was die Jungfrau Maria tat, als der Erzengel Gabriel bei ihr eintrat: ob sie stand, saß oder in Meditation versunken kniete. Der Künstler muß sich hier für das Wahrscheinlichste entscheiden. Natürlich ist nach Meinung des Molanus die frömmere Haltung auch die wahrscheinlichere: nämlich daß die Jungfrau Maria auf den Knien über unsere Erlösung meditierte.[75]

Gänzlich verboten sind Bilder, die den Ungebildeten Anlaß zu einem gefährlichen Irrtum im Glauben geben könnten. Die Formulierung zitiert das Tridentinische Dekret,[76] doch ist es für Molanus durchaus bezeichnend, daß er in dem religiösen Kunstwerk vor allem das (im Vergleich zur hohen Schultheologie) minderwertigere Medium der Belehrung für die ungebildete Laien sieht. Beispiele für Bilder mit falschem dogmatischem Inhalt sind etwa, wenn bei der Darstellung der Verkündigung ein kleiner menschlicher Körper aus den Strahlen des Heiligen Geistes in den Uterus der Jungfrau Maria hinabgleitet (die Valentinianische Gnosis nahm an, daß Christus einen himmlischen Körper auf die Erde mitgebracht habe, der durch Maria, ohne eigentliche Inkarnation, nur hindurchgegangen sei);[77] ferner wenn beim Jüngsten Gericht Maria und Johannes der Täufer als Fürbittende dargestellt werden (beim Endgericht ist jeder auf sich gestellt, und Fürbitten nutzen nichts mehr); Anlaß zu dogmatischen Mißverständnissen sollen ferner der Erzengel Michael mit der Seelenwaage und die Darstellung des Evangelisten Johannes als Bräutigam bei der Hochzeit zu Kana geben.[78]

In auffälliger Weise kommt auch bei Molanus die im Zuge der nachtridentinischen Zeit liegende Prüderie zum Ausdruck: die Gottesmutter

[75] »Quia vero aliquid horum, dum historia pingitur, necessario est superaddendum, communi quodam Pictorum consensu, et aliorum approbatione, receptum est id, quod maximum habet probabilitatem. Probabile vero est, quod, flexis genibus, superbenedicta Virgo eo tempore se occupaverit in Redemptionis nostrae meditatione. Si enim nec Danieli, viro desideriorum, tempus Natalis Christi nuntiatur a Gabriele, nec Zachariae sacerdoti Praecursor Messiae, nisi intentissime orantibus: anne existimandum est Gabrielem ad hanc Virginem venisse, Deo non intentam?« (ebd. II,19; S. 64).
[76] ».. ita ut nullae falsi dogmatis Imagines, et rudibus periculosi erroris occasionem praebentes statuantur« (ebd. II, 23; S. 70); vgl. Conc. Trid. 9,1078 (o. Anm. 16).
[77] Im Tympanon des Nordportals der Marienkapelle in Würzburg ist eine Darstellung der Verkündigung (um 1420) erhalten, in der der kleine Körper des Erlösers durch eine Art Schlauch vom Heiligen Geist in das Ohr der Jungfrau gleitet; s. Georg DEHIO, Handbuch der Deutschen Kunstdenkmäler. Bayern I: Franken, bearb. von Tilmann BREUER u. a., Darmstadt 1979, 931 f. Eine ähnliche Darstellung ist auf einem Altarbild aus der zweiten Hälfte des 15. Jahrhunderts zu sehen, das im Diözesanmuseum in Rottenburg aufbewahrt wird; s. Carl Gregor HERZOG ZU MECKLENBURG, Das Diözesanmuseum in Rottenburg am Neckar. Gemälde und Plastiken. Katalog und stilkundlicher Führer, Rottenburg s. a. [1978], Inv. Nr. B 29, S. 104. 111.
[78] Historia, 70–72.

Maria soll bei der Geburt Christi nicht liegend dargestellt werden, da sie ohne Schmerzen geboren habe. Auch Hebammen sind aus dem gleichen Grund auf Weihnachtsbildern überflüssig.[79] Die angemessene Haltung Mariens in dieser Szene ist die kniende, mit gefalteten Händen das bereits geborene Kind anbetende. Als einziger Zweck der Bilder wird allein die Anregung zur Frömmigkeit anerkannt. Mythologische Darstellungen und solche, in denen eine Freude am menschlichen Körper erkennbar ist, werden als lasziv abgelehnt.[80] Ist schon solche Laszivität gefährlich, dann erst recht die eigentlich obszönen Bilder, auf denen etwa nackte Mädchen, betrunkene Satyrn und erigierte Glieder gemalt sind. Aber auch schon das nackte Jesuskind kann moralischen Schaden anrichten.[81] Dem gegenüber werden die Griechen gelobt, die ihre heiligen Bilder nur vom Nabel an aufwärts, ohne die unteren Körperteile, malen, »damit jede Gelegenheit zu einem dummen Gedanken weggenommen wird.«[82]

Abgesehen von seinem Informationsgehalt und seinem Wert als Zeit- und Kulturdokument gehört das Werk des Molanus zu den Büchern, die besser nie geschrieben worden wären. Wir werden sehen, daß zweifellos fromme Maler der Zeit des Manierismus, wie Tintoretto und El Greco, erst recht aber die Künstler des Hochbarock und ihre Auftraggeber sich den Versuchen dogmatischer Knebelung erfolgreich entziehen konnten. Daß der Traktat des Molanus im Jahre 1771, an der Wende zwischen Barock und Klassizismus, mit umfangreichen bestätigenden Zusätzen des Herausgebers Johannes Natalis Paquot versehen, erneut erscheinen konnte, ist sicher kein Zufall.

---

[79] Geburtsszenen dieser Art sind in der mittelalterlichen Kunst weit verbreitet; vgl. z. B. die Darstellung der Geburt Christi mit auf einem Bett sitzender Gottesmutter im Nordarm des westlichen Querhauses der Unterkirche S. Francesco in Assisi, innerhalb des von der Giotto-Schule geschaffenen Zyklus der Jugendgeschichte Christi (Anfang 14. Jh.); s. J. POESCHKE, Die Kirche San Francesco in Assisi und ihre Wandmalereien, München 1985, 42 f. 102 und Abb. 223. 227. Die Bethlehemszene auf Lorenzo Ghibertis erster Tür des Baptisterium S. Giovanni in Florenz (ab 1403) zeigt eine liegende Madonna; s. Julius VON SCHLOSSER, Leben und Meinungen des Florentinischen Bildners Lorenzo Ghiberti, München 1941, 33 ff.; Abb. 2. 9.

[80] Historia II, 37 (102 ff.).

[81] »Notum est Pictores saepe Infantem Jesum nudum sculpere, aut pingere: sed ob hoc male audiunt a multis non exiguae pietatis et prudentiae viris. Quid enim in hac nuditate esse potest aedificationis? Atque utinam nulla hinc oriretur in parvulis destructio, nullum in pusillis scandalum« (ebd. II, 42; S. 119 f.).

[82] Ebd. 120.

Robert Bellarmin

Die eingehendste und gründlichste theologische Erörterung der Bilderfrage des nachtridentinischen Zeitalters, im Blick sowohl auf die gesamte
Geschichte des Ikonoklasmus wie auch auf die Bekämpfung des Bilderkultes durch die Reformatoren, insbesondere durch Calvin, findet sich
im Werk des Jesuiten Robert Bellarmin (1542–1621), unmittelbar nach
seinem Traktat über die Heiligenverehrung.[83] Im Gegensatz zu Paleotti
und Molanus ist das Interesse Bellarmins ein ganz überwiegend wissen-
schaftlich-theologisches; aktuelle Fragen der Kirchenreform werden allenfalls indirekt tangiert. Doch macht sich auch bei ihm, trotz aller Verteidigung des Bilderkultes gegen die Häretiker, die im ganzen restriktive,
das Bilderwesen beschränken wollende Tendenz der offiziellen nachtridentinischen Theologie bemerkbar.

Bellarmin behandelt zunächst den Reliquienkult. Nach eingehender
Darstellung der Argumente dagegen, vor allem derjenigen der Wyclefiten, Calvins und der Magdeburger Centuriatoren, legt er die Beweise für
die katholische Wahrheit vor. Unter den biblischen Argumenten sind
die wichtigsten: die von Moses vorgenommene Übertragung der Gebeine Josefs von Ägypten nach Palästina (Ex 13,19); die ehrenvolle Bestattung der Leiche des Moses durch Gott selbst (Deut 34,6); die Auferwek-
kung eines Toten durch Berührung mit den Knochen des Elisäus (4 Kön
13,21); die berühmte Stelle über das Grab des Messias bei Isaias: *et erit*
sepulchrum eius gloriosum (Is 11,10); im Neuen Testament die Heilung
der an Blutausfluß leidenden Frau infolge der Berührung des
Kleidersaumes Christi (Mt 9,20 ff.). Die Zusammenstellung der biblischen Argumente verrät, daß Bellarmin das gegen Wyclif und seine Anhänger gerichtete Werk des englischen Karmeliten Thomas Waldensis
benutzt hat.[84] Es folgt dann eine lange Liste von Konzilsentscheidungen
und Äußerungen der Väter sowie eine Aufzählung kultischer Praktiken
(z. B. die Aufbewahrung der Reliquien unter den Altären), die alle für
die Reliquienverehrung sprechen. Schließlich werden alle Argumente
der Gegner einzeln vorgenommen und widerlegt.

Ab dem fünften Kapitel behandelt Bellarmin dann die Bilderfrage in
acht Teilen:[85] 1. über die Begriffe »imago«, »idolum«, »simulacrum«; 2.

---

[83] Controversiarum de Ecclesia triumphante liber secundus: De reliquiis et imaginibus
sanctorum, in: Roberti Bellarmini Opera omnia ed. J. FÈVRE, III, Paris 1870, 199–266;
wichtig in diesem Zusammenhang auch das dritte Buch des Traktates über Kirchenbau,
Riten und Feiertage: De iis rebus, quibus superna Hierusalem ab Ecclesia in terris per-
egrinante colitur (ebd. 267–322); über Bellarmin: Gustavo GALEOTA, Art. Bellarmini, Roberto, in: TRE 5 (1980), 525–531.

[84] S. o. V.1. John Wyclif, seine Anhänger und theologischen Gegner.

[85] Op. omn. ed. FÈVRE III,212 ff.

ein Überblick über die Geschichte des Ikonoklasmus; 3. über die Erlaubtheit von Bildern; 4. über die Erlaubtheit des Bilderkults; 5. welche Art Verehrung den Bildern zukommt; die nächsten drei Teile sind speziell dem Kreuz gewidmet: 6. über das wahre Kreuz des Herrn; 7. über das Kreuzbild (Kruzifix); 8. über das Kreuzzeichen, »das wir in die Luft malen«.[86]

Da Calvin und seine Anhänger die christlichen Bilder durchweg als Idole bezeichneten, geht es Bellarmin zu Beginn seiner Erörterung vor allem um eine Abgrenzung der Begriffe »imago« und »idolum«. »imago« ist das wahre Abbild einer Sache, während »idolum« ein falsches Abbild bezeichnet, indem es nämlich etwas darstellt, was es in Wirklichkeit gar nicht gibt, wie die Götzenbilder der Heiden.[87] Im Sprachgebrauch der Heiligen Schrift und der kirchlichen Schriftsteller wird deshalb niemals ein wahres Bild als Idol bezeichnet; Idole sind vielmehr ausschließlich die Götterbilder der Heiden.[88]

Nach dem schon erwähnten Überblick über die Geschichte des Ikonoklasmus von der Spätantike bis auf Calvin anhand der ihm zugänglichen Quellen trägt Bellarmin die Beweise dafür zusammen, daß den Christen der Gebrauch von Bildern erlaubt sei; die Beweise sind zugleich Widerlegung des jeweils entgegengesetzten Standpunktes. Wir nennen hier nur die beiden ersten und wichtigsten: Nach Auffassung Bellarmins kann der Dekalog nur zehn Gebote, nicht deren elf enthalten; das Bilderverbot stellt kein eigenes, zweites Gebot dar, da nicht schlechthin jedes geschnitzte oder gehauene Bild verboten ist, sondern nur dasjenige, das als Gott verehrt wird; also wird nicht die Anfertigung des Bildes als solche untersagt, sondern nur dann, wenn sie einem kultischen Zweck dient.[89] Der zweite Beweis gegen das radikale Verständnis des Bilderverbots sind die von Gott selbst gegebenen Anweisungen zur

---

[86] Ebd. 212 b.

[87] »Dicunt inter imaginem et idolum hoc interesse, quod imago est vera rei similitudo; ut cum pingimus hominem, equum etc. Imago enim ab imitando dicta est. Idolum autem est falsa similitudo, id est, repraesentat id, quod revera non est. Ut cum Gentiles proponebant statuas Veneris, aut Minervae. Illa signa idola erant, quia repraesentabant Deos generis foeminini, quales Dii nec sunt, nec esse possunt. Atque ita vere repraesentabant, sed erant falsae imagines. Id enim, quod non est, repraesentari non potest. Ex quo intelligimus imagines Christi et sanctorum non esse idola« (ebd. 213 a).

[88] »Hanc esse veram differentiam illarum vocum secundum Ecclesiasticos, probatur Primo, quia Scriptura nusquam tribuit nomen idoli ulli verae imagini, sed solum simulacris Gentilium, quae falsos Deos referebant« (ebd.).

[89] ». . Et tunc non prohibetur sculptile quodcumque, sed solum sculptile, quod habetur pro Deo alieno . . . sed facere imagines absolute, et adorare easdem, sunt res distinctae, ut patet; quia potest unus adorare sculptile, quod non fecit, et alius non adorare, quod fecit. Ergo unum tantum horum est prohibitum, alioqui essent undecim praecepta. Sed certum est prohiberi cultum: ergo non prohibetur fabricatio per se, sed solum in ordine ad cultum. Proinde peccat, qui facit, ut adoret, non qui facit ad alium usum« (ebd. 216 b/217 a).

Anfertigung der Cherubim auf der Bundeslade (Ex 25), der ehernen Schlange (Num 21) und weiterer Engels- und Tierfiguren beim Bau des Salomonischen Tempels (3 Kön 6 und 7). Gegen den Einwand, daß die Gebote Gottes für die Menschen verbindlich seien, nicht für Gott selbst, der somit Ausnahmen verfügen könne, wie die Anweisung an die Juden, die Ägypter zu bestehlen (Ex 12),[90] führt Bellarmin aus, daß die Gebote des Dekalogs, ausgenommen das Sabbatgebot, Entfaltungen des Naturrechts sind. Was aber aufgrund des Naturrechts verboten ist, ist verboten weil es böse, nicht umgekehrt deshalb böse weil es verboten ist. Was dem Naturrecht entgegengesetzt ist, kann von Gott nicht vorgeschrieben werden. Deshalb hat Gott auch den Juden keinen Diebstahl befohlen, sondern er gab ihnen das Eigentum der Ägypter als dessen Herr.[91] In dem gleichen Kapitel setzt sich Bellarmin dann auch noch mit den von der seinigen abweichenden Meinungen zweier Katholiken auseinander: denen des Ambrosius Catharinus und des Thomas Cajetanus.[92]

In dem folgenden achten Kapitel geht es um die Bilder Gottes. Bellarmin referiert ausführlich die Gründe, die Calvin im elften Kapitel des ersten Buches der Institutio gegen die Erlaubtheit, dem unsichtbaren, körperlosen Gott ein sichtbares, körperliches Bild zu errichten, anführt.[93] In der damals üblichen polemischen Art wirft er Calvin Betrug und Hinterlist vor, weil dieser seinen Beweis gegen die Erlaubtheit der Gottesbilder unter der Hand auf alle Bilder überhaupt ausgedehnt habe.[94] Bellarmin trägt, neben der Widerlegung Calvins in allen einzelnen Punkten, selbst sechs positive Gründe für die Erlaubtheit des Gottesbildes vor: 1. Auch die körperlosen Engel wurden im Alten Testament bildlich dargestellt (Ex 25; 3 Kön 6); 2. Gott selbst erscheint im Alten Testament häufig in körperlicher Gestalt, angefangen von Gen 3 (Spaziergang Gottes im Nachmittagswind); warum sollte er nicht auch so gemalt werden? 3. die Schrift schreibt Gott alle menschlichen Glieder und Körperfunktionen zu, außerdem läßt sie ihn Geräte wie Thron und Schemel benutzen; wenn er in der Schrift so »gemalt« wird, kann es auch mittels eines Gemäldes geschehen; 4. was noch viel weniger darstellbar scheint, nämlich die Tugenden, die geistig und außerdem bloß Akzidentien sind,

---

[90] Bellarmin führt dieses Argument als *jüdischen* Einwand an. Es spielt jedoch auch in der Zwinglianischen Argumentation eine bedeutende Rolle; s. z. B. o. VII.2. Zweite Zürcher Disputation: die Ausführungen Leo Juds.

[91] »At contra. Primo, praecepta decalogi sunt explicationes iuris naturae, excepto illo de Sabbato: res autem prohibita sunt naturae, quia malae; non malae, quia prohibitae, et proinde nec a Deo praecipi possunt. Nec iussit unquam Deus furtum, sed donavit ut Dominus, Judaeis bona Aegyptiorum« (Op. omn. III,217 a). Wegen solcher Distinktionen waren die Jesuiten der damaligen und späterer Zeiten berühmt.

[92] Ebd. 217 b/218 a.

[93] Ebd. 218 b/219 a; vgl. ICR I.11 (CO 2,74–86; OS 3,88–105).

[94] Ebd. 219 a.

wird gemalt; 5. wenn der Mensch als wahres Bild Gottes gemalt werden
kann, dann kann Gott ebenfalls gemalt werden, denn auch das Bild des
Menschen ist ja ein Bild Gottes (imago imaginis); 6. letzter Beweis ist die
allgemeine Rezeption der Bilder durch die Kirche: es ist nicht anzunehmen, daß die Kirche allerorts etwas Unerlaubtes dulden würde.

Im weiteren Verlauf seines Traktates legt Bellarmin dann noch dar,
daß die Bilder auch ohne einen Bezug zur Geschichte nützlich sind.
Auch dieser Gedankengang ist direkt gegen Calvin gerichtet.[95] Der Nutzen der Bilder ist ein sechsfacher: 1. Information und Bildung: das Bild
ist ein besseres Lehrmittel als die Schrift; 2. Vermehrung der Liebe zu
Gott und den Heiligen, auch durch Einzelbilder; 3. Anregung, das Dargestellte nachzuahmen; 4. die Bilder erhalten in uns das Andenken an
Christus und die Heiligen und lehren uns im Falle der Not, daß wir
Patrone haben, die wir anrufen können; 5. in der Verehrung der Bilder
der Heiligen legen wir selbst ein Bekenntnis zu deren Glauben, Lehre
und heiligem Leben ab und stellen uns gewissermaßen an ihre Seite im
Kampf gegen falsche Religion (impietas) und Idololatrie; in der Gegenwart bedeutet das auch ein Zeugnis gegen die Neuerungen der Lutheraner und Calvinisten, wenn wir das fromm verehren, was sie in sakrile-
gischer Weise zerstören;[96] 6. durch die Aufstellung von Statuen und Bildern werden Gott und die Heiligen, ebenso wie die bedeutenden Männer
der Geschichte, geehrt; und dies war auch der vornehmliche Grund,
weshalb die Christen anfingen, Bilder zu errichten.

Bei diesen und den übrigen Gedankengängen Bellarmins sieht man,
wie sehr ihm das Werk des Thomas Waldensis als Fundgrube und Vorlage für Argumente gedient hat. Seine Haltung bezüglich des Bilderkultes ist jedoch sehr viel zurückhaltender und kühler als die des spätmittelalterlichen Theologen. Bellarmin möchte nämlich den Bildern nicht
den gleichen Kultus wie ihren Prototypen zubilligen, im Fall des Chri-
stus- und Gottesbildes also nicht den *cultus latriae;* insbesondere soll
dies dem Volk nicht gepredigt werden.[97] Der Grund ist: eine leblose,

---

[95] »Postremum Calvini dictum, quod imagines sine notatione historiae, non sint utiles,
est manifeste falsum; nam ipse non probat ullo argumento non esse utiles, et nos probare
possumus esse utiles pluribus modis« (ebd. 227 b).

[96] »Quinta utilitas est confessio fidei, dum enim diligimus et honoramus imagines sanctorum, testamur nobis placere eorum fidem, et doctrinam, et sanctos mores: et simul nos
detestari omnem impietatem, et idololatriam, contra quam ipsi usque ad mortem pugna-
verunt. Et nunc praecipue testamur, nobis non placere novitates Lutheranorum, et Calvi-
nistarum, dum id religiose veneramur, quod illi sacrilege destruunt« (ebd. 228b / 229a).

[97] Lib. II, c. 22: »Secunda propositio: ›Quantum ad modum loquendi praesertim in con-
cione ad populum, non est dicendum imagines ullas adorari debere latria, sed e contrario
non debere sic adorari‹« (ebd. 249 b). C. 24: »Quarta propositio: ›Imago per se, et proprie
non est adoranda eodem cultu, quo ipsum exemplar, et proinde nulla imago est adoranda
cultu latriae per se, et proprie‹« (ebd. 251 a).

vernunftlose Sache kann nicht Gegenstand des gleiche Kultes sein wie eine Person. Der den Bildern geschuldete Kultus ist dann »ein unvollkommener Kult, der in analoger und eingeschränkter Weise zur Art des Kultus gehört, der dem Urbild zukommt.«[98]

Im Zuge dieses Reduktionsbestrebens liegt es auch, wenn Bellarmin, wiederum im Unterschied zu Thomas Waldensis, nicht ausdrücklich und thematisch auf die aktive Funktion des Kultbildes eingeht. Es geschieht zwar gelegentlich implizit, wenn er von der Fürbitte der (in ihren Bildern angerufenen) Heiligen spricht. Doch selbst da, wo sich eine theologische Erörterung der Gnadenbild-Funktion an sich nahelegen würde, bei der Verteidigung des Wallfahrtswesens, bleibt er merkwürdig zurückhaltend.[99] In den historischen Beispielen aus der Alten Kirche, die er anführt, ist nur von Verehrung und Gedächtnis der heiligen Orte (loca sancta) die Rede. Als Gründe für den Nutzen der Pilgerfahrten führt er drei *bona* an: die nicht geringe Ehre, die Gott und den Heiligen durch die Mühen und Gefahren der Reise erwiesen wird; wegen der damit verbundenen Mühe ist die Wallfahrt ein Werk der Buße und Genugtuung; die Gegenwart am heiligen Ort vermehrt die Andacht.[100] Wie eine Einschränkung dieses dreifachen Nutzens mutet es jedoch an, wenn Bellarmin dann gleich anschließend, bei der Auflösung der drei zur These gehörenden Objektionen, bemerkt, »die Wallfahrt sei kein zur Vollkommenheit notwendiges Werk«; »die Wallfahrt sei nicht für alle passend, sondern nur für reife Männer, denen wenig oder gar keine Gefahr drohe«; »es gebe nichts in Jerusalem, was nicht anderswo auch gefunden werden könne, wenn wir über die wesentlichen und für die Religion notwendigen Dinge sprechen; Gott ist überall, auch die Sakramente, Tempel, Altäre können überall gefunden werden.« Doch auch diese Bemerkung wiederum nach der anderen Seite einschränkend schließt Bellarmin die Quaestio: »Indes kann nicht bestritten werden, daß es in Jerusalem etwas gibt, wodurch die Andacht unterstützt werden kann, was

---

[98] »Quinta conclusio: ›Cultus qui per se, proprie debetur imaginibus, est cultus quidam imperfectus, qui analogice et reductive pertinet ad speciem eius cultus, qui debetur exemplari.‹ Explico: Imaginibus non convenit proprie nec latria, nec hyperdulia, nec dulia, nec ullus alius eorum, qui tribuuntur naturae intelligenti. Non enim est capax res inanima, et rationis expers eiusmodi cultuum: sed cultus quidam inferior et varius pro varietate imaginum. Itaque imaginibus Sanctorum non debetur proprie dulia, sed cultus inferior, qui dici potest dulia secundum quid, vel dulia analogice, sive reductive. Similiter imaginibus B. Virginis non debetur hyperdulia simpliciter, sed hyperdulia secundum quid, sive analogice reductive« (ebd. 253 b). – Im Blick auf die praktisch ausgeübte Volksfrömmigkeit erscheinen diese Distinktionen ein wenig lebensfremd. Wenn schon die traditionelle Unterscheidung des Kultus in latria, hyperdulia, dulia zu fein gestrickt ist, wie soll dann die dreifache Zurücknahme dieses Kultus in der Bilderverehrung religiös verwirklicht werden?
[99] Lib. III, c. 8 (ebd. 295–298).
[100] Ebd. 297 a/b.

anderswo nicht gefunden wird: nämlich das Grab des Herrn und die heiligen Orte, die der Herr so oft betreten hat und an denen er so viele Wunder gewirkt hat. Aber das soll man auch wiederum nicht so hervorheben, daß man deswegen höhere Güter verlassen müßte.«[101]

Von den zahlreichen kunsttheoretischen Schriften nicht ausgesprochen theologischen Charakters, die in der zweiten Hälfte des 16. Jahrhunderts erschienen sind, wollen wir hier abschließend nur noch den zweiten der beiden Dialoge des Giovanni Andrea Gilio von Fabriano erwähnen.[102] Verbunden mit einer herben Kritik an Michelangelos Fresken in den beiden päpstlichen Kapellen, Sistina und Paolina, tritt er für »historische« Genauigkeit in der Malerei ein.[103] Gilios Dialog hat jedoch, ebenso wie die oben ausführlicher behandelten Werke, die Künstler der nachfolgenden Epochen des Manierismus und des Barock so gut wie überhaupt nicht beeinflußt.

2. Manierismus

In den zwanziger Jahren unseres Jahrhunderts fand zwischen den Kunsthistorikern Werner WEISBACH und Nikolaus PEVSNER eine Auseinandersetzung darüber statt, ob der auf das Konzil von Trient folgenden gegenreformatorischen Bewegung eher der Barock oder der Manierismus als künstlerischer Ausdruck entspreche.[104] Während WEISBACH in der Kunst des Barock den kämpferischen Geist des zu neuem Selbstbewußtsein erwachten Katholizismus erkannte, hob PEVSNER demgegenüber die Parallelen zwischen dem Geist der nachtridentinischen Epoche, der durch eine neu erwachte Frömmigkeit und Strenge gekennzeichnet und durch Heilige wie Ignatius von Loyola, Teresa von Avila und Jo-

---

[101] Ebd. 298 a.

[102] Dialogo nel quale si ragiona degli errori e degli abusi de' pittori circa l'istorie. Con molte annotazioni fatte sopra il Giudizio di Michelagnolo et altre figure, tanto della nova, quanto de la vecchia Capella del Papa. Con la dechiarazione come vogliono essere dipinte le Sacre Immagnini, Camerino 1564; kritische Edition in: Paola BAROCCHI (Hrsg.), Trattati d'Arte del Cinquecento II, Bari 1961, 1–115.

[103] »Dico dunque che 'l pittore istorico essendo in ogni cosa simile a lo scrittore, quello che l'uno mostra con la penna, l'altro mostrare doverebbe col pennello: l'uno e l'altro però deve essere fedele et intiero demostratore del vero, non intromettendo ne l'opera cosa mascherata et imperfetta. E mi pare che i pittori che furono avanti Michelagnolo più a la devozione attendessero, che a la pompa« (BAROCCHI, Trattati II,55).

[104] S. dazu insbesondere: W. WEISBACH, Der Barock als Kunst der Gegenreformation, Berlin 1921; DERS., Gegenreformation - Manierismus - Barock. Rep. f. Kunstwissenschaft 49 (1928), 16–28; N. PEVSNER, Gegenreformation und Manierismus. Rep. f. Kunstwiss. 46 (1925), 243–262; DERS., Beiträge zur Stilgeschichte des Früh- und Hochbarock. Rep. f. Kunstwiss. 49 (1928), 225–246; vgl. auch: DERS., Die italienische Malerei vom Ende der Renaissance bis zum ausgehenden Rokoko, in: Barockmalerei in den romanischen Ländern (Handbuch der Kunstwissenschaft), Wildpark-Potsdam 1928.

hannes vom Kreuz geprägt ist, und der Kunst des Manierismus hervor, der in der zweiten Hälfte des 16. Jahrhunderts die herrschende Stilrichtung war. Der Streit wird dadurch kompliziert, daß weder über die Merkmale der Stile noch die Zuordnung der einzelnen Künstler zu einer Stilrichtung Einigkeit besteht. So sieht WEISBACH den Manierismus unter negativen Voraussetzungen: er kritisiert an ihm die »vorwiegend intellektualistisch-artistische Einstellung« und erkennt in ihm Elemente von »Entartung und Erstarrung«. Entsprechend sieht er etwa bei Tintoretto nur in dessen Frühzeit manieristische Einflüsse, während er das reife Werk des Meisters dem Barock zurechnen möchte.[105] Die neuere Forschung sieht dagegen die Stilprinzipien des Manierismus im Werk Tintorettos durchweg, vom Anfang bis zum Ende, gewahrt.[106]

Wir haben nicht vor, unsererseits einen Beitrag zu der kunsthistorischen Debatte um Einteilungen und Zuordnungen zu leisten, die für den Zusammenhang unserer Untersuchung nicht von großem Belang ist.[107] PEVSNER hat durchaus recht, wenn er auf die Parallelen in der Frömmigkeitsgeschichte und der Kunstentwicklung in den Jahrzehnten unmittelbar nach dem Abschluß des Konzils von Trient hinweist. So bemerkt er im Blick auf Rom unter den Pontifikaten der Päpste Pius V. (1565-1572), Gregor XIII. (1572-1585) und Sixtus V. (1585-1590): »Überhaupt kann man bei diesen strengsten Päpsten der Gegenreformation keine Zuneigung zu Werken der Malerei und Skulptur voraussetzen. Ihnen mußte die Vermenschlichung des Heiligen im Bilde von vornherein verdächtig sein. So erklärt es sich, wenn gerade Rom damals nur in der Architektur eine wirklich religiöse Kunst hervorbrachte, aber in Malerei und Skulptur im wesentlichen sich einzig um dekorative Wirkungen bemühte.«[108]

Wir haben im vorausgehenden schon bemerkt, daß die tridentinische Reformtheologie in ihren hervorragenden Vertretern zur Kunst sowohl

[105] »Er hat - wie schon vorher Lorenzo Lotto - als einer der ersten und als ein überragendes Genie den Geist der Gegenreformation in bildliche Formen gefaßt. Je mehr er sich von dem Manierismus entfernte, um so religiöser und mystischer wurde seine Kunst« (WEISBACH, Gegenreformation - Manierismus - Barock, 26 f.).
[106] S. Arnold HAUSER, Der Manierismus. Die Krise der Renaissance und der Ursprung der modernen Kunst, München 1964, 217. 227; Paola ROSSI, Tiziano e Jacopo Tintoretto, in: R. PALLUCCHINI (Hrsg.), Tiziano e il Manierismo europeo, Firenze 1978, 171-192; ebd. 191.
[107] Vgl. hierzu auch die Ende der fünfziger Jahre ausgetragene polemische Diskussion zwischen den französischen Kulturhistorikern Victor-Lucien TAPIÉ und Pierre FRANCASTEL, in der es um Manierismus, Barock und Klassizismus als miteinander kämpfende und sich gegenseitig durchdringende Stil- und Geistesrichtungen geht: V.-L. TAPIÉ, Baroque et Classicisme, Paris 1957; DERS. Baroque et Classicisme. Annales 14 (1959), 719-731; P. FRANCASTEL, Baroque et Classique: une civilisation. Annales 12 (1957), 207-222; DERS., Baroque et Classicisme: histoire ou typologie des civilisations? Annales 14 (1959), 142-151.
[108] PEVSNER, Gegenreformation und Manierismus, 254.

des Manierismus wie des Barock eher querliegt. Schon H. JEDIN hatte im Blick auf das negative Urteil, das der Kardinal Paleotti kurz vor seinem Tod (1596), eine Generation nach dem Abschluß des Tridentinums, über die Entwicklung der sakralen Kunst abgegeben hatte, Kirchen- und Kunsthistoriker davor gewarnt, »die unmittelbare Wirkung des Trienter Bilderdekretes zu überschätzen«.[109] Doch ist auch WEISBACH, wenigstens partiell, im Recht, wenn er auf den gegenreformatorisch-kämpferischen Charakter des Hoch- und Spätbarock hinweist.[110] Im ganzen halten wir jedoch in dieser Frage Engelbert KIRSCHBAUMS Urteil für zutreffend, der die Eigenständigkeit und Eigengesetzlichkeit der Kunst betont.[111] Nicht zu verkennen ist allerdings, daß dies nur unter dem Dach einer in ihrer Erneuerung in vieler Hinsicht auf das Mittelalter zurückgreifenden, die Reformation beiseite lassenden oder beiseite drängenden Kirche geschehen konnte. In der Kunst, insbesondere der Malerei, des Manierismus und des Barock spricht jedoch eine Theologie im Bild oder bildgewordene Theologie, die, in der Volksfrömmigkeit und dem individuellen Geist des Künstlers wurzelnd, teilweise zur offziellen Theologie im Gegensatz steht und von den zuständigen kirchlichen Autoritäten, wie der Inquisition, durchaus mißtrauisch beäugt wird. Wir wollen das im folgenden an einigen Beispielen deutlich machen, wobei wir uns für das 16. Jahrhundert auf Tintoretto und El Greco beschränken, deren beider Werk, bei aller genialen, unverwechselbaren Eigenständigkeit, die Stilmerkmale des Manierismus an sich trägt.

Tintoretto

Jacopo Robusti (1518–31.5.1594), genannt Tintoretto (»Färberchen«), profitierte als Venezianer von der doppelten Freiheit, die die Republik einem Mann seines Berufes und seiner sozialen Stellung bot: Da die Republik sich nicht gern von außen in ihre Angelegenheiten hineinre-

---

[109] JEDIN, Das Tridentinum und die bildenden Künste (o. Anm. 64), 329.

[110] S. besonders seine Entgegnung auf PEVSNER in: Gegenreformation – Manierismus – Barock (o. Anm. 104).

[111] E. KIRSCHBAUM, L'influsso del Concilio di Trento nell'arte. Gregorianum 26 (1945), 100–116. Der Manierismus kann allein schon deshalb nicht vom Trienter Konzil ausgegangen sein, weil seine Anfänge vor der Verabschiedung des Bilderdekrets liegen; KIRSCHBAUM sieht in ihm eine spirituelle Reaktion auf die humanistische Renaissance, in gewissem Sinn eine Rückkehr zu mittelalterlichen Idealen, insofern die harmonische Perfektion der körperlichen Form ebenso aufgelöst wird wie die Eindeutigkeit der Farbgebung (ebd. 105 f.). Demgegenüber war Émile MÂLE in seinem monumentalen Werk: L'art religieux après le Concile de Trente, Paris 1932, noch von einer weitgehenden sachlichen Übereinstimmung von katholischem Dogma und religiöser Kunst in der nachtridentinischen Epoche ausgegangen; vgl. etwa seine Formulierung (o. c. S. VIII): »L'art étant devenu une forme de la doctrine, l'artiste était amené à penser, lui aussi, que le sujet de ses tableaux en était une partie essentielle.«

den ließ, auch nicht in den religiösen Bereich, war in Venedig einem
Künstler manches möglich, was im übrigen Italien vielleicht Anstoß erregt hätte; als Mitglied einer großen Bruderschaft (Scuola), der des heiligen Rochus, bot sich ihm ein reiches künstlerisches und gedankliches
Betätigungsfeld, das unterhalb des Niveaus der ausschließlich von der
Adelskaste betriebenen hohen Politik lag und deshalb nicht als Gefährdung für die staatliche Ordnung angesehen wurde. Beides war allerdings,
auch in Venedig, keineswegs selbstverständlich, wie wir an Tintorettos
Zeitgenossen Paolo Veronese sehen, der 1573 von der Inquisition vorge-
laden und mit unangenehmen, beschränkten Fragen traktiert wurde.[112]
Und Tintoretto selbst hatte in der Scuola di San Rocco nicht nur Freunde, wie die Abstimmungsergebnisse über die Annahme seines Geschen-
kes, des ovalen Deckenbildes »Glorie des heiligen Rochus«, am 29. Juni
1564 (51 pro, 21 contra), und über seine Aufnahme in die Scuola (81 pro,
19 contra) zeigen. Die Malweise Tintorettos wurde in Venedig als durchaus neu und ungewohnt empfunden.[113]

Uns geht es hier nicht um Form und Stil im Werk Tintorettos, auf
welche beinahe ausschließlich das Augenmerk in der kunsthistorischen
Literatur gerichtet ist.[114] Wir wollen viel mehr an einigen wenigen Beispielen zeigen, wie sich Tintoretto *inhaltlich* mit dem ihm vorgegebenen
Stoff auseinandergesetzt und ihn interpretiert hat. Denn der oben erwähnten doppelten Freiheit steht eine doppelte Bindung des Malers gegenüber: die an den vorgegebenen Stoff der biblischen Geschichte, der
christlichen Legende oder des Staatsmythos, und die an die Wünsche
und Vorstellungen des Auftraggebers. Es ist erstaunlich, was Tintoretto
unter diesen Voraussetzungen an Eigenem vollbracht hat. Dieses Phänomen genialer individueller Gestaltung und künstlerischer Mitteilung
wurde in der damaligen Zeit mit dem Ausdruck »inventione« bezeichnet.[115]

---

[112] MÂLE, Art religieux, 4.

[113] »Non si poteva pretendere che un artista così innovatore come era il Tintoretto ot-
tenesse l'unanimità dei consensi« (R. PALLUCCHINI in: Rodolfo PALLUCCHINI, Paola ROSSI,
Tintoretto. Le opere sacre e profane, Milano 1982, I,68 f.).

[114] Die Literatur über Tintoretto und den Venezianischen Manierismus ist kaum zu
überschauen. Wir nennen hier nur wenige wichtige Werke: Arnold HAUSER, Manierismus
(o. Anm. 106); Dagobert FREY, Manierismus als europäische Stilerscheinung. Studien zur
Kunst des 16. und 17. Jahrhunderts, Stuttgart 1964; Rodolfo PALLUCCHINI (Hrsg.), Tiziano
e il Manierismo europeo, Firenze 1978; Da Tiziano a El Greco. Per la storia del Manierismo a Venezia 1540–1590, Milano 1981; Henry THODE, Tintoretto, Bielefeld und Leipzig
1901; Erich VON DER BERCKEN, August L. MAYER, Jacopo Tintoretto, 2 Bde., München
1923; E. VON DER BERCKEN, Die Gemälde des Jacopo Tintoretto, München 1942; Hans
TIETZE, Tintoretto. Gemälde und Zeichnungen, London 1948; Rodolfo PALLUCCHINI, La
giovinezza del Tintoretto, Milano 1950; Carlo BERNARI, Pierluigi DE VECCHI, L'opera completa del Tintoretto, Milano 1970; R. PALLUCCHINI, P. ROSSI, Tintoretto, 2 Bde. (o.
Anm. 113); Karl M. SWOBODA, Tintoretto. Ikonographische und stilistische Untersuchungen, Wien und München 1982.

Tintoretto begann mit der Ausmalung der Scuola di San Rocco 1564, im Alter von 46 Jahren. Innerhalb der nächsten 23 Jahre schuf er, mit Unterbrechungen, die drei großen Bilderzyklen: 1564-1566 die Passion Christi in der Sala dell' albergo im Obergeschoß der Scuola; 1576-1581 die Gemälde des oberen Saales, die eigentlich zwei inhaltlich ineinander verschränkte Zyklen darstellen: das Leben Christi an den Seitenwänden und die entsprechenden alttestamentlichen Szenen an der Decke; schließlich 1583-1587 das Marienleben des unteren Saales.[116] Am Anfang steht das ovale Deckenbild der Sala dell' albergo mit der »Glorie des heiligen Rochus«. Der berühmte Wettbewerb mit anderen venezianischen Malern um die Ausmalung des Saales soll allerdings nach neueren Forschungen nicht stattgefunden haben.[117]

Wir wenden uns nun dem ersten Bild des Passionszyklus: *Christus vor Pilatus* zu.[118] In einer hohen Gerichtshalle, in die von der Straße her, aus dem Halbdunkel eine große Menschenmenge hereindrängt, findet im Vordergrund die eigentliche Gerichtsszene statt, an der nur sieben in helleres Licht getauchte Personen direkt beteiligt sind. Jesus steht, in einen leuchtend *weißen* Mantel gehüllt,[119] in der Mitte der übrigen sechs Personen, die ihn im Kreis umgeben, auf der mittleren von drei Stufen des Gerichtsstuhles. Den Stoff für Tintorettos Darstellung gibt die im Matthäus-Evangelium geschilderte Szene: es ist der Augenblick, in dem Pilatus nach vergeblichen Versuchen, Jesus freizusprechen, seine Hände

---

[115] S. z. B. Carlo RIDOLFI, Le Maraviglie dell' arte ovvero le vite degli illustri pittori veneti e dello stato, Venezia 1648, hrsg. v. Detlev FREIHERRN VON HADELN, 2 Bde., Berlin 1915/1925: II,20. 31. 41. 64 f. In dem Dialogo di Pittura des Venezianers Paolo Pino (1548) heißt es:»La pittura è poesia, cioè invenzione«; s. hierzu bes.: Herbert VON EINEM, Giorgione der Maler als Dichter. Akademie d. Wiss. u. d. Lit. Abh. d. geistes- u. sozialwiss. Kl. Jg. 1972, Nr. 2, Mainz-Wiesbaden 1972.

[116] S. speziell hierzu, außer der schon angegebenen Literatur: Joachim VON DERSCHAU, Zum geistigen Gehalt der Gemälde Tintorettos in der Scuola di San Rocco in Venedig. Diss. phil., Heidelberg 1911; Rudolf BERLINER, Die Tätigkeit Tintorettos in der Scuola di S. Rocco. Kunstchronik und Kunstmarkt 55 (1920), 468-473; 492-497; Rodolfo PALLUCCHINI, Tintoretto a San Rocco, Venezia 1937; Charles DE TOLNAY, L'interpretazione dei cicli pittorici del Tintoretto nella Scuola di San Rocco. Critica d'arte 7 (1960), 341-376; Eduard HÜTTINGER, Die Bilderzyklen Tintorettos in der Scuola di San Rocco zu Venedig, Zürich 1962; Guido PEROCCO, La Scuola di San Rocco, Venezia 1979; DERS., Tintoretto a S. Rocco. Ricerca storico artistica in occasione del V centenario della Scuola 2 ottobre 1979, Milano 1980.

[117] HÜTTINGER, Bilderzyklen, 13.

[118] BERNARI-DE VECCHI (o. Anm. 114), Abb. XXIV; PEROCCO, Scuola, 62-64.

[119] Vgl. die einfühlende, fromme Beschreibung C. Ridolfis::»e nell' angolo sinistro nell' entrata lo rappresentò innanzi Pilato involto in un panno lino, ripieno di tale gratia e divinità, che si può credere, che l'humanato Dio in tale sembiante si vedesse in quella attione; ma quello, che rende più ammirabile quella figura, è l'havervi il Tintoretto ricercato così gentilmente con le piegature del drappo, le parti tutte delle membra, e datovi soavemente il moto e nel volto divino espressa la pietà del Redentore« (ed. VON HADELN II,28).

wäscht und ihn den Juden zur Kreuzigung überstellt (Mt 27,24): »Als nun Pilatus einsah, daß er nichts erreichte, der Lärm vielmehr immer größer wurde, ließ er sich Wasser reichen, wusch sich vor dem Volk die Hände und sagte: ›Ich bin am Blut dieses Gerechten unschuldig; seht *ihr* zu!‹« Vermutlich hat der Maler auch den entsprechenden Satz des Johannes-Evangeliums (19,6) vor seinem geistigen Auge: »Pilatus entgegnete ihnen: ›Nehmt *ihr* ihn und kreuzigt ihn! Denn *ich* finde keine Schuld an ihm.‹« Das Überraschende ist nun, daß in der Deutung Tintorettos Pilatus nicht die Gesamtheit der anklagenden Juden, sondern *einen einzigen* von ihnen anspricht: den Mann im weißen Turban mit der roten Quaste in der rechten vorderen Ecke des Bildes. Aus dem Plural der Anrede wird somit ein Singular: »Sieh *du* zu!« »Nimm *du* ihn und kreuzige ihn!« Es ist dann die Verantwortung des einzelnen Menschen für den Tod Christi, die der daneben sitzende Gerichtsschreiber[120] protokolliert.

Die Wand gegenüber dem Eingang ist ganz ausgefüllt von der gewaltigen deutungslosen, aber doch nicht ganz unerforschlichen *Kreuzigung* (5,36 x 12,24 Meter). Es ist eine dreifache Kreuzigung: In der Mitte hängt Jesus an seinem bereits aufgerichteten Kreuz; der Gekreuzigte wird in dem Augenblick kurz vor seinem Tod dargestellt: Zwei Männer sind damit beschäftigt ihm den in Essig getränkten Schwamm anzureichen (Joh 19,28f.; Lk 23,36; vgl. Mt 27,48; Mk 15,36).[121] Zur Rechten (vom Betrachter aus gesehen links) wird das Kreuz mit dem »guten« Verbrecher gerade aufgerichtet; er streckt mit einer Geste der Reue seine linke Hand zu Jesus hin aus: »Jesus, gedenke meiner, wenn du in dein Reich kommst!« (Lk 23,42). Auf der linken Seite liegt das Kreuz, auf das gerade der »böse« Verbrecher gebunden wird, noch am Boden. Davor kauern in einer höhlenartigen Mauernische zwei Soldaten, die um die Kleider Jesu würfeln (Joh 19,24; Mt 27,35; Mk 15,24; Lk 23,34). Daneben hebt ein anderer das Loch für das dritte Kreuz aus. Ganz im Vordergrund ist die Gruppe um die Mutter Jesu auf dem Boden hingelagert. Während Johannes und Maria Magdalena zum Gekreuzigten emporblicken, kümmert sich Joseph von Arimathia besorgt um die *ohnmächtig* zwischen zwei anderen Frauen hingesunkene Maria.[122] Eine fünfte Frau

[120] Um diesen handelt es sich, nicht etwa um einen Pharisäer, der im Gesetz über das Kommen des Messias nachschlägt, wie PEROCCO (Scuola, 62) meint.
[121] Hieraus und aus dem folgenden scheint hervorzugehen, daß sich Tintoretto hauptsächlich an die Schilderung der Kreuzigung Jesu gehalten hat, die das Lukas-Evangelium bietet.
[122] Die in Ohnmacht gesunkene Maria zeigt annähernd den gleichen Gestus wie eine ohnmächtige (ebenfalls Maria?) in einer Gruppe im Hintergrund der »Taufe Christi« (PEROCCO, Scuola, 28 f.) und die gleichfalls ohnmächtige Madonna der »Grablegung« von San Giorgio Maggiore (BERNARI-DE VECCHI, Abb. LXII). Das Motiv der ohnmächtigen Jungfrau, schon in der Malerei und Plastik des Spätmittelalters überaus häufig (»Mariae Ohnmacht«), wurde, weil im Widerspruch zum Text der Evangelien stehend, von der

in schwarzer Witwenkleidung steht unmittelbar vor dem Kreuz und breitet, sprechend oder betend, ihre Arme aus. Die prächtig gekleidete Gruppe links im Hintergrund, vor der Silhouette des von düsterem Wetterleuchten erhellten Jerusalem, ist der Hohe Rat, die jüdische Hochpriesterschaft, die eigentlichen Drahtzieher der Hinrichtung Jesu. In ihnen wie auch in den zwei auf Eseln reitenden Pharisäern haben wir einen Hinweis Tintorettos auf den zeitgenössischen Klerus zu sehen. Eine Anspielung auf die dem Maler gleichzeitige Situation – und mehr als das – ist wohl auch die merkwürdige Tatsache, daß Tintoretto, im Gegensatz zu den Berichten der drei synoptischen Evangelien (Mt 27,54; Mk 15,39; Lk 23,47), *zwei* berittene Hauptleute in die Szene einführt. Der auf der rechten Bildseite, einen Fuchs reitende, mit einem Hund zu seinen Füßen, auffällig in Rot und Weiß gekleidete Hauptmann stemmt mit ausladender Bewegung seine linke Hand in die Hüfte und betrachtet aufmerksam den sterbenden Jesus. Sein schöner bärtiger Kopf mit hellbraunem Haar erinnert auffällig an Tizian.[123] Der einen Schimmel reitende, in eine schwarze Ritterrüstung gehüllte, schwarzbärtige Hauptmann auf der linken Seite deutet mit langem Zeigefinger auf den Gekreuzigten, indem er seine Begleitung anspricht. »Als aber der Hauptmann, der ihm gegenüber in der Nähe stand, ihn so sterben sah, da sagte er: ›Dieser Mann war wirklich Gottes Sohn‹« (Mk 15,39). Sollte Tintoretto in dem ersten Hauptmann seinen großen Rivalen Tizian und in dem zweiten sich selbst in die Kreuzigung Christi hineingebracht haben?

Aus der Bilderwelt des benachbarten oberen Saals (Sala superiore), der als Versammlungsraum und Oratorium der Bruderschaft des heiligen Rochus diente, wollen wir drei Wandgemälde zur näheren Betrachtung auswählen: die »Geburt Christi«, die »Versuchung Christi« und die »Heilung des Kranken am Teich Bethesda«. Bei der sogenannten *Geburt Christi* (Natività) handelt es sich genauer genommen um die Darstellung der Anbetung der Hirten (Lk 2,16 ff.). Schon Carlo Ridolfi hat das Außergewöhnliche der Dichtung gerühmt, das sich in der zweigeschossigen Komposition des Bildes zeigt, und im gleichen Zusammenhang auch darauf aufmerksam gemacht, wie Tintoretto die Erscheinung des Transzendenten in einer alltäglichen, gewöhnlichen Welt darstellt.[124] Maria

---

nachtridentinischen Theologie abgelehnt. Tintoretto hat es vielleicht von Daniele da Volterras »Kreuzabnahme« in SS. Trinità dei Monti in Rom (1541) übernommen (PALLUCCHINI, Giovinezza, 97 f.).

[123] Vgl. die Selbstbildnisse Tizians: in der Staatl. Gemäldegalerie Berlin-Dahlem (Hans TIETZE, Tizian. Gemälde und Zeichnungen, London 1950, Nr. 195; Rodolfo PALLUCCHINI, Tiziano, Firenze 1969, II, Nr. 466; Harold E. WETHEY, The Paintings of Titian. II. The Portraits, London 1971, Nr. 209) – zu beachten ist besonders die Geste der linken Hand! – und im Prado zu Madrid (TIETZE, Tizian, Nr. 267; PALLUCCHINI, Tiziano II, Nr. 516. 517).

[124] »Nel primo è la nascita di Christo di stravagante inventione, essendo la Vergine

mit Kind und heiligem Josef lagern, in der oberen Hälfte des Bildes, auf einem Heuboden. Wie so oft bei Tintoretto sind, entgegen dem Bericht der Evangelien, Frauen in die nächste Nähe des Erlösers gerückt. Hier sind es deren zwei, die Nahrung für das neugeborene Kind anbieten, die linke außer einem gefüllten Teller auch ihre entblößte Brust. Die jenseitige Welt bricht von oben durch das Dach in Gestalt einer aus Engelköpfen gebildeten Wolke und eines hellen, in konzentrischen Kreisen strahlenden Lichts. Zwischen dem Dachgebälk des Heuschuppens wird so, wie für viele andere Werke Tintorettos und den Manierismus überhaupt charakteristisch, die Fortsetzung in einen unendlichen Raum angedeutet.[125] Das von oben kommende Licht erhellt auch aus dem Hintergrund heraus den unteren Raum des Schuppens, einen Stall, in dem sich eine Frau und vier Männer um die Ernährung der heiligen Familie sorgen. Einer von ihnen reicht einen mit Pasta asciutta (Spaghetti) gefüllten Teller nach oben. Außer mit Ochs und Esel hat Tintoretto die Szene des Untergeschosses noch mit einem Pfau und einem prachtvollen Hahn bereichert. Durch die vielen liebevoll angebrachten Details hat er, wie bei wohl allen seinen Darstellungen von Mahlzeiten, eine Szene überschaubarer, ansprechender Heimeligkeit geschaffen. Aber durch das aus dem Unendlichen kommende Licht wird sie gewissermaßen in eine heilige Sphäre emporgehoben und verwandelt.

Die *Versuchung Christi* (Tentazione di Cristo)[126] zeigt uns den erschöpft und hungrig unter einem primitiven Dach ruhenden Christus. Der Versucher erscheint ihm als jugendlich schöner Engel des Lichts und hält ihm (nach Mt 4,3) zwei Steine entgegen: »Bist du Gottes Sohn, so gebiete, daß diese Steine zu Broten werden.« In der *invenzione* Tintorettos kommt die Versuchung aber nicht hauptsächlich von den Steinen, sondern von dem zugleich dargebotenen schönen Körper. Es handel sich zweifellos um einen männlichen Körper, wenn auch um eine dem Manierismus auch sonst nicht fremde hermaphroditische Erscheinung.[127]

---

collocata sopra le baltresche d'un fenile; vi è appresso San Gioseppe e Pastori, che l'adorano. Altri se ne veggono nel piano di quel rustico habituro, che arrecano al nascente Dio pastorali doni, che da raggi, ch'escono dalla faccia della Vergine e dalla divinità del bambino recevono il lume« (Maraviglie, ed. VON HADELN II,31); s. BERNARI-DE VECCHI, Abb. XXX; PEROCCO, Scuola, 26 f.; PALLUCCHINI-ROSSI II,514.

[125] Der unendliche Raum, dargestellt als eine lichterfüllte, von unzähligen Engelsköpfen gebildete Röhre, stand den venezianischen Malern seit 1518 in Tizians Hochaltarbild der »Assunta« in der Frari-Kirche vor Augen.

[126] BERNARI-DE VECCHI, Abb. XXXIV; PEROCCO, Scuola, 43; PALLUCCHINI-ROSSI, Tintoretto II,529.

[127] Vgl. hierzu Dagobert FREY, Manierismus als europäische Stilerscheinung, in: DERS., Manierismus (o. Anm. 110), 45: »Für die Neigung zur Grenzvermischung und Doppeldeutigkeit ist die Vorliebe für hermaphroditische Typen kennzeichnend«; wichtig auch die übrigen Ausführungen FREYS über die Behandlung homosexueller und lesbischer Themen im Manierismus, ebd. 44 f. Vgl. auch Carlo Ridolfis kurze, aber treffende Beschreibung des Teufels (Maraviglie II,31 f.): »L'ultimo quadro di quel giro contiene Nostro Signore tentato

Die Versuchung Christi in der Auffassung Tintorettos ist also eindeutig homoerotischer Natur.[128] Weder die Erfindung des schönen Teufels noch die Umdeutung der Versuchung Christi in eine Verführungsszene[129] scheint bei den betrachtenden Zeitgenossen Tintorettos Befremden oder Anstoß erregt zu haben.

Stoffliche Grundlage des Bildes, das nach einer ungenauen Übersetzung der Vulgata im Italienischen *La Probatica Piscina* (»Der Schafteich«) genannt wird, ist die im Johannes-Evangelium (5,1–14) berichtete Heilung eines Kranken am Teich Bethesda in Jerusalem:[130] »Steh auf, nimm dein Bett auf dich und geh umher!« Genau diesen Augenblick hatte Tintoretto etwa zwanzig Jahre früher (1559) in einer Darstellung des gleichen Themas für einen großen Sakristeischrank der benachbarten Kirche S. Rocco festgehalten: In Übereinstimmung mit dem Bericht des Evangeliums spricht Jesus dort, mit einer Segensgeste, den Kranken selbst an.[131] In der Sala superiore der Scuola di San Rocco hat sich Tintoretto dagegen eine viel freiere Behandlung des Themas gestattet: Schauplatz ist eine weite Halle, in der zahlreiche Kranke zum Teil in verschlagartigen Gelassen ein Wasserbecken umlagern. Auffällig sind die vielen Frauen. Jesus hat den Kranken bereits geheilt, der gerade dabei ist, sein Bett zusammenzupacken. Obwohl ganz im Vordergrund des Bildes, ist er doch ins Halbdunkel getaucht und so zur Nebenfigur geworden. Hauptszene ist das Gespräch Jesu mit einer älteren Frau, die das rechte Bein einer in ihrem Schoß liegenden jungen Frau entblößt hat. Auf dem Oberschenkel ist eine große, klaffende Wunde zu sehen. Jesus beugt sich vor, um diese Wunde genau zu betrachten. Bei der Wunde handelt es sich zweifellos um das Pestgeschwür des heiligen Rochus: der

---

dal Demonio; ne più si dica, che il Diavolo sia difforme, havendolo quì il Tintoretto dipinto in un bellissimo giovine, con gratiosa capigliatura e maniglie alle mani.«

[128] Der sonst sehr scharfsinnige Henry THODE sah in dem schönen Teufel eine weibliche Gestalt und hat die Szene entsprechend, im Sinne der Ästhetik seines Schwiegervaters Richard Wagner, grotesk mißdeutet: »Aus der Tiefe strebt zu dem Einsamen, der auf einem Felsabhang unter einer Baumhütte sitzt, eine gewaltige, beflügelte Frauengestalt aufwärts, Figuren des pergamenischen Frieses vergleichbar. Strahlenden Auges emporblickend, erhebt sie triumphierend die Steine, daß Christus sie in Brot verwandle. Sanft, von Mitleid bewegt schaut er auf sie hinab. – So hat Tintoretto den Versucher gesehen! Nicht ein gespenstisches Unwesen, nein, die Natur selbst, die unermeßliche, ewige Kraft schaffende Fruchtbarkeit läßt er jauchzend in der Fülle all ihrer Sinnlichkeit und Schönheit, siegesbewußt in goldenem Lichte, den Verirrten suchen, der sie verneint...« (Tintoretto, 108). THODES Schüler J. VON DERSCHAU ist zu dem Bild weiter nichts eingefallen, als den Text seines Lehrers wörtlich abzuschreiben (Zum geistigen Gehalt, o. Anm. 116, 48 f.).

[129] Die der »Versuchung« und der gegenüberliegenden »Geburt« entsprechende Szene des alttestamentlichen Deckenzyklus stellt die Verführung Adams durch Eva, ebenfalls in einer erotischen Atmosphäre, diesmal heterosexuellen Charakters, dar (PEROCCO, Scuola, 52 f.).

[130] PEROCCO, Scuola, 43.

[131] BERNARI-DE VECCHI, Nr. 132a und ebd. Abb. XX–XXI; PALLUCCHINI-ROSSI II,439.

Heilige wird stets mit Pilgerstab und klaffender Wunde am rechten Oberschenkel dargestellt.[132] Christus ist so, im Sinn der Rochus-Bruderschaft, zum ersten Pest-Heiligen geworden. Wie St. Rochus in seiner Nachfolge[133] begibt er sich heilend unter die Pestkranken. Auf diese Weise ist der Hauptzweck der Bruderschaft in den großen Zyklus ihres Versammlungsraumes eingebunden. Christus ist aber auch – und dies ist gewiß eine ureigene *invenzione* Tintorettos – als Gynäkotherapeut, als Heiler spezifischer Frauenleiden, dargestellt.[134]

Das Bild, das dem Besucher der Scuola di San Rocco als erstes ins Auge fällt, ist die *Verkündigung* (Annunciazione) des unteren Saales.[135] In besonders bewegter, dramatischer Weise schildert Tintoretto hier den Einbruch der transzendenten Welt in die Gewöhnlichkeit des Alltags. Ja, es ist schon fast ein Überfall, den der Verkündigungsengel an der Spitze eines ganzen Wirbelwindes von Engeln auf die erschrockene Jungfrau unternimmt. Aber es ist ein sprechender Engel, und der bibelkundige Betrachter weiß, was er spricht, indem er auf die Licht-Vision des Heiligen Geistes deutet: »Der Heilige Geist wird über dich kommen, und die Kraft des Höchsten wird dich überschatten« (Lk 1,35). Es ist die wiederhergerichtete Ruine eines venezianischen Palazzo, in die für einen kurzen Augenblick das Licht des Ewigen einstrahlt. Der daneben ruhig arbeitende Josef merkt davon nichts. Doch er ist es, der, indem er neben die zerbröckelnde Säule einen massiven Tragbalken gestellt hat, in einer zerfallenden Ruine für den ankommenden Gott ein festes, irdisches Dach geschaffen hat. Und hier zeigt sich ein weiterer Einfall der dichterischen Phantasie des Malers: in dem Bild ist zugleich der Satz des Matthäus-Evangeliums (1,24) mitgestaltet und ausgedeutet: »Als Josef dann aus dem Schlaf erwacht war, tat er, wie der Engel des Herrn ihm geboten hatte: er nahm seine Verlobte zu sich...« Wie das Interieur des

---

[132] So besonders schön auf dem fast gleichzeitigen (1582) Flügelaltar des Durs von Ägeri aus dem Kloster Gnadenthal in Mehrerau (Rochus und Bernhard von Clairvaux); s. die Beschreibung bei Otto MITTLER, Geschichte der Stadt Baden I, Baden 1962, 327 f. und Tafel 20 neben S. 201; ferner auf zahlreichen Skulpturen und Gemälden oberschwäbischer Barockkirchen, z. B. Buchau, Grüningen bei Riedlingen, Wangen, Gutenzell, Wettenhausen u. ö. S. hierzu: Gebhard SPAHR, Oberschwäbische Barockstraße, 3 Bde., Weingarten 1978–1980, s. v. Rochus. Auf dem Deckenbild der Sala dell'albergo: »Glorie des heiligen Rochus« hat der neben Rochus stehende Engel die Embleme, Pilgerstab und »versiegeltes« Pestgeschwür, übernommen.

[133] Vgl. das Bild des jungen Tintoretto (1549): »St. Rochus unter den Pestkranken« im Presbyterium der Kirche S. Rocco (BERNARI-DE VECCHI, Nr. 70) und dessen Beschreibung bei Carlo Ridolfi, Maraviglie II,25.

[134] Das Thema der leidenden Frau hat Tintoretto in der Scuola di San Rocco vor allem in dem Deckenbild des oberen Saales: »Das Wunder der ehernen Schlange« (PEROCCO, Scuola, 46) und in dem unteren Saal in dem »Mord der unschuldigen Kinder« (PEROCCO, Scuola, 16–19) behandelt.

[135] BERNARI-DE VECCHI, Abb. LI; PALLUCCHINI-ROSSI II,608 f.; PEROCCO, Scuola, 8 f.

Zimmers und die Haltung und Kleidung Marias zeigen, ist es ein Mädchen aus vornehmer Gesellschaft, das in schlechten Ruf gekommen nun bei einem Mann niederer sozialer Stellung eine zwar mindere, aber doch gediegene und verläßliche Bleibe und Existenz gefunden hat. Ohne Bedenken hat Tintoretto, wie so oft, die biblische Szene in das ihm vertraute gesellschaftliche Milieu Venedigs versetzt.

Die wohl bedeutendste von mindestens acht erhaltenen Abendmahls-Darstellungen[136] ist die *Ultima Cena* im Chor der Abteikirche San Giorgio Maggiore. Der 76jährige Meister hat das Bild in seinem Todesjahr 1594 vollendet.[137] An einer langen Tafel, die vom Vordergrund links diagonal über die Bildmitte hinausreicht, ist Jesus mit seinen zwölf Jüngern versammelt. Grundlage der Hauptszene ist der Bericht der synoptischen Evangelien über das letzte Mahl Jesu, und zwar näherhin der Augenblick, in dem Jesus damit beginnt, den einzelnen Jüngern das Brot zu reichen: »Während des Essens aber nahm Jesus das Brot, sprach den Lobpreis, brach das Brot und gab es den Jüngern mit den Worten: ›Nehmt, esset! Das ist mein Leib‹« (Mt 26,26; vgl. Mk 14,22; Lk 22,19). An die nur im Johannes-Evangelium (13,1–20) berichtete Fußwaschung erinnert die im Mittelgrund stehende große Tonschüssel mit Schwamm und Handtuch; und vom im Hintergrund brennenden Kaminfeuer wird ein großer Kessel heißen Wassers herbeigeschafft. Die Hauptmahlzeit ist eben zu Ende gegangen, und die Diener sind dabei, den Nachtisch aufzutragen: Früchte (Pfirsiche, Birnen) und Süßspeisen (zwei venezianische Mandeltorten stehen bereits auf dem Tisch; die kniende Frau im Vordergrund hält eine Schale mit Gebäck).[138] Unter dem Tisch kauert ein Hund. Ein Kater prüft den Inhalt des großen Korbes.[139] Ganz vorne links kommt ein Bettler ins Bild, dessen Zudringlichkeit von dem zunächst sitzenden Jünger im Blick auf das beginnende heilige Geschehen abgewehrt wird.

---

[136] Auf das Jahr 1547 wird das erste »Abendmahl« Tintorettos für die Kirche San Marcuola in Venedig datiert (BERNARI-DE VECCHI, Nr. 58); zwischen 1555 und 1565 malte Tintoretto das Abendmahl für die Kirche San Trovaso (ebd. Nr. 169); PALLUCCHINI-ROSSI II,466); 1559 dasjenige für San Felice (heute in Paris, Saint-François Xavier; BERNARI-DE VECCHI, Nr. 133; PALLUCCHINI-ROSSI II,438); es folgen die Abendmähler von San Simeone Grande 1562/63 (BERNARI-DE VECCHI, Nr. 154), San Polo 1568/69 (ebd. Nr. 179; PALLUCCHINI-ROSSI II,489), Scuola di San Rocco 1579–81 (BERNARI-DE VECCHI, Nr. 223 BB), Santo Stefano 1580 (ebd. Nr. 243 B), San Giorgio Maggiore 1594 (ebd. Nr. 292 B und Abb. LX-LXI). Von ähnlicher Thematik ist die »Hochzeit zu Kana« von 1561, heute in der Kirche Santa Maria della Salute (ebd. Nr. 145). Das »Abendmahl« des Doms von Lucca wird heute als Werk des Sohnes Domenico Tintoretto angesehen (ebd. Nr. 284).

[137] S. auch PALLUCCHINI-ROSSI, Tintoretto II,608 f.

[138] Durch die Auswahl der Früchte versetzt Tintoretto die Abendmahlsszene in den Spätsommer-Frühherbst.

[139] Der Hund fehlt selten auf den Abendmahlsdarstellungen Tintorettos; eine Katze findet sich noch einmal auf dem Abendmahl von San Trovaso (s. o. Anm. 136); s. bes. die Vergrößerung bei PALLUCCHINI-ROSSI II,466.

Jesus mit elf Jüngern – ihrer aller Heiligkeit wird durch einen Nimbus markiert – befindet sich auf einer Seite des Tisches. Judas allein, mit roter Kleidung und Kopfbedeckung, kauert Jesus gegenüber auf der anderen Seite des Tisches. Sein sprechender Gestus zeigt, daß er eben dabei ist, die Frage zu stellen: »Bin ich es, Herr?« (Mt 26,22; Mk 14,19) – nämlich der Verräter. Tintoretto zeigt eine »katholische« Kommunion: die Spendung des Brotes allein in einer sogenannte Mundkommunion durch Jesus. Damit wird, wie auch durch das gesamte Milieu und Interieur, eher auf eine Gleichzeitigkeit des Geschehens mit dem Betrachter hingewiesen; eine untergründige antiprotestantische, gegenreformatorische Polemik wird dagegen kaum in der Intention des Malers gelegen haben.[140]

Der Abendmahlssaal wird erhellt durch eine zweiflammige Öllampe an der Decke und den wie eine kleine Sonne strahlenden Nimbus Christi. Um den Strahlenkranz herum schweben mit ausgebreiteten Armen und Flügeln große, aber doch schemenhafte Engelsgestalten. Auch im Dunstkreis der blakenden Lampe tauchen viele fast verschwimmende Engel auf. Eine dritte, kleinere Lichtquelle wird sichtbar in der rechten oberen Ecke an der Decke des Saales, von wo drei der himmlischen Geister einschweben.[141] Die zwar festliche, aber durch die betonte Anwesenheit von Nebenpersonen, Tieren und Gerätschaften auch wieder handfest irdische Szene einer großen Abendmahlzeit wird damit in die Sphäre des Heiligen gehoben und in ihrer transzendenten Bedeutung gekennzeichnet. Dieses bildliche Wunder wird mit sparsamsten Mitteln, im wesentlichen mittels des Lichts, vollbracht.

Es ist im ganzen eine ruhige, in sich geschlossene Szene. Dennoch ist es Tintoretto gelungen, deutlich zu machen, daß es ein Augenblick höchster Spannung, der Höhepunkt des Abends ist. Die dargestellten

---

[140] Dagegen betont É. MÂLE (Art religieux, 73 f.), die Tatsache, daß Tintoretto hier dem *kirchlichen* Denken Ausdruck gegeben habe: »Déjà, Tintoret, dans la Cène de la Scuola de Saint-Roch, à Venise, et, plus tard, dans celle de San Giorgio Maggiore, met sous nos yeux la communion elle-même: Jésus en personne administre le sacrement à ses apôtres. En dépit des libertés traditionnelles, à Venise, dans les sujets sacrés, malgré les dressoirs, les corbeilles de fruits, les servantes et les chiens, on devine que la pensée de l'Église a pénétré jusqu'à Tintoret.«

[141] Dagobert FREY verkennt völlig den ruhig-meditativen Charakter des Bildes, wenn er in dieses eine *äußere* Dramatik hineinliest: »Auf dem letzten Abendmahl Tintorettos in S. Giorgio Maggiore wird beim Reichen der gesegneten Brote an die Apostel der ganze Raum von Wolken und Engeln erfüllt. Ein Sturmwind aus dem Jenseits scheint durch den Saal zu fegen, der die Öllampen aufflackern läßt. Selbst das Licht gewinnt damit eine dynamische Bedeutung, ja eine explosive Kraft wie auf Tizians Pfingstwunder in S. Maria della Salute zu Venedig. Von hier aus führt wieder ein Weg vom Manierismus des 16. Jahrhunderts zum Barock« (Die Darstellung des Transzendenten in der Malerei des 16. Jahrhunderts, in: DERS., Manierismus als europäische Stilerscheinung, Stuttgart 1964, 62–68; ebd. 67). Eine genaue Beobachtumg der Lampe zeigt vielmehr, daß ihre beiden Flammen keineswegs unruhig flackern.

Nebenpersonen – Koch, Bedienung, Bettler – scheinen hiervon überhaupt nichts zu merken. Aber durch ihre durchaus irdische, besorgende Tätigkeit ermöglichen sie ja das Mysterium. Deshalb hat Tintoretto die meisten von ihnen so betont in den Vordergrund gerückt und am Glanz des Lichts teilhaben lassen. Sie sind so in die »Wandlung« (Transsubstantiation) der irdischen Wirklichkeit miteinbezogen.

Das Abendmahl von San Giorgio Maggiore ist ein Meditationsbild par excellence. Ausgehend von einem doppelten zeitlichen Grund, dem Bericht der Evangelien und der Alltagserfahrung des (venezianischen) Betrachters soll es den an heiligem Ort Betenden in die kosmische Dimension des Geschehens, das Mysterium der Welterlösung, einführen. Der heilige Ort, an dem sich Bild und Betrachter befinden, darf dabei von der Interpretation nicht außer acht gelassen werden: es ist das Presbyterium von Andrea Palladios architektonischem Meisterwerk, der Inselkirche San Giorgio Maggiore.[142] Es ist der dort das Meßopfer mitfeiernde und die Eucharistie empfangende Beter, für dessen *pia meditatio* nach dem Willen der Stifter und des Malers die beiden großen Bilder des Altarraums mit der neutestamentlichen Stiftung der Eucharistie und ihrem alttestamentlichen Vorbild, dem Mannawunder, bestimmt sind.

Hinsichtlich *der Religiosität Tintorettos und der Originalität seines theologischen Denkens* ergäbe sich aus einer eingehenden Analyse des gesamten reiferen und späten Werkes des Meisters das Gleiche wie aus den wenigen von uns behandelten Beispielen. Forscher wie Charles DE TOLNAY, Arnold HAUSER und Rodolfo PALLUCCHINI haben, entgegen der verbreiteten gegenteiligen Annahme, zu Recht darauf hingewiesen, daß Tintorettos Religiosität nicht entscheidend von gegenreformatorischen Tendenzen geprägt ist.[143] HAUSER geht jedoch entschieden zu weit, wenn er, ausgerechnet im Blick auf den neutestamentlichen Zyklus des oberen Saales der Scuola di San Rocco, im religiösen Weltbild des Malers einen Riß zu erkennen glaubt und diesen Bildern letztlich ihren christlichen und biblische Charakter abspricht.[144] In ähnlicher Weise hatte schon

---

[142] S. Lionello PUPPI, Andrea Palladio, Stuttgart 1977, 176-196; 306-308 (nr. 94); James S. ACKERMANN, Palladio, Stuttgart 1980, 122-130. Der Chor von S. Giorgio war erst wenige Jahre zuvor, 1588-91, vollendet worden.

[143] Ch. DE TOLNAY, Interpretazione (o. Anm. 112), 373; A. HAUSER, Manierismus, 224; R. PALLUCCHINI in: Per la storia del Manierismo a Venezia, Milano 1981, 51.

[144] »In den künstlerisch bedeutendsten der zwischen 1576 und 1587 entstandenen Kompositionen des oberen großen Saales der Scuola ... wiederholt sich das makrokosmische Schauspiel in einer Weise, daß alle diese Werke, trotz der tiefen Religiosität und der unerschütterlichen Rechtgläubigkeit Tintorettos, einen gewissermaßen unorthodoxen Eindruck machen; und wenn sie auch nichts mehr von der intellektuellen Unruhe eines Pontormo oder Rosso oder von der tragischen Problematik Michelangelos an sich haben, so sind sie doch keineswegs im kirchlichen Sinne streng vorschriftsmäßig oder nach gegenreformatorischen Begriffen mustergültig. Die meisten haben überhaupt viel zu wenig hi-

Jean-Paul SARTRE in seinem unvollendeten Essay über Tintoretto diesem
eine große innere Distanz zu seinen »blödsinnigen Drehbüchern« zugeschrieben.[145] Tintoretto muß jedoch nicht nur eine genaue Kenntnis,
sondern ein tiefes, meditatives Verständnis des biblischen und legendä-
ren Stoffes seiner Vorlagen gehabt haben. Nur auf dieser Grundlage war
die dichtende Deutung und Umdeutung im Bild möglich, die ja nicht
nur irgendwelche Randszenen und Nebensächlichkeiten, sondern in der
Regel die zentrale Aussage betrifft. Dieses individuelle Zeugnis seiner
Denkarbeit und natürlich auch seiner Frömmigkeit, das Tintoretto bis
heute dem Betrachter gibt, ist gleichwohl nicht willkürlich oder artifi-
ziell aufgesetzt, sondern ist bestimmt durch etwas, was wir als »Verbindlichkeit des Individuellen« bezeichnen möchten. Die daraus hervorge-
hende Bildaussage verschwimmt keineswegs in diffusen Gefühlsregungen, sondern ist durch eine exakte Bestimmtheit ausgezeichnet.

Damit erledigt sich nebenbei auch die oft gestellte Frage, ob der Maler
zur Ausarbeitung seiner ikonographischen Programme auf die intellek-
tuelle Hilfe eines professionellen Theologen oder Klerikers angewiesen
war: aus den neueren Forschungen ergibt sich übereinstimmend die Folgerung, daß dies nicht der Fall war, wenn auch gelegentliche Konsulta-
tionen gewiß nicht auszuschließen sind. Schließlich unterschätzt man
gewaltig das Niveau der religiösen Bildung Tintorettos, wenn man, wie
DE TOLNAY es tut, seine Religiosität in der von primitivem Wunder- und
Aberglauben geprägten Welt der »kleinen Leute« von Venedig ansie-
delt.[146] Inhaltliche Analyse und Betrachtung aller Werke der reifen und
späten Periode des Meisters beweisen das genaue Gegenteil. Über die
Quellen dieser Bildung kann man nur Vermutungen anstellen: sie werden in intensiver Lektüre, dem Studium der Werke anderer Maler, dem

---

storische Bestimmtheit und menschliche Bezogenheit, um christlich und biblisch genannt
zu werden. Hier klafft in Tintorettos Weltbild der Riß, der es verhindert, daß er, sei es zum
Vor- oder Nachteil seiner Kunst, die Grenzen des Manierismus überschreitet und zum
Vertreter der Gegenreformation und des Barock wird« (HAUSER, o. c. 224). Vgl. auch die
Bemerkungen HAUSERS zum Entwicklungsgang der Kunst Tintorettos besonders in der
späteren Zeit: er ist dadurch charakterisiert, »daß in den Werken aus der letzten Schaffensperiode der orthodoxe christliche Sinn der früheren Zeit gewissermaßen verloren geht. Das
Weltbild, das in diesen Werken ... zur Darstellung gelangt, ist ein heidnisch-mythisches,
im besten Fall ein alttestamentarisches, keinesfalls ein evangelisches. Und somit bewegt
sich Tintoretto, trotz seines tief religiösen und eindeutig katholischen Gefühls, auf echt
manieristische Art bis zu allerletzt zwischen zwei Welten. Dieser Zwiespalt erklärt es vielleicht, daß es wohl niemandem einfallen würde, selbst seine inbrünstigsten religiösen Darstellungen als ›Devotionsbilder‹ zu bezeichnen, wie man in bezug auf so manche Werke
des um so viel weltlicheren und sinnlicheren Rubens ohne weiteres tut« (ebd. 217).

[145] J.-P. SARTRE, Der Eingeschlossene von Venedig, in: DERS., Porträts und Perspektiven,
Reinbek bei Hamburg 1976 (frz. Original: Situations, IV, Paris 1964), 233–276; ebd. 249.

[146] »La sua formazione religiosa sembra aver avuto origine nella superstizione miracoli-
listica del popolo minuto. Figlio di un tintore, il Tintoretto divideva col popolino di Venezia la fede nei miracoli della redenzione et della guarigione...« (Interpretazione, 373 f.).

Leben in einem religiös und kirchlich geprägten Milieu und nicht zuletzt in der privaten Meditation zu suchen sein. Nur auf solcher Grundlage – die übrigens auch einigermaßen für das zeitgenössische Publikum des Malers vorausgesetzt werden muß – konnte Tintoretto gerade in seinen *invenzioni* in individueller und origineller Weise zu dem Betrachter sprechen.[147]

El Greco

Über Tintorettos »Abendmahl« von San Giorgio Maggiore schrieb Arnold HAUSER: »Keinesfalls kann ein anderes Werk von Tintoretto den gleichen Anspruch darauf erheben, als das Testament des Meisters zu gelten; aus keinem geht es so unverkennbar hervor, daß er seinen eigentlichen und einzigen Erben in Greco hatte. Nur in diesem lebt der Geist des *Abendmahls* weiter.«[148] Domenikos Theotokopoulos (1541–1614), ein Grieche aus Kandia (Kreta), kam nach mehrjährigen Aufenthalten in Venedig (etwa 1567–1570) und Rom (1570–1577) nach Spanien. Im Jahre 1583 ließ er sich endgültig in Toledo nieder, nachdem er bei Philipp II. in Ungnade gefallen war: Dem König hatte das Bild »Martyrium des heiligen Mauritius«, das Greco im Herbst 1582 für den Hochaltar der Kirche des Escorial gemalt hatte, nicht gefallen.[149] Wie Tintoretto war Greco in der geistigen Welt des Katholizismus tief verwurzelt; wie er gab er den Stoffen der christlichen Legende, sowohl dem Inhalt wie der Form nach, eine höchst eigenwillige Darstellung und Interpretation. Doch während der Venezianer damit nie nennenswerte Schwierigkeiten hatte, wurde der Grieche in Toledo fortwährend in schwere Auseinandersetzungen mit den kirchlichen Kunstzensoren verwickelt.

Wir können uns denken, daß die Reserve Philipps II. gegenüber Greco die gleichen Motive hatte wie die vieler Zeitgenossen. Die Einwände betrafen sowohl den »manieristischen« Stil wie die inhaltliche Gestaltung der Bilder. Die Darstellung der Proportionen, vor allem auch der des menschlichen Körpers, und die Farbgebung mußten dem mehr oder weniger an naturalistischen Idealen der Renaissance orientierten Geschmacksurteil vieler Zeitgenossen in höchstem Maße widerwärtig sein. Auch die von den nachtridentinischen Theologen vertretene Kunstauffassung verlangte in Spanien wie in Italien eine naturalistische und

---

[147] Vgl. hierzu auch E. HÜTTINGER, der, wie im 17. Jahrhundert schon C. Ridolfi, auf die »Eigenwilligkeit der ikonographischen Erfindung« Tintorettos hinweist (Bilderzyklen, 50).

[148] HAUSER, Manierismus, 227.

[149] Über El Grecos Leben, seine künstlerische Entwicklung und sein Milieu s. bes.: Jonathan BROWN, Greco und Toledo, in: El Greco und Toledo, Berlin 1983, 64–118; in diesem Sammelband befindet sich auch (233–236) eine Bibliographie der wichtigsten Veröffentlichungen über El Greco; Carlo L. RAGGHIANTI, Periplo del Greco, Milano 1987.

überdies an den literarischen Quellen ausgerichtete Darstellung der heiligen Geschichten. Deswegen mußte auch die eigenwillige Interpretation, die Greco den Stoffen gab, gerade in streng kirchlichen Kreisen Anstoß erregen. Bezüglich des »Martyrium des heiligen Mauritius«, eines der Bilder, die während der ersten sechs Jahre in Spanien entstanden, hat Jonathan BROWN das dem herrschenden Zeitgeschmack Gegenläufige in der Kunst Grecos treffend formuliert: »Anstatt sich darauf zu konzentrieren, die Aufmerksamkeit des Betrachters auf die Enthauptung der Märtyrer zu lenken, hebt Greco jenen Moment hervor, da der heilige Mauritius und seine Gefährten beschließen, für ihren Glauben in den Tod zu gehen. Die eleganten Posen und schmachtenden Gebärden mit all der gespreizten Eleganz wurden als Ablenkung vom eigentlichen Thema betrachtet.«[150]

Trotzdem fand El Greco in Toledo schließlich einen Kreis von Förderern und Auftraggebern, der seiner Kunst eine geniale Entfaltung und ihm selbst eine zwar nicht leichte, aber doch einigermaßen gesicherte Existenz ermöglichte. Es war eine Elite von Gelehrten – vor allem hochgestellte Theologen und Kirchenjuristen – und Aristokraten, die die Liebe zum Stil El Grecos kultivierten und ihm auch die großen Aufträge besorgten.[151] Es wird vermutet, daß die erste Verbindung zu diesem Kreis durch Luis de Castilla hergestellt wurde, den Greco bereits in Rom kennengelernt hatte. Der Vater von Luis, Diego de Castilla, war Dompropst an der Kathedrale von Toledo. Wohl durch seine Vermittlung erhielt Greco die ersten bedeutenden Aufträge.[152] Sein 1577/79 entstandenes großes Meisterwerk »Entkleidung Christi« für den Ankleideraum der Kathedralsakristei ist eine Frucht dieser Verbindung.

Die *Entkleidung Christi* zeigt Christus in leuchtend rotem Rock (Unterkleid; vgl. Joh 19,23).[153] Hinter ihm drängt sich, Kopf an Kopf, eine schwer bewaffnete Soldateska. Unmittelbar hinter Christus stehen die beiden Räuber, deren Dialog am Kreuz (Lk 23,39 f.) Greco in diese Szene vorverlegt hat. Während diese Räuber und einige der Soldaten mit wilden, entmenschten Zügen dargestellt sind, ist der Hauptmann in schwarzer Rüstung zur Rechten Jesu eine ruhige, sympathische Er-

---

[150] BROWN, o. c. 85; ebd. Abb. 4 eine gute Reproduktion des noch im Escorial befindlichen Altarbildes; s. auch: DERS., El Greco – Mensch und Mythos, in: El Greco und Toledo (o. Anm. 149), 13–26; ebd. 15; Alfonso PÉREZ SÁNCHEZ, Die spanische Malerei von Greco bis Goya, München 1982, 11–21; ebd. 11 f.

[151] S. hierzu bes. BROWN, den Abschnitt: »Grecos Auftraggeber«, o. c. 92–94; ferner: Richard L. KAGAN, Toledo zur Zeit El Grecos, in: El Greco und Toledo, 31–63, den Abschnitt: »Grecos soziale Beziehungen« (ebd. 56–62).

[152] KAGAN, Toledo, 57; BROWN, Greco, 83.

[153] S. die ausführliche Beschreibung des Bildes bei BROWN, Greco, 83 f.; ferner: El Greco und Toledo, 170 ff. und ebd. Abb. 69 und 126; Von Greco bis Goya, 52 (Nr. 30) und ebd. 156 f.

scheinung. Wie Harold E. WETHEY richtig vermutet, ist es der Hauptmann, der im Augenblick des Todes Jesu zum Glauben kommt (Lk 23,47) und der in der Legende unter dem Namen Longinus bekannt ist.[154] Aus dem Hintergrund deutet ein alter Mann mit spitzem Finger auf Jesus; seine Kleidung hat Ähnlichkeit mit der Ordenstracht der Dominikaner. Ganz vorne rechts ist ein Henkersknecht dabei, in den Kreuzbalken ein Loch vorzubohren, was von Maria, Magdalena und einer dritten Frau (Mària Jacobi) mit einem aus Entsetzen und Neugier gemischten Gefühlsausdruck beobachtet wird. Diese Szene und die Gestalt Jesu werden von fahlem Licht erhellt, das wie ein Wetterleuchten aus den im Hintergrund sich ballenden dunklen Wolken hervorzubrechen scheint. Jesus ist der ihn umgebenden Wirklichkeit entrückt, was durch den »ekstatischen Blick« nach oben rechts angedeutet wird, der für viele Meditationsbilder Grecos charakteristisch ist.[155]

An diesem Werk wird deutlich, welchen Weg El Greco in seiner Entwicklung seit seiner italienischen Periode zurückgelegt hat: man braucht es nur etwa mit der noch ganz an Tintoretto orientierten »Tempelreinigung« der National Gallery of Art in Washington (vor 1570)[156] zu vergleichen. Man wird hier kaum noch, wie bei Tintoretto, von dichterischer Erzählfreude sprechen können. Doch finden sich immerhin noch Ansätze eines Dialogs mit dem Betrachter in den erwähnten Gestalten des Hauptmanns und des »dominikanerähnlichen« Alten, die aus dem Bild heraus den Betrachter anblicken.

Über der »Entkleidung Christi« kam es zur ersten großen Auseinandersetzung mit einem Auftraggeber, die El Greco in Toledo durchzustehen hatte. Die von dem Domkapitel benannten Gutachter, die auch über den Wert des fertigen Bildes zu bestimmen hatten,[157] äußerten zwei Einwände theologischer Natur: über dem Haupt Christi waren einige Köpfe aus der Menschenmenge abgebildet, was als unschicklich angesehen wurde; die drei Marien links unten im Bild standen im Widerspruch zu dem Bericht der Evangelien. El Greco hat sich in diesem Streit, der sich über Jahre hinzog und in dem auch ein Gericht bemüht wurde, insofern durchgesetzt, als er, entgegen der Forderung des gegnerischen Anwalts, keine Änderung an dem Bild vornahm, wenn auch der gezahlte Preis erheblich hinter seiner ursprünglichen Forderung zurückblieb.

---

[154] H. E. WETHEY, El Greco and his School, Princeton, New Jersey, 1962, I,37. Vgl. auch o., nach Anm. 123!

[155] Vgl. etwa die »Büßende Magdalena« im Worcester Art Museum in Worcester, Massachusetts (El Greco und Toledo, Abb. 122 und ebd. 166, Nr. 9); diejenige in der Nelson Gallery in Kansas City, Missouri (ebd. Abb. 127 und 172, Nr. 14); den »Reuigen heiligen Petrus« im Barnard Castle, County Durham, England (ebd. Abb. 128 und 174, Nr. 15).

[156] El Greco und Toledo, 68, Abb. 48 und ebd. 161, Nr. 2.

[157] Über das Verfahren der Begutachtung s. BROWN, Greco und Toledo, 83 f.

Nicht nur in den entrückten Blicken einiger Teilnehmer zu erahnen, sondern in die irdische Wirklichkeit gleichsam hereingebrochen ist die jenseitige Welt in Grecos wohl berühmtestem Gemälde, dem *Begräbnis des Grafen Orgaz* in der Kirche Santo Tomé in Toledo, das 1588 vollendet wurde.[158] Während in der oberen Hälfte Christus und die Heiligen in der himmlischen Glorie dargestellt sind, wird unten der tote Graf inmitten der Trauergemeinde durch die in kostbare liturgische Ornate gekleideten heiligen Augustinus (mit Chormantel und Mitra) und Stephanus (mit der Dalmatika des Diakons, auf der als Bild im Bild die Steinigung des Stephanus abgebildet ist) bestattet. Unter den Teilnehmern am Begräbnis sind eine Reihe angesehener Bürger Toledos porträtiert, was seinerzeit großes Aufsehen erregte.[159]

Ein Engel trägt die Seele des toten Grafen durch eine Art Schlauch, der von Wolken gebildet wird, direkt zu Christus empor. Der himmlische Hofstaat ist zu einer besonderen Gerichtssitzung über die Seele des Toten versammelt, deren Ausgang nicht zweifelhaft ist: Die Heiligen, allen voran die große, hagere, halbnackte Gestalt Johannes des Täufers, wenden sich mit fürbittender Geste an den göttlichen Richter, der seinen Arm gebieterisch nach *rechts* ausstreckt. Dort sitzt in einer zwischen Lässigkeit und Ergebenheit schwebenden Haltung die Jungfrau Maria – sonst wohl als »Mater misericordiae« und »Advocata nostra« dargestellt – und von der schlaffen Hand Sankt Peters baumeln die Schlüssel des Himmelreiches herab. Was haben diese Figuren zu bedeuten? Wollte Greco mit ihnen eine theologische Aussage machen oder sind sie ganz einfach ein Ausdruck seiner »Manier«? Jedenfalls sind sie gewiß kein Merkmal kirchlich-gegenreformatorischen Geistes.[160]

Stoff des Bildes war eine Legende über die wunderbare Bestattung des heiligmäßigen Grafen von Orgaz im Jahre 1323. Der Auftraggeber, der Pfarrer von Santo Tomé, hatte dem Maler weitgehende Freiheit in der Gestaltung des Themas gelassen. Und so wurde in diesem Fall ein Streit vermieden. Die aus der Tiefe des dunklen Raums kommende Schar der Heiligen erinnert an ähnliche Gestaltungen bei Tintoretto, z. B. bei der »Taufe Christi« und der »Todesangst Christi am Ölberg« im oberen Saal der Scuola di San Rocco.[161] Eine ureigene Erfindung Grecos sind dage-

---

[158] BROWN, ebd. 87 f. 104 ff.; Abb. 1. 75–78.

[159] S. hierzu bes.: Sarah SCHROTH, Burial of the Count of Orgaz. Studies in the History of Art 11, Washington 1982, 1–17; ebd. 1–3. In dem schwarzgekleideten redenden Mönch auf der linken Seite hat El Greco später ein »unfreiwilliges Selbstbildnis« gesehen (Brief an Giulio Clovio: Gianna MANZINI, Tiziana FRATI, L'opera completa del Greco, Milano 1969, 8). Der kleine Junge davor mit der Fackel ist sein Sohn Jorge Manuel im Alter von acht Jahren.

[160] Vgl. dagegen BROWN, den Abschnitt: »Greco, ein Künstler der Gegenreformation«, Greco und Toledo, 94 ff.

[161] PEROCCO, Scuola (o. Anm. 116), 28. 32.

gen die von Wolken und ihren Zwischenräumen gebildeten »Inseln« in der linken oberen Hälfte des Bildes, wodurch der Eindruck räumlicher Diskontinuität entsteht.

In geradezu vollendeter Weise hat El Greco dieses Stilmittel auf einem seiner außergewöhnlichsten und originellsten Werke angewandt: der heute im Museum of Art von Toledo, Ohio, aufbewahrten Fassung von *Christus am Ölberg* (1590/95).[162] Die drei schlafenden Jünger Petrus, Jakobus und Johannes (Mt 26,37; Mk 14,33) sind in einen Nebelschwaden gehüllt und so von dem übernatürlichen Geschehen der zentralen Szene abgesondert. Die in leuchtendes Gelb gekleidete himmlische Erscheinung des Engels steht auf diesem wolkenartigen Gebilde. Der Engel überbringt Jesus die Antwort des Vaters auf die Bitte: »Mein Vater, wenn es möglich ist, gehe dieser Kelch an mir vorüber; doch nicht wie ich will, sondern wie du willst« (Mt 26,39; Mk 14,36; Lk 22,42) in Gestalt eines goldenen barocken Meßkelchs. Nach dem Lukas-Evangelium ist damit zugleich eine Stärkung Jesu für das bevorstehende Todesleiden verbunden: »Da erschien ihm ein Engel vom Himmel und stärkte ihn« (Lk 22,43). El Greco interpretiert diese Stärkung, indem er Christus als Entrückten, ähnlich wie bei der »Entkleidung« der Kathedrale von Toledo, darstellt: der in ein rotes, faltenreiches Gewand gehüllte Christus wird von einem hellen, bläulichen Licht angestrahlt, das von links oben kommt; sein ekstatischer Blick geht zu dem Engel, der aus der gleichen Richtung zu ihm gekommen ist. Christus kniet auf seinem stahlblau schimmernden, auf dem Boden ausgebreiteten Mantel. In ein fahles, ebenfalls bläuliches Licht des Mondes, das von einer riesigen Nebelwolke gedämpft wird, sind die rechts aus dem Hintergrund kommenden Schergen unter Führung des Judas getaucht. Das Werk erscheint wie ein Vorgriff auf die eisigblauen Meditationsbilder der spätesten Schaffensperiode des Meisters (1600–1614): »Die heilige Familie mit der heiligen Maria Magdalena« (im Cleveland Museum of Art), »Der heilige Sebastian« (im Prado zu Madrid), »Christus am Kreuz« (im Cleveland Museum of Art), »Die Öffnung des fünften Siegels der Apokalypse« (im Metropolitan Museum of Art, New York), »Laokoon« (in der National Gallery of Art, Washington) und »Mariae Heimsuchung« (in der Dumbarton Oaks Collection, Washington).[163]

Einen Höhepunkt im Schaffen El Grecos markiert der *Bilderzyklus für die Kirche des Hospital de la Caridad in Illescas,* einer kleinen Stadt auf halbem Wege zwischen Madrid und Toledo (1603/05).[164] Am 18. Juni

---

[162] El Greco und Toledo, 184 (Nr. 22) und ebd. Abb. 135.

[163] S. El Greco und Toledo, 190 (Nr. 27) und Abb. 141; 198 (Nr. 36) und Abb. 145; 209 (Nr. 45) und Abb. 154; 154 und Abb. 116; 223 (Nr. 56) und Abb. 3; 219 (Nr. 52) und Abb. 162.

[164] S. hierzu vor allem: Alfonso E. Pérez Sánchez, Die Altarbilder Grecos in ihrer

1603 schloß Greco mit dem Hospital einen Vertrag ab, in dem er sich verpflichtete, das Retabel für den Altar Unserer lieben Frau von Illescas auszuführen. Vorgesehen waren vier Bilder: eine Darstellung der Barmherzigkeit, personifiziert durch die Jungfrau Maria als Schutzmantelmadonna, die Krönung Mariae, die Verkündigung und die Geburt Christi. Während die drei zuletzt genannten Gemälde ursprünglich schlecht sichtbar im Gewölbe des Chores angebracht waren, diente das später von Greco *Unsere liebe Frau der Barmherzigkeit* genannte Bild als Hochaltarblatt. Von den Bildern befindet sich heute keines mehr an der ursprünglich vorgesehenen Stelle.

Besonders an Grecos Darstellung der Schutzmantelmadonna entzündete sich der Rechtsstreit mit den Vertretern des Hospitals, der erst im Jahre 1607 durch einen Vergleich zwischen den beiden streitenden Parteien beendet wurde. Die Gutachter störte vor allem, daß im Vordergrund unter dem Schutzmantel der Madonna die Porträts lebender Zeitgenossen aus Toledo, darunter Grecos Sohn Jorge Manuel, zu erkennen waren, die überdies noch mit den sehr auffälligen modischen Halskrausen ausgestattet waren. Gegen die Kritik und den Versuch einer inhaltlichen Zensur seines Meisterwerks hat sich der Maler in sehr selbstbewußter, fast schon höhnischer Form gewehrt: »Aufgabe der Gutachter war es, das Werk zu schätzen, aber sie haben es vorgezogen, das Bild zu zensieren und zu korrigieren. Und was ihnen als Fehler vorkommt – daß nämlich einige Menschen, die unter dem Mantel der Madonna zu sehen sind, Halskrausen tragen, wie sie auch heute getragen werden – das ist schon ein recht merkwürdiger Fehler: denn was hier für unschicklich gilt, ist ja ein in der ganzen Christenheit übliches Verfahren.«[165] Das Bild wird vermutlich auch dadurch Anstoß erregt haben, daß El Greco die Madonna – wie auf den anderen Bildern dieses Zyklus und auch sonst oftmals – nach dem Vorbild Tizians in einem auffällig roten, in prachtvolle Faltenwurf drapierten Kleid darstellte. Jedenfalls mußten wenigstens die Halskrausen mit Spitzenkrägen übermalt werden, was erst bei der Restaurierung des Gemäldes im Jahre 1938 wieder korrigiert wurde.

Die *Verkündigung* und die *Geburt Christi,* beide in rundem Format (Durchmesser: 128 cm) sind stille, fromme Meditationsbilder, dennoch von höchster technischer Vollendung, ja von einem fast schon dekadenten manieristischen Raffinement. El Greco zeigt hier, was er in der Ge-

---

ursprünglichen Anordnung, in: El Greco und Toledo, Berlin 1983, 119–157; ebd. 149–153; Susan J. BARNES, The Decoration of the Church of the Hospital of Charity, Illescas. Studies in the History of Art 11, Washington 1982, 45–55:

[165] Zitat bei BROWN, Greco und Toledo, 106; Abbildungen der Schutzmantelmadonna in: El Greco und Toledo, 148, Abb. 108 und: MANZINI-FRATI, L'opera completa del Greco, Abb. XXIX.

staltung der Effekte des Lichts bei Tintoretto gelernt hat. In der *Verkündigung* wird Maria durch die Lichterscheinung des Heiligen Geistes in Ekstase gerissen, während der Engel wiederum ganz in die Betrachtung der Jungfrau versunken scheint: eine Deutung, die für Zeit und Umwelt Grecos als außerordentlich kühn angesehen werden muß und wohl auch den damaligen Betrachtern nicht ganz geheuer vorkam. Die *Geburt Christi* erscheint wie vom Rücken des Ochsen her aufgenommen, dessen mächtiger gehörnter Kopf vorne in das Bild hineinragt. Extreme Preziösität und Künstlichkeit zeigt sich in den Handgebärden der Maria der *Verkündigung* und des heiligen Josef der *Geburt Christi*. Die Entrückung der Jungfrau Maria im Blick auf den Heiligen Geist, nicht auf Christus (wie es auf anderen Gestaltungen des Themas durch El Greco zu sehen ist) ist auf dem quer-ovalen Gemälde der *Krönung Mariens* durch die Trinität dargestellt.

Aus der Thematik des Marien-Zyklus herausfallend, aber mit diesem doch durch das abgebildete plastische Gnadenbild der gekrönten Jungfrau mit Kind verbunden, ist das fünfte Meisterwerk El Grecos, das im Hospital von Illescas aufbewahrt wird: *Der heilige Ildefons*.[166] Der Heilige, bekleidet mit der blauen Mozzetta eines Bischofs, ist dabei, an einem mit einem kostbaren karmesinroten, goldverzierten Tuch bespannten Schreibtisch ein Buch zu schreiben. Er wendet seinen Blick der erwähnten Marienstatue zu. Das Bild des heiligen Ildefons verkörpert die Einheit von wissenschaftlicher Arbeit und frommer Meditation. Nach Meinung von Alfonso PÉREZ SÁNCHEZ stellt es »eine der menschlich innigsten und ausdrucksvollsten Bilderfindungen Grecos dar, mit der er in gewissem Sinne auch eine ikonographische Neuerung einführte, die sich im nachfolgenden spanischen Barock großer Beliebtheit erfreuen sollte – der Heilige als Gelehrter an seinem Schreibpult, der für einen kurzen Augenblick die Arbeit unterbricht und sich inmitten ganz alltäglicher Gegenstände in einer Atmosphäre tiefer Spiritualität der Meditation oder einer Erleuchtung anheimgibt.«[167]

El Greco hat das Thema der Verherrlichung Mariens, sei es als Aufnahme in den Himmel, sei es als Krönung, mehrfach dargestellt. Seine letzte und vollendetste Gestaltung des Themas ist die im Hospital de Santa Cruz in Toledo aufbewahrte *Himmelfahrt Mariae* (1607/13).[168] Aus der in morgendliches Dämmerlicht gehüllten Landschaft Toledos wird die Jungfrau Maria von Engeln hinaufgeleitet in die himmlische

---

[166] El Greco und Toledo, 149, Abb. 109; vgl. auch die Replik des Bildes in der National Gallery of Art in Washington, ebd. 44, Abb. 27; darüber ebd. 207 (Nr. 43); ferner: MANZINI-FRATI Nr. 125 A-D und ebd. Abb. XXVII. XXVIII.
[167] PÉREZ SÁNCHEZ, Altarbilder, 153.
[168] El Greco und Toledo, 98, Abb. 70.

Herrlichkeit, wo sie auf den Wolken musizierende Engel begrüßen. Aus einer unendlichen, von Engelköpfen gebildeten Röhre (noch immer wirkt die Erinnerung an Tizians Assunta nach!) schwebt ihr die Taube des Heiligen Geistes entgegen. In die Richtung des Heiligen Geistes wendet sich, wie bei der »Verkündigung« von Illescas, ihr ekstatischer Blick. Und wie dort ist ein »verliebter« Engel in ihren Anblick versunken. Greco hat so gewissermaßen die Verkündigung, die ja Anfang und Ursache der Verherrlichung Mariens ist, in die Gestaltung der Apotheose der Jungfrau mit hineingenommen. Die innere Einheit von Verkündigung und Apotheose der Gottesmutter wird auch durch das Gebinde von Lilien *und* Rosen im Vordergrund symbolisiert. So ist, was malerische Erzählkunst und theologische Aussage betrifft, die *Himmelfahrt Mariae* vielleicht das bedeutendste von allen späten Werken El Grecos.

3. Barock

Römischer Barock

Der Beginn des barocken Zeitalters in Rom wird in etwa mit dem Pontifikat des Papstes Sixtus V. (1585–1590) gleichgesetzt. Der Papst, der in wenigen Jahren auf politischem und kirchlichem Gebiet eine unglaubliche Energie entfaltete, gab der Stadt Rom durch großzügige Planung von Straßen und Plätzen ihr neuzeitliches Gesicht.[169] Die bedeutendsten kirchlichen Bauten, die unter Sixtus V. entstanden, sind die Sixtinische Kapelle von Santa Maria Maggiore, die der Papst als Grabkapelle für sich selbst und Pius V. durch Domenico Fontana errichten ließ, und die Kuppel der Peterskirche, die Giacomo della Porta, in leichter Abweichung von Michelangelos ursprünglichem Plan, am 14. Mai 1590 vollendete.

Von Giacomo della Porta stammt auch der Plan zur Fassade – und vielleicht auch zur Kuppel – der Hauptkirche des Jesuitenordens, Il Gesù, während der Entwurf des Kirchengebäudes auf Giacomo Barozzi da Vignola zurückgeht. Il Gesù war schon 1584, ein Jahr vor Regierungsantritt Sixtus' V. geweiht worden, wenn auch der Ausbau des Innenraumes sich fast noch über das ganze 17. Jahrhundert hinzog.[170] Erst in den

---

[169] Torgil MAGNUSON, Rome in the Age of Bernini I, Stockholm 1982, 1–38.
[170] Georg KAUFFMANN, Die Kunst des 16. Jahrhunderts (Propyläen Kunstgeschichte Bd. 8), Berlin 1970, 359 f.; Anthony BLUNT, Italy, in: DERS., Baroque and Rococo. Architecture and Decoration, New York 1978, 22. 27; Richard BÖSEL, Jesuitenarchitektur in Italien (1540–1773). Teil 1: Die Baudenkmäler der römischen und der neapolitanischen Ordensprovinz, Wien 1985, 160–173; der Hochaltar und die Marmorverkleidung der Apsis- und Langhauswände wurden erst im 19. Jahrhundert eingebaut (BÖSEL, ebd. 173).

Jahren 1695-1699 hat der als Laienbruder dem Jesuitenorden angehörende Architekt und Maler Andrea Pozzo (1642-1709) den prächtigen
Altar über dem Grab des Ordensgründers, des heiligen Ignatius von
Loyola, entworfen. Im bühnenartigen Aufbau dieses Altars ist das zwar
nicht für die Gründung, wohl aber für das Überleben und die Zukunft
des Ordens wichtigste Ereignis im Leben des Ignatius dargestellt: die
Vision in der Kirche von La Storta vor Rom im Herbst 1537.[171] Wie
Ignatius später selbst berichtet hat, wurde er dort durch Gott dem kreuztragenden Christus *zugesellt,* der dann zu ihm die berühmten Worte
sprach:»Ego vobis Romae propitius ero.« Von vielen Ordensmitgliedern
der ersten und zweiten Generation wurde das Ereignis von La Storta als
die eigentliche Legende der Ordensgründung oder doch deren himmlische Legitimation angesehen.[172] Pozzo faßt aber den Ignatius nicht als
irdischen Pilger oder Priester, sondern - worauf u. a. die barocke liturgische Kleidung hinweist - als den bereits in die himmlische Glorie
eingegangenen, zur Ehre der Altäre erhobenen Heiligen.[173] Zu seinen
Füßen winden sich, wie eine Drachenbrut, die durch den wahren Glauben besiegten Häretiker.[174] Die Kombination von Gründungslegende
und Apotheose ist dann in den Kirchen und Prunksällen der Klöster und
Residenzen im südlichen Deutschland des 18. Jahrhunderts überaus häufig.

   Die Decke des Hauptschiffes von Gesù wird ausgefüllt durch das große, mit reichem Stuck eingerahmte Gemälde, das die Verherrlichung des
Namens Jesu (IHS) zum Gegenstand hat. Ausgeführt hat es in den Jahren 1674-1679 Giovanni Battista Gaulli, genannt Baciccio. Baciccio
lehnte sich an Deckenfresken ähnlichen Charakters und Themas von
Pietro da Cortona im großen Saal des Palazzo Barberini (1633-1639) und
in der Chiesa Nuova (1663-1664) an.[175] Das erstere, mit 25x15 Metern

---

[171] MÂLE, Art religieux, 155 f.; Harald KELLER, Die Kunst des 18. Jahrhunderts (Pro-
pyläen Kunstgeschichte, Bd. 10), Berlin 1971, Abb. XIV; Bernhard KERBER, Andrea Pozzo
(Beitr. z. Kunstgesch., 6), Berlin-New York 1971, 140-180.
   [172] Über die verschiedenen Überlieferungen des Ereignisses von La Storta eingehend:
Hugo RAHNER, Die Vision des heiligen Ignatius in der Kapelle von La Storta, in: DERS.,
Ignatius von Loyola als Mensch und Theologe, Freiburg Br. 1964, 53-108.
   [173] Ignatius war am 12. März 1622 zusammen mit Teresa von Avila, Philipp Neri, Franz
Xaver und dem spanischen Bauern Isidor durch den Papst Gregor XV. in einer gewaltigen
Feier kanonisiert worden; s. Ludwig VON PASTOR, Geschichte der Päpste seit dem Ausgang
des Mittelalters, XIII/1, Freiburg Br. 1928, 93-95.
   [174] MÂLE, Art religieux, 436 f.
   [175] BLUNT, Baroque and Rococo, 57 f.; Erich HUBALA, Die Kunst des 17. Jahrhunderts
(Propyläen Kunstgeschichte, Bd. 9), Berlin 1970, 129 f. und Abb. 31; MÂLE, Art religieux,
432; R. WITTKOWER, J. B. JAFFE (Hrsg.), Baroque Art: The Jesuit Contribution, New York
1972, Abb. 37; T. MAGNUSON, Rome in the Age of Bernini II, Stockholm 1986, 319 f. und
Abb. ebd. Über die künstlerische Entwicklung von Pietro da Cortona s. bes.: Karl NOEH-
LES, La Chiesa dei SS. Luca e Martina nell' Opera di Pietro da Cortona, Roma 1970, 1-40:
»Saggio sulla cultura artistica di Pietro da Cortona«; Paolo PORTOGHESI, Roma barocca.
Storia di una civiltà architettonica, Roma 1966, 221-236.

das größte Deckenbild Roms, zeigt in allegorisch verklausulierter Form
die Glorifizierung des Pontifikates Urbans VIII. Barberini: Durch das
Wirken der göttlichen Vorsehung, die im »unteren« Drittel des Bildes
dargestellt ist, wird das Wappen des Hauses Barberini – die drei Bienen –
nach oben getragen, wo es die personifizierte Roma mit der päpstlichen
Tiara empfängt.[176] Der Innenraum der Kirche des Oratoriums des heiligen Philipp Neri, S. Maria in Vallicella (Chiesa Nuova), wurde von
Pietro da Cortona zu einem der prächtigsten des barocken Rom gestaltet.[177] Auf dem zentralen Deckengemälde des Hauptschiffes ist die Jungfrau Maria dargestellt, die von Philipp Neri angerufen, durch ein
wunderbares Eingreifen ein Unglück während des Baus der Kirche verhindert. Der Heilige und die zu ihm ihre Zuflucht nehmen, stehen unter
dem besonderen Schutz der Patronin dieser Kirche, der Jungfrau Maria
selbst: das ist wohl die Botschaft und theologische Aussage des Decken-
freskos, das damit eine »indirekte« Gründungslegende enthält.

Etwas mehr als ein Jahrzehnt nach Baciccios Deckengemälde von
Gesù hat Andrea Pozzo die Decke des Mittelschiffs der zweiten großen
Jesuitenkirche Roms, San Ignazio, gestaltet (1691–1694). Hier ist die Verbreitung des Feuers der göttlichen Liebe über die ganze Welt durch Ignatius und seinen Orden dargestellt. In der Mitte des Bildes schwebt die
göttliche Dreifaltigkeit. Von Gott Vater geht über den kreuztragenden
Christus (wiederum eine Anspielung auf die Vision von La Storta!) ein
Lichtstrahl zur Brust des Ignatius. Hier bricht sich der Strahl und teilt
sich in vier Strahlen, die die vier Erdteile erhellen. Ein fünfter Strahl
fällt auf einen Schild mit dem Namen Jesu (IHS), der von einem schwebenden Engel gehalten wird. Es soll so gleichsam die Erfüllung des Je-
sus-Wortes Lk 12,49 (»Ignem veni mittere in terram, et quid volo, nisi ut
accendatur«) gezeigt werden: Das von Jesus geworfene Feuer fällt durch
Ignatius auf die Erde und wird über die ganze Welt verbreitet, »zur
größeren Ehre Gottes« (ad maiorem Dei gloriam) und des Namens Jesu.[178]

Unter den Seitenaltären von S. Ignazio wurden wichtige Heilige des
Ordens bestattet: neben dem großen Kontroverstheologen des nachtri-
dentischen Zeitalters Robert Bellarmin die Novizen Luigi (Aloysius)
Gonzaga (1568–1591)[179] und Johannes Berchmans (1599–1621). Solche

---

[176] HUBALA, o. c. 128 und ebd. Anm. 28.

[177] MAGNUSON, Rome II,243–245.

[178] HUBALA, Kunst des 17. Jh., 129 und Abb. 30; MAGNUSON, Rome II, 339 f. und ebd.
Abb.; WITTKOWER-JAFFE, Baroque Art, Abb. 38. Über Pozzos Deckenfresko von S. Ignazio
s. bes.: KERBER, Pozzo (o. Anm. 171), 69–74; 94–98; Wolfgang VOGL, Andrea Pozzos Langhausfresko von San Ignazio zu Rom und seine kunst- und geistesgeschichtliche Bedeutung.
Korrespondenzblatt Collegium Germanicum et Hungaricum 98 (1989), 39–79; ebd. 46–52.

[179] S. KELLER, Kunst des 18. Jh., Abb. 168.

»Frühvollendeten«, die meist gegen den Widerstand ihrer Familien aus der Welt flohen, um im Noviziat der Jesuiten, von einer ansteckenden Krankheit oder dem römischen Fieber gepackt, noch in jugendlichem Alter zu verlöschen, stellte der Orden bis in die allerjüngste Zeit den von ihm auszubildenden Theologen als Vorbilder hin. Der erste von ihnen, Stanislaus Kostka (1550–1568), fand seine letzte Ruhestätte in der Kirche des römischen Noviziats der Gesellschaft, San Andrea al Quirinale. Die kleine Kirche mit ovalem Grundriß ist das architektonische Meisterwerk Gian Lorenzo Berninis, erbaut 1658–1672.[180]

Mit Bernini und seinem genialen Zeitgenossen und Rivalen Francesco Borromini[181] ist der Höhepunkt des römischen Barock markiert. Wir müssen uns, im Zusammenhang unseres Themas mit dem Hinweis auf zwei plastische Werke Berninis begnügen, in denen die Ekstase der Dargestellten und der Einbruch der transzendenten Welt in ihr leibliches Dasein in höchst vollendeter Weise zum Ausdruck gebracht wird: Es sind dies die *Ekstase der heiligen Teresa von Avila* in der Cappella Cornaro der Karmeliterkirche Santa Maria della Vittoria (1644–1652) und der *Tod der seligen Lodovica Albertoni* in San Francesco a Ripa (1671–1674). Die Cornaro-Kapelle ist ein architektonisch-malerisch-plastisches Gesamtkunstwerk, das in allen Werken über Bernini eine eingehende Würdigung und (in vielen Punkten divergierende) Interpretation erfährt.[182] Der Meister hat es im Auftrag des Kardinals Federigo Corner als dessen Grabkapelle geschaffen. Die würdigen Männer, die zur Rechten und Linken des Altars, wie in Theaterlogen, das Geschehen in der Hauptszene betrachten und besprechen, sind Mitglieder der vornehmen venezianischen Familie Corner (in Rom: Cornaro).

In dem bühnenartig gestalteten Aufbau des Altars ist Teresa in einem Zustand ihres mystischen Erlebens dargestellt, den sie selbst in ihrer Autobiographie eingehend beschreibt.[183] Bei der Heiligsprechung Tere-

---

[180] MAGNUSON, Rome II, 197–202; »Bernini's most significant and consummate architectural creation. But it is more than this: it is one of the finest products of the Roman High Baroque« (ebd. 202); Rudolf WITTKOWER, Gian Lorenzo Bernini. The Sculptor of the Roman Baroque, London 1955, 31 f. und Tafel VII neben S. 27; BLUNT, Baroque and Rococo, 36 f.

[181] Über Borromini: P. PORTOGHESI, Roma barocca, 155–172; BLUNT, Baroque and Rococo, 37–48.

[182] MAGNUSON, Rome II, 70–80; »The chapel has been conceived as a single unit, combining sculpture, architecture and painting in a way that no reproduction can properly convey« (ebd. 73); WITTKOWER, Bernini, 28–31; 207–209 (Nr. 48); Abb. VI neben S. 26; Abb. 67–71; Hans KAUFFMANN, Giovanni Lorenzo Bernini. Die figürlichen Kompositionen, Berlin 1970, 136–169; Abb. 69–72; Irving LAVIN, Bernini and the Unity of the Visual Arts, 2 Bde., Oxford 1980, I,92–133; II, Abb. 147–179; Maurizio FAGIOLO, Angela CIPRIANI, Bernini, Roma-Firenze 1981; vgl. auch: MÂLE, Art religieux (o. Anm. 107), 163–166.

[183] Von den zahlreichen Editionen seien hier nur genannt: Santa Teresa de Jesus, Obras Completas, ed. EFREN DE LA MADRE DE DIOS y Otger STEGGINK (Biblioteca de Autores Cristianos), Madrid 1974, 131; Libro de la Vida, ed. Guido MANCINI, Madrid 1982, 212;

sas im Jahre 1622[184] fand der betreffende Passus Aufnahme in die Kanonisationsbulle. Die Heilige schildert im einzelnen die Erscheinung eines Engels des obersten Ranges (Cherubim) von großer Schönheit. Er durchbohrt ihr Herz mehrmals mit einem goldenen, an der Spitze glühenden Pfeil und läßt sie in einem Zustand intensivster Liebe zu Gott zurück. Sie empfindet in der Ekstase zugleich einen scharfen Schmerz, der sie mehrmals stöhnen läßt, und eine extreme Süßigkeit.[185] Bernini muß diesen Text genau gekannt haben. Er hat den ekstatischen Zustand Teresas als ein Art Liebestod dargestellt.[186] Die Nähe der Entrückung zum Tod wird deutlich, wenn wir einen vergleichenden Blick auf das etwa dreißig Jahre nach der *Ekstase der heiligen Teresa* entstandene Spätwerk Berninis, den *Tod der Lodovica Albertoni*, werfen.[187] Hier ist der Tod als quasi-ekstatischer Zustand aufgefaßt. Die sterbende Lodovica zeigt sich wie Teresa im Herzen getroffen. Die schon in der Beschreibung Teresas selbst ganz eindeutig enthaltene sinnlich-erotische Komponente hat Bernini deutlich herausgearbeitet – wenngleich dies in manche neueren Deutungen des Werkes immer noch bestritten oder abgewiegelt wird. Berninis Behandlung des Marmors überhaupt ist ja stark sinnlich geprägt. Insbesondere sucht er der menschlichen Haut eine lebensnahe Sensibilität und Weichheit zu geben. Der erotische Charakter des Engels, was Ausdruck, Körpergestaltung und Gestus (insbesondere den der linken Hand!) betrifft, kann wohl kaum übersehen werden. Die auch in die Gestalt der Teresa selbst hineingelegten und von ihr

---

Das Leben der heiligen Theresia von Jesu, ed. Aloysius ALKOFER (Sämtl. Schriften der hl. Theresia von Jesu, Bd. 1), München 1933, 280 ff. Der Passus aus dem 29. Kapitel des »Libro de la Vida« ist abgedruckt bei LAVIN, Bernini I,107; MAGNUSON, Rome II, 75 f.; FAGIOLO-CIPRIANI, Bernini, 20.

[184] S. o. Anm. 173.

[185] »Esta visión quiso el Señor le viese ansí: no era grande, sino pequeño, hermoso mucho, el rostro tan encendido que parecia de los ángeles muy subidos que parecen todos se abrasan (deven ser los que llaman cherubines, que los nombres no me los dicen, mas bien veo que en el cielo hay tanta diferencia de unos ángeles a otros, y de otros a otros, que no lo sabría decir); víale en las manos un dardo de oro largo, y al fin de el hierro me parecía tener un poco de fuego; este me parecía meter por el corazón algunas veces y que me llevava a las entrañas; al sacarle, me parecía las llevava consigo y me dejava toda abrasada en amor grande de Dios. Era tan grande el dolor que me hacía dar aquellos quejidos y tan excesiva la suavidad que me pone este grandísimo dolor, que no hay desear que se quite, ni se contenta el alma con menos que Dios. No es dolor corporal, sino espiritual, aunque no deja de participar el cuerpo algo, y aun harto. Es un requiebro tan suave que pasa entre el alma y Dios, que suplico yo a su bondad lo dé a gustar a quien pensare que miento.« – Wichtig für die Interpretation der Gruppe ist auch das 20. Kapitel der »Vida«, wo Teresa die Erhebung (elevamiento) der Seele durch eine Wolke beschreibt (Obras Completas, 89-96).

[186] S. hierzu vor allem: LAVIN, Bernini, 113-118.

[187] MAGNUSON, Rome II,305-307; WITTKOWER, Bernini, 236 ff. (Nr. 76) und ebd. Tafeln 116. 117; Abb. 92; H. KAUFFMANN, Bernini, 328-334 und Abb. 194-196; FAGIOLO-CIPRIANI, Bernini, 39.

ausgehenden sinnlichen Reize wurden vermutlich von den damaligen Zeitgenossen deutlicher empfunden als von den abgestumpften Augen unserer Epoche: der Ausdruck des (jugendlichen) Gesichts, die trotz der Faltengebirge des Nonnenkleids erkennbare Körperhaltung, der nackte, »unbeschuhte« linke Fuß (als erotisches Signal und Erinnerung an die Stiftung Teresas von doppelter, geistlicher und weltlicher, Pikanterie). Aus alldem ist zu schließen, daß Bernini den Zustand höchster mystischer Entrückung eines Menschen in die Nähe Gottes zugleich als tiefstes sinnliches Erleben gestalten wollte. Auf dem Höhepunkt seines Schaffens hat er damit dem neuen religiösen Zeitgeist, der barocken Frömmigkeit, die mystisch und weltlich zugleich ist, einen vollkommenen Ausdruck gegeben.

Diese Kunst und die ihr zugrunde liegende Religiosität hatte noch keine theologische und erst recht keine kirchenrechtliche Legitimation. Zwar waren die bedeutendsten Visionäre der tridentinischen Zeit, Ignatius von Loyola, Philipp Neri und Teresa von Avila kanonisiert worden. Doch hatten ihre Gedanken kaum Eingang in die offizielle Theologie gefunden. Die »Einrahmung« der Hauptgruppe in der Cornaro-Kapelle ist deshalb keine Nebensache, sondern sie dient *auch* deren Legitimation und theologischer Rechtfertigung. Auf dem Antependium des Altars ist das letzte Mahl Jesu dargestellt. Damit wird nicht auf die eucharistische Komponente in der Mystik der heiligen Teresa hingewiesen, sondern auf die Stiftung des christlichen Kultes als Weg der Vereinigung mit Gott.[188] In dem auf dem Altar vollzogenen Meßopfer wird diese kultische Vereinigung für die Teilnehmer aktuell. Über dem Altar wird sodann als höchste, nur dem Heiligen erreichbare Form der Gottesvereinigung das mystische Erleben dargestellt. Die Heilige ist Teresa, die eigentliche Gründerin des Reformordens der Unbeschuhten Karmeliten. Durch zwei ihrer Mitglieder, die als Kardinäle Protektoren dieses Ordens waren, war die Familie Corner in engster geistlicher Verbindung mit der Stiftung Teresas. Sie konnten deshalb diesen hervorragenden Begräbnis- und Memorialplatz in einer Karmeliterkirche beanspruchen. Bernini hat die geistlichen Fürsten des Hauses Corner teils fromm und nachdenklich betrachtend, teils (die Biographie Teresas)[189] lesend und (wohlwollend) diskutierend dargestellt. Sie geben so der Vision und dem Kunstwerk den kirchlich-legitimierenden Hintergrund, so wie sie sich ihrerseits als bereits Verstorbene unter den Schutz der Heiligen und in die Gebetsgemeinschaft ihres Ordens stellen.[190]

---

[188] Vgl. hierzu auch: LAVIN, Bernini I,125 f.; MAGNUSON, Rome II,360, Anm. 213.
[189] So auch H. KAUFFMANN, Bernini, 154.
[190] Vgl. hierzu besonders die Intarsien des Fußbodens, in denen betende Skelette dargestellt sind; LAVIN, Bernini I, 134–137; II, Abb. 192–195.

Süddeutscher Barock

Die wesentlichen Grundhaltungen und Motive, die wir in der Ikonographie des römischen Barock feststellen konnten, sind auch im Hoch-
und Spätbarock der nördlicheren Länder bestimmend und maßgebend:
Die theologisch-ideologische Legitimation und Verherrlichung der eige-
nen sozialen Körperschaft (des Ordens, des Bistums, der Familie) durch
Verherrlichung der Gründergestalt und der sie bestimmenden Ideen,
Tugenden und wichtigen biographischen Ereignisse; um die überragende
Bedeutung der eigenen Körperschaft zu unterstreichen, ist in der Glorifizierung zugleich die Verankerung im transzendenten, himmlischen
Bereich der ecclesia triumphans dargestellt: nämlich als zentrales
Heilsereignis, das im Plan der göttlichen Trinität einen für den Ablauf
der Kirchen- und Weltgeschichte entscheidenden Platz innehat. Die geistige Voraussetzung ist nicht in der nachtridentinischen »offiziellen«
kirchlichen Theologie zu suchen, sondern in der Spiritualität und spe-
zifischen Frömmigkeit der Reformorden, unter denen wiederum die Jesuiten – auch kulturgeschichtlich – die größten Wirkungen erzielten.
Zwar war der Jesuitenorden von Anfang an nicht auf den barocken Stil
fixiert (viele der ältesten jesuitischen Kollegskirchen wurden noch im
spätgotischen Stil erbaut), doch hat er maßgeblich den Geist und die
Religion und damit auch die Kunst des Barock geprägt. Aufstieg und
Niedergang der barocken Kultur sind mit dem Schicksal des Ordens eng
verknüpft. Seine Aufhebung am Ende des barocken Zeitalters ist dehalb
kein bloßer Zufall.[191]

Eine eingehende Behandlung barocker Kunstwerke unter unserem
Gesichtspunkt würde jeden vernünftigen Rahmen sprengen. Wir beschränken uns deshlab auf einige besonders markante Beispiele im süddeutschen Raum. Sie beweisen uns, wie alle übrigen großen Bildprogramme religiösen Inhalts in dieser Epoche, daß die barocke Kunst
kaum an den Beschlüssen des Konzils von Trient und den Traktaten der
nachtridentinischen theologischen Bildtheoretiker orientiert ist. Sie
knüpft vielmehr unmittelbar an Frömmigkeit und Bilderreichtum der
Spätgotik an. Hinzu kommen dann, wie schon im römischen Barock, die
positive Weiterentwicklung des Renaissance und die polemische Abgrenzung gegen den Protestantismus sowohl lutherischer wie calvinistischer
Prägung.

---

[191] S. hierzu vor allem: Joseph BRAUN, Die Kirchenbauten der deutschen Jesuiten. Ein
Beitrag zur Kultur- und Kunstgeschichte des 17. und 18. Jahrhunderts, 2 Bde., Freiburg
Br. 1908/ 1910; bes. ebd. II,351 f.; Rudolf WITTKOWER, Irma B. JAFFE (Hrsg.), Baroque Art:
The Jesuit Contribution, New York 1972; Ferdinand STROBEL, Die Jesuiten und die Ba-
rockkultur in Baden-Württemberg, in: Barock in Baden-Württemberg, Karlsruhe 1981,
II,383–398.

Der wohl bedeutendste unter den Freskomalern in der ersten Hälfte des 18. Jahrhunderts ist Cosmas Damian Asam (1686-1739). Mitglied einer berühmten Künstlerfamilie, hat er zahlreiche sakrale und profane Innenräume in Schwaben, Bayern, Franken, Baden, der Pfalz, der Schweiz, Österreich, Böhmen und Schlesien entweder selbst gestaltet oder hat an ihrer Ausstattung mitgewirkt.[192] Asam hatte während seines Aufenthalts in Rom in den Jahren 1711-1713 Gelegenheit, die Werke des römischen Barock eingehend zu studieren, darunter die Decken- und Kuppelbilder der Pietro da Cortona, G. B. Gaulli, Andrea Pozzo, aber auch plastische Werke, wie Berninis »Teresa von Avila«, aus denen er später Motive übernimmt.[193] So hat er auf seinem bald nach der Rückkehr aus Rom gemalten Altarblatt in der Schutzengelkirche zu Straubing: »Die Heiligen Teresa von Avila und Petrus von Alcantara als Fürsprecher vor Christus« in den Hauptgestalten drei römische Vorbilder zitiert, darunter Berninis »Teresa« in S. Maria della Vittoria.[194]

Asams erster Großauftrag war die Ausmalung der Abteikirche *Weingarten,* zugleich Aufbewahrungsort und berühmte Wallfahrtsstätte der Heilig-Blut-Reliquie, und Grabkirche des Welfischen Hauses. Das gewaltige, ihm vorgegebene ikonographische Programm, in dem die geistige Welt und das geschichtliche und religiöse Selbstverständnis des Klosters ihren umfassenden Ausdruck fanden, verwirklichte Asam in den Jahren 1718-1720.[195] Während die Gewölbe der Seitenschiffe den Zyklus der welfischen Stifterfamilie aufnehmen, wird in den großen Fresken des Mittelschiffes, der Kuppel und der Apsis Kultus und Ideologie der Abtei verherrlicht und ins Universale und Transzendente erhoben. Den drei Fresken des Mittelschiffes kommt hierbei eine zentrale Bedeutung zu. Im ersten wird die *Heilig-Blut-Reliquie,* Weingartens großes Heiligtum, als Instrument der Erlösung für die geplagte Menschheit vorgestellt: Es ist das Blut des mit dem Kreuz triumphierenden Erlösers selbst, das in der Reliquie enthalten ist und ihr rettende Kraft gibt, um die Menschen von allen vorstellbaren Krankheiten und Nöten zu be-

---

[192] Bernhard RUPPRECHT, Die Brüder Asam. Sinn und Sinnlichkeit im bayerischen Barock, Regensburg 1980; Helene TROTTMANN, Cosmas Damian Asam (1686-1739). Tradition und Invention im malerischen Werk (Erlanger Beiträge zur Sprach- und Kunstwissenschaft, Bd. 73), Nürnberg 1986; Bruno BUSHART, Bernhard RUPPRECHT (Hrsg.), Cosmas Damian Asam 1686-1739. Leben und Werk, München 1986.

[193] S. hierzu: TROTTMANN, Asam, 41-47; B. RUPPRECHT, Der Deckenmaler Cosmas Damian Asam. Asams kunstgeschichtlicher Ort, in: BUSHART-RUPPRECHT (Hrsg.), Asam, 11-27; ebd. 13.

[194] TROTTMANN, Asam, Abb. 107 und 108; DIES., Der Ölmaler Cosmas Damian Asam, in: BUSHART-RUPPRECHT, Asam, 43-50; ebd. 44 und Abb. 1.

[195] Über das ikonographische Programm der Abteikirche Weingarten s. besonders: Gebhard SPAHR, Oberschwäbische Barockstraße I, Weingarten ²1979, 166-173; ferner: TROTTMANN, Asam, 70-75; RUPPRECHT, Deckenmaler, 21 f.

freien.[196] Das zweite Bild zeigt die *Glorie des heiligen Benedikt,* die in vielen barocken Benediktinerkirchen dargestellt ist. Benedikt, auf einer Wolke thronend, betrachtet mit ausgebreiteten Armen das Licht der himmlischen Glorie. Um ihn herum sind Szenen seines Lebens gleichsam mit ihm in die Herrlichkeit und Unvergänglichkeit hinaufgehoben.[197] Nach dem Vorbild der Jesuiten in Gesù und San Ignazio suchten auch die übrigen Orden in der Barockzeit ihren Stiftern einen überragenden Sitz im Himmel zu geben, um deren zentrale Rolle im Heilsgeschehen zu dokumentieren – womit natürlich auch die Bedeutung des eigenen Ordens in der irdischen Kirche für jedermann sichtbar gemacht werden sollte. Das dritte Langhausfresko von Weingarten zeigt die *Himmelfahrt Mariae* als einen von Engelscharen gebildeten Triumphzug oder vielmehr Triumphflug von ihrem Sarkophag durch die Wolken dem aus der Unendlichkeit strahlenden himmlischen Licht entgegen. Die Engel werden angeführt von dem Seelengeleiter Sankt Michael, der mit seinem Stab in Richtung des ewigen Lichtes deutet.[198]

Noch im Jahr der Vollendung von Weingarten, 1720, begann Asam mit der Ausmalung der Cistercienser-Abteikirche von *Aldersbach.* Die Stuckierung hatte sein Bruder Egid Quirin übernommen. In den von ihm geschaffenen prunkvollen Rahmen setzte Cosmas Damian sein Fresko: *Weihnachtsvision des heiligen Bernhard,* welches das gesamte Langhausgewölbe ausfüllt.[199] Von einer Balustrade aus betrachtet der jugendliche Bernhard die Vision des Weihnachtsereignisses, das sich nach »oben« zu einem kosmischen, vom himmlischen Vater ausgehenden Erlösungsdrama erweitert. Grundthema und Aussage des Bildes ist durch die Inschrift unterstrichen, die sich um die illusionäre Balustrade herumzieht: SIC ENIM DEUS DILEXIT MUNDUM UT FILIUM SUUM UNIGENITUM DARET (Joh 3,16). Die Erlösung als Ereignis der göttlichen Liebe, vermittelt in der Schau des Hauptheiligen des Cistercienser-Ordens: die nahe thematische Verwandtschaft zu Pozzos Fresko von San Ignazio ist deutlich.

Im Langhaus des *Domes von Freising,* der 1723–1724 von den Asam-Brüdern umgestaltet wurde, hat Cosmas Damian den Bistumspatron, den heiligen Korbinian, ins Zentrum einer himmlischen Glorie gesetzt.[200] In der Prämonstratenser-Abteikirche von *Osterhofen* überspannt

---

[196] S. BUSHART-RUPPRECHT, Asam, Abb. 18; SPAHR, Barockstraße I, Abb. 90.

[197] S. die ausführliche Deutung bei SPAHR, Barockstraße I, 168–170 und ebd. Abb. 91; Hugo SCHNELL, Weingarten, München-Zürich ⁷1985, 36; RUPPRECHT, Brüder Asam, 72; BUSHART-RUPPRECHT, Asam, Abb. 20.

[198] SPAHR, Barockstraße I,170 f.; SCHNELL, Weingarten, 36.

[199] Beschreibung bei RUPPRECHT, in: BUSHART-RUPPRECHT, Asam, 24; ebd. Abb. 23. 24; RUPPRECHT, Brüder Asam, 82; vgl. auch: Karl MÖSENEDER, Zur Ikonologie und Topologie der Fresken, in: BUSHART-RUPPRECHT, 28–42; ebd. 30.

[200] MÖSENEDER, Ikonologie, 32; RUPPRECHT, Deckenmaler, 26; BUSHART-RUPPRECHT, Abb. 46.

wie in Aldersbach ein riesiges Fresko im Langhaus drei Joche. Hier ist das Leben des heiligen Norbert und die Glorie des von ihm geförderten und verteidigten Altarssakramentes – in barockem Verständnis als Hostie in der Monstranz – dargestellt (1731-1732).[201] In den Jahren 1732-1733 haben die Asam-Brüder die mittelalterliche Kirche der Fürstabtei *St. Emmeram zu Regensburg* umgestaltet. In dem Fresko des Chores ist die Verherrlichung des heiligen Benedikt gezeigt, und zwar in seiner Bedeutung für die Ausbreitung des christlichen Glaubens. Die Mitglieder des Ordens widmen sich auf diesem Bild der Weltmission.[202] Gegenüber den jüngeren Jesuiten weist der Benediktiner-Orden damit darauf hin, daß er durchaus mit ihnen in Konkurrenz treten kann, ja daß die Mission durch seine Mitglieder schon von jeher propagiert wurde. In dem großen Deckenfresko des Langhauses der Abteikirche erscheinen die drei Patrone St. Emmeram, St. Wolfgang und St. Dionysius in himmlischer Glorie; daneben findet auch noch ein für das Kloster wichtiges historisches Ereignis, nämlich dessen Exemtion durch den Papst Leo III. (795-816) seinen Platz.[203]

In der Mitte des 18. Jahrhunderts entstand in der Abteikirche von *Zwiefalten* das Hauptwerk des Malers Franz Joseph Spiegler (1691-1756).[204] Die Kirche, zugleich ein bedeutender Marienwallfahrtsort, wurde unter dem Abt Augustin Stegmüller (1725-1744) durch den großen Barockbaumeister Johann Michael Fischer in den Jahren 1741-1750 errichtet. Mit einer Gesamtlänge von mehr als 96 Metern ist sie Fischers größter Sakralbau.[205] Höhepunkt des Werkes von Spiegler ist zweifellos das riesige Fresko des Langhauses, das vier Joche zusammenfaßt.[206] Gut dreißig Jahre früher hatte C. D. Asam in Aldersbach das Vorbild hierfür geschaffen, indem er das gesamte Mittelschiff der Kirche mit einem einzigen Gemälde überzogen hatte. In Zwiefalten blickt man in das Innere eines fahlgelben bis goldfarbenen Wolkenwirbels, in dessen höchster Spitze die göttliche Dreifaltigkeit sichtbar wird. »Vor der Heiligsten Dreifaltigkeit scheint Maria, in rotem Kleid und blauem Umhang, herabzuschweben. Aus ihrem Herzen ergießt sich ein Lichtstrahl auf ein von Engeln getragenes Tuch, das Mariens Bild als Gottesmutter (also mit

---

[201] MÖSENEDER, Ikonologie, 33; BUSHART-RUPPRECHT, Abb. 71.
[202] RUPPRECBT, Brüder Asam, 158; BUSHART-RUPPRECHT, Abb. 78.
[203] RUPPRECHT, Brüder Asam, 160.
[204] Karl Heinz SCHÖMIG, Franz Joseph Spiegler, Regensburg [2]1976.
[205] K. H. SCHÖMIG, Abteikirche Zwiefalten, Regensburg [5]1974, 4; DERS., Münster Zwiefalten. Kirche der ehemaligen Reichsabtei, München-Zürich 1982, 12. S. ferner: Richard ZÜRCHER, Helmut HELL, Zwiefalten. Die Kirche der ehemaligen Benediktinerabtei. Ein Gesamtkunstwerk des süddeutschen Rokoko, Sigmaringen 1967. Dieses Werk enthält jedoch keine Beschreibung und Deutung der Fresken der Abteikirche.
[206] Ausführliche Beschreibung des Freskos bei SCHÖMIG, Münster, 18 ff., und Abb. ebd. neben S. 20; s. auch: DERS., Spiegler, 17 f.

dem Jesuskinde) zeigt – nämlich das Gnadenbild der Kirche San Benedetto in Piscinula in Rom. An diesem Bild bricht sich der Lichtstrahl und wird zur Brust des Ordensvaters St. Benedikt geführt. Von St. Benedikt aus löst sich der Lichtstrahl in flackernde Tropfen oder Zungen auf und geht als feuriger Regen, wie beim Pfingstwunder, nieder auf die Schar der Heiligen und Ordensgründer.«[207]

Der gesamte – benediktinisch gedeutete – Vorgang der Erlösung und Gnadenvermittlung ist in dem Fresko zusammengefaßt. Der Strahl der göttlichen Gnade geht über Maria und deren Kultbild zum heiligen Benedikt und verteilt sich von ihm über die ganze Gemeinschaft der Heiligen. Das Gnadenbild von San Benedetto in Piscinula ist abgebildet, weil diese Kirche nach legendärer Überlieferung an der Stelle des römischen Stadthauses von Benedikts Vater stehen soll. Wenn die von diesem Bild ausgehende Gnade das Herz Benedikts trifft, so ist damit auf dessen Bekehrung, seine Abkehr von der Welt, angespielt. In dem äußeren Ring um den ovalen Wolkenwirbel ist die Pilgerfahrt zu sechs marianischen Wallfahrtsorten Europas dargestellt, nämlich Genazzano bei Rom, Einsiedeln, Altötting, Zwiefalten selbst, Lyon-Fourvière (mit der berühmten Darstellung Ludwigs XI.) und Martinsberg (Pannonhalma) in Ungarn. In den Marienwallfahrtsorten mit ihren Gnadenbildern ist ebenso wie in der zweifachen Darstellung Mariens in der Hauptszene im Sinne barocker katholischer Volksfrömmigkeit die doppelte Vermittlung zum Ausdruck gebracht: die der göttlichen Gnade und die der Anbetung. Zugleich wird damit, ebenfalls im Geist des Barock, die Bedeutung des Kultbildes unterstrichen.[208] Der kämpferische, antireformatorische Geist bricht durch in der verhöhnenden Abbildung des calvinistischen ungarischen Fürsten Georg Rakoczy (1630–1648)[209] und einer Gruppe von Jesuiten-Missionaren in der Szene von Martinsberg mit dem heiligen Stephan. Der veränderte Geschmack der Barockzeit hat auch in einem »verschönernden Vandalismus«[210] seinen Niederschlag gefunden: das Zwiefaltener Gnadenbild selbst, eine spätgotische Schutzmantelmadonna von 1430, wurde eines Teils ihres Mantels samt den darunter befindlichen Schutzsuchenden beraubt. So steht sie noch heute, der sie umgebenden Pracht leidlich angepaßt, auf dem Gnadenaltar vor dem Chor.[211]

---

[207] Schömig, Münster, 20.

[208] Vgl. Schömig, Münster, 20: »Das zweimalige Auftreten Mariens in der Hauptszene – einmal als gemalte Figur, dann auf dem von Engeln getragenen Tuch – ist eine Allegorie auf die Marienverehrung durch die Mittel des Kultbildes.«

[209] S. B. Stasiewski in: Handbuch der Kirchengeschichte, hrsg v. H. Jedin, V, Freiburg Br. 1970/1985, 249.

[210] S. o. Einl., Anm. 39.

[211] Schömig, Münster, 32 und Abb. daneben.

Der Bau der *Bischöflichen Residenz in Würzburg,* unter dem Bischof
Johann Philipp Franz von Schönborn 1720 begonnen, wurde unter dessen Bruder Friedrich Carl von Schönborn (1729–1746)[212] im Jahre 1744
durch den genialen Baumeister Balthasar Neumann vollendet.[213] In der
Regierungszeit des Bischofs Carl Philipp von Greiffenklau (1749–1754)
erhielt der venezianische Maler Giovanni Battista Tiepolo den Auftrag,
die großen repräsentativen Innenräume, Kaisersaal und Treppenhaus,
auszumalen.[214] Der ursprünglich als »hochfürstlicher Speis-Saal« vorge-
sehene, nach Vollendung seiner Ausstattung als »Kaisersaal« bezeich-
nete hohe, helle Prunkraum ist das eigentliche Kernstück der Würzburger Residenz. Kaisersäle gab es in vielen fürstlichen Residenzen, vor
allem aber auch in den Fürstabteien der katholischen Teile Deutschlands. In ihren ikonographischen Programmen wird die Reichsidee verherrlicht. Im Würzburger Kaisersaal ist die Reichsidee mit der Legitimation der Bischöfe von Würzburg als Herzoge von Franken verknüpft.
Man wählte Ereignisse aus der glorreichen Stauferzeit, von denen auch
ein Glanz auf die politische Geschichte des Bistums Würzburg fällt. Bis
zum Juli 1752 vollendete Tiepolo die drei Fresken des Kaisersaals: an der
südlichen Schmalseite (wenn man den Saal betritt, rechts) die *Hochzeit
Friedrich Barbarossas mit Beatrix von Burgund,* die 1156 in Würzburg
gefeiert wurde; gegenüber an der nördlichen Schmalseite die *Verleihung
der fränkischen Herzogswürde durch Kaiser Friedrich an den Bischof Herold von Würzburg* im Jahre 1168; schließlich an der Decke die allegorische Darstellung: *Apollo überbringt dem Genius des Reiches die
Braut Burgund.*

Im *Hochzeitsbild*[215] trägt der Bischof Gebhard (1151–1160), der Bar-
barossa mit Beatrix von Burgund traut, die Züge des regierenden und
auftraggebenden Fürstbischofs Carl Philipp von Greiffenklau. Daß dieses für das Reich und die staufische Dynastie wichtige Ereignis in der
Stadt Würzburg stattfand und seinen kirchlichen Segen durch die Hand
des damaligen Bischofs von Würzburg erhielt, strahlte bis in die Gegen-

---

[212] Über die Rolle der Familie Schönborn in der kulturellen und religiösen Welt des 18.
Jahrhunderts s. vor allem den hervorragenden Essay von Otto B. ROEGELE, Religion und
Lebensgefühl im deutschen Barock: das Beispiel Schönborn, in:: Barock in Baden-Württemberg, Karlsruhe 1981, II,9–20.
[213] Erich BACHMANN, Residenz Würzburg und Hofgarten, München 1975, 10–14; über
Neumanns Wirken s. vor allem: Max H. VON FREEDEN, Balthasar Neumann – der Baumeister, in: H. TÜCHLE, P. WEISSENBERGER, Die Abteikirche Neresheim als Ausdruck benediktinischer Geistigkeit, Abtei Neresheim 1975, 337–351.
[214] Theodor HETZER, Die Fresken Tiepolos in der Würzburger Residenz, Frankfurt 1943;
Max H. VON FREEDEN, Carl LAMB, Das Meisterwerk des Giovanni Battista Tiepolo. Die
Fresken der Würzburger Residenz, München 1956; Frank BÜTTNER, Giovanni Battista
Tiepolo. Die Fresken der Residenz zu Würzburg, Würzburg 1980.
[215] VON FREEDEN-LAMB, 62–66; Abb. 54–61; BÜTTNER, 46–57; Abb. 32. 41–44.

wart aus und trug auch zum Glanz des gegenwärtigen geistlichen Herrn des Bistums bei. Die Legitimation der weltlichen Herrschaft der Bischöfe von Würzburg dagegen gründete sich auf die *Belehnung* mit dem Herzogtum Franken, die auf dem linken Fresko dargestellt ist.[216] Der Bischof Herold kniet hier vor seinem kaiserlichen Herrn und berührt mit der Schwurhand das lässig gehaltene Szepter. Auch dieser Bischof trägt wieder die Züge Carl Philipps von Greiffenklau. Das *Deckenfresko* des Kaisersaals stellt die glücklichen Folgen der beiden geschichtlichen Ereignisse für das Reich dar und verbindet sie, in der Sprache der antiken Mythologie, in allegorischer Weise miteinander.[217] Die Verbindung des Imperiums mit dem Königreich Burgund, die in Würzburg Wirklichkeit wurde, ist so in die Sphäre der göttlichen Vorsehung gerückt.

Würzburgs und seines Bischofs kirchliche und politische Bedeutung in kosmischer Dimension: das ist auch der Inhalt des großen Deckenbildes, mit dem Tiepolo die riesige Kuppel Neumanns ausgefüllt hat, die das Treppenhaus der Residenz überwölbt.[218] Europa, als wichtigster Erdteil, herrscht milde und überlegen, umgeben von den drei anderen Kontinenten, versehen mit den Insignien geistlicher Macht (in der Gestalt der Europa ist gewiß auch die Franconia mitgemeint!). Es ist die Heimat der Künste und Wissenschaften. Darüber tragen Genien das von einem goldenen Lorbeerkranz gerahmte Bildnis des Bischofs Greiffenklau durch die Wolken empor. Gegenüber, über dem Erdteil Amerika mit seinen phantastischen Völkern, schickt sich der Sonnengott an, seine Fahrt über den Himmel zu beginnen.

Balthasar Neumanns letzte große Gestaltung eines sakralen Innenraums ist uns in der Abteikirche von *Neresheim* erhalten. Die Anfänge des Baues wurden noch von dem Meister selbst überwacht (1747–1753), doch wurde die Kirche leider von weniger fähigen Nachfolgern nicht ganz in seinem Sinne vollendet.[219] In ihrer Ausmalung haben wir dafür einen der letzten Gipfelpunkte europäischer Malerei des Spätbarock vor uns: die sieben Kuppeln der Abteikirche tragen die Fresken des Tiroler Malers Martin Knoller (1725–1804), der sie in sechs Sommern von 1770 bis 1775 schuf.[220] Sie sind sein Hauptwerk, das schon in die kommende

[216] VON FREEDEN-LAMB, 66–69; Abb. 62–69; BÜTTNER, 58–64; Abb. 13. 53–55.

[217] VON FREEDEN-LAMB, 69–74; Abb. 70–77; BÜTTNER, 69–76; Abb. 20. 30/31.

[218] VON FREEDEN-LAMB, 76–98; Abb. 81–124; BÜTTNER, 93–144; Abb. ebd. passim.

[219] Jörg GAMER, Die Benediktinerabteikirche Neresheim, in: Balthasar Neumann in Baden-Württemberg. Ausstellung Staatsgalerie Stuttgart, 28. Sept. bis 30. Nov. 1975, 93–119.

[220] Martin Knoller Maler. Seine Ölskizzen zu der Fresko-Malerei in den Kuppeln der Abteikirche Neresheim. Staatliche Ingenieurschule für Wirtschafts- und Betriebstechnik der graphischen Industrie Stuttgart. Jahresgabe 1967; Heinrich GEISSLER, Martin Knollers Fresken für Neresheim, in: Balthasar Neumann in Baden-Württemberg, Stuttgart 1975, 121–125; Martin Knoller. Seine Kuppelfresken in der Abteikirche Neresheim. Fotografiert von Ludwig WINDSTOSSER. Texte von P. Norbert STOFFELS, Abtei Neresheim s. a.; Bruno BUSHART, Martin Knoller – der Freskant, in: H. TÜCHLE, P. WEISSENBERGER (Hrsg.), Die

Epoche des Klassizismus hineinreicht. Von 1754 bis 1765 hielt sich Knoller (abgesehen von zwei Reisen nach Neapel und Mailand, 1758) in Rom auf, wo er die frühe barocke Deckenmalerei kennenlernte. Wichtiger waren für ihn die Begegnungen mit Anton Raffael Mengs, dem Wegbereiter des Klassizismus in der Malerei, und Johann Winckelmann, der 1755 seine programmatische Schrift:»Gedanken über die Nachahmung der griechischen Werke in der Malerei und Baukunst« herausbrachte. Mengs und Winckelmann haben Knoller tief beeinflußt. In Neresheim wird dieser Einfluß besonders deutlich in vier der Kuppeln: sie zeigen Szenen des irdischen Lebens Jesu, die jeweils in eine klassische Tempelarchitektur hineinkomponiert sind: *Tempelreinigung, Der zwölfjährige Jesus im Tempel, Abendmahl, Darstellung Jesu im Tempel*. Die *Taufe Jesu* ist in eine Campagna-artige, an Claude Lorrain erinnernde, Landschaft hineinversetzt. Auch die *Auferstehung Christi* ereignet sich in freier Landschaft, an deren Rand römische Bauten zu erkennen sind. Darüber öffnet sich aber der von einem Wolken- und Engelwirbel gebildete unendliche Raum, der illusionäre barocke Himmel.[221]

Noch einmal mit der denkbar größten Perfektion, wie ein glanzvoller Abschluß des barocken Zeitalters, ist der *Himmel* in der Hauptkuppel dargestellt. Ein auf vier Doppelsäulen ruhendes Oval von 23 Metern Länge, 21 Metern Breite und 32 Metern Höhe, ist sie Zentrum der Abteikirche. In ihrem Zenit erscheint aus der Unendlichkeit des goldenen ewigen Lichts die göttliche Dreifaltigkeit. Auf Wolkengalerien lagert die Riesenschar der Heiligen, unter ihnen besonders hervorgehoben der Ordensvater Benedikt mit den beiden anderen Kirchenpatronen, St. Ulrich und St. Afra. Auffälllg ist die große Zahl von Äbten und Äbtissinnen des Benediktiner-Ordens, mit denen der Himmel bevölkert ist. Doch sind auch die übrigen Ordensgründer nicht vergessen: deutlich erkennbar sind Franziskus, Dominikus, Bernhard von Clairvaux und Ignatius von Loyola. Die Heiligen sind in einem seligen Zustand der Schau (visio beatifica) und der Anbetung dargestellt: es ist die Haltung des Schauens, die auch für die Frömmigkeit des barocken Zeitalters charakteristisch ist. Die Dynamik des Freskos ist so eindeutig nach oben gerichtet, nicht wie bei zahlreichen früheren Decken- und Kuppelbildern des Barock, in denen auch, im Strom der von oben nach unten sich ergießenden Gnade, die gegenläufige Bewegung festgehalten ist.

Die barocke Kunst, und insbesondere die Deckenmalerei des Hoch- und Spätbarock, ist der denkbar größte Gegensatz zu einem theologisch

---

Abteikirche Neresheim als Ausdruck benediktinischer Geistigkeit, Abtei Neresheim 1975, 353–402.

[221] Zu diesem Fresko s.: Heinrich PFEIFFER, Gottes Wort im Bild. Christusdarstellungen in der Kunst, München-Wuppertal 1986, 30.

begründeten Ikonoklasmus. Sie sprengt aber auch den Rahmen jeder katholischen Schul- und Universitätstheologie. Noch mehr gilt dies von der Volksfrömmigkeit des barocken Zeitalters, insbesondere in den katholischen Teilen des alten Reiches und des deutschsprachigen Gebietes. Es entwickelten sich zahlreiche liturgische und paraliturgische Sonderformen.[222] Hierzu gehört vor allem der – an heutigen Verhältnissen gemessen – exzessive Kult des allerheiligsten Sakraments, und das heißt in der damaligen Zeit: der Hostie, die nun in einer Strahlenmonstranz in einer besonderen Gloriole über dem Tabernakel des Hochaltars »ausgesetzt« wird.[223] Das andernorts nicht übliche »Hochamt vor ausgesetztem Allerheiligsten« bürgert sich ein. Zu besonderen Zeiten, wie in der Fronleichnamsoktav, wird dreimal der eucharistische Segen mit der Monstranz erteilt: vor und nach der Messe und noch einmal vor dem Evangelium. Eine weitere Sonderform eucharistischer Frömmigkeit sind die Wallfahrten zu blutenden Hostien und zu Heilig-Blut-Reliquien, die, zwar schon im Mittelalter bekannt, nun einen gewaltigen Auftrieb erhalten. Die Heilig-Blut-Reliquien von Walldürn und Weingarten ziehen bis auf den heutigen Tag große Scharen gläubiger Pilger an. Ein anderes Relikt barocker Frömmigkeit ist heute noch in vielen Kirchen Süddeutschlands und Österreichs zu sehen: es sind die großen Schaukästen mit einer Fülle zum Teil phantasievoll bezeichneter Reliquien und die in prächtige Kleider gehüllten, in gläsernen Schreinen auf den Altären zur Schau gestellten »Katakombenheiligen«. Es sind echte oder in Holz imitierte und ergänzte Knochengerippe. Diese Art von Reliquien stammt aus den römischen Katakomben, aus denen sie im 17. und 18. Jahrhundert entnommen wurden in der Annahme, es handele sich um die Überreste von Märtyrern aus der Zeit der römischen Christenverfolgungen.[224] Es waren solche Sonderpraktiken des Sakraments- und Heiligenkultes, die den Papst Pius VI. (Gianangelo Braschi), als er 1782 in Wien weilte, zu der trockenen Feststellung veranlaßten: »Romae non sic.«[225]

---

[222] Hierzu grundlegend: Ludwig Andreas VEIT, Ludwig LENHART, Kirche und Volksfrömmigkeit im Zeitalter des Barock, Freiburg Br. 1956; ferner: Wolfgang MÜLLER: Katholische Volksfrömmigkeit in der Barockzeit, in: Barock in Baden-Württemberg, Karlsruhe 1981, II,399–408. Vgl. auch MÜLLERS Kapitel: »Liturgie und Volksfrömmigkeit. Neue Orden«, in: H. JEDIN (Hrsg.), Handbuch der Kirchengeschichte V, Freiburg Br. 1970/1985, 597–608. Wenn der Verfasser dort kritisch feststellt:»Die seit dem Mittelalter bestehende Kluft zwischen Liturgie und gläubigem Volk wurde nicht überwunden, sondern hat sich weiter vertieft«, so ist diese Bemerkung dahingehend zu erweitern oder zu präzisieren, daß diese Kluft zwischen offiziellem Kult und kirchenamtlicher Theologie einerseits und der Volksreligion andererseits im 18. Jahrhundert wie zuvor schon am Vorabend der Reformation sehr tief geworden ist.

[223] VEIT-LENHART, Kirche, 211; MÜLLER, Volksfrömmigkeit, 399 f.

[224] MÜLLER, Volksfrömmigkeit, 403; Hans DÜNNINGER, Zur Geschichte der barocken Wallfahrt im deutschen Südwesten, in: Barock in Baden-Württemberg II, 409–416; ebd. 413.

[225] VEIT-LENHART, o. c. 209. Über den Aufenthalt Pius' VI. in Wien (Abreise von Rom

Ist es nur das Bewußtsein der verschiedenen, mit dem gesamten sakralen Bereich weniger gefühlvoll umgehenden, römischen Tradition oder doch der Geist der Aufklärung, der mittlerweile schon bis zum Apostolischen Stuhl vorgedrungen ist, was hinter dieser Bemerkung des Papstes steht?

---

am 7. Februar 1782) und seine Verhandlungen mit dem Kaiser Joseph II. s.: Hanns SCHLIT-
TER, Die Reise des Papstes Pius VI. nach Wien und sein Aufenthalt daselbst. Ein Beitrag
zur Geschichte der Beziehungen Josefs II. zur römischen Curie (Fontes rerum Austriacarum 47,1), Wien 1892; Ludwig FREIHERR VON PASTOR, Geschichte der Päpste seit dem
Ausgang des Mittelalters XVI,3, Freiburg 1933, 320–336.

IX. DER BILDERSTURM DER FRANZÖSISCHEN REVOLUTION UND SEINE URSACHEN

Der Bildersturm im Gefolge der Französischen Revolution ist, nach demjenigen der Reformation, der zweite große, spektakuläre Schlag gegen den Geist des Mittelalters, welchen letzteren man als Hemmnis auf dem Weg zu einer neuen, aufgeklärten Zeit empfand. So wie der Ikonoklasmus des 16. Jahrhunderts nicht ohne lange geistige Vorbereitung hereinbrach, so hatte auch die Zerstörung der Heiligtümer und sakralen Kunstschätze im 18. Jahrhundert, wie andere revolutionäre Ereignisse, ihre Vordenker und geistigen Väter. Sie gehören den Strömungen an, die man in der Geistes- und Ideengeschichte als »Aufklärung«, in der Kultur- und Kunstgeschichte als »Klassizismus« bezeichnet. Der Barock, der in vieler Hinsicht dem Mittelalter verwandt war, starb in den wenigen Jahrzehnten von 1760 bis 1790. In der Theologie, dem kirchlichen Leben und der Volksreligion zeigten sich die Früchte der aufklärerischen Religionskritik, die vor allem seit dem Ende des 17. Jahrhunderts mit Vorwürfen wie dem des *Aberglaubens* (superstition) und des *Fanatismus* an dem herrschenden staatskirchlichen und religiösen System genagt hatte. Die barocke Architektur und Malerei, in der Religion ebenso verwurzelt wie in den politischen Machtstrukturen, wurde durch die neue einfachere, nüchterne Kunst des Klassizismus abgelöst.

1. Aufklärung

Die aufklärerische Kritik am Bilder- und Wallfahrtswesen ist ein Teil des umfassenderen Kampfes der »Philosophen« gegen ein ihrer Meinung nach heruntergekommenes Christentum, das, in obskuren mittelalterlichen Vorstellungen befangen, nur noch der Ausbeutung und Verdummung der Volksmassen diente. Das zeigt sich schon in Voltaires Schrift: »L'Examen important de milord Bolingbroke«, entstanden 1766 in Ferney.[1] Versteckt hinter dem Namen des englischen Staatsmannes und Aufklärers Henry Saint-John Bolingbroke (1678–1751)[2] unternimmt Voltaire hier erstmals einen Generalangriff auf die gesamte jüdische

---

[1] Oeuvres complètes de Voltaire 33 (1784), 3–151; kritische Edition von Roland MORTIER in: The Complete Works of Voltaire 62, Oxford 1987, 127–359; deutsche Übersetzung in: Voltaire, Kritische und satirische Schriften, Darmstadt 1984, 257–370.

[2] Über das Verhältnis der Schrift zu Bolingbroke s. bes. die Einleitung von MORTIER (Works 62, 132): »un Bolingbroke revu et corrigé de fond en comble par un admirateur mécontent, soucieux de servir la même cause avec plus d'efficacité.«

und christliche Tradition. Die im Pentateuch und den Josua- und Rich-
ter-Büchern enthaltenen Überlieferungen werden als »abscheulicher
Wust von Fabeln« (détestable amas de fables) charakterisiert, »die
gleichermaßen dem gesunden Menschenverstand, der Tugend, der Natur
und der Gottheit hohnsprechen. Wenn nur ein einziges Ereignis in der
Geschichte dieses Volkes wahr wäre, hätten sich alle Nationen verbün-
det, es auszurotten; wenn aber alles erfunden ist, so kann man nicht
dümmer lügen.«[3] Der weitere Verlauf der jüdischen Geschichte ist für
Voltaire eine einzige Kette von Verbrechen, Greueln und Verrückthei-
ten. Das Urchristentum ist nichts weiter als ein auf verlogenen Mythen,
lächerlichen Mißdeutungen und Fälschungen basierendes fanatisches
Sektierertum. Auch die ältere Kirchengeschichte ist eine Serie von Verbrechen machtgieriger Priester. Die »frechen Dogmen« (dogmes im-
pertinents), wie »die Inkarnation Gottes, der Tod Gottes, die Wieder-
auferstehung Gottes, die Dreieinigkeit Gottes, die Transsubstantiation
des Mehles in Gott«, an die die Päpste und Priester selbst nicht glaubten,
benutzten sie dazu, ihre eigene Macht auszubauen und die Christen unter den Stand von Tieren herabzudrücken.[4]

Unter den willkürlich in das Christentum eingeführten Lehren nennt
Voltaire an anderer Stelle die Messe und den Bilderkult. Mitten in dem
Morast (fange), in dem das Menschengeschlecht in (dem mittelalterlichen) Europa steckte, erhoben sich immer wieder mutige Männer, die
gegen derartige Neuerungen protestierten. »Sie wußten, daß man in den
ersten Jahrhunderten der Kirche niemals vorgegeben hatte, beim Abendmahl des Herrn Brot in Gott zu verwandeln, daß das von Jesus veranstaltete Mahl aus einem gekochten Lamm und Lattich bestand und in
keiner Weise der Kommunion der Messe glich, daß die ersten Christen
die Bildnisse verabscheuten, daß noch unter Karl dem Großen das berühmte Konzil zu Frankfurt sie verworfen hatte.«[5]

Deutlicher äußert sich Voltaire gegen die Bilder in dem Bericht über
Prozeß und Hinrichtung des Chevalier de la Barre.[6] Die wahrscheinlich
zufällige Beschädigung eines hölzernen Brückenkreuzes in Abbéville
war dem unschuldigen jungen Mann aufgrund von falschen Zeugenaus-
sagen zur Last gelegt worden und hatte zu dem von Voltaire angeprangerten Justizmord geführt. Im Verlauf seiner Schilderung des Vorfalls
nennt er die Wegkreuze und Heiligenfiguren in Mauernischen »Denkmäler einer unaufgeklärten Frömmigkeit« (monuments d'une piété mal

---

[3] Works 62, 196.
[4] Ebd. 349.
[5] Works 62, 342 f.; Krit. u. satir. Schriften, 364.
[6] Relation de la mort du Chevalier de la Barre, par M. Cassen, avocat du Conseil du
Roi, à M. le Marquis de Beccaria, écrite en 1766: Oeuvres complètes 30 (1784), 315–332;
Krit. u. satir. Schriften, 371–385.

éclairee).[7] Nach dem übereinstimmenden Urteil aller vernünftigen Menschen gehört das Heilige ausschließlich an heilige Stätten, d. h. in die Kirchen. In der für die Aufklärung typischen Weise tritt Voltaire hier für die Trennung des zivilen und des kirchlichen Bereiches ein, wie ja auch die strikte Trennung der staatlichen von der kirchlichen Gerichtsbarkeit die zentrale Forderung ist, in die die Darstellung dieses Justizverbrechens mündet.

In mehrerer Hinsicht denkwürdig ist Voltaires Artikel über Ignatius von Loyola in seinem »Dictionnaire philosophique«.[8] Wenn, wie wir gesehen haben, Frömmigkeit und Kunst des Barock irgendwie aus der visionären Mystik des Ignatius und seiner berühmten heiligen Zeitgenossen entsprungen sind, jedenfalls ohne sie nicht zu verstehen sind, so kündigt sich nun mit dem Verdikt über diese Geisteshaltung das Ende des barocken Zeitalters an, das ja auch, keineswegs zufällig, mit der Aufhebung des Jesuitenordens zusammenfällt. Voltaire erklärt Ignatius ganz einfach für verrückt. Der Artikel beginnt mit folgenden Sätzen: »Wollen Sie einen großen Namen erwerben, Gründer sein? Seien Sie total verrückt; aber von einer Verrücktheit, die zu ihrem Jahrhundert paßt. Behalten Sie Ihrer Verrücktheit einen Bodensatz von Vernunft, mit dessen Hilfe Sie Ihre Extravaganzen steuern können, und seien Sie über die Maßen hartnäckig.[9] Es kann sein, daß Sie aufgehängt werden. Aber wenn Sie dem entgehen, können Sie zur Ehre der Altäre gelangen.« Gegen Ende des Artikels heißt es: »Vielleicht fing Mohammed an ebenso verrückt zu sein wie Ignatius in den ersten Unterhaltungen, die er mit dem Engel Gabriel hatte. Und vielleicht hätte Ignatius an der Stelle von Mohammed ebenso große Dinge wie der Prophet vollbracht; denn er war genau so dumm, ganz genau so visionär begabt und so mutig.«

Wie Voltaire so haben auch die übrigen aufgeklärten Philosophen des 18. Jahrhunderts an der Beerdigung der Religion, und damit der Kunst, des Barock mitgewirkt. In dem Artikel »Peinture« der von Diderot und d'Alembert herausgegebenen großen Enzyklopädie werden gleich zu Beginn Gemälde und Statuen als Mittel bezeichnet, mit deren Hilfe die Herrschenden den Völkern die ihnen genehmen Gefühlsregungen suggerierten, und zwar sowohl im Bereich der Religion wie dem der Politik.[10]

---

[7] Oeuvres 30, 318; Schriften, 373.
[8] Oeuvres 41, 249–252.
[9] opiniâtre: stur, verbohrt.
[10] Encyclopédie ou Dictionnaire Raisonné des Sciences, des Arts et des Métiers, par une Société de Gens de Lettres, 36 Bde., Genève 1778/79. Bd. 25, 120b: »Ceux qui ont gouverné les peuples dans tous les temps, ont toujours fait usage des peintures et des statues, pour leur mieux inspirer les sentimens qu'ils vouloient leur donner, soit en religion, soit en politique.«

Schon in der Antike wurden in Kriminalprozessen Bilder verwendet, um die Richter zu beeinflussen. Bilder können zum Guten wie zum Bösen anstiften.[11] Da sie über den Gesichtssinn ihre Wirkung ausüben, ist die Macht der Malerei größer als die der Dichtkunst.[12] Der Artikel über die moderne Malerei enthält ein groteskes, aber für diese Zeit typisches Fehlurteil über die mittelalterliche italienische Malerei vor 1450. Der Beginn der modernen (und qualifizierten!) Malerei wird erst mit dem Auftreten Raffaels gleichgesetzt.[13]

Bekanntlich haben die Autoren der Enzyklopädie kaum eine Gelegenheit ungenutzt gelassen, vor allem die Praktiken der Volksreligion mit ihrem süffisanten Spott zu überziehen. So wird in dem Artikel »Pélerinage« die Wallfahrt als »Reise aus mißverstandener Frömmigkeit« definiert. Sodann stellt der Autor fest, daß die Ansichten der Menschen über die Verdienstlichkeit der Wallfahrten sich geändert hätten: Wie die Könige und Fürsten von den Kreuzzügen abgekommen sind, so haben auch die übrigen Menschen erkannt, daß man nicht weit entfernte Orte aufsuchen muß, um vom Himmel Beistand zu erlangen. Man kann diese Hilfe besser zu Hause finden »durch gute Werke und eine aufgeklärte Frömmigkeit«. An früher berühmte Wallfahrtsstätten wie Loreto und St. Jakob begeben sich in der aufgeklärten Zeit des 18. Jahrhunderts nur noch professionelle Herumtreiber und Strolche, entweder aus Aberglauben oder um zu faulenzen und ein zügelloses Leben zu führen.[14]

---

[11] »Quintilien a vu quelquefois les accusateurs faire exposer dans le tribunal un tableau ou le crime dont ils poursuivoient la vengeance étoit représenté, afin d'exciter encore plus efficacement l'indignation des Juges contre le coupable. S. Grégoire de Nazianze rapporte l'histoire d'une courtisane, qui, dans un lieu où elle n'étoit pas venue pour faire des réflexions sérieuses, jeta les yeux par hasard sur le portrait de Palémon, Philosophe fameux par son changement de vie, lequel tenoit du miracle; et qu'elle rentra en elle-même à la vue de ce portrait. Les Peintres d'un autre genre ne font pas moins capables, par l'amorce d'un spectacle agréable aux yeux, de corrompre le coeur et d'allumer de malheureuses passions« (ebd. 120b/121a).

[12] »Il paroît même que le pouvoir de la peinture est plus grand sur les hommes que celui de la Poésie, parce que la peinture agit sur nous par le moyen du sens de la vue, lequel a généralement plus d'empire sur l'ame, que les autres sens, et parce que c'est la nature elle-même qu'elle met sous nos yeux. Les anciens prétendoient que leurs divinités avoient été mieux servies par les Peintres que par les Poëtes.«

[13] Art. Peinture moderne, ebd. 25, 134–137; bes. 134b. Vgl. auch die Beurteilung der neueren Kunst durch Johann Winckelmann, u. bei Anm. 36.

[14] Encyclopédie, Bd. 25, 152a, Art. Pélerinage: »voyage de dévotion mal entendue: les idées des hommes ont bien changé sur le mérite des pélerinages. Nos Rois et nos Princes n'entreprennent plus des voyages d'outre-mer, après avoir chargé la figure de la croix sur leurs épaules, et reçu de quelque Prélat l'escarcelle et le bâton de pélerin. On est revenu de cet empressement d'aller visiter des lieux lointains, pour y obtenir du ciel des secours qu'on peut bien mieux trouver chez soi, par de bonnes oeuvres et une dévotion éclairée. En un mot, les courses de cette espece ne sont plus faites que pour des coureurs de profession, des gueux, qui, par superstition, par oisiveté, ou par libertinage, vont se rendre à Notre-Dame de Lorette, ou à S. Jacques de Compostelle en Galice, en demandant l'aumône sur la route.«

In dem Artikel über die Reliquien im 28. Band der Enzyklopädie werden an erster Stelle die falschen Reliquien und die Mißbräuche des Reliquienkultes herausgestellt: Die Kleriker mißbrauchen die Reliquien dazu, um Opfergaben der Gläubigen anzuziehen; das Volk wird durch den Aberglauben in geistigen Fesseln gehalten. Der Autor gibt allerdings seiner Genugtuung Ausdruck, daß »die Lichter des letzten Jahrhunderts« dem Aberglauben, der sich durch die frommen Betrügereien ausgebreitet hatte, Zügel angelegt haben. Doch gibt es noch an mehreren Orten der Christenheit allzu viele Relikte dieser fehlgeleiteten Frömmigkeit, gegen die auch Mitglieder der Katholischen Kirche mutig ankämpfen.[15] Denn auch der Kult der echten Reliquien ist übertrieben und mißbräuchlich. Die leibliche Gegenwart der Heiligen könnte auch nach christlicher Auffassung nicht vorteilhafter sein als die Christi selbst, die nach dessen eigenen Worten (Lk 13,26 f.) nichts nützt.[16]

2. Klassizismus

Rousseau

Jean-Jacques Rousseau ist nicht ohne weiteres in eine der großen geistigen Strömungen der zweiten Hälfte des 18. Jahrhunderts einzuordnen. Mit seiner radikalen Kritik am kirchlichen Christentum und dem traditionellen Dogma gehört er der Aufklärung an. Andererseits hat gerade er durch seine Wiederentdeckung des Gefühls in entscheidender Weise zur Überwindung des aufklärerischen Rationalismus beigetragen. Durch seine grundsätzlich negative Wertung der Ergebnisse menschlicher Zivilisation, von Kultur, Kunst und Wissenschaft, gegenüber einem einfachen, primitiven Idealzustand der Natur ist er zu einem der wichtigsten Wegbereiter und geistigen Väter des Klassizismus als Kunstrichtung und Lebenshaltung geworden. In seiner berühmten Antwort auf die Preisfrage der Akademie von Dijon (1750), »ob die Wiederherstellung der Wissenschaften und Künste dazu beigetragen hat, die Sitten zu läutern«,[17] preist Rousseau das Ideal eines einfachen, ländlichen, natürlichen, robusten Lebens, das er dem gekünstelten, aufgeputzten und unnatürlichen Leben an den Höfen und in den Städten gegenüberge-

---

[15] Art. Relique, ebd. Bd. 28, 752–756. »Je reconnois avec plus de plaisir que les lumieres du dernier siecle ont mis un grand frein à la superstition qui s'étoit si fort étendue sur les fraudes pieuses à cet égard; mais en même temps il faut avouer qu'il n'en reste encore que trop de traces dans plusieurs lieux de la chrétienté; c'est sans doute ce qui a engagé d'habiles gens de la communion romaine, à s'élever courageusement contre les fausses reliques.«

[16] Ebd. 756b.

[17] Discours: Si le rétablissement des sciences et des arts a contribué à épurer les moeurs, in: Jean-Jacques Rousseau, Du Contrat Social, etc. (Classiques Garnier), Paris 1962, 1–24.

stellt.[18] Nur in dem ersteren kann die *Tugend* entstehen, während in einem durch Kultur und Kunst geprägten Milieu zugleich das *Laster* seine Heimstatt hat. Die ideale Gesellschaft sieht Rousseau in der Antike verwirklicht: in dem heroischen Griechenland zur Zeit des Trojanischen Krieges und der Perserkriege, bevor der Fortschritt der Künste die Sitten aufgelöst und das Land für das Joch des Mazedoniers reif gemacht hatte, und in dem republikanischen Rom, das zur Zeit des Ennius und Terenz noch von der Tugend einfacher Hirten und Bauern geprägt war, dann aber in der Kaiserzeit, als obszöne Autoren wie Ovid, Catull und Martial den Ton angaben, der Degeneration und dem Verbrechen anheimfiel.[19] Es ist vor allem Sparta, das Rousseau in hohen, hymnischen Tönen wegen seiner glücklichen Ignoranz und der Weisheit seiner Gesetze als »Republik von Halbgöttern eher denn von Menschen« preist.[20] Dem hochzivilisierten Athen dagegen brachte die Blüte der Künste zugleich ein Anwachsen der Laster ein. Athens Kunstwerke, sowohl diejenigen der Architektur, der Plastik und Malerei wie diejenigen der Sprache, dienten allen folgenden verderbten Zeitaltern als Modelle und Vorbilder.[21]

Rousseaus Vorstellung und Beurteilung der »klassischen« Antike fand ihren künstlerischen Ausdruck in den berühmten Historienbildern von Jacques-Louis David, vor allem in den frühen, noch für Ludwig XVI. gemalten »Schwur der Horatier« (1784)[22] und »Die Liktoren bringen

---

[18] »La richesse de la parure peut annoncer un homme opulent, et son élégance un homme de goût: l'homme sain et robuste se reconnoît à d'autres marques; c'est sous l'habit rustique d'un laboureur, et non sous la dorure d'un courtisan, qu'on trouvera la force et la vigueur du corps. La parure n'est pas moins étrangère à la vertu, qui est la force et la vigueur de l'âme. L'homme de bien est un athlète qui se plaît à combattre nu; il méprise tous ces vils ornements qui gêneroient l'usage de ses forces, et dont la plupart n'ont été inventés que pour cacher quelque difformité. Avant que l'art eût façonné nos manières et appris à nos passions à parler un langage apprêté, nos moeurs étoient rustiques, mais naturelles ... les hommes trouvoient leur sécurité dans la facilité de se pénétrer réciproquement; et cet avantage, dont nous ne sentons plus le prix, leur épargnoit bien des vices« (ebd. 4 f.).

[19] Ebd. 6 f.

[20] »Oublierois-je que ce fut dans le sein même de la Grèce qu'on vit s'élever cette cité aussi célèbre par son heureuse ignorance que par la sagesse de ses lois, cette république de demi-dieux plutôt que d'hommes, tant leurs vertus sembloient supérieurs à l'humanité? O Sparte, opprobre éternel d'une vaine doctrine! tandis que les vices conduits par les beaux-arts s'introduisoient ensemble dans Athènes, tandis qu'un tyran y rassembloit avec tant de soin les ouvrages du prince des poètes, tu chassois de tes murs les arts et les artistes, les sciences et les savants!« (ebd. 8 f.).

[21] »Athènes devint le séjour de la politesse et du bon goût, le pays des orateurs et des philosophes: L'élégance des bâtiments y répondoit à celle du langage: on y voyoit de toutes parts le marbre et la toile animés par les mains des maîtres les plus habiles. C'est d'Athènes que sont sortis ces ouvrages surprenants qui serviront de modèles dans tous les âges corrompus« (ebd. 9).

[22] »Le Serment des Horaces«: s. Antoine SCHNAPPER, J.-L. David und seine Zeit, Fribourg-Würzburg 1981, 77, Abb. 35; Elmar STOLPE, Klassizismus und Krieg. Über den Historienmaler Jacques-Louis David, Frankfurt-New York 1985.

Brutus die Leichen seiner Söhne zurück« (1789),[23] aber auch in dem
Spätwerk: »Leonidas an den Thermopylen« (1814);[24] mit seinen todes-
bereiten nackten Athleten[25] ist das Gemälde ein würdiges Grabmal des
untergehenden napoleonischen Kaiserreiches.

In seinem Erziehungsroman »Émile« rühmt Rousseau sowohl die
Schönheiten der unberührten Natur – das »Glaubensbekenntnis des sa-
voyardischen Vikars« ist in den Rahmen einer erhabenen Alpenland-
schaft versetzt[26] – wie auch die Vorzüge des einfachen, ländlichen Lebens in einer maßvoll kultivierten Acker- und Gartenlandschaft.[27] Zum
Durchbruch einer neuen Mode in der Landschafts- und Parkgestaltung
hat Rousseau aber durch die »Nouvelle Héloïse« beigetragen: hier wendet er sich gegen die Anlage von Gärten, in denen allenthalben das
Künstliche, die Vergewaltigung der Natur zutagetritt. Demgegenüber
setzt sich Rousseau für eine Gartenkultur ein, der man die gestaltende
Hand des Menschen so wenig wie möglich ansieht.[28] In ganz Europa
wurden die zierlichen, in geometrischen Mustern angelegten Parks des
Spätbarock beseitigt; der der Landschaft angepaßte »englische Garten«
wurde Mode. »Die englischen Gärten wurden zu gleicher Zeit mit der
Sentimentalität herrschende Sitte; denn Rousseau machte nicht bloß an-
schaulich, daß das Schnörkelnde des Geschmacks jener Zeit und das
Unnatürliche aller Einrichtungen abgeschmackt und unverständig, sondern auch, daß das Entgegengesetzte bequemer, vorteilhafter, behagli-
cher sey.«[29] Zwar kommt der neue Gartenstil, wie sein Name sagt, von
England, wo ihn William Kent (1684–1748) begründete. Dort setzte sich
zuerst »das Ideal der Freiheit, das die Engländer sich im geistigen und

---

[23] »Les licteurs rapportent à Brutus les corps de ses fils«: SCHNAPPER, o. c. 91, Abb. 44.
[24] »Léonidas aux Thermopyles«: ebd. 273, Abb. 176.
[25] S. o. Anm. 18!
[26] »On eût dit que la nature étalait à nos yeux toute sa magnificence pour en offrir le
texte à nos entretiens«: Émile ou de l'éducation (Classiques Garnier), Paris 1961, 320.
[27] So vor allem im fünften Buch: o. c. 554 f. 606.
[28] S. vor allem Lettre 11 (Collection complète des oeuvres de J. J. Rousseau, Genève
1782–1789, III,108–134): »L'erreur des prétendus gens de goût est de vouloir de l'art par-
tout, et de n'être jamais contens que l'art ne paroisse; au lieu que c'est à le cacher que
consiste le véritable goût; sur-tout quand il est question des ouvrages de la nature. Que
signifient ces allées si droites, si sablées, qu'on trouve sans cesse; et ces étoiles par lesquelles
bien loin d'étendre aux yeux la grandeur d'un parc, comme on l'imagine, on ne fait qu'en
montrer mal-adroitement les bornes?« (ebd. 125).
[29] F. C. SCHLOSSER, Geschichte des achtzehnten Jahrhunderts und des neunzehnten bis
zum Sturz des französischen Kaiserreichs. Mit besonderer Rücksicht auf geistige Bildung,
II, Heidelberg 1837, 501; vgl. auch ebd. II,498 f.: »Der folgende Abschnitt (IV. Partie) hat
die neuere Zeit aus den Gärten voll Buxbaum, die man zu Statuen, Thieren und unzähligen
Gestalten geschnitten, aus holländischen Gärten mit Tulpen und Scherben und Muscheln
und Statuen, aus dunkeln Chamillen wieder in die helle Natur gerufen, und der alten
Baukunst, die jetzt aufs Neue von gothischer Narrheit verfolgt wird, zum Siege über die
Schnörkel der Hofbaumeister der Monarchen verholfen.«

staatlichen Leben im 17. Jahrhundert erkämpft, auch in der Behandlung der Natur durch.«[30] Doch war es vor allem der Einfluß Rousseaus, der auf dem Kontinent der neuen Geschmacksrichtung zum Siege verhalf.

In den Jahren 1774-1776 wurden die Gärten des Schlosses von Versailles im neuen englischen Stil umgestaltet. Schon ein Jahrzehnt früher (1762-1764) hatte Jacques-Ange Gabriel, seit 1742 Architekt Ludwigs XV., für Madame de Pompadour in einfachen, klassizistischen Formen das Petit-Trianon gebaut.[31] Es wurde später von der Königin Marie-Antoinette bewohnt, die sich dann auch ganz in der Nähe, inmitten einer künstlichen Landschaft, ihr »natürliches« Dorf, den Hameau, errichten ließ.[32]

Winckelmann

Das Kunstideal Johann Winckelmanns (1717-1768) stimmt nicht in allen Punkten mit demjenigen Rousseaus überein. So fehlt ihm völlig das rustikale Element und die Vorliebe für primitive, ungekünstelte Natürlichkeit. Gemeinsam ist Rousseau und Winckelmann nur die Zuwendung zur Antike. Doch entdeckt Winckelmann gerade in den Meisterwerken einer hochentwickelten städtischen Kultur Ideal und Maßstab sowohl für die ästhetische Theorie wie für die ausgeführte Kunst. Durch die ungeheuere Wirkung, die schon seine erste Schrift: »Gedanken über die Nachahmung der griechischen Werke in der Malerei und Bildhauerkunst« (1755)[33] erzielte, hat er mindestens genau so stark wie Rousseau an der Ausbreitung der klassizistischen Kunst- und Denkrichtung mitgewirkt.

Anlaß für das Werk war die öffentliche Ausstellung der Dresdener Kunstschätze durch den König Friedrich August (August III. von Polen). Winckelmann schreibt hierzu am Beginn: »Es ist ein ewiges Denkmal der Größe dieses Monarchen, daß zu Bildung des guten Geschmacks die größten Schätze aus Italien, und was sonst Vollkommenes in der Malerei

---

[30] Emil ERMATINGER, Deutsche Kultur im Zeitalter der Aufklärung (Handbuch der Kulturgeschichte), Potsdam 1935, 107.

[31] André PÉRATÉ, Versailles, Leipzig 1906, 105-113; Über die Umgestaltung der Gärten von Versailles s. auch: Pierre DE NOLHAC, Versailles et la Cour de France, III. Versailles au XVIIIe siècle, Paris 1926, 327-358; Pierre VERLET, Versailles, Paris 1961, 634 f.; über das Petit-Trianon: DE NOLHAC, Versailles, IV. Trianon, Paris 1927, 48-59; Harald KELLER, Die Kunst des 18. Jahrhunderts (Propyläen Kunstgesch. Bd. 10), Berlin 1971, 178 und Abb. 41.

[32] Der Hameau wurde ab 1783 von Richard Mique geplant; DE NOLHAC, Versailles, IV. Trianon, 229-267; VERLET, Versailles, 748-752; KELLER, o. c. 187 und Abb. 61.

[33] Joh. Winckelmanns Werke, Stuttgart 1847, 5-20. Zu Winckelmann s. noch immer die Biographie von Carl JUSTI, Winckelmann und seine Zeitgenossen, 3 Bde., Köln ⁵1956; neuere Forschungen sind zusammengefaßt in: Thomas W. GAEHTGENS (Hrsg.), Johann Joachim Winckelmann 1717-1768 (Studien zum achtzehnten Jahrhundert, 7), Hamburg 1986.

in andern Ländern hervorgebracht worden, vor den Augen aller Welt
ausgestellt sind. Sein Eifer, die Künste zu verewigen, hat endlich nicht
geruht, bis wahrhafte untrügliche Werke griechischer Meister, und zwar
vom ersten Range, den Künstlern zur Nachahmung sind gegeben worden. Die reinsten Quellen der Kunst sind geöffnet: glücklich ist, wer sie
findet und genießt. Diese Quellen suchen, heißt nach *Athen* reisen; und
Dresden wird nunmehr *Athen* für Künstler.«[34]

Den einzigen Weg zur Größe in der Kunst sieht Winckelmann in der
»Nachahmung der Alten«. Um das zu erreichen, muß man mit den
Kunstwerken der Alten, und besonders denen der Griechen, »wie mit
einem Freunde, bekannt geworden sein«. Hier, schon ganz am Anfang,
zeigt sich, daß es Winckelmann nicht um ein rationales Begreifen oder
eine ästhetische Analyse des materiellen Kunstwerkes zu tun ist. Es geht
ihm vielmehr um ein einfühlendes Verstehen der in den Kunstwerken
sich zeigenden Seele, des Geistes, ja der Lebensauffassung und Religiosität der Griechen. Das zeigen auch die bekannten, oft zitierten Sätze
von Winckelmann und deren Fortsetzung: »Das allgemeine vorzügliche
Kennzeichen der griechischen Meisterstücke ist endlich eine *edle Einfalt, und eine stille Größe, sowohl in der Stellung als im Ausdruck.* So wie
die Tiefe des Meers allezeit ruhig bleibt, die Oberfläche mag noch so
wüthen, eben so zeigt der Ausdruck in den Figuren der Griechen bei
aller Leidenschaft eine große und gesetzte Seele. Diese schildert sich in
dem Gesichte des *Laokoons,* und nicht in diesem allein, bei dem heftig-
sten Leiden. Der Schmerz, welcher sich in allen Muskeln und Sehnen
des Körpers entdeckt, und den man ganz, ohne das Gesicht und andere
Teile zu betrachten, an dem schmerzlich eingezogenen Unterleib beinahe selbst zu empfinden glaubt; dieser Schmerz, sage ich, äußert sich
dennoch mit keiner Wuth in dem Gesicht und in der ganzen Stellung. Er
erhebt kein schreckliches Geschrei, wie *Virgil* von seinem *Laokoon*
singt. Die Oeffnung des Mundes gestattet es nicht; es ist vielmehr ein
ängstliches und beklemmtes Seufzen, wie es *Sadolet* beschreibt. Der
Schmerz des Körpers und die Größe der Seele sind durch den ganzen
Bau der Figur mit gleicher Stärke ausgetheilt, und gleichsam abgewogen.
Laokoon leidet, aber er leidet wie des *Sophokles Philoktetes:* sein Elend
geht uns bis an die Seele; aber wir wünschen wie dieser große Mann, das
Elend ertragen zu können.«[35]

Von den neueren Künstlern kommt nach Winckelmanns Meinung
Raffael in seinen Werken dem griechischen Ideal am nächsten: »Die
edle Einfalt und *stille Größe* der griechischen Statuen ist sogleich das

---

[34] Winckelmanns Werke, 6.
[35] Ebd. 12 (§ 79); s. dazu: Reinhard BRANDT, ». . . ist endlich eine edle Einfalt, und eine
stille Größe«, in: T. W. GAEHTGENS (Hrsg.), Winckelmann (o. Anm. 33), 41–53; bes. 45.

wahre Kennzeichen der griechischen Schriften aus den besten Zeiten,
der Schriften aus *Socrates* Schule; und *diese* Eigenschaften sind es, welche die vorzügliche Größe eines *Raphaels* machen, zu welcher er durch
die Nachahmung der Alten gelangt ist.«[36] Winckelmann kennt zu dieser
Zeit, als er Italien noch nicht betreten hat, von Raffael nur die ebenfalls
zur Dresdener Sammlung gehörende »Sixtinische Madonna«,[37] in der er
die selige Ruhe antiker Götterbilder wiederzuerkennen glaubt.[38] Er weist
auf die zeitbedingten Schäden des Bildes hin, »allein die Seele, welche
der Schöpfer dem Werke seiner Hände eingeblasen, belebt es noch jetzt.«
Vor seinem römischen Aufenthalt sah Winckelmann vor allem in dem
Laokoon des Belvedere den Geist des Griechentums am vollkommen-
sten gebildet. Als er endlich, nach seinem Übertrit zum Katholizismus,
nach Rom gekommen war, beschäftigte er sich auch mit den anderen
Statuen, die im Innenhof des Belvedere versammelt waren und in denen
er »das Vollkommenste der alten Bildhauerei« erblickte.[39] Er verfaßte
eine Beschreibung des berühmten Torso, an dem schon Michelangelo
seinen Blick geschult hatte. Winckelmann will damit eine Probe seines
eigenen Kunstverständnisses geben. Den römischen Archäologen und
den meisten Künstlern wirft er vor, sie seien nicht »zur Einsicht des
Hohen und *Erhabenen* in den Werken der Alten gelangt.« Gerade an
dem Torso, dem verstümmelten Rest eines Herkules-Standbildes, zeigt
sich, daß man das antike Kunstwerk nur verstehen, zur Einsicht seiner
Schönheit nur gelangen kann, wenn man zugleich den Mythos, den religiösen Hintergrund im Blick hat. Im Falle des Herkules sind es seine
Taten, die ihn während seines Lebens als Heros und Gott offenbarten.[40]
Der Betrachter kann also zu einem tieferen Verständnis der Statue nur
gelangen, wenn er sich gewissermaßen die geistige Welt des Künstlers zu
eigen macht.[41]

---

[36] Ebd. 13 (§ 88); vgl. auch 10 (§ 55).

[37] »Die Gemäldegallerie in Dresden enthält unter ihren Schätzen ein würdiges Werk
von *Raphaels* Hand, und zwar von seiner besten Zeit, wie *Vasari* und andere mehr bezeugen. Eine *Madonna* mit dem Kinde, dem H. Sixtus und der H. Barbara, knieend auf beiden
Seiten, nebst zwei Engeln im Vorgrunde« (ebd. 14; § 94).

[38] »Sehet die *Madonna* mit einem Gesicht voll Unschuld und zugleich mit einer mehr
als weiblichen Größe, in einer selig ruhigen Stellung, in derjenigen Stille, welche die Alten
in den Bildern ihrer Gottheiten herrschen ließen. Wie groß und edel ist ihr ganzer Umriß!«
(ebd. § 96).

[39] »Die erste Arbeit, an welche ich mich in Rom machte, war, die Statuen im Belvedere,
nämlich den *Apollo,* den *Laokoon,* den sogenannten *Antinous,* und diesen *Torso,* als das
Vollkommenste der alten Bildhauerei, zu beschreiben«: Beschreibung des Torso im Belvedere zu Rom (Werke II, 67–69; ebd. 68).

[40] »Der erste Anblick wird dir vielleicht nichts als einen verunstalteten Stein entdecken:
vermagst du aber in die Geheimnisse der Kunst einzudringen, so wirst du ein Wunder
derselben erblicken, wenn du dieses Werk mit einem ruhigen Auge betrachtest. Alsdann
wird dir *Herkules* wie mitten in allen seinen Unternehmungen erscheinen, und der *Held*
und der *Gott* werden in diesem Stücke zugleich sichtbar werden« (§ 5; ebd. 68).

[41] »O möchte ich dieses Bild in der Größe und Schönheit sehen, in welcher es sich dem

Daß das Anliegen Winckelmanns im tiefsten ein religiöses ist, wird an keiner anderen Stelle so deutlich wie in seiner Beschreibung des *Apollo im Belvedere,* die er zuerst in seiner »Geschichte der Kunst des Altertums« (1764),[42] dann in einem erweiterten Nachtrag zu derselben gibt.[43] Diese Plastik war für ihn, nachdem er sie einmal erblickt und sich in sie hineinmeditiert hatte, der absolute Höhepunkt der antiken und jeglicher Kunst überhaupt. Es kommt ihm nicht auf das sinnlich Faßbare des Marmorbildes an, sondern durch die äußere Gestalt hindurch rührt ihn das Übersinnliche, Göttliche der Apollo-Gestalt und des Griechentums an: »Ich unternehme die Beschreibung eines Bildes, welches über alle Begriffe menschlicher Schönheit erhaben, welches kein Ausdruck, von etwas Sinnlichem entnommen, entwirft. Ein göttlicher Dichter, aus den Zeiten vollkommener Menschen und Werke, würde ein ähnliches Bild geben können aus dem Reichthume von tausend griechischen Schönheiten in der Natur und Kunst.« In dem Maße wie das Göttliche seine Seele anrührt, wird er in einen visionären, ekstatischen Zustand versetzt, in welchem er die Erscheinung des Gottes selbst zu sehen glaubt: »Aus dem, was ich selbst empfunden beim Anblicke dieses Werks, bilde ich mir die Rührung einer Seele, die mit natürlicher Empfindung des Schönen begabt ist, und in Entzückung gegen das, was die Natur übersteigt, kann gesetzt werden.

Mit Verehrung schien sich meine Brust zu erweitern und aufzuschwellen, und ich nahm gleichsam einen erhabenen Standpunkt an, um mit Würdigkeit anzuschauen. Unvermerkt fand ich mich im Geiste nach Delos und in die lycischen Haine, Orte, die *Apollo* mit seiner Gegenwart beehrte, geführt, und ich glaubte den Schönsten der Götter zu sehen mit Bogen und Pfeile, den die Musen zu umarmen wünschen, und vor dem die übrigen Götter erzittern, und, wenn er vor ihnen einhertritt, von ihren Sitzen aufstehn.

Schöner und göttlicher kann er weder in lycischen Hainen, noch in Delos, Orten, die er mit seiner Gegenwart verherrlichte, erschienen sein, und niemals wird er sich in der Idee des Künstlers vollkommener gebildet haben.

Es scheinet ein geistiges Wesen, welches aus sich selbst und aus keinem sinnlichen Stoff sich eine Form gegeben, die nur in einem Verstande, in welchen keine Materie Einfluß hat, möglich war; eine Form, die von nichts Erschaffenem sichtbar genommen ist, und die allein eine Erscheinung höherer Geister hat bilden können. Fraget diejenigen, wel-

---

Verstande des Künstlers geoffenbart hat, um nur allein von dem Ueberrest sagen zu können, was er gedacht hat, und wie ich denken sollte!« (§ 19; ebd. 69).

[42] Buch 11, Kap. 3, § 10. 11 (Werke I,471 f.).

[43] Beschreibung des Apollo in Belvedere (Werke II,322–325).

che diese Gottheit gesehen, sich mit einem Gefühl des Schönen diesem Heiligthum genähert, lasset sie die Wirkung des ersten Blicks auf Sinn und Geist beschreiben: ich war in dem ersten Augenblicke gleichsam weg gerückt, und in einen heiligen Hain versetzt, und glaubte den Gott selbst zu sehen, wie er den Sterblichen erschienen.

Mit Verehrung erfüllt, schien sich meine Brust zu erweitern und auf- zuschwellen, ich nahm durch die mächtige Rührung, die mich über mich selbst hinaussetzte, einen erhabenen Standpunkt an, um mit Würdigkeit anzuschauen; eine selige Entzückung hob mich mit sanften Schwingen, dergleichen die Dichter der unsterblichen Seele geben, und leicht durch dieselben suchte ich mich bis zum Thron der höchsten Schönheit zu schwingen. Keine menschliche Schönheit vermag dieses zu wirken.«

Erinnert uns diese Sprache an diejenige der Mystiker und Visionäre des 16. Jahrhunderts, der Ignatius von Loyola, Teresa von Avila und der anderen, deren Geist die Religion und Kunst des barocken Zeitalters herauführte,[44] so überrascht es uns doch nicht wenig, wenn nunmehr auch deren Ziel, die Erleuchtung und Erlösung der Welt, nicht mehr von dem ewigen Licht der göttlichen Trinität, das in der Weltmission durch die Heiligen verbreitet wird, sondern von einer Epiphanie des Delphi- schen Gottes in seinem Bilde erwartet wird:

»Gefiele es der Gottheit, in dieser Gestalt den Sterblichen sich zu offenbaren, alle Welt würde zu deren Füßen anbeten. Der unerleuchtete Indianer und die finsteren Geschöpfe, die ein ewiger Winter bedecket, würden eine höhere Natur in ihr erkennen, und wünschen, ein ähnliches Bild zu verehren; die Wesen der ältesten Zeit würden hier die Gottheit der Sonne in menschlicher Gestalt finden.«

Eine größere Negation barocker Religiosität und Ikonographie ist kaum denkbar. Es gehört zu den Merkwürdigkeiten dieses an Ironien und Paradoxen nicht armen Zeitalters, daß Winckelmann, um sie aus- sprechen zu können, erst katholisch werden mußte.

---

[44] Dagegen deutet Wolfgang SCHADEWALDT Winckelmanns Seelenzustand ganz vom griechischen religiösen Bewußtsein her: »ein Himmelsflug, wie Platon ihn im ›Phaidros‹ beschreibt«; »jenes lähmende Erschrecken vor dem Göttlichen, das über den Menschen fällt, wenn ein Gott sich ihm unverhüllt zeigt, jenes mit Ehrfurcht und Entzückung ge- mischte Zurückfahren (σέβας), das der griechische Mensch vor dem Göttlich-Schönen empfindet, so wie Odysseus es vor Nausikaa ausspricht (Odyssee 6,161. 167)«: Winckel- mann und Homer. Leipziger Universitätsreden. Heft 6, Leipzig 1941, und in: DERS., Hellas und Hesperien II, Zürich und Stuttgart ²1970, 37–73; ebd. 66. Zur Beschreibung des Apollo im Belvedere s. auch: DERS., Winckelmann und Rilke. Zwei Beschreibungen des Apollon, ebd. 95–116. Über den Einfluß des Halle'schen Pietismus auf Winckelmanns Sprache: DERS., Winckelmann als Exzerptor und Selbstdarsteller, ebd. 74–95; bes. 92 ff.

Die Folgen für Religion und sakrale Kunst

Der Übergang vom Spätbarock und Rokoko zum Klassizismus ist zeitlich nicht eindeutig markierbar. Besonders in Frankreich reichen die anfänge klassizistischen Denkens und klassizistischer Gestaltung bis in das Zeitalter Ludwigs XIV. hinauf.[45] In den Fresken Martin Knollers in der Abteikirche von Neresheim sind barocke und klassizistische Elemente zu einer Einheit verbunden. Danach aber kann man mit Recht vom »Sterben des Barock« sprechen. Das veränderte Bewußtsein ist eindrucksvoll dokumentiert in den beiden Sarkophagen der Kapuzinergruft zu Wien, die in diesen Jahren aufgestellt wurden: demjenigen der Kaiserin Maria Theresia und ihres Gemahls Franz' I. (1765), in dem noch einmal die ganze Pracht des Spätbarock entfaltet wurde, und demjenigen ihres Sohnes Joseph II. (1790), der in seiner äußersten Einfachheit und Schlichtheit nicht nur dem Charakter dieses Kaisers, sondern auch dem gewandelten Geist und Geschmack seines Zeitalters entspricht.[46]

In den, vor allem in Frankreich, noch immer zahlreichen Kirchenbauten in den drei Jahrzehnten vor Ausbruch der Französischen Revolution setzt sich nun voll die klassizistische Stilrichtung durch. Die beiden wohl bedeutendsten Sakralbauten dieser Zeit sind die Kirche Ste. Geneviève des Architekten Jacques Germain Soufflot (1713–1780) in Paris, begonnen 1757 und während der Revolution zum »Pantheon« umgestaltet[47] – das noch heute, zusammen mit dem Arc de Triomphe, zu den zentralen Heiligtümern des quasi-religiösen Kultes gehört, den die Französische Republik mit sich selber treibt – und die Abteikirche St. Blasien im Schwarzwald, errichtet 1771–1783 nach den Plänen des Architekten Pierre Michel d'Ixnard.[48] Von den vielen kleineren Kirchen, die in den gleichen Jahren entstanden, nennen wir hier nur die ehemalige Stiftskirche (heutige Pfarrkirche) St. Jakob in Hechingen, erbaut 1780–1783 nach dem Plan von d'Ixnard,[49] und die ehemalige Schloßkirche (heutige Pfarrkirche) St. Sebastian in Blieskastel, erbaut 1776–1781 durch den Architekten Peter Reheis. Beide Kirchen sind vornehme Bauwerke, deren saalartiger Innenraum im Sinne der klassizistischen Geschmacksrichtung sehr zurückhaltend dekoriert ist.

---

[45] Vgl. hierzu die o. VIII, Anm. 107 erwähnte Kontroverse zwischen V.-L. Tapié und P. Francastel.

[46] Anton L. Mayer, Liturgie, Aufklärung und Klassizismus. Jahrb. Liturgiewiss. 9 (1929), 67–127; ebd. 67: »Zwischen 1765 und 1790 liegt das Sterben des Barock!« Vgl. auch W. Weisbach, Barock (o. VIII, Anm. 104), 39.

[47] Keller, Kunst (o. Anm. 31), 180 und Abb. 46.

[48] Keller, ebd. 202 und Abb. 75; Georg Peter Karn, St. Blasien. Sakralbaukunst und kirchliche Aufklärung, in: Barock in Baden-Württemberg, Karlsruhe 1981, II,157–166.

[49] Erich Franz, Pierre-Michel d'Ixnard und die Hechinger Stadtpfarrkirche, in: 200 Jahre Stiftskirche St. Jakobus Hechingen. Ausstellung im Hechinger Rathaus vom 9.– 30. Oktober 1983, 6–15.

Die Abteikirche von St. Blasien wurde nach Vernichtung des Klosters durch einen Brand im Jahre 1768 unter dem bedeutenden Abt Martin II. Gerbert (1764–1793) vollständig neu errichtet. Gerbert, der schon vor seinem Abbatiat Werke zu fast allen theologischen Themen veröffentlicht hatte, stand sowohl hinsichtlich seiner enormen Kenntnisse, seiner umfassenden Bildung und seines Reflexionsniveaus keinem der berühmten »Philosophen« und Abbés der Aufklärung nach. Dennoch wird man seine geistige Haltung als gemäßigt konservativ charakterisieren können.[50] In den Jahren 1758–59 hat Gerbert in acht Teilen die Grundfragen der einzelnen theologischen Teildisziplinen (Principia Theologiae) behandelt, nämlich der Exegese, Dogmatik, Symbolik (d. h. die Interpretation des Apostolischen Symbolon), Mystik, Moral, Kanonistik, Sakramententheologie und Liturgik. In dem zuletzt genannten Band[51] hat sich Gerbert eingehend mit den Formen und Äußerungen katholischer Frömmigkeit, die schon seit der Reformationszeit, besonders aber seitdem der Geist der Aufklärung in Europa mächtig geworden war, umstritten waren, befaßt. So bringt er eine ausführliche Darlegung über die Entstehung des Bilderkultes und den Ikonoklasmus.[52] Daran anschließend behandelt er die Verehrung des Kreuzes und die Kreuzreliquien,[53] und dann die Reliquien der Heiligen und ihre Verehrung.[54] Besonders bezüglich des letzten Punktes befleißigt sich Gerbert einer großen Zurückhaltung und wendet eher restriktive Maßstäbe an. Er warnt insbesonder vor den weitverbreiteten falschen Reliquien. Auch im dritten Teil des Bandes, der der Außenseite des Kultes gewidmet ist,[55] wendet sich der Verfasser gegen eine exzessive Ausbreitung von Zeremonien und Riten.

Kurz nachdem er Abt geworden war, hat Gerbert eine kleine Schrift veröffentiicht, in der er für eine Reform des kirchlichen Feiertagswesens eintritt.[56] Er stellt darin u. a. fest, daß seit dem 13. Jahrhundert die Festtage über Gebühr vermehrt wurden.[57] Er erwähnt auch frühere Reform-

---

[50] S. hierzu: KARN, o. c. 158 f.; über Gerberts Ekklesiologie ist wichtig: Philipp SCHÄFER, Kirche und Vernunft. Die Kirche in der katholischen Theologie der Aufklärungszeit (Münchener Theol. Stud. II,42), München 1974.
[51] Principia Theologiae liturgicae quoad divinum officium, Dei cultum, et sanctorum, St. Blasien 1759.
[52] Princ. Theol. lit., 174–199: De cultu imaginum.
[53] Ebd. 199–226.
[54] Ebd. 226–264.
[55] Sectio III. De rebus ad cultum sacrum pertinentibus (ebd. 265–319). Kap. I befaßt sich mit den *Orten* des göttlichen Kultes, d. h. den Kirchen; Kap. II mit Zeremonien und Riten; Kap. III und IV handeln über das *Officium divinum* und die kanonischen Horen; Kap. V über die Festtage, Kap. VI über die Fasttage, Kap. VII über den Totenkult (De cura pro mortuis).
[56] De dierum festorum numero minuendo, celebritate amplianda, St. Blasien 1765.
[57] Ebd. 60.

bestrebungen auf diesem Gebiet: so versuche man schon seit 400 Jahren, die Zahl der Feste zu reduzieren; noch in jüngster Zeit habe der Papst Benedikt XIV. eine Reihe überflüssiger Feiertage abgeschafft.[58] Generell kritisiert Gerbert, daß man die Feste vermehrt, zugleich aber deren eigentlichen Zweck aus dem Auge verloren habe, der in der Feier der Eucharistie, der Seele des christlichen Kultes, bestehe. Von dem, was die alten Christen noch täglich feierten, ist nur noch das äußerliche, jüdische Schattenbild und die an den Feiertagen praktizierte Faulheit übriggeblieben. An Stelle der wahren Frömmigkeit wird den Augen ein Scheinbild von Religion geboten. In die Kirche sind Praktiken heidnischen *Aberglaubens* eingedrungen.[59]

Den Bau der Abteikirche St. Blasien hat d'Ixnard nach den Vorstellungen des Abtes verwirklicht. Der herrschenden Zeitströmung entsprechend sollte er an dem Ideal der »simplicité« ausgerichtet sein. Näherhin sollte sich der Neubau am Vorbild des römischen Pantheon orientieren. Darüber hinaus übten die in ganz Europa bekannt gewordenen Pläne von Ste. Geneviève in Paris und die Auseinandersetzung um die Kuppelkonstruktion dieser Kirche einen nicht zu übersehenden Einfluß aus.[60] Dem klassisch einfachen Rahmen der Architektur entsprechend hatte d'Ixnard als Thema des Freskos für das Zentrum der Kuppel[61] ein von Engeln angebetetes Kreuz ohne Corpus (!) vorgesehen.

Die 1779–80 durch den Freiburger Maler Christian Wenzinger und seinen Gehilfen Simon Göser geschaffenen (heute nicht mehr erhaltenen) Hauptfresken stellten jedoch traditionelle Themen barocker benediktinischer Ikonographie dar: im Chorbogen den Tod, in der Kuppel die Glorie des heiligen Benedikt. Dieser dem zeitgenössischen Stilempfinden widersprechende Anachronismus hängt wohl mit der seit den siebziger Jahren zunehmend apologetischen Haltung Gerberts zusammen, der sich mit der klosterfeindlichen Politik des Kaisers Josef II. auseinanderzusetzen hatte und auch in diesen Bildern die historische und politische Bedeutung seines Klosters dokumentieren wollte, so wie es vor ihm die Äbte und Prälaten des barocken Zeitalters getan hatten.[62]

---

[58] Ebd. 68.
[59] »Feriae ergo multiplicatae sunt, scopo, ac fine feriarum neglecto, et deperdito, qui praecipuus in sacramentorum administratione est constitutus, Eucharistiae celebratione animae vices obtinente in sacris nostris christianis. Quod antiqui frequenter, imo quotidie agebant, nos negligimus, umbram Judaicam consectantes in feriis segne otium, simulacrum religionis oculis obiicientes pro vera pietatis forma: gentilium superstitionibus in ecclesia Christi nonnumquam invectis« (ebd. 148).
[60] Hierüber im einzelnen: KARN, St. Blasien (o. Anm. 48), 160 f.
[61] Pierre Michel d'Ixnard, Recueil d'architecture, Strasbourg 1791, Tafel 8; KARN, o. c. 164.
[62] S. dazu im einzelnen: KARN, o. c. 164 f.

Dem aufgeklärten und klassizistischen Zeitgeschmack entsprechend ließen gerade in den achtziger Jahren manche Bischöfe und Prälaten Bildnisse, Reliquien und als überflüssig angesehenen Zierat aus den Barockkirchen wieder entfernen. In diesem Sinne handelten in Frankreich und in Deutschland zahlreiche Kirchenfürsten, z. B. Clemens Wenzeslaus, der letzte Kurfürst von Trier, Fürstbischof von Augsburg und Propst von Ellwangen. In einem Hirtenbrief des Jahres 1783 geht er gegen das Übermaß an Bildnissen in den Kirchen vor und ordnet deren Entfernung an.[63] Doch sind diese Regungen eines »vandalisme embellisseur« nur die Vorboten des Ikonoklasmus der nun unmittelbar bevorstehenden Französischen Revolution, der allerdings aus dem gleichen Geist geboren ist.

3. Sturz und Schändung der Könige

Die Geschichte der Französischen Revolution, in ihrem äußeren wie in ihrem inneren Verlauf, ist wesentlich auch Religions- und Kirchengeschichte. Der Kampf um ein neues politisches und gesellschaftliches System ist gleichzeitig ein Kampf um die religiösen und kultischen Formen in diesem System. Das riesige konfiszierte Kirchenvermögen ist eine der hauptsächlichen Quellen, aus denen das revolutionäre Regime über Jahre hin seine finanziellen Mittel bezieht. Zahlreiche Kleriker tragen maßgeblich zur politischen und geistigen Entwicklung bei, um nur an Männer wie Sieyès, Grégoire und Talleyrand zu erinnern. Hervorragende Ereignisse der Revolution sind durch spektakuläre kultische Veranstaltungen markiert, angefangen von der Eröffnung der Sitzung der Generalstände am 4. Mai 1789 mit einer Prozession des Königs und der Abgeordneten von Notre-Dame nach Saint-Louis in Versailles und einer feierlichen Messe,[64] über das Pontifikalamt, das Talleyrand bei dem sogennannten Föderationsfest am 14. Juli 1790 auf dem Marsfeld in Paris hielt,[65] und die Kultfeiern in klassizistisch-antikisierenden Formen zu Ehren der Helden und Märtyrer der Revolution, der Vernunft und des Höchsten Wesens,[66] bis hin zur Krönung Napoleons im Rahmen einer von dem Papst Pius VII. zelebrierten Messe in der Kathedrale Notre-Dame von Paris am 2. Dezember 1804.[67] Auch der Bildersturm, der auf

---

[63] A. L. MAYER, Liturgie (o. Anm. 46), 69.

[64] Pierre DE LA GORCE, Histoire religieuse de la Révolution française I, Paris 1909, 104; Karl Dietrich ERDMANN, Volkssouveränität und Kirche 1789–1791, Köln 1949, 7 und die ebd. Anm. 1 angegebenen Quellen.

[65] Duff COOPER, Talleyrand, München 1962, 31.

[66] DE LA GORCE, Histoire III, Paris 1924, 324; J. L. Jules DAVID, Le Peintre Louis David 1748–1825. Souvenirs et Documents inédits, Paris 1880, 196–206.

[67] Hierüber ausführlich: A. SCHNAPPER, David (o. Anm. 22), 213–249.

dem Höhepunkt der Revolution über Frankreich hinwegfegte, ist ein zentraler Teil der revolutionären Religionsgeschichte: sowohl in seinen chaotischen wie auch in seinen wohlüberlegten und organisierten Aktionen richtet er sich gegen die Denkmäler und Heiligtümer, in denen das Ancien Régime, das schon von den Aufklärern bekämpfte staatlich-kirchliche Machtsystem, sich darstellte.

Im 17. und 18. Jahrhundert hatte man in vielen Städten Frankreichs Königsplätze (Places Royales) zum Andenken und zur Glorie der Monarchen mit deren Reiterstandbildern angelegt.[68] In Paris waren die hervorragendsten die bronzenen Statuen Heinrichs IV. auf dem Brückenvorbau (terre-plein) des Pont-Neuf, an der Spitze der Ile-de-la-Cité, Ludwigs XIII. auf der Place-Royale (heute Place du Carrousel), Ludwigs XIV. auf der Place-Louis-le-Grand (heute Place Vendôme) und Ludwigs XV. auf der Place Louis-XV (in der Nähe der Tuilerien). Sie alle waren Werke bedeutender Meister. Am Morgen des 11. August 1792 wird der Nationalversammlung (Assemblée Nationale Législative) berichtet, daß Bürger dabei sind, die Standbilder der Könige auf der Place Vendôme und Place Louis-XV zu demolieren. Unter dem Eindruck des offenkundigen Wunsches der Nation, daß kein öffentliches Denkmal mehr existieren soll, das an die Herrschaft des Despotismus erinnert, faßt die Nationalversammlung einen Dringlichkeitsbeschluß: die Statuen auf den öffentlichen Plätzen von Paris sollen entfernt und durch Denkmäler zu Ehren der Freiheit ersetzt werden; die Kommissare der betreffenden Stadtteile sollen jedoch für die Erhaltung der Kunstobjekte sorgen und mit der Leitung und Überwachung der Maßnahmen Kunstsachverständige beauftragen.[69]

In den Jahren 1792-1793 kam es noch zu weiteren ikonoklastischen Exzessen des Pöbels. Aus den Protokollen des Nationalkonvents (Convention nationale) vom 31. Oktober 1792 geht hervor, daß die Sanskulotten an diesem Tag die Kirchen Saint-Victor und Saint-Nicolas-du-Chardonnet verwüsteten. Der Innenminister Roland gibt dem Konvent Kenntnis von einem Brief, den er deswegen an die Stadtverwaltung von Paris gerichtet hat und in dem er die Bestrafung der Anstifter ver-

---

[68] S. hierzu und zum folgenden: RÉAU, Vandalisme (o. Einl. Anm. 39), I,231-252; Stanley J. IDZERDA, Iconoclasm during the French Revolution. American Hist. Rev. 60 (1954/55), 13-26.

[69] »L'Assemblée, considérant que le voeu manifeste de la nation est qu'il n'existe plus aucun monument public qui rappelle le règne du despotisme, décrète qu'il y a urgence. L'Assemblée, après avoir décrété l'urgence, décrète que les statues existantes sur les places publiques de Paris seront enlevées et que des monuments en l'honneur de la liberté leur seront substitués; charge les commissaires des sections, dans l'arrondissement desquels sont les places publiques, de veiller à la conservation des objets qui seront enlevés et de préposer, à cet effet, des gens de l'art à la direction et surveillance des travaux« (Archives parlementaires de 1787 à 1860, ed. J. MADIVAL, E. LAURENT u. a., Paris 1867-1985, 48,2).

langt.[70] Bei den Abgeordneten gibt es zu dieser Zeit radikale Anhänger Rousseaus, wie Michel-Edme Petit, die der Meinung sind, daß die Künste die Sitten verderben und deshalb aus der Erziehung der Kinder ausgeschlossen gehören. Es sind die Leute, die am liebsten alle Bücher verbrennen und zur Primitivität und zur Natur zurückkehren möchten.[71] Demgegenüber treten die Besonneneren für eine Erhaltung der Kunstwerke und Kulturdenkmäler ein. Am 22. Oktober 1793 reichen »einige Patrioten« beim Nationalkonvent eine ausführliche Denkschrift ein, in der vor einer exzessiven Auslegung des Gesetzes über die Zerstörung der Spuren des Feudalismus gewarnt wird. Dies würde irreparable Schäden nach sich ziehen und einem Abgleiten in das Barbarentum gleichkommen.[72] Die Verfasser kritisieren den Übereifer einiger, die in Befolgung des genannten Gesetzes jegliche Spuren des Feudalismus aus Büchern, Statuen, Bildern Medaillen usw. tilgen wollen.[73] Würde ein solcher Radikalismus um sich greifen, so hätte das die Zerstörung aller kostbaren Münzen und die Verbrennung sämtlicher Geschichtsbücher zur Folge.

Eine besondere Gelegenheit zu ikonoklastischen Aktionen boten die Feste zu Ehren der Märtyrer der Revolution: Lepelletier, ermordet am 20. Januar 1793, dem Vorabend der Hinrichtung Ludwigs XVI., und Marat, ermordet am 13. Juli 1793 von Charlotte Corday.[74] Die Leiche Lepelletiers wurde auf dem Sockel des gestürzten Reiterstandbildes Ludwigs XIV. auf der Place Vendôme ausgestellt. Für Marat fanden Gedächtnis- und Weihefeiern in ganz Frankreich statt. So veranstaltete die Société populaire von Fontainebleau am 6. Brumaire des Jahres II der

---

[70] Arch. parl. 53,96; für weitere Berichte über Zerstörungen von Kunstwerken s. IDZERDA, Iconoclasm, 18, Anm. 23.

[71] IDZERDA, Iconoclasm, 20.

[72] »Mais prenons garde de faire plus que n'a voulu le législateur: il a porté une loi populaire, une loi bienfaisante; gardons-nous d'en faire une loi barbare, une loi, non seulement déstructive des propriétés, mais, ce qui est vraiment irréparable, ce qui est un fléau pour toute une nation, pour le genre humain, destructive des monuments des sciences et des arts, des travaux les plus précieux de ces hommes trop rares qui ont honoré l'humanité, et dont les veilles continuelles, répandant parmi nous l'instruction et les lumières, ont amené le règne de la liberté et la destruction des tyrans« (Arch. parl. 77,437).

[73] »Quelques personnes, animées d'un zèle plus ardent qu'éclairé, ont cru que cette loi prononçait aussi la destruction de tout ce qui dans les livres, estampes, statues, tableaux, médailles, etc. conservait quelques traces de féodalité, quelques restes de cette basse adulation dont les vils courtisans ont toujours enivré leurs stupides maîtres. Ici je m'arrête, et j'ose à peine envisager le précipice effroyable dans lequel des fourbes et méchants voudraient engager des patriotes ardents à précipiter tout ce qui est du ressort de l'instruction et des connaissances humaines...« (ebd. 437 f.).

[74] Faksimile und Transskription des bemerkenswerten, am Tage vor ihrer Hinrichtung verfaßten Abschiedsbriefes an ihren Vater bei Richard NÜRNBERGER, Das Zeitalter der Französischen Revolution und Napoleons, in: Propyläen Weltgeschichte, hrsg. von Golo MANN, Bd. 8, Berlin-Frankfurt 1960, 59–191, neben S. 96.

einen und unteilbaren Französischen Republik (27. Oktober 1793) eine Feier zu Ehren Marats, worüber sie dem Nationalkonvent einen ausführlichen Bericht erstattete.[75] Auf einer einfachen dorischen Säule (une simple colonne d'ordre dorique) wurde die Büste Marats aufgestellt und »um die Manen dieses tugendhaften Republikaners zu versöhnen«, wurde ein Scheiterhaufen aus den Gemälden der Könige und Angehörigen der königlichen Familie des Schlosses von Fontainebleau aufgeschichtet und angezündet.[76] Der Berichterstatter entblödet sich nicht, im Stile schwülstiger, quasi-religiöser Rhetorik dieses »Sühneopfer« (sacrifice expiatoire), »Racheopfer« (sacrifice vengeur), »patriotische Brandopfer« (holocauste patriotique) zu feiern, mit den entsprechenden polemischen Ausfällen auf das verflossene Regime des Fanatismus und der Tyrannei.[77]

Als besonders pikante Einzelheit wird erzählt, daß sich unter den auf dem Scheiterhaufen liegenden Gemälden ein Porträt Ludwigs XIII. befand, »dessen unruhige Verzagtheit, dessen abscheuliche Feigheit die Ursache für mehr Blutvergießen war, als alle Inquisitionen zusammen je fertigbrachten.« Das Bild war ein Werk des Malers Philippe de Champagne (1602–1674), dessen übrige Werke in dem neuen Nationalmuseum gesammelt wurden. Einige der Beteiligten wollten nun, aus Respekt vor dem berühmten Maler, wenigstens einen halbbekleideten Arm aus dem Porträt retten. »Aber er wurde, zur allgemeinen Genugtuung, zum Rumpf zurückgebracht, von dem man ihn nicht hätte trennen dürfen.«[78] »Dieses Schauspiel bot wenigstens den Trost zu fühlen, daß in

---

[75] Arch. parl. 77,648–651; für weitere Berichte über derartige Kultfeiern, »almost liturgical in their sameness«, s. IDZERDA, Iconoclasm, 17, Anm. 22.

[76] »La Société populaire de Fontainebleau et les citoyennes à la Convention nationale. Législateurs, Nous venons de rendre hommage à la mémoire de Marat, en lui érigeant une statue dans une de nos places, qui, dès ce moment, a pris le nom de *Place de la Montagne*. Pour apaiser les mânes de ce vertueux républicain, nous avons dressé un bûcher composé de toutes les effigies des despotes qui tapissaient les murs de leur ci-devant château, et la flamme a bientôt anéanti ces preuves de notre antique esclavage. Pendant cet holocauste expiatoire, l'air retentissait de ces cris: *Vive la République, Vive la Montagne, Honneur à Marat*«... »Entrés dans cette place, le premier objet qui frappe la vue de tous les assistants est un bûcher dressé et composé de tous les portraits des rois, reines, parents, etc. qui tapissaient les murs de leur ci-devant château« (Arch. parl. 77,648 f.).

[77] »Mais, ce qui devait le plus flatter les mânes de cette victime du fanatisme fédéralisé, était l'autodafé de toutes les images, naguère révérées par l'esclavage et la stupidité; de tous ces rois dont nous étions l'héritage, comme un vil troupeau qu'on menait égorger par leur ordre, pour assouvir leur barbare ambition, pour flatter leur impitoyable orgueil, et plus souvent encore leurs ridicules caprices. La présidente des citoyennes, la citoyenne Marcelin, fit mettre le feu à cet holocauste patriotique. La flamme eut bientôt dévoré tout ce fatras de rois et de reines ridiculement chamarrés de fleurs de lys« (ebd. 650).

[78] »On y avait remarqué entre autres le portrait de cet imbécile Louis XIII, de cet homme, dont l'inquiète pusillanimité, dont l'atroce poltronnerie fit plus répandre de sang que toutes les inquisitions ensemble. Ce portrait se trouvait être un des chefs-d'oeuvre du fameux Champagne, dont les autres ouvrages embellissent actuellement le Muséum national, on avait cru pouvoir en extraire un bras à moitié nu pour rendre hommage à ce

Zukunft die Künste nicht mehr dazu mißbraucht werden, den künftigen Generationen das Bildnis der Despoten, die die Menschheit verwüstet haben, zu übermitteln. Manen Marats, ihr bekennt euch zufriedengestellt durch dieses Racheopfer. Ein frischer Wind schien seinen Rauch zu seiner Büste hinzutragen, wie der angenehmste Weihrauch, den man ihm hätte darbringen können.«[79]

Eng mit dem Ikonoklasmus zusammen hängt eine besondere Art revolutionär-jakobinischer *damnatio memoriae,* die das neue Regime vornahm, nämlich die Änderung aller christlichen Namen.[80] Zahllose Städte in Frankreich trugen die Namen von Heiligen. Sie erhielten nun revolutionäre, patriotische oder antike Namen. So wurde aus Saint-Germain-en-Laye: Montagne du Bon-Air, aus Saint-Denis: Franciade, aus Saint-Etienne: Ville-d'Armes. Des weiteren gab es auf einmal zahlreiche Thémistocles, Brutus', Émiles und unzählige Marats. Auch die Straßen wurden umbenannt, so etwa diejenigen, die an Klöster (rue des Carmélites, rue des Capucins) oder an Kultbilder (rue du Crucifix) erinnerten; sie hießen nun: rue des Préjugés-Vaincus, rue des Hommes-Libres, rue Lepelletier, rue de la Mitre-Renversée. Aus den Hospitien, seit dem Mittelalter Stätten christlich motivierter Krankenpflege und Gastlichkeit, wie dem Hospice Saint-Jacques, Hospice Saint-Louis, Hôtel-Dieu, wurden das Hospice des Sans-Culottes, Hospice de l'Humanité, Hospice Marat.

Um das Andenken an die verflossene Tyrannei gewissermaßen aus dem Boden zu reißen, schritt man zur Exhumierung und Schändung der Königsgräber von Saint-Denis.[81] Hierauf folgte die Schändung und Verbrennung der in der Abtei Val-de-Grâce bestatteten Herzen der Angehörigen des Hauses Bourbon. Nach der Verurteilung und Hinrichtung des Königs wollte man in einer Art post-mortaler Hinrichtung auch das gesamte königliche Haus in allen seinen Generationen verurteilen. Dem gleichen Zweck diente offensichtlich *die Zerstörung der Königsstatuen an der Fassade der Kathedrale Notre-Dame in Paris,* eines der größten Kulturverbrechen der neueren Zeit.[82] Durch die Auffindung ihrer Köpfe

---

fameux artiste, mais il fut, à la satisfaction générale, rapporté au tronc, dont il n'aurait pas dû être séparé« (ebd.).

[79] »Ce spectacle offrait au moins la consolation de sentir que les arts ne seront plus à l'avenir prostitués à transmettre aux races futures l'effigie du despote qui ont désolé l'humanité. Mânes de Marat, vous dîtes être satisfaites, de ce sacrifice vengeur, un vent frais semblait en conduire la fumée vers son buste, comme l'encens le plus agréable qu'on pût lui offrir« (ebd.).

[80] Hierüber eingehend: DE LA GORCE, Histoire (o. Anm. 64), III, Paris 1924, 324 ff.

[81] S. hierzu und zum folgenden: L. RÉAU, Vandalisme (o. Einl. Anm. 39), I,224–228.

[82] RÉAU, Vandalisme I,229–231; François GISCARD D'ESTAING, Gute und böse Zeiten für die Könige von Notre-Dame, in: Die Könige von Notre-Dame, Biel s. a., 6–13; Michel FLEURY, Die Geschichte eines Verbrechens, ebd. 14–23.

bei Ausschachtungsarbeiten im Hof des Hôtel Moreau in der rue de la Chaussée d'Antin im Jahre 1977 gelangte in unseren Tagen diese Schandtat wieder in das Bewußtsein einer breiteren Öffentlichkeit.[83] Die 28 überlebensgroßen Statuen der Galerie von Notre-Dame hielt man im 18. Jahrhundert für die ersten Könige von Frankreich, also die merowingischen, karolingischen und capetingischen Vorfahren des regierenden bourbonischen Hauses. In Wirklichkeit sind es die Könige von Juda, die Vorfahren der Patronin der Kathedrale, der Jungfrau Maria. Es ist also das Thema »Stirps Jesse«, das im Mittelalter beliebt und z. B. auch in einem Fenster der von Suger erbauten Abteikirche Saint-Denis dargestellt war.[84] Nachdem zunächst ein Unternehmer namens Bazin im Auftrag des Revolutionsausschusses von Paris den Königen die Kronen abgeschlagen hatte (10.9.–4.10.1793),[85] erläßt der Magistrat am 2. Brumaire des Jahres II (23. Oktober 1793) »im Bewußtsein seiner Pflicht, alle Denkmäler verschwinden zu lassen, die geeignet sind, die religiösen Vorurteile zu nähren, und diejenigen, die das abscheuliche Andenken an die Könige wachrufen«, die Anordnung, »daß die gotischen Bildnisse der Könige von Frankreich, die über dem Portal der Kirche Notre-Dame stehen, heruntergeworfen und zerstört werden sollen.«[86] Die Könige wurden durch den beauftragten Unternehmer Varin zunächst, wie Ludwig XVI., geköpft. Dann warf man sie unter beträchtlichen Mühen von der Galerie der mittlerweile zum »Tempel der Vernunft« deklarierten Kathedrale herab: die Abbrucharbeiten dauerten insgesamt vom Dezember 1793 bis zum September 1794. Die Trümmer wurden schließlich auf dem Vorplatz, an der nördlichen Seite der Kathedrale aufgeschichtet. Dort dienten sie als öffentliche Latrine: die exkrementelle Seite des Ikonoklasmus, die schon in früheren Jahrhunderten immer wieder in Erscheinung tritt.[87]

---

[83] Die rue de la Chaussée d'Antin liegt im 9. Arrondissement, in der Nähe der Opéra. Über die Umstände der Auffindung der Königshäupter s. die o. erwähnten Beiträge von GISCARD D'ESTAING und FLEURY, 6. 13. 22 f., in dem aus diesem Anlaß herausgebrachten Band: Die Könige von Notre-Dame, dessen deutsche Fassung leider durch mehrere sinnentstellende Übersetzungsfehler verunziert ist, aber vorzügliches Bildmaterial enthält. Der dritte Beitrag des genannten Bandes ist von Alain ERLANDE-BRANDENBURG: Der Stellenwert der Entdeckungen innerhalb der Geschichte der Bildhauerkunst, ebd. 24–39.

[84] S. o. II, Anm. 119.

[85] FLEURY, o. c. 14 f. mit dem Faksimile der noch erhaltenen Rechnung Bazins.

[86] »Le conseil, considérant qu'il est de son devoir de faire disparaître tous les monuments qui alimenteraient les préjugés religieux et ceux qui rappellent la mémoire exécrable des rois, arrête que dans huit jours, les gothiques simulacres des rois de France, qui sont placés en haut du portail de l'église Notre-Dame, seront renversés et détruits« (zitiert bei RÉAU, Vandalisme I,230; s. auch FLEURY, Geschichte, 15).

[87] Über einen zeitgenössischen Bericht s. FLEURY, Geschichte, 19 f.; vgl. o. VII, bei Anm. 216. 287. 288; zur Geschichte des »vandalisme excrémentiel« s. auch RÉAU, Vandalisme I,230, Anm. 1.

Es war kein anderer als der Maler Jacques-Louis David,[88] der im Nationalkonvent den Vorschlag machte, die Trümmer der Königsstatuen als Basis für ein Kolossaldenkmal des französischen Volkes auf dem Brückenvorbau des Pont-Neuf zu verwenden, das dort, an der Stelle des zerstörten Reiterstandbildes Heinrichs IV., errichtet werden sollte. Nach seiner geschwollenen, die Grenzen größenwahnsinniger Lächerlichkeit nicht nur berührenden Rede, die er am 27. Brumaire des Jahres II (17. November 1793), nach der entsprechenden Beschlußfassung im Konvent hielt,[89] sollte dieses Denkmal der fernsten Nachwelt das Andenken an den Triumph des französischen Volkes *über den Despotismus und den Aberglauben,* »die beiden grausamsten Feinde des Menschengeschlechts«, überliefern. Deshalb sollte die 15 Meter hohe, das französische Volk symbolisierende Statue auf dem Trümmerhaufen *»der doppelten Tyrannei der Könige und der Priester«* stehen. Nachdem die Vorfahren Capets in ihren gotischen Bildnissen »das schreckliche und revolutionäre Urteil der Nachwelt« erlitten haben – womit zweifellos auf die Enthauptung der Könige angespielt wird – können die Statuen, nach dem Willen der Volksvertreter, nun zum erstenmal der Freiheit und der Gleichheit dienen.[90] Wenn hier, wie in dem oben erwähnten Beschluß der Commune von Paris, von »gotischen« Bildnissen (gothiques simulacres, gothiques effigies) die Rede ist, so ist dies im Sinne des 18. Jahrhunderts zu verstehen und eindeutig pejorativ gemeint: es sind die barbarischen, künstlerisch minderwertigen Erzeugnisse einer barbarischen, unaufgeklärten Epoche: des Mittelalters.

David war am 17. September 1792 in den Konvent gewählt worden. Am 2. Oktober des gleichen Jahres wurde er Mitglied des Erziehungsausschusses (Comité d'instruction) und am 18. Oktober Mitglied der Kommission für die Künste (Commission des Arts). In diesen Funktionen

---

[88] Über ihn, neben den schon erwähnten Werken seines Enkels J. L. Jules DAVID (o. Anm. 66), A. SCHNAPPERS und E. STOLPES (o. Anm. 22): Richard CANTINELLI, Jacques-Louis David 1748–1825, Paris-Bruxelles 1930; Louis HAUTECOEUR, Louis David, Paris 1954.

[89] Arch. parl. 79,373–375; s. dazu: GISCARD D'ESTAING, Zeiten (o. Anm. 82), 8.

[90] »Citoyens, vous avez décrété dernièrement qu'il serait élevé à la gloire du peuple français, un monument pour transmettre à la postérité la plus reculée le souvenir de son triomphe sur le despotisme et sur la superstition, les deux plus cruels ennemis du genre humain. Vous avez approuvé l'idée de donner pour base à ce monument les débris amoncelés de la double tyrannie des rois et des prêtres. Lorsque je vous ai exposé que, par les soins des autorités constituées de Paris, on avait descendu de la partie élevée du portail de cette église aujourd'hui devenu le temple de la raison, cette longue file de rois de toutes les races (= Generationen!), qui semblaient encore régner sur toute la France, vous avez pensé, avec votre comité d'instruction publique, que ces dignes prédécesseurs de Capet, qui tous jusqu'à cet instant avaient échappé à la loi dont vous avez frappé la royauté et tout ce qui la rappelle, doivent subir, dans leurs gothiques effigies, le jugement terrible et révolutionnaire de la postérité; vous avez pensé que leurs statues, mutilées par la justice nationale pouvaient aujourd'hui pour la première fois servir la liberté et l'égalité en devenant les bases du monument dont le patriotisme nous a suggéré l'idée.«

war er maßgeblich an der Sammlung von Kunstwerken für den Louvre, der am 10. August 1793 eröffnet wurde, und die anderen Museen beteiligt. Indes, »was in den Augen der Kunstfreunde das große Werk und die große Katastrophe der Revolution bleibt, nämlich das Verzeichnis des verstaatlichten künstlerischen Erbguts (Güter des Klerus, der Emigranten, des Königs) und die Auswahl der für die neugeschaffenen Museen bestimmten Werke – wobei die meisten bisherigen verschwanden – hatte lange vor Davids Wahl zum Abgeordneten begonnen.«[91]

David entwarf und inszenierte die Feste und Kulte der Revolution, so die Übertragung Voltaires ins Pantheon am 11. Juli 1791 und das Fest des Höchsten Wesens (Être suprême) am 8. Juni 1794. Am 17. und 18. Oktober 1793 hatte er für den Tod des Königs gestimmt.[92] Schon in seiner ersten Rede, die er am 26. Oktober 1792 im Konvent hielt[93] und in der er die Auszeichnung der Städte Lille und Thionville für deren Widerstand gegen die Österreicher beantragte, schlug er die Errichtung von Denkmälern nach ägyptischem Vorbild in beiden Städten vor: eine Pyramide oder ein Obelisk aus Granit als dem dauerhaftesten Stein sollte der Nachwelt vom Ruhm der Bewohner Lilles und Thionvilles künden. Als Basis sollten Marmortrümmer von den Sockeln der Pariser Königsstandbilder dienen; für die Verzierungen sollten von ihnen stammende Bronzeteile verwandt werden. Auch hier ist die Symbolik deutlich: die republikanisch-vaterländische Tugend triumphiert über den Trümmern des überwundenen Despotismus.[94]

Für das Kolossaldenkmal auf der Westspitze der Ile-de-la-Cité (Brükkenvorbau Jes Pont-Neuf), das eine ähnliche Idee zum Ausdruck bringen sollte, beauftragte der Wohlfahrtsausschuß die Kommission für öffentliche Arbeiten, sich mit David zum Zwecke der Realisierung des Plans auf dem schnellsten Wege in Verbindung zu setzen.[95] Zugleich

---

[91] SCHNAPPER, David, 150.

[92] Zu den erwähnten biographischen Ereignissen s. bes. Jules DAVID, Peintre, 111. 196–206; CANTINELLI, David, 35–43.

[93] Arch. parl. 52,686 f.; DAVID, Peintre, 112 f.

[94] »Je vous propose donc d'élever dans cette ville, ainsi que dans celle de Thionville, un grand monument, soit une pyramide, ou un obélisque en granit français, provenant des carrières de Rethel, de Cherbourg, ou celles de la ci-devant province de Bretagne. Je demande que, à l'exemple des Egyptiens et autres anciens, ces deux monuments soient élevés en granit, comme la pierre la plus durable et qui portera à la postérité le souvenir de la gloire dont se sont couverts les habitants de Lille, ainsi que ceux de Thionville. Je demande aussi que des débris de marbre provenant des piédestaux des statues détruites dans Paris, ainsi que du bronze provenant aussi de chacune de ces cinq statues, soient employés aux ornements de ces deux monuments, afin que la postérité la plus reculée apprenne que les deux premiers monuments élevés par la nouvelle République ont été construits avec des débris du luxe des cinq derniers despotes français« (ebd. 687).

[95] »LE COMITÉ DE SALUT PUBLIC arrête: Que la Commission des Travaux publics se concertera avec DAVID, Député, pour l'exécution la plus prompte du Monument en bronze qui doit être élevé sur la pointe occidentale de l'Isle de Paris, d'après un Décret du 27 Brumaire, et qui doit représenter le Peuple Français terrassant le Fanatisme, le Royalisme et le Fédéralisme« (Faksimile bei GISCARD D'ESTAING, Zeiten, 8).

wird ein Künstlerwettbewerb ausgeschrieben. In den zu schaffenden
Kunstwerken soll der Haß gegen den Despotismus und die ihn begleitenden Laster zum Ausdruck kommen: Der Robespierre'sche Moralis-
mus kommt zum Vorschein. Zugleich werden männliche Konturen und
ein energisches Dessin für die zu schaffenden Figuren verlangt: Der
Heroismus Spartas und der altrömischen Republik soll durchschei-
nen.[96]

Der Sturz des Terreur-Regimes Ende Juli 1794 verhinderte die Ausführung des Kolossal-Scheusals. Die Trümmer der Königsstatuen von
Notre-Dame blieben bis zum Jahre 1796 liegen und wurden dann verkauft. Sie fanden Verwendung beim Neubau des Hauses von Jean-Bap-
tiste Lakanal, des nach dem späteren Besitzer so genannten Hôtel Moreau. Lakanal, der ein frommer Royalist war, hat allem Anschein nach
die Köpfe der Könige ehrfurchtsvoll bestattet.[97] In unserer Zeit wieder-
gefunden, geben sie, trotz ihrer schändlichen Verstümmelung, Zeugnis
von anderen Tugenden als denen der Jakobiner und Sanskulotten, nämlich vom Geist des seit dem Aufkommen der Neuzeit als abergläubisch
und barbarisch geschmähten Mittelalters.

---

[96] »ARTISTES RÉPUBLICAINS! trop long temps les Arts prostitués n'ont servi que le Despotisme; ils se disoient libres, et le cachet de l'esclavage étoit empreint sur toutes leurs
productions. Dans le régime Républicain, ils vont reprendre leur dignité; ils expieront leur
ancienne bassesse: autrefois ils currompoient l'esprit public; ils vont le régénérer aujourd'hui, et la Liberté recevra d'eux plus de secours qu'ils n'en rendirent jamais au Despotisme. ARTISTES RÉPUBLICAINS! quel sujet plus digne d'enflammer votre génie! quelle
plus grande occasion d'exercer vos talens! Pénétrez-vous de l'esprit qui doit vous animer;
faites respirer dans vos ouvrages la haine du Despotisme et des vices qui les accompagnent:
qu'ils paroissent sous les traits hideux qui les caractérisent, et représentez le Peuple avec la
majesté qui lui convient. Des contours mâles, un dessin énergique; tel est le caractère que
doit porter votre travail: ce n'est pas assez de s'élever; il faut atteindre au sublime; il faut
immortaliser à la fois le Peuple Français, la République, et vous-mêmes. Le concours sera
ouvert jusqu'au 20 Prairial. Les esquisses seront exposées jusqu'au 25 du même mois dans
la Salle de la Liberté, à la Convention, puis transportées dans celles du Lacoon, pour être
jugées de suite par le Jury des Arts.« Über die Ausschreibung des Wettbewerbs s. auch das
Dekret des Nationalkonvents vom 27. Brumaire an II (17. November 1793), Art. 9–16
(Arch. parl. 79,373 und 375).

[97] GISCARD D'ESTAING, Zeiten, 9; FLEURY, Geschichte, 22 f.

ZUSAMMENFASSENDE BETRACHTUNG
ÜBER DIE IDEELLEN GRÜNDE VON BILDERKULT
UND IKONOKLASMUS
IM WESTLICHEN CHRISTENTUM

Sieht man von der eingangs erwähnten genetisch-psychischen Grundstruktur ab, die Menschen zu Ikonoklasten und Kunstfeinden, andere zu Ikonodulen und Kunstfreunden, auch im Bereich von Religion, Kirche und Theologie, werden läßt, so haben wir im Verlauf unserer Untersuchung verschiedene Begründungen und Ursachen ikonoklastischer Bewegungen innerhalb der abendländischen christlichen Kultur kennengelernt.

An der Wende von der Antike zum Mittelalter hat sich der Papst Gregor der Große mit der ersten bekannten ikonoklastischen Aktion im Gebiet der westlichen Kirche zu befassen: Der offenbar biblisch motivierten Bilderzerstörung des Bischofs Serenus von Marseille hält er den Nutzen der Bilder für die religiöse Bildung der Analphabeten und als Mittel der Missionspropaganda entgegen. Eine solche Verwendung entspricht alter christlicher Tradition. Dagegen ist sich Gregor in der Ablehnung der kultischen Bilderverehrung mit Serenus einig.

Im karolingischen Zeitalter gibt es, parallel zu den gleichzeitigen politisch-theologischen Auseinandersetzungen um die Bilder im byzantinischen Ostreich, mehrere bedeutende Dokumente bilderfeindlicher Theologie. Die Libri Carolini, wahrscheinlich ein Werk des Bischofs Theodulf von Orléans, versuchen einen mittleren Weg zwischen Bilderfeindlichkeit und Anbetung der Bilder zu gehen und theologisch zu begründen. Die entscheidenden theologischen Gründe gegen den Bilderkult sind die Feststellung, daß Anbetung allein Gott, nicht einem Geschöpf zukommen kann, und die fehlende biblische Legitimation: die Bilderverehrung ist unter den wichtigen Heilsmittel der christlichen Religion nicht aufgeführt. Als legitimer Weg der Glaubensvermittlung und der Erkenntnis ethischer Lebensregeln wird allein die Schrift anerkannt. Nicht von dem Verbot des Bilderkultes betroffen sind jedoch die Reliquien der Heiligen, das Kreuz und die Bundeslade. Die letztere steht im Zentrum der berühmten Mosaiken, mit denen Theodulf seine Kirche in Germigny-des-Prés nach dem Vorbild des Salomonischen Tempels ausschmücken ließ.

In seiner Stellungnahme zu der in den Libri Carolini vertretenen Auffassung verteidigt der Papst Hadrian I. die Lehrentscheidungen des bilderfreundlichen Konzils von Nizäa (787). Theologisch basiert seine

Begründung allein auf Argumenten der Tradition und der von seinen Vorgängern ausgeübten kunstfördernden Praxis zur Verschönerung der Stadt Rom und ihrer Kirchen. Wie dann später in vielen kirchlichen Lehraussagen zugunsten der Bilder ist bereits bei Hadrian sein Vorgänger Gregor der Große die maßgebliche Väterautorität in dieser Frage.

In die Lebenszeit des Kaisers Ludwig der Frommen fällt das Wirken eines hinsichtlich Theologie und kirchlicher Praxis bedeutenden Ikonoklasten, des Bischofs Claudius von Turin. Entscheidender theologischer Grund gegen die Bilderverehrung und Legitimation seiner Bilderzerstörungen ist das in Röm 1,25 von Paulus ausgesprochene Verdikt gegen die Idololatrie der Heiden. In der Verehrung des Kreuzes sieht er ein Festhalten an Christus dem Fleische nach, das im Widerspruch zu dem Glauben an den auferstandenen, erhöhten, vergeistigten Herrn steht. Der in Italien wirkende irische Theologe Dungal bekämpft deshalb Claudius als Verächter der Inkarnation und Passion Christi. Die Cherubim des Allerheiligsten der mosaischen Stiftshütte und die eherne Schlange dienen Dungal als biblische Stützen nicht nur der Erlaubtheit, sondern der positiven Gebotenheit bildlicher Darstellungen, die zur Ehre Gottes bestimmt sind.

Mit dem Werk des Claudius von Turin setzt sich etwas später auch der Bischof Jonas von Orléans auseinander. Bemerkenswert ist seine Theologie des Ortes, die er anhand alttestamentlicher Stiftungslegenden von Kultorten darlegt. Wie sich besonders in der frühen franziskanischen Theologie und dann wieder in der Reformation und im barocken Zeitalter zeigt, hängt das theologische Bedenken des Ortes sehr eng mit Bilderkult und Wallfahrtswesen zusammen. Bei den Theologen der späteren Karolingerzeit besteht immer noch eine recht reservierte Haltung dem Bilderkult gegenüber. Doch erkennt etwa Walahfrid Strabo den hohen ästhetischen, pädagogischen und religiösen Wert sakraler Kunstwerke an und lehnt deren Zerstörung kategorisch ab.

Der Figurenreichtum und die phantastischen Gestaltungen der Plastik an den Kirchen- und Klosterbauten der romanischen Zeit – bis heute ein weithin rätselhaftes, schwer deutbares Phänomen – sind die Voraussetzung für die kritische Haltung der cisterciensischen Klosterreformbewegung gegenüber den künstlerischen Produktionen ihrer Vorgänger. Schon vorher, im Verlauf des 11. Jahrhunderts, tauchen vereinzelt kritische, sehr rationalistisch klingende Stimmen gegen den blühenden Bilderkult und das Wallfahrts- und Reliquienwesen auf. Diese Kritiker, wie Bernhard von Angers und Guibert von Nogent, kommen aus Kreisen des theologisch hochgebildeten Mönchtums. Ihre Einwände richten sich vor allem gegen die Primitivität und Ungeistigkeit der Volksreligion und gegen die Förderung und Ausnutzung des Aberglaubens durch die

Kirchen und Klöster, die damit auf Kosten des armen Volkes unermeßliche Reichtümer anhäufen.

Auch die cisterciensische Kritik, als deren Vater mit Recht Bernhard
von Clairvaux gelten kann, wendet sich nicht in erster Linie gegen die
Kunstwerke als solche, sondern vor allem gegen die Bauplastik und die
Anhäufing sakraler Kunstschätze in den Klöstern der Cluniazenser. In
ihnen erblickt man einen Verstoß gegen das Ideal evangelischer Armut,
dem sich die Mönche verpflichtet haben. Für Bernhard ist aber auch
entscheidend, daß sich hier das Sinnliche, Ungeistige Bahn bricht. Die
wahren Quellen der Meditation und des mönchischen Lebens sind nach
seiner Auffassung in den heiligen Schriften zu finden. Die Bilder dagegen, welche die Sinne reizen, öffnen der Welt, aus der sich die Mönche
als Männer des Geistes (spirituales viri) ja zurückgezogen haben, wiederum einen Zugang zur klösterlichen Abgeschiedenheit. Bernhard sieht
so die Bilder als Medium der Sinne und die Bücher als Medium des
Geistes in einem denkbar scharfen Gegensatz.

Die vielbewunderte Einzigartigkeit und Schönheit des mittelalterlichen cisterciensischen Sakralbaues, die sich durch alle Strenge und Reduktion hindurch offenbart, ist nicht auf den positiven Einfluß des heiligen Bernhard zurückzuführen. Sie ist vielmehr das Werk hochge-
bildeter Äbte und Baumeister des Ordens, deren ästhetisches Bewußtsein
im Gegensatz und in der Auseinandersetzung mit den rigoros einschränkenden Ordensgesetzen geschult und vollendet wurde.

Während Peter Abaelard Bernhards strenge Auffassung von der mönchischen Armut, die auch in Kirche und Gottesdienst sichtbar werden
soll, teilt, hat ihrer beider Zeitgenosse Suger von St.-Denis durch seine
Bautätigkeit und seine literarischen Werke den schärfsten Gegensatz
hierzu zum Ausdruck gebracht. Die kunstvoll gestaltete Materie sowohl
des sakralen Bauwerkes wie der Kultgegenstände eröffnet dem gläubigen
Betrachter den Weg zu einer höheren, geistigen Wirklichkeit. Suger
greift damit die Idee des Pseudo-Dionysius Areopagita vom Aufstieg aus
der materiell-sinnlichen zur spirituellen, himmlischen Welt wieder auf,
die schon im früheren Mittelalter, bei den Baumeistern und Künstlern
der romanischen Zeit, wirksam gewesen war. Ähnlich wie die Texte des
Alten Testaments und die Geschichte Israels ist die materielle Welt eine
Basis und Voraussetzung für die Erhebung des Geistes zur höheren
Wahrheit. Überdies ist die materielle Welt in das Erlösungswerk Christi
hineingenommen. Deshalb erfordert der eucharistische Kultus außer der
inneren Reinheit der Teilnehmer auch einen würdevollen, prächtigen
äußeren Rahmen.

Auf der Höhe der mittelalterlichen Theologie, bei Thomas von Aquin
und Bonaventura von Bagnoregio, ist die »klassische« theologische Auf-

fassung des Bildes formuliert, die eigentlich bis in die Gegenwart für die
theologische Wissenschaft und offizielle Glaubensvermittlung im katholischen Bereich maßgebend geblieben ist. Grundlegend für diese
Theologie ist die Unterscheidung zwischen dem Bild als sichtbarem, ver-
gänglichem Gegenstand (res) und dem Bild als Abbild oder Zeichen
(imago, signum) Gottes, Christi oder einer heiligen Person: nur in diesem letzteren Verständnis steht dem Bild Anbetung oder Verehrung zu.
Thomas und Bonaventura sind sich indes klar bewußt, daß der Bilderkult mit direkten und deutlichen Argumenten aus der Schrift nicht zu
fundieren ist, sich vielmehr aus den biblischen Texten mit Leichtigkeit
treffende Gegengründe formulieren lassen. Sie verweisen deshalb vor
allem auf die kirchliche Praxis und Lehrtradition, die ihrerseits von Ge-
sichtspunkten der Vernunft und Angemessenheit geleitet wird. Die scholastische Hochtheologie schätzt die Glaubensvermittlung durch das Bild
an sich geringer ein als die durch das Hören und Lesen des Wortes. Doch
ist sich Bonaventura der Überlegenheit des visuellen Mediums hinsichtlich seiner Wirkung auf Affekt und Gedächtnis durchaus bewußt. Die
schon damals für die Volksreligion wichtige Rolle des Kultbildes in seiner aktiven, numinosen Funktion als Gnadenbild kommt weder im 13.
Jahrhundert noch später in den Blick der wissenschaftlichen Theologie.

Diese zuletzt genannte Auffassung des Bildes, seine Funktion als Me-
ditations- und Gnadenbild, das Leben und Geisteshaltung des frommen
Betrachters und Beters bestimmt, wird durch die von Franziskus von
Assisi ausgehende Bewegung entscheidend gefördert. Das in franziskanischer Frömmigkeit wurzelnde Passionsbild – ob es sich nun um den
Schmerzensmann (gegeißelten Heiland, Ecce homo), den toten Crucifixus, die Pietà, die Beweinung oder Grablegung Christi handelt – will das
Mitleid des Betrachters erregen und ihn zum Mitleiden mit Christus
veranlassen. Der im Franziskanertum neu gedachte Gedanke der
Welterlösung sowie die enge Verbindung und Parallelität, in der das Leben und Wirken des Franziskus und dasjenige Christi gesehen wurden,
brachte eine explosionsartige Entwicklung der bildenden Kunst im Spätmittelalter und in der Frührenaissance.

Andererseits wird gerade in der jedes Maß sprengenden Bau- und
Kunsttätigkeit am Ausgang des Mittelalters auch der Widerspruch zum
ursprünglichen christlichen und franziskanischen Armutsideal erkannt.
Um die kirchliche Reform bemühte Theologen und Prediger, ob sie nun
ins häretische Abseits geraten oder im orthodoxen Rahmen der spätmittelalterlichen Kirche verbleiben können, legen immer wieder den Finger
in diese Wunde. Die bei Wyclif, dessen Gewissen durch seine franziskanischen Anfänge geschärft ist, noch maßvolle Kritik steigert sich bis
zum Beginn des 16. Jahrhunderts zu einem weitverbreiteten Überdruß

an dem gesamten durch Geldwirtschaft und krassen Aberglauben verdorbenen kirchlichen Kultwesen. Die zum Teil beachtlichen und in ihrer Art großartigen Verteidigungs- und Rettungsversuche rechtgläubiger Theologen, wie Roger Dymmok und Thomas Waldensis, können zu ihrer Zeit den Lauf der Entwicklung allenfalls verzögern, doch nicht mehr aufhalten. Sie erlangen allerdings viel später, in der nachtridentinischen katholischen Reformtheologie, wieder eine gewisse Bedeutung.

Das Ideal des einfachen, evangelischen Lebens nach dem Vorbild Christi und die Vorstellung einer von ihren politischen und materiellen Lasten befreiten, rein geistigen Kirche sind die untergründig treibenden Motive spektakulärer »Verbrennungen der Eitelkeiten«, wie sie in Reaktion auf die Renaissance-Kultur von radikalen Reformern aus den Bettelorden, wie Bernhardin von Siena, Johannes von Capestrano und Hieronymus Savonarola im Verlauf des 15. Jahrhunderts veranstaltet wurden. Diese schon lange vor der Reformation wirksamen Ideen, dann aber auch der Einfluß reformatorischer Gedanken selbst, haben bei Künstlern der Hochrenaissance zu Krisen und Zweifeln in bezug auf den Sinn ihrer künstlerischen Tätigkeit geführt, wie sie etwa deutlich bei dem alten Michelangelo greifbar werden.

Als eine entscheidende Voraussetzung für die Ablehnung des Bildes im gesamten religiösen Bereich, wie sie vor allem von den oberdeutschen und schweizerischen Reformatoren vertreten wurde, ist der Einfluß des Erasmus von Rotterdam anzusehen. Mit seiner Auffassung von einem rein geistigen, durch ethische Tugenden geprägten Christentum und der Distanz von Kultus, Zeremonien, Bildern und Wallfahrten als äußerlichen, materiellen, ungeistigen Elementen der Religion hat er nicht nur das geistige Klima geschaffen, in dem der reformatorische Ikonoklasmus möglich wurde, sondern auch den durch seine Theologie geprägten Reformatoren, wie Zwingli, Bucer und Calvin, die schlagenden Argumente geliefert. Dabei kommt ein besonderes Gewicht der Tatsache zu, daß die Bibel, das Buch, als Quelle eines höheren, spirituellen Christentums dem niederen, materiellen, abergläubischen Christentum der mittelalterlichen Kirche entgegengestellt wurde. Unter solcher Voraussetzung kann dann – am deutlichsten ausgeprägt wohl bei Calvin – das Mittelalter als Zeitalter der Dekadenz und des fortschreitenden Abfalls vom reinen Ursprung der evangelischen Lehre gesehen werden.

Erst auf dem Hintergrund des von den christlichen Humanisten, und unter ihnen vor allem des Erasmus, geprägten Zeit- und Kirchenbildes gewinnen die einzelnen biblischen Argumente, die in den Schriften der Reformatoren und auf den großen Disputationen bei Einführung der Reformation in den oberdeutschen und schweizerischen Städten immer wieder vorgebracht werden, ihre Durchschlagskraft, die sie vorher, obzwar auch bekannt, nicht besaßen. Und Luther, der in diesem wie in anderen Punkten die Voraussetzungen des Erasmus nicht teilte, hielt die biblische Fundierung von Bildersturm und Kunstfeindlichkeit im sakralen Bereich, wie sie von Karlstadt und den Reformierten vorgetragen wurde, für nicht zutreffend.

Die Fragen des Kultus haben für Luther auch deshalb keine so große Bedeutung, weil sich seine Auseinandersetzung mit der Katholischen Kirche und der scholastischen Theologie auf die Alternative: Gerechtigkeit aus dem Glauben oder aus den Werken zuspitzt. Für Calvin dagegen hat die rechte Gottesverehrung eine ganz hervorragende Wichtigkeit. Sein Hauptvorwurf an die Kirchenoberen und Theologen ist deshalb, daß sie in der Kirche eine falsche Gottesverehrung, einen verkehrten Kultus einreißen ließen. Die im Papismus praktizierte Religion charakterisiert er als Aberglauben und Götzendienst. Der wahre, dem Evangelium gemäße Kultus ist nach Calvin die Anbetung Gottes in Geist und Wahrheit. Calvin kennt jedoch, ähnlich wie sein Zeitgenosse Ignatius von Loyola, auch einen gefühlsmäßigen, sinnlichen, »mystischen« Zugang zu dem gekreuzigten Christus. Er wird jedoch ausschließlich durch das Wort der Schrift und des Predigers vermittelt.

Unter den zeitgenössischen katholischen Theologen, die sich mit der reformierten Auffassung des Bilderverbots schon vor dem Konzil von Trient auseinandergesetzt haben, ist ohne Zweifel der bedeutendste Johann Eck. Er hat seinen Standpunkt eigehend auf der Badener Disputation 1526 vertreten. Mit Luther teilt er die Auffassung, daß das alttestamentliche Bilderverbot nicht absolut gemeint sei, sondern sich nur auf solche Bilder beziehe, die zum Zwecke der Anbetung angefertigt werden. Gegenüber seinen Disputationsgegnern hält er daran fest, daß kirchliche Lehrtradition und Kultpraxis über die Jahrhunderte hin intakt geblieben sind. Es wäre absurd anzunehmen, daß über fünfzehn hundert Jahre hin in der Kirche Abgötterei getrieben wurde.

Das Dekret über den Bilderkult, das das Konzil von Trient an seinem vorletzten Sitzungstag unter großem Zeitdruck verabschiedete, kam vor allem unter dem Eindruck der hugenottischen Bilderstürme in Frankreich zustande. Es enthält eine zweifache Abgrenzung: Gegenüber den Häretikern wird festgestellt, daß die Bilder Christi, der Jungfrau Maria und der anderen Heiligen in den Kirchen aufgestellt und verehrt werden sollen; im Blick auf abergläubische Vorstellungen und Praktiken innerhalb des Katholizismus wird der Glaube an eine den Bildern innewohnende numinose Kraft zurückgewiesen. Ganz im Sinne der hochmittelalterlichen scholastischen Theologie lehrt das Konzil, daß der Bilderkult sich eigentlich auf die in den Bildern dargestellten Prototypen richtet, die Verehrung also gewissermaßen durch die Bilder nach oben hindurchfließt. Die anschließenden Reformbestimmungen des Konzils befassen sich dann, allerdings in sehr transitorischer Form, mit der Abstellung von Mißbräuchen sowohl in der künstlerischen Gestaltung wie in der kultischen Praxis.

Die um die Durchführung der tridentinischen Reformen bemühten Bischöfe und Theologen, wie Borromeo, Paleotti, Molanus und Bellarmin, vertreten, ausgehend von diesen Bestimmungen, im ganzen sehr restriktive Auffassungen über den gesamten Bereich der sakralen Kunst, und zwar sowohl in bezug auf die theologische Theorie wie auf die praktische künstlerische Tätigkeit. Das Bestreben, die Künstler innerhalb der engen Grenzen kirchenamtlicher Theologie und Disziplin bei der Hand zu nehmen und zu gängeln, ist in den auf den Abschluß des Trienter Konzils folgenden Jahrzehnten offenkundig. Es bleibt jedoch letztlich erfolglos.

Die bereits im Spätmittelalter erkennbare Kluft zwischen wissenschaftlicher Theologie einerseits und Volksfrömmigkeit und religiöser Kunst andererseits vertieft sich weiter. In den folgenden Epochen des Manierismus und Barock setzen Theologie und kirchenamtliche Verlautbarungen zwar den unentbehrlichen Rahmen, innerhalb dessen überhaupt sakrale Kunst gedeihen kann. Die eigentlichen geistigen Voraussetzungen der großen Kunst der Tintoretto und El Greco, und später der Baciccio, Pozzo, Bernini, der Asam, Spiegler, Tiepolo, Knoller und der vielen anderen, sind jedoch in der lebendigen Volksreligion und der originellen Auseinandersetzung der Künstler mit ihren Stoffen zu suchen. Freilich hatten die Maler, Bildhauer, Stukkateure und Architekten des barocken Zeitalters vielfach die partiellen Haus- und Ordens-Ideologien und -Theologien ihrer Auftraggeber zu verwirklichen. Doch hat die katholische wissenschaftliche Theologie damals wie schon zuvor im Spätmittelalter (und nachher bis in die Gegenwart) ihre Aufgabe eher in einer Kanalisierung und Zähmung der Volksreligion als in deren denkender Bewältigung gesehen. Insbesondere fehlt bis heute ein ernsthaftes theologisches Nachdenken über den für die Volksfrömmigkeit so wichtigen aktiven Charakter des religiösen Bildes in seiner Eigenschaft als Gnadenbild, welcher seinerseits eine entscheidende Voraussetzung für das (mittelalterliche, barocke und moderne) Wallfahrtswesen ist.

Die Kluft zwischen wissenschaftlicher Theologie und Volksreligion ist eine der Ursachen für den durchschlagenden Erfolg, den die Aufklärung gegen das überkommene kirchliche System erringen konnte. Zwar war die »philosophische« Bewegung des ausgehenden 17. und des 18. Jahrhunderts zunächst und vordergründig nur gegen »Aberglauben« und »Fanatismus« gerichtet, d. h. gegen die Exzesse einer unaufgekärten Volksreligion. Doch mußte die aufklärerische Polemik in relativ kurzer

Zeit auch die Wurzeln von Kirche und Theologie selbst treffen. Denn
große Teile der Theologen und des Hochklerus blickten voller Verach-
tung auf die religiösen Praktiken des dummen Volkes, und ihr eigenes
theologisches Denken war, weil von der religiösen Praxis abgeschnitten,
dünn geworden und von der Aufklärung angefressen.

Andererseits hielten jedoch die verantwortlichen Träger eines über-
kommenen und geistig überlebten Systems an den theologischen Wort-
hülsen und starren Ritualen, an die sie selbst nicht mehr glaubten, fest
und zeigten sich auch maßvollen Reformversuchen gegenüber un-
einsichtig. Die im Gefolge der Revolution über die westliche Kirche des
18. Jahrhunderts hereinbrechende Katastrophe, eindrucksvoll dokumentiert in dem revolutionären Ikonoklasmus, war deshalb wohl folgerichtig
und unvermeidlich – ebenso wie die Katastrophe des Ancien Régime,
mit dem diese Kirche ja auf das engste verwoben war.

Das revolutionäre Regime Frankreichs, das auf seinem Höhepunkt
bemüht war, den christlichen Kultus in allen seinen Ausdrucksformen
auszurotten und die Denkmäler der Tyrannei und des Aberglaubens zu
stürzen, kam seinerseits doch nicht ohne kultische und liturgische Formen und stein- und bildgewordene Denkmäler aus. Die Kulte der Vernunft und des Höchsten Wesens, des Französischen Volkes, des Vater-
landes und der Märtyrer der Revolution vollzogen sich in klassizistisch-
antikisierenden Formen, für die die geistigen Zerstörer und Ablöser der
barocken Kultur und Religion, die Rousseau, Winckelmann, David und
andere, die Voraussetzungen geschaffen hatten.

Der romantische Geist des 19. Jahrhunderts versuchte, nach dem
Ende des napoleonischen Empire, eine Überwindung der Aufklärung
durch Rückbesinnung auf das Mittelalter. Doch kam – bei allem Respekt vor Kunst und Literatur der Romantik, die wir gewiß nicht her-
absetzen wollen – ebenso wie im politischen Bereich, doch eigentlich nur
eine Restauration zustande, keine Wiederbelebung. In der sakralen
Kunst dokumentieren dies auf ihre Art eindrucksvoll die Restaurierungs-
und Ergänzungsarbeiten eines Viollet-le-Duc und eines Sulpiz Boisserée
sowie die neoromanischen und neogotischen Kirchenbauten. Ein großer
europäischer Kunststil konnte jedoch nicht mehr entstehen, und das
barocke Zeitalter bleibt das bislang letzte Beispiel einer umfassenden
und bestimmenden Einheit von Religion und Kultur im westlichen
Christentum.

Um die Wiederkehr einer solchen und damit eine Erneuerung von
europäischer Kultur und Religion zugleich vorzubereiten, müßten –
wenn das nicht überhaupt utopische Spekulation ist – drei Voraussetzungen erfüllt sein, die hier nur angedeutet werden sollen. Die erste wäre
innerhalb des Christentums die Versöhnung zwischen wissenschaftlicher

Theologie und Volksreligion; um die Volksfrömmigkeit vor dem Abgleiten in Aberglauben und esoterisches Sektierertum zu bewahren,
müßte die Theologie sich von ihren spätaufklärerischen Irrwegen ab-
wenden. Die zweite Voraussetzung wäre das Zusammendenken und Zu-
sammenbringen von antiker und mittelalterlicher Ästhetik, wie es im 19.
Jahrhundert, am Ende der Romantik, Adalbert Stifter in seinem utopi-
schen Roman »Der Nachsommer« in einem beachtlichen Versuch unternommen hat.[1] Die dritte Voraussetzung nennt der englische Histori-
ker Alan BULLOCK in einem zu Beginn des Jahres 1988 veröffentlichten
Aufsatz. Es wäre eine Versöhnung zwischen den geistigen Welten der
Religion und der Kunst einerseits und der Naturwissenschaft andererseits, mit anderen Worten: der mittelalterlich-christlichen und der neu-
zeitlich-aufklärerischen Tradition.[2] Eine Versöhnung der gegensätzli-
chen Denk- und Fühlweise des Bilderfreundes und des Ikonoklasten
kann dagegen allenfalls in der forschenden und denkenden Vermittlung,
nicht im Verlauf der Geschichte und des tatsächlichen menschlichen
Lebens erwartet werden.

---

[1] Der Freiherr von Risach, in dessen Landhaus eine griechische Marmorstatue der
klassischen Hochzeit wie eine Hausgottheit aufgestellt ist, unterhält eine Werkstatt, in der
gotische Flügelaltäre restauriert werden. In seinem Denken sind griechische und mittelalterliche Religiosität und Ästhetik in einer idealen Einheit verbunden; s. besonders das
Kapitel II,2. Die Annäherung.

[2] A. BULLOCK, Aussichten auf Europa. Wenn sich die Kommunikationsgesellschaft auf
ihre geistigen Traditionen besinnt, ist eine Renaissance der europäischen Kultur möglich.
Die Zeit, Nr. 1 vom 1. Jan. 1988, 9 f. »Der zweite Wandel, der die Chancen günstig beeinflussen würde, wäre eine Aussöhnung zwischen den Erkenntnissen der Naturwissenschaft und den Einsichten der Religion; zwischen der Naturwissenschaft und den Künsten
wie auch den Geisteswissenschaften. Würde die Welt des Wissenschaftlers und die Welt des
Gläubigen, die des Künstlers und des Dichters in eine verständliche Beziehung miteinander gebracht, so könnte das große Schisma beendet werden, unter dem die westliche Kultur
während der vergangenen zwei Jahrhunderte gelitten hat.«

BIBLIOGRAPHIE

I. Quellen*

Tertullian:
- De idololatria, ed. A. REIFFERSCHEID et G. WISSOWA, Turnholt 1954 (CC 2,1101-1124).

Clemens Alexandrinus:
- Protreptikos, ed. O. STÄHLIN, Berlin 1905 (GCS Clem. Alex. Bd. 1):
- Stromateis, ed. O. STÄHLIN, Leipzig 1906 (GCS 17).

Origenes:
- Kata Kelsou, ed. P. KOETSCHAU, Leipzig 1899 (GCS Origenes Bd. 1.2).

Eusebius:
- Die Kirchengeschichte, ed. E. SCHWARZ und Th. MOMMSEN, Berlin 1903-1909 (GCS 9 I-III).
- Epistola ad Constantiam Augustam (MPG 20,1545-1550).

J. D. MANSI, Sacrorum Conciliorum nova et amplissima collectio 2, Florenz 1759; 12, Florenz 1766; 13, Florenz 1767.

Concilium Eliberritanum (Synode von Elvira): MANSI 2, 1-20.

Basilius:
- Regulae fusius tractatae (MPG 31,890-1052).
- Homiliae (MPG 31,163-618).
- Liber de Spiritu Sancto (MPG 32,67-218).

Gregor von Nyssa:
- In suam ordinationem (MPG 46,543-554).
- Oratio laudatoria S. Theodori (MPG 46,735-748).

Nilus:
- Epistolarum libri IV (MPG 79,57-582).

Athanasius:
- Oratio contra gentes (MPG 25,3-96).

Hieronymus:
- Epistulae I, rec. I. HILBERG, Wien-Leipzig 1910 (CSEL 54).

Prudentius:
- Aurelii Prudentii Clementis Carmina, ed. M. P. CUNNINGHAM, Turnholt 1966 (CC 126); ed. I. BERGMAN, Wien-Leipzig 1926 (CSEL 61).

Paulinus von Nola:
- Carmina, rec. G. DE HARTEL, Wien 1894 (CSEL 30).

Augustinus:
- De Civitate Dei, Turnholt 1955 (CC 47. 48).
- De doctrina christiana, ed. J. MARTIN (CC 32); ed. G. M. GREEN (CSEL 80).
- Epistulae, rec. A. GOLDBACHER (CSEL 34 I.II. 44. 57. 58).
- Quaestionum in Heptateuchum libri VII, Turnholt 1958 (CC 33).
- Sermones (MPL 38. 39).

---

* Die Quellen sind in zeitlicher Reihenfolge angeordnet, was, von wenigen Ausnahmen abgesehen, auch ihrer Behandlung innerhalb unseres Werkes entspricht.

- Sermones de Vetere Testamento, rec. C. Lambot, Turnholt 1961 (CC 41).

Gregor von Tours:
- Georgii Florentii Gregorii Episcopi Turonensis libri octo Miraculorum, ed. Bruno Krusch, Hannover 1885 (MGH SS rer. Merov. 1, 451-820).

Ps-Dionysius Areopagita:
- De coelesti hierarchia (MPG 3,119-370).
- Epistolae (MPG 3,1065-1100).

Gregor der Große:
- S. Gregorii Magni Registrum Epistolarum, ed. Dag Norberg, Turnholt 1982 (CC 140. 140 A); MPL 77, 441-1328; ed. L. M. Hartmann, Berlin 1891-1899 (MGH Epp. 1.2.).

Johannes Diaconus:
- S. Gregorii Magni Vita (MPL 75,59-242).

Libri Carolini sive Caroli Magni Capitulare de imaginibus, rec: H. Bastgen, Hannover-Leipzig 1924 (MGH Concilia II, Suppl.).

Epistolae selectae pontificum Romanorum Carlo Magno et Ludovico Pio regnantibus scriptae, ed. K. Hampe, Berlin 1899 (MGH Epp. 5, Karolini Aevi 3); Mansi 13, 759-810; MPL 98, 1247-1292.

Theodulf von Orléans:
- MGH Poetae Latini Aevi Carolini, rec. E. Duemmler, I, Berlin 1881, 437-581.

Claudius von Turin:
- Apologeticum atque rescriptum Claudii episcopi adversus Theutmirum abbatem, ed. E. Dümmler, Berlin 1895 (MGH Epp. 4,610-613).

Dungal:
- Dungali responsa contra perversas Claudii Taurinensis episcopi sententias (MPL 105,465-530).

Jonas von Orléans:
- Jonae de cultu imaginum libri tres (MPL 106,305-388).
- Jonae Aurelianensis Epistolae, ed. E. Dümmler, Berlin 1899 (MGH Epp. 5,346-368).

Einhard:
- Einharti Quaestio de adoranda cruce, ed. K. Hampe, Berlin 1899 (MGH Epp. 5,146-149).

Rabanus Maurus:
- Hrabani Mauri Carmina, rec. E. Dümmler, Berlin 1884 (MGH Poetae lat. 2,154-258).

Agobard von Lyon:
- Liber contra eorum superstitionem qui picturis et imaginibus sanctorum adorationis obsequium deferendum putant (MPL 104,199-228).

Walahfrid Strabo:
- De ecclesiasticarum rerum exordiis et incrementis liber unus (MPL 114,919-966).

Gerbert von Aurillac:
- Die Briefsammlung Gerberts von Reims, bearb. v. Fritz Weigle, Weimar 1966 (MGH Briefe der deutschen Kaiserzeit, 2).

Richer von St.-Remi:
- Richeri Historiarum libri IV, ed. G. H. Pertz, Hannover 1839 (Nachdr. 1963) (MGH SS 3,561-657).

Atto von Pistoia:
- S. Joannis Gualberti Vita (MPL 146,667-706).

Bernhard von Angers:
- Liber Miraculorum Sancte Fidis publié d'après le manuscrit de la Bibliothèque de Schlestadt avec une introduction et des notes par M. l'Abbé A. BOUILLET, Paris 1897.
- De miraculis Sanctae Fidis (MPL 141,131-164).

Guibert von Nogent:
- De pignoribus sanctorum (MPL 156,607-680).
- Gesta Dei per Francos sive Historia Hierosolymitana (MPL 156,683-834).
- De vita sua sive Monodiarum libri tres (MPL 156,837-962).

Physiologus:
- Der Physiologus, nach einer Handschrift des 11. Jahrhunderts herausgegeben und erläutert von Dr. G. HEIDER (Archiv f. Kunde österr. Geschichtsquellen, Bd. 5), Wien 1851.
- Physiologus Bernensis. Voll-Faks. Ausg. d. Codex Bongarsianus 318 der Burgerbibliothek Bern. Wiss. Komm. v. Christoph VON STEIGER und Otto HOMBURGER, Basel 1964.
- Der altdeutsche Physiologus. Die Millstätter Reimfassung und die Wiener Prosa, hrsg. v. Friedrich MAURER, Tübingen 1967.
- Millstätter Genesis und Physiologus Handschrift. Vollst. Facsimileausg. der (frühmittelhochdt.) Sammelhandschrift 6/19 des Geschichtsvereins Kärnten im Kärntner Landesarchiv, Klagenfurt. Einf. u. kodikologische Beschreibg. v. A. KRACHER, Graz 1967.
- Der Physiologus. Übertr. u. erl. v. Otto SEEL, Zürich-Stuttgart 1960.

Wolfram von Eschenbach:
- Parzival. Studienausgabe, Berlin 1965.
- Parzival, in Prosa übertragen von Wilhelm STAPEL, München-Wien 1977.

Statuta Capitulorum Generalium Ordinis Cisterciensis ab anno 1116 ad annum 1786, ed. J.-M. CANIVEZ, 8 Bde., Louvain 1933-1941.

Jean de la Croix BOUTON, Jean Baptiste VAN DAMME, Les plus anciens textes de Cîteaux (Cîteaux. Commentarii Cistercienses. Studia et Documenta, Vol. 2), Achel 1974.

Joseph TURK, Cistercii Statuta Antiquissima, Roma 1949.

Bernard LUCET, La codification cistercienne de 1202 et son évolution ultérieure (Bibliotheca cisterciensis 2), Roma 1964.

Bernard LUCET, Les codifications cisterciennes de 1237 et de 1257, Paris 1977.

Bernhard von Clairvaux:
- Apologia ad Guillelmum Sancti Theodorici Abbatem: Opera, ed. J. LECLERCQ, H. M. ROCHAIS, Rom 1957-1974; III, 1963, 61-108.

Sancti Bernardi Abbatis Clarae-Vallensis Vita et Res gestae libri septem comprehensae (Vita prima): MPL 185,226-466.

Peter Abaelard:
- Petri Abaelardi Opera theologica, I, ed. E. M. BUYTAERT, Turnholt 1969 (CCCM 11).
- Epistolae (MPL 178,113-378).
- Epistola prima quae est Historia Calamitatum (MPL 178, 113-182).
- J. T. MUCKLE, The Story of Abelard's Adversities. A Translation with Notes of the Historia Calamitatum, Toronto 1954.
- Abaelard. Die Leidensgeschichte und der Briefwechsel mit Heloisa, übertragen und herausgegeben von Eberhard BROST, Heidelberg [4]1979.
- Sic et Non (MPL 1329-1610).

Suger von St.-Denis:
- Liber de rebus in administratione sua gestis (MPL 186, 1211–1240).
- Libellus de consecratione ecclesiae a se aedificatae (MPL 186,1239–1254).
Franziskus von Assisi:
- ESSER, Kajetan, Die Opuscula des hl. Franziskus von Assisi. Neue textkriti-
  sche Edition (Spicilegium Bonaventurianum 13), Grottaferrata (Roma) 1976.
- Die Schriften des heiligen Franziskus von Assisi. Einführung, Übersetzung,
  Erläuterungen: L. HARDICK und E. GRAU (Franziskanische Quellenschriften,
  1), Werl ⁶1980.
Thomas von Celano::
- Fr. Thomae de Celano Vita prima S. Francisci. Analecta Franciscana X, Qua-
  racchi-Firenze 1924–1941, 1–117.
- Fr. Thomae de Celano Vita secunda S. Francisci: ebd. 129– 268.
- Fr. Thomae de Calano Tractatus de miraculis B. Francisci: ebd. 271–331.
Théophile DESBONNETS, Legenda trium sociorum. Edition critique. AFH 67
  (1974), 38–144.
Fonti Francescane. Scritti e biografie di San Francesco d'Assisi. Cronache e altre
  testimonianze del primo secolo francescano. Scritti e biografie di Santa Chiara
  d'Assisi. Padova ³1982.
Legenda Perusina:
- »Compilatio Assisiensis« dagli Scritti di fr. Leone e Compagni su S. Francesco
  d'Assisi. I Edizione integrale dal Ms. 1046 di Perugia con versione italiana a
  fronte, a cura di Marino BIGARONI, Porziuncola 1975.
Anonymus Perusinus:
- L. DI FONZO, L'Anonimo Perugino tra le fonti francescane del secolo XIII.
  Rapporti letterari e testo critico. Misc. Franc. 72 (1972), 117–483.
Sacrum Commercium S. Francisci cum Domina Paupertate, Firenze-Quaracchi
  1929.
Kajetan ESSER, Der Bund des heiligen Franziskus mit der Herrin Armut, Werl
  1966.
Jordan von Giano::
- Chronica Fratris Jordani, ed. H. BOEHMER (Collection d'Études et de Docu-
  ments, 6), Paris 1908.
Salimbene de Adam:
- Cronica Fratris Salimbene de Adam, ed. O. HOLDER-EGGER, Hannover-Leip-
  zig 1905–1913 (MGH SS 32).
Fratris Francisci Bartholi de Assisio Tractatus de Indulgentia S. Mariae de
  Portiuncula, ed. Paul SABATIER (Collection d'Études et de Documents, 2), Paris
  1900.
Chronica XXIV Generalium ordinis Minorum. Analecta Franciscana III, Qua-
  racchi 1897.
Bonaventura:
- Doctoris Seraphici S. Bonaventurae Opera Omnia, 10 Bde. Ad Claras Aquas
  (Quaracchi) 1882–1902.
Thomas von Aquin:
- Sancti Thomae Aquinatis Doctoris Angelici Opera Omnia, Romae 1882 ff.
- Doctoris Angelici Divi Thomae Aquinatis Opera Omnia, ed. S. E. FRETTÉ, 34
  Bde. Paris 1871–1880.
John Wyclif:
- Johannis Wyclif Tractatus de Ecclesia, ed. J. LOSERTH, London 1886.

- Johannis Wyclif Tractatus de mandatis divinis. Accedit Tractatus de statu innocencie, ed. Johann LOSERTH and F. D. MATTHEW, London 1922.
- Johannis Wyclif Sermones, ed. J. LOSERTH, London 1888.
- Select English Works of John Wyclif, ed. Thomas ARNOLD, Oxford 1871.

Johannes Hus:
- Magistri Johannis Hus Tractatus de Ecclesia, ed. S. HARRISON THOMSON, Cambridge 1956.

Roger Dymmok:
- Rogeri Dymmok Liber contra XII Errores et Hereses Lollardorum, ed. H. S. CRONIN, London 1921.

Thomas Netter von Saffron-Walden:
- Thomae Waldensis Carmelitae Anglici Doctrinale Antiquitatum Fidei Catholicae Ecclesiae, ed. Bonaventura BLANCIOTTI, 3 Bde., Venedig 1757–1759.

Pierre d'Ailly:
- De reformatione ecclesiae libellus reverendissimi patris D. Petri de Aliaco Cardinalis Cameracensis, oblatus primoribus ecclesiasticis in concilio Constantiensi, iussu Caes. Sigismundi congregatis. An. M.CCCC.XV. Mense Novembri. Druck: s. l. et a. (16. Jh.).
- Petri von Alliach, Ertz-Bischoffen von Cammerich, der Universität Paris Cantzlers, unnd Cardinals, Bedencken von der Reformation der Kirchen, auffgesetzt Auff befehl Keysers Sigmunden, und im Concilio zu Costnitz Anno 1415, den 15. Nov. ubergeben. Verteutscht Durch J. G. D. D. s. l. et a. (16. Jh.).

Jean Gerson:
- Super victu et pompa praelatorum: Oeuvres complètes, ed. GLORIEUX, 3,95–103.
- In Marc 1,7: ebd. 3,103–109.
- Pour le Jour de Noël: ebd. 7,948–968.
- Contre la Fête des fous: ebd. 7,409–411.

Konrad Summenhart:
- Tractatus exhortatorius ad attendendum super decem defectibus virorum monasticorum: per Magistrum Conradum Summenhart de Calw: sacre theologie professorem: Anno domini. M.CCCC.XCII. in studio Tüwingensi: ad cuiusdam abbatis petitionem editus: et ad monasterium hirsaugiense: tempore provincialis capituli: quod ibidem eodem anno instabat celebrandum: ut per lectorem mense pronuntiaretur: predicti patris mandato destinatus.
- Oratio funebris et luctuosa: per magistrum Conradum Summenhart de Calw sacre theologie professorem habita ad universitatem Tuwingensem in officio exequiarum: quod eadem universitas pro illustri principe domino Eberhardo primo duce in Wirtemberg et Deck: tanquam pro suo patrono et fundatore VII. ydus Martii Anno M.CCCC.XCVI: pie peregit. qui preclarus princeps pauloante in festo beati Mathie apostoli hora vesperarum: eodem anno diem clauserat extremum. Tübingen 1498.

Johannes Trithemius::
- Joannis Trithemii Spanheimensis et postea Divi Jacobi apud Herbipolim Abbatis, viri suo aevo doctissimi, Tomus I.II Annalium Hirsaugiensium, St. Gallen 1690.
- Joannis Trithemii Abbatis Spanheimensis Liber lugubris de statu et ruina monastici ordinis, in: Joannis Trithemii Opera, ed. J. BUSAEUS, Mainz 1604.

Girolamo Savonarola:

- De simplicitate Christianae vitae, ed. Pier Giorgio RICCI (Edizione nazionale delle opere di Girolamo Savonarola, 4), Roma 1959.
- Triumphus Crucis. Testo latino e volgare a cura di Mario FERRARA (Ed. nazionale, 5), Roma 1961.
- Poesie con l'aggiunta di una canzone pel bruciamento delle vanità e precedute da notizie storiche di C. GUASTI e I. DEL LUNGO, Lanciano 1914.

Johannes Burchard:
- Johannis Burchardi Argentinensis Diarium sive Rerum urbanarum commentarii (1483-1506), ed. L. THUASNE, 3 Bde., Paris 1883-1885.

Erasmus von Rotterdam:
- Enchiridion Militis Christiani: Desiderii Erasmi Roterodami Opera omnia V, Lugduni Batavorum (= LB) 1704, 1-66.
- Moriae Encomium id est Stultitiae Laus, ed. Clarence H. MILLER: Opera omnia Desiderii Erasmi Roterodami IV/3, Amsterdam-Oxford (= ASD) 1979.
- Novum Instrumentum Omne, Basel 1516 (LB VI).
- Opus Epistolarum Des. Erasmi Roterodami, ed. P. S. ALLEN, 12 Bde., Oxford 1906-1958.

Michelangelo:
- Michelangiolo Buonarroti, Rime, ed. Enzo Noè GIRARDI, Bari 1960.

Andreas Bodenstein von Karlstadt:
- Von abtuhung der Bylder, Und das keyn Betdler unther den Christen seyn sollen, Wittenberg 1522.

Ludwig Hätzer:
- Ain urtayl Gottes unsers eegemahels, wie man sich mit allen Götzen und Bildnussen halten soll auß der hayligen geschrifft gezogen durch Ludwig Hätzer, Zürich 1523.

Martin Luther:
- Von den guten Werken. 1520 (WA 6,196-276).
- Kirchenpostille. 1522 (WA 10 I).
- Predigten des Jahres 1522 (WA 10 III).
- Wider die himmlischen Propheten, von den Bildern und Sakrament. 1525 (WA 18,37-214).
- In Genesin Declamationes. 1527 - Über das erste Buch Mose. Predigten. 1527 (WA 24).
- Vom Abendmahl Christi. Bekenntnis. 1528 (WA 26,241-509).
- Genesisvorlesung (WA 42-44).

Huldrych Zwingli:
- Huldreich Zwinglis Sämtliche Werke, hrsg. von Emil EGLI, Georg FINSLER u. a., Bd. I-VI, Berlin 1905-1961.
- Die erste Zürcher Disputation (Z I,442-569).
- Auslegen und Gründe der Schlußreden (Z II,1-457).
- Die Akten der zweiten Disputation vom 26.- 28. Oktober 1523 (Z II,664-803).
- Vorschlag wegen der Bilder und der Messe (Z III,114-131).
- Christliche Antwort Burgermeisters und Rats zu Zürich an Bischof Hugo (Z III,146-229).
- De vera et falsa religione commentarius (Z III,590-912).
- Eine Antwort, Valentin Compar gegeben (Z IV,35-159).
- Die erste kurze Antwort über Ecks sieben Schlußreden (Z V,171-195).
- Zwinglis Mitwirkung an der Berner Disputation (Z VI/1, 202-442).
- Die beiden Predigten Zwinglis in Bern (Z VI/1,443-498).

Martin Bucer:
- Das einigerlei Bild bei den Gotgläubigen an orten da sie verehrt, nit mögen geduldet werden, helle anzeyg auß Göttlicher Schrifft, der alten heiligen Vätter leer und beschluß etlicher Concilien. 1530; ed. H. DEMMER, in: Martin Bucers Deutsche Schriften (DS), Bd. 4, Gütersloh 1975, 161-181.
- Bucers Entwurf zur Ulmer Kirchenordnung und zu den 18 Artikeln (1529-1531), ed. E.-W. KOHLS (DS 4,374-398).

Johannes Calvin:
- Joannis Calvini opera quae supersunt omnia, ed. G. BAUM, E. CUNITZ, E. REUSS (Corpus Reformatorum 21-59), Braunschweig 1863-1900 (CO).
- Joannis Calvini Opera Selecta, ed. P. BARTH, G. NIESEL, 5 Bde., München 1926-1962.
- Joannis Calvini Responsio Jacobo Sadoleto Cardinali (CO 5,385-428).
- Supplex exhortatio ad invictiss. Caesarem Carolum Quintum et illustriss. principes aliosque ordines Spirae nunc Imperii conventum agentes, ut restituendae Ecclesiae curam serio velint suscipere eorum omnium nomine edita qui Christum regnare cupiunt per D. Joan. Calvinum. 1543 (= De necessitate reformandae Ecclesiae) (CO 6,453-534).
- Advertissement Tresutile du Grand profit qui reviendroit à la Chriestienté s'il se faisoit inventoire de tous les corps sainctz et reliques qui sont tant en Italie qu'en France, Allemagne, Hespaigne, et autres royaumes et pays. 1543 (= Traicté des reliques) (CO 6,405-452).
- Commentariorum in quinque libros Mosis pars II: Mosis reliqui libri quatuor in formam harmoniae digesti a Joanne Calvino cum eiusden Commentariis. 1563 (CO 24).
- Joannis Calvini Commentarii in quatuor Pauli Epistolas: ad Galatas, ad Ephesios, ad Philippenses, ad Colossenses, Genevae 1548.

Theodor Beza:
- Joannis Calvini Vita a Theodoro Beza Genevensis ecclesiae ministro accurate descripta (CO 21,119-172).

Jacopo Sadoleto:
- Jacobi Sadoleti Cardinalis et Episcopi Carpentoractensis opera quae extant omnia. 4 Bde., Verona 1737-1738.
- Jacobi Sadoleti Romani Cardinalis Epistola ad Senatum Populumque Genevensem: Qua in oboedientiam Romani Pontificis eos reducere conatur: Opp. omn. II,171-186, und: CO 5,385-428; OS 1,441-456.

Zweite Zürcher Disputation:
- Die Akten der zweiten Disputation vom 26.-28. Oktober 1523, in: Huldreich Zwinglis Sämtliche Werke, ed. E. EGLI, G. FINSLER II (CR 89), Leipzig 1908, 664-803.

Actensammlung zur Geschichte der Zürcher Reformation in den Jahren 1519-1533, hrsg. von Emil EGLI, Zürich 1879.

»Da beschachend vil grosser endrungen«. Gerold Edlibachs Aufzeichnungen über die Zürcher Reformation 1520-1526, hrsg. u. kommentiert von Peter JEZLER, in: H.-D. ALTENDORF, P. JEZLER (Hrsg.), Bilderstreit. Kulturwandel in Zwinglis Reformation, Zürich 1984, 41-74.

Amtliche Sammlung der ältern Eidgenössischen Abschiede, hrsg. von Jakob KAISER, 8 Bde., Brugg 1856-1886; 4,1a: Die Eidgenössischen Abschiede aus dem Zeitraume von 1521 bis 1528, bearb. v. Johannes STRICKLER, Brugg 1873.

Badener Disputation:

- Die Disputacion vor den XII orten einer loblichen eidtgnoschaft namlich Bern Lutzern Ury Schwytz Underwalden ob und nidt dem kernwalt Zug mitt dem sampt usseren ampt Glaris Basel Friburg Solathorn Schaffhusen und Appenzell, von wegen der einigkeit in christlichem glauben in iren landen und underthonen der fier Bistumb Costentz Basel, Losanen und Chur beschehen, und in dem iar Christi unsers erlösers MCCCCC und XXVI uff den XVI tag des Meyens erhöret und zů Baden im ergöw irer stattgehalten unnd vollendet, Luzern 1527.
- Staatsarchiv Luzern, Hss. KA 15; KA 20: Religions strytt und Disputation zů Baden im Argöw zwüschen einer Eydtgnoßschafft A° 1526; KA 25.
- Zentralbibliothek Zürich, Mscr. F 1.2.3.4.4a.

Berner Disputation:
- Handlung oder Acta gehaltener Disputation zů Bernn in üchtland, Zürich 1528.

Aktensammlung zur Geschichte der Berner Reformation 1521-1532, hrsg. v. Rudolf STECK und Gustav TOBLER, Bern 1923.

Aktensammlung zur Geschichte der Basler Reformation in den Jahren 1519 bis Anfang 1534, hrsg. von Emil DÜRR und Paul ROTH, 6 Bde., Basel 1921-1950.

Ernst STAEHELIN (Hrsg.), Das Buch der Basler Reformation, Basel 1929.

Théophile DUFOUR, Un opuscule inédit de Farel. Le Résumé des Actes de la Dispute de Rive (1535). Mémoires et documents publiés par la Société d'histoire et d'archéologie de Genève 22 (1886), 201-240.

Anthoine Fromment, Les actes et gestes merveilleux de la Cité de Genève, ed. Gustave REVILLIOD, Genève 1854.

Jeanne de Jussie:
- Petite cronique contenant ung petit en partie de ce qua este faict dens Genesve. Bibliothèque publique et universitaire, Genève, Ms. suppl. 1453. 1454.
- Le levain du Calvinisme, ou commencement de l'hérésie de Genève. Faict par Reverende Soeur Ieanne de Iussie, lors Religieuse à Saincte Claire de Genève, et après sa sortie Abbesse au Convent d'Anyssi, Chambéry 1611; ed. Gustave REVILLIOD, Genève 1853; ed. Ad.-C. GRIVEL, Genève 1865.

Les Actes de la Dispute de Lausanne 1536 publiés intégralemen d'après le manuscrit de Berne par Arthur PIAGET (Mémoires de l'Université de Neuchâtel, T. 6), Neuchâtel 1928.

Ordnung, die ain Ersamer Rath der Statt Ulm in Abstellung her geprachter etlicher mißpreuch in jrer Stat und gepietten zůhalten fürgenommen, ed. E.-W. KOHLS, in: Bucer, DS 4, Gütersloh 1974, 183-305.

Die Matrikeln der Universität Tübingen, hrsg. v. Heinrich HERMELINK, Stuttgart 1906. .

Quellen zur Geschichte des Bauernkriegs in Oberschwaben, hrsg v. Franz Ludwig BAUMANN, Tübingen 1876.

Martinus Crusius, Annales Suevici, Frankfurt 1595.

Christoph Besold, Virginum Sacrarum Monimenta in principum Wirtenbergensium ergastulo litterario iusta annorum centuria, iniusta detenta captivitate etc. Tübingen 1636.

Briefwechsel der Brüder Ambrosius und Thomas Blaurer 1509-1567, bearb. v. Traugott SCHIESS, 3 Bde., Freiburg Br. 1908-1912.

Nürnberger Ratsverlässe über Kunst und Künstler im Zeitalter der Spätgotik und Renaissance, hrsg. v. Th. HAMPE, 3 Bde. (Quellenschriften für Kunstgeschichte und Kunsttechnik in der Neuzeit N. F. 11-13), Wien-Leipzig 1904.

Johannes Eck:
- Enchiridion locorum communium adversus Lutherum et alios hostes ecclesiae (1525-1543), hrsg. von Pierre FRAENKEL (Corp. Cath. 34), Münster Westf. 1979.

Ambrosius Catharinus Politi:
- De certa gloria, invocatione ac veneratione sanctorum disputationes atque assertiones catholicae adversus impios, F. Ambrosii Catharini Politi Senensis ord. praed., Lyon 1542.

Jacopo Nacchianti:
- Enarrationes piae doctae et catholicae, in epistolam D. Pauli ad Romanos In quibus contenta, et iuxta sacram doctrinam et orthodoxam fidem, sunt exactissime explicata, praecipua Christianae religionis sacramenta. Accedunt et tractationes peculiares, de Mysterio sacratissimae Trinitatis, de Tempore quo Petrus extitit Romae, de Recto Imaginum cultu, de Originali labe, et de Praedestinatione ac Reprobatione hominum: sicut versa pagina docet. Per R. P. et D. Jacobum Naclantum Episcopum Clugiensem, Venedig 1557.

Johannes Cochlaeus:
- De sanctorum invocatione et intercessione, deque imaginibus et reliquiis eorum pie riteque colendis. Liber unus. Joannis Cochlei Germani, adversus Henricum Bullingerum Helveticum, Ingolstadt 1544.

Concilii Tridentini Actorum pars sexta, ed. St. EHSES (Concilium Tridentinum, ed. Societas Goerresiana, T. IX), Freiburg Br. 1924.

Enchiridion Symbolorum Definitionum et Declarationum de rebus fidei et morum, ed. H. DENZINGER, A. SCHÖNMETZER, Freiburg 1965.

Acta Ecclesiae Mediolanensis a Carolo Cardinali S. Praxedis Archiepiscopo condita Federici Card. Borromaei Archiepiscopi Mediolani iussu undique diligentius collecta et edita, Milano 1599.
- ed. Achille RATTI, Milano 1890-1899.

Trattati d'Arte del Cinquecento fra Manierismo e Controriforma, ed. Paola BAROCCHI, 3 Bde., Bari 1960-1962.

Johannes Molanus (Jean Ver Meulen):
- De Picturis et Imaginibus sacris Liber unus: tractans de vitandis circa eas abusibus et de earum significationibus. Authore Joanne Molano, Lovaniensi, Sacrae Theologiae Licentiato, et Lovanii ordinario Professore, Löwen 1570.
- De historia ss. imaginum et picturarum, pro vero earum usu contra abusus, libri quatuor, Löwen 1771.

Gabriel Paleotti:
- Discorso intorno alle imagini sacre et profane diviso in cinque libri. Dove si scuoprono varii abusi loro, et si dichiara il vero modo che christianamente si doveria osservare nel porle nelle chiese, nelle case, et in ogni altro luogo. Raccolto et posto insieme a utile delle anime per commissione di Monsignore Illustrissimo et Reverendissimo Card. Paleotti vesvovo di Bologna. Al popolo della città et diocesi sua. MDLXXXII; auch in: Paola BAROCCHI (Hrsg.), Trattati d'Arte de Cinquecento II, Bari 1961, 117-509.
- De tollendis imaginum abusibus novissima consideratio. 1596; ed. P. PRODI, Ricerche sulla teorica delle arti figurative nella Riforma cattolica. Appendice seconda. Archivio italiano per la storia della pietà 4 (1965), 194-208.

Robert Bellarmin:
- Opera omnia, ed. Justinus FÈVRE, Tom. III, Paris 1871.

Giovanni Andrea Gilio:

- Dialogo nel quale si ragiona degli errori e degli abusi de' pittori circa l'istorie. Con molte annotazioni fatte sopra il Giudizio di Michelagnolo et altre figure, tanto de la nova, quanto de la vecchia Capella del Papa. Con la dechiarazione come vogliono essere dipinte le Sacre Immagini, Camerino 1564; auch in: Paola BAROCCHI (Hrsg.), Trattati d'Arte del Cinquecento II, Bari 1961, 1-115.

Carlo Ridolfi:
- Le Maraviglie dell'arte ovvero le vite degli illustri pittori veneti et dello stato descritto da Carlo Ridolfi, Venezia 1648; hrsg. von Detlev FREIHERRN VON HADELN, 2 Bde., Berlin 1914/1924.

Teresa von Avila:
- Santa Teresa de Jesus, Obras Completas, ed. EFREN DE LA MADRE DE DIOS y OTGER STEGGINK (Biblioteca de Autores Cristianos), Madrid 1974.
- Santa Teresa de Jesus, Libro de la Vida, ed. Guido MANCINI, Madrid 1982.
- Das Leben der heiligen Theresia von Jesu, ed. Aloysius ALKOFER (Sämtl. Schriften der hl. Theresia von Jesu, Bd. 1), München 1933.

Voltaire:
- Oeuvres complètes de Voltaire. 70 Bde., Paris 1784-1789.
- Oeuvres complètes de Voltaire. Nouvelle édition. 72 Bde., Paris 1883-1885.
- The Complete Works of Voltaire, Bd. 62, Oxford 1987.
- L'Examen important de Milord Bolingbroke, édition critique par Roland MORTIER, ebd. 161-362.
- Kritische und satirische Schriften, Darmstadt 1984.

Rousseau:
- Collection complète des Oeuvres de J. J. Rousseau, Citoyen de Genève, 17 Bde., Genève 1782-1789.
- Discours: Si le rétablissement des sciences et des arts a contribué à épurer les moeurs, in: J.-J. Rousseau, Du Contrat social, etc., Paris 1962, 1-24.
- Émile ou de l'Éducation, Paris 1961.

Diderot, d'Alembert (Hrsg.), Encyclopédie, ou Dictionnaire Raisonné des Sciences, des Arts et des Métiers, par une Société de Gens de Lettres. 36 Bde., Genève 1778-1779.

Johann Joachim Winckelmann:
- Johann Winckelmanns sämtliche Werke. Einzige vollständige Ausgabe. 12 Bde., Donaueschingen 1825.
- Joh. Winckelmanns Werke. Einzig rechtmäßige Original-Ausgabe. 2 Bde., Stuttgart 1847.
- Hans ZELLER, Winckelmanns Beschreibungen des Apollo im Belvedere, Zürich 1955.

Martin II. Gerbert:
- Principia Theologiae liturgicae quoad divinum officium, Dei cultum, et sanctorum, St. Blasien 1759.
- De dierum festorum numero minuendo, celebritate amplianda, St. Blasien 1765.

Archives Parlementaires de 1787 à 1860, hrsg. von J. MADIVAL, E. LAURENT u. a. 94 Bde., Paris 1867-1985.

Adalbert Stifter:
- Der Nachsommer (1857). Sämtliche Werke, Berlin-Darmstadt 1959, II,673-1324.

Konrad Ferdinand Meyer:
- Der Heilige (1879). Sämtliche Werke, München-Zürich s. a., 256-350.

II. Sekundärliteratur

ACKERMAN, James S., Palladio, Stuttgart 1980.

ALBERIGO, Giuseppe, Art. Borromeo, Carlo, in: TRE 7 (1981), 83–88.

ALTENDORF, Hans-Dietrich, Die Siegelbildvorschläge des Clemens von Alexandrien. ZNW 58 (1967), 129–138.

– Zwinglis Stellung zum Bild und die Tradition christlicher Bilderfeindschaft, in: H.-D. ALTENDORF, P. JEZLER (Hrsg.), Bilderstreit. Kulturwandel in Zwinglis Reformation, Zürich 1984, 11–18; und: Unsere Kunstdenkmäler 35 (1984), 267–275.

ALTENDORF, Hans-Dietrich, JEZLER, Peter (Hrsg.), Bilderstreit. Kulturwandel in Zwinglis Reformation, Zürich 1984.

ANDERES, Bernhard u. a. (Hrsg.), Kunst um Karl Borromäus, Luzern o. J. [1980].

ANGENENDT, Arnold, Peter Abaelard, in: M. GRESCHAT (Hrsg.), Gestalten der Kirchengeschichte, Bd. 3 (Mittelalter I), Stuttgart 1983, 148–160.

ARNALDI, G., La questione dei Libri Carolini, in: Culto Cristiano – Politica imperiale Carolingia (Convegni del Centro di Studi sulla Spiritualità medievale, 18), Todi 1979, 63–86.

ASSUNTO, Rosario, Die Theorie des Schönen im Mittelalter (DuMont-Tb Bd. 117), Köln 1982.

AUBERT, MARCEL, L'architecture cistercienne en France, 2 Bde. Paris ^{2}1947.

– Suger, Abbaye St.-Wandrille 1950.

AUGUSTIJN, Cornelis, Erasmus von Rotterdam. Leben – Werk – Wirkung, München 1986.

AUKSI, P., Simplicity and Silence: The Influence of Scripture on the Aesthetic Thought of the Major Reformers. Journ. Rel. Hist. 10 (1979), 343–364.

BACH, M., Über die ehemaligen Glasgemälde im Kreuzgang des Klosters Hirsau. Christl. Kunstblatt 1897, 113–121.

BACHMANN, Erich, Residenz Würzburg und Hofgarten, München 1975.

BACKUS, Irena, L'Exode 20,3-4 et l'interdiction des images. L'emploi de la tradition patristique par Zwingli et par Calvin. Unsere Kunstdenkmäler 35 (1984), 319–322.

Balthasar Neumann in Baden-Württemberg. Ausstellung zum Europäischen Denkmalschutzjahr 1975, Staatsgalerie Stuttgart, 28. September bis 30. November 1975.

BALTRUŠAITIS, Jurgis, La stylistique ornementale dans la sculpture romane, Paris 1931.

– Le moyen âge fantastique. Antiquités et exotismes dans l'art gothique, Paris 1955.

– Réveils et Prodiges. Le gothique fantastique, Paris 1960.

BARFUCCI, Marino Bernardo, Il Monte della Verna. Sintesi di un Millennio di Vita, Arezzo 1982.

BARNARD, L. W., The Graeco-Roman and Oriental Background of the Iconoclastic Controversy (Byzantina Neerlandica, 5), Leiden 1974.

– Early Christian Art as Apologetic. Journ. Rel. Hist. 10 (1978/79), 20–31.

BARNES, Susan J., The Decoration of the Church of the Hospital of Charity, Illescas. Studies in the History of Art 11, Washington 1982, 45–55.

Barock in Baden-Württemberg. Vom Ende des Dreißigjährigen Krieges bis zur Französischen Revolution. Ausstellung Schloß Bruchsal vom 27. Juni bis 25. Oktober 1981, 2 Bde., Karlsruhe 1981.

BASTGEN, H., Das Capitulare Karls d. Gr. über die Bilder oder die sogenannten Libri Carolini. Neues Archiv der Gesellschaft für die ältere deutsche Geschichtskunde 36 (1911), 631–666; 37 (1912), 15–51; 455–533.

BATTISTI, Eugenio, Rinascimento e Barocco, Torino 1960.

– L'antirinascimento, Milano 1962.

BAUS, K., Art. Libri Carolini, in: LThK² 6 (1961), 1020 f.

BAVAUD, Georges, La Dispute de Lausanne (1536). Une étape de l'évolution doctrinale des Réformateurs romands (Studia Friburgensia N. S. 14), Fribourg 1956.

BAXANDALL, Michael, The Limewood Sculptors of Renaissance Germany, New Haven and London 1980.

BAYER, Hans, Abälard-Heloise-Briefwechsel und Conte du Graal in ihrer Zeit. Ein Beitrag zur Funktion der Literatur in den Glaubenskämpfen des Hochmittelalters. ZKG 100 (1989), 3–32.

BAYNES, Norman H., Idolatry and the Early Church, in: DERS., Byzantine Studies and other Essays, London 1955, 116–143.

– The Icons before Iconoclasm, ebd. 226–239.

BECK, Hans-Georg, Von der Fragwürdigkeit der Ikone (Bayer. Akad. d. Wiss., Phil.-hist. Kl., Sitzungsber. 1975, H. 7), München 1975.

– Die griechische Kirche im Zeitalter des Ikonoklasmus, in: Handbuch der Kirchengeschichte, hrsg. von Hubert JEDIN, III/1, Freiburg-Basel-Wien 1966/1985, 31–61.

BEIGBEDER, Olivier, Lexique des symboles, Zodiaque [Paris] 1969.

BELTING, Hans, Die Oberkirche von San Francesco in Assisi. Ihre Dekoration als Aufgabe und die Genese einer neuen Wandmalerei, Berlin 1977.

– Das Bild und sein Publikum im Mittelalter. Form und Funktion früher Bildtafeln der Passion, Berlin 1981.

VON DER BERCKEN, Erich, Die Gemälde des Jacopo Tintoretto, München 1942.

VON DER BERCKEN, Erich, MAYER, August L., Jacopo Tintoretto, 2 Bde., München 1923.

BÉRENCE, Fred, Les Papes de la Renaissance. Du Concile de Constance au Concile de Trente, Paris 1966.

BERGER, Heinrich, Calvins Geschichtsauffassung (Studien zur Dogmengeschichte und systematischen Theologie, Bd. 6), Zürich 1955.

BERNARI, Carlo, DE VECCHI, Pierluigi, L'opera completa del Tintoretto, Milano 1970.

BERNHEIMER, Richard, Romanische Tierplastik und die Ursprünge ihrer Motive, München 1931.

BERTHOUD, Gabrielle, Iconoclasme à Neuchâtel. Unsere Kunstdenkmäler 35 (1984), 331–338.

Beschreibung des Oberamts Calw, hrsg. von dem Königlichen statistisch-topographischen Bureau, Stuttgart 1860.

BICKEL, Wolfgang, Die Kunst der Cistercienser, in: A. SCHNEIDER u. a. (Hrsg) Die Cistercienser: Geschichte, Geist, Kunst, Köln 1974, 195–340.

BINDING, Günther, Die mittelalterliche Ordenskunst der Franziskaner im deutschen Sprachraum. Franz. Stud. 67 (1985), 287–316.

VON BLANKENBURG, Wera, Heilige und dämonische Tiere. Die Symbolsprache der deutschen Ornamentik im frühen Mittelalter, Leipzig 1943.

BLOCH, P., Das Apsismosaik von Germigny-des-Prés. Karl der Große und der Alte Bund, in: Karl der Große, Lebenswerk und Nachleben, Bd. III: W. BRAUNFELS, H. SCHNITZLER (Hrsg.), Karolingische Kunst, Düsseldorf 1965, 234-262.

BLUME, Dieter, Wandmalerei als Ordenspropaganda. Bildprogramme im Chorbereich franziskanischer Konvente Italiens bis zur Mitte des 14. Jahrhunderts, Worms 1983.

BLUNT, Anthony (Hrsg.), Baroque and Rococo. Architecture and Decoration, New York 1978.

BÖSEL, Richard, Jesuitenarchitektur in Italien (1540-1773). Teil I: Die Baudenkmäler der römischen und neapolitanischen Ordensprovinz (Publikationen des Historischen Instituts beim österr. Kulturinstitut in Rom. Abh. Bd. 7), Wien 1985.

BORGEAUD, Charles, La conquête religieuse de Genève (1532-1536), in: Guillaume Farel 1489-1565. Biographie nouvelle, Neuchâtel-Paris 1930, 298-337.

BORNERT, René, La Réforme Protestante du Culte à Strasbourg au XVI siècle (1523-1598), (Studies in Medieval and Reformation Thought, 28), Leiden 1981.

BOSCHETTO, Antonio, Benozzo Gozzoli nella chiesa di San Francesco a Montefalco, Milano 1961.

BOSHOF, Egon, Erzbischof Agobard von Lyon. Leben und Werk (Kölner Histor. Abh. Bd. 17), Köln 1969.

BOVING, Remigius, Das aktive Verhältnis des hl. Franz zur bildenden Kunst. AFH 19 (1926), 610-635.

BRANDT, Reinhard, »... ist endlich eine edle Einfalt, und eine stille Größe«, in: T. W. GAEHTGENS (Hrsg.), Johann Joachim Winckelmann 1717-1768, Hamburg 1986, 41-53.

BRAUNFELS, Wolfgang, Abendländische Klosterbaukunst, Köln [3]1978.

BRECHT, Martin, EHMER, Hermann, Südwestdeutsche Reformationsgeschichte. Zur Einführung der Reformation im Herzogtum Württemberg, Stuttgart 1984.

BREDEKAMP, Horst, Renaissancekultur als »Hölle«: Savonarolas Verbrennungen der Eitelkeiten, in: M. WARNKE (Hrsg.), Bildersturm. Die Zerstörung des Kunstwerks, München 1973, 41-64.

BREDERO Adriaan Hendrik, Études sur la »Vita prima« de Saint Bernard. Anal. S. O. Cist. 17 (1961), 3-72; 215-260; 18 (1962), 3-59.

BRENK, Beat, Die frühchristlichen Mosaiken in S. Maria Maggiore zu Rom, Wiesbaden 1975.

- Spätantike und frühes Christentum (Propyläen Kunstgeschichte, Supplementbd. I), Frankfurt 1977.

BRIGGS, Martin S., Goths and Vandals. A Study of the Destruction Neglect and Preservation of Historical Buildings in England, London 1952.

BROUETTE, É., Art. Serenus, in: LThK[2] 9 (1964), 686 f.

BROWN, Jonathan, El Greco - Mensch und Mythos, in: El Greco und Toledo, Berlin 1983, 13-26.

DE BRUYNE, D., La Composition des Libri Carolini. Rev. Bén. 44 (1932), 227-234.

DE BRUYNE, Luciano, L'importanza degli scavi Lateranensi per la cronologia delle prime pitture catacombali. RivAC 44 (1968), 81-113.

- La peinture cémétériale Constantinienne, in: Akten des VII. Internationalen Kongresses für christliche Archäologie, Trier 5.-11. Sept. 1965, Città del Vaticano - Berlin 1969, I,159-214.

- La »Cappella greca« di Priscilla. RivAC 46 (1970), 291-330.
BÜTTNER, Frank, Giovanni Battista Tiepolo. Die Fresken in der Residenz zu Würzburg, Würzburg 1980.
BUGHETTI, Benvenuto, Vita e miracoli di S. Francesco nelle tavole istoriate dei secoli XIII e XIV. AFH 19 (1926), 636-732.
BULLOCK, Alan, Aussichten auf Europa. Wenn sich die Kommunikationsgesellschaft auf ihre geistigen Traditionen besinnt, ist eine Renaissance der europäischen Kultur möglich. Die Zeit 1988, Nr. 1, 9-10.
BURGER, Christoph, Aedificatio, Fructus, Utilitas. Johannes Gerson als Professor der Theologie und Kanzler der Universität Paris (Beitr. z. Hist. Theol. 70), Tübingen 1986.
BURGY, François Marc, Iconoclasme et Réforme chez les chroniqueurs de Genève et du Pays de Vaud. Unsere Kunstdenkmäler 35 (1984), 323-330.
BURKE, Peter, Popular Culture in Early Modern Europe, London 1978.
BUSHART, Bruno, Martin Knoller - der Freskant, in: H. TÜCHLE, P. WEISSENBERGER (Hrsg.), Die Abteikirche Neresheim, Neresheim 1975, 353-401.
BUSHART, Bruno, RUPPRECHT, Bernhard (Hrsg.), Cosmas Damian Asam 1686-1739. Leben und Werk, München 1986.
BUSSMANN, Klaus, Burgund. Kunst, Geschichte, Landschaft, Köln ³1980.
BUYTAERT, E. M., General Introduction, in: Petri Abaelardi Opera Theologica I, Turnholt 1969 (CCCM 11, IX-XXXVIII).
- (Hrsg.), Peter Abelard. Proceedings of the International Conference Louvain May 10-12, 1971, Louvain - Den Haag 1974.
VON CAMPENHAUSEN, Hans FREIHERR, Die Bilderfrage als theologisches Problem der alten Kirche, in: DERS., Tradition und Leben. Kräfte der Kirchengeschichte. Aufs. u. Vortr., Tübingen 1960, 216-252.
- Die Bilderfrage in der Reformation. ZKG 68 (1957), 69-128; und: DERS., Tradition und Leben, Tübingen 1960, 361-407.
CANTINELLI, Richard, Jacques-Louis David 1748-1825, Paris et Bruxelles 1930.
CASSINA, Gaëtan, Incidences des luttes confessionelles sur l'art en Valais. Unsere Kunstdenkmäler 35 (1984), 339-344.
CAVANNA, N., L'Umbria francescana illustrata, Perugia 1910 (französ. Übers.: L'ombrie franciscaine, Paris 1926).
CHRISTENSEN, Carl C., Iconoclasm and the Preservation of Ecclesiastical Art in Reformation Nuernberg. ARG 61 (1970), 205-221.
- Art and the Reformation in Germany, Athens, Ohio and Detroit 1979.
- Reformation and Art, in: Steven OZMENT (Hrsg.), Reformation Europe: A Guide to Research, St. Louis, Missouri 1982, 249-270.
CONANT, Kenneth John, The Third Church at Cluny, in: W. R. W. KOEHLER (Hrsg.), Medieval Studies in Memory of A. Kingsley Porter, Cambridge, Mass. 1939, II,327-357.
COOPER, Duff, Talleyrand, München 1962.
CREW, Phyllis Mack, Calvinist Preaching and Iconoclasm in the Netherlands 1544-1569, Cambridge 1978.
CROSBY, Sumner McKnight, L'Abbaye royale de Saint-Denis, Paris 1960.
- Abbot Suger's St.-Denis. The New Gothic, in: Acts of the 20th International Congress of History of Art 1, Princeton 1963, 85-91.
- Abbot Suger's Program for His New Abbey Church, in: Timothy Gregory VERDON (Hrsg.), Monasticism and the Arts, Syracuse, New York 1984, 189-206.

Da Tiziano a El Greco. Per la storia del Manierismo a Venezia 1540–1590, Milano 1981.

DAVID, J. L. Jules, Le Peintre Louis David 1748–1825. Souvenirs et Documents inédits, Paris 1880.

DAVIES, David, El Greco and the Spiritual Reform Movements in Spain. Studies in the History of Art 13, Washington 1984, 57–74.

DAVIS, Natalie Zemon, From »Popular Religion« to Religious Cultures, in: Steven OZMENT (Hrsg.), Reformation Europe: A Guide to Research, St. Louis, Missouri 1982, 321–341.

DEBIDOUR, V.-H., Le bestiaire sculpté du Moyen Age en France, Grenoble-Paris 1961.

DEHIO, Georg, Die Krisis der deutschen Kunst im sechzehnten Jahrhundert. AKG 12 (1916), 1–16.

– Handbuch der Deutschen Kunstdenkmäler. Bayern I: Franken, bearb. von Tilman BREUER u. a., Darmstadt 1979.

DEJOB, Charles, De l'influence du Concile de Trente sur la littérature et les beaux-arts chez les peuples catholiques. Essai d'introduction à l'histoire littéraire du siècle de Louis XIV, Paris 1884.

DELIUS, W., Die Bilderfrage im Karolingerreich. Diss. theol. Halle 1928.

DEMPF, Alois, Die geistige Stellung Bernhards von Clairvaux gegen die Cluniazensische Kunst, in: Johannes SPÖRL (Hrsg.), Die Chimäre seines Jahrhunderts. Vier Vorträge über Bernhard von Clairvaux anläßlich der 800. Wiederkehr seines Todestages, Würzburg 1953, 29–53.

DEONNA, Waldemar, Les Arts à Genève des origines à la fin du XVIIIe siècle, Genève 1942.

VON DERSCHAU, Joachim, Zum geistigen Gehalt der Gemälde Tintorettos in der Scuola di San Rocco in Venedig. Diss. phil. Heidelberg 1911.

DEUCHLER, Florens, Arte povera: Zu den ältesten Franziskus-Bildern als Zeugen eines mittelalterlichen Genus pingendi, in: Niederösterr. Landesaustellung: 800 Jahre Franz von Assisi, Wien 1982, 382–386.

– Die ältesten Franziskusbilder. Überlegungen zu Form und Funktion. Franz. Stud. 67 (1985), 317–325.

DEVIGNE, Marguerite, Art. Richier, Ligier, in: Allg. Lexikon der bildenden Künstler 28 (1934), 277–279.

DEYON, Solange, LOTTIN, Alain, Les »casseurs« de l'été 1566. L'iconoclasme dans le Nord, Paris 1981.

DHANENS, Elisabeth, Het Retabel van het Lam Gods in de Sint Baafskathedraal te Gent (Inventaris van het Kunstpatrimonium van Oost-Vlaanderen VI), Gent 1965.

– Hubert und Jan van Eyck, Königstein i. T., o. J. (Originalausg. Antwerpen 1980).

DIMIER, M.-A., L'art cistercien. France. [Paris] Zodiaque 1962. ²1974.

DISERENS, Edouard, Cathédrale de Lausanne. Les vitraux modernes: Un panorama du vitrail en Suisse romande entre les deux guerres, Lausanne s. a.

VON DOBSCHÜTZ, Ernst, Christusbilder. Untersuchungen zur christlichen Legende (TU 18, N. F. 3), Leipzig 1899.

DOHMEN, Christoph, Das Bilderverbot. Seine Entstehung und Entwicklung im Alten Testament (Bonner Bibl. Beitr. 62), Königstein-Bonn 1985.

DOHMEN, Christoph, STERNBERG, Thomas (Hrsg.), ... kein Bildnis machen. Kunst und Theologie im Gespräch, Würzburg 1987.

Die Domschatzkammer zu Aachen, Aachen 1979.

DOUMERGUE, Emile, Jean Calvin. Les hommes et les choses de son temps. 7 Bde., Lausanne 1899-1927.

DRESS, Walter, Die zehn Gebote und der Dekalog. Ein Beitrag zu der Frage nach den Unterschieden zwischen lutherischem und calvinistischem Denken. Theol. Lit. Z. 79 (1954), 415-422.

DUBY, Georges, Saint Bernard. L'Art cistercien, Paris 1976 (dt. Übers.: Der heilige Bernhard und die Kunst der Zisterzienser, Stuttgart 1981).

DUDDEN, F. Homes, Gregory the Great. His Place in History and Thought. 2 Bde., London 1905.

DÜNNINGER, Hans, Zur Geschichte der barocken Wallfahrt im deutschen Südwesten, in: Barock in Baden-Württemberg, Karlsruhe 1981, II,409-416.

DUPRAZ, Emmanuel, La Cathédrale de Lausanne. Etude historique, Lausanne 1906.

DUPRAZ, Emmanuel-Stanislas, La Cathédrale de Lausanne. Histoire – Art – Culte, Lausanne 1958.

DUSSLER, Luitpold, Die Spätwerke des Michelangelo, in: Ch. DE TOLNAY u. a., Michelangelo Buonarroti, Würzburg 1964, 115-155.

ECKSTEIN, Hans, Die romanische Architektur. Der Stil und seine Formen, Köln 1975.

EDWARDS, Mark U. Jr., Luther and the False Brethren, Stanford, California 1975.

EFFENBERGER, Arne, Frühchristliche Kunst und Kultur. Von den Anfängen bis zum 7. Jahrhundert, München und Leipzig 1986.

EGGER, Hanna, Franziskanischer Geist in mittelalterlichen Bildvorstellungen. Versuch einer franziskanischen Ikonographie, in: Niederösterr. Landesausstellung: 800 Jahre Franz von Assisi, Wien 1982, 471-505.

EHRLE, Franz, Die ältesten Redactionen der Generalconstitutionen des Franziskanerordens. Archiv f. Lit. u. Kirchengesch. des Mittelalt. 6 (1892), 1-138.

VON EINEM, Herbert, Giorgione der Maler als Dichter. Akademie d. Wiss. u. d. Lit. Abh. d. Geistes- u. sozialwiss. Kl. Jg. 1972, Nr. 2, Mainz-Wiesbaden 1972.

– Michelangelo – Bildhauer Maler Baumeister, Berlin 1973.

EIRE, Carlos M. N., War against the Idols. The Reformation of Worship from Erasmus to Calvin, Cambridge 1986.

El Greco und Toledo, Berlin 1983.

ELLIGER, Walter, Die Stellung der Alten Christen zu den Bildern in den ersten vier Jahrhunderten (Studien über christliche Denkmäler, 20. 23), Leipzig 1930/1934.

ELM, K. (Hrsg.), Die Zisterzienser. Ordensleben zwischen Ideal und Wirklichkeit. Ergänzungsband, Köln 1982.

ENDRISS, Julius, Das Ulmer Reformationsjahr 1531, Ulm ²1931.

– Die Abstimmung der Ulmer Bürgerschaft im November 1530, Ulm s. a. [1931]

ENGLEBERT, Omer, Vie de Saint François d'Assise, Paris ²1971.

ERDMANN, Karl Dietrich, Volkssouveränität und Kirche 1789-1791, Köln 1949.

ERLANDE-BRANDENBURG, Alain, Der Stellenwert der Entdeckungen innerhalb der Geschichte der Bildhauerkunst, in: Die Könige von Notre-Dame, 24-39.

ERMATINGER, Emil, Deutsche Kultur im Zeitalter der Aufklärung (Handbuch der Kulturgeschichte), Potsdam 1935 (Frankfurt 1969).

ESCHWEILER, Jakob, Das Eberhardgebetbuch, Stuttgart 1951.

ÉTIENNE, Jacques, Spiritualisme érasmien et théologiens lovanistes. Un changement de problématique au début du XVIᵉ siècle, Louvain-Gembloux 1956.

EYDOUX, Henri-Paul, L'Architecture des Églises Cisterciennes d'Allemagne (Travaux et Mémoires des Instituts Français en Allemagne, 1), Paris 1952.
- Die Zisterzienserbauten und die Architektur des 12. Jahrhunderts in: J. LORTZ (Hrsg.), Bernhard von Clairvaux. Mönch und Mystiker. Internationaler Bernhardkongreß Mainz 1953 (Veröff. d. Inst. f. Eur. Gesch. Mainz, Bd. 6), Mainz 1955, 225-227.
FAGIOLO, Manizio, CIPRIANI, Angela, Bernini, Roma-Firenze 1981.
FANTOZZI, Antonius, Documenta Perusina ad Indulgentiam Portiunculae spectantia. AFH 9 (1916), 237-293.
FELD, Helmut, Um die reinere Lehre des Evangeliums: Calvins Kontroverse mit Sadoleto 1539. Catholica 36 (1982), 150-180.
- Die Wiedergeburt des Paulinismus im europäischen Humanismus. Catholica 36 (1982), 294-327.
- Die europäische Politik Gerberts von Aurillac: Freundschaft und Treue als politische Tugenden, in: Gerberto: scienza, storia e mito. Atti del Gerberti Symposium (Bobbio 25-27 luglio 1983) (Archivum Bobiense - Studia II), Bobbio 1985, 695-731.
- Die »Verkündigung« innerhalb von Piero della Francescas Heilig-Kreuz-Zyklus in Arezzo. Franz. Stud. 67 (1985), 348-359.
- Die Totengräber des heiligen Franziskus von Assisi. AKG 68 (1986), 319-350.
- Rein geistiger Kultus und Bilderverbot: Die 7. These der Disputation von Lausanne und ihr religions- und kulturgeschichtlicher Hintergrund. Catholica 41 (1987), 125-142.
- Rez. PFEIFFER, Heinrich, Gottes Wort im Bild. Christusdarstellungen in der Kunst, München 1986, in: Theol. Rev. 83 (1987), 379 f.
- Art. Summenhart, Konrad, in: Die deutsche Literatur des Mittelalters. Verfasserlexikon.
FELLER, Richard, Der Staat Bern in der Reformation = Gedenkschrift zur Vierhundertjahrfeier der Bernischen Kirchenreformation. Bd. II, Bern 1928.
- Geschichte Berns. 4 Bde., Bern 1946-1960; Neudr. 1974; II: Archiv des Hist. Vereins des Kantons Bern 42/2 (1954).
FERRARI, Mirella, »In Papia conveniant ad Dungalum.« Italia medioevale e umanistica 15 (1972), 1-52.
- Note su Claudio di Torino »episcopus ab ecclesia damnatus«. It. med. e um. 16 (1973), 291-308.
FINK, Josef, Bildfrömmigkeit und Bekenntnis. Das Alte Testament, Herakles und die Herrlichkeit Christi an der Via Latina in Rom (Beihefte zum Archiv für Kulturgeschichte, 12), Köln-Wien 1978.
FISCHER, Danielle, L'histoire de l'Eglise dans la pensée de Calvin. ARG 77 (1986), 79-125.
FLEURY, Michel, Die Geschichte eines Verbrechens, in: Die Könige von Notre-Dame, 14-23.
FLORISOONE, Michel, Esthétique et Mystique d'après Sainte Thérèse 'Avila et Saint Jean de la Croix, Paris 1926.
FOCILLON, Henri, L'art d'occident. 2 Bde., Paris 1938 (Neudruck Paris 1965).
FORMIGÉ, Jules, L'Abbaye royale de Saint-Denis. Recherches nouvelles. Paris 1960.
FRANCASTEL, Pierre, Baroque et Classique: une civilisation. Annales 12 (1957), 207-222.
- Baroque et Classicisme: histoire ou typologie des civilisations? Annales 14 (1959), 142-151.

FRANKE, Thomas, Zur Geschichte der Elisabethreliquien im Mittelalter und in der frühen Neuzeit, in: Sankt Elisabeth. Fürstin, Dienerin, Heilige, Sigmaringen 1981, 167–179.

FRANZ, Erich, Pierre Michel d'Ixnard und die Hechinger Stadtpfarrkirche, in: 200 Jahre Stiftskirche St. Jakobus Hechingen, Hechingen 1983, 6–15.

FREEDBERG, David, The Structure of Byzantine and European Iconoclasm, in: A. BRYER, J. HERRIN (Hrsg.), Iconoclasm. Papers given at the Ninth Spring Symposium of Byzantine Studies, University of Birmingham, March 1975, Birmingham 1977, 165–177.

VON FREEDEN, Max H., Balthasar Neumann – der Baumeister, in: H. TÜCHLE, P. WEISSENBERGER (Hrsg.), Die Abteikirche Neresheim, Neresheim 1975, 337–351.

VON FREEDEN, Max H., LAMB, Karl, Das Meisterwerk des Giovanni Battista Tiepolo. Die Fresken der Würzburger Residenz, München 1956.

FREEMAN, Ann, Theodulf of Orleans and the Libri Carolini. Speculum 32 (1957), 663–705.

– Further Studies in the Libri Carolini. Speculum 40 (1965), 203–289.

FREUDENBERGER, Theobald, Art. Braun, Konrad, in: NDB 2 (1955), 556.

FREY, Dagobert, Manierismus als europäische Stilerscheinung. Studien zur Kunst des 16. und 17. Jahrhunderts, Stuttgart 1964.

GÄBLER, Ulrich, Huldrych Zwingli. Eine Einführung in sein Leben und sein Werk, München 1983.

GAEHTGENS, Thomas W. (Hrsg.), Johann Joachim Winckelmann 1717–1768 (Studien zum achtzehnten Jahrhundert, 7), Hamburg 1986.

GAGLIARDI, Ernst, Katalog der Handschriften der Zentralbibliothek Zürich. II. Neuere Handschriften seit 1500, Zürich 1937.

GALEOTA, Gustavo, Art. Bellarmini, Roberto, in: TRE 5 (1980), 525–531.

GAMER, Jörg, Die Benediktinerabteikirche Neresheim, in: Balthasar Neumann in Baden-Württemberg, Stuttgart 1975, 93–119.

GANZER, Klaus, Zur monastischen Theologie des Johannes Trithemius. Hist. Jahrb. 101 (1981), 384–421.

GARSIDE, Charles Jr., Ludwig Haetzer's Pamphlet against Images: A Critical Study. Mennonite Quarterly Rev. 34 (1960), 20–36.

– Zwingli and the Arts (Yale Historical Publications, Miscellany 83), New Haven and London 1966.

Gedenkschrift zur Vierhundertjahrfeier der Bernischen Kirchenreformation, bearb. von E. BÄHLER, Th. DE QUERVAIN u. a., 3 Bde., Bern 1928.

GEISSLER, Heinrich, Martin Knollers Fresken für Neresheim, in: Balthasar Neumann in Baden-Württemberg, Stuttgart 1975, 121–125.

GERMANN, Martin, Der Untergang der mittelalterlichen Bibliotheken Zürichs: der Büchersturm von 1525, in: H.-D. ALTENDORF, P. JEZLER (Hrsg.), Bilderstreit, Zürich 1984, 103–107.

GERO, St., Byzantine Iconoclasm during the Reign of Leo III, with Particular Attention to the Oriental Sources, Louvain 1973.

– The Libri Carolini and the Image Controversy. The Greek Orth. Theol. Rev. 18 (1973), 7–34.

GIESE, Elisabeth, Benozzo Gozzolis Franziskuszyklus in Montefalco. Bildkomposition als Erzählung (Europ. Hochschulschr. 28,52), Frankfurt-Bern-New York 1986.

GIESE, Rachel, Erasmus and the Fine Arts. Journal of Modern History 7 (1935), 257–279.

GILLIARD, Charles, Le triomphe de la Réformation dans les contrées romandes. Conquête et organisation du pays de Vaud par les Bernois. Farel et la Dispute de Lausanne (Janvier à Octobre 1536), in: Guillaume Farel, Biographie nouvelle, Neuchâtel-Paris 1930, 338-347.

GILSON, ÉTIENNE, Héloïse et Abélard. Études sur le Moyen Age et l'Humanisme, Paris 1938 (dt. Übers. Freiburg 1955).

GISCARD D'ESTAING, François, Gute und böse Zeiten für die Könige von Notre-Dame, in: Die Könige von Notre-Dame, 6-13.

GOETERS, J. F. Gerhard, Ludwig Hätzer (ca. 1500 bis 1529). Spiritualist und Antitrinitarier. Eine Randfigur der frühen Täuferbewegung (Quellen und Forschungen zur Reformationsgeschichte, Bd. 25), Gütersloh 1957.

– Art. Haetzer, Ludwig, in: The Mennonite Encyclopedia 2 (1956), 621-626.

GÖTTLER, Christine, JEZLER, Peter, Das Erlöschen des Fegefeuers und der Zusammenbruch der Auftraggeberschaft für sakrale Kunst, in: Christoph DOHMEN, Thomas Sternberg (Hrsg.), ... kein Bildnis machen. Kunst und Theologie im Gespräch, Würzburg 1987, 119-148.

GOEZ, Werner, Franziskus von Assisi, in: Sankt Elisabeth. Fürstin Dienerin Heilige, Sigmaringen 1981, 380-385.

DE LA GORCE, Pierre, Histoire religieuse de la Révolution française. 5 Bde., Paris 1909-1931.

GRABAR, A., Les Mosaïques de Germigny-des-Prés. Cahiers Archéologiques 7 (1954), 171-183.

– L'Iconoclasme Byzantin. Dossier Archéologique, Paris 1957.

GRANE, Leif, Peter Abaelard. Philosophie und Christentum im Mittelalter, Göttingen 1964.

GRAU, Marta, Calvins Stellung zur Kunst, Würzburg 1917.

GRIMME, Ernst Günther, Goldschmiedekunst im Mittelalter. Form und Bedeutung des Reliquiars von 800-1500, Köln 1972.

– Die Geschichte der abendländischen Buchmalerei, Köln 1980.

GRODECKI, Louis, Suger et l'architecture monastique, in: L'architecture monastique – Die Klosterbaukunst. Bulletin des relations artistiques France-Allemagne. Numéro spécial, Mainz 1951.

Guillaume Farel 1489-1565. Biographie nouvelle, Neuchâtel-Paris 1930.

GUTMANN, Joseph (Hrsg.), The Dura-Europos Synagogue: A Re-Evaluation (1932-1972), Missoula, Montana 1973.

GUTSCHER, Daniel, SENN, Matthias, Zwinglis Kanzel im Zürcher Großmünster – Reformation und künstlerischer Neubeginn, in: H.-D. ALTENDORF, P. JEZLER (Hrsg.), Bilderstreit, Zürich 1984, 109-116, und: Unsere Kunstdenkmäler 35 (1984), 310-318.

HAENDLER, Gert, Epochen karolingischer Theologie. Eine Untersuchung über die karolingischen Gutachten zum byzantinischen Bilderstreit (Theol. Arbeiten, Bd. 10), Berlin 1958.

HAGER, Hellmut, Die Anfänge des italienischen Altarbildes. Untersuchungen zur Entstehungsgeschichte des toskanischen Hochaltarretabels, München 1962.

HAHN, Hanno, Die frühe Kirchenbaukunst der Zisterzienser. Untersuchungen zur Baugeschichte von Kloster Eberbach im Rheingau und ihren europäischen Analogien im 12. Jahrhundert (Frankfurter Forschg. z. Architekturgesch., 1), Berlin 1957.

HAHN, Joachim, Die ältesten figürlichen Darstellungen im Aurignacien, in: H. MÜLLER-BECK, G. ALBRECHT (Hrsg.), Die Anfänge der Kunst vor 30 000 Jahren, Stuttgart 1987, 25-33.

HALLER, Johannes, Die Anfänge der Universität Tübingen, 2 Bde., Stuttgart 1927/1929.

HAMANN, Richard, Deutsche und französische Kunst im Mittelalter, 2 Bde., Marburg 1922/1923.

– Das Tier in der romanischen Plastik Frankreichs, in: W. R. W. KOEHLER (Hrsg.), Medieval Studies in Memory of A. Kingsley Porter, Cambridge, Mass. 1939, II,413–452.

HAMPE, Karl, Hadrians Verteidigung der zweiten Nicaenischen Synode gegen die Angriffe Karls d. Gr. Neues Archiv 21 (1896), 95–113.

HASSINGER, Erich, Das Werden des neuzeitlichen Europa 1300–1600, Braunschweig [2]1964.

HAUSER, Arnold, Der Manierismus. Die Krise der Renaissance und der Ursprung der modernen Kunst, München 1964.

HAUTECOEUR, Louis, Louis David, Paris 1954.

HERING, Peter, Die »Allegorienglorie« als austauschbarer Topos in barocken Deckenprogrammen. Zur Ikonographie von Johann Zicks Deckenmalerei im Treppenhaus des Bruchsaler Schlosses, in: Barock in Baden-Württemberg, Karlsruhe 1981, II,97–106.

HETZER, Theodor, Die Fresken Tiepolos in der Würzburger Residenz, Frankfurt 1943.

HEYD, Ludwig Friedrich, Ulrich, Herzog zu Württemberg. 3 Bde. Tübingen 1841–1844.

HIGMAN, Francis M., The Style of John Calvin in his French Polemical Treatises, Oxford 1967.

HINSBERGER, Rudolf, Prinzip Hoffnung in Stein. Das Meisterwerk des Ligier Richier in St.-Mihiel. Saarbrücker Zeitung am Wochenende 1978, Nr. 13, S. 3.

HOFER, Johannes, Johannes Kapistran. Ein Leben im Kampf um die Reform der Kirche. 2 Bde. (Bibliotheca Franciscana 1.2), Heidelberg [2]1964/1965.

HOFFMANN, Konrad, Konrad Sam (1483–1533), der Prediger des Rats zu Ulm, in: Hans Eugen SPECKER und Gebhard WEIG (Hrsg.), Die Einführung der Reformation in Ulm. Geschichte eines Bürgerentscheids (Forschungen zur Geschichte der Stadt Ulm. Reihe Dokumentation, 2), Ulm 1981, 233–268.

HOFMANN, Werner, Die Geburt der Moderne aus dem Geist der Religion, in: DERS. (Hrsg.), Luther und die Folgen für die Kunst (Hamburger Kunsthalle 11. Nov. 1983 – 8. Jan. 1984), München 1983, 23–71.

HOLL, Karl, Die Schriften des Epiphanius gegen die Bilderverehrung, in: DERS., Gesammelte Aufsätze zur Kirchengeschichte II, Tübingen 1928, 351–387.

HOPKINS, Clark, The Discovery of Dura-Europos, New Haven and London 1979.

HORAT, Heinz, Die Bauanweisungen des hl. Karl Borromäus und die schweizerische Architektur nach dem Tridentinum, in: B. ANDERES u. a. (Hrsg.), Kunst um Karl Borromäus, Luzern [1980], 135–155.

HUBALA, Erich, Die Kunst des 17. Jahrhunderts (Propyläen Kunstgeschichte, Bd. 9), Berlin 1970.

HUBERT, Jean, PORCHER, Jean, VOLBACH, W. Fritz, Die Kunst der Karolinger. Von Karl dem Großen bis zum Ausgang des 9. Jahrhunderts, München 1969.

HÜTTINGER, Eduard, Die Bilderzyklen Tintorettos in der Scuola di San Rocco zu Venedig, Zürich 1962.

HUIZINGA, Johan, Der Herbst des Mittelalters, Stuttgart [9]1965.

HUNDSBICHLER, Helmut, Johannes Kapistran. Franziskanische Observanz – Rettung Europas – Sachkultur, in: Niederösterr. Landesausstellung, Wien 1982, 200–207.

IDZERDA, Stanley J., Iconoclasm during the French Revolution. American Hist. Rev. 60 (1954/55), 13-26.

IM HOF, Ulrich, Niklaus Manuel und die reformatorische Götzenzerstörung. Zeitschr. f. Schweizer. Archäol. u. Kunstgesch 37 (1980), 297-300.

ISERLOH, Erwin, Bilderfeindlichkeit des Nominalismus und Bildersturm im 16. Jahrhundert, in: W. HEINEN (Hrsg.), Bild - Wort - Symbol in der Theologie, Würzburg 1969, 119-138.

– Die Verteidigung der Bilder durch Johannes Eck zu Beginn des reformatorischen Bildersturms, in: Aus Reformation und Gegenreformation. FS. für Theobald Freudenberger (Würzburger Diözesangeschichtsblätter 35/36), Würzburg 1974, 75-85.

– Karl Borromäus (1538-1584) ein Heiliger der katholischen Reform im 16. Jahrhundert, in: W. BAIER u. a. (Hrsg.), Weisheit Gottes – Weisheit der Welt. FS. für Joseph Kardinal Ratzinger zum 60. Geb., St. Ottilien 1987, II,889-900.

ISLER-DE JONGH, Ariane, Programme religieux et programme dynastique à Königsfelden. Zeitschr. f. Schweizer. Archäol. und Kunstgesch. 36 (1979), 236-238.

JACOBS, Elfriede, Die Sakramentslehre Wilhelm Farels (Zürcher Beitr. z. Reformationsgesch., Bd. 10), Zürich 1978.

JANTZEN, Hans, Ottonische Kunst, München 1947 (Neudr.: 1959, 1963, Rowohlts deutsche Enzyklopädie 89).

– Die Gotik des Abendlandes. Idee und Wandel, Köln ²1963.

JEDIN, Hubert, Entstehung und Tragweite des Trienter Dekrets über die Bilderverehrung. ThQ 116 (1935), 143-188; 404-429.

– Das Tridentinum und die bildenden Künste. Bemerkungen zu Paolo Prodi, Ricerche sulla teorica delle arti figurative nella Riforma cattolica (1962). ZKG 74 (1963), 321-339.

– Geschichte des Konzils von Trient. Bd. IV/2, Freiburg Br. 1975.

JEZLER, Peter, Tempelreinigung oder Barbarei? Eine Geschichte vom Bild des Bilderstürmers, in: H.-D. ALTENDORF, P. JEZLER (Hrsg.), Bilderstreit: Kulturwandel in Zwinglis Reformation, Zürich 1984, 75-82.

JEZLER, Peter, JEZLER, Elke, GÖTTLER, Christine, Warum ein Bilderstreit? Der Kampf gegen die »Götzen« in Zürich als Beispiel, ebd. 83-102, und: Unsere Kunstdenkmäler 35 (1984), 276-296.

JÖRGENSEN, Johannes, Das Pilgerbuch. Aus dem franziskanischen Italien, München ⁶1922.

JONES, W. R., Lollards and Images: The Defense of Religious Art in Later Medieval England. Journal of the History of Ideas 34 (1973), 27-50.

JUSTI, Karl, Winckelmann und seine Zeitgenossen, 3 Bde., Köln ⁵1956.

KAGAN, Richard L., Toledo zur Zeit El Grecos, in: El Greco und Toledo, Berlin 1983, 31-63.

KARN, Georg Peter, St. Blasien. Sakralbaukunst und kirchliche Aufklärung, in: Barock in Baden-Württemberg, Karlsruhe 1981, II,157-166.

KATZENELLENBOGEN, Adolf, The Central Tympanum at Vézelay. Its Encyclopedic Meaning and its Relation to the First Crusade. Art Bulletin 26 (1944), 141-151.

KAUFFMANN, Georg, Die Kunst des 16. Jahrhunderts (Propyläen Kunstgeschichte Bd. 8), Berlin 1970.

KAUFFMANN, Hans, Giovanni Lorenzo Bernini. Die figürlichen Kompositionen, Berlin 1970.

KEIDEL, F., Ulmische Reformationsakten von 1531 und 1532. Württ. Vjh. f. Landesgesch. N. F. 4 (1895), 255–342.

KEIM, Theodor, Die Reformation der Reichsstadt Ulm. Ein Beitrag zur schwäbischen und deutschen Reformationsgeschichte, Stuttgart 1851.

KELLER, Harald, Die Kunst des 18. Jahrhunderts (Propyläen Kunstgeschichte, Bd. 10), Berlin 1971.

KERBER, Bernhard, Andrea Pozzo (Beitr. z. Kunstgesch., 6), Berlin-New York 1971.

KIRSCHBAUM, E., L'influsso del Concilio di Trento nell'arte. Gregorianum 26 (1945), 100–116.

KLAUSER, Theodor, Die Äußerungen der Alten Kirche zur Kunst, in: DERS., Gesammelte Arbeiten zur Liturgiegeschichte, Kirchengeschichte und christlichen Archäologie (Jahrb. für Antike und Christent., Ergänzungsbd. 3), Münster 1974, 328–337.

– Erwägungen zur Entstehung der altchristlichen Kunst, ebd. 338–346.

– Der Beitrag der orientalischen Religionen, insbesondere des Christentums, zur spätantiken und frühmittelalterlichen Kunst, ebd. 347–392.

KLIBANSKY, Raymond, Peter Abailard and Bernard of Clairvaux. A Letter by Abailard. Med. and Ren. Studies 5 (1961), 1–27.

KNOWLES, David, Bare Ruined Choirs. The Dissolution of the English Monasteries, Cambridge 1976.

KOCH, Hugo, Die altchristliche Bilderfrage nach den literarischen Quellen (FRLANT N. F. 10), Göttingen 1917.

Die Könige von Notre-Dame, Biel s. a. [1977].

KÖPF, Ulrich, Religiöse Erfahrung in der Theologie Bernhards von Clairvaux (Beiträge zur Hist. Theol. 61), Tübingen 1980.

– Die Bilderfrage in der Reformationszeit. BWKG 90 (1990).

KÖTTING, Bernhard, Von der Bildlosigkeit zum Kultbild, in: W. HEINEN (Hrsg.), Bild – Wort – Symbol in der Theologie, Würzburg 1969, 103–118.

KOLLWITZ, J., Art. Bild III (christlich), in: RAC 2 (1954), 318–341.

– Die Malerei der Konstantinischen Zeit, in: Akten des VII. Internationalen Kongresses für christliche Archäologie, Trier 5.–11. Sept. 1965, Città del Vaticano-Berlin 1969, I,29–158.

KORTÜM, Hans-Henning, Richer von Saint-Remi. Studien zu einem Geschichtsschreiber des 10. Jahrhunderts (Hist. Forschg. Bd. 8), Wiesbaden 1985.

KOVÁCS, F., A propos de la date de la rédaction des »Instituta Generalis Capituli apud Cistercium«. Anal. Cist. 7 (1951), 85–90.

KROOS, Renate, Vom Umgang mit Reliquien, in: Ornamenta Ecclesiae, Köln 1985, III,25–49.

KRÜGER, Friedhelm, Bucer und Erasmus. Eine Untersuchung zum Einfluß des Erasmus auf die Theologie Martin Bucers (bis zum Evangelien-Kommentar von 1530) (Veröff. d. Inst. f. Europ. Gesch. Mainz, Bd. 57), Wiesbaden 1970.

KULTERMANN, Udo, Kleine Geschichte der Kunsttheorie, Darmstadt 1987.

LADNER, Gerhard B., Der Bilderstreit und die Kunst-Lehren der byzantinischen und abendländischen Theologie. ZKG 50 (1931), 1–23, und in: DERS., Images and Ideas in the Middle Ages. Selected Studies in History and Art, I (Storia e Letteratura, 155), Roma 1983, 13–33.

– Origin and Significance of the Byzantine Iconoclastic Controversy. Mediaeval Studies 2 (1940), 127–149, und in: DERS., Images and Ideas, I,37–72.

– Das älteste Bild des hl. Franziskus von Assisi. Ein Beitrag zur mittelalterlichen Porträtikonographie, in: FS. P. E. Schramm, Wiesbaden 1964, 449–460; jetzt auch in: DERS., Images and Ideas, I,377–391.

LANG, Justin, Franz von Assisi und die Kunst. Ein Versuch. Franz. Stud. 67 (1985), 247–258.

LAPSANSKI, Duane, The Autographs on the »Chartula« of St. Francis of Assisi. Arch. Franc. Hist. 67 (1974), 18–37.

LAUCHERT, Friedrich, Die italienischen literarischen Gegner Luthers, Freiburg Br. 1912.

LAVIN, Irving, Bernini and the Unity of the Visual Arts, 2 Bde., Oxford-New York-London 1980.

LECLERCQ, H., Art. Germigny-des-Prés, in: Dict. d'Archéol. chrét. et de Liturgie 6 (1924), 1219–1232.

LEICK, Walter, Der bemerkenswerte Friedhof von Marville in Lothringen. Warten auf die Auferstehung. Heimatblätter der Saarbrücker Zeitung, Nr. 384, November 1987, 3.

LEKAI, Louis J., The Cistercians: Ideals and Reality. Kent State University (Ohio) 1977.

LEMPP, E., Frère Elie de Cortone. Étude Biographique, Paris 1901.

LEONARDI, Claudio, Gli Irlandesi in Italia. Dungal e la controversia iconoclastica, in: H. LÖWE (Hrsg.), Die Iren und Europa im früheren Mittelalter, Stuttgart 1982, II, 746–757.

LIEBESCHÜTZ, Hans, Theodulf of Orléans and the Problem of the Carolingian Renaissance, in: D. J. GORDON (Hrsg.), Fritz Saxl 1890–1948. A Volume of Memorial Essays from his Friends in England, London 1957, 77–92.

LILLICH, Meredith P. (Hrsg.), Studies in Cistercian Art and Architecture, 2 Bde., Kalamazoo, Michigan 1982/1984.

LINDBERG, Carter, »There Should Be No Beggars Among Christians«: Karlstadt, Luther and the Origins of Protestant Poor Relief. Church Hist. 46 (1977), 313–334.

LINDT, K., Der theologische Gehalt der Berner Disputation, in: Gedenkschrift zur Vierhundertjahrfeier der Bernischen Kirchenreformation, Bern 1928, I, 301–344.

LOCHER, Gottfried W., Im Geist und in der Wahrheit. Die reformatorische Wendung im Gottesdienst zu Zürich (»Nach Gottes Wort reformiert«, 11), Neukirchen 1957.

– Grundzüge der Theologie Huldrych Zwinglis im Vergleich mit derjenigen Martin Luthers und Johannes Calvins. Zwingliana 12 (1967), 470–509; 545–595.

– Von der Standhaftigkeit. Zwinglis Schlußpredigt an der Berner Disputation als Beitrag zu seiner Ethik, in: U. NEUENSCHWANDER, R. DELLSPERGER (Hrsg.), Humanität und Glaube. Gedenkschrift Kurt Guggisberg, Bern 1973, 29–41.

– Die Zwinglische Reformation im Rahmen der europäischen Kirchengeschichte, Göttingen-Zürich 1979.

LÖWE, H., Deutschland im fränkischen Reich, in: GEBHARDT, Handbuch der deutschen Geschichte, 9. Aufl. hrsg. von H. GRUNDMANN, I, Stuttgart 1970.

VON LOEWENICH, Walther, Art. Bilder V/1. Im Westen, in: TRE 6 (1980), 540–546.

– Art. Bilder VI. Reformatorische und nachreformatorische Zeit, ebd. 546–557.

LOUIS, René (Hrsg.), Pierre Abélard – Pierre le Vénérable. Les courants philosophiques, littéraires et artistiques en occident au milieu du XIIe siècle. Colloques internationaux du Centre de la recherche scientifique, no. 546, Paris 1975.

LYMANT, Brigitte, Die Glasmalerei bei den Zisterziensern, in: Die Zisterzienser (Ausstellung Aachen 1980), 345-356.

MACEK, Josef, Die Hussitenbewegung in Böhmen, Prag ²1958.

– Die hussitische revolutionäre Bewegung, Berlin 1958.

– Jean Hus et les traditions hussites (XVᵉ-XIXᵉ siècles), Paris 1973.

MCKEE, Elsie, Rez. C. M. N. EIRE, War against the Idols, Cambridge 1986, in: BHR 49 (1987), 224-226.

MAGNUSON, Torgil, Rome in the Age of Bernini, 2 Bde., Stockholm 1982/1986.

MAIER, Johann, Art. Bilder III. Judentum, in: TRE 6 (1980), 521-525.

MÂLE, Émile, L'Art religieux après le Concile de Trente. Étude sur l'iconographie de la fin du XVIᵉ siècle, du XVIIᵉ, du XVIII siècle. Italie - France - Espagne - Flandres, Paris 1932. ²1951.

MANITIUS, M., Geschichte der lateinischen Literatur des Mittelalters I, München 1911.

MANZINI, Gianna, FRATI, Tiziana, L'opera completa del Greco, Milano 1969.

MARTIN, E. J., A History of the Iconoclastic Controversy, London 1930 (Neudr. 1978).

Martin Knoller Maler. Seine Ölskizzen zu der Fresko-Malerei in den Kuppeln der Abteikirche Neresheim. Staatliche Ingenieurschule für Wirtschafts- und Betriebstechnik der graphischen Industrie Stuttgart. Jahresgabe 1967.

Martin Knoller. Seine Kuppelfresken in der Abteikirche Neresheim. Fotografiert von Ludwig WINDSTOSSER. Texte von P. Norbert STOFFELS, Abtei Neresheim s. a.

MAURER, Emil, Die Glasmalereien, in: Marcel BECK u. a., Königsfelden. Geschichte Bauten Glasgemälde Kunstschätze, Olten und Freiburg Br. 1983, 53-96.

MAYER, Anton L., Liturgie, Aufklärung und Klassizismus. Jahrb. Liturg. Wiss. 9 (1929), 67-127.

MECKLENBURG, Carl Gregor HERZOG ZU, Das Diözesanmuseum in Rottenburg am Neckar. Gemälde und Plastiken. Katalog und stilkundlicher Führer, Rottenburg s. a. [1978].

MELCZER, Elisabeth and SOLDWEDEL, Eileen, Monastic Goals in the Aesthetics of Saint Bernard, in: Meredith P. LILLICH (Hrsg.), Studies in Cistercian Art and Architecture I, Kalamazoo, Michigan 1982, 31-44.

MESSERER, Wilhelm, Romanische Plastik in Frankreich, Köln 1964.

MESTERS, G., Art. Thomas Waldensis, in: LThK² 10 (1965), 150.

MIETHKE Jürgen, Theologenprozesse in der ersten Phase ihrer institutionellen Ausbildung: Die Verfahren gegen Peter Abaelard und Gilbert von Poitiers. Viator 6 (1975), 87-116

MITTLER, Otto, Geschichte der Stadt Baden, 2 Bde., Baden 1962/1965.

MODE, Heinz, Fabeltiere und Dämonen in der Kunst. Die fantastische Welt der Mischwesen, Stuttgart 1974.

MOELLER, Bernd, Zwinglis Disputationen. Studien zu den Anfängen der Kirchenbildung und des Synodalwesens im Protestantismus. ZSavRG 87, Kan. Abt. 56 (1970), 275-324; 91, Kan. Abt. 60 (1974), 213-364.

– Die Ursprünge der reformierten Kirche. ThLZ 100 (1975), 641-653.

MÖSENEDER, Karl, Zur Ikonologie und Topologie der Fresken, in: B. BUSHART und B. RUPPRECHT (Hrsg.), Cosmas Damian Asam, München 1986, 28-42.

MOLETA, Vincent, From St. Francis to Giotto. The Influence of St. Francis on Early Italian Art and Literature, Chicago 1983.

Monter, E. William, Calvin's Geneva, Huntington, New York 1967 (Neudr. 1975).

Morghen, Raffaello, Tradizione religiosa e Rinascimento nel ciclo degli affreschi francescani di Montefalco, in: Il mondo antico nel Rinascimento. Atti del V Convegno internazionale di Studi sul Rinascimento, Firenze 2-6 sett. 1956, Firenze 1958, 149-156.

- Francescanesimo e Rinascimento, in: Jacopone e il suo tempo (Convegni del Centro di Studi sulla Spiritualità medievale, I, 13-15 ott. 1957), Todi 1959, 13-36.

Moser, Andres, Waeber-Antiglio, Catherine, Arona: ein Sacro Monte und eine Kolossalstatue für den Heiligen Karl Borromäus, in: B. Anderes u. a. (Hrsg.), Kunst um Karl Borromäus, Luzern 1980, 15-47.

Moxey, Keith P. F., Pieter Aertsen, Joachim Beuckelaer, and the Rise of Secular Painting in the Context of the Reformation, New York-London 1977.

Müller, Wolfgang, Katholische Volksfrömmigkeit in der Barockzeit, in: Barock in Baden-Württemberg, Karlsruhe 1981, II, 399-408.

Müller-Beck, Hansjürgen, Albrecht, Gerd (Hrsg.), Die Anfänge der Kunst vor 30 000 Jahren, Stuttgart 1987.

Müller-Beck, Hansjürgen, Die Anfänge der Kunst im Herzen Europas, ebd. 9-23.

Muñoz Cortéz, Manuel, Der literarische und historische Hintergrund der spanischen Malerei, in: Von Greco bis Goya, München 1982, 39-48.

Von Muralt, Leonhard, Die Badener Disputation 1526 (Quellen und Abhandlungen zur schweizerischen Reformationsgeschichte, 3), Leipzig 1926.

Murray, Charles, Art and the Early Church. Journal of Theol. Studies N. S. 28 (1977), 303-345.

Muth, Hanswernfried, Schneiders, Toni, Tilman Riemenschneider und seine Werke, Würzburg [2]1980.

Nessi, Silvestro, La vita di S. Francesco dipinta da Benozzo Gozzoli a Montefalco. Misc. Franc. 61 (1961), 467-492.

Nessi, Silvestro, Scarpellini, Pietro, La Chiesa-Museo di S. Francesco in Montefalco, Spoleto 1972.

Neuser, Wilhelm, Dogma und Bekenntnis in der Reformation: Von Zwingli und Calvin bis zur Synode von Westminster, in: Handbuch der Dogmen- und Theologiegeschichte, hrsg. von Carl Andresen, II, Göttingen 1980, 165-352.

Niederösterreichische Landesausstellung: 800 Jahre Franz von Assisi. Franziskanische Kunst und Kultur des Mittelalters. Krems-Stein, Minoritenkirche, 15. Mai - 17. Oktober 1982, Wien 1982.

Niehoff, Franz, Ordo et Artes. Wirklichkeiten und Imaginationen im Hohen Mittelalter, in: Ornamenta Ecclesiae, Köln 1985, I,33-48.

- Umbilicus mundi - Der Nabel der Welt. Jerusalem und das Heilige Grab im Spiegel von Pilgerberichten und -karten, Kreuzzügen und Reliquiaren, ebd. III,53-72.

Noehles, Karl, La Chiesa dei SS. Luca e Martina nell'opera di Pietro da Cortona, Roma 1970.

De Nolhac, Pierre, Versailles et la Cour de France, 10 Bde., Paris 1925-1930.

Nürnberger, Richard, Das Zeitalter der Französischen Revolution und Napoleons, in: Propyläen Weltgeschichte, hrsg. von Golo Mann, Bd. 8, Berlin-Frankfurt 1960, 59-191.

Oberman, Heiko A., Werden und Wertung der Reformation. Vom Wegestreit zum Glaubenskampf, Tübingen 1977.

ONASCH, Konrad, Recht und Grenzen einer Ikonensemiotik. ThLZ 111 (1986), 241-258.

ONORATI, Eliseo, Der heilige Bernhardin von Siena (1380-1444) in: Niederösterr. Landesausstellung, Wien 1982, 181-199.

ORIGO, Iris, Der Heilige der Toskana. Leben und Zeit des Bernardino von Siena, München 1989.

Ornamenta Ecclesiae. Kunst und Künstler der Romanik. Katalog zur Ausstellung des Schnütgen-Museums, hrsg. von Anton LEGNER, 3 Bde., Köln 1985.

OSTROGORSKY, G. Studien zur Geschichte des byzantinischen Bilderstreites (Hist. Unters. 5), Breslau 1929.

OTTO, Markus, Der spätgotische Kreuzgang des Klosters Hirsau und seine ehemaligen berühmten Glasgemälde. Schwäb. Heimat 21 (1970), 1-18.

OURSEL, Charles, La miniature du XIIᵉ siècle à l'abbaye de Cîteaux d'après les manuscrits de la bibliothèque de Dijon, Dijon 1926.

- L'Église abbatiale de Fontenay. Cîteaux 5 (1954), 125-127.

- Les principes et l'esprit des miniatures primitives de Cîteaux. Cîteaux 6 (1955), 161-172.

- La Bible de Saint Étienne Harding et le Scriptorium de Cîteaux (1109- vers 1134). Cîteaux 10 (1959), 34-43.

- Miniatures cisterciennes (1109-1134), Mâcon 1960.

OUSPENSKY, Leonid, La Théologie de l'Icône dans l'Église orthodoxe, Paris 1980.

PALLUCCHINI, Rodolfo, La giovinezza del Tintoretto, Milano 1950.

- Tiziano, 2 Bde., Firenze 1969.

- (Hrsg.), Tiziano e il Manierismo Europeo (Civiltà Veneziana, Saggi, 24), Firenze 1978.

- Per la storia del Manierismo a Venezia, in: Da Tiziano a El Greco, Milano 1981, 11-68.

PALLUCCHINI, Rodolfo, ROSSI, Paola, Tintoretto. Le opere sacre e profane, 2 Bde., Milano 1982.

PANOFSKY, Erwin, Erasmus and the Visual Arts. Journal Warb. 32 (1969), 200-227.

- Abt Suger von St.-Denis, in: DERS., Sinn und Deutung in der bildenden Kunst, Köln 1975, 125-166.

PARKER, T. H. L., Calvin's New Testament Commentaries, Grand Rapids, Mich. 1971.

- John Calvin: A Biography, London 1975.

PASTOR, Ludwig FREIHERR VON, Geschichte der Päpste seit dem Ausgang des Mittelalters. XIII. Bd.: Geschichte der Päpste im Zeitalter der katholischen Restauration und des Dreißigjährigen Krieges. Gregor XV. und Urban VIII. (1621-1644), Freiburg Br. 1928.

- XVI: Geschichte der Päpste im Zeitalter des fürstlichen Absolutismus von der Wahl Benedikts XIV. bis zum Tode Pius' VI. (1740-1799). Dritte Abt.: Pius VI. (1775-1799), Freiburg Br. 1933.

PECCHIAI, P., Il Gesù di Roma, Roma 1952.

PÉRATÉ, André, Versailles, Leipzig 1906.

PÉREZ SÁNCHEZ, Alfonso, Die spanische Malerei von El Greco bis Goya, in: Von Greco bis Goya, München 1982, 11-21.

- Die Altarbilder Grecos in ihrer ursprünglichen Anordnung, in: El Greco und Toledo, Berlin 1983, 119-157.

PERKINS, Ann, The Art of Dura-Europos, Oxford 1973.

PEROCCO, Guido, La Scuola di San Rocco, Venezia 1979.

– Tintoretto a S. Rocco. Ricerca storico artistica in occasione del V centenario della Scuola 2 ottobre 1979, Venezia 1980.

PERPEET, Wilhelm, Ästhetik im Mittelalter, Freiburg-München 1977.

PEVSNER, Nikolaus, Gegenreformation und Manierismus. Repertorium für Kunstwissenschaft 46 (1925), 243–262.

– Die italienische Malerei vom Ende der Renaissance bis zum ausgehenden Rokoko, in: Barockmalerei in den romanischen Ländern (Handbuch der Kunstwissenschaft), Wildpark-Potsdam 1928.

– Beiträge zur Stilgeschichte des Früh- und Hochbarock. Repertorium für Kunstwissenschaft 49 (1928), 225–246.

PFEIFFER, Heinrich, Gottes Wort im Bild. Christusdarstellungen in der Kunst, München 1986.

PHILIPPS, John, The Reformation of Images: Destruction of Art in England 1535–1660, Los Angeles 1973.

PITTALUGA, Mary, Il Tintoretto, Bologna 1925.

PLANK, Peter, Das ambivalente Verhältnis der Alten Kirche zum Bild, in: Hans-Joachim SCHULZ, Jakob SPEIGL (Hrsg.), Bild und Symbol – glaubensstiftende Impulse, Würzburg 1988, 49–63.

PLOTZEK, Joachim M., Mirabilia Mundi, in: Ornamenta Ecclesiae, Köln 1985, I,107–113.

PLOTZEK-WEDERHAKE, Gisela, Buchmalerei in Zisterziensererklöstern, in: Die Zisterzienser (Ausstellung Aachen 1980), 357–378.

POESCHKE, Joachim, Die Kirche San Francesco in Assisi und ihre Wandmalereien, München 1985.

PORTOGHESI, Paolo, Roma Barocca. Storia di una civiltà architettonica, Roma 1966.

PRESS, Volker, Herzog Ulrich (1498–1550), in: Robert UHLAND (Hrsg.), 900 Jahre Haus Württemberg. Leben und Leistung für Land und Volk, Stuttgart 1984, 110–135.

PREUS, James S., Carlstadt's »Ordinaciones« and Luther's Liberty: A Study of the Wittenberg Movement 1521–22 (Harvard Theol. Studies, 26), Cambridge, Mass. 1974.

PRODI, Paolo, Il Cardinale Gabriele Paleotti (1522–1597), 2 Bde. (Uomini e Dottrine, 7.12), Roma 1959/1967.

– Ricerche sulla teorica delle arti figurative nella Riforma cattolica. Archivio italiano per la Storia della pietà 4 (1965), 121–212.

PUPPI, Lionello, Andrea Palladio, Stuttgart 1977.

DE QUERVAIN, Theodor, Geschichte der Bernischen Kirchenreformation, in: Gedenkschrift zur Vierhundertjahrfeier der Bernischen Kirchenreformation, Bern 1928, I,1–300.

RABY, F. J. E., A History of Christian-Latin Poetry from the Beginnings to the Close of the Middle Ages, Oxford ²1973.

RAGGHIANTI, Carlo L., Periplo del Greco, Milano 1987.

RAHNER, Hugo, Ignatius von Loyola als Mensch und Theologe, Freiburg Br. 1964.

RAUHUT, Franz, Michelangelo als Dichter, in: Ch. DE TOLNAY u. a., Michelangelo Buonarroti, Würzburg 1964, 191–214.

RÉAU, Louis, Histoire du Vandalisme. Les monuments détruits de l'art français, 2 Bde., Paris 1959.

REEKMANS, Louis, La chronologie de la peinture paléochrétienne. Notes et réflexions. RivAC 49 (1973), 271-291.

Rhein und Maas. Kunst und Kultur 800-1400, Köln 1972.

RIDOLFI, Roberto, Vita di Girolamo Savonarola, 2 Bde., Roma 1952.

RINNERT, Erich, Eußerthal (Schnell, Kunstführer Nr. 777), München 1984.

ROEGELE, Otto B., Religion und Lebensgefühl im deutschen Barock: das Beispiel Schönborn, in: Barock in Baden-Württemberg, Karlsruhe 1981, II,9-20.

ROSSI, Paola, Tiziano e Jacopo Tintoretto, in: R. PALLUCCHINI (Hrsg.), Tiziano e il Manierismo Europeo, Firenze 1978, 171-198.

ROTH, Elisabeth, Karl Borromäus in der fränkischen Kultlandschaft, in: B. ANDERES u. a. (Hrsg.), Kunst um Karl Borromäus, Luzern 1980, 170-192.

ROTT, Hans, Quellen und Forschungen zur südwestdeutschen und schweizerischen Kunstgeschichte im XV. und XVI. Jahrhundert, 3 Bde., Stuttgart 1933-1938.

RUF, Gerhard, Franziskus und Bonaventura. Die heilsgeschichtliche Deutung der Fresken im Langhaus der Oberkirche von San Francesco in Assisi aus der Theologie des heiligen Bonaventura, Assisi 1974.

- Das Grab des heiligen Franziskus. Die Fresken der Unterkirche von Assisi, Freiburg Br. 1981.

- Der Einfluß der franziskanischen Bewegung auf die italienische Kunst des Mittelalters und der Frührenaissance. Franz. Stud. 67 (1985), 259-286.

RUG, Wolfgang, Der »bernhardinische Plan« im Rahmen der Kirchenbaukunst der Zisterzienser im 12. Jahrhundert. Diss. Tübingen 1983.

RUH, Kurt, Begegnungen im Geistigen. Königin Agnes und Meister Eckhart in Königsfelden. Neue Zürcher Z. 4.2.1985.

RUPPRECHT, Bernhard, Die Brüder Asam. Sinn und Sinnlichkeit im bayerischen Barock, Regensburg 1980.

- Der Deckenmaler Cosmas Damian Asam. Asams kunstgeschichtlicher Ort, in: B. BUSHART u. B. RUPPRECHT (Hrsg.), Cosmas Damian Asam, München 1986, 11-27.

RUPPRICH, Hans, Dürers Stellung zu den agnoetischen und kunstfeindlichen Strömungen seiner Zeit. Bayerische Akademie der Wiss. Phil.-hist. Kl. Sitzungsber. Jg. 1959, H. 1, München 1959.

SABATIER, Paul, Étude critique sur la concession de l'indulgence de la Portioncule ou pardon d'Assisi, Paris 1896.

SALVINI, Roberto, The Hidden Michelangelo, Oxford 1978.

Sankt Elisabeth. Fürstin Dienerin Heilige. Aufsätze Dokumentation Katalog. Ausstellung zum 750. Todestag der hl. Elisabeth, Marburg, Landgrafenschloß und Elisabethkirche, 19. Nov. 1981 - 6. Jan. 1982, Sigmaringen 1981.

SARTRE, Jean-Paul, Der Eingeschlossene von Venedig, in: DERS. Porträts und Perspektiven, Hamburg 1976, 233-276 (frz. Original: Situations, IV, Paris 1964).

SATTLER, Christian Friedrich, Geschichte des Herzogthums Würtemberg unter der Regierung der Herzogen. 13 Bde., Tübingen 1769-1783.

SAUER, Joseph, Reformation und Kunst im Bereich des heutigen Baden. Freiburger Diözesan-Archiv N. F. 19 (1919), 323-506.

SAUSER, Ekkart, Frühchristliche Kunst. Sinnbild und Glaubensaussage, Innsbruck 1966.

SAXER, Ernst, Calvins reformatorisches Anliegen. Eine Untersuchung über Calvins Gebrauch der Begriffe »Aberglaube«, »Heuchelei« und »Frömmigkeit«, Zürich 1970.

SCHADE, Herbert, Die Libri Carolini und ihre Stellung zum Bild. ZKathTheol 79 (1957), 69–78.
- Dämonen und Monstren, Regensburg 1962.
SCHADEWALDT, Wolfgang, Winckelmann und Homer. Leipziger Universitätsreden. Heft 6, Leipzig 1941, und in: DERS., Hellas und Hesperien II, Zürich und Stuttgart ²1970, 37–73.
- Winckelmann als Exzerptor und Selbstdarsteller, ebd. 74–95
- Winckelmann und Rilke. Zwei Beschreibungen des Apollon, ebd. 95–116.
SCHÄFER, Philipp, Kirche und Vernunft. Die Kirche in der katholischen Theologie der Aufklärungszeit (Münch. Theol. Stud. II,42), München 1974.
SCHÄFERDIEK, Knut, Zur Verfasserschaft und Situation der Epistula ad Constantiam de imagine Christi. ZKG 91 (1980), 177–186.
SCHALLER, Dieter, Philologische Untersuchungen zu den Gedichten Theodulfs von Orléans. DA 18 (1962), 13–91.
- Art. Theodulf, in: LThK² 10 (1965), 52 f.
Schatzkunst Trier. Hrsg. Bischöfl. Generalvikariat Trier (Treveris Sacra, Bd. 3), Trier 1984.
SCHEIB, Otto, Die theologischen Diskussionen Huldrych Zwinglis. Zur Entstehung und Struktur der Religionsgespräche des 16. Jahrhunderts, in: R. BÄUMER (Hrsg.), Von Konstanz nach Trient. Festg. f. A. FRANZEN, Paderborn 1972, 395–417.
SCHELKLE, Karl Hermann, Sedes Sapientiae. Zu einem Siegel der Universität Tübingen, in: W. BAIER u. a. (Hrsg.), Weisheit Gottes – Weisheit der Welt. FS. für Joseph Kardinal Ratzinger, St. Ottilien 1987, II,901–905.
SCHLITTER, Hanns, Die Reise des Papstes Pius' VI. nach Wien und sein Aufenthalt daselbst. Ein Beitrag zur Geschichte der Beziehungen Josefs II. zur römischen Curie (Fontes rerum Austriacarum 47,1), Wien 1892.
SCHLOSSER, F. C., Geschichte des achtzehnten Jahrhunderts und des neunzehnten bis zum Sturz des französischen Kaiserreichs. Mit besonderer Rücksicht auf geistige Bildung. I-III, Heidelberg 1836–1853.
VON SCHLOSSER, Julius, Leben und Meinungen des Florentinische Bildners Lorenzo Ghiberti, München 1941.
SCHNAPPER, Antoine, J.-L. David und seine Zeit, Fribourg-Würzburg 1981 (Orig. ausg.: David – Témoin de son temps, Fribourg 1980).
SCHNEEMELCHER, W., Art. Epiphanius von Salamis, in: RAC 5 (1962), 909–927.
SCHNEIDER, Ambrosius, Die Geschichte der Cistercienser, in: DERS. u. a. (Hrsg.), Die Cistercienser, Köln 1974, 11–56.
- Skriptorien und Bibliotheken der Cistercienser, ebd. 429–446.
- u. a. (Hrsg.), Die Cistercienser: Geschichte, Geist, Kunst, Köln 1974.
SCHNELL, Hugo, Weingarten, München-Zürich ⁷1985.
SCHNITZER, Joseph, Savonarola. Ein Kulturbild aus der Zeit der Renaissance, 2 Bde., München 1924.
SCHÖMIG, Karl Heinz, Abteikirche Zwiefalten, Regensburg ⁵1974
- Franz Joseph Spiegler, Regensburg ²1976.
- Münster Zwiefalten. Kirche der ehemaligen Reichsabtei, München-Zürich 1982.
SCHÖNAU, D. W., A New Hypothesis on the Vel in the Lower Church of San Francesco in Assisi. Franz. Stud. 67 (1985), 326–347.
SCHOTT, Rolf, Michelangelo, Paris s. a. [1975].
SCHREINER, Klaus, »Discrimen veri ac falsi.« Ansätze und Formen der Kritik in der Heiligen- und Reliquienverehrung des Mittelalters. AKG 48 (1966), 1–53.

- Mönchtum im Zeitalter des Barock. Der Beitrag der Klöster zur Kultur und Zivilisation Südwestdeutschlands im 17. und 18. Jahrhundert, in: Barock in Baden-Württemberg, Karlsruhe 1981, II,343-363.
SCHRÖDER, Ulrich, Architektur der Zisterzienser, in: Die Zisterzienser. Ordensleben zwischen Ideal und Wirklichkeit (Ausstellung Aachen 1980), 311-344.
SCHROTH, Sarah, Burial of the Count of Orgaz. Studies in the History of Art 11, Washington 1982, 1-17.
SCHUBERT, Ursula, Spätantikes Judentum und frühchristliche Kunst (Studia Judaica Austriaca, Bd. II), Wien-München 1974.
SCHÜLER, Sibylle, Die Klostersäkularisation in Kent 1535-1558, Paderborn 1980.
SCHÜTZEICHEL, Heribert, Calvins Einspruch gegen die Heiligenverehrung. Catholica 35 (1981), 93-116.
SCHWARZ, Dietrich W. H., Ikonographie der Glasgemälde, in: Marcel BECK u. a., Königsfelden. Geschichte Bauten Glasgemälde Kunstschätze, Olten und Freiburg Br. 1983, 115-171.
SCHWARZLOSE, K., Der Bilderstreit, ein Kampf der griechischen Kirche um ihre Eigenart und um ihre Freiheit, Gotha 1890.
SEELIGER, St., Das Pfingstbild mit Christus. 6.-13. Jahrhundert. Das Münster 9 (1956), 146-152.
SIDER, Ronald J., Andreas Bodenstein von Karlstadt. The Development of his Thought 1517-1525 (Studies in Medieval and Reformation Thought, 11), Leiden 1974.
SIMONIN, Pierre, Saint-Mihiel (Meuse), in: Dictionnaire des églises de France 5 (1971), 177-180.
VON SIMSON, Otto, Die gotische Kathedrale. Beiträge zu ihrer Entstehung und Bedeutung, Darmstadt 1968.
SLADECZEK, Franz Josef, »Die gôtze in miner herren chilchen sind gerumpt«! Von der Bilderfrage in der Berner Reformation und ihren Folgen für das Münster und sein Hauptportal. Ein Beitrag zur Berner Reformationsgeschichte. Theol. Z. 44 (1988), 289-311.
SMART, Alastair, The Assisi Problem and the Art of Giotto. A Study of the Legend of St. Francis in the Upper Church of San Francesco, Assisi, Oxford 1971.
SMITH, Lacey Baldwin, The Reformation and the Decay of Medieval Ideals. Church Hist. 24 (1955), 212-220.
SMOLINSKY, Heribert, Reformation und Bildersturm. Hieronymus Emsers Schrift gegen Karlstadt über die Bilderverehrung, in: R. BÄUMER (Hrsg.), Reformatio Ecclesiae. Festgabe E. Iserloh, Paderborn 1980, 427-440.
SPAHR, Gebhard, Oberschwäbische Barockstraße, 3 Bde., Weingarten 1978-1980.
- Karl Borromäus an der oberschwäbischen Barockstraße, in: B. ANDERES u. a. (Hrsg.), Kunst um Karl Borromäus, Luzern 1980, 193-202.
SPECKER, Eugen, WEIG, Gebhard (Hrsg.), Die Einführung der Reformation in Ulm. Geschichte eines Bürgerentscheids (Forschungen zur Geschichte der Stadt Ulm. Reihe Dokumentation, 2), Ulm 1981.
SPEYER, Wolfgang, Büchervernichtung und Zensur des Geistes bei Heiden, Juden und Christen (Bibliothek des Buchwesens Bd. 7), Stuttgart 1981.
STAEHELIN, Ernst, Zwei private Publikationen über die Badener Disputation und ihre Autoren. ZKG 37 (1918), 378-405.
STÄLIN, Christoph Friedrich, Wirtembergische Geschichte, 4 Bde., Stuttgart 1841-1873.

STANISLAO DA CAMPAGNOLA, Introduzione, in: Fonti Francescane, Padova ³1982, 205-393.

STECK, Franz, Das Kloster Hirsau, historisch-topographisch beschrieben, Calw 1844.

VON DEN STEINEN, Wolfram, Entstehungsgeschichte der Libri Carolini. Quellen und Forschungen aus ital. Arch. u. Bibl. 21 (1929/30), 1-93.

– Karl der Große und die Libri Carolini. Die tironischen Randnoten zum Codex authenticus. Neues Archiv 49 (1932), 207-280.

STIEGMANN, Emero, Aesthetics of Authenticity, in: M. P. LILLICH (Hrsg.), Studies in Cistercian Art and Architecture II, Kalamazoo, Mich. 1984, 1-13.

STIRM, Margarete, Die Bilderfrage in der Reformation, Heidelberg 1977.

STOLPE, Elmar, Klassizismus und Krieg. Über den Historienmaler Jacques-Louis David, Frankfurt-New York 1985.

STROBEL, Ferdinand, Die Jesuiten und die Barockkultur in Baden-Württemberg, in: Barock in Baden-Württemberg, Karlsruhe 1981, II,383-398.

STUBBLEBINE, James H., Assisi and the Rise of Vernacular Art, New York 1986.

STUPPERICH, Robert, Das Enchiridion militis christiani des Erasmus von Rotterdam nach seiner Entstehung, seinem Sinn und Charakter. ARG 69 (1978), 5-23.

Sulle orme di San Francesco nella Terra Reatina. Guida ai Santuari della Valle Santa, Terni 1980.

SWOBODA, Karl M., Tintoretto. Ikonographische und stilistische Untersuchungen, Wien und München 1982.

SYPHER, Wylie, Four Stages of Renaissance Style. Transformations in Art and Literature 1400-1700, Garden City, New York 1955.

TAPIÉ, Victor-Lucien, Baroque et Classicisme, Paris 1957.

– Baroque et Classicisme. Annales 14 (1959), 719-731.

TETZLAFF, Ingeborg, Romanische Kapitelle in Frankreich, Köln ³1979.

– Romanische Portale in Frankreich, Köln 1977.

THODE, Henry, Tintoretto, Bielfeld und Leipzig 1901.

– Michelangelo und das Ende der Renaissance, 3 Bde., Berlin 1902-1912.

– Franz von Assisi und die Anfänge der Kunst der Renaissance in Italien, Wien ⁴1934.

THÜMMEL, Hans Georg, Die Anfänge der Katakombenmalerei, in: Akten des VII. Internationalen Kongresses für christliche Archäologie, Trier 5.-11. Sept. 1966, Città del Vaticano-Berlin 1969, I,745-752.

– Art. Bilder IV. Alte Kirche, in: TRE 6 (1980), 525-531.

– Art. Bilder V/1. Byzanz, ebd. 532-540.

TIETZE, Hans, Tintoretto. Gemälde und Zeichnungen, London 1948.

– Tizian. Gemälde und Zeichnungen, London 1950.

DE TOLNAY, Charles, Michelangelo, 5 Bde., Princeton 1947-1960.

– L'interpretazione dei cicli pittorici del Tintoretto nella Scuola di San Rocco. Critica d'arte 7 (1960), 341-376.

TOLOTTI, F., Il cimitero di Priscilla. Studio di topografia e architettura (Amici delle catacombe, 26), Città del Vaticano 1970, 258-275.

TREXLER, Richard C., Florentine Religious Experience: The Sacred Image. Studies in the Renaissance 19 (1972), 7-41.

TROTTMANN, Helene, Cosmas Damian Asam (1686-1739). Tradition und Invention im malerischen Werk (Erlanger Beiträge zur Sprach- und Kunstwissenschaft, Bd. 73), Nürnberg 1986.

- Der Ölmaler Cosmas Damian Asam, in: B. BUSHART, B. RUPPRECHT (Hrsg.), Cosmas Damian Asam, München 1986, 43-50.

TÜCHLE, Hermann, Die Münsteraltäre des Spätmittelalters. Stifter, Heilige, Patrone und Kapläne, in: Hans Eugen SPECKER und Reinhard WORTMANN (Hrsg.), 600 Jahre Ulmer Münster. Festschrift (Forschungen zur Geschichte der Stadt Ulm, 19), Ulm 1977, 126-182.

TÜCHLE, Hermann, WEISSENBERGER, Paulus (Hrsg.), Die Abteikirche Neresheim als Ausdruck benediktinischer Geistigkeit. Zur Wiedereröffnung am 9. September 1975, Abtei Neresheim 1975.

VACANDARD, E., Vie de Saint Bernard Abbé de Clairvaux, 2 Bde., Paris 1895.

VAN VAERNEWIJK, M., Troubles religieux en Flandre et dans les Pays-Bas au XVIe siècle, Gent 1905.

VAVRA, Elisabeth, Imago und Historia. Zur Entwicklung der Ikonographie des hl. Franziskus auf Tafelbildern des Duecento in: Niederösterr. Landesausstellung: 800 Jahre Franz von Assisi, Wien 1982, 529-532.

VEIT, Ludwig Andreas, LENHART, Ludwig, Kirche und Volksfrömmigkeit im Zeitalter des Barock, Freiburg Br. 1956.

VERLET, Pierre, Versailles, Paris 1961.

VIEILLARD-TROIEKOUROFF, May, Nouvelles études sur les mosaïques de Germigny-des-Prés. Cahiers Archéologiques 17 (1967), 103-112.

VOGL, Wolfgang, Andrea Pozzos Langhausfresko von San Ignazio zu Rom und seine kunst- und geistesgeschichtliche Bedeutung. Korrespondenzblatt Collegium Germanicum et Hungaricum 98 (1989), 39-79.

VOGT, Hermann Josef, Das bilderfreundliche Konzil von Nizäa 787. Una Sancta 41 (1986), 178-186.

VOLKELT, Peter, VAN HEES, Horst, Lothringen Ardennen Ostchampagne (Reclams Kunstführer, Frankreich Bd. III), Stuttgart 1983.

Von Greco bis Goya. Vier Jahrhunderte spanische Malerei. Haus der Kunst München 20.2.-25.4.1982. Künstlerhaus Wien 14.5, 11.7.1982. Katalog. München 1982.

VUILLEUMIER, Henri, Histoire de l'Église réformée du Pays de Vaud sous le régime Bernois, 4 Bde., Lausanne 1927-1933.

WAGNER-RIEGER, Renate, Die Habsburger und die Zisterzienserarchitektur, in: K. ELM (Hrsg.), Die Zisterzienser. Ordensleben zwischen Ideal und Wirklichkeit. Ergänzungsband, Köln 1982, 195-212.

WALLACH, Luitpold, The Libri Carolini and Patristics, Latin and Greek: Prolegomena to a Critical Edition, in: DERS. (Hrsg.), The Classical Tradition. Literary and Historical Studies in Honor of H. Caplan, Ithaca, N. Y., 1966, 451-498.

- The Unknown Author of the Libri Carolini. Patristic Exegesis, Mozarabic Antiphons, and the Vetus Latina, in: S. PRETE (Hrsg.), Didascaliae. Studies in Honor of A. M. Albareda, New York 1961, 469-515.

WARNKE, Martin (Hrsg.), Bildersturm. Die Zerstörung des Kunstwerks, München 1973.

- Durchbrochene Geschichte? Die Bilderstürme der Wiedertäufer in Münster 1534/1535, ebd. 65-98.

WATTENBACH-LEVISON, Deutschlands Geschichtsquellen im Mittelalter, II. Die Karolinger vom Anfang des 8. Jahrhunderts bis zum Tode Karls des Großen, bearb. von W. LEVISON und H. LÖWE, Weimar 1953.

WEISBACH, Werner, Der Barock als Kunst der Gegenreformation, Berlin 1921.

- Gegenreformation - Manierismus - Barock. Repertorium für Kunstwissenschaft 49 (1928), 16-28.
WEIZSÄCKER, Paul, Ein wiedergefundener Gemäldecyklus aus dem Winterrefektorium des Klosters Hirsau. Christl. Kunstblatt 1900, 49-57; 66-73.
WELTEN, Peter, Art. Bilder II. Altes Testament, in: TRE 6 (1980), 517-521.
WENCELIUS, Léon, L'Esthétique de Calvin, Paris 1937 (Neudr. Genève 1979).
- Calvin et Rembrandt. Étude comparative de la philosophie de l'art de Rembrandt et de l'esthétique de Calvin, Paris s. a. [1937].
WENDELBORN, Gert, Franziskus von Assisi. Eine historische Darstellung, Leipzig 1977.
WETHEY, Harold E., El Greco and his school, 2 Bde., Princeton, New Jersey, 1962.
- The Paintings of Titian. Complete Edition, 3 Bde., London 1969-1975.
VAN DE WIELLE, R., Der Genter Dom, Gent ⁴1978.
WILPERT, Joseph, Die römischen Mosaiken und Malereien der kirchlichen Bauten vom IV.-XIII. Jahrhundert, I, Freiburg Br. 1916.
WILPERT, Joseph, SCHUMACHER, Walter N., Die römischen Mosaiken der kirchlichen Bauten vom IV.-XIII. Jahrhundert, Freiburg Br. 1916/1976.
WITTKOWER, Rudolf, Gian Lorenzo Bernini. The Sculptor of the Roman Baroque, London 1955.
WITTKOWER, Rudolf, JAFFE, Irma B. (Hrsg.), Baroque Art: The Jesuit Contribution, New York 1972.
WORKMAN, H. B., John Wyclif: A Study of the English Medieval Church, 2 Bde., Oxford 1926.
Württemberg im Spätmittelalter. Ausstellung des Hauptstaatsarchivs Stuttgart und der Württ. Landesbibliothek. Katalog bearb. v. Joachim FISCHER, Peter AMELUNG und Wolfgang IRTENKAUF, Stuttgart 1985.
ZIMMERLI, Walther, Das zweite Gebot, in: DERS., Gottes Offenbarung. Gesammelte Aufsätze zum Alten Testament (Theol. Bücherei Bd. 19), München ²1969, 234-248.
- Das Bilderverbot in der Geschichte des alten Israel, in: DERS., Studien zur alttestamentlichen Theologie und Prophetie. Ges. Aufs. Bd. II (Theol. Büch. Bd. 51), München 1974, 247-260.
Die Zisterzienser. Ordensleben zwischen Ideal und Wirklichkeit (Ausstellung Aachen 1980).
ZÜRCHER, Richard, HELL, Hellmut, Zwiefalten. Die Kirche der ehemaligen Benediktinerabtei. Ein Gesamtkunstwerk des süddeutschen Rokoko, Sigmaringen 1967.
200 Jahre Stiftskirche St. Jakobus Hechingen. Ausstellung im Hechinger Rathaus vom 9.-30. Oktober 1983, Hechingen 1983.

REGISTER

I. Bibelstellen

27,54: 222
28,1 ff: 94

Mk

1,7: 97[59]
1,11: 21[51]
12,15–17: 88
12,29–33: 170
14,19: 227
14,22: 226
14,33: 234
14,36: 234
15,24: 221
15,36: 221
15,39: 222
16,16: 44

Lk

1,28: 209
1,35: 225
2,16 ff: 222
2,41 f: 93
2,49: 95
8,43–48: 93 93[35]
12,49: 239
13,26 f: 257
20,23–26: 88
22,19: 226
22,42: 234
22,43: 234
23,34: 221
23,36: 221
23,39 f: 231
23,42: 221
23,47: 222 232
24,23: 94

Joh

1: 133[74]
1,18: 142
2,15: 95
2,18: 154 154[161]
3,14: 141 171
3,16: 245

4: 133[74]
4,21: 170
4,21–23: 95
4,23: 19
4,24: 108 108[12] 110f. 112 129 133 133[74]
    141 145 165 165[209] [210] 170 172 174
    174[237] 175
5,1–14: 224
5,2 ff: 96
5,37: 142
6,64: 110 119 119[3] 121 141
7,2–10: 93
12,5: 146
12,8: 125
13,1–20: 226
14,16 f: 175
15,5: 167
19,6: 221
19,23: 231
19,24: 221
19,28 f: 221
20,12: 94

Act

1,18: 43
5,1 ff: 190
6,8–14: 122[15]
7,48: 31 170
8,27: 93
10,26: 17
14,14: 17
17,24: 31 170
17,29: 148
21,25: 148

Röm

1,20: 109[15] 171 172
1,20–25: 128
1,23: 63 195
1,25: 25 25[70] 278
10,18: 43
12,10: 152[152]
13,4: 141
13,8–10: 170

II. Personennamen

III. Ortsnamen

IV. Moderne Autoren